Encyclopédie des Champignons

Encyclopédie des Champignons

PML EDITIONS

Pages de titre : dispersion des spores du *Lycoperdon puriforme*
Colin Dickinson et John Lucas ont collaboré à l'édition originale anglaise.
Traduction et adaptation :
Leonard Caporali.

Imprimé en Italie

I.S.B.N. : 2 7434 0071 4
Dépôt légal : 3e trimestre 1994

Ont collaboré à cet ouvrage :
Michael O'Donogue, John Bradley, Robert Symes, Robert Thompson, Colin Winter, Alan Woodley
Traduction et adaptation :
Henri Montocchio

Sommaire

Introduction

Les Champignons peuvent se développer presque partout, et leurs principales espèces sont bien connues par tous ceux qui ont eu l'occasion d'explorer prairies et forêts aux moments propices. Ils apparaissent au milieu d'herbes ou de feuilles tombées au sol, ainsi que sur des troncs d'arbres abattus ou sur leurs souches; quelquefois on en trouve sur les arbres eux-mêmes. On peut les rencontrer dans des zones urbaines, par exemple dans des parcs, des jardins, des terrains de sport ou même dans des dépôts d'ordures. Certaines espèces fongiques peuvent faire leur apparition même dans nos maisons, notamment à la campagne, dans des endroits particulièrement humides.

Cependant, bien que leur présence ait de tout temps constitué un élément fréquent de l'environnement (milieu vital), les Champignons n'ont pas été l'objet de connaissances scientifiques approfondies jusqu'à des époques relativement récentes. En outre, exception faite pour des régions où, depuis des siècles, ils étaient récoltés pour l'alimentation, les Champignons ont longtemps inspiré un sentiment de peur et de répulsion; même aujourd'hui, malgré l'intérêt qu'ils ont suscité chez les naturalistes, le monde des Champignons demeure, dans une large mesure, tout à fait incompris. Ainsi, il arrive que certains les évitent parce qu'ils les considèrent comme étant pour la plupart vénéneux, alors que d'autres, prenant des risques graves, essaient de les identifier à l'aide de critères pour le moins fantaisistes.

Cette sorte de confusion, mêlée à des croyances sans réalité (qui d'ailleurs varient d'une région à l'autre), nous oblige à conclure qu'aucun Champignon ne peut être considéré comme comestible s'il n'est pas jugé tel, de manière catégorique, par des autorités compétentes en la matière.

*L'*Anthurus archeri *est un Champignon insolite. Les individus jeunes offrent une forme ovale et sont pourvus de tentacules comme les pétales d'une fleur, s'ouvrant au fur et à mesure que le Champignon lui-même mûrit. Ces tentacules, dont le nombre peut aller jusqu'à sept, sont de couleur blanc-rosé à l'extérieur, et écarlate vif à l'intérieur.*

Pour reconnaître avec certitude les différents Champignons, il est nécessaire d'être en possession de notions de base concernant leurs structures, leurs mécanismes de vie, leurs modes de développement et de reproduction, bref, tout ce qui concerne leurs cycles biologiques.

Cet ouvrage prend précisément en considération les principales espèces fongiques rencontrées dans nos régions. Une attention toute particulière est accordée aux Champignons produisant un corps fructifère d'une certaine taille et qui, de ce fait, attirent le plus l'intérêt des amateurs. Ainsi, la plupart des Basidiomycètes y sont considérés, aussi bien que certains Ascomycètes qui, par certains aspects, peuvent sembler originaux ou intéressants.

Pour la plupart d'entre nous, plusieurs espèces sont connues seulement parce qu'elles sont visibles à l'œil nu. Cependant, du point de vue biologique, plusieurs Champignons comestibles offrent une plus grande affinité avec les Levures microscopiques, ou avec les rouilles, qu'avec leurs semblables. Ainsi, pour comprendre exactement la place que chaque groupe occupe dans le monde de la nature, il est nécessaire de considérer les Champignons dans leur ensemble. En particulier, il ne faut pas remarquer seulement les espèces qui offrent un intérêt particulier du point de vue alimentaire, du fait que la présence des Champignons et surtout leur métabolisme, ont des influences diverses, positives ou négatives, sur la vie de l'homme. Par exemple, en tant que facteurs favorisant les putréfactions, ils éliminent les déchets organiques tout en maintenant le sol fertile. D'autre part, en tant que causes de maladies, ils peuvent détruire les récoltes et agir même sur notre propre santé. De son côté, l'homme a su exploiter les processus chimiques de leur métabolisme pour en obtenir un grand nombre de substances utiles, par exemple, les enzymes des Levures et des composés antibiotiques divers.

Ainsi, quelle que soit la nature des Champignons, leur taille, leur caractère comestible ou vénéneux, leur aspect agréable ou répulsif (voire grotesque), ces organismes variés et complexes suscitent actuellement l'intérêt qui leur est dû.

Les Champignons dans l'histoire

Sans doute à cause de leur forme particulière et de leur apparition presque subite dans les bois et les prairies, dès l'Antiquité, les Champignons ont attiré la curiosité de l'homme, poussé à satisfaire ses exigences alimentaires, comme dans les régions proches de la Méditerranée, ou attiré par ces organismes avec un sentiment de crainte et de méfiance, les considérant comme de véritables sources de maléfices, comme dans les régions du nord de l'Europe. Il n'a pas été facile d'établir, au cours de l'histoire, si les Champignons sont des organismes animaux ou végétaux, du fait que leurs caractères macroscopiques ne permettent pas de les classer avec certitude dans l'un ou dans l'autre groupe d'êtres vivants. En fait, leur classement dans le règne végétal, bien que motivé par les résultats d'innombrables recherches, suscite encore de nos jours une certaine perplexité pour plusieurs savants qui auraient voulu les réunir dans un groupe à part, le « règne des Champignons », correspondant au groupe des Protistes.

Déjà au Iᵉʳ siècle après J.-C., Pline le Jeune s'était intéressé à l'origine des Truffes; il s'étonnait de l'absence de racines de ces organismes, tandis que sa fantaisie avait été excitée par leur mode de développement. Au cours des quinze cents ans qui suivirent, aucune étape importante ne fut franchie pour apporter un éclaircissement à sa perplexité. Les herboristes du XVIᵉ siècle, qui s'intéressaient plus aux propriétés médicinales des Champignons qu'à leur vraie nature, n'ont rien fait de plus que suivre les conceptions des Grecs et des Romains.

Ainsi, par exemple, en 1552, Jérôme Bock écrit que les Champignons et les Truffes ne correspondent à rien de plus qu' « à l'humidité superflue de la terre, à celle des arbres, du bois pourri, ou à celle de substances en voie de putréfaction ». Sa conviction provenait des auteurs classiques selon lesquels les Champignons étaient engendrés par la pluie et le tonnerre. Le fait de relier les Champignons, les Truffes surtout, au déclenchement des orages, est assez fréquent dans la mythologie de l'Antiquité. En effet, Grecs et Romains croyaient que ces organismes se formaient là où la foudre frappait la terre; une légende analogue à celle-ci persiste encore de nos jours, dans quelques régions du Mexique, là où certains Champignons sont considérés comme des êtres sacrés. En effet, il a souvent été supposé que la foudre constituait la cause déterminante de la croissance des Champignons en formations circulaires, connues sous le nom d' « anneaux des sorcières ».

Des croyances encore plus étranges, dans l'Europe du Nord, sont l'héritage du folklore : on pensait, par exemple, qu'au cours des nuits de tempête, le dieu Odin traversait les cieux à cheval, poursuivi par des démons. Par l'effort dû à cette poursuite, les narines du cheval émettaient une bave ensanglantée qui tombait au sol; aux endroits où des gouttes touchaient la terre, des Champignons vénéneux, de couleur rouge ou blanche, poussaient. Cependant, toutes les théories, même les plus anciennes, possédaient un élément commun : les Champignons étaient considérés comme étant le produit d'une réaction mystérieuse se réalisant entre la terre et d'autres facteurs, souvent surnaturels. De ce fait, au lieu d'être considérés comme de véritables organismes vivants, ils étaient généralement désignés comme des « excroissances de la terre », ou bien comme des « ferments maléfiques de la terre ». Leur présence

Page ci-contre : ce joueur de flûte chinoise porte un Champignon sacré, le Ling Chih *qui, aujourd'hui, est considéré comme étant le* Ganoderma lucidum.
A droite : fresque mise à jour à Pompéi, représentant du gibier et des Champignons sauvages.

était considérée comme un indice de mort et de putréfaction de la matière. La persistance d'une telle attitude, en ce qui concerne ces organismes, a conduit les premiers savants à s'intéresser surtout aux Champignons offrant des couleurs et des formes étranges. Ainsi, le Hollandais A. Junius, par exemple, a décrit en 1564 le *Phallus impudicus*, alors que Fabio Colonna, en 1592, a décrit le *Clathrus cancellatus*, appelé « Champignon lanterne » à cause de sa forme.

Compte tenu des profondes différences existant entre les Champignons et les autres organismes végétaux, il ne faut pas être trop surpris par le caractère absurde, pour nous, des théories dont ils ont fait l'objet dans le passé. En fait, même les meilleurs savants des temps anciens étaient incapables de les situer dans leur juste classification. Dès l'année 300 avant J.-C., Théophraste, élève d'Aristote, note que les Truffes ne possèdent ni racines, ni tige, ni rameaux, ni bourgeons ou feuilles; elles sont aussi dépourvues de fleurs et de fruits. Plus tard, Linné, qui travailla beaucoup au progrès de la classification des Végétaux, trouvait lui-même que les Champignons constituaient un sujet d'étude difficile.

Le véritable obstacle, qui empêchait d'interpréter correctement la nature des Champignons, était l'absence apparente de toute forme de reproduction de ces organismes. Les spores fongiques, contrairement aux graines de la plupart des Végétaux supérieurs, n'ayant que des dimensions microscopiques, sont invisibles à l'œil nu, ce qui créa bien des difficultés supplémentaires; en fait, leur existence ne fut même pas soupçonnée jusqu'au jour où le microscope optique fut inventé.

De son côté, l'un des premiers utilisateurs du microscope, Robert Hooke, homme très perspicace, dans son ouvrage intitulé *Micrographia* (1665), aboutit à la conclusion que les Moisissures et les Champignons n'ont pas besoin d'être pourvus de propriétés séminales; en effet, les premières peuvent être produites à tout moment, par toute forme de matière animale ou végétale en cours de putréfaction.

Il faut laisser à Hooke le mérite d'avoir été le premier à se rendre compte de la corrélation étroite existant entre les Champignons visibles à l'œil nu et les Champignons microscopiques qui produisent les Moisissures. Le problème de la « non-génération spontanée » a été résolu seulement deux siècles plus tard, à la suite des expériences de Pasteur, lorsqu'il apparut clairement que tous les Champignons se reproduisent au moyen de spores. Par ailleurs, les techniques de culture *in vitro*, employées pour isoler et identifier les organismes fongiques, avaient déjà permis de constater l'existence d'un nombre fort élevé de Champignons très divers. L'évaluation actuelle de leur nombre révèle l'existence de 200 000 espèces environ, comprenant une gamme très étendue d'organismes allant des Champignons de grande taille, qui peuvent être récoltés dans les bois, aux organismes unicellulaires, minuscules, qui se développent dans le plancton des flaques d'eau et dans les lacs.

Ci-dessus : Champignon faisant partie du motif décoratif de cette image montrant Ixion, noble grec qui, ayant offensé Jupiter, avait été attaché, pour l'éternité, à une roue enflammée.
Ci-contre : sculpture de la civilisation Maya représentant un Champignon.
Ci-dessous : Champignons bien connus dans l'Antiquité par les Indiens du Mexique, à cause de leurs caractères hallucinogènes, et faisant partie de la décoration de cette scène de duel.

L'Oronge vraie, ou Champignon royal (Amanita caesarea), *aliment raffiné dans les banquets des Romains. Son nom spécifique latin :* caesarea, *semblerait indiquer qu'il était recherché par les empereurs, les Césars.*

Les premières notations concernant l'emploi des Champignons dans l'alimentation humaine remontent aux civilisations de l'Antiquité. Il semblerait que les Grecs et les Romains en étaient déjà de bons connaisseurs : ils les appréciaient en les utilisant dans la préparation de plats raffinés, et à leur époque, comme aujourd'hui encore, il y eut des accidents. Un des premiers passages de la littérature ancienne qui mentionnent les Champignons est dû à Euripide (480-406 av. J.-C.); il décrit l'histoire d'une femme qui avec toute sa famille fut « étranglée pour en avoir mangé ». Mais, malgré ces accidents, il semble que les Romains aient montré une prédilection toute particulière pour certaines formes fongiques, à tel point qu'à leur époque il y avait des spécialistes chargés de récolter les espèces les plus appréciées par les gastronomes.

Même si les premières connaissances sur la nature des Champignons proviennent beaucoup plus de la mythologie que de l'investigation systématique, les écrits de certains auteurs classiques montrent que plusieurs espèces fongiques, telles que le *Fomes officinalis*, l'Oronge *(Amanita caesarea)*, le Cèpe *(Boletus edulis)*, les Vesses *(Lycoperdon)*, ainsi que la Truffe, étaient déjà bien connues.

En revanche, les descriptions anciennes concernant les espèces vénéneuses sont rares; cependant, il existait déjà une règle absurde selon laquelle les Champignons vénéneux offraient, d'une certaine manière, un goût désagréable. D'après Pline, « certaines espèces, parmi celles qui sont vénéneuses, sont facilement reconnaissables par leur couleur rouge, diluée, par leur aspect répulsif et par la teinte olivâtre de leur intérieur; en outre, elles offrent des fissures et une lèvre pâle autour de leur bord » : il s'agissait là d'un ensemble de signes extérieurs par lesquels ces organismes étaient considérés comme étant véritablement dangereux.

La croyance selon laquelle une distinction fondamentale et utile aurait permis de séparer les Champignons comestibles des Champignons vénéneux semble provenir des herbiers publiés au cours des XVIe et XVIIe siècles. Le *Grete Herbal*, rédigé en Grande-Bretagne en 1526, en fournit un exemple typique : « Il y a deux sortes de Champignons, l'une comprenant des formes mortelles qui provoquent la mort de ceux qui s'en nourrissent et qui sont désignées *tode stooles* (« tabouret des crapauds »), contrairement aux Champignons de l'autre catégorie. Les Champignons mortels sont caractérisés par une

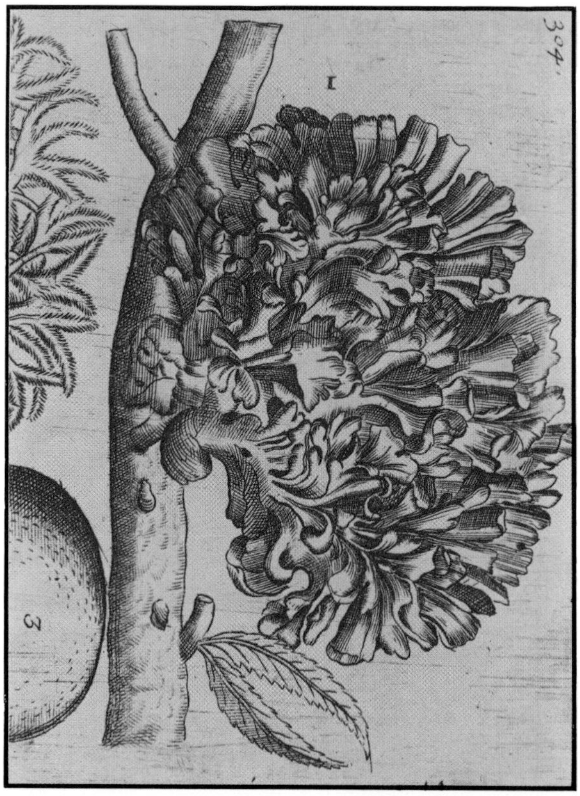

Ci-contre : page de l'« Erbario Veneziano » de 1697, où est représenté un Champignon se développant sur du bois et correspondant à une espèce de Ramaria *ou de* Sparassis. *Ci-dessous : sélection de Champignons du* Theatrum Botanicum *de John Parkinson (1640).*

humidité élevée : ils offrent une consistance visqueuse et gluante qui désobéit aux lois de la nature et de la digestion; ils sont dangereux et terribles lorsqu'ils sont ingérés, et il est bien de les éviter. »

Ce même critère fut appliqué dans les premiers schémas de la classification des Végétaux. Ainsi, Clusius (1601) subdivisait tous les Champignons en deux groupes : *Fungi esculenti* (« comestibles ») et *Fungi noxii et perniciosi* (« nocifs »). Bien que, selon les auteurs, certains Champignons aient pu être considérés comme inoffensifs, les attitudes des populations à l'égard du monde mycologique étaient généralement circonspectes. Par exemple, l'opinion courante fut ainsi résumée par John Gerard, en 1597 : « Ils (les Champignons) sont tous très froids et humides, donc proches de posséder un pouvoir vénéneux et mortel, donnant lieu, lorsqu'ils sont consommés, à un aliment gluant, mou et froid. Pour conclure, peu d'entre eux sont bons pour être utilisés comme aliment, et pour la plupart ils étouffent et étranglent celui qui s'en nourrit. »

A côté de cette véritable condamnation des Champignons, si énergiquement exprimée, un certain nombre de conceptions assez répandues essayaient d'en expliquer les propriétés toxiques.

Ci-dessus : cette fresque du XIIIe siècle de l'abbaye de Plaincourault, montre Adam et Eve près de l'arbre de vie représenté sous une forme particulière que certains experts ont interprétée comme étant l'Amanita muscaria.
Ci-contre : l'Amanita muscaria, rendu célèbre par des contes de fées et de nains.

Selon l'un des préjugés les plus communs, qui peut remonter aux philosophes grecs, les Champignons sont liés aux serpents et à d'autres Animaux venimeux. Par exemple, Dioscoride reliait la nature vénéneuse des Champignons à l'haleine des serpents. Gerard, dans son *Herbal*, reconnaît l'origine de cette théorie et la développe; toutefois, il suggère que les Champignons, au lieu d'être vénéneux à cause de propriétés intrinsèques, le deviennent en absorbant toute substance nocive présente dans leur proche milieu.

Vers la fin du XVIe siècle, Cesalpino, directeur du Jardin des Simples, auprès de l'université de Pise, dans son traité *De plantis*, affirme que les Champignons sont des fruits, qu'il subdivise en quinze familles.

L'étude des Champignons fut ensuite approfondie particulièrement par les frères Bauhin, par Sterbeek et par Tournefort, qui en établirent des classifications diverses. Les différences entre celles-ci étaient toutefois fondées uniquement sur des caractères microscopiques.

La découverte des spores est due à Pier Antonio Micheli (1679-1730) qui, le premier, les a observées au microscope; cependant, ce savant ne fut jamais en mesure de comprendre comment et où celles-ci se forment. Ce n'est que vers la moitié du XIXe siècle que furent découverts les asques et les basides, c'est-à-dire les organes dans lesquels ou sur lesquels se forment les spores chez des Champignons supérieurs.

Après cette découverte naquit la Mycologie moderne; plusieurs croyances et fantaisies populaires qui, jusqu'alors, avaient été à la base de la connaissance des Champignons, furent enfin démenties (pas toutes, malheureusement, puisque aujourd'hui encore, le manque d'informations scientifiques et la persistance des croyances populaires provoquent des empoisonnements fréquents, chez des personnes non expérimentées).

Ce furent le Sud-Africain Persoon (1755-1837) et le Suédois Fries (1794-1878) qui apportèrent la plus grande contribution à ce travail, notamment en introduisant le critère de la couleur des spores en tant que caractère distinctif pour la classification, ce qui, de nos jours, représente toujours le fondement de la taxinomie mycologique.

Mais il ne faut pas oublier plusieurs savants français dont les découvertes ont également contribué au développement de la Mycologie moderne. Rappelons, à ce propos, les noms de Joseph Pitton de Tournefort (1656-1708), de P. Bulliard (1752-1793), de J.H. Léveillé (1796-1870), ainsi que ceux des frères L.R. Tulasne (1815-1885) et C. Tulasne (1817-1884), de même que, plus récemment, celui de A. Maublanc (1880-1958).

Pour l'Italie, un chercheur qui mérite vraiment une mention toute particulière est Giacomo Bresadola (1847-1929), auteur d'une *Iconographia Mycologica* en 26 volumes, où sont dessinées et décrites environ 6 000 espèces de Champignons.

La biologie des Champignons

Au cours de leur œuvre de classification des êtres vivants, les biologistes ont, avant tout, établi la grande subdivision entre Végétaux et Animaux. Ce sont deux règnes entre lesquels, tout au moins dans les formes les plus évoluées, existent des différences à l'échelle macroscopique.

Les Animaux sont doués de capacité de mouvement et vivent en se nourrissant de Plantes ou d'autres Animaux. Les exigences de ce mode de vie font qu'ils possèdent un système nerveux assez développé, une vue aiguë, et souvent un odorat et une ouïe considérablement développés.

En revanche, les Plantes sont des organismes généralement sédentaires, qui passent toute leur vie sur le lieu même de leur naissance. En outre, ce qui est encore plus important, ils sont capables de fabriquer leurs propres aliments à partir d'ingrédients simples : l'eau et les sels du sol, le gaz carbonique de l'air et la lumière du soleil. Dans le processus de photosynthèse entre en fonction un facteur intermédiaire, la chlorophylle, pigment vert qui capture l'énergie solaire et l'utilise pour produire des substances nutritives. La couleur verte de la plupart des Végétaux est due, précisément, à la chlorophylle.

Du fait que les Plantes n'ont pas besoin d'aller chercher leur nourriture, elles ne possèdent donc pas les sens dont sont dotés les Animaux, et qui leur servent pour entrer en relation avec le milieu extérieur. Par ailleurs, la structure des feuilles est telle qu'elle facilite l'utilisation maximale de l'énergie lumineuse, alors que celle des racines favorise l'absorption de l'eau du sol.

Il en résulte ainsi que la plupart des caractères qui distinguent les Plantes des Animaux supérieurs peuvent être expliqués uniquement en considérant les différences qui existent entre leurs systèmes d'alimentation.

A gauche : un des « anneaux des sorcières », formé par un Champignon du genre Collybia.
A droite : plaque de colonies du Fuligo septica *sur une pomme de Pin. Il s'agit d'un Champignon microscopique dont la physiologie est très semblable à celle des Protozoaires.*

Deux règnes

Bien que les observations des premiers savants suggèrent que le règne végétal et le règne animal constituent deux branches tout à fait distinctes de la nature, les découvertes modernes ont montré qu'au-delà des différences visibles entre Plantes et Animaux, il existe des analogies de nature biochimique. En effet, dans les cellules végétales comme dans les cellules animales, la chimie fondamentale de la vie est absolument la même, avec une seule exception, mais d'importance : le processus de la photosynthèse se déroule uniquement dans les organismes végétaux. Mais la découverte des Micro-organismes atténue les profondes différences, supposées, qui existent entre les deux règnes. A l'aide du microscope furent identifiés des êtres vivants microscopiques, qui semblent posséder à la fois les caractères des Plantes et ceux des Animaux. Par exemple, de nombreuses Algues vertes, présentes dans les flaques d'eau et dans les lacs, contiennent de la chlorophylle; en même temps, ces organismes se déplacent au moyen de flagelles, de façon analogue à certains Animaux unicellulaires. En outre, certaines Algues peuvent perdre la capacité de synthétiser leurs propres aliments au moyen de la fonction chlorophyllienne (photosynthèse); elles se nourrissent alors de sub-

stances organiques déjà préparées, présentes dans le milieu ambiant, et les digèrent comme le font les Protozoaires. A ce niveau d'organisation la distinction entre les deux règnes commence à perdre beaucoup de sa signification. Ce fait est encore plus évident pour les Bactéries, qui possèdent un type de structure cellulaire très simple, et pour les Virus, qui peuvent être considérés comme se situant à la limite du monde vivant et du monde non vivant; ces derniers se reproduisent seulement à l'intérieur des cellules d'un autre organisme.

En fait, les difficultés rencontrées lors des tentatives de classer, suivant le schéma conventionnel, les organismes des deux règnes, animal et végétal, ont poussé les biologistes à subdiviser les êtres vivants en trois groupes : les Végétaux, les Animaux et les Protistes, ces derniers comprenant tous les êtres, généralement unicellulaires, offrant des caractères communs avec les Animaux et les Végétaux. Du point de vue évolutif, cette subdivision permet de résoudre certains problèmes parmi les plus débattus de la Biologie. En fait, si toutes les espèces ont subi une lente évolution, à partir de formes préexistantes, il est certain que doivent subsister des formes intermédiaires. A l'extrémité inférieure de l'échelle évolutive, il existe une zone d'ombre où se situent des organismes primitifs qui ne peuvent être situés dans aucun des schémas de classification établis jusqu'à présent. De plus, en remontant jusqu'aux origines de la vie elle-même, on s'aperçoit qu'aujourd'hui encore nous ne sommes pas en mesure de définir les différences fondamentales entre la vie et la non-vie.

En l'absence du microscope, les premiers naturalistes ne possédaient aucun moyen de constater que les Champignons constituaient un groupe d'organismes végétaux microscopiques, produisant quelquefois des corps fructifères visibles à l'œil nu.

Ce schéma simplifié illustre l'évolution des êtres vivants.

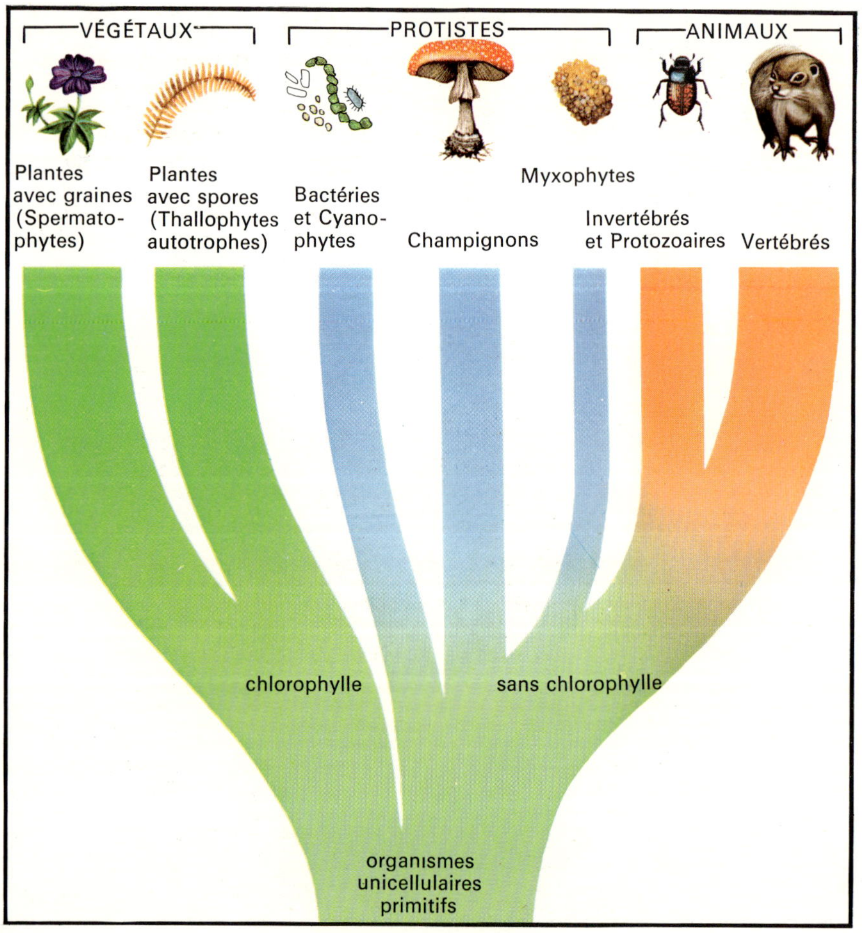

La découverte des Champignons microscopiques

Des recherches mycologiques précises ne furent réalisées qu'après l'invention du microscope, c'est-à-dire au cours de la seconde moitié du XVIIe siècle. Peu à peu, on se rendit compte que les Champignons constituent un groupe énorme de 200 000 espèces environ, étant pour la plupart de taille microscopique. Le fait que les botanistes furent les premiers à les étudier est peut-être la raison pour laquelle ils furent longtemps considérés comme étant des Végétaux anormaux. Même aujourd'hui, les Champignons sont considérés comme relevant plutôt de la compétence du botaniste que de celle du zoologiste, cela plus par tradition que pour une raison scientifique valable. Comme les Plantes vertes, les Champignons sont souvent dépourvus de mouvements propres, mais le fait de ne pas posséder de chlorophylle les prive de la possibilité d'effectuer la photosynthèse; ainsi, sous cet aspect, ils sont semblables aux Animaux. De plus, la reproduction des Champignons est semblable à celle des Plantes; en fait, la production de spores caractérise aussi d'autres groupes de Plantes inférieures, telles que les Mousses, les Hépatiques et les Fougères. Cet aspect, plus que d'autres, a contribué à faire que les Champignons soient considérés comme faisant partie du monde végétal.

Les découvertes modernes concernant la structure et à la chimie de la cellule n'ont pas suffi à élucider cette vieille question concernant la position systématique des Champignons. Bien que les cellules fongiques, souvent allongées et faisant partie d'hyphes filiformes du mycélium fongique, soient assez différentes de celles des Plantes supérieures et des Animaux, elles sont également entourées d'une paroi rigide. Celle-ci, vue en surface, est semblable à la paroi qui délimite les cellules des Plantes supérieures. Toutefois, chez de nombreux Champignons, sa composition chimique en est complètement différente. Le plus souvent, la paroi fongique contient de la chitine, une substance qui généralement se retrouve dans le squelette extérieur des Insectes. De plus, les Champignons n'accumulent pas les sucres sous forme d'amidon, mais plutôt sous forme de glycogène, qui est un produit animal typique. La situation devient encore plus confuse à cause de l'existence de certains groupes, comme celui des Mixomycotes, ou Mixophytes, organismes curieux de type fongique, qui rampent à la surface du sol en se nourrissant de Bactéries et qui, au cours de cette phase de leur cycle, ressemblent à des Amibes géantes. Toutefois, ils se reproduisent en formant des corps fructifères tout à fait semblables à ceux de nombreux autres Champignons.

En somme, au lieu de situer les Champignons dans l'un ou l'autre des deux règnes principaux, il est préférable de les considérer à part, comme faisant partie du règne des Protistes, tout en tenant compte de la longue évolution qui est la leur.

Bien que l'histoire des fossiles fournisse peu de renseignements sur l'origine et l'évolution des Champignons, il est évident qu'il s'agit d'un groupe très ancien. Certaines formes considérées comme étant de vrais Champignons se retrouvent associées en abondance avec des Végétaux fossiles de la période dévonienne; il s'agit d'espèces vieilles de 350 à 400 millions d'années.

En outre, l'examen de rochers beaucoup plus anciens permet de penser que les premiers Champignons ont fait leur apparition sur la terre il y a plus de deux milliards d'années, donc bien avant que le règne végétal et le règne animal ne s'orientent sur la voie de leur évolution suivant deux schémas différents.

Comment ils s'accroissent

Une des caractéristiques les plus originales des Champignons est d'apparaître à l'improviste, comme du néant, propriété qui, d'une certaine manière, peut expliquer les soupçons dont ils ont été l'objet et les mystères qui les ont entourés dans le passé.

L'explication biologique de leur apparition soudaine tient au fait que les Champignons constituent leurs corps fructifère visible souvent à partir d'organismes souterrains, qui, loin d'apparaître du néant, sont toujours présents dans le sol, où ils persistent tout au long de l'année. Le corps fructifère, dont l'apparition est souvent si subite, représente une brève phase dans la vie du Champignon, qui peut d'une certaine manière être comparée à la fleur d'une Plante supérieure. Contrairement à une Plante qui fleurit, la phase végétative faisant partie du cycle vital d'un Champignon n'est pas visible puisqu'elle se déroule souvent sous la surface du sol. La phase dominante de la vie d'un Champignon est représentée par le mycélium, qui se développe et qui se répand sur des feuilles mortes, sur des troncs abattus et autres résidus organiques.

La structure du Champignon

Tous les organismes vivants sont formés par des cellules; celles du mycélium fongique constituent de longs filaments connus sous le nom d' « hyphes ». Les hyphes eux-mêmes sont tellement petits que

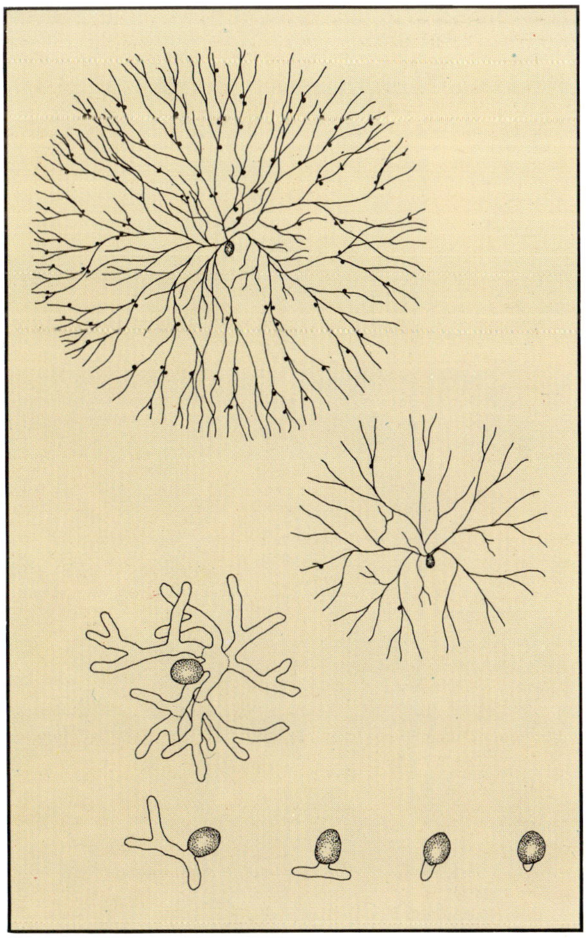

Ci-dessus : corps fructifères de Champignons se développant sur du mycélium. Ci-contre : phases de la germination d'une spore fongique, jusqu'à la formation d'une colonie circulaire. A gauche : colonie de Moisissures croissant sur du milieu de culture contenant de l'amidon; le halo clair qui entoure la colonie indique qu'à ce niveau l'amidon a été digéré par les enzymes produits par le Champignon.

généralement ils ne sont pas visibles à l'œil nu, mais ils peuvent se réunir et constituer des structures plus grandes, alors visibles. Les corps fructifères sont eux aussi des structures complexes, constituées par des milliers d'hyphes.

Pour comprendre comment un Champignon peut vivre, il faut savoir comment fonctionnent ses hyphes. Chacun des hyphes s'accroît par extension de son apex; au fur et à mesure qu'il s'allonge, il produit des enzymes qui digèrent les substances complexes, les réduisant à des molécules simples. Celles-ci sont ensuite absorbées par les hyphes et fournissent l'énergie nécessaire pour une croissance ultérieure. La nature filamenteuse des hyphes est adaptée de manière idéale à leur système de vie : ils perforent, littéralement en tunnel, le sol ou les substances les plus résistantes, comme le bois des troncs ou des souches. Puis, si les conditions de milieu et de saison sont favorables, les hyphes se joignent pour former une sorte de bourgeon qui est le début d'un corps fructifère. Celui-ci se développe ensuite et le Champignon émerge du sol ou même du bois. Les hyphes eux-mêmes, dans le sol, ne se comportent pas de manière indépendante les uns des autres; ils agissent plutôt comme une colonie.

Les hyphes entrelacés forment un amas floconneux que le biologiste appelle « mycélium ». En relation au cycle vital d'un Champignon, le mycélium constitue la partie la plus importante. C'est la phase végétative dans laquelle l'organisme s'accroît : il colonise du terrain nouveau et enfin fournit l'énergie et les éléments nécessaires pour la formation de la phase fructifère. Lorsque les champignonnistes introduisent le mycélium dans le terrain de culture, ils en provoquent la croissance; celui-ci se développe alors dans le sol lui-même, avant de fournir une récolte de Champignons.

Les Champignons microscopiques

Tous les Champignons ne forment pas des carpophores (corps fructifères) évidents : de nombreuses espèces demeurent microscopiques pendant toute la durée de leur vie, se reproduisant au moyen de minuscules structures portant les spores, constituées par quelques hyphes ramifiés. Si un grain de terre ou une feuille morte est introduit dans une culture stérile, le développement d'un grand nombre de Moisissures se produira. On peut en isoler des milliers d'espèces du sol, du fumier, des résidus végétaux et animaux en décomposition, et même de l'eau de rivière ou de mer. Leurs spores minuscules sont présentes partout dans la poussière; on en a même retrouvées dans les parties hautes de l'atmosphère.

Même si nous ne remarquons les Moisissures que lorsqu'elles deviennent nuisibles, les activités de ces Champignons sont d'importance vitale dans la dégradation des substances de refus, d'origine animale ou d'origine végétale.

Les Champignons supérieurs

Les Champignons supérieurs, c'est-à-dire ceux qui se reproduisent tout en formant des corps fructifères typiques, vivent le plus souvent de la même manière que les formes microscopiques. Leurs hyphes se développent, se ramifient ou se diversifient continuellement à travers tous les différents types de résidus organiques, absorbant des substances nutritives et se reproduisant au moyen de ces structures massives que nous appelons « Champignons ».

Le mycélium fongique préfère les lieux humides. Ses hyphes sont fragiles; ils sont facilement soumis à dessiccation et meurent lorsqu'ils sont exposés à des courants d'air ou même à la lumière solaire directe.

Lorsqu'un Champignon doit affronter des conditions de milieu défavorables, il se défend en produisant des spores résistantes ou bien des nœuds d'hyphes qui s'épaississent et se pigmentent.

Ces structures de survie, connues sous le nom de « sclérotes », remplissent un rôle important en favorisant la conservation des Champignons en hiver ou au cours d'autres périodes difficiles.

Plusieurs Champignons, plus spécialement ceux qui attaquent le bois, se développent en produisant

Mycélium d'un Champignon supérieur se développant sur le tronc d'un arbre abattu.

des filaments pluricellulaires, macroscopiques, formant une agrégation de milliers d'hyphes.

Ces tresses de mycélium, appelées « rhizomorphes », sont plus robustes que les hyphes isolés et sont en mesure de traverser même des couches de sol inhospitalier pour coloniser de nouveaux lieux favorables. Le *Serpula (Merulius) lacrymans* est pour cette raison une menace pour les structures en bois : il est capable de développer de longs rhizomorphes à travers des murs de brique ou de plâtre, lorsqu'il part à la recherche d'un autre bois sur lequel il pourra s'installer. Des cordons mycéliens évidents peuvent être rencontrés aussi à la base du stipe de plusieurs Champignons macroscopiques qui sont récoltés dans les forêts. Les carpophores d'*Armillariella mellea*, qui se développent sur les souches d'arbres et qui parasitent même des arbres vivants, forment des filaments de mycélium encore plus complexes. Si l'on retire l'écorce d'un arbre abattu sur lequel s'accroît l'*Armillariella*, on peut mettre en évidence ses rhizomorphes qui forment un réticule de filaments noirs, entrelacés, revêtant le bois.

Comment ils se reproduisent

Afin qu'une espèce puisse survivre dans la nature, il est indispensable que sa capacité reproductive soit telle que tous les individus qui meurent puissent être remplacés par des individus nouveaux; en outre, dans la plupart des cas, le niveau reproductif devrait être même plus élevé pour permettre à l'espèce de se répandre et de coloniser de nouveaux territoires. Toute espèce a donc mis au point son propre système de reproduction, qui devrait être le plus apte à en garantir la survie.

Les spores

Les Champignons se reproduisent au moyen de spores de dimensions microscopiques et de formes variées : sphéroïdale, cylindrique, ovoïde et ainsi de suite. Lorsqu'elles sont mûres, elles se séparent du corps fructifère du Champignon et se dispersent dans le milieu environnant grâce à l'action du vent ou d'autres facteurs. Toutes les spores qui se déposent sur un site favorable sont susceptibles de germer, ce qui donnera lieu à la formation d'une nouvelle colonie fongique. A la différence des graines, les spores sont constituées seulement d'une cellule ou d'un petit nombre de cellules. Elles ne peuvent donc contenir qu'une plus faible quantité de réserves nutritives; de ce fait, elles sont beaucoup plus vulnérables lorsque les conditions générales du milieu extérieur leur sont défavorables. Pour compenser la petitesse des spores, il faut savoir que chaque Champignon en produit un nombre très élevé, de façon à permettre, dans tous les cas, la germination de certaines d'entre elles et la formation de colonies nouvelles.

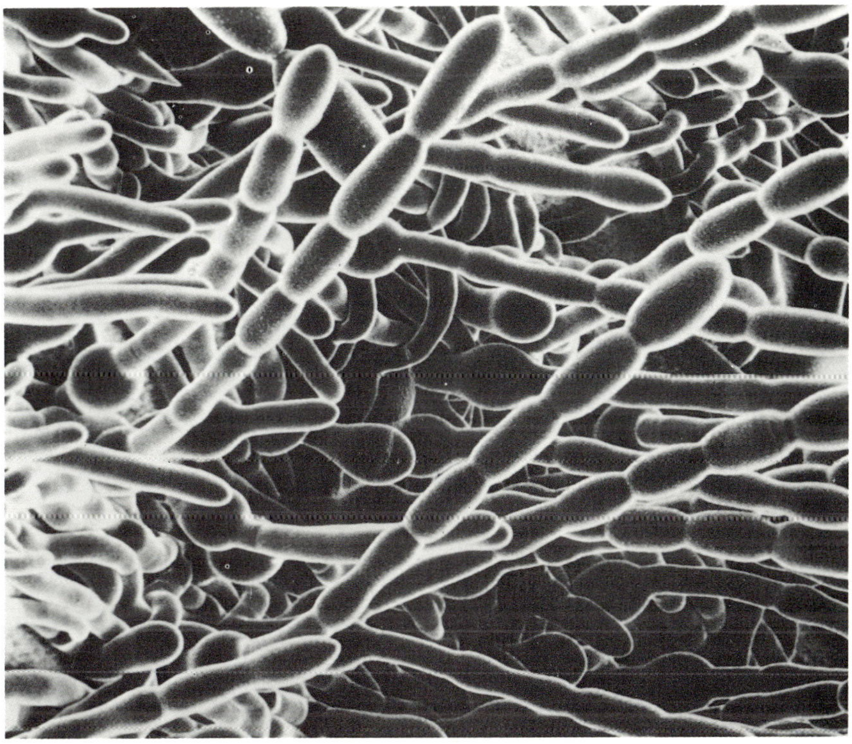

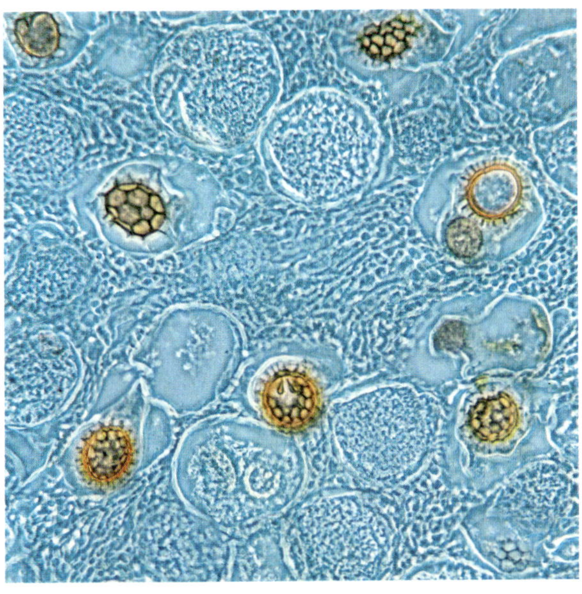

La plupart des spores sont dispersées par le vent; plus elles sont petites et légères, plus elles restent en suspension dans l'atmosphère.

Des échantillons d'air prélevés un peu partout, même à des hauteurs considérables, dans l'atmosphère, contiennent généralement des spores fongiques; de même, un échantillon de poussière ou de sol qui est ensemencé sur un terrain de culture favorable, préalablement stérilisé, se recouvre rapidement d'un grand nombre de colonies fongiques appartenant à des espèces très diverses : ces faits prouvent donc que les spores reproductives des Champignons sont dispersées un peu partout.

L'un des plus grands résultats obtenus par Pasteur, Tyndall et d'autres microbiologistes, fut celui de démontrer que l'air contient des particules en suspension comme les spores et les cellules bactériennes. Du reste, il a été démontré que ces spores fongiques

Ci-dessus : chaînes de spores (conidies) d'Erysiphe sp.; ce Champignon se développe sur les feuilles des Graminées, observées ici au microscope électronique. Les conidies sont des cellules asexuées, aptes à reproduire le Champignon, n'étant pas issues de phénomènes de copulation. A gauche : ascopores de Truffe (Tuber magnatum) *vues en section microscopique.*

en suspension dans l'air provoquent, dans une large mesure, certaines allergies des voies respiratoires, comme le rhume des foins.

Reproduction sexuée et reproduction asexuée

Bien que très semblables par leur apparence, les spores fongiques appartiennent à deux types différents : celles qui sont issues d'un processus sexué (spores sexuées) et celles qui prennent naissance à partir de processus n'impliquant aucune fonction sexuée de gamètes (spores asexuées).

Lorsqu'on se trouve en présence d'un phénomène reproductif de type sexué, dans un organisme quelconque, on assiste à l'union de deux cellules, dont la conséquence est le mélange de leur matériel génétique et la naissance d'un organisme qui possède les caractères héréditaires dérivant de l'un et de l'autre des deux géniteurs, et qui est donc différent de ces derniers. La reproduction sexuée fait que dans une population il y a, dans une certaine mesure, une différence entre chaque individu : ainsi, dans la population humaine, il n'existe pas deux personnes qui possèdent un patrimoine génétique absolument identique, à moins qu'il ne s'agisse de vrais jumeaux.

Au contraire, la reproduction asexuée consiste en une véritable prolifération d'un organisme, qui y participe avec tous ses caractères; il ne se produit aucune copulation entre gamètes différents, et il ne se réalise donc aucun mélange de gènes, si bien que les individus masculins issus d'un organisme sont à peu près identiques à leur géniteur. C'est le phénomène que l'on rencontre essentiellement lorsqu'une plante est reproduite par bouturage : toutes les plantes nouvelles seront très semblables à celle qui leur a donné naissance. Les spores asexuées constituent le moyen de reproduction le plus répandu chez les Champignons microscopiques. Parmi les principaux types de spores asexuées, les sporangiospores se caractérisent par le fait qu'elles sont produites à l'intérieur de vésicules appelées « sporangioconidies »; à un certain moment, celles-ci éclatent pour libérer les spores formées dans leur cavité.

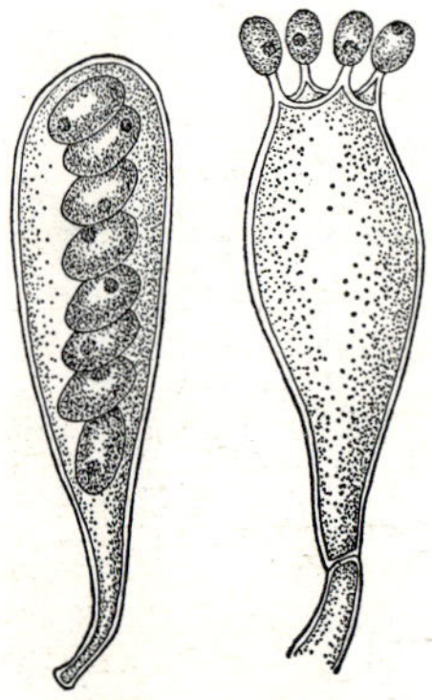

Ces deux basides montrent le développement de quatre basidiospores sur de petits pédoncules appelés stérigmates.

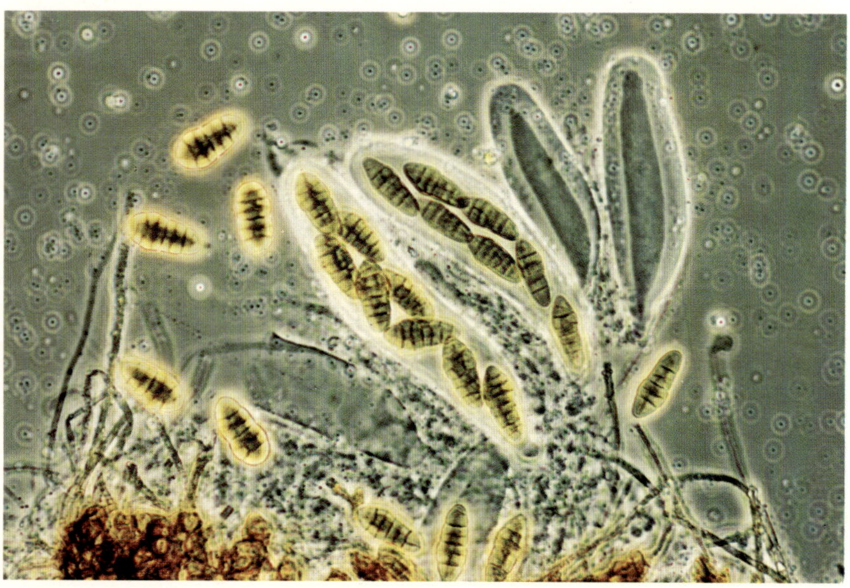

Asques en forme de sacs, de Pleospoea, *dont chacun renferme huit ascopores.*

Les conidiospores, qui constituent le deuxième des principaux types de spores asexuées, se forment à l'extérieur des extrémités de filaments mycéliens spécialisés, appelés « conidiophores », et se libèrent par chute naturelle ou bien parce qu'elles sont emportées par les courants d'air.

Des spores produites chez des Champignons plus évolués sont, au contraire, le résultat d'un processus sexué. L'union effective entre les deux géniteurs a lieu avant la formation des corps fructifères, qui sont eux-mêmes le produit d'une copulation. La fonction du corps fructifère est alors de porter les cellules fertiles qui contiennent les spores. Les Champignons supérieurs se subdivisent en deux classes identifiées d'après le type de spores qui se forment dans leur corps fructifère.

Chez les Ascomycètes, les spores, au nombre de 4 à 8, se forment à l'intérieur d'une cellule qui peut avoir une forme arrondie ou bien allongée, et qui s'appelle « asque »; parmi les groupes de Champignons moins évolués, les asques apparaissent isolés, alors que parmi les groupes supérieurs ils sont portés par des formations spécialisées appelées « ascocarpes ». Les spores sont émises par l'asque soit par rupture ou explosion de ce dernier, soit parce que l'asque se décompose, et que les spores tombent alors sur le sol. Les Ascomycètes se subdivisent en de nombreux groupes mineurs identifiés d'après la structure de leur corps fructifère, ou ascocarpe. Parmi eux, les Levures sont les formes les plus connues, grâce surtout à l'utilité pratique qu'elles possèdent. Enfin, de nombreux Ascomycètes peuvent entrer en symbiose avec des Algues microscopiques pour constituer des Lichens.

L'autre classe de Champignons supérieurs, les Basidiomycètes, présente des corps fructifères complexes, dans lesquels les spores sont portées par des basides. Ces dernières sont constituées d'une cellule allongée qui soutient, le plus souvent, quatre spores. Les différences entre les asques et les basides ne peuvent être mises en évidence qu'au moyen du microscope : en fait, à l'œil nu, il n'est pas possible de reconnaître un Ascomycète ou un Basidiomycète sans se servir d'un manuel de classification.

Pour certains Champignons on ne connaît toutefois aucune phase de reproduction sexuée; on connaît seulement les processus de reproduction agamique qui peuvent avoir lieu par simple fragmentation des hyphes (thallospores) ou bien par transformation d'hyphes particuliers, dits « conidiophores », qui produisent des conidiospores, ou conidies.

Tous ces organismes sont réunis par commodité dans le groupe des Champignons imparfaits, ou Deutéromycètes, qui toutefois ne possède aucune identité systématique précise; en fait, pour de nombreuses espèces qui en font partie, la forme parfaite qui, le plus souvent, correspond à celle d'un Champignon ascomycète, a déjà été identifiée. Ainsi, par exemple, le genre *Aspergillus*, qui comprend des espèces à reproduction asexuée, n'est pas autre chose que la forme conidienne imparfaite de l'espèce du

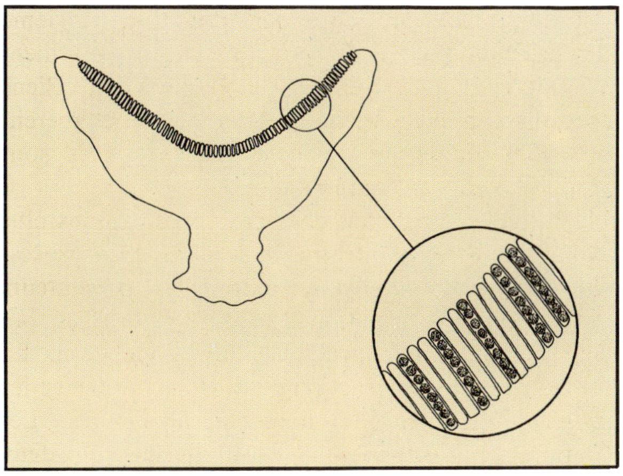

genre *Eurotium*; celle-ci est un Ascomycète normal possédant une reproduction sexuée donnant lieu à des corps fructifères. Il faut souligner à ce propos que la formation de ces derniers est très rare, alors que la forme reproductive normale est la formation de conidies. Lorsqu'il aura été possible de préciser à quelle forme parfaite correspondent les différentes formes imparfaites, la catégorie des Champignons Deutéromycètes n'aura plus aucune raison d'exister.

La reproduction végétative

Bien que les spores constituent le système le plus important de reproduction sexuée et de reproduction asexuée chez les Champignons, le mode à travers lequel ces derniers se développent végétativement peut être considéré comme une forme de reproduction. Au fur et à mesure que les hyphes fongiques se développent dans un milieu, leur colonie devient de plus en plus grande : pendant cette croissance, un nouveau milieu est envahi et l'ancienne colonie d'origine peut se scinder en colonies filles.

Au moins dans la théorie, la phase végétative d'un Champignon n'a pas de fin, de telle sorte que sur un milieu de culture bien choisi les mycéliums fongiques peuvent y être cultivés pendant un temps illimité. Dans la nature, une colonie fongique possède une durée limitée de vie par l'effet d'événements naturels, tels que le vent, le feu, etc. Selon quelques biologistes, l'accroissement végétatif de certains Champignons a plus d'importance que la dispersion de leurs spores, bien qu'il soit évident que la colonisation de nouveaux territoires, même très éloignés, ne peut se produire qu'au moyen de spores.

Les Ascomycètes constituent le groupe majeur des Champignons; il comprend actuellement 15 000 espèces environ. Ces organismes se rencontrent dans des habitats très différents et s'accroissent soit sur le sol, soit dans l'eau.

Certains d'entre eux sont saprophytes, c'est-à-dire qu'ils vivent sur des résidus de Plantes ou d'Animaux et ils sont caractérisés par le fait qu'ils remplissent une fonction importante dans la décomposition de composés organiques et dans le recyclage, qui s'ensuit, des éléments nutritifs.

D'autres sont au contraire parasites : ils infectent Plantes et Animaux et sont la cause de nombreuses maladies. Appartiennent à ce dernier groupe le « blanc », ou oïdium du Pêcher, la fumagine de la Vigne et le *Candida albicans*, qui crée des infections dans l'appareil reproducteur féminin ainsi que des pharyngites chez les bébés (muguet).

Parmi les Ascomycètes, les Discomycètes possèdent un corps fructifère en forme de coupe, quelquefois soutenu par un petit pédoncule. Un exemple significatif est constitué par l'*Aleuria aurantia* que l'on trouve en général sur les bords des sentiers forestiers vers la fin de l'été. Ses petites coupes possèdent une couleur orangée brillante et peuvent atteindre un diamètre de 10 cm; certaines espèces de

En haut : la section longitudinale du corps fructifère, en forme de coupe, d'un ascomycète, montre l'hyménium avec des asques et des cellules parfaitement stériles. Ci-dessus : ascomycète en forme de coupe, des forêts tropicales, appartenant au genre Peziza. *A gauche : cette section microscopique, pratiquée à travers l'hyménium d'un ascomycète, montre les asques étroitement serrés les uns à côté des autres.*

ce groupe sont colorées par la présence de plusieurs pigments caroténoïdes, contenus dans les spores elles-mêmes ou le plus souvent dans des hyphes stériles pouvant être présents parmi les asques. Ces derniers sont disposés parallèlement entre eux et sont liés avec des hyphes stériles très minces, appelés « paraphyses », de telle sorte qu'ils forment la couche compacte constituant la surface concave de la petite coupe. Lorsque les spores sont mûres, elles sont éjectées à l'extérieur et peuvent parfois être observées lorsqu'elles sortent de la coupe comme de petits nuages de poussière. Mais tous les Discomycètes ne sont pas en forme de coupe. Chez certaines espèces, le corps fructifère ne s'est guère modifié,

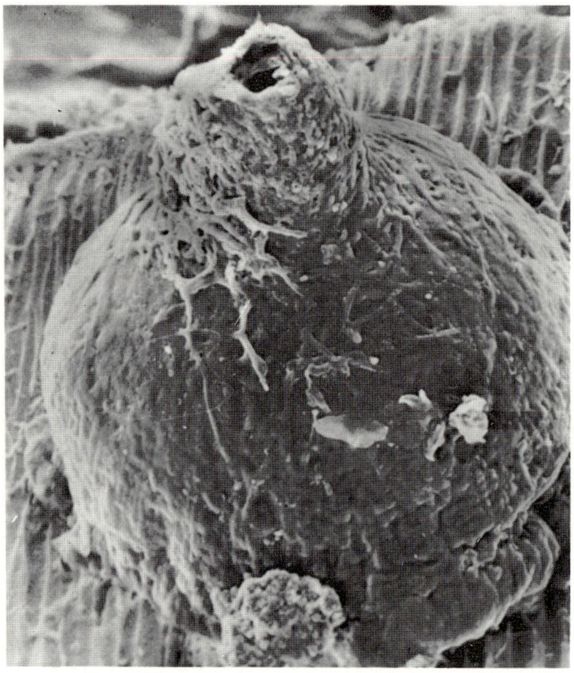

Ci-contre : périthèce, observé au microscope électronique; noter son ostiole apical. A droite : aspect des corps fructifères du Xylaria hypoxylon. *Structure schématisée de deux ascocarpes : apothécie ouverte en coupe (en bas); périthèce en forme de bouteille (page ci-contre en bas, à gauche).*

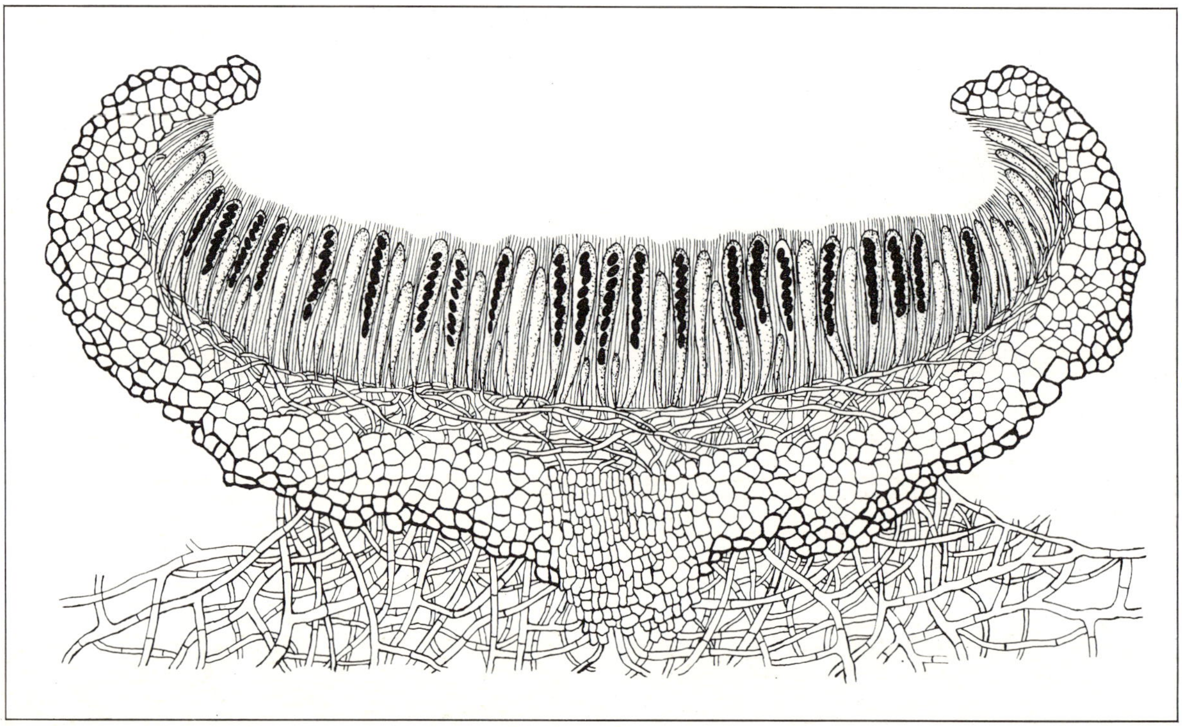

comme dans le cas des Morilles chez lesquelles le pédoncule de soutien s'est détendu pour former une sorte de massue, où la couche de spores recouvre la surface de la partie supérieure, étendue et contractée, en guise de chapeau.

Une autre variation est visible chez les Truffes, dont le corps fructifère offre une forme sphéroïdale et possède une couche fertile interne à circonvolutions. Les Truffes se développent dans le sol, et dans certains cas on les trouve à des profondeurs considérables, où leur habitat souterrain a donné naissance à un système de libération particulier de leurs spores : celles-ci peuvent être dispersées du corps fructifère décomposé par des Animaux invertébrés hypogés; ou bien le corps fructifère lui-même peut être mangé par des Animaux mycophages, par exemple par les Porcs, si bien que les spores sont ensuite dispersées par les excréments de ces Animaux, sur des aires assez étendues.

Les Ascomycètes

Caractérisés par la présence de corps fructifères à utricule, certains Ascomycètes sont connus aussi sous le nom de Pyrénomycètes; les asques qui contiennent les spores sont produits à l'intérieur d'un périthèce qui présente à son apex une ouverture (ostiole) bien définie; certains types possèdent aussi un col bien prononcé.

La couche qui forme les asques, l'hyménium, revêt l'intérieur du corps fructifère, et la dispersion des spores est réalisée par l'éjection forcée de ces dernières à travers l'ostiole ou bien par exsudation des spores dans un milieu visqueux. Les périthèces peuvent être produits isolément à la surface du milieu de culture ou bien à l'intérieur de ce dernier. Souvent, ils se forment au centre d'un amas de tissu mycélien, appelé « stroma ».

Les corps fructifères des Pyrénomycètes présentent des variations considérables, si bien qu'il est facile de subdiviser le groupe en plusieurs ordres. Le *Xylaria hypoxylon*, un Pyrénomycète assez répandu qui s'accroît sur de vieilles souches et sur des rameaux d'arbres, présente un corps fructifère soutenu par un stipe et ramifié à son extrémité.

Une espèce voisine, le *Xylaria polymorpha*, pousse à la base de vieilles souches d'arbres vers la fin de l'été et produit une agglomération de corps fructifères noirâtres en forme de doigt.

De son côté, le *Daldinia concentrica* produit des corps fructifères hémisphériques sur des troncs et sur des rameaux de Frênes, au début de l'été.

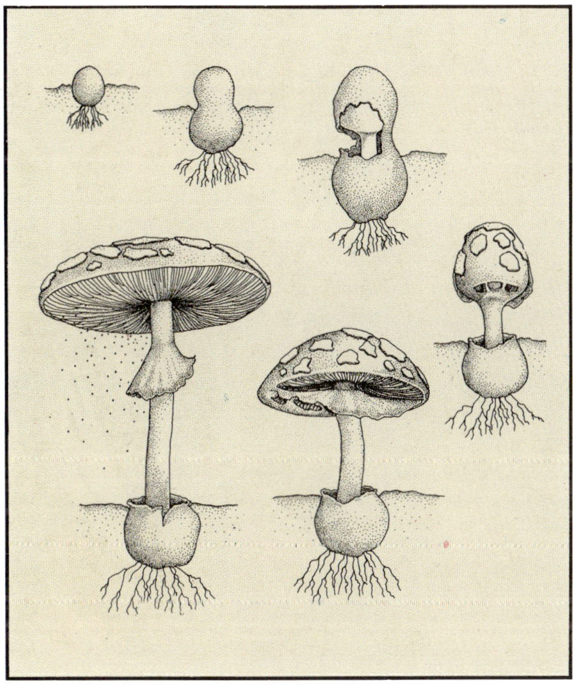

A gauche : développement du corps fructifère d'un Champignon agaricale; le corps fructifère émerge de la volve tandis que ses lamelles se rendent libres progressivement par rupture du voile partiel.
Ci-dessous : cette section microscopique, pratiquée à travers les lamelles du corps fructifère d'un Champignon agaricale, montre l'hyménium avec les basides portant quatre basidiospores.

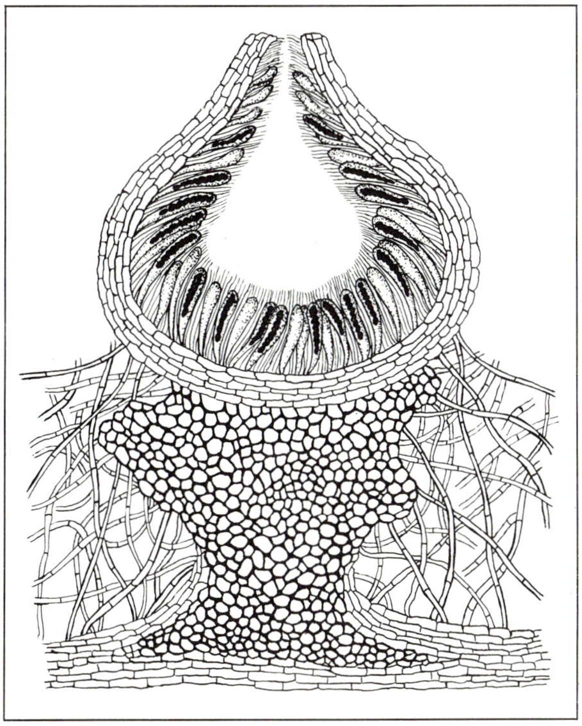

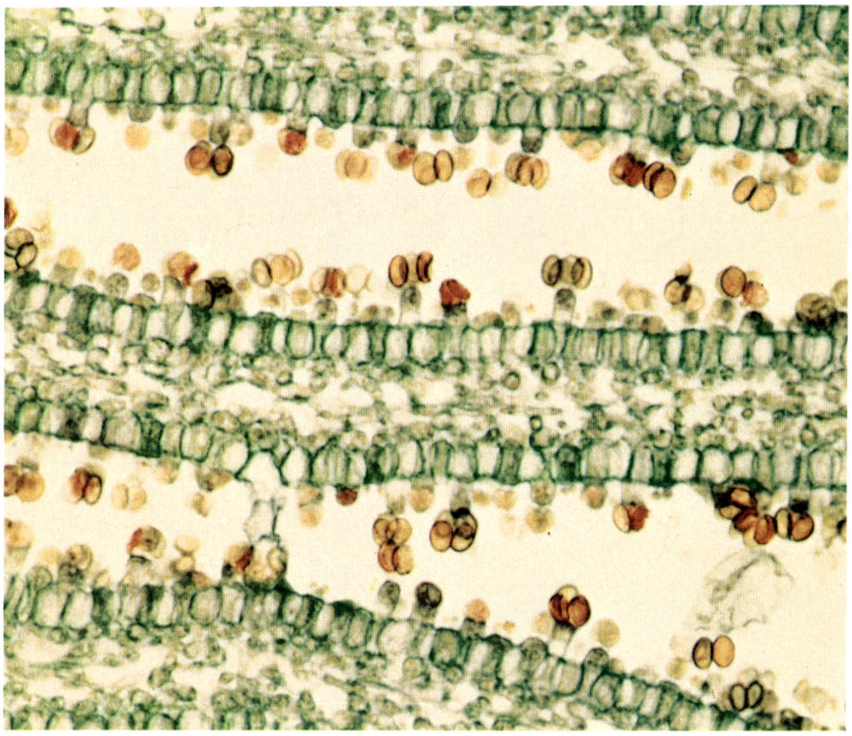

Les asques, contenant chacun huit spores, sont produits dans de nombreux périthèces situés dans la couche extérieure de chacun des différents corps fructifères. Les spores sont émises pendant la nuit, durant tout l'été; elles peuvent souvent être observées sous forme de dépôt noir, poussiéreux, charbonneux, à la surface des corps fructifères ou bien sur l'écorce environnante.

Les Levures

Un troisième groupe d'Ascomycètes comprend les Levures, connues par leur utilisation dans la fabrication du pain, de la bière, du vin, etc.

Les Levures ne forment aucun corps fructifère bien défini; elles sont constituées par des colonies de cellules qui bourgeonnent et se scindent, dont chacune se comporte comme un individu isolé plutôt que comme l'élément d'un ensemble. Il existe plusieurs types de Levures; les plus importants sont les agents de la fermentation du sucre : ils donnent lieu à la production de gaz carbonique et d'alcool.

Les diverses espèces de Levures sont utilisées pour obtenir des produits différents. Par exemple, la bière résulte de la fermentation d'extrait de malte d'Orge, aromatisé avec du Houblon par une souche de *Saccharomyces cerevisiae*, alors que la bière légère est obtenue au moyen du *Saccharomyces carlsbergensis*.

Le *Penicillium* et les autres Moisissures vertes ou bleues sont des Champignons communs qui jouent un rôle important dans de nombreux processus pathologiques. Il s'agit d'Ascomycètes, mais, à la différence des autres groupes, ils sont particulièrement connus par la formation de spores asexuées appelées « conidies ».

Toutefois, ces Moisissures forment des asques et des ascospores, c'est-à-dire des spores sexuées, mais plusieurs d'entre elles sont dotées d'un système de reproduction asexué si bien développé qu'il paraît qu'elles sont en mesure de survivre sans devoir avoir recours au processus sexuel.

De nombreux Ascomycètes s'unissent aux Algues pour former les Lichens. Dans ces rapports symbiotiques, les symbiotes coexistent, avec des avantages mutuels dérivant de leur association. Les Lichens vivent à la surface de rochers ou sur l'écorce des arbres; ils remplissent un rôle important dans la colonisation de terrains non fertiles. La plupart des Champignons présents chez les Lichens appartiennent au groupe des Discomycètes (dans lequel sont regroupés tous les Ascomycètes qui produisent des corps fructifères en forme de coupe); à certaines périodes de l'année, leurs coupes, aux couleurs très vives, contrastent fortement avec la couleur pâle du thalle végétatif du Lichen.

Structure des lamelles des Basidiomycètes : l'hyménium, ou partie fertile, au niveau duquel sont produites les spores, recouvre la surface inférieure du chapeau, plusieurs fois repliée pour former une série de compartiments.

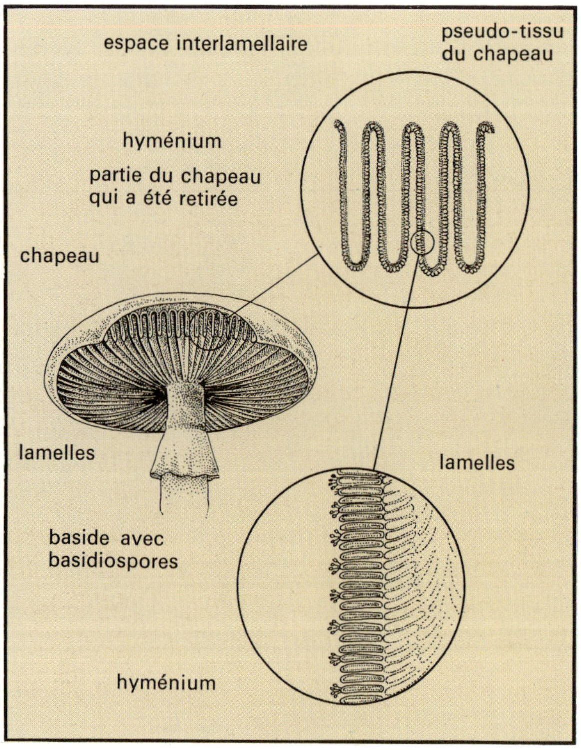

Ci-dessous : l'agrandissement de la surface inférieure d'un hyménium met en évidence les pores. Chez les Bolétacées et les Polyporacées, l'hyménium revêt l'intérieur des pores à la place des lamelles.

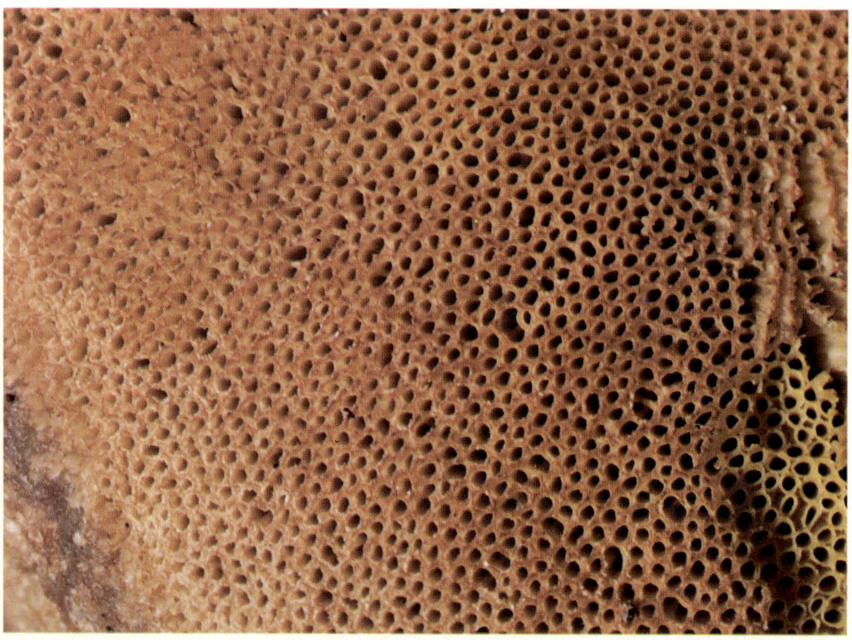

Les cercles des sorcières

Il arrive assez souvent de rencontrer une colonie de Champignons dont les corps fructifères s'accroissent selon une ligne circulaire plus ou moins large : il s'agit des soi-disant « cercles » ou « anneaux des sorcières ». Au cours de l'Antiquité, d'innombrables légendes ont fleuri autour de ces cercles et on tenta plutôt d'en donner une explication selon un contexte magique. La dénomination qu'on leur donne aujourd'hui encore est issue de la légende allemande selon laquelle ces cercles apparaissent dans les lieux où les sorcières ont l'habitude de danser au cours de la nuit de Walpurgis.

La Mycologie moderne a définitivement effacé toutes les légendes qui ont proliféré autour des Champignons ; elle en a donné l'explication scientifique, même en ce qui concerne la formation des anneaux des sorcières. Ces derniers ne sont pas autre chose que des colonies de mycélium, très grandes, se formant au cours de plusieurs années et qui continuent à se répandre sur le terrain. Imaginons, tout d'abord, que sur un point quelconque d'un pré se constitue une concentration de mycélium fongique donnant naissance à un corps fructifère ; en dehors de la dispersion des spores, le mycélium lui-même se reproduit aussi de façon asexuée : de cette manière, à partir du centre, il s'irradie dans toutes les directions, produisant des corps fructifères disposés en cercle autour du premier corps fructifère.

Dans un premier temps, tous les Champignons seront très rapprochés entre eux si bien qu'il ne sera pas possible de noter leur disposition en anneau ; mais, peu à peu, la colonie se développera de plus en plus vers l'extérieur, alors que simultanément le mycélium de la partie centrale vieillit et meurt. Évidemment, la colonisation d'un nouveau territoire s'effectuant selon ce mécanisme, peut se réaliser seulement si dans le terrain il y a une distribution uniforme de substances nutritives et si le mycélium ne rencontre aucun obstacle d'ordre physique, chimique, ou biologique.

Au cours d'expériences effectuées au laboratoire, mettant à la disposition du Champignon un milieu de culture parfaitement uniforme, on a facilement obtenu des colonies sphériques. Dans la nature, il est plus rare qu'une colonie fongique en voie d'expansion puisse se propager uniformément sans rencontrer aucun élément qui l'arrête : il suffit qu'elle rencontre une zone brûlée, le terrier d'un Animal, un petit cumul d'excréments, pour que la ligne d'accroissement du mycélium qui tente de suivre le substrat favorable, tout en évitant des terrains peu oxygénés ou acides, soit modifiée.

Parmi les espèces qui forment le plus souvent des colonies en anneau, il faut rappeler le *Marasmius oreades*, l'*Agaricus tabularis* et le *Leucopaxillus gigantea*, qui, dans une certaine mesure, sont nuisibles aussi aux herbes dans les lieux où ils s'accroissent. De tels dégâts ne doivent pas être attribués à une forme de parasitisme du mycélium fongique vivant à la charge des espèces végétales ; la croissance de ces Champignons est accompagnée par une série de transformations qui se réalisent au niveau du terrain, c'est-à-dire la dégradation de résidus végétaux accompagnée par la libération des substances nutritives contenues dans ces mêmes résidus que le Champignon utilise ; il se produit aussi une libération de toxines par le Champignon lorsqu'il se décompose.

Exemple typique de cercle des sorcières formé par des corps fructifères du Marasmius oreades.

Les Basidiomycètes

La forme la plus répandue du corps fructifère des Champignons qui généralement sont récoltés et employés dans la cuisine est la forme typique à parasol, caractérisée par un pédoncule, ou stipe, soutenant un chapeau. La surface inférieure de ce dernier peut présenter une série de lamelles ou bien une formation à l'apparence spongieuse constituée par de petits tubes ouverts à une extrémité au moyen de pores. Les deux sous-ordres principaux des Basidiomycètes peuvent être identifiés d'après cette structure : les Agaricales, pourvus de lamelles, auxquelles appartiennent, par exemple, le Champignon de couche et l'Oronge vraie; les Bolétales, pourvus de tubes et de pores, dont fait partie, entre autres, le Cèpe comestible.

La couche qui porte les spores, ou hyménium, recouvre chaque face des lamelles ou bien revêt la paroi interne des tubes. Pour certains Champignons, l'hyménium peut être produit au cours du développement d'un voile partiel qui s'étend du bord du chapeau jusqu'au pied; quelquefois, il s'agit d'un voile très mince et transparent, mais, dans certains cas, comme pour les Champignons de couche *(Agaricus campester)*, le voile est plus consistant. Avec l'accroissement du Champignon, le voile se brise tout autour du chapeau, mais il demeure dans sa partie inférieure pour former un anneau qui adhère au stipe. Pour d'autres espèces on trouve une enveloppe complète qui entoure le corps fructifère tout entier; lorsque cette enveloppe se brise, les résidus peuvent former une sorte de sac, la volve, autour de la base du stipe.

Dans de nombreux cas, les corps fructifères ont une vie courte, n'étant produits qu'au cours de la période chaude et humide de l'automne. Chaque corps fructifère présente à la base du pied un certain nombre de filaments semblables à des radicelles. Ceux-ci relient le corps fructifère au mycélium, qui généralement vit longtemps et a pour fonction

Page ci-contre, en bas à droite : corps fructifères à console, du Polyporus squamosus, *espèce vivant sur les arbres, atteignant même des parties très hautes des troncs.*

de procurer les substances nutritives nécessaires à l'accroissement. Les cellules qui forment les spores, les basides, se développent dans l'hyménium, et les basidiospores sont produites à l'extérieur de ces cellules, en général sur des filaments courts appelés « stérigmates ». Chez des Basidiomycètes typiques, sur chaque baside se forment quatre spores d'origine sexuée, mais des basides portant deux spores sont assez fréquentes : on les rencontre chez l'*Agaricus bisporus*, qui tire son nom de cette caractéristique.

D'autres espèces sont caractérisées par la présence de basides produisant huit, seize ou même un nombre plus élevé de spores. En fonction de la présence ou de l'absence de cloisons à l'intérieur de la baside, les Basidiomycètes se subdivisent en Phragmobasidiomycètes et Holobasidiomycètes. Les premiers présentent des cloisons, ou septums, à l'intérieur de la baside elle-même et comprennent les ordres des Ustilaginales, des Urédinales, des Auriculariales (pourvus de cloisons transversales) et des Trémellales (pourvus de cloisons longitudinales). Les seconds possèdent des basides dépourvues de cloisons; ils regroupent les Hyménomycètes (ordre des Hyménomycétales, comme les Bolets, les Amanites, les Champignons de couche, etc.) et les Gastéromycètes (ordre des Gastromycétales).

Le mécanisme de la dispersion

Pour la plupart des Champignons l'hyménium est maintenu en position verticale, alors que les basides qui portent les spores sont disposées horizontalement. Au moment de la libération des spores, celles-ci sont lancées en avant sur une distance courte, généralement inférieure au millimètre, ce qui les conduit à mi-chemin environ entre deux lamelles voisines; ensuite elles tombent verticalement par action de la gravité. Mais lorsqu'elles sortent du chapeau elles sont facilement entraînées par des courants d'air, et peuvent ainsi être transportées à de grandes distances ou bien dispersées sur une aire assez vaste. Ce type de trajectoire s'appelle la « sporebole », et ce mécanisme est essentiel pour que la dispersion soit efficace; si la spore était expulsée avec une violence excessive, elle serait bloquée sur la lamelle voisine. En raison de son poids spécifique assez bas, la spore tombe très lentement et a de bonnes probabilités d'être transportée par le vent.

Généralement, les basides mûrissent toutes ensemble à l'intérieur de l'hyménium; à un certain moment, les spores sont émises par toutes les basides de la même lamelle ou du même tube, et de nombreuses spores sont donc libérées simultanément. Afin de garantir le succès de ce type de dissémination, les lamelles doivent être disposées dans une position parfaitement verticale par rapport au sol; le stipe du Champignon présente ainsi un géotropisme négatif, puisqu'il s'accroît dans le sens opposé à la force de gravité; pour leur part, les lamelles possèdent un géotropisme positif, en vertu duquel, si le chapeau pousse par hasard dans une position inclinée, de sorte que la verticalité des lamelles s'en trouve altérée, il se vérifie un léger accroissement de chacune des lamelles jusqu'à ce qu'elles reprennent une position verticale. Dans le cas des Polyporacées, qui s'accroissent sur des troncs d'arbres et même à une hauteur considérable du sol, la dispersion des spores par le vent est assurée parce que chaque spore, avant de toucher le sol, descend lentement sur un trajet assez long.

Ce schéma représente le mécanisme de dispersion des spores chez les Champignons corticoles à console, aussi bien que chez des Basidiomycètes communs à chapeau. Après une brève chute, par gravité, les spores sont entraînées, par le vent, loin du corps fructifère qui les a produites.

Comment reconnaître les spores

Bien que les spores, considérées isolément, soient des formations microscopiques, elles sont visibles à l'œil nu lorsqu'elles sont observées dans leur ensemble. Pour cela, on peut réaliser une expérience assez simple qui consiste à retirer le chapeau d'un Champignon, de préférence chez un Basidiomycète possédant un chapeau bien différencié, et à le déposer plusieurs heures, à température ambiante, sur une feuille de papier blanc. Lorsqu'on retire le chapeau de ce Champignon, on peut observer sur le papier ce qu'on appelle la « sporée », constituée par la masse des spores qui sont tombées des lamelles ou des tubes. Si au préalable le papier a été enduit de cire, la sporée peut être rendue permanente en réchauffant légèrement le papier lui-même.

Les spores peuvent être de différentes couleurs; pour identifier un Champignon, il est conseillé d'effectuer la sporée avec une moitié du chapeau déposée sur du papier noir, de sorte que les spores blanches puissent facilement être mises en évidence; l'autre moitié du chapeau sera déposée sur du papier blanc pour mettre en évidence les spores colorées.

Les spores incolores sont blanches dans leur masse, mais celles qui sont colorées sont plus visibles dans la sporée que lorsqu'elles sont observées au microscope. Du moment que la couleur des spores est une caractéristique assez stable et spécifique pour les différents types de Champignons, elle constitue un caractère taxinomique très utile : pour cette raison, dans la description particulière de chaque espèce, qui se trouve dans la deuxième partie de ce volume, est indiquée la couleur des spores, dans leur masse, pour la quasi-totalité des Champignons que nous étudierons.

La couleur d'une spore est due à la présence de pigments qui imprègnent ses parois cellulaires : non seulement il y a des spores offrant des couleurs différentes, mais la structure de la paroi, quant à elle, peut être lisse ou bien différemment ornementée; ces caractéristiques de la paroi cellulaire constituent elles aussi un élément important pour la classification.

Pour avoir une idée de l'énorme quantité de spores qui sont produites par chaque corps fructifère, voici quelques données à simple titre de curiosité : le Champignon de couche produit jusqu'à 1 800 millions de spores, à une vitesse moyenne de 4 millions à l'heure!

La dispersion et la fixation des spores

Le premier problème que la spore doit affronter, après avoir été transportée par le vent dans une nouvelle aire de colonisation, est celui de trouver le terrain favorable pour se fixer et faire croître une nouvelle colonie. Les spores qui tombent sur un endroit défavorable peuvent mourir, ou bien elles donnent lieu à des formes de survie qui pourront germer seulement au moment où elles se trouveront dans un lieu favorable à la formation d'un mycélium. Au contraire, les spores qui tombent sur un terrain favorable germent et produisent une nouvelle colonie.

Le problème de survie qui conditionne le plus une colonie fongique est celui de toujours trouver, là où elle s'accroît, des aliments suffisants pour la colonie elle-même qui peu à peu grandit. Il y a, en outre, la question de l'élimination des excrétions provenant du métabolisme du Champignon lui-même, qui peuvent atteindre des concentrations telles qu'elles deviennent nuisibles à celui qui les a produites : cette limite peut être dépassée au bout de quelques jours, comme c'est le cas des espèces appartenant au genre *Pilobolus*, qui poussent sur les excréments des bovins, ou bien celui des Moisissures vertes qui prolifèrent sur le fromage et le pain. Dans d'autres cas, il faut attendre plusieurs années pour que les métabolites puissent inhiber le développement ultérieur du Champignon : c'est le cas de certains *Ganoderma*, qui forment des colonies sur des troncs d'arbres morts et qui dispersent leurs spores dans leur voisinage; ces organismes peuvent proliférer sur le même lieu pendant des périodes très longues.

En raison de leur petite taille, les spores fongiques contiennent peu de substances de réserve, si bien que les premiers hyphes qui se développent à partir d'elles ont besoin de rencontrer des terrains favorables où elles peuvent trouver les aliments nécessaires à leur croissance. Le nombre de spores produits est en relation avec ce phénomène : toutes les spores ne tombant pas sur un terrain favorable, plus élevé sera leur nombre, plus nombreuses seront leurs chances de germination.

Un autre facteur qui revêt une grande importance pour garantir la survie et la propagation d'une espèce fongique, est celui de la durée vitale des spores elles-mêmes : celles-ci doivent nécessairement conserver leur capacité de germer pendant tout le temps de leur transport et jusqu'à la rencontre d'un terrain favorable à leur développement. Certains exemples significatifs se rencontrent parmi les espèces pathogènes qui produisent des mycoses chez les Plantes : un Champignon parasite des Choux et d'autres Brassicacées produit des spores qui sont en mesure de survivre dans le sol pendant plus de dix ans, en attendant qu'une Plante de la famille des Brassicacées se développe dans leur voisinage. Il est évident que, de cette manière, les chances de rencontrer une Plante hôte favorable à leur développement sont considérablement accrues si la spore demeure en état d'attente! Cette longue période de survie est obtenue par la production de spores particulières, dites « durables », pouvant résister dans le sol jusqu'à ce qu'elles rencontrent une Plante hôte favorable près d'elles. La germination de ces spores est alors reliée à la production de substances chimiques bien déterminées de la part de l'hôte. Dans le cas précédemment mentionné, ce sont les substances diffusées dans le sol, à partir de racines

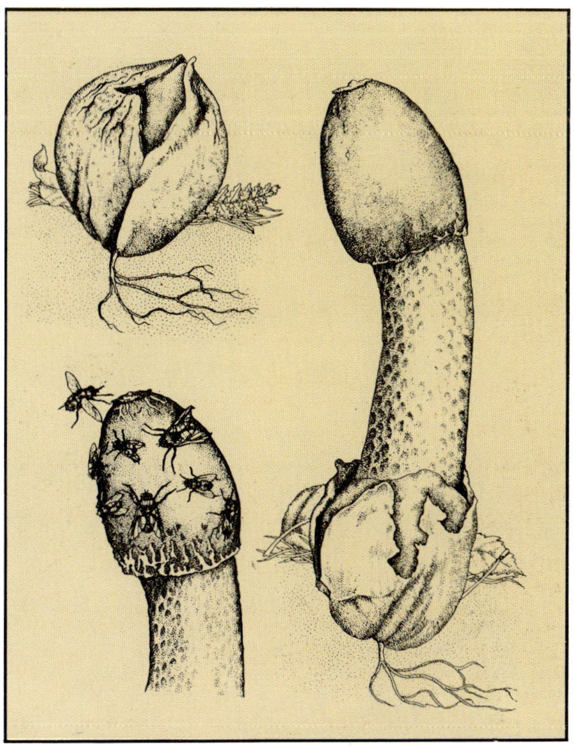

Cycle du développement du Phallus impudicus, *à partir de sa phase juvénile, ovoïde, jusqu'à la formation du stipe, pourvu du chapeau à mitre, et à l'ingestion des spores de la part des Mouches.*

Corps fructifère adulte et mûr de Phallus impudicus ; *noter la masse mucilagineuse, sporogène, de couleur verte, destinée à être emportée par des Insectes et des Oiseaux qui propagent les cellules reproductrices des Phallacées.*

du Chou, qui sollicitent la spore; ces substances ne peuvent être produites par des Plantes qui n'appartiennent pas à la famille des Brassicacées.

La chute des spores

Le processus de dispersion des spores est particulièrement bien connu chez les Basidiomycètes supérieurs : les basidiospores tombent depuis les espaces qui séparent les lamelles ou bien à partir des pores, par l'effet de la gravité; du fait qu'elles possèdent une masse très réduite, elles descendent très lentement en l'absence de forts courants d'air. Les spores du Champignon de couche, par exemple, tombent à une vitesse d'environ un millimètre par seconde, alors que celles de certains *Coprinus* atteignent trois millimètres par seconde. Ces vitesses, en fonction de la distance du sol des lamelles ou des pores, montrent que les spores mettent de vingt secondes à une minute pour atteindre la surface du sol. Dans certains cas, comme dans celui des Champignons à console qui poussent sur des troncs d'arbres, la chute peut même durer plus d'une heure. Ces calculs ne sont évidemment valides qu'en l'absence du vent, ce qui ne se vérifie presque jamais : un courant d'air, même très faible, peut déranger la chute, provoquant des déviations dans la trajectoire des spores, les transportant très loin. Selon certains auteurs, afin de faciliter la dispersion des spores à de grandes distances, les Champignons eux-mêmes provoqueraient des variations locales de la température, qui auraient pour conséquence des turbulences légères, en mesure toutefois de produire de petits courants d'air. Même lorsque le corps fructifère se développe au milieu d'une végétation très dense, il est vraisemblable qu'il y ait assez de mouvements d'air pour que les millions de spores produites puissent être efficacement dispersées. Une exception est cependant constituée par des Champignons qui se développent à l'intérieur de fissures ou de crevasses du bois, là où nécessairement les spores doivent demeurer à l'intérieur de la fissure elle-même. De toute manière, même ces dernières se trouvent sur un terrain qui est favorable à leur germination. Une fois qu'elles atteignent l'atmosphère, transportées par un courant d'air, les spores peuvent parcourir assez rapidement des espaces très vastes. Encore une fois, ce sont les Champignons pathogènes des Plantes qui fournissent des données permettant d'évaluer les distances : il a été démontré que certaines spores peuvent être entraînées dans les parties supérieures de l'atmosphère pour retomber ensuite à plusieurs kilomètres de distance de leur lieu d'origine. Par exemple, il a été confirmé que les spores de la rouille du Blé sont capables de parcourir, à toutes les saisons, la distance qui sépare le Texas du Canada.

C'est sans doute la pluie qui fait descendre vers le sol les spores qui se trouvent dans l'atmosphère. En particulier, dans les parties hautes de celle-ci, les spores sont entraînées par des courants d'air qui descendent à proximité du sol; de là, elles sont reconduites sur le sol par une goutte d'eau ou par l'humidité atmosphérique.

Les Gastéromycètes

Nous avons vu jusqu'à présent que les corps fructifères des Champignons sont « programmés » pour survivre jusqu'à la dissémination des spores. Toutes les Agaricacées, les Bolétacées et les Polyporacées, pour citer certains exemples, dispersent leurs spores loin de l'hyménium, et leur corps fructifère est structuré de façon à permettre aux spores d'être entraînées par le vent. Toutefois, pour un des principaux groupes de Basidiomycètes, les spores sont produites à l'intérieur du corps fructifère, qui s'ouvre tout simplement et se décompose lorsqu'elles atteignent leur maturité : il s'agit des Gastéromycètes, qui, à cause de cette caractéristique, ont reçu une dénomination dont l'étymologie signifie « Champignon à estomac ». Il est évident que, dans ce cas, les spores ne peuvent être dispersées dans l'air simplement par l'effet de la pesanteur : ainsi, ces Champignons ont développé des systèmes de dispersion des spores tout à fait particuliers.

Parmi tous les Gastéromycètes, la famille la plus originale est celle des *Phallacées*, à laquelle appartiennent des espèces à forme d'œuf, dont le corps fructifère est enveloppé dans une membrane blanche au cours des premières étapes du développement; adultes, elles possèdent un corps fructifère phalloïde, formé d'une trame fertile, mucilagineuse, appelée « gléba », qui porte un chapeau en forme de mitre, soutenu par un stipe plus ou moins long.

Pour une de ces espèces *(Clathrus cancellatus)*, la gléba recouvre l'intérieur d'un corps fructifère grossièrement réticulé; pour d'autres *(Lysurus* et *Aseroë)*, le corps fructifère a l'aspect d'une fleur. Ces Champignons sont tous malodorants, et ils attirent les Mouches et les Limaces, qui, s'en nourrissant, effectuent la dispersion des spores.

En Europe méridionale, le plus commun de ces étranges Champignons est le *Phallus impudicus*, qui vit sur des souches d'arbres ou sur des feuilles en décomposition; jeune, le corps fructifère est semblable à un œuf de poule, alors que dans sa forme adulte il atteint une hauteur de 10 à 15 cm, parvenant à cette taille en l'espace de quelques heures. Une telle vitesse d'accroissement est déterminée par l'expansion du tissu spongieux du stipe qui absorbe rapidement de l'eau. Son chapeau est déjà complètement formé au moment de l'émergence de l'œuf, et il est relié au stipe seulement au niveau de sa partie apicale; il est revêtu d'un mucilage épais, de couleur olivâtre, d'où émane une odeur fétide caractéristique et au sein duquel sont produites les spores. Une espèce très proche de la précédente, le *Phallus hadriani*, s'accroît sur les dunes de sable; son chapeau est plus arrondi et son odeur douce est moins désagréable. Le *Mutinus caninus*, au stipe jaunâtre et au chapeau de couleur rouge, est presque aussi connu que le *Phallus impudicus*.

Pour favoriser la dispersion des spores de ces Champignons, une partie du tissu fructifère mucilagineux (producteur de spores) peut tomber du chapeau sous forme de gouttes, ou bien il peut être lavé et emporté par les pluies, mais ce tissu est le plus souvent mangé par des Mouches, par des Limaces et par différents Insectes, qui, dans les deux heures qui suivent sa formation, peuvent le dévorer complètement. Les spores résistent à l'action des sucs gastriques de ces derniers; elles passent dans l'appareil digestif et sont ensuite rejetées à l'extérieur dans des lieux souvent éloignés de ceux où elles ont été produites. De cette manière est assurée la colonisation de nouveaux terrains, aussi bien que la dissémination dans un endroit favorable à la germination des spores elles-mêmes puisque les Insectes, par exemple les Mouches, sont attirés par des substances végétales en voie de décomposition sur lesquelles le Champignon trouvera son habitat idéal.

Ce système de dispersion des spores est aussi celui du *Clathrus cancellatus*, du *Lysurus gardneri*, de l'*Aseroë rubra* et du *Dictyophora indusiata*, qui appartiennent à la même famille. L'*Aseroë* forme

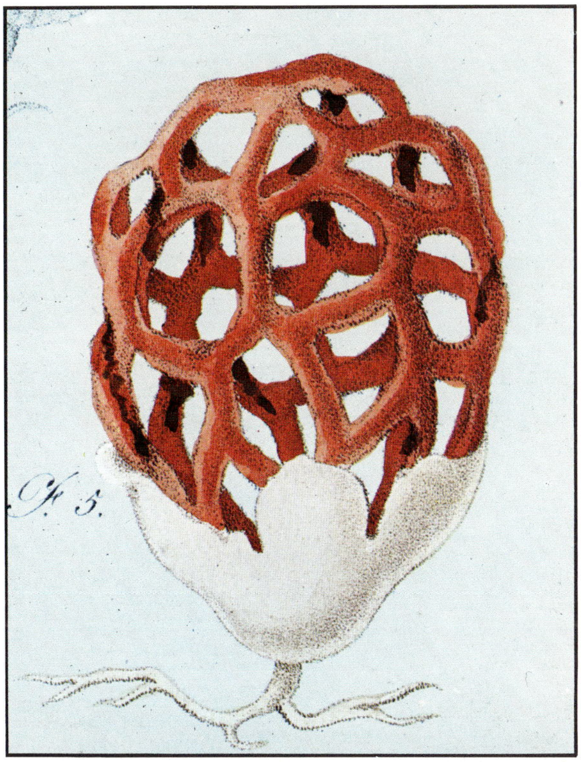

Ci-contre : cet ancien dessin représente le Clathrus cancellatus, *l'un des Gastéromycètes parmi les plus rares et les plus originaux. Ci-dessous : Champignon du genre* Clathrus *sur lequel se sont posées de nombreuses mouches se nourrissant de ses spores.*

Une Vesse « géante »

Il s'agit d'un des Champignons de plus forte taille qui est connu sous le nom scientifique de *Langermannia gigantea,* ou sous d'autres noms que voici : *Lycoperdon giganteum, Lycoperdon maximum, Calvatia gigantea, Calvatia maxima.* Cette série de noms est due au fait que de nombreux mycologistes ayant été frappés par la taille de ce Champignon, l'ont baptisé chacun selon sa propre qualification : aussi est-il possible de rencontrer sur des textes différents des dénominations différentes concernant toutes la même espèce.
Quelle que soit la dénomination utilisée, cette Vesse appartient aux Lycoperdacées, c'est-à-dire à cette famille très répandue dont elle diffère seulement par ses dimensions beaucoup plus grandes. En fait, on connaît des individus atteignant 14 kg et dont le diamètre est de 50 cm environ ; les dimensions moyennes de cette espèce se situent cependant entre 25 et 30 cm de diamètre. Les individus jeunes possèdent une cuticule extérieure parfaitement lisse, tandis que la chair interne est compacte et uniformément blanche. Au cours de cette phase, le Champignon peut être utilisé dans l'alimentation, découpé en tranches, pané et en friture. Au fur et à mesure que son corps fructifère mûrit, la cuticule extérieure se fissure et prend une consistance semblable à celle d'une feuille de papier, alors que la chair vire progressivement au jaune jusqu'au brun olivâtre. D'autre part, même la consistance de cette chair change avec le temps et se dessèche progressivement ; du point de vue chimique, au fur et à mesure que la maturation des spores se réalise, le Champignon perd assez rapidement une bonne quantité d'eau. Par exemple, un individu qui à l'état jeune pèse 826 g perd 700 g environ d'eau avant que les spores mûrissent. Le résultat de cette transformation est visible chez les Vesses ayant atteint le terme de leur vie, lorsque les spores se libèrent ; à ce stade, le Champignon lui-même est réduit à une masse sèche et poussiéreuse. Les spores libérées par les basides forment une masse duveteuse avec les hyphes du capillitium. Les corps fructifères sont repérables au milieu de l'herbe, dans les jardins, dans les prés, dans les zones cultivées ou archéologiques, au cours de tout l'été et jusqu'à la fin de l'automne ; cependant, il ne s'agit pas d'une espèce très répandue.
La dissémination des spores débute dès que les parois extérieures du corps fructifère sont devenues suffisamment sèches ; à ce stade, elles se déchirent et se replient tout en découvrant la partie interne. Si à cette phase les spores étaient toutes réunies en masse dans la partie centrale du Champignon, ce qui se produit chez la plupart des autres Vesses, elles seraient toutes emportées, par les courants d'air au bout de quelques heures. Par contre, chez cette Vesse géante, elles sont mélangées aux hyphes du capillitium qui les retiennent en partie, tout en permettant leur libération par petites quantités, si bien que le processus de leur dispersion peut se prolonger pour une période de temps assez longue. Cette lenteur peut être liée au fait que, si les spores sont entraînées toutes ensemble par le même souffle du vent, elles sont emportées dans la même direction, si bien qu'elles risquent d'aboutir toutes sur le même type de substrat : au cas où ce dernier n'est pas favorable à la reproduction du Champignon qui les a produites, celle-ci devrait être considérée comme un échec. Par contre, lorsque les spores sont dispersées à plusieurs reprises, il est probable que les différents courants d'air qui les transportent s'orientent selon des directions diverses, les laissant ensuite se déposer sur des substrats différents ; de cette manière, au moins quelques groupes de ces spores se trouvent certainement en condition favorable à la germination. Il a été calculé qu'un seul corps fructifère de *Langermannia gigantea* peut contenir sept milliards de spores : cependant, compte tenu que les corps fructifères de cette espèce ne sont pas fréquents, il faut admettre qu'il y a très peu de spores qui peuvent parvenir à germer.
Dans les campagnes, au cours du siècle dernier, ce Champignon était surtout utilisé comme anti-hémorragique, c'est-à-dire pour arrêter le sang des blessures : à ce propos, les individus encore jeunes étaient découpés en tranches et desséchés.
De plus, il était utilisé par les apiculteurs, du moment qu'un fragment de ce Champignon, lorsqu'on le fait brûler, se consume très lentement tout en produisant une grande quantité de fumée ; lorsqu'il y avait besoin d'effectuer des travaux d'amélioration dans une ruche, on en allumait un petit morceau afin que sa fumée éloigne les Abeilles au cours de ces opérations.

Corps fructifères mûrs du Langermannia gigantea.

une couronne de six à huit bras écarlates, semblables à des tentacules, sur lesquels se trouve le tissu sporogène; il est probable que ces « pétales » colorés jouent le même rôle d'attraction, à l'égard des Insectes, que les pétales des Plantes supérieures, qui attirent les Insectes anthophiles.

Aux Gastéromycètes appartiennent aussi les *Lycoperdacées*, plus connues sous le nom de « Vesses ». Elles possèdent, pour la plupart, une forme ovoïde ou légèrement claviforme, et peuvent atteindre des dimensions très variables, allant de quelques centimètres jusqu'au demi-mètre; ce sont, le plus souvent, des espèces terricoles se développant sur des sols ouverts — prairies, pâturages — ou dans les bois peu denses des montagnes. Les sujets jeunes possèdent une gléba blanche et compacte; de nombreuses espèces sont comestibles et de bonne qualité. Lorsque les spores atteignent leur maturation, le corps fructifère devient plus sombre; la cuticule qui l'enveloppe devient mince et élastique, puis elle se fissure en plusieurs endroits, découvrant ainsi la gléba sous-jacente, qui à ce stade est réduite à une

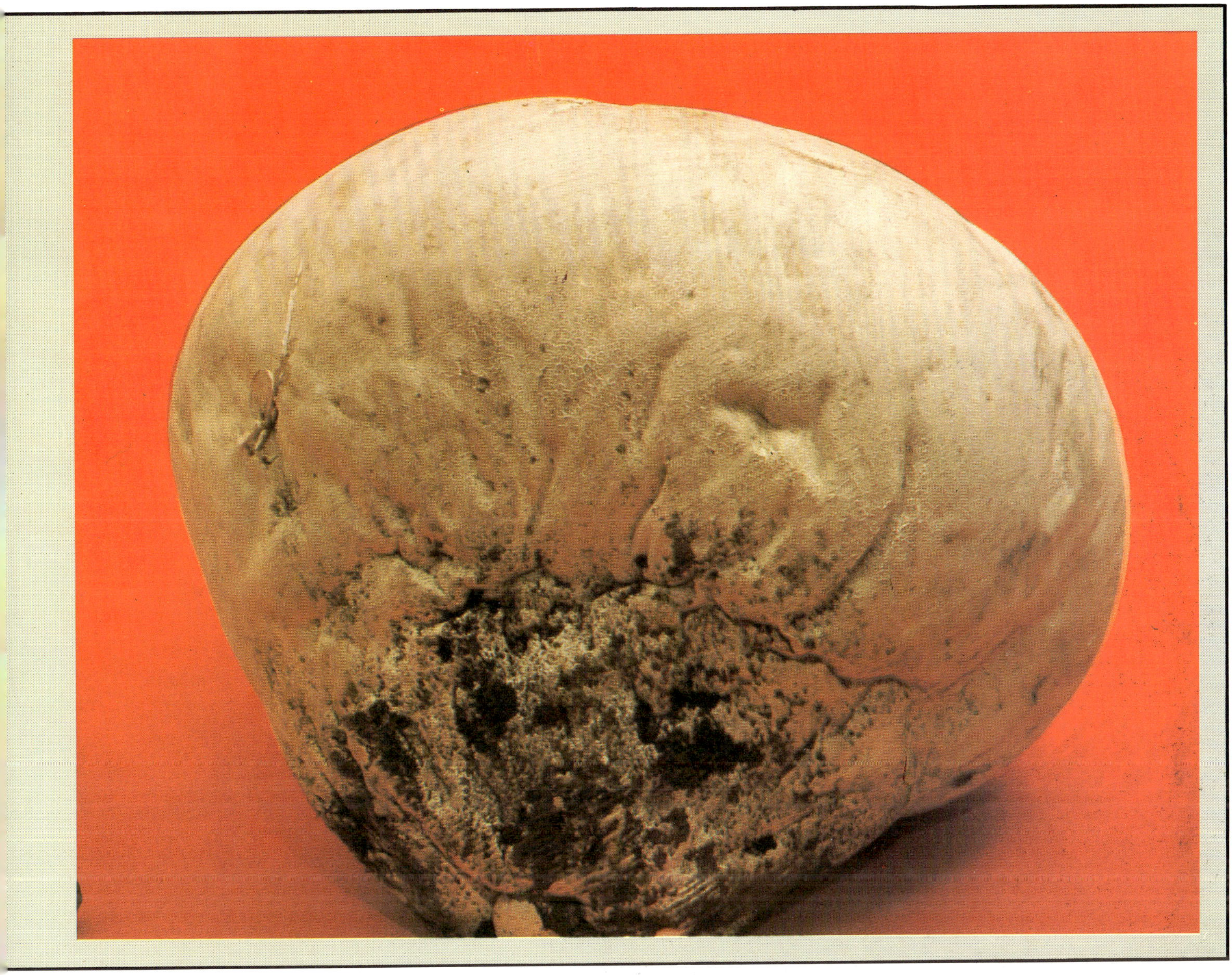

masse poussiéreuse contenant les spores. Avant que celles-ci ne soient mûres et prêtes pour la dispersion, le corps fructifère est très élastique : s'il est soumis à une légère pression, il reprend ensuite sa forme habituelle. Au contraire, lorsque les spores sont prêtes pour être disséminées, il suffit d'écraser légèrement la Vesse pour obtenir sa rupture et l'éjection d'un amas de poussière brune. Font partie de ce groupe les genres *Lycoperdon*, *Calvatia*, *Bovista* et *Disciseda*, ce dernier étant caractérisé par le fait que l'enveloppe extérieure à la gléba, appelée « exopéridium », se fend dans le sens équatorial, restant toutefois attachée à la gléba (ou « endopéridium »); à son tour celle-ci s'ouvre par un ostiole qui se forme à sa base.

Les espèces qui appartiennent au genre *Lycoperdon* présentent, généralement au niveau de la partie supérieure de l'exopéridium, une surface ornée de petites granulations ou épines, qui se dissocient ensuite sous forme de plaques et qui disparaissent avec le temps : c'est le cas du *Lycoperdon perlatum*, auquel on oppose le *Lycoperdon molle*, sur lequel les excroissances épineuses persistent au cours de toute la vie du corps fructifère.

La gléba représente le vrai tissu fructifère qui produit les spores, et qui, comme nous venons de le voir, est d'une consistance charnue à l'état jeune, devenant poussiéreux lors de la maturité; dans la gléba mûre, en plus des spores véritables, on trouve une quantité de petits filaments bruns, stériles, connus dans leur ensemble sous le nom de « capillitium ». S'il n'est pas soumis à des pressions extérieures, le corps fructifère (péridium) se brise. Généralement, il se forme un petit orifice en position apicale : les spores sont libérées chaque fois que le péridium élastique est soumis à des actions extérieures, même dues simplement à des gouttes de pluie. Ce système présente l'avantage de disperser les spores à l'extérieur, graduellement, au cours d'un certain laps de temps. Lorsqu'elles se trouvent dans l'air, les spores des Vesses sont transportées par le vent et suivent le même chemin que les spores d'autres Champignons. Les espèces (par exemple, le *Calvatia utriformis*) chez lesquelles toute la partie

Page ci-contre : deux corps fructifères, encore jeunes, du Lycoperdon perlatum.

Petits nuages de spores « soufflées » hors du corps fructifère d'un Geastrum triplex. *On peut observer la partie craquelée de l'exopéridium, repliée vers l'extérieur (au premier plan), ainsi que l'endopéridium central en forme d'utricule.*

supérieure du péridium se fissure, comme nous l'avons déjà vu, mettent en contact avec le milieu extérieur la masse des spores formées et ne participent pas directement à la dispersion : les spores sont emportées par le vent lorsqu'un courant d'air plus fort passe sur la masse sporifère abandonnée à elle-même. Pour le genre *Bovista*, le péridium s'ouvre par de larges bouches, et les spores réunies par les nombreux filaments du capillitium ne peuvent être dispersées que lorsque les corps fructifères se détachent du mycélium qui les a produits; elles sont alors transportées par le vent, qui les fait rouler au sol, ou par le passage de quelque Animal.

Au même groupe des Lycoperdacées, c'est-à-dire au sous-ordre des Lycoperdales, appartient aussi la famille des Géastracées, qui comprend des Champignons offrant des formes curieuses, reconnaissables sur le sol des bois, et dont la structure peut être comparée à celle des Vesses; leur exopéridium se détache de la gléba par secteurs séparés et il se retourne, formant un rayonnement de quatre à huit « pétales ». Dans plusieurs cas, ces « pétales », sont « laciniés » (divisés en lanières étroites) et, au fur et à mesure qu'ils se replient vers l'arrière, soulèvent vers le haut la partie intérieure du corps fructifère qui produit les spores, facilitant ainsi leur dissémination. Plusieurs cas sont connus où les éléments du rayon peuvent soulever le péridium, qui contient les spores, jusqu'à 10 cm au-dessus du niveau du sol. Parmi les espèces les plus intéressantes, mentionnons le *Geastrum fornicatum;* il présente quatre lanières qui donnent au corps fructifère une forme étrange, semblable à celle d'un Animal qui se tient sur quatre pattes. Très courant est le délicat *Geastrum rufescens*, de couleur brun rougeâtre, caractérisé par la présence de six à huit lanières. Le *Geastrum triplex* est aussi connu; il est plus grand et plus trapu que le précédent.

Un dernier groupe de Gastéromycètes, le sous-ordre des Sclérodermatiales, comprend les familles des Tulostomatacées, des Sphærobolacées et des Scléodermatacées, pour rappeler seulement les plus communes. D'apparence proche des Vesses, elles sont éloignées de celles-ci du point de vue systématique : leur péridium est constitué d'une seule couche extérieure, rigide, sur laquelle se développe une série d'écailles, tandis que la chair, consistante et coriace, lorsqu'elle atteint sa maturité, se présente comme une masse compacte poussiéreuse, de couleur noir violacé. Les spores sont libérées grâce à des fissures irrégulières qui se forment sur le péridium.

Les espèces qui appartiennent à la première de ces familles produisent des corps fructifères souterrains qui, arrivés à maturité, deviennent épigés, soutenus par un stipe : la dispersion des spores se réalise alors à travers un orifice apical se formant au sommet du péridium. Beaucoup plus intéressant est le mode de dissémination des spores que l'on observe chez les Sphærobolacées, où lorsque l'exopéridium atteint sa maturité, il se subdivise en deux parties ou lobes : le lobe supérieur se renverse violemment à l'extérieur et projette à distance, comme une balle, l'endopéridium qui contient la gléba et les spores. De cette manière, la dispersion se réalise à une certaine distance (trois à quatre mètres) du corps fructifère qui a produit les spores.

Les espèces appartenant à la famille des Sclérodermatacées produisent des corps fructifères qui ressemblent aux Truffes : ils atteignent à peine la surface du sol; leur gléba se désagrège simplement en une masse poussiéreuse de spores qui sont ensuite dispersées par le vent. Ce même système de dispersion des spores de corps fructifères semblables aux Truffes caractérise aussi le groupe des Hyménogastrales.

Les Nidulariales

Du point de vue strictement scientifique et systématique, le sous-ordre des Nidulariales ne représente rien de plus exceptionnel, ou intéressant, que tout autre sous-ordre des Gastéromycétales : à la limite, du moment qu'aucune espèce comestible n'en fait partie, ces organismes pourraient passer tout à fait inaperçus.
Toutefois il peut arriver que le chercheur de Champignons qui désire récolter des espèces comestibles, puisse rencontrer quelques-uns des organismes étranges appartenant à ce groupe, semblables, à l'état mûr, à un petit nid où les péridioles remplis de spores, arrondies et blanchâtres, ressemblent à des œufs ; en fait, dans les pays de l'Europe septentrionale on les a dénommés « Champignons en nids d'oiseaux ».
Leurs dimensions sont très petites (les basidiocarpes ne dépassent pas le centimètre de hauteur) ; ils vivent sur le sol, sur du bois en décomposition, sur les pommes de Pins pourrissantes, aussi bien que sur les excréments d'Animaux.
Ce groupe comprend deux familles, les Arachniacées et les Nidulariacées, avec les genres *Arachnion*, le seul de la première famille ; les genres *Cyathus*, *Crucibulum*, *Nidularia*, *Mycocalia* et *Nidula*, appartenant à la seconde famille.

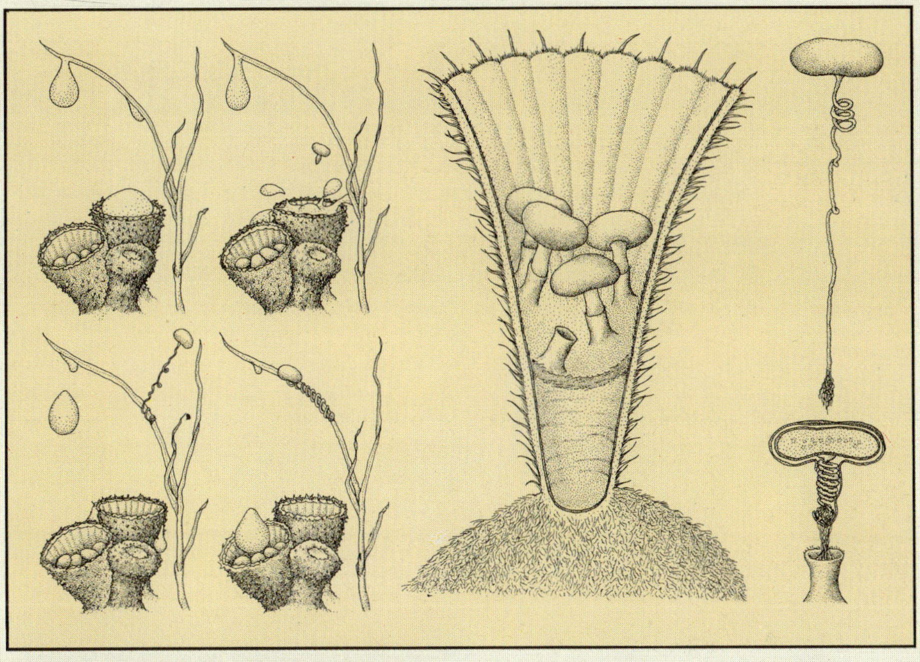

Ci-dessus : à gauche, goutte de pluie qui, au cours de sa chute à l'intérieur du corps fructifère d'une Nidulariacée du genre Cyathus, *provoque la sortie des péridioles ; à droite, structure du* Cyathus striatus; *noter les périodes à l'intérieur du corps fructifère, ainsi que le mécanisme par lequel le funiculum enroulé en spirale se détend, entraînant une touffe d'hyphes.*

Ci-contre : individus du Cyathus *se développant sur du bois.*

La structure des Nidulariacées

Le corps fructifère de ces organismes est issu d'un nodule de mycélium se formant à la surface du sol et qui, en s'accroissant, constitue progressivement un corps en forme de tronc de cône avec sa base orientée vers le haut.
Lorsque le corps fructifère est proche de la maturation, sa surface supérieure devient membraneuse et de plus en plus mince, jusqu'à ce qu'elle se déchire : ainsi sont exposés au contact du milieu extérieur les péridioles, c'est-à-dire les petits corps qui contiennent les spores, et qui sont immergés dans une matrice liquide parfaitement limpide. Les péridioles sont fixés au corps fructifère au moyen de filaments plutôt courts qui quelquefois jouent un rôle très important dans la dispersion des spores. Les basides se développent à l'intérieur des péridioles.
Ce n'est qu'en 1790 qu'Hoffman montra que ces petits corps contenaient de nombreuses spores.
Toutefois il restait à résoudre le problème de la façon dont ces spores pouvaient être libérées et répandues sur de nouveaux substrats.
Le genre *Sphaerobolus* était déjà connu à cette époque ; ainsi, on supposa que les Nidulariacées elles-aussi projetaient dans l'air leurs sporanges suivant le même mécanisme.
Toutefois, les nombreuses expériences effectuées pour vérifier cette théorie ont abouti à des échecs, si bien que l'attention des botanistes fut attirée par la possibilité que les Animaux auraient pu être responsables de la dispersion des spores.

La dispersion des spores

Le « mystère » de la dispersion des spores aboutit presque à une solution lorsqu'on soupçonna que la pluie était le facteur responsable de leur libération. En fait, si les petites coupes qui constituent le corps fructifère se remplissent d'eau, jusqu'au point de déborder, les sporanges pourraient sortir et se disperser sur le terrain.
En réalité, l'eau joue un rôle beaucoup moins important, si bien que la dispersion se réalise suivant deux stades différents : d'abord, les gouttes de pluie qui tombent sur le fond des coupes contenant les péridioles, se fragmentent en goutelettes qui, tout en rebondissant dans le fond des coupes elles-mêmes, séparent un ou plusieurs sporanges, les faisant « sauter » hors de leur « nid ». Certaines espèces possèdent des sporanges enveloppés par une paroi visqueuse, qui, lorsqu'ils tombent sur les feuilles, les fait adhérer à celles-ci. Chez d'autres espèces entre en jeu le filament qui relie le péridiole à la coupe, comme nous l'avons mentionné auparavant.
A l'intérieur de tels filaments se trouve un long fil soyeux, dit funicule, dont l'extrémité est pourvue d'une sorte de brosse constituée par des hyphes de consistance visqueuse. Lorsque les sporanges se détachent, le funicule, enroulé en spirale, se détend comme une queue et, tombant au sol, adhère aux brins d'herbe et aux feuilles ; à son tour l'herbe sera ingérée par un Animal et avec elle le sporange lui-même, qui passe à travers l'appareil digestif sans subir aucun dégât ; il est enfin émis à l'extérieur avec les selles qui constituent un substrat optimal pour la germination des spores. De cette manière, une nouvelle colonie fongique se forme, vraisemblablement loin de la colonie mère, sans courir le risque que les spores puissent tomber sur un milieu défavorable à leur germination. Bien que ces Champignons ne contiennent aucun principe toxique, ils ne possèdent aucune valeur alimentaire et ils constituent plutôt une curiosité pour les collectionneurs. Ils sont plus facilement observés à la fin de l'été et au début de l'automne, sur des souches et du bois pourrissant.

Classification

Il existe un très grand nombre d'espèces fongiques dont la plupart ne forment pas toutefois de corps fructifères suffisamment grands pour être visibles à l'œil nu, de telle manière que pour les étudier il est indispensable de disposer d'un microscope. Les espèces de plus forte taille, que nous prendrons en considération ici, appartiennent aux deux classes des Ascomycètes et des Basidiomycètes, les deux étant caractérisées par la présence d'une phase de reproduction sexuée aboutissant à la formation de spores, dites respectivement ascospores et basidiospores. Ces classes se subdivisent ultérieurement en ordres, familles, genres et espèces. Une description complète de cette subdivision systématique dépasse le but de cet ouvrage ; cependant, le lecteur peut trouver une explication plus détaillée des méthodes de la classification dans le chapitre consacré à la nomenclature des espèces fongiques. Le tableau que nous reportons dans les pages qui suivent se réfère aux principaux ordres et familles qui peuvent (d'après Vignoli) intéresser le chercheur de Champignons.

CLASSE ASCOMYCÈTES
Les spores, dites ascospores, sont produites à l'intérieur d'une cellule cylindrique ou en forme de massue, dénommée « asque ».

Sous-classe I : Protoascomycètes
Ordre I : Périascales
Comprend des Champignons de classification difficile, caractérisés par la formation d'asques atypiques.

Ordre II : Endomycétales
Appartiennent à ce groupe, entre autres, les Levures, y compris la Levure de bière, l'agent de la fermentation du lait, du cidre, du *saké*, du moû de raisin et de nombreuses autres fermentations.

Ordre III : Taphrinales
Comprend de nombreux parasites de Plantes supérieures, qui provoquent des anomalies chez les organes envahis : boursouflure et tuméfaction sur les feuilles, sur les branches et sur les fruits.

Sous-classe II : Euascomycètes
Ordre I : Ascosphérales
Comprend des espèces nuisibles pour les ruches, qui parasitent les larves des Abeilles, aussi bien que les Moisissures qui se développent sur les pollens stockés par ces Insectes.

Ordre II : Eurotiales
Y appartiennent de nombreuses Moisissures, dont les *Penicillium* et les *Aspergillus* répandus sur des agrumes, d'où on peut extraire des produits antibiotiques.

Ordre III : Coronophorales
Comprend des Champignons saprobies, se développant sur du bois mort, typiques des régions tropicales.

Ordre IV : Erysiphales
Parasites de Plantes supérieures : y appartiennent l'Oïdium du Blé, le blanc du Rosier et du Pêcher aussi bien que l'Oïdium de la Vigne.

Ordre V : Tubérales
Appartiennent à cet ordre les Truffes comestibles aussi bien que les Fausses Truffes.

Ordre VI : Pezizales
Organismes formant des corps fructifères en coupe, plus ou moins volumineux ; certaines espèces seront examinées dans la deuxième partie de ce volume. Y appartiennent aussi les Helvelles et les Morilles comestibles.

Ordre VII : Hélotiales
Comprend des espèces saprophytes et parasites, offrant des formes et des dimensions variées.

Ordre VIII : Ostropales
Il s'agit de Champignons saprobies, vivant sur du bois mort.

Ordre IX : Lécanorales
Ils constituent, avec les Algues, le groupe des Discolichens.

Ordre X : Phacidiales
Champignons pourvus de corps fructifères aplatis, vivant dans les tissus des organes aériens de Plantes supérieures où ils constituent des sortes de petites pustules.

Ordre XI : Sphaeriales
Il s'agit de Champignons saprophytes ou parasites, dont plusieurs sont la cause de mycoses de Plantes supérieures,

parmi lesquelles les chancres du Pommier, du Poirier, du Hêtre et ainsi de suite. Fait également partie de ce groupe le genre *Oïdium*, qui cause la Moisissure rouge des boulangers.

Ordre XII : Diaporthales
Comprend des organismes saprophytes ou parasites du bois et des feuilles de Plantes supérieures.

Ordre XIII : Clavicipitales
Il s'agit du groupe auquel appartient le *Claviceps purpurea*, l'agent de l'ergot du Seigle.

Ordre XIV : Coriméliales
Il s'agit de Champignons tropicaux, parasites de Plantes supérieures.

Ordre XV : Laboulbéniales
Il s'agit de parasites obligatoires d'Insectes.

Ordre XVI : Miriangiales
Comprend des parasites de Plantes supérieures.

Ordre XVII : Dothoriales
De même que l'ordre précédent il inclut des parasites et des saprophytes de Plantes supérieures.

Ordre XVIII : Pseudosphaeriales
Ces organismes sont tous parasites ou saprophytes de Plantes supérieures.

Ordre XIX : Astérinales
Organismes formant des corps fructifères sur les feuilles : en font partie les Fumagines.

CLASSE BASIDIOMYCÈTES

Les spores de ces Champignons sont dites basidiospores ; elles sont produites à l'extérieur d'une cellule particulière dite « baside », dont le nombre est de quatre ou un multiple de quatre.

Sous-classe I : Holobasidiomycètes

Ordre I : Hyménomycètes
Sous-ordre Aphyllophorales
Appartiennent à ce groupe de nombreuses espèces qui seront prises en considération dans la seconde partie de cet ouvrage, dont les *Corticium*, les *Coniophora*, les *Stereum* et ainsi de suite. Nous rappelons en particulier qu'appartiennent à cet ordre les Chanterelles et les Clavaires dont certaines sont comestibles.
Ce groupe comprend d'autre part les Polyporacées, dont font partie les plus intéressants parmi les Champignons corticoles, caractérisés par des basidiocarpes à console.

Sous-ordre Bolétales
Y appartiennent tous les Bolets parfaitement bien connus des chercheurs.
Ce groupe comprend la seule famille des Bolétacées, caractérisée par la présence d'un corps fructifère constitué par un stipe qui soutient un chapeau ; sur la face inférieure de ce dernier se trouve l'hyménium formé par des tubules s'ouvrant à l'extérieur au moyen de pores.
Suivant la classification de Luigi Vignoli, entrent également dans ce groupe certains Champignons pourvus de lamelles décurrentes du stipe au chapeau (genres *Paxillus*, *Gomphidius*).

Sous-ordre Agaricales
Sont réunis dans cet ordre tous les Champignons pourvus d'hyméniums lamellaires, non séparables de la chair du chapeau. En font partie les *Hygrophorus*, les *Pleurotus*, les *Marasmius*, les *Collybia*, les *Tricholoma*, les *Clitocybe*, les *Armillaria* auxquels appartiennent les Armillaires couleur de miel, les *Cortinarius*, les *Coprinus*, aussi bien que les Champignons de prés, les Lépiotes, les Lactaires, les Amanites et les Russules.

Ordre II : Gastéromycétales
Nous avons largement parlé de ce groupe dans le chapitre consacré à la dispersion des spores : en font partie les Phallacées, les Lycoperdacées et les Geastracées.

Ordre III : Dacryomycétales
Organismes formant des basidiocarpes pour la plupart de consistance gélatineuse ou bien cireuse, offrant souvent des couleurs vives, jaunes ou orangées ; vivant sur des bois morts et offrant des formes variées.

Ordre IV : Tulasnellales
Organismes saprophytes, vivant sur des Végétaux supérieurs morts et produisant des corps fructifères gélatineux, quelquefois réduits à une petite membrane.

Sous-classe II : Phragmobasidiomycètes

Ordre I : Trémellales
Les corps fructifères de ces organismes sont gélatineux, laminaires ou bien à coussinets, quelquefois cireux ou cornés chez les individus âgés. Ils sont tous saprophytes.

Ordre II : Auriculariales
Organismes produisant des corps fructifères de forme variée, semblables à des membranes ou à des plaques, ou bien à des coquilles gélatineuses.

Ordre III : Urédinales
Comprend les Rouilles des Végétaux supérieurs.

Ordre IV : Ustilaginales
Ce groupe réunit également des Champignons parasites qui ne forment aucun basidiocarpe.

Comment vivent les Champignons

Pour celui qui est passionné de Champignons aussi bien que pour celui qui les récolte et qui va à la recherche d'espèces comestibles, une des notions les plus importantes à connaître est celle de la relation qui existe entre le Champignon et son habitat. Le facteur le plus important qui favorise la répartition d'une espèce est l'abondance, dans un milieu déterminé, des substances nutritives qui lui sont nécessaires, de même que certaines conditions de température, d'humidité et de lumière.

Certaines espèces ne possèdent pas d'exigences particulières : de ce fait, on peut les rencontrer dans les milieux les plus divers. Mais il existe aussi des organismes qui requièrent des conditions spéciales pour vivre et qui ne peuvent proliférer que dans des milieux particuliers. Les Champignons ne font nullement exception à cette règle générale. Certains sont présents dans divers milieux, mais, plus fréquemment, on ne les trouve que dans un type déterminé de milieu, comme les prairies et les sapinières. Plusieurs espèces sont toujours associées à une niche écologique bien particulière.

Une conséquence de l'absence de chlorophylle et d'autres pigments impliqués dans le processus de la photosynthèse est la dépendance des Champignons d'une source d'aliment organique déjà élaboré.

Les Champignons saprobies

Les Champignons sont pour la plupart des organismes saprobies, c'est-à-dire qu'ils vivent sur des résidus de Plantes et d'Animaux, ou bien sur des déchets organiques, comme les excréments produits par d'autres organismes. Nous préférons utiliser le terme de « saprobie » plutôt que celui de « saprophyte », puisqu'il nous paraît plus opportun de considérer les Champignons comme des Protistes plutôt que comme des Végétaux.

Colonie très dense de Coprinus disseminatus. *Cette espèce se développe sur des souches d'arbres morts. L'activité des espèces saprobies, de même nature que celle-ci, est très importante dans la dégradation de la matière organique suivie de la réintégration d'éléments minéraux dans la chaîne alimentaire.*

Presque tous les plus petits Champignons qui se trouvent dans les champs ou les forêts survivent de cette manière. Les terrains des bois, en particulier, contiennent de considérables quantités d'humus; celui-ci est constitué de feuilles décomposées, d'écorce et de bois pourris, sur lesquels les Champignons peuvent facilement se développer. A leur tour, ils métabolisent les déchets organiques, collaborant ainsi à leur redestruction, évitant donc que ces matériaux ne continuent à s'accumuler jusqu'à devenir, pour la forêt, un dépôt énorme de déchets, de feuilles et d'arbres morts. Cependant, tous les Champignons saprobies ne sont pas petits : de multiples espèces qui produisent de gros corps fructifères se développent également sur l'humus du sol. Le Champignon de couche *(Agaricus campester)* et les espèces voisines de celle-ci appartiennent à ce groupe, de même que les *Coprinus*, dont certains s'accroissent sur les résidus organiques, sur le bois pourri et sur d'autres déchets. Toutes les Coprinées jouent un rôle important dans la dégradation du fumier et dans son recyclage dans le milieu.

Peu de Champignons saprobies sont liés à des terrains spécifiques (c'est le cas, pourtant, de certains *Cordyceps* qui sont des organismes spécialisés se développant dans le corps d'Insectes morts); le plus souvent, toute substance organique peut nourrir le mycélium fongique. Il faut considérer aussi comme saprobies certaines Levures qui provoquent la fermentation du vin, de la bière, ainsi que les Moisissures qui se développent sur le pain, les conserves alimentaires, les confitures, le fromage, le papier...

Les parasites

Il n'est pas possible de faire une distinction nette entre Champignons saprobies et Champignons parasites car il n'est pas toujours possible d'établir une limite sûre entre les parties vives et les parties mortes de certains organismes végétaux de grande taille, comme par exemple le bois des troncs d'arbres des Phanérogames. En outre, il y a des espèces qui peuvent vivre sur des organismes vivants, donc comme parasites, et continuer ensuite d'infester le même individu hôte comme saprobie, après sa

De multiples espèces du genre Marasmius *vivent, en tant que saprobies, sur du bois pourrissant. Ces Lichens appartiennent à l'espèce* Parmelia subrudecta.

mort : il ne faut pas oublier que souvent la mort de l'hôte est due précisément à l'action du parasite, qui continuera à exploiter sa propre victime comme saprobie. Ainsi les Agarics, ou Armillaires, vivent-ils comme parasites sur les souches d'arbres et comme saprobies sur ces souches lorsque l'hôte est mort.

Si nous considérons le parasitisme comme une forme de symbiose antagonique, qui provoque donc des dégâts sur l'hôte, il faut considérer que le *Candida albicans*, qui vit sur les muqueuses orales et vaginales des êtres humains, est également saprobie, tout au moins tant que sa présence ne provoque aucun inconvénient pour son hôte. Toutefois, le même Champignon peut devenir parasite lorsqu'il atteint des organes intérieurs, comme les poumons, affectant gravement l'individu qui en est porteur.

En conclusion, nous entendons par « parasites » tous les Champignons qui vivent sur des organismes vivants; nous distinguons parmi ceux-ci les Champignons pathogènes, qui engendrent des dégâts au niveau des tissus de l'hôte.

On connaît des Champignons parasites de l'Homme et des Animaux, aussi bien que des parasites de Végétaux, dont certains sont producteurs de corps fructifères microscopiques, tandis que d'autres produisent des corps fructifères atteignant une certaine taille. De nombreuses Polyporacées qui forment des carpophores à console, sur des troncs d'arbres, appartiennent à ce groupe : les dégâts qu'ils engendrent sont créés par le mycélium qui se dépose dans le cœur du bois et qui peut même provoquer la mort de l'arbre.

Parmi les parasites, nous rencontrons des espèces qui s'attaquent à divers types d'hôte, comme les Agarics, ou Armillaires, alors que d'autres espèces s'accroissent exclusivement sur un hôte déterminé, par exemple le *Boletus parasiticus*, qui pousse sur un autre Champignon, le *Scleroderma aurantium*.

Champignons symbiotiques

La symbiose des mycorhizes est l'union entre des jeunes racines de Plantes supérieures et les hyphes de certaines espèces fongiques. La mycorhize elle-même, c'est-à-dire le résultat de la coexistence entre racines et mycélium, peut se rencontrer chez les Plantes arborescentes, les arbres ou les arbustes, plus rarement dans le cas des Plantes herbacées. Les détails des phénomènes qui se produisent dans la racine mycorhizienne ne sont pas connus, si bien que plusieurs auteurs en ont donné des interprétations différentes. D'après la majorité des mycologistes, pour les Plantes arborescentes le mycélium se serait adapté à constituer des mycorhizes dans des sols riches en humus, mais pauvres en sels minéraux, et caractérisés par une bonne exposition à la lumière. Dans ce cas, la Plante verte fournirait au Champignon les glucides, alors que le Champignon offrirait à la Plante des composés azotés, des sels de sodium, de potassium et de phosphore, présents en faible quantité dans le sol.

Les Lichens sont le résultat de l'association symbiotique d'une Algue et d'un Champignon, dans laquelle les deux organismes tirent des avantages. Ils peuvent ainsi vivre même sous les plus mauvaises conditions climatiques, comme celles de la toundra arctique.

La saison des Champignons

Étant donné le nombre élevé d'espèces fongiques existantes, en toute saison il est possible d'en rencontrer quelques-unes au cours de leur phase de reproduction : il y a donc en toute période de l'année des corps fructifères à la disposition de ceux qui en effectuent la récolte, même là où le climat leur est très défavorable, caractérisé par des hivers très froids ou par des étés très chauds et secs. Certaines espèces produisent des corps fructifères qui durent assez longtemps et continuent à fructifier pendant deux à trois mois. D'autres Champignons réagissent rapidement aux périodes chaudes, si bien que leurs corps fructifères, souvent petits, s'étalent, laissent tomber leurs spores et meurent en quelques heures ou quelques jours. Un été très chaud et sec peut donner de grandes difficultés à de nombreux Basidiomycètes, tout au moins en ce qui concerne la production de corps fructifères. Le climat doux favorise généralement le développement végétatif des hyphes, mais s'il persiste, la formation du corps fructifère peut faire défaut.

L'année des Champignons

Dans les régions tempérées, l'année des Champignons peut être subdivisée en deux parties. Le printemps est la saison des Auriculariacées et des formes semblables, alors que l'automne voit le plus vigoureux développement de Champignons à chapeau et à console. Ces distinctions ne sont pas absolues, et de nombreux Champignons, comme le Champignon de saint Georges *(Calocybe gambosum)* et certaines espèces de *Nolanea*, sont typiques du mois de mai. La plupart des corps fructifères des Champignons qui intéressent les récoltes sont éphémères : ils naissent, parviennent à maturité et meurent au cours de quelques jours, ou au cours de deux à trois semaines au maximum. Peu d'espèces sont aptes à produire des corps fructifères vivant plus longtemps, pour une période de plusieurs mois ou même pendant des années; toutefois, de tels carpophores pérennants ne poursuivent pas leur production de spores indéfiniment : ils commencent et terminent leur activité productive suivant un rythme plus ou moins régulier. Certaines espèces, comme plusieurs *Stereum*, qui vivent sur des souches d'arbres, et le *Collybia peronata*, qui se développe au milieu de feuilles tombées au sol, sont influencées par l'humidité, et peuvent demeurer vivantes, mais inactives, au cours des périodes sèches, ne reprenant la formation des spores que lorsque l'atmosphère redevient humide. D'autres espèces sont véritablement pérennantes, si bien que leurs corps fructifères vivent pendant plusieurs saisons, se reposant pendant l'hiver ou pendant l'été, et étant toujours capables de recommencer à former des spores au cours des périodes favorables du printemps et de l'automne. Le *Ganoderma applanatum* forme des protubérances, ou corps fructifères, ayant la forme de consoles, qui continuent à augmenter de taille pendant plusieurs

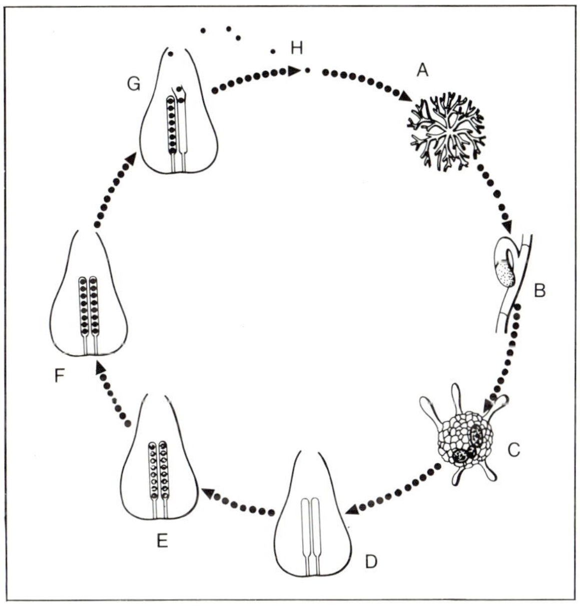

Ci-contre : schéma représentant le cycle reproductif d'un Ascomycète : A) mycélium végétatif; B) ascogone; C) premier stade de la formation du périthèce; D) périthèce contenant des asques immatures; E) asques contenant des ascopores étant encore immatures; F) ascopores mûres; G) libération des spores; H) spores prêtes à germer.
Ci-dessous : schéma représentant la période de fructification de certaines espèces fongiques qui se développent dans des régions tempérées.

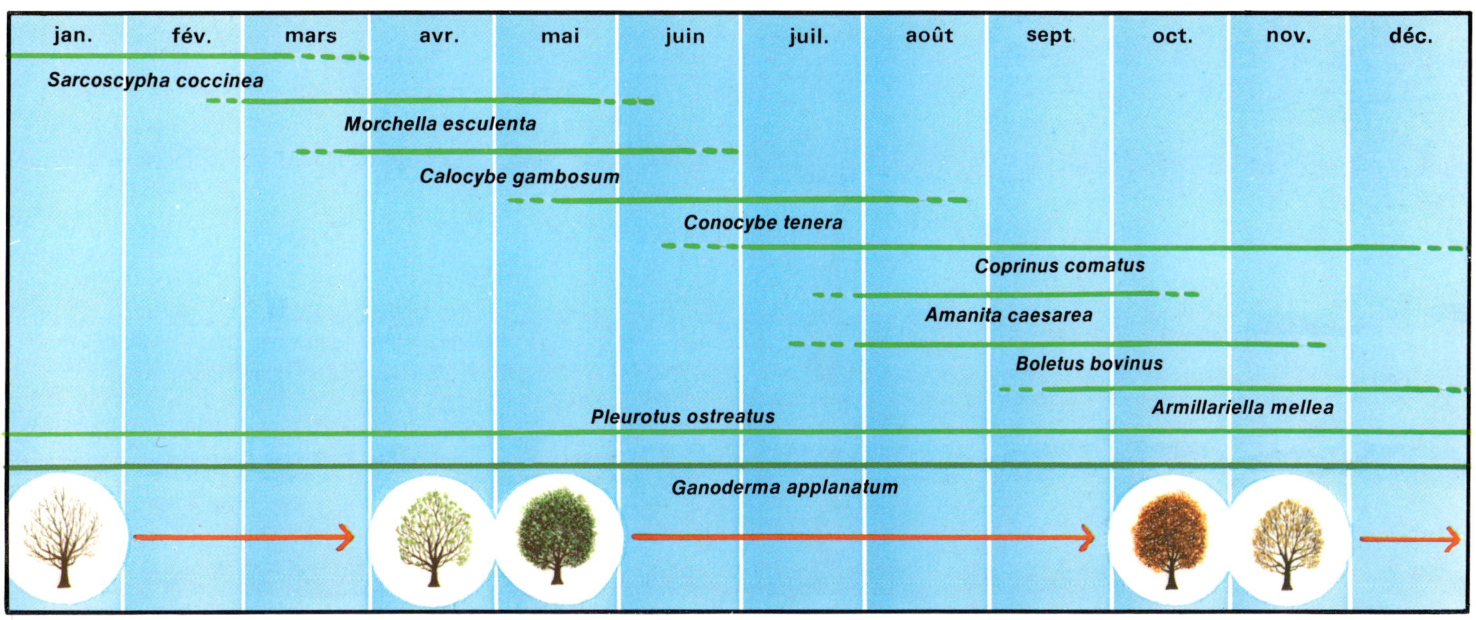

Ci-contre : corps fructifère du Fomes fomentarius *sur un tronc de Bouleau; il s'agit d'un Champignon qui vit pendant plusieurs années, s'accroissant à chaque saison.*
Ci-dessous : colonies du Mycena alcalina ; *cette espèce saprobie produit des corps fructifères éphémères.*

années sur certains troncs de Hêtres; leur section révèle la présence de plusieurs couches de tubules à l'intérieur desquels sont produites les spores. D'autres nombreuses Polyporacées produisent également des corps fructifères pouvant continuer à vivre pendant plusieurs années. Certains de ces corps fructifères, caractérisés par une longue vie, présentent des mécanismes intéressants qui assurent le succès de la reproduction dans diverses conditions de temps; mais la plupart des espèces fongiques produisent des carpophores éphémères.

L'apparition subite des Champignons, vers la fin de l'été ou au début de l'automne, suscite toujours un intérêt considérable et un enthousiasme renouvelé tant pour l'amateur que pour le mycologiste. Il est bien connu qu'au cours de certaines périodes les Champignons se développent presque partout là où il y a du matériel organique en voie de décomposition. On ne sait pas avec certitude quelles sont les conditions nécessaires afin que les hyphes du mycélium produisent des corps fructifères chez la plupart des Basidiomycètes, mais l'expérience montre toutefois que la période la plus favorable pour la production de ces corps fructifères serait la fin de l'été, lorsque les premières pluies d'automne humidifient le sol et produisent également une augmentation de l'humidité atmosphérique. Cependant, toutes les espèces ne répondent pas immédiatement aux sollicitations dues à de telles conditions, et certaines d'entre elles commencent à produire leurs corps fructifères beaucoup plus tard, même après les premières périodes froides. L'abondance des Champignons en automne dure plusieurs semaines.

Dans certains cas, les Champignons cessent de produire leurs corps fructifères lorsqu'ils ont terminé d'utiliser les quantités d'aliments qui étaient disponibles dans le sol; dans d'autres cas, la production de corps fructifères se termine à cause du froid excessif. Au cours de certaines années, la flore fongique est exceptionnellement abondante et elle varie quant à la quantité et la qualité des espèces présentes.

De toute façon, il est certain que pour produire leurs corps fructifères, les Champignons ont besoin d'une bonne quantité d'eau; leur croissance est en effet favorisée après les pluies, et elle est en revanche contrariée par les périodes de sécheresse. Un ennemi redoutable des Champignons est le vent : une journée durant laquelle il aura soufflé suffit pour que le collectionneur ne rencontre pas un seul exemplaire fongique dans les bois; dans ce cas, il faut attendre que la pluie tombe à nouveau avant de repartir à la recherche des Champignons.

La connaissance exacte de la période de reproduction des Champignons intéressants pour l'alimentation peut être très importante aussi pour éviter des empoisonnements : en effet, il existe des espèces qui peuvent facilement être confondues entre elles, dont l'une est toxique alors que l'autre est comestible, mais qui se développent au cours de périodes différentes. Par exemple, en avril et en mai, on peut récolter et manger sans crainte l'*Entoloma clypeatum*; en fait, durant cette période il n'y a aucune raison pour que cette espèce puisse être confondue avec celle qui lui ressemble, l'*Entoloma lividum*, qui fructifie beaucoup plus tard et qui est toxique.

Bien sûr, il faut toujours garder à l'esprit le fait que l'apparition saisonnière de l'une ou de l'autre espèce est étroitement liée aux conditions climatiques des lieux et à la quantité d'eau disponible. En général, les données concernant la zone tempérée sont susceptibles de subir de fortes variations locales.

Le cycle nutritionnel

Une des conceptions fondamentales de l'Écologie est la dépendance mutuelle de tous les êtres vivants.

La complexité de cette dépendance est énorme, si bien qu'à première vue il peut paraître difficile d'en faire l'analyse : en effet, nous sommes encore très loin de pouvoir comprendre tout ce qui se produit, même dans un petit fragment de sol, pour ne pas parler d'un champ tout entier ou d'une forêt... Pour simplifier la description minutieuse des associations ou communautés naturelles, appelées « biocénoses », les savants les considèrent comme un système contenant une grande quantité de composants séparés : on peut alors étudier le mode par lequel ces composants sont liés entre eux pour que le système fonctionne. Une flaque d'eau, un lac, un océan ou même la Terre, peuvent être vus comme un système écologique au sein duquel se développe une myriade de processus semblables.

Comment fonctionne un écosystème

Les principes fondamentaux qui garantissent le fonctionnement et le succès d'un écosystème sont très simples. En fait, toute la vie dépend de deux facteurs : la source d'énergie et le ravitaillement en éléments essentiels et indispensables pour l'accroissement. Les rapports entre les différents organismes d'un écosystème s'expliquent en fonction de ces deux éléments. La source d'énergie fondamentale requise par les organismes vivants est représentée par le Soleil : l'énergie solaire arrivant à la surface de la terre est utilisée par les Plantes vertes pour transformer des substances inorganiques en substances organiques, grâce au processus de la photosynthèse. Les Plantes constituent, à leur tour, la principale source de nourriture pour tous les autres organismes du système, et elles sont classées comme organismes « producteurs ».

Étant incapables de produire leur propre nourriture, à partir de substances inorganiques, les Animaux absorbent l'énergie et les aliments à partir de Végétaux, et ils sont appelés « consommateurs ».

Ce schéma simplifié illustre la chaîne alimentaire d'un écosystème de collines.

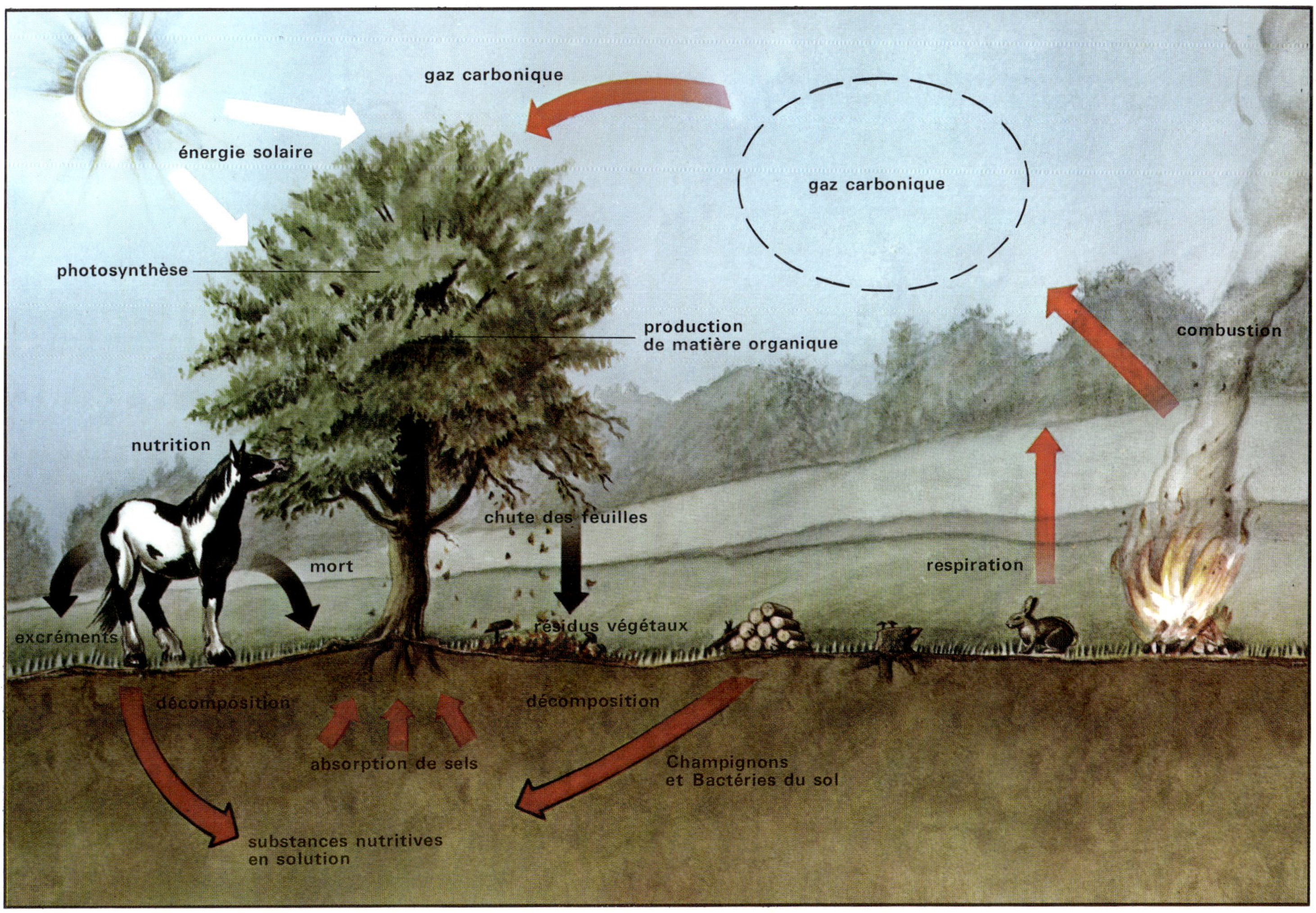

Ceux qui se nourrissent directement de Plantes sont appelés « consommateurs primaires » (Herbivores); ceux qui se nourrissent d'autres Animaux sont des « consommateurs secondaires » (Carnivores). Le passage de l'énergie des Plantes aux Herbivores, puis aux Carnivores, représente ce que l'on nomme une « chaine alimentaire simple ».

La contribution des Champignons

Dans la plupart des écosystèmes, une petite partie seulement du patrimoine végétal est utilisée par les Animaux; cela veut dire qu'une grande quantité d'aliments demeure disponible dans la nature sous forme de feuilles mortes, de paille, de bois.

Les résidus organiques sont décomposés en éléments simples par l'activité coordonnée de Champignons, de Bactéries et de Protozoaires, qui sont des organismes qui décomposent ou qui dégradent.

Les organismes qui opèrent cette décomposition dans un écosystème remplissent donc une fonction qui est le contraire de la photosynthèse. Ainsi, des substances complexes sont réduites à des composés inorganiques tout prêts à être réutilisés par les Végétaux : sans l'action de ces organismes, un écosystème ne pourrait pas survivre. La planète tout entière serait bientôt recouverte par une couche de déchets organiques, si bien que Plantes et Animaux mourraient de faim du fait que les éléments vitaux ne seraient plus recyclés.

Ci-dessous : petite boule d'excréments de Lapin, totalement recouverte par les hyphes et les corps fructifères d'une Moisissure. Ce type de Champignon participe au recyclage de tout le matériel des déchets contenu dans les excréments. En bas : coléoptère infesté par un Champignon.

L'importance du processus de décomposition a été souvent sous-estimée. On a calculé que dans une prairie naturelle (représentant le pâturage d'Animaux domestiques) les trois quarts de l'énergie absorbée par les Plantes (Plantes productrices) sont rendus à la terre sous forme de matériel végétal mort. Même dans les écosystèmes organisés par l'Homme, par exemple dans une pépinière de Conifères, cinquante pour cent environ de l'énergie annuelle est utilisé par des organismes qui opèrent la décomposition de la matière organique. Dans un bois à feuilles caduques, chaque année tombent au sol des millions de feuilles, qui, si elles ne subissaient aucune décomposition, finiraient par submerger bientôt les arbres eux-mêmes. Des répercussions plus graves se produiraient quand à la fertilité du sol, qui diminuerait si les substances inorganiques utilisées par les arbres n'étaient pas remplacées par celles qui proviennent des processus de décomposition.

Pendant l'hiver, les forêts semblent dépourvues de vie. Pourtant, les couches de feuilles mortes et le sol lui-même sont le siège d'une activité microbienne très intense. Les couches superficielles du sol, dont l'épaisseur est de quelques centimètres à peine, constituent un écosystème comprenant des Champignons et des Bactéries, qui dégradent les résidus organiques, ainsi qu'une multitude de petits Animaux, comme les Amibes, les Insectes et les Acariens, qui se nourrissent de Champignons et de Bactéries. En outre, nous trouvons des organismes parasites des Champignons, qui à leur tour nourrissent d'autres organismes. Il est pratiquement impossible de comprendre la lutte invisible pour la survie qui s'engage constamment dans le sol.

Les Champignons pourvus de corps fructifères organisés en chapeau et stipe sont moins nombreux, mais ils apportent eux aussi une contribution importante au processus de décomposition, particulièrement là où se trouvent des résidus de grandes Plantes, de souches d'arbres et de troncs morts.

La croissance des hyphes des Champignons fait suite à la pénétration et à la digestion des substrats végétaux; en outre, de nombreux Champignons produisent des enzymes qui sont en mesure d'attaquer les substances organiques les plus résistantes, comme la cellulose et la lignine. Sans leur activité, le processus de décomposition de la matière organique subirait un ralentissement assez important, s'il n'était pas même arrêté, et la fertilité du sol en serait réduite.

Dans cette approche concernant le rôle des Champignons dans l'écosystème terrestre, nous nous sommes penchés plus longuement sur le cas des expèces saprobies, c'est-à-dire celles qui consomment du matériel déjà décomposé : cela du fait que la décomposition est sans doute dans la nature la fonction la plus importante des Champignons. Il existe toutefois dans l'écosystème d'autres niveaux où les Champignons jouent un rôle important, soit en tant que parasites de Plantes ou d'Animaux, soit en tant qu'organismes symbiotiques.

Les parasites peuvent obtenir l'énergie et la nourriture dont ils ont besoin pour leur croissance à partir de différents niveaux de la chaîne de l'écosystème : par exemple, ils peuvent attaquer les Plantes productrices, les Animaux ou bien les organismes qui décomposent la matière organique.

Si par certains côtés les espèces parasites contribuent peu au recyclage des éléments, elles peuvent avoir une fonction régulatrice de certaines populations d'Animaux ou de Végétaux; en fait, elles contribuent à maintenir l'équilibre indispensable à la survie des communautés naturelles.

Le rapport entre les Champignons et les arbres

Les espèces fongiques sont étroitement liées à la végétation locale; certains Champignons, comme les Champignons de couche et les Vesses, se rencontrent dans des prés ouverts et dans des pâturages. Ces espèces sont liées à une végétation herbacée; mais la plupart des Champignons comestibles vivent en rapport avec certaines espèces d'arbres.

Il est bien connu, par exemple, que les espèces appartenant aux genres *Boletus*, *Russula* et *Lactarius* se trouvent presque toujours sous certains arbres, et c'est pour cela que celui qui va à leur recherche choisira des lieux qui présentent une végétation favorable à ces espèces. Dans certains cas, la relation entre Champignons et arbres est particulièrement spécifique à cause de l'association entre le mycélium fongique et les racines de l'arbre : il s'agit d'un lien du type mycorhizien.

Les mycorhizes furent découvertes à la fin du siècle dernier par le botaniste allemand A.B. Frank, qui montra que les racines de nombreux arbres, parmi les plus communs, sont normalement infestées par des hyphes fongiques. A la différence d'autres contaminations que les Plantes subissent de la part des Champignons, et qui en général endommagent de quelque manière l'hôte, cette forme de colonisation des racines ne présente apparemment aucun effet nuisible pour l'arbre. Or, on sait que les mycorhyzes se forment en association avec plusieurs espèces forestières, particulièrement dans des régions tempérées; Hêtres, Bouleaux, Chênes, Eucalyptus, Châtaigniers, Pins et Mélèzes sont, par exemple, des arbres qui, dans des conditions normales, présentent des mycorhizes. Non seulement les Champignons mycorhiziens n'endommagent pas les arbres, mais il paraît même qu'ils en favorisent le développement, notamment sur des sols pauvres où les ions minéraux font défaut.

Cette constatation a permis des applications dans la sylviculture commerciale, si bien qu'actuellement les jeunes arbres des nouvelles plantations sont infestés artificiellement par certains Champignons spécifiques avant d'être plantés. Avant que les effets bénéfiques des Champignons mycorhiziens puissent être appréciés, il y eut de nombreux échecs dans les tentatives faites pour implanter des espèces exotiques dans diverses régions du monde.

L'introduction artificielle de ces Champignons fit surmonter complètement les difficultés initiales, qui ne permettaient qu'une croissance limitée et un développement insuffisant des arbres.

L'examen des racines

Si nous comparons les racines d'un arbre dépourvu de Champignons symbiotiques avec celles qui sont envahies de Champignons mycorhiziens, nous constatons que ces dernières se subdivisent en de nombreuses radicelles courtes et épaisses, qui présentent un aspect différent des racines minces et filamenteuses appartenant à un arbre non symbiotique.

L'examen au microscope révèle des différences encore plus importantes. Les racines mycorhiziennes sont complètement enveloppées dans une gaine d'hyphes fongiques, appelée « mycoclène », si bien que les cellules de ces racines sont séparées du sol par une couche de mycélium. Les hyphes non seulement enveloppent la racine, mais pénètrent aussi à l'intérieur, s'insinuant entre les cellules de celle-ci et formant un réseau intercellulaire connu sous le nom de « réticule de Hartig ». Ce type de mycorhize, celui qui se rencontre le plus fréquemment pour les arbres des forêts et des bois, est nommé « mycorhize ectotrophe » parce que la plupart des hyphes fongiques sont extérieures à la racine et que le mycélium ne s'enfonce jamais au-delà des assises corticales de la plante.

Chez les Éricacées et les Orchidées, on observe au contraire un autre type de mycorhizes, dites « endotrophes ». Dans ce cas, le Champignon pénètre dans des couches plus profondes de l'écorce, sans toutefois dépasser l'endoderme, et il ne forme jamais un manchon qui revêt la racine : les hyphes fongiques peuvent se maintenir à l'extérieur des cellules, limi-

Corps fructifères du Suillus grevillei *; cette espèce fongique forme des mycorhizes avec les Mélèzes.*

Ci-contre : section transversale d'une racine pourvue de mycorhizes, observée au microscope.
Ci-dessous : mode de réalisation du lien entre le Champignon et l'arbre.
En bas : à gauche, racine non infestée par des mycorhizes (en haut) et racine mycorhizienne (en bas);
à droite, A) portion apicale d'une radicelle pourvue de mycorhizes ectotrophes.
B) section de mycorhize ectotrophe.

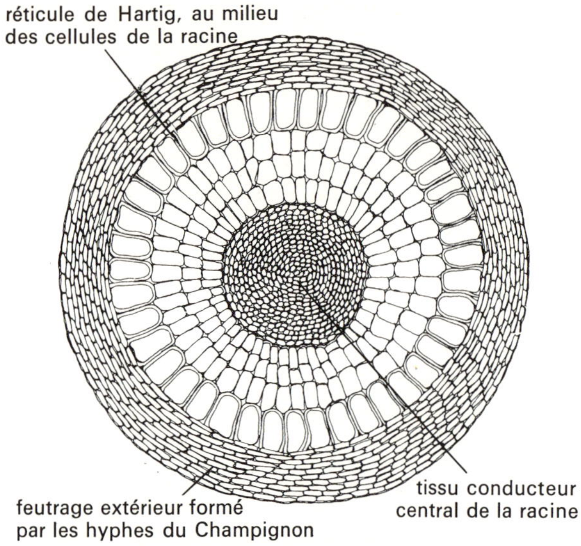

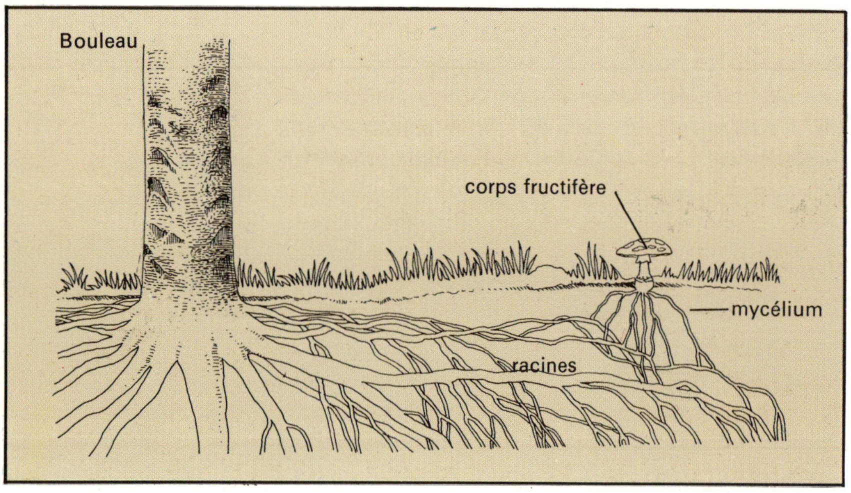

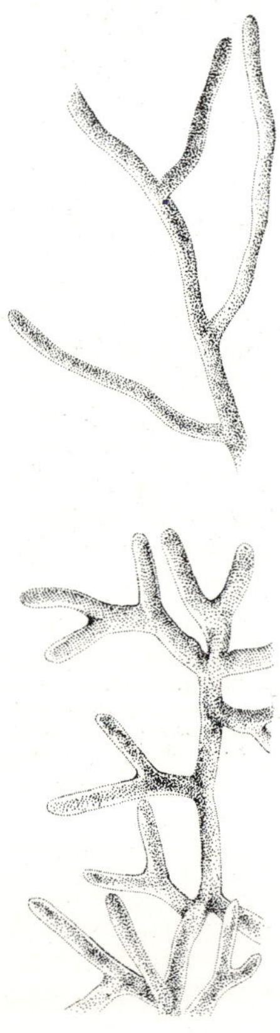

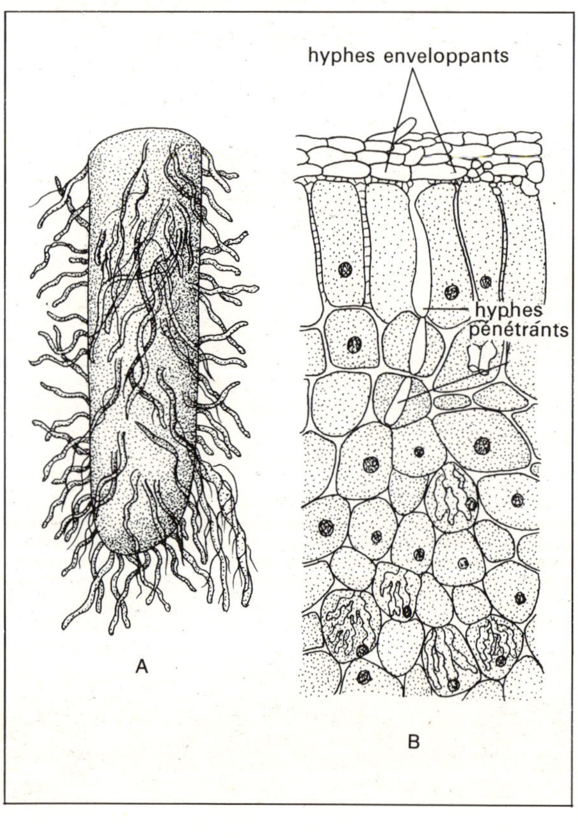

tant leur accroissement aux espaces intercellulaires (en produisant des suçoirs qui traversent la paroi cellulaire), ou bien ils peuvent pénétrer directement à l'intérieur des cellules, y constituant des amas en forme de pelotons.

Au cours de ces dernières années, une recherche soignée a confirmé scientifiquement le fait que beaucoup de Champignons les plus communs constituent des mycorhizes avec des arbres. Une preuve assez convaincante a été apportée par des études effectuées en laboratoire, au cours desquelles on a remarqué que les Plantes développées dans des conditions stériles ont formé des racines mycorhiziennes normales seulement après qu'elles ont été inoculées avec des cultures du partenaire fongique spécifique. Ces preuves ont confirmé que de nombreux Champignons parmi les plus connus, y compris les genres *Boletus*, *Lactarius*, *Russula* et *Tricholoma*, forment des mycorhizes.

Il faut cependant remarquer que tous les Champignons qui s'associent à des racines de Plantes supérieures ne sont pas des organismes spécifiques d'un seul type hôte : certains, par exemple le *Boletus chrysenteron* et l'*Amanita rubescens*, peuvent constituer des associations avec des types d'arbres très différents.

compétition avec d'autres organismes saprophytes plus agressifs.

A leur tour, les arbres pourvus de racines mycorhiziennes s'accroissent plus rapidement que les arbres dépourvus de Champignons symbiotiques. Bien que la réponse complète à ce paradoxe ne soit pas encore fournie, il semblerait que le Champignon aide l'arbre à absorber les éléments minéraux du sol. De nombreuses espèces d'arbres formant des associations mycorhiziennes, comme les Bouleaux et les Pins, poussent sur des sols pauvres et acides dans lesquels les éléments minéraux nécessaires à leur accroissement font défaut : il a été démontré que les racines mycorhiziennes sont plus efficaces que les autres racines pour absorber des substances minérales, en particulier des phosphates. De quelle manière cette fonction d'absorption peut-elle s'améliorer grâce à la présence des mycorhizes est un problème encore débattu; toutefois, une explication peut être fournie par le plus grand nombre de ramifications que présentent les racines infestées par les mycorhizes, ce qui augmente considérablement leur surface d'absorption. De toute manière, il semblerait que la relation étroite qui s'établit entre l'arbre et le Champignon subisse une évolution telle qu'aucun des deux partenaires ne peut proliférer sans la présence de l'autre.

Les Champignons parasites peuvent attaquer les arbres suivant des procédés différents. Ils peuvent infester et faire mourir les racines de l'arbre en privant le feuillage de son apport régulier d'eau et de substances nutritives; de plus, ils affaiblissent la stabilité de l'arbre dans le sol. D'autres espèces agissent au niveau du tronc et des branches en blo-

Une question d'intérêt mutuel

Il reste la question de savoir comment la relation mycorhizienne apporte des bénéfices soit à l'arbre soit au Champignon : la réponse dépend encore une fois de la recherche approfondie de type expérimental. Il est probable que, au lieu de se procurer les glucides essentiels à leur survie à partir des résidus de Plantes mortes, les Champignons mycorhiziens les absorbent directement de la plante hôte. Cela a été confirmé par certaines expériences au cours desquelles les glucides produits par l'arbre ont été marqués par des isotopes radioactifs, ce qui a permis de les suivre à l'aide d'un détecteur de radioactivité. En utilisant cette technique, on peut démontrer que la plupart des sucres radioactifs produits par la Plante passent dans l'organisme fongique : il paraît donc évident que ce soit là l'avantage dont bénéficie le Champignon à partir de la symbiose mycorhizienne. En puisant directement leur nourriture des Plantes supérieures, les Champignons n'entrent pas en compétition avec d'autres Micro-organismes pour se procurer les glucides du sol. Beaucoup de Champignons qui normalement forment des mycorhizes ne se montrent pas très efficaces pour utiliser des substances typiques du sol, et probablement ne seraient-ils pas en mesure de survivre s'ils étaient en

*En haut : groupe de corps fructifères d'*Amanita muscaria *: ce Champignon croît habituellement en association avec plusieurs espèces d'arbres à feuilles larges.*
Ci-contre : Russula emetica *souvent associé aux Conifères.*

quant les vaisseaux qui transportent l'eau et les sels vers les parties hautes de l'arbre. Dans les deux cas, les feuilles sont privées des substances nécessaires pour effectuer la photosynthèse, qui, dans ces conditions, ne se réalise pas, et l'arbre tout entier manque de la nourriture indispensable à sa survie.

D'autres Champignons microscopiques attaquent directement les feuilles. Ces organismes ne produisent pas directement la mort de l'arbre, mais ils en provoquent l'affaiblissement au point de le rendre facilement attaquable par des Champignons qui causent la pourriture du bois : ces derniers consomment littéralement le cœur du tronc, l'arbre mourant alors rapidement.

Heureusement, par leur nature, les arbres sont généralement bien défendus contre ces ennemis : un arbre possède une couche épaisse de liège qui est en mesure de repousser la plupart des envahisseurs fongiques.

Afin qu'un Champignon corticole parasite (parasite de l'écorce) puisse s'installer, il faut que ses spores tombent sur un substratum ligneux qui leur soit favorable. L'écorce extérieure (liège) d'un arbre adulte et sain ne représente pas exactement le milieu idéal pour la germination des spores; lorsqu'il y a des blessures ou des lésions dans cette écorce, de façon que les tissus internes de l'arbre situés à leur niveau se trouvent exposés directement à l'air, il est beaucoup plus facile que la spore puisse y germer et produire un mycélium capable d'envahir les tissus de l'arbre, même là où l'écorce est intacte.

Ainsi commence pour l'arbre une très lente agonie; celle-ci est aggravée par le fait qu'au fur et à mesure que le premier Champignon colonisateur produit son mycélium et ses corps fructifères et que mûrissent ses spores, celles-ci sont aptes à réinfester en partie l'arbre lui-même; de même, les spores d'autres espèces fongiques transportées par le vent atteignent l'arbre et s'installent sur le bois mort ou en partie décomposé par le premier parasite.

Aux espèces fongiques macroscopiques s'ajoutent celles de type microscopique, et à celles-ci s'ajoutent encore les Bactéries; enfin, quelques Micro-organismes peuvent atteindre même les parties vitales de l'arbre et en provoquer la mort : le tronc, désormais sans vie, sera abattu par le vent, et il constituera un terrain très riche pour de nombreuses espèces de Champignons saprobies de toute taille. Il ne faut pas, toutefois, se laisser impressionner par cette évocation plutôt triste : nous avons dit que seule une partie des arbres était susceptible d'être attaquée par des Champignons parasites, et nous savons que l'équilibre biologique d'un certain milieu, sans l'intervention de l'Homme, est tel qu'il permet la survie de toutes les espèces qui le composent, même si pour la vie de certaines d'entre elles d'autres doivent succomber.

En ce qui concerne les arbres des pépinières ou des vergers, la bonne réaction à avoir c'est d'intervenir immédiatement lorsque le vent ou la neige ont provoqué la rupture de quelques branches; il faut alors badigeonner les blessures à l'aide de substances antifongiques pour éviter une invasion éventuelle de la part de parasites.

Un exemple

Un parasite très commun, notamment chez les jeunes Épicéas, est l'*Heterobasidion annosum*, espèce produisant des corps fructifères généralement en forme de console, ou d'éventail aplati, qui adhèrent à la surface des troncs. La présence

A gauche : petits groupes d'Agaric ou Armillaire couleur de miel (Armillariella mellea). *Page ci-contre : corps fructifères de l'*Heterobasidion annosum *: ce parasite provoque la mort de nombreux Conifères.*

Quelques curiosités

Parmi les Champignons qui vivent sur le bois dont ils provoquent la décomposition, il y a, comme nous avons déjà eu l'occasion de le rappeler, l'Agaric ou Armillaire couleur de miel *(Armillariella mellea)* ; dans certains pays, il est bien connu pour ses qualités gastronomiques et sa fréquence tout au long des fossés et sur les landes. Ce Champignon, en même temps que d'autres, présente un caractère plutôt intéressant : il est possible de le voir dans l'obscurité, car de lui émane une légère luminescence verdâtre. Ce phénomène est dû à des réactions chimiques particulières, du type des oxydations, se déroulant dans les cellules de cet organisme au cours de la respiration. Bien que certains auteurs aient voulu interpréter la luminescence comme un moyen permettant d'attirer les Insectes qui collaborent à la dispersion des spores, nous estimons que ce phénomène est de nature strictement chimique ; ainsi, il ne peut pas être mis en relation avec une utilité dans le domaine de la reproduction ; d'autre part il faut tenir compte du fait que l'Agaric ou Armillaire couleur de miel est un Champignon pourvu d'un stipe assez haut et d'un chapeau ombelliforme ; de ce fait, il ne nécessite l'aide d'aucun Insecte pour disperser ses propres spores.
Ce Champignon n'est certainement pas le seul qui offre un caractère de luminescence. Il est peut-être le plus commun dans nos régions, mais il y a d'autres espèces comme le *Clitocybe illudens* et le *Pleurotus lampus* (appelé ainsi précisément pour sa luminosité nocturne) qui ont été étudiées et observées souvent à cause de ce caractère particulier. Il y a également de nombreux Champignons luminescents tropicaux, à tel point que, dans certaines régions de l'Indonésie, les jeunes filles ont l'habitude de récolter des Champignons pour en faire des colliers leur permettant de signaler leur présence, dans l'obscurité, aux garçons qui leur font la cour.

*Corps fructifères de l'*Armillariella mellea, *observés pendant la nuit pour mettre en évidence leur luminescence.*

Les Animaux et les Champignons
Chaque chercheur de Champignons sait qu'il y a des Animaux qui se nourrissent d'organismes fongiques qu'ils choisissent comme nourriture préférée lorsqu'ils en ont à leur disposition. A la première place se trouvent les Escargots, à tel point que leur prédilection pour les Champignons a donné lieu à la légende, qui en vérité est assez dangereuse, selon laquelle les Champignons rongés par ces Animaux ne sont pas vénéneux : ceci ne correspond absolument pas à la vérité. De même, les Rats et les Écureuils se nourrissent volontiers de Champignons qu'ils ramènent dans leur cachette où ils accumulent les réserves de nourriture pour l'hiver. Bien plus original est le fait que pour certaines espèces animales, les Champignons ne représentent pas une source de nourriture, mais plutôt une habitation. Il existe trois groupes d'Animaux qui vivent à l'intérieur de corps fructifères fongiques : les Mycétobiontes, les Mycétophiles et les Mycétoxènes. Au premier groupe appartiennent toutes les espèces d'Insectes, Miriapodes, Mollusques, Arachnides, vivant à l'intérieur du Champignon pour y demeurer au cours de toute leur vie, ne pouvant pas survivre dans un autre milieu. Le second groupe comprend des Animaux qui pourraient aussi vivre sur du matériel végétal en décomposition et qui ont choisi comme demeure le Champignon tout simplement parce qu'ils se sont trouvés occasionnellement sur celui-ci. Font partie du troisième groupe les hôtes occasionnels attirés par le corps fructifère, par l'humidité que celui-ci possède, ou bien par l'absence d'autre nourriture.

de cet organisme pose un grave problème dans certains pays, notamment dans la péninsule scandinave, là où l'industrie du bois peut subir des dégâts considérables lorsque ce Champignon infeste les sapinières. Ses corps fructifères n'atteignent pas de grandes dimensions et ils se forment presque au niveau du sol, à la base des arbres, au milieu des feuilles et des aiguilles qui sont tombées par terre. Ses spores germent sur les souches des arbres découpés ou bien au niveau des blessures ou des fissures du liège de Conifères vivants. Dans ces conditions, le danger serait le même que celui que causent d'autres Champignons parasites du bois, mais la situation ici s'aggrave, pour cette espèce, parce que le mycélium fongique, à travers les racines, se propage aux arbres voisins. Dans la pratique, une spore qui tombe et qui germe sur la souche d'un arbre découpé, peut produire un mycélium qui, à travers l'appareil radiculaire, infeste les arbres voisins même sur des étendues considérables; de cette manière, il peut provoquer la mort même d'individus parfaitement sains et offrant une écorce tout à fait intacte, sur lesquels les spores n'auraient certainement pas pu s'installer. L'infestation des blessures, tout comme celle des souches d'arbres coupés, est en relation avec la concentration des spores dans l'air : ainsi, dans une forêt où se développe un premier individu de l'*Heterobasidion annosum*, il se produit une infestation continue, soit à partir du mycélium qui a traversé les racines, soit à partir des spores qui ont été produites par le premier corps fructifère.

Il faut tenir compte du fait que dans la propagation de la maladie au niveau des racines la nature du sol joue aussi son rôle : plus le terrain est alcalin, plus rapide est la propagation du Champignon. Dans les forêts où vit une population de Cerfs, les blessures que les mâles causent aux arbres, en y frottant leurs cornes, constituent autant de portes ouvertes aux Champignons.

A son tour, même ce Champignon présente un point faible : si, d'une part, il est très dangereux pour les arbres, d'autre part, dans la compétition entre Champignons, pour la colonisation du bois, il est presque toujours destiné à être battu. Cette connaissance a été exploitée récemment pour mettre au point une méthode précise de lutte biologique contre cet organisme pathogène. On a découvert que les couches infestées par un autre Champignon lignivore, mais non pathogène, le *Peniophora gigantea*, ne sont pas colonisées par l'*Heterobasidion annosum*. Actuellement, on peut trouver des plaquettes de spores de *Peniophora* sur les marchés; elles sont distribuées dans des suspensions aqueuses sur des souches immédiatement après la coupe des arbres.

Sur les souches d'arbres et sur les détritus

La compétition pour la survie n'épargne aucune espèce, si bien que certains Champignons peuvent être victimes d'autres. Ce fait peut étonner uniquement dans la mesure où l'on considère les Champignons comme un ensemble et l'on ne pense pas que les Basidiomycètes puissent constituer une classe systématique comme, par exemple, celle des Mammifères. Ainsi, si on ne s'étonne pas du fait qu'un Lion se nourrisse d'un autre Mammifère, il faut de même considérer comme étant un phénomène naturel le fait que certains Champignons, comme le *Scleroderma aurantium*, soient le substrat sur lequel vivent et se nourrissent d'autres Champignons comme, dans ce cas, le *Boletus parasiticus*. De même, de nombreux petits Basidiomycètes appartenant au genre *Nyctalis*, possèdent comme habitat les corps fructifères de vieux Russules et Lactaires.

Il existe, d'autre part, de nombreux Champignons microscopiques qui envahissent les basidiocarpes d'autres espèces, en les recouvrant de Moisissures blanches ou jaunes, ou bien en les déformant de différentes manières. Il peut même arriver qu'un collectionneur peu expérimenté puisse confondre quelques-uns de ces Champignons infectés par d'autres avec des espèces nouvelles lui étant complètement inconnues.

Du moment que des Champignons parasités émanent des odeurs désagréables, il est rare qu'ils soient récoltés et mis dans la corbeille avec des Champignons destinés à l'alimentation : si cela se produisait, la Moisissure se propagerait à tous les Champignons, les rendant incomestibles.

Même les Truffes n'échappent pas aux Champignons parasites : les *Cordyceps ophioglossoides*, par exemple, sont même une espèce spécifique parasite des Truffes appartenant au genre *Elaphomyces*.

Nous pouvons affirmer que, dans la pratique, il existe des Champignons pouvant s'accroître sur des substrats quelconques : certaines espèces se développent sur le corps de papillons, de vers et de chrysalides, alors que d'autres préfèrent les pommes de Pins ou les noisettes. Le bois vivant ou mort, aussi bien que d'autres détritus végétaux, continuent à représenter les substrats sur lesquels les Champignons se développent plus volontiers.

Les espèces qui s'accroissent sur des souches d'arbres, ou bien sur des troncs, ont acquis une forme à console ou à éventail; en outre, du moment que leurs corps fructifères se développent à une certaine distance du sol, ils n'ont plus besoin d'un stipe qui soulève le chapeau porteur de spores. La réduction ou la perte du pédoncule, en tant qu'adaptation au milieu, est clairement observable chez le genre *Paxillus*. Le *Paxillus involutus*, espèce très répandue, est un Champignon qui vit sur les ordures et qui présente un stipe normalement développé, alors que le *Paxillus atrotomentosus*, qui colonise des troncs et des souches d'arbres, montre une forte réduction de cet organe qui se trouve être, de plus, déplacé latéralement; par contre, le *Paxillus panuoides*, qui vit également sur les troncs d'arbres, en est complètement dépourvu. Chez certaines familles de Champignons, la forme à console ou à coquille du corps fructifère présente un caractère important pour leur identification; on retrouve ces caractères dans la plupart des espèces appartenant aux familles des Méruliacées, des Polyporacées

Cette Souche d'arbre a été colonisée par divers organismes saprobies; de multiples corps fructifères d'individus appartiennent au genre Mycena.

arbre	champignon
Aulne	*Exidia glandulosa*
Frêne	*Daldinia concentrica*
Hêtre	*Oudemansiella mucida, Pholiota adiposa, Lentinellus cochleatus, Panus adiposa, Pseudotrametes gibbosa, Grifola gigantea*
Bouleau	*Fomes fomentarius, Piptoporus betulinus*
Orme	*Lyophyllum ulmarius, Volvariella bombycina, Polyporus squamosus*
Chêne	*Mycena inclinata, Psathyrella obtusata, Daedalea quercina, Fistulina hepatica, Grifola gigantea, Grifola frondosa, Bulgaria inquinans*
Pin	*Mycena alcalina, Paxillus atrotomentosus,*
Peuplier	*P. panuoides, Sparassis crispa, Calocera viscosa, Heterobasidion annosum, Phaeolus schweinitzii, Stereum sanguinolenteum, Gloeoporus adustus, Phellinus igniarius*

et des Fistulinacées. Dans d'autres cas, au sein d'une même famille, certaines espèces seulement ont subi cette sorte d'adaptation à l'habitat. Les Polyporacées présentent généralement des corps fructifères atteignant des dimensions considérables; leur hyménium est constitué par des tubules qui peuvent être réunis entre eux ou bien séparés par des rugosités semblables à des lamelles épaisses et circonvoluées.

Le corps fructifère offre presque toujours une consistance coriace, parfois semblable à du liège; sa chair ne pourrit pas, à tel point que certaines espèces sont pérennantes. L'hyménium, même lorsqu'il est simplement constitué par des tubules, n'est jamais facilement séparable de la chair du chapeau, contrairement à ce qui se produit chez les Bolétacées. Les espèces annuelles, comme le *Polyporus squamosus*, le *Piptoporus betulinus* et le *Grifola frondosa*, présentent une chair beaucoup plus tendre et friable. Le *Fistulina hepatica*, appelé normalement Langue de bœuf, qui autrefois était classé avec les Polyporacées et qui constitue actuellement une famille à part, celle déjà mentionnée des Fistulinacées *(Vignoli)*, est considéré parmi les meilleurs Champignons.

Certains Champignons lignivores se développent uniquement sur une espèce végétale déterminée, comme dans le cas du *Trametes betulina* et du *Trametes abietina*, qui s'accroissent respectivement sur des Bouleaux et sur des Sapins, à tel point qu'il est possible, dans certains cas, d'identifier un fragment de tronc tombé au sol grâce aux Champignons qui s'y développent. Dans cette famille, les exemples de Champignons constitués par un stipe et par un chapeau bien différenciés ne manquent pas, bien que le stipe se trouve toujours en position excentrique : c'est le cas du *Polyporus pes-caprae* (le Pied de Chèvre), comestible et plutôt raffiné, aussi bien que des constituants du genre *Ganoderma*, qui peuvent être sessiles ou bien pourvus de stipes, suivant la hauteur du sol à laquelle se développe le corps fructifère; certains parmi eux sont cause de graves pourritures du bois.

Pour conclure cette brève revue des Champignons qui prolifèrent sur des troncs et sur du bois, nous rappellerons encore les genres *Corticium*, appartenant à la famille des Corticiacées, *Stereum*, *Telephora* et *Hymenochaete* de la famille des Téléphoracées, étant tous pourvus de basidiocarpes à console ou bien de basidiocarpes laminaires.

Corps fructifères de Ganoderma *sp. sur un tronc de Bouleau encore vivant. Il est évident que les spores du Champignon ont pu germer dans une blessure de l'écorce; après sa première installation, c'est le Champignon lui-même qui crée les conditions favorables à sa propre survie ainsi qu'à la prolifération d'autres spores.*

Au sein des Basidiomycètes nous retrouvons ces formes d'adaptation à la vie arboricole, non seulement dans la sous-classe des Holobasidiomycètes dont nous avons considéré jusqu'à présent les familles (en particulier en faisant allusion à l'ordre des Hyménomycètes et au sous-ordre des Aphyllophorales), mais aussi dans la deuxième sous-classe. Il s'agit de celle des Phragmobasidiomycètes dans laquelle existent deux ordres, celui des Trémellales et celui des Auriculariales, qui produisent des corps fructifères d'une certaine taille sur des troncs d'arbres vivants ou abattus, comme sur des branches et sur des souches. Rappelons l'Oreille de Judas, qui forme des consoles irrégulières et ondulées, évoquant la forme d'une oreille.

Les Champignons coprophiles

Dans le cycle pérennant de croissance et de mort des communautés naturelles, les Plantes vertes capables de transformer les substances inorganiques en composés organiques, au cours de la photosynthèse, sont les êtres producteurs primaires, responsables de l'augmentation quantitative de substance végétale dans le système. Les tissus et les organes qu'elles produisent, y compris les racines, les feuilles, les fleurs et les fruits, peuvent compléter leur cycle vital sur la Plante elle-même et devenir le terrain apte à être colonisé par des Champignons, uniquement au cours de leur vieillesse. Dans d'autres cas, la Plante peut être attaquée dans une phase encore jeune par des Champignons parasites, qui absorbent les substances nutritives dont ils ont besoin pour leur développement, directement à partir des tissus, des feuilles et du tronc, occasionnant ainsi des dégâts plus ou moins importants à leur hôte. Il existe une troisième possibilité : les tissus de la Plante sont conduits prématurément à la mort, étant arrachés de leur siège et ingérés par un Animal herbivore.

Les herbivores sont incapables de digérer complètement l'aliment qu'ils introduisent dans leur système gastro-entérique, car une quantité considérable passe dans l'intestin et est expulsée comme excrément. Une grande quantité d'excréments peut être produite par un individu herbivore : une Vache peut en produire presque dix pour cent de son poids chaque jour. Il est logique que cette quantité soit dégradée le plus rapidement possible, pour deux motifs : en premier lieu pour remettre en circulation, dans le cycle alimentaire, tous les sels et les substances utiles qui y sont contenus, en second lieu parce qu'une accumulation continuelle d'excréments non dégradés finirait par étouffer le pâturage.

La décomposition des excréments

L'excrément des herbivores est composé essentiellement d'un mélange de résidus de Plantes non digérés. Ces derniers sont finement triturés par l'appareil digestif de l'Animal et ils se trouvent ainsi dans des conditions très favorables à la décomposition microbienne. Dans les excréments, des Micro-organismes sont présents en grande quantité, faisant partie de la flore bactérienne de l'Animal, dans lesquels sont inclus des Micro-organismes pathogènes, des Champignons et de l'eau.

A droite : corps fructifères d'un Champignon appartenant au genre Podosordaria, *exclusivement coprophile. Ci-dessous : sporangiophores de* Pilobolus *qui s'orientent en direction de la lumière du soleil, tandis que les sporanges sont rejetés violemment au loin par un jet de liquide.*

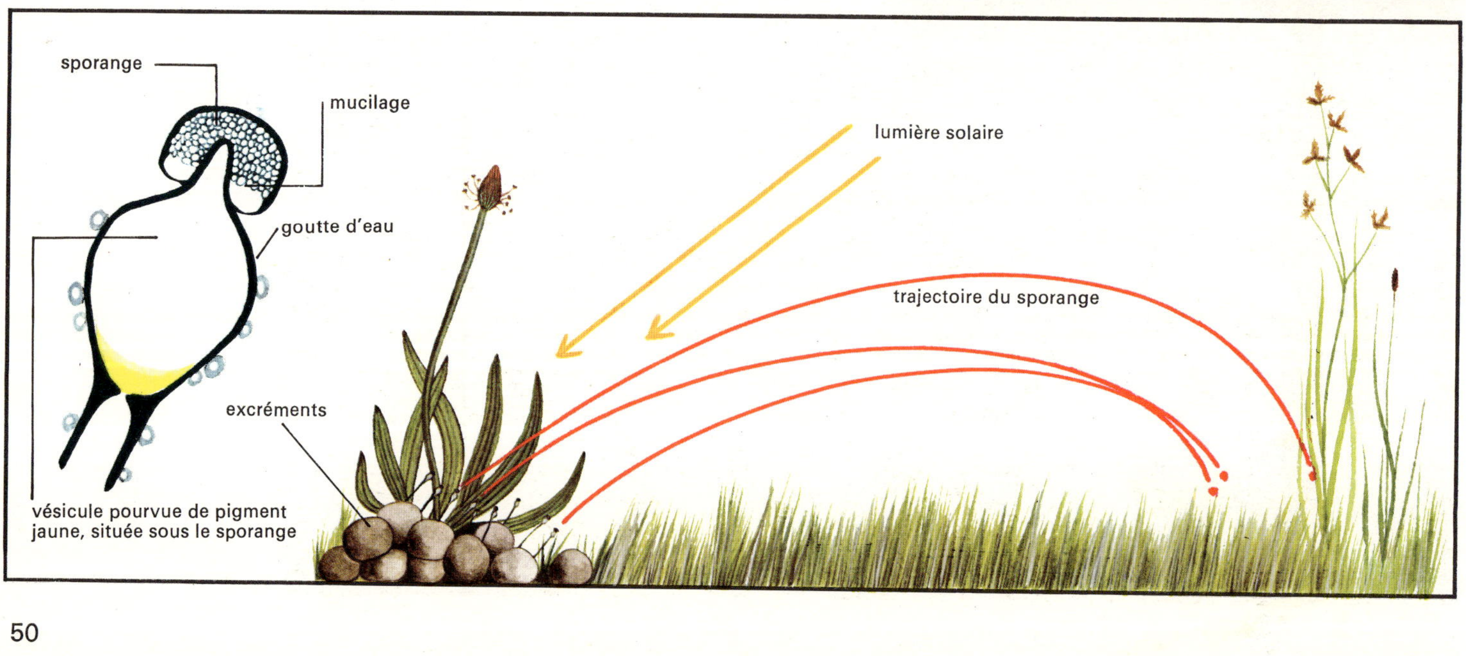

La décomposition accélère la mort des Micro-organismes pathogènes animaux qui de ce fait se trouvent dans un milieu défavorable à leur survie; donc, même sous cet aspect, la décomposition de ce matériel doit se produire le plus rapidement possible, afin d'éviter l'éventuelle propagation de maladies.

On sait depuis longtemps que les Champignons jouent un rôle important dans ces processus de décomposition. Si les excréments des herbivores sont récoltés et maintenus dans un milieu chaud et humide, ils se recouvrent rapidement d'une trame dense d'hyphes fongiques. Les premiers Champignons qui y apparaissent sont des Moisissures microscopiques, semblables à celles qui se développent sur du pain humidifié. Ces Champignons se développent rapidement et au bout de quelques jours commencent à produire une énorme quantité de spores qui sont dispersées sur l'herbe entourant ces excréments. A ce niveau, les spores peuvent survivre pendant de longues périodes, en attendant que l'herbe elle-même soit mangée par quelques Animaux. Ensuite, dans l'intestin de ces derniers, le processus de digestion active ces spores et la germination débute peu après que les excréments sont déposés sur le sol.

Ce cycle vital caractérise toutes les espèces étroitement coprophiles. Certaines d'entre elles se retrouvent rarement sur des terrains de types différents, par rapport à ceux où ont été déposés les excréments, si bien qu'elles peuvent appartenir au même genre que d'autres Champignons qui s'accroissent sur le sol ou sur le bois en voie de décomposition. L'un des genres les plus intéressants de ce groupe est le genre *Pilobolus*, appartenant à la classe des Phycomycètes, et qui vit sur les excréments de Vache, de Cheval, de Brebis et de Lapin.

Après le premier moment de développement vigoureux, les Moisissures qui colonisent les excréments ralentissent leur croissance et ensuite elles disparaissent : en fait, lorsqu'elles ont consommé toutes les substances nutritives qu'elles sont en mesure d'assimiler et de métaboliser pour produire des hyphes fructifères et des spores, elles sont graduellement détruites par des Micro-organismes, dont plusieurs Bactéries. A leur place apparaîtra bientôt un autre groupe de Champignons appartenant à la classe des Ascomycètes, comme les *Lachnea*, qui s'accroissent sur les excréments de Vache où ils produisent des corps fructifères cupuliformes, visibles à

Corps fructifères de Stropharia semiglobata *; ce Champignon peut aussi se développer sur des excréments, bien qu'il ne leur soit pas spécifique.*

l'œil nu. Ces Champignons commencent à fructifier au cours d'une période d'une ou de deux semaines, à partir du moment où les excréments ont été exposés à l'air, et ils continuent souvent à dominer la flore fongique pendant plusieurs mois. Plusieurs de ces Ascomycètes sont des formes coprophiles qui ont adapté leur cycle vital à la vie des herbivores. Après avoir produit leurs spores, ces Champignons meurent et leurs structures pourrissent et disparaissent.

C'est à ce moment qu'apparaissent des Basidiomycètes coprophiles des genres *Stropharia*, *Panaeolus*, *Bolbitius*, *Psilocybe* et naturellement *Coprinus*. Les excréments sont considérablement altérés par rapport au moment où ils ont été évacués, à cause de la perte d'une forte quantité d'eau. Même l'odeur initialement désagréable est remplacée par une simple odeur de terre semblable à celle de certains engrais. Tous les produits de la digestion qui n'avaient pas été absorbés par l'intestin ont subi une complète transformation chimique.

Bien que la cellulose soit digérée par l'Animal herbivore, à l'aide de Micro-organismes, l'essentiel du poids sec des excréments qui viennent d'être évacués, est constitué de cellulose et de lignine. Lorsque les Basidiomycètes coprophiles apparaissent, la quantité de cellulose qui est restée dans les excréments est considérablement diminuée; par contre, la quantité de lignine a subi des variations très légères. Toutefois ces Champignons sont réputés pour leur faculté de décomposition de la lignine et pour leur activité dans la phase finale de la dégradation des excréments, qui assure l'utilisation d'une large partie du matériel qui y demeure.

L'action du métabolisme fongique sur les déchets organiques est approximativement la même pour toutes les espèces : les Champignons consomment une certaine quantité d'excréments de façon qu'une partie du matériel consommé se transforme en constituant du Champignon lui-même, alors que la partie restante est oxydée pour fournir de l'énergie, du gaz carbonique et de l'eau. En outre, au cours de cette réélaboration de matériel de refus, certains sels minéraux, du fait qu'ils ne sont pas utilisés par le Champignon, sont libérés, et ils se trouvent alors en condition d'être réabsorbés par le sol et d'être remis à la disposition des Plantes vertes. Si les Champignons coprophiles et d'autres Micro-organismes qui dégradent les excréments n'existaient pas, les pâturages finiraient par s'appauvrir de plus en plus, jusqu'à ce que les Plantes ne puissent plus y trouver ce dont elles ont besoin pour vivre.

Individus de Panaeolus semi-ovatus : *Champignon typique des excréments des Animaux herbivores, qui représentent le substrat optimal pour de nombreuses espèces fongiques de petite taille.*

Les Champignons de l'encre

Corps fructifères plutôt âgés de Coprinus comatus. *On peut y noter l'état de liquéfaction avancé des lamelles qui se dissolvent, donnant une sorte de bouillie noire ; plus le vent est humide, plus cette encre, produite par le Champignon, est liquide. Par temps sec, il se forme une substance beaucoup plus dense.*

Dans la pratique, ce nom définit de multiples espèces du genre *Coprinus,* facilement reconnaissables soit par la forme de leur corps fructifère soit par certains détails de leur développement. Parmi ces derniers, celui qui intéresse le plus le chercheur et qui excite le plus sa curiosité, est la présence de lamelles dites déliquescentes. Celles-ci, lorsque les spores mûrissent, se transforment, par autolyse, en un liquide noirâtre ; souvent, en même temps que les lamelles, une partie du chapeau se détruit aussi au cours d'un processus qui, du point de vue chimique, ressemble à la digestion des aliments de la part des Animaux. Plus précisément, il s'agit d'une consommation de tissus de la part d'enzymes présents dans les cellules, ayant la capacité de détruire le protoplasme même dans lequel ils ont été produits. Ce processus autolytique peut s'achever au bout de quelques jours, chez les espèces de plus forte taille et au bout de quelques heures chez celles de plus faible dimension. Ce comportement est considéré comme un caractère typique du genre permettant d'identifier les *Coprinus* et de les séparer des *Psathyrella* et des *Panaeolus* avec lesquels ils pourraient être confondus. En ce qui concerne la forme du Champignon, on peut observer que les individus jeunes possèdent un chapeau à peu près ovoïde, ou bien presque cylindrique, étroitement accolé au stipe ; ensuite, au fur et à mesure que l'individu vieillit, le chapeau s'élargit tout en s'éloignant du pédoncule et il devient d'abord campanulé puis presque étalé. En même temps que le chapeau s'élargit, son bord extérieur s'enroule vers le haut, tandis que ses lamelles noircissent et se dissolvent.
Selon certains, les lamelles des *Coprinus,* contrairement à celles de la plupart des autres Basidiomycètes, ne sont pas cunéiformes mais elles offrent toutes la même épaisseur, étant étroitement rapprochées les unes des autres. Ainsi, l'espace libre qui sépare une lamelle de l'autre et qui devrait être utilisé au cours de la première phase de chute des spores, serait trop exigu pour permettre précisément cette chute. Pourtant, les basides mûrissent les unes après les autres à partir du bord du chapeau en allant vers le stipe, si bien que la libération des spores serait étroitement synchronisée avec l'autolyse : en fait, dès que les lamelles se dissolvent, la marge du chapeau s'enroule vers le haut tout en repoussant vers l'extérieur les lamelles elles-mêmes et en assurant ainsi la sortie des spores en plein air. A la lumière de ces considérations, les mycologistes qui soutiennent la théorie qui vient d'être énoncée, affirment que le liquide noirâtre produit par ces Champignons représente un moyen de dispersion des spores qui, de cette manière, sont régulièrement libérées en plein air et emportées par le vent. La déliquescence représente donc une phase préliminaire de ce processus de dispersion.
Selon d'autres auteurs, le liquide qui exsude des chapeaux des *Coprinus* représenterait le véhicule des spores, avec lequel celles-ci tombent au sol pour être emportées par les oiseaux : en fait, l'encre produite par le Champignon se colle aux pattes de ces Animaux.
Une expérience conduite dans ce sens a prouvé que certains Champignons pouvaient se reproduire seulement à l'intérieur d'une propriété où la chasse était interdite et non pas à l'extérieur : ceci avait permis de déduire que les spores de ces organismes étaient disséminées par des faisans à l'intérieur de la propriété et non pas dans le territoire environnant où ils ne pouvaient pas accéder. Le *Coprinus comatus* est répandu notamment là où le sol a été perturbé, comme autour de nouveaux édifices ou tout au long des allées centrales et des allées latérales des autoroutes : il est tellement répandu dans de tels habitats qu'il peut être comparé aux Plantes infestantes. Ce *Coprinus,* habituellement connu sous le nom de Coprin chevelu, est comestible à l'état jeune quand son chapeau est encore fermé. Les individus âgés, à part la consistance visqueuse de leur chair, provoquent une légère intoxication du même genre que celle dont est responsable le *Coprinus atramentarius.* Il s'agit d'un syndrome appelé précisément coprinien, qui se manifeste lorsque le Champignon est ingéré en association avec des boissons alcoolisées mêmes légères comme le vin ou la bière. Les symptômes principaux sont représentés par des bouffées de chaleur, transpiration, accélération des battements cardiaques et du rythme respiratoire, vertiges, nausées et vomissements.
Du moment que les Coprins possèdent un corps fructifère éphémère, très délicat, le chercheur devrait prendre soin de déposer les individus qui viennent d'être récoltés dans un récipient aux parois rigides, en osier ou en laiton, et de les amener dans la cuisine le plus rapidement possible. Les amateurs du *Coprinus comatus* recommandent de le consommer à l'état cru, prenant la précaution de s'assurer que les lamelles soient encore complètement blanches : il faut séparer les chapeaux des pédoncules qui doivent être éliminés ; il faut les couper en sections et les assaisonner simplement avec du sel et du poivre.

L'habitat

Comme nous l'avons déjà vu dans le chapitre consacré à la biologie des Champignons, les spores sont dispersées partout, transportées par le vent, par les Animaux et par l'eau : ainsi, il n'y a aucun lieu sur toute la planète où ne tombent pas des spores fongiques.

Au cours de certaines expériences « aérospermologiques » sur des fenêtres et sur des terrasses de Turin furent exposées des boîtes de Petri contenant des milieux de culture favorables pour des Champignons inférieurs. Une fois que les boîtes furent retirées et recouvertes par leur couvercle, de façon à ce que les Bactéries ne puissent pas s'y infiltrer, on observa qu'après deux à quatre jours de nombreuses colonies de Champignons inférieurs, appartenant à des espèces différentes, s'y étaient développées.

Parfois même, quelques Champignons supérieurs y avaient proliféré, bien que le milieu de culture utilisé ne soit pas favorable au développement de ces organismes. Le résultat de cette expérience fut que même au centre d'une ville, loin de prairies et de bois qui constituent l'habitat idéal pour les Champignons, de nombreuses spores de ces organismes sont présentes.

Les espèces fongiques sont tellement nombreuses que, dans leur ensemble, nous pouvons en trouver certaines qui sont capables de vivre dans l'eau, d'autres qui prolifèrent facilement dans l'obscurité, d'autres qui supportent des écarts de température ne permettant pas la vie à d'autres organismes. Dans les eaux et dans les boues thermales, on retrouve des Champignons thermophiles qui tolèrent des niveaux de chaleur jusqu'à 55 °C et dans les régions arctiques, il y a des Mycètes qui survivent à des hivers caractérisés par des températures de 60 °C au-dessous de zéro. La lumière peut constituer un facteur qui facilite la croissance de certaines espèces, alors que pour d'autres elle a une action répressive sur leur développement.

Cette famille de Fausses Oranges (Amanita muscaria) *se développe dans un lieu plutôt insolite : au pied d'un grand hêtre.*

Par rapport à la quantité d'oxygène, on peut dire que les Champignons sont des organismes aérobies, exception faite pour certaines espèces particulières; ils ont donc besoin d'une bonne quantité d'oxygène pour vivre. Il faut noter, à ce propos, que l'humidité du sol, qui est indispensable à leur développement, devient un facteur limitant lorsque la quantité d'eau qui l'imprègne les appauvrit en oxygène.

Lorsque les spores tombent sur le sol, leur possibilité de germer et de produire du mycélium et des corps fructifères dépend essentiellement de la nature de ce dernier : en fait, il y a des Champignons qui peuvent se développer seulement sur des terrains calcaires, alors que d'autres nécessitent la présence de terrains acides.

Pour le collectionneur passionné, il est important de savoir sur quel terrain et dans quelles associations avec les arbres, se trouvent les espèces de plus grand intérêt, non seulement sous l'aspect gastronomique, mais aussi du point de vue de la recherche scientifique. Toutefois, il est improbable que les informations fournies par des observations occasionnelles amènent à des conclusions probantes sur l'Écologie des Champignons. En fait, la manière dont les espèces colonisent de nouvelles aires, aussi bien que les conditions nécessaires à leur croissance végétative, les possibilités de survie à des périodes défavorables et les facteurs qui contrôlent leur fructification ne peuvent être décelés qu'à la suite d'une observation et d'une série d'expériences.

Les Champignons sont particulièrement difficiles à étudier en termes d'Écologie, avant tout parce que nous ne connaissons pas à fond les relations qui existent entre la propagation de leur mycélium et la formation de leurs corps fructifères. Et d'autre part, parce qu'une espèce peut s'établir et s'accroître, pour longtemps, dans une région, sans donner aucun signe de sa présence. En fait, nous pouvons nous apercevoir de l'existence d'une colonie fongique seulement lorsqu'elle produit un corps fructifère macroscopiquement visible. Actuellement ont été mises au point des techniques pour détecter les hyphes dans le sol, dans des substances organiques de type varié, en décomposition, et dans le bois des arbres; toutefois, ces techniques ne peuvent être employées que par des mycologistes parfaitement entraînés, dans des laboratoires spécialisés. D'autre part, elles sont peu satisfaisantes, parce qu'elles permettent, le plus souvent, de détecter seulement la présence d'un mycélium fongique dans tel substrat, sans indiquer à quelle espèce ce mycélium appartient. Pour établir des cartes de distribution de Champignons, la meilleure méthode est celle qui consiste à effectuer un recensement, sur le même lieu, au cours de différentes périodes de l'année, afin de mettre en évidence toutes les espèces qui y fructifient en toutes saisons. On y procède en délimitant une zone de terrain de forme carrée, et en y récoltant tous les Champignons qui y sont présents; ensuite, on pèse tous ceux qui appartiennent à une même espèce afin d'établir un rapport quantitatif. Dans la pratique, on a noté que, par exemple, pour avoir une liste complète des Champignons présents dans une portion de bois ou de forêt, il est nécessaire de poursuivre ces examens pendant cinq à huit ans, procédant au cours de certaines saisons à des observations hebdomadaires : ceci, parce que certains corps fructifères ont une vie brève et doivent être observés avant qu'ils commencent à se décomposer.

A partir des recherches effectuées pour comprendre quelles sont les substances nutritives qui influencent le plus la fructification des Champignons, on a déduit que l'azote est un élément très important : la fructification est particulièrement abondante lorsque l'azote lui-même est abondant. De plus, certaines espèces déterminées nécessitent des substances particulières, comme le *Paxillus involutus*, qui a besoin de phosphates et le *Clitocybe discolor*, qui nécessite des sels de calcium.

Les forêts tropicales

Dans la forêt tropicale pluviale, qui constitue la plus développée et la plus complexe communauté de Végétaux et d'Animaux de notre planète, subsistent des biocénoses particulières, caractérisées par des niches écologiques qui ne se retrouvent pas ailleurs. Les arbres, souvent recouverts de « franges » de Plantes rampantes, abritent des myriades d'espèces épiphytes, ou aérophytes. La flore du sous-bois est elle aussi constituée par une vaste gamme d'espèces, dont le développement varie considérablement suivant la quantité plus ou moins forte de lumière solaire qui peut atteindre le sol. A ce développement riche de la végétation fait suite une faune nombreuse, qui exploite toute niche qui lui est offerte comme abri par les Végétaux.

Les forêts tropicales peuvent atteindre le maximum de leur développement vigoureux grâce à une pluviosité considérable. Dans les régions équatoriales de l'Afrique, de l'Amérique du Sud et de l'Asie, la pluie peut dépasser 800 centimètres par an, contre les 100 centimètres qui sont à peine atteints dans des régions tempérées où les forêts sont abondantes. Il y a des différences analogues entre les températures des deux régions précédemment citées : dans certaines aires, dans la forêt tropicale, on peut enregistrer une température moyenne annuelle de 20 à 25 °C, avec des fluctuations relativement rares entre la saison douce et la saison chaude. Dans certaines régions tempérées, où se trouvent des forêts riches, la température moyenne est au contraire de 10 °C environ.

Les forêts pluviales tropicales et les régions boisées de ce type sont généralement beaucoup plus riches de vie par rapport aux régions équivalentes tempérées, soit pour ce qui concerne les arbres, soit pour les espèces herbacées qui leur sont associées. De plus, les forêts tropicales sont pour la plupart beaucoup plus fertiles, aussi bien en ce qui concerne le rythme de croissance annuelle des Plantes. Les raisons sont à rechercher, en partie, dans la plus longue durée des périodes de lumière, qui permettent la prolongation de l'activité de photosynthèse et en partie aussi dans la température et l'humidité, plus élevées, qui favorisent davantage la croissance des espèces végétales.

Le calcul de la quantité des détritus organiques, produits par la croissance des Plantes vertes, est très intéressant pour les chercheurs de Champignons. Dans les forêts pluviales, on a démontré que, pour chaque hectare, on peut avoir de 7 à 12 tonnes de déchets de feuilles, petits rameaux, branches, fleurs, et fruits, qui tombent au sol chaque année; par contre dans les forêts des régions tempérées, constituées de Plantes à feuilles larges et de Conifères, le sol reçoit annuellement des quantités plus faibles de ce matériel, allant de 1 à 3 tonnes. Ces détritus consti-

Ci-contre : corps fructifères adultes du Lactarius subdulcis ; *ces Champignons sont communs dans les forêts tempérées de l'hémisphère boréal. Cependant, certaines variétés se rencontrent aussi aux tropiques.*

A droite : aspect de la forêt tropicale dans l'Olympic National Park (Washington), montrant l'exubérance des Plantes épiphytes typiques de ces habitats. L'humidité présente dans un tel milieu favorise la croissance de nombreux Champignons. Cartouches : en haut, corps fructifères de Peziza sp. *photographiés dans une forêt de montagne en Afrique; en bas, espèce tropicale d'*Hericium *propre à l'Afrique orientale.*

tuent un substrat idéal pour la croissance des Champignons : ainsi, il est important de connaître la nature des matériaux que les Champignons utilisent, aussi bien que la vitesse avec laquelle ils les consomment.

De telles informations, concernant le mécanisme de vie des Champignons saprobies, qui dégradent la matière organique, peuvent être obtenues en évaluant la couche de matériel qui s'est effectivement accumulée dans le sous-bois par rapport au matériel qui s'y dépose annuellement. Sous cet aspect, les forêts des régions tempérées sont celles qui fournissent les valeurs quantitatives les plus élevées, vu l'épaisseur de la couche de détritus qui s'accumule dans les anciennes pinèdes (plus de 150 tonnes par hectare) et dans des forêts de Chênes (40 tonnes environ par hectare). Par contre, certaines forêts pluviales accumulent seulement 3 tonnes de matériel par hectare.

Le rythme si rapide de l'élimination de déchets organiques dans les forêts tropicales, est imputable à la présence d'une myriade de Champignons qui consomment ces matériaux; parmi ces organismes se situent de nombreuses espèces de *Marasmius*, *Mycena* et *Leptonia*. Ces espèces, offrant généralement un thalle très coloré, peuvent proliférer dans des groupements de forte taille, lorsque les conditions du climat en favorisent la fructification. Toutefois, ces Champignons ne sont pas les seuls responsables de la dégradation des déchets; en effet, ils sont associés à de nombreux autres Micro-organismes, tels que des Bactéries ou des Micro-organismes de type animal. Dans les forêts des régions tempérées vit également un groupe de Champignons bien définis, qui détruisent les déchets, comprenant certains représentants du premier genre précédemment mentionné (*Marasmius*), en même temps que des *Collybia* et des *Hygrophorus*.

Alors que, dans les régions tempérées, les Champignons fructifient lors de saisons bien définies, au niveau des tropiques ils peuvent être absents pendant de longues périodes, pour apparaître ensuite en grande quantité, uniquement lorsqu'une période sèche est suivie de pluies torrentielles. La vitesse de leur croissance est alors stupéfiante. Cette grande abondance d'organismes fongiques est caractérisée toutefois par une vie très courte; en fait, les températures élevées et l'humidité provoquent un développement très rapide de ces organismes, aussi bien qu'une maturation rapide des spores, dont la conséquence est la disparition des corps fructifères.

De nombreuses espèces qui vivent dans les forêts pluviales sont cependant assez répandues dans toutes les régions tropicales : elles s'accroissent dans l'Amérique méridionale, dans l'Afrique centrale et occidentale, aussi bien que dans l'Asie tropicale. Par contre, il y a peu d'affinités entre les régions tempérées et les régions tropicales, ce qui est évident lorsqu'on compare des aires tempérées septentrionales, comme l'Amérique du Nord et l'Europe septentrionale, avec des régions tropicales équivalentes.

Les bois

La plus grande variété de Champignons se trouve sur des sols boisés, en particulier à la fin de l'été et pendant l'automne. Toutefois, les espèces fongiques varient considérablement suivant le type de bois. De plus, les conditions climatiques, en particulier la pluviosité et la température, aussi bien que le sol, déterminent la répartition des Champignons; mais très souvent, ce sont les arbres eux-mêmes qui y exercent une plus forte influence. Naturellement, comme les Champignons, les arbres sont conditionnés par ces mêmes facteurs du milieu.

Le terrain du bois peut être divisé en trois types fondamentaux : bois à feuilles larges, bois à Conifères et bois mixtes. Les bois à feuilles larges comprennent des arbres à feuilles caduques et au limbe étendu, tels que les Hêtres, les Chênes et les Bouleaux, alors que les bois à Conifères sont constitués de Sapins, de Mélèzes, de Pins et d'autres espèces qui appartiennent à la catégorie taxinomique des Conifères. Lorsque les deux types d'arbres croissent ensemble, on parle de bois mixtes. Dans l'Europe et dans l'Amérique septentrionale, les Plantes à feuilles larges sont presque toutes des Plantes à feuilles caduques, de telle sorte qu'elles perdent complètement leur feuillage à chaque automne. Au contraire, les Conifères sont pour la plupart des Plantes toujours vertes : ils renouvellent leur feuillage très lentement, au cours de l'année, en perdant peu d'aiguilles chaque jour, à l'exception du Mélèze qui est l'exemple le plus connu de Conifère qui perd ses aiguilles à l'automne.

A chaque type de terrain boisé, correspondent un certain nombre d'espèces fongiques qui lui sont propres.

Très souvent, on observe une espèce fongique déterminée qui se développe seulement sous un arbre particulier. En effet, de nombreux Champignons manifestent une prédilection pour certains types d'arbres forestiers; d'autres ont développé, avec les racines de certains arbres, une forme d'association aux avantages réciproques, connue comme symbiose mycorhizienne.

Parmi les Champignons qui se développent sur des terrains boisés, on peut distinguer ceux qui vivent sur des détritus de feuilles ou dans le sous-bois, de ceux qui s'accroissent sur des substrats ligneux (branches, souches d'arbres, racines et troncs). Partout où ils se développent, tous les Champignons qui vivent sur des matériaux organiques morts remplissent une fonction d'importance vitale; en fait, ils transforment ces matériaux en un humus riche en matières nutritives, jouant ainsi un rôle fondamental à l'intérieur de l'écosystème.

Les espèces fongiques macroscopiques les plus communes peuvent être regroupées suivant le type de bois qui constitue leur habitat : nous examinerons des exemples de bois parmi les plus caractéristiques et les plus répandus de nos régions, à savoir ceux qui se trouvent à des altitudes plus faibles.

Même la présence d'Animaux exerce une certaine influence sur la flore de Champignons saprobies : par exemple, l'introduction d'un seul Animal qui porte dans son intestin les spores de quelques espèces fongiques coprophiles, est suffisante pour que celles-ci puissent se développer dans le bois.

Bois à feuilles larges

A l'origine, les forêts tempérées à feuilles larges s'étendaient sur de vastes territoires où le terrain était plutôt riche. Ensuite, avec l'expansion des activités humaines, les forêts se sont réduites de plus en plus à des lieux moins favorables aux cultures, alors que le terrain fertile était soustrait au bois par l'agriculture.

En outre, de vastes régions ont été déboisées afin d'utiliser leur bois. En Europe, le Chêne et le Hêtre furent les premières cibles d'une telle transformation, alors qu'en Amérique septentrionale ce mauvais sort fut réservé à l'Orme et à l'Érable.

Ci-dessus : exemple typique de bois mixte où se trouvent soit des Conifères, soit des arbres à feuilles caduques. La présence de nombreuses Fougères indique la nature acide du sol qui est favorable aux Basidiomycètes. En cartouche : le Tricholoma ustale *croissant dans les forêts d'arbres à feuilles larges. Page ci-contre, en bas : corps fructifères d'*Agaricus silvicola *; cette espèce se développe dans des zones boisées, peuplées d'arbres à feuilles caduques.*

Toute espèce d'arbre spontanée porte avec elle ses propres Champignons mycorhiziens qui sont ainsi présents dans les bois là où cette espèce prédomine. De plus, il existe tout un sous-bois de plantes herbacées, de Fougères et de Mousses, qui peuvent entrer en compétition plus ou moins serrée avec les Champignons. Le collectionneur expérimenté reconnaît les espèces qui s'accroissent plus volontiers parmi les herbes des plaines sèches et celles qui préfèrent au contraire les Mousses dans des coins plus humides.

Enfin, la couche abondante de feuilles qui à l'automne se dépose au sol, constitue une réserve de nourriture pour le mycélium d'espèces saprobies non mycorhiziennes qui trouvent là leur milieu idéal. Nous allons donner une liste d'espèces fongiques qui se trouvent le plus fréquemment dans nos bois, en les répartissant suivant les différents types de phytocénoses.

Peupleraies

On peut reconnaître les espèces suivantes soit dans des peupleraies naturelles, soit dans celles qui sont disposées par l'homme : *Amanita rubescens*, *Lactarius quietus*, *L. subdulcis*, *L. controversus*, *L. torminosus* (Lactaire toisonné); *Russula aeruginea ; Tricholoma populinum ; Entoloma nidorosum ; Boletus aurantiacus*, *B. badius*, *B. duriusculus*, *B. chrysenteron*.

Bois de Frênes et Robiniers

Dans les bois de Frênes et de Robiniers des plaines aussi bien que dans des bois de collines et submontagneux, on peut rencontrer les espèces suivantes : *Amanita phalloides*, la dangereuse Amanite phalloïde, *A. muscaria* (fausse Oronge), *A. rubescens* (Oronge vineuse); *Russula virescens* (Russule verdoyante), *R. aeruginea ; Lactarius torminosus*, *L. uvidus ; Boletus scaber* (Bolet ou Cèpe rude), *B. badius*, *B. chrysenteron*, *B. edulis* (Cèpe comestible), *B. reticulatus*, autrefois considéré comme étant une sous-espèce du *B. edulis ; Hygrophorus eburneus*.

Bois de Chênes et de Charmes

Dans les bois les moins dégradés de Frênes, de Chênes et de Charmes, souvent associés aux Noisetiers, on trouve en particulier : le *Boletus carpini* et le *B. edulis ;* certains Lactaires, parmi lesquels le *Lactarius subdulcis* et le *L. quietus*.

Bois de Chênes rouvres

Dans les bois de Chênes rouvres, parmi les plus secs et les plus chauds qui recouvrent les pentes les plus basses des montagnes, se développent les espèces fongiques que voici : *Amanita caesarea*, c'est-à-dire l'Oronge vraie, ou Amanite de César, *A. phalloides ; Russula virescens*, *R. atropurpurea*, *R. vesca ; Lactarius subdulcis*, *L. quietus ; Cortinarius albo-violaceus ; Boletus reticulatus* (Cèpe d'été qui présente un stipe pourvu d'un réticule particulièrement évident), *B. aereus* (le Cèpe noir de bonne qualité), *B. fragrans* et *B. crocipodius*.

Châtaigneraies

Les châtaigneraies dotées d'un sous-bois dans lequel se trouvent en grande quantité des Mousses et des colonies de Bruyères et de Myrtilles, sont particulièrement riches en Champignons. Parmi ceux-ci, les plus fréquents sont : *Amanita muscaria*, *A. rubescens*, *A. pantherina* (Amanite panthère), *A. spissa*, *A. junquillea ; Russula emetica* (Russule émétique), *R. lepida*, *R. cyanoxantha* (Russule charbonnière), *R. violacea*, *R. puellaris ; Lactarius piperatus* (Lactaire poivré), *L. vellereus*, *L. scrobiculatus ; Tricholoma sulfureum*, *T. flavobrunneum*, *T. saponaceum ; Cortinarius castaneus*, *C. miltinus*, *C. phoeniceus*. En plus de ces espèces, se développent dans les châtaigneraies un grand nombre de Bolets, dont nous citons les plus répandus : *Boletus edulis*, *B. pinicola* (Cèpe des pins), *B. scaber*, *B. rufescens* (Cèpe rouge), *B. badius*, *B. subtomentosus*, *B. miniatoporus*, *B. luridus* (Bolet blafard ou faux Cèpe).

Hêtraies

Le bois de Hêtres, dans lequel on rencontre souvent une phytocénose de Hêtres et de Sapins (hêtraies-sapinières), présente un sous-bois qui est souvent plutôt pauvre, du fait qu'il est très ombragé, mais qui toutefois est propice au développement des espèces fongiques : en fait, on en trouve de nombreuses, très intéressantes, soit du point de vue gastronomique, soit du point de vue strictement scientifique. Parmi ces dernières, on peut rappeler les suivantes : *Amanita phalloides*, *A. citrina*, *A. mappa*, *A. junquillea*, *A. excelsa ; Russula lepida*, *R. cyanoxantha*, *R. fellea*, *R. foetens*, *R. sororia ;* parmi les Lactaires nous rappelons le *Lactarius piperatus* (Lactaire poivré), le *L. scrobiculatus*, le *L. zonarius ;* parmi les Tricholomes, le *Tricholoma tigrinum* est particulièrement fréquent. Parmi les Cortinaires sont répandus le *Cortinarius multiformis*, le *C. pholideus*, le *C. caesiocyaneus*, le *C. calochrous* et le *C. infractus ;* parmi les Russules sont reconnaissables le *Russula fellea*, le *R. mairei* et le *R. lepida*.

Enfin, parmi les Bolets, nous trouvons le *Boletus aereus*, le *B. appendiculatus*, le *B. regius*, le *B. chrysenteron*, le *B. radicans* et le *B. satanas* (ce dernier lorsqu'il s'agit de terrains calcaires).

En plus de ces espèces, qui sont liées à des arbres déterminés, il faut mentionner celles qui sont très courantes, comme par exemple le *Cantharellus cibarius* (la très connue Chanterelle) et les espèces saprobies qui ne se trouvent pas associées dans un habitat déterminé, mais plutôt au milieu du bois à feuilles larges et à la couche de feuilles en cours de

Le Boletus granulatus *est une espèce typique des pinèdes. Les tubules et les pores jaunes du Champignon jeune deviennent de couleur olivâtre avec le temps; par contre, la chair est jaune, immuable.*

décomposition qui en recouvre le sol. A ce propos, nous rappelons tout spécialement les genres *Coprinus*, *Armillariella*, *Lepiota*, *Pholiota* et *Volvaria*, avec une attention toute particulière à l'Agaric ou Armillaire couleur de miel *(Armillariella mellea = Armillaria mellea)* qui s'accroît sur des souches de Peupliers, de Robiniers, de Chênes, de Châtaigniers, de Mûriers, et de beaucoup d'autres espèces de Plantes. Sur les troncs des arbres de tous les types de bois que nous avons mentionnés jusqu'ici, s'installent aussi des Champignons corticoles, tels que le *Fistulina hepatica* (la célèbre Fistuline ou « Langue de bœuf ») et divers Polypores (*Polyporus sulfureus*, *P. squamosus*, *P. giganteus*, *P. frondosus*, *P. umbellatus*, tous comestibles lorsque leurs carpophores sont encore très jeunes). Les formes les moins intéressantes pour les collectionneurs sont des espèces de *Geastrum*, de *Ramaria* et de *Clavaria*, de même que certains Ascomycètes *(Helvella, Peziza)*.

Une mention particulière doit être faite au sujet des Truffes, Champignons hypogés mycorhiziens par excellence, parmi lesquels nous trouvons la célèbre Truffe d'Alba *(Tuber magnatum)*, très raffinée, qui vit en état de symbiose avec les Chênes.

Ci-contre : le Clavaria pistillaris *est une espèce typique des bois d'arbres à feuilles caduques et croît au milieu des Mousses. En bas : sous les Châtaigniers se trouvent souvent des colonies de* Lactarius crysorrheus.

Les coniféraies

Dans l'hémisphère boréal, et en plus faible mesure dans les zones correspondantes des continents australs, des aires plus vastes de terrain relativement pauvre des régions froides sont recouvertes de forêts vertes, sombres, formées par des Pins, des Sapins et des Épicéas, auxquels font suite les Mélèzes aux splendides couleurs d'automne, mais dépourvus de feuilles pendant l'hiver.

Dans les régions à climat plus doux, de tels arbres sont généralement limités aux terres situées en position plus élevée et même aux régions montagneuses. Les Conifères sont sûrement des Plantes résistantes, si bien que leur capacité de supporter des valeurs maximales de froid et de vent sont souvent considérables. De plus, dans des régions subarctiques, elles doivent se défendre contre la pauvreté en eau causée par la congélation des rivières et des torrents, plutôt que par une véritable absence d'humidité.

Tous ces milieux différents sont difficiles à coloniser, compte tenu qu'aux difficultés inhérentes à leur climat s'ajoutent aussi celles causées par leurs sols relativement pauvres. Ceci signifie qu'en général les composés nutritifs dont les Plantes ont besoin sont rares dans ces régions; en fait, leurs sols ont tendance à être plus acides que les sols fertiles et argileux des régions tempérées chaudes.

Les forêts de Conifères offrent une troisième caractéristique importante qui est en partie la conséquence des conditions du climat et des déficiences du sol; en fait, dans ces forêts, les Micro-organismes qui démolissent efficacement les déchets produits par les arbres sont assez rares. Il en résulte une accumulation d'aiguilles, de pommes de Pin, de petits rameaux, de branches, formant souvent une couche épaisse qui recouvre le sol. La décomposition des déchets n'est donc pas un phénomène certain, comme par exemple dans les tourbières; elle se produit toujours à un rythme plus lent par rapport à la production de matériaux morts dérivant des arbres.

Dans le sous-bois se trouvent des arbustes appartenant aux genres *Vaccinium*, *Erica* et *Juniperus*, qui toutefois sont absents des bois très anciens où la densité des arbres est trop élevée pour que la lumière puisse atteindre le sol; ceci empêche pratiquement à d'autres Plantes vertes de pouvoir se développer sous les arbres.

Prenant en considération les types différents de Champignons qui caractérisent la microflore des bois de Conifères, il faut les subdiviser suivant l'espèce d'arbre à laquelle ils s'associent.

Avant tout, nous examinerons les pinèdes constituées par du Pin sylvestre, dans lesquelles se développent de nombreuses espèces de Champignons étant liées soit aux différents types d'arbres, soit aux conditions de température, d'exposition et d'humidité du sol. Parmi les Amanites, dans les pinèdes, se développent surtout l'*Amanita rubescens*, l'*A. spissa*, l'*A. pantherina*, l'*A. citrina*, l'*A. porphyria* et l'*A. vaginata;* parmi les Russules sont particulièrement répandues le *Russula vesca*, le *R. badia*, le *R. ochroleuca*, le *R. puellaris*, le *R. coerulea;* parmi les Lactaires, le *Lactarius deliciosus* (Lactaire délicieux, Champignon de très bonne qualité), le *L. pyrogalus*, le *L. rufus*, le *L. mitissimus* et le *L. glyciosmus.* Parmi les Tricholomes, on trouve fréquemment le *Tricholoma colossus*, le *T. albobrunneum*, le *T. saponaceum*, le *T. pessundatum*, le *T. equestre*, le *T. sulfureum* et le *T. rutilans.* De leur côté, les Cortinaires sont représentés par les *Cortinarius armeniacus*, *C. glaucopus* et *C. mucosus.* Parmi les Bolets, nous rappelons le *Boletus chrysenteron*, le *B. subtomentosus*, le *B. variegatus*, le *B. scaber*, le *B. rufus*, le *B. pinicola* (Cèpe des pins) et surtout le *B. bovinus* (Bolet des bouviers), de même que le *B. luteus* (Bolet jaune) et le *B. granulatus* (Bolet granulé ou Cèpe jaune des Pins), qui sont les espèces les plus liées au Pin du point de vue biologique.

Les forêts d'Épicéas, qui sont rarement « pures », étant le plus souvent constituées aussi par d'autres arbres tels que les Pins sylvestres, les Mélèzes et parfois aussi des arbres à feuilles aplaties, sont peuplées elles aussi de nombreuses espèces fongiques que voici : *Amanita muscaria*, *A. rubescens*, *A. pantherina*, *A. porphyria; Russula emetica*, *R. vesca*, *R. queletii*, *R. mustelina*, *R. xerampelina*, *R. nigricans*, *R. integra*, *R. coerulea*, *R. turci; Lactarius deliciosus*, *L. semisanguifluus*, *L. camphoratus*, *L. mitissimus*, *L. scrobiculatus*, *L. rufus; Cortinarius varius*, *C. collinitus*, *C. purpurascens; Tricholoma robustum*, *T. aurantium*, *T. orirubens; Cantharellus cibarius* (Chanterelle); *Porphyrellus porphyrosporus.*

La forêt de Mélèzes, qui souvent descend à des niveaux assez bas à partir des pentes des montagnes, héberge, en particulier, des Lactaires et des Bolets. Parmi les Lactaires, sont fréquents le *Lactarius zonarius* et le *L. porninsis;* parmi les Bolets, le *Boletinus cavipes*, le *Boletus elegans* (Bolet élégant), le *B. flavus*, le *B. viscidus*, le *B. bresadolae* et enfin le *B. tridentinus.* Très répandus un peu partout, dans les coniféraies, l'*Albatrellus ovinus* et l'*A. confluens*, sont des Champignons corticoles, appartenant au groupe des Polyporacées (il s'agit de Champignons comestibles d'excellente qualité, qui peuvent être conservés dans l'huile ou dans le vinaigre). Il faut rappeler encore le *Telephora terrestris*, espèce très voisine des Polyporacées, caractérisée par sa forme

*En été, dans les forêts de Hêtres, l'ombre est très dense et la couche de feuilles déposées sur le sol est plutôt épaisse. Associés aux Hêtres, entre les arbres, peuvent se trouver l'*Amanita citrina *(en cartouche, à gauche) et le* Russula cyanoxantha *(à droite).*

en éventail, et le *Rhizina undulata*, qui est une espèce parasite de Champignons du groupe des Auriculariacées, se développant aussi dans les forêts de Conifères.

Le maquis méditerranéen

Une phytocénose propre à notre pays, notamment aux régions situées près de la mer, aux îles, et au Midi, est celle qu'on désigne par maquis méditerranéen. On y retrouve du Chêne vert *(Quercus ilex)*, du Pin pignon *(Pinus pinea)*, du Pin maritime *(Pinus pinaster)*, de l'Arbousier *(Arbutus unedo)*, le *Fillirea angustifolia* et le *F. latifolia*, l'Olivier sauvage *(Olea oleaster)*, la Bruyère *(Erica arborea)*, le *Smilax aspera*, le Thym *(Thymus vulgaris)*, le Romarin *(Rosmarinus officinalis)*, le *Spartium junceum*, l'*Ulex aeuropaeus*, le Myrte *(Myrtus communis)*, le Fragon *(Ruscus aculeatus)*, de nombreuses espèces de *Cistus* et de plantes herbacées, surtout des Légumineuses et des Composées. Ces espèces ne se trouvent pas toujours toutes ensemble dans un écosystème unique : dans des aires plus dégradées, par exemple, on voit apparaître le Romarin qui au contraire peut être absent dans d'autres zones, ou bien on peut retrouver des surfaces, même assez vastes, où domine le *Cistus* (bois à *Cistus*). Il s'agit donc d'un bois mixte, formé par des Conifères et par des arbres à feuilles aplaties pour la plupart toujours vertes; cette formation est typique des sols très secs où la décomposition des résidus végétaux est lente à cause de l'absence de pluie et donc d'humidité indispensable à la survie des organismes saprobies. La quantité de matériel végétal qui est disponible pour ces derniers est d'autre part assez faible, du moment que les Conifères laissent tomber leurs aiguilles petit à petit, au cours de toute l'année, et non pas toutes ensemble, à l'automne, lorsque les pluies sont les plus abondantes. Ainsi, une large partie de ce matériel se dessèche au lieu d'être démolie par des organismes saprobies. Les arbres à feuilles aplaties qui s'y alignent sont pour la plupart des Plantes toujours vertes qui ne possèdent presque jamais de feuilles caduques pouvant constituer un tapis transformable en humus.

Il est évident, à la lumière de ces données, que même la flore fongique doit y être plutôt rare. Toutefois, de nombreux Bolets sont typiques de ces régions : en premier lieu, le *Boletus luridus*, auquel s'associent le Cèpe comestible *(B. edulis)*, le *B. aereus* le *B. aestivalis*, le *B. erythropus*, le *B. impolitus*, le *B. crocipodius* et le *Suillus leptopus*. Parmi les Lactaires, on trouve fréquemment le *Lactarius deliciosus*, le *L. cystophilus*, qui est typique des bois à *Cistus*, le *L. sanguifluus*, associé au Pin maritime, le *L. resimus* et le *L. mairei*. Dans les bois de *Pinus pinea* on trouve le *Paxillus leptopus*, tandis que dans des zones plus ouvertes, où prédominent les plantes herbacées, existe le *Lepiota procera*.

Il faut citer enfin l'*Amanita aspera* et l'*A. inaurata*, l'*Amanitopsis mairei*, qui est propre au bois à

Cistus, et l'*A. gilberti*, le *Tricholoma pseudacerbum* et le *T. ustale*. Le *Pleurotus olearius* s'associe à l'Olivier sauvage sans pourtant être une espèce spécialisée dans le terrain à Oliviers; il s'agit d'un Champignon vénéneux, qui présente certaines affinités avec le *Clitocybe alexandri* et le *C. geotropa*, présents partout dans le maquis méditerranéen. Nous voulons citer enfin l'*Hygrophorus russula*, le *Russula xerampelina*, l'*Hydnum repandum*, l'*H. ferrugineum*, ainsi que la très connue Chanterelle *(Cantharellus cibarius)*, que l'on rencontre facilement dans ce type particulier de phytocénose. Le *Terfezia leonis*, ou Truffe jaune, mérite d'être mentionnée; il s'agit d'un Champignon ascomycète hypogé, qui est répandu en Sardaigne et qui est comestible, mais sans être raffiné.

Prés et pâturages

En dehors des régions boisées, les Champignons symbiotiques deviennent rares, du moment que manquent les arbres avec lesquels ces organismes peuvent établir des rapports mycorhiziens. On peut observer, à ce propos, qu'il arrive souvent de rencontrer des touffes d'Armillaires ou bien des colonies de *Pleurotus ostreatus*, sur des souches d'arbres se trouvant sur les bords de fossés qui traversent les prés et les champs de nos plaines. A l'aide des termes de prés et de pâturages, nous entendons définir toute une série de milieux où la végétation herbacée domine, caractérisés par une humidité très variable, par des terrains calcaires, siliceux ou argileux. Les biotypes varient en fonction du voisinage d'arbres, de cours d'eaux, de maquis d'arbustes, aussi bien qu'avec la présence d'Animaux au pâturage.

Parmi les espèces les plus répandues dans les régions recouvertes d'herbes, constituant des symbioses avec les plantes herbacées, nous pouvons mentionner le *Pleurotus eryngii*, Champignon à lamelles, répandu surtout dans les régions chaudes de l'Italie méridionale, là où il se trouve associé à des espèces herbacées appartenant à la famille des Ombellifères. Encore plus répandus et plus intéressants par leur valeur gastronomique, sont les Champignons saprobies, en particulier les Agaricales, parmi lesquelles prédomine l'*Agaricus campester*, le Champignon de couche proprement dit, fréquent dans les prés et dans les potagers fertilisés. Du même genre, rappelons aussi l'*Agaricus arvensis* (Agaric des bois), qui est répandu dans des prairies et des landes, aussi bien que l'*Agaricus xanthodermus*, qui jaunit au toucher et qui n'est pas comestible. Généralement on considère que le Champignon de couche et les espèces voisines de ce dernier sont abondants dans les terrains couverts d'herbes, non cultivés pendant de longues périodes; toutefois, une bonne récolte de ces organismes peut être obtenue aussi dans des cultures de céréales ou dans des champs qui ont été semés récemment : de toute manière, plus le terrain herbeux est âgé et abandonné à lui-même, plus élevées sont les chances d'y rencontrer des colonies fongiques.

On connaît assez mal les conditions nécessaires pour l'installation et la fructification des Champignons : les nombreuses tentatives effectuées pour comprendre quels sont les facteurs qui règlent la fructification dans des cultures du Champignon commun *(Psalliota bispora = Psalliota hortensis)*, qui est considéré comme étant une espèce directement dérivée du Champignon de couche, ont donné certaines indications concernant les problèmes qui se posent à l'étude de leur croissance dans la nature. La présence de Chevaux, non plus que celle de Bovins, ne semble justifier l'abondance de Champignons de couche dans des terrains de sports et dans les jardins publics; en effet, cette espèce est capable de se procurer une quantité suffisante d'éléments nutritifs dans le sol, même sans qu'il y ait un apport régulier de substances organiques en décomposition. Toutefois, ce fait ne signifie pas que dans un pâturage stable la présence d'excréments animaux ne soit d'aucune importance pour l'installation de Champignons. On peut même accorder une certaine valeur à la théorie selon laquelle les fertilisants artificiels

Ci-dessous : les prés non cultivés des zones de colline et des plaines permettent le développement de multiples espèces fongiques, comme le Lepiota rhacodes *(cartouche du haut) et l'*Agaricus campester, *le Champignon de couche commun (cartouche du bas).*
*Page ci-contre : l'*Hygrocybe miniata, *espèce typique des prés; la couleur rose du chapeau et du stipe, qui contraste avec le blanc des lamelles, est un caractère commun à plusieurs espèces du même genre permettant leur identification rapide.*

sont nuisibles au développement des corps fructifères fongiques : on a observé que de petites quantités de ces substances stimulent la fructification des Champignons, alors qu'une plus forte abondance de celles-ci produit un abaissement important du nombre de corps fructifères produits.

Autres espèces de pré

Les pâturages qui sont pourvus d'un bon drainage, sur des terrains sableux et légers, possèdent généralement une flore fongique très variée, où prédominent plusieurs Ascomycètes et Basidiomycètes appartenant aux genres *Lepista*, *Lepiota* et *Agaricus ;* dans ces terrains on observe fréquemment les prétendus « cercles des sorcières », vu que le mycélium en extension dans ces zones, rencontre difficilement des obstacles qui puissent modifier son accroissement circulaire.

Les terrains argileux, et plus particulièrement les zones qui sont soumises à des inondations périodiques, sont généralement pauvres en Champignons. Ce fait se produit parce que les Champignons ont besoin d'une bonne quantité d'oxygène dans le sol. Les Lépiotes sont les Champignons qui indiquent le mieux la présence d'un sol gras; on trouve ces organismes dans des aires riches en humus et dans des anciens dépôts de fumier.

Sur ces terrains très gras se trouvent aussi, fréquemment, des espèces appartenant au genre *Coprinus*, dont le Coprin noir d'encre *(Coprinus atramentarius)* et le Coprin chevelu *(Coprinus comatus)*. Le *Calocybe gambosum (Tricholoma georgii)* est caractéristique des sols calcaires.

Les prés situés dans des plaines et les pâturages des collines présentent une flore constituée par des espèces de petite taille, parmi lesquelles sont particulièrement dignes d'intérêt les *Hygrocybe*, autrefois classés dans le genre *Hygrophorus* et actuellement séparés, du fait que les *Hygrophorus* doivent être considérés comme étant toujours associés à des arbres, alors que les *Hygrocybe* sont des espèces saprobies. Parmi les plus répandus, nous pouvons rappeler : *Hygrocybe laeta*, *H. conica*, *H. coccinea* et *H. psittacina*. Ces organismes possèdent généralement un chapeau visqueux, aux couleurs très vives (rouge, jaune, or, vert bleuâtre) et ils sont reconnaissables à leurs lamelles blanches, plutôt épaisses.

Enfin, il ne faut pas oublier les genres *Psathyrella*, *Stropharia*, *Lacrymaria*, *Pluteus*, *Rhodopaxillus* et *Lycoperdon*, dont toutes les espèces sont saprobies. Exception faite des *Lycoperdon*, dont font partie les communes Vesses, il s'agit toujours de Basidiomycètes à lamelles. En particulier, dans les classifications les plus anciennes — lorsque même les Champignons de couche, qui actuellement appartiennent au genre *Psalliota*, étaient tous compris dans le genre *Agaricus* —, les *Psathyrella* et *Lacrymaria* actuels appartenaient au même genre, en vertu du fait qu'ils vivaient tous dans le même habitat. Cependant, les deux derniers genres présentent des corps fructifères plus minces et fragiles par rapport aux corps fructifères des Champignons de couche. Dans les prés et dans les pâturages, sont reconnaissables aussi plusieurs espèces de *Nolanea*, dont nous pouvons rappeler le *Nolanea pascua*, qui doit son nom spécifique au fait qu'il se développe dans des pâturages : il s'agit d'un Champignon du printemps qui s'accroît par groupes d'individus semblables à des Armillaires. Cette espèce est tristement connue pour sa toxicité et elle est responsable des premiers empoisonnements qui se vérifient au printemps. En fait, à chaque début de saison, les personnes non averties, désireuses de goûter les premiers Champignons, s'en nourrissent par simple négligence, ou bien parce qu'elles ont confondu cette espèce avec le *Tricholoma terreum*, auquel elle ressemble vaguement et qui se développe uniquement au cours de l'automne.

Dunes de sable et marécages

Jusqu'à présent nous avons considéré les phytocénoses les plus vastes, les plus répandues et les plus faciles à identifier, de même que celles qui sont le plus favorables à l'installation des Champignons. Cependant, c'est précisément par leur propre type de vie saprobie ou parasite que ces organismes particuliers se sont étendus; ils ont pu coloniser même les micromilieux les plus inhospitaliers en se développant en espèces adaptées à toutes les formes de niches possibles. Les dunes de sable, par exemple, représentent sans doute un modèle de milieu inhospitalier. La sécheresse, aussi bien que le degré élevé de la salinité du sol, les effets nuisibles du vent et de l'érosion, permettent seulement à un nombre limité de Plantes vertes de s'y développer avec succès, entre autre sur les dunes les plus exposées à ces conditions et de ce fait, les plus instables. Les marais saumâtres, qui souvent s'associent aux dunes, sont soumis à des invasions fréquentes de la part des eaux marines, si bien que le sol s'appauvrit progressivement en oxygène : ce fait, associé au degré élevé de salinité, contribue à limiter la gamme d'espèces de Plantes vertes pouvant se développer dans de tels milieux.

Presque aucun Champignon supérieur ne peut fructifier dans des marais saumâtres. Les raisons principales de ce phénomène sont probablement la quantité limitée d'oxygène présent dans la boue (condition qui est défavorable à la plupart des Champignons), aussi bien que la teneur élevée de sel. En étudiant attentivement la flore fongique de nombreux marais saumâtres, pendant plusieurs années, on a pu repérer seulement une espèce fongique produisant des corps fructifères sur une vieille tige en décomposition; ce matériel a été retrouvé dans les parties les plus hautes d'un marais que les vagues atteignaient à des intervalles très irréguliers.

Sur les dunes de sable la quantité de Champignons est en revanche légèrement plus élevée. Dans la partie du système des dunes, qui est orientée vers la mer, les dunes les plus anciennes, qui sont continuellement édifiées et déplacées par le vent, sont habitées par un certain nombre d'espèces qui se sont adaptées aux conditions variables de la nature de ce substrat.

Ces Champignons sont pour la plupart strictement reliés aux Plantes de la dune, qui appartiennent en grand nombre à des espèces halophytes. A leur niveau, les Champignons s'accroissent sur des tiges et des feuilles mortes, pouvant être rapidement ensevelies lorsque le vent transporte une quantité supplémentaire de sable dans le système. Dans ces conditions, lorsque les Champignons fructifient, ils peuvent être mis en condition de produire un pédoncule suffisamment allongé afin que le chapeau atteigne la surface de la dune qui se déplace. De bons exemples de Champignons capables de vivre dans ces milieux sont représentés par la *Geopyxis ammophila*, un Ascomycète de l'ordre des Auricu-

Le milieu de la broussaille et celui de la lande sont très favorables au développement des Champignons. En cartouche : corps fructifères de Cortinarius glandicolor *rencontrés dans une forêt de Hêtres.*

lariales, dont le stipe peut atteindre une longueur de dix centimètres. Il faut rappeler également le *Psilocybe ammophila* et l'*Inocybe halophila* de la classe des Basidiomycètes. Le *Psilocybe ammophila* produit un stipe de forme cylindrique, entouré par une colonne compacte de sable maintenue unie par un réseau d'hyphes ramifiées — ce qui assure évidemment aux lamelles leur maintien dans une position verticale, nécessaire à la dispersion des spores. Les dunes de nouvelle formation contiennent aussi des espèces intéressantes de Gastéromycètes, comme le *Phallus hadriani* et le *Tulostoma brumale*, qui se sont adaptés également aux conditions de développement les plus difficiles.

Dans des lieux plus éloignés de la mer, dans des cavités qui séparent les dunes, aussi bien que sur des dunes fixes, soit les Plantes vertes, soit la flore fongique, deviennent plus vigoureuses; ce fait se produit notamment là où le Saule nain s'établit dans des creux humides. A ce niveau, les Champignons mycorhiziens peuvent se développer normalement; à ce propos, il est intéressant de remarquer que leurs corps fructifères peuvent être beaucoup plus grands que les Plantes avec lesquelles ces organismes sont associés en symbiose. En plus des espèces précédemment mentionnées, il faut rappeler que sur des sols sableux sont reconnaissables aussi l'*Hebeloma dunensis*, l'*Inocybe maritima*, l'*I. serotina*, l'*I. caesariata*, le *Pustularia anemones* et le *Morchella dunensis*.

Les marais d'eau douce

Les marais et les marécages d'eau douce constituent un autre groupe de milieux caractérisés par la présence d'une flore fongique et d'une flore de Plantes vertes qui sont relativement différenciées.

Ces lieux sont submergés par l'eau, pendant une bonne partie ou même pendant toute l'année : en conséquence de quoi la décomposition des résidus végétaux est peu rapide ou efficace par rapport aux milieux plus secs. Certains ou même tous les tissus morts qui s'y accumulent forment un terrain riche en matières organiques, constitué par l'accumulation de résidus de Plantes partiellement décomposés, connu sous le nom de tourbière. Dans des eaux peu profondes, souvent formées par le débordement de bassins fluviaux ou de lacs, s'accumulent des résidus de Joncs ou de Prêles, qui sont soumis à une décomposition anaérobie, donnant naissance aux tourbières basses ou tourbières de marais.

Les marécages sont au contraire des formations caractéristiques de régions élevées et en général, ils sont ravitaillés en eau directement par les pluies; de ce fait, ils sont relativement pauvres en substances nutritives et leur végétation est moins vigoureuse que celle des tourbières.

Les eaux des marais de montagne constituent le milieu favorable pour toute une flore fongique qui nécessite un degré d'humidité élevé et constant. Voici les espèces les plus répandues dans cet habitat : *Hypholoma elongatum*, *Galera paludosa*, *G. stagnina*, *G. tibiicystis*, *G. sphagnonum*, *Cortinarius cinnamomeus* variété *paludosus*, *Omphalia sphagnicola*, *O. onisus*, *O. philonotis*, *Clavaria sphagnicola*, *Rhodophyllus sciodes*, *Coryna sphagnicola*. Dans les tourbières situées dans des plaines, bien qu'il soit possible d'y rencontrer des espèces de montagnes, la flore fongique est généralement très différente : on y trouve, notamment, les *Rhodophyllus cancrinus* et *undatus*, l'*Omphalia concolor*, l'*O. tenerrima* et l'*O. integrella*, le *Cantharellus albidus* et la *Mycena juncicola*. Il y a enfin certains Ascomycètes qui se sont adaptés à vivre complètement submergés par l'eau; le *Mitrula paludosa*, par exemple, s'accroît sur des tiges et sur des racines submergées de Plantes aquatiques, comme par exemple la Bistorte d'eau, et sur des feuilles en décomposition, aussi bien que sur de petits rameaux transportés par des courants. Lorsqu'il fructifie, il produit un carpophore pourvu d'un stipe qui s'allonge au-dessus de la surface de l'eau, afin que ses ascospores soient dispersées par le vent.

Les Champignons de haute montagne

Les sommets des montagnes offrent généralement des conditions défavorables à la vie des Plantes; dans de nombreux cas, ils en sont complètement dépourvus, ou bien ils sont couverts seulement par un tapis rare de Mousses et d'herbes basses. Sur certains sommets moins exposés, vivent aussi des espèces d'arbustes qui se développent aplatis au ras du sol et qui peuvent être associés à des Champignons mycorhiziens comme dans les vrais bois. Les genres de montagnes sont à peu près les mêmes qui se rencontrent dans les plaines; cependant il y a aussi des espèces qui sont caractéristiques des milieux de montagne, comme le *Russula alpina*, le *Lactarius lacunarum* et l'*Amanita nivalis*.

Les zones véritablement enneigées sont peuplées d'espèces qui se développent au bord des neiges éternelles, là où celles-ci laissent la place à la toundra d'altitude; dans ces zones, la fonte des neiges, qui a lieu pendant l'été, produit un milieu qui possède temporairement une humidité suffisante permettant la germination des spores. Parmi les espèces fongigiques qui s'y développent, nous rappelons l'*Aleuria nivalis*, le *Dasyscypha bicolor* et le *Cheilhymenia stercorea ;* il y a en outre des Champignons qui occasionnellement peuvent s'adapter à ce milieu, comme le *Discina leucoxantha* et le *Clitocybe vermicularis*. Dans ce milieu nival peuvent s'associer aussi des espèces qui s'accroissent aussitôt après la fonte des neiges, comme par exemple le *Coprinus miser*.

Pour conclure, nous rappelons que la limite d'altitude maximale, pour ces Champignons, varie entre 2 000 et 3 200 mètres, et que dans les régions de montagne, les Lichens sont abondants; comme nous l'avons déjà expliqué, ces organismes sont constitués par la symbiose mutualistique d'un

Champignon avec une Algue; ils vivent à la surface des rochers ou sur le sol nu et sont les principaux constituants de la toundra.

L'évaluation de la flore fongique doit donc tenir compte aussi des Lichens, d'autant plus qu'au cours du dernier congrès international de Mycologie (1979), les savants ont décidé de classer les Lichens parmi les Champignons; ainsi l'Algue qui s'y associe est considérée comme un organisme symbiotique à part.

Milieux reliés à l'activité humaine

On considère, sous ce titre, une vaste gamme d'habitats très différents, étant donné que l'influence de l'homme sur le milieu se réalise à peu près partout suivant les modes les plus divers. En ce qui concerne les Champignons, le milieu le plus important parmi ceux qui sont produits par les activités humaines est le pré; dans cette catégorie, on comprend soit les prés qui se trouvent autour des maisons et des parcs, soit les terrains de sports. Il ne faut pas s'étonner si la plupart des espèces qui vivent dans ces habitats sont celles qui se développent habituellement dans des pâturages, comme les Champignons de couche, le *Calocybe gambosum*, certains *Nolanea* et *Panaeolus (Panaeolus foenisecii)*. Dans des prés riches et bien soignés, de nombreuses espèces comestibles peuvent faire leur apparition, parmi lesquelles l'élégant *Coprinus comatus*, le *Lepista nuda*, le *L. saeva* et le *Lepiota procera*. Dans des terrains cultivés, la flore fongique est très pauvre et on y retrouve seulement certaines espèces cosmopolites, qui s'adaptent facilement partout, comme l'*Agrocybe praecox*, l'*A. pediades*, l'*A. dura* et le *Morchella hortensis*. Reconnaissable dans les pelouses des jardins publics et dans les petites parcelles herbeuses des avenues urbaines, le *Marasmius oreades* est connu sous le nom de « faux Mousseron » ou « Mousseron d'automne »; il s'agit d'un organisme qui non seulement est comestible mais qui est même récolté et desséché par des amateurs, pour préparer des condiments.

Famille de Coprinus atramentarius, *ayant eu la force de déchirer une couche d'asphalte pour amener les corps fructifères en condition de disperser les spores.*

Certains Champignons microscopiques, qui vivent dans les prés, causent des soucis aux propriétaires de jardins, parce qu'ils provoquent de graves dégâts au tapis herbeux, comme les Moisissures du genre *Fusarium* et le *Corticium fuciforme*.

Dans de vrais jardins, là où sont cultivés soit des arbres, soit des fleurs, on peut trouver des espèces annuelles délicates, dont les corps fructifères apparaissent immédiatement après la germination des spores et la formation des premiers filaments de mycélium. En fait, les espèces dont les processus de reproduction se réalisent à plus long terme, ne pourraient pas survivre dans ces lieux où le sol est fréquemment soumis à des travaux de culture. Un milieu qui est pratiquement construit par l'homme est celui des peupleraies, dans lesquelles sont cultivées des files régulières de Peupliers appartenant à des variétés différentes, systématiquement comprises dans le groupe des *Populus euro americana*. Nous avons déjà mentionné les Champignons qui naissent dans ce milieu, dans le chapitre consacré aux bois, du moment qu'il n'y a pas une grande différence entre la peupleraie naturelle et celle qui est implantée par l'homme. Nous nous limiterons donc à souligner la présence des Morilles *(Morchella esculenta, M. vulgaris, M. rotunda)* et d'autres espèces semblables appartenant aux genres *Mitrophora*, *Verpa*, *Helvella* et *Gyromitra*. Il y a enfin de nombreux Champignons qui pénètrent dans les habitations, où ils causent de graves dégâts aux fermetures en bois, de toutes catégories, et même aux livres. De ces espèces on parlera plus en détail dans un paragraphe intitulé « Champignons et bois », mais nous pouvons déjà mentionner que le principal fléau destructeur des œuvres en bois est le *Serpula (= Merulius) lacrymans*, auquel s'associent le *Trametes vaporaria* et quelques *Phellinus*. Il est évident que, pour l'installation de ces Champignons, sont requises des conditions particulières d'humidité, aussi bien qu'un manque d'aération et l'emploi de bois insuffisamment sec.

Autrefois, lorsqu'on utilisait encore des charrettes et des fiacres en bois, ces véhicules étaient également soumis à des colonisations fongiques. Sur les dépôts d'ordures, aussi bien que dans les zones archéologiques, là où persistent les vestiges d'édifices effondrés ou abattus, se développent de nombreuses Morilles, des Coprins, certains *Volvaria*, l'*Aleuria vesiculosa* et le *Cheilhymenia hilaris*. Certaines espèces xérophytes peuvent même s'installer dans des

Ci-contre : de nombreux Coprins chevelus (Coprinus comatus) *croissant sur un pré abandonné.*
Ci-dessous : le Stropharia aeruginosa *se caractérise par la couleur verte de son chapeau visqueux au toucher; il est vénéneux et croît facilement dans les jardins.*

murs et plus précisément dans les interstices des briques! C'est le cas de l'*Omphalia striaepilea*, de l'*O. muralis* et de nombreuses Tulostomatacées.

L'accumulation de sciure de bois, les déchets de l'industrie des tanneurs, aussi bien que les résidus de la fermentation des pommes utilisées pour la préparation du cidre, constituent l'habitat favorable pour une flore fongique particulière. Sur la sciure de bois, du début à la fin des processus de sa décomposition, se développent les organismes saprobies que voici : *Volvaria bombycina*, *Paxillus lamellirugus*, *Acanthocystis petaloides*, *Sphaerobolus stellatus*, *Cyathus sericeus*, *Crepidotus mollis*, *Lepiota acutaesquamosa*, *Pluteus patricius*. Sur les déchets de l'industrie des tanneurs vivent surtout un Myxomycète, le *Fuligo septica*, et certaines Lépiotes, comme le *Lepiota meleagris*, le *L. echinata* et le *L. badhami*. Sur les résidus de la fermentation des pommes s'installent facilement de nombreuses Pezizes, des Coprins et des Morilles. Mentionnons le *Ciliaria scutellata* qui se développe exclusivement sur les déchets du café.

Les terrains brûlés

Un autre substrat produit par l'homme, et qui représente un habitat particulier pour les Champignons, est celui des terrains brûlés. La colonisation de ces lieux, après le feu, a profondément intéressé les mycologistes; ces derniers y ont mis en évidence de nombreux parallélismes avec l'accroissement des Champignons qui se développent sur d'autres habitats spéciaux et isolés, comme par exemple les excréments.

Dans les deux cas, au cours de la colonisation, on observe une nette succession d'un nombre relativement petit de Champignons, qui se rencontrent presque exclusivement sur ces habitats. Les lieux où s'est produit le feu sont d'abord colonisés par de petits Champignons, comme le *Neurospora sitobena*, et les *Pyronema*, auxquels font suite le *Psathyrella pennata* et le *Pholiota highlandensis*.

Les facteurs qui règlent le développement des Champignons, sur des terrains brûlés ne sont pas complètement connus; cependant, on sait que la compétition entre Micro-organismes y est déjà probablement réduite par l'effet stérilisant du feu. Les spores de quelques-unes de ces espèces ont manifesté une certaine résistance à des températures plus élevées.

Les Champignons et l'homme

Du fait que les Champignons constituent un aliment très apprécié et recherché, pendant la saison de leur fructification, de nombreux chercheurs se rendent dans les bois, aux premières lumières de l'aube, dans l'espoir de pouvoir remplir leur corbeille d'espèces les plus raffinées. Malheureusement, tous les Champignons ne sont pas comestibles; cependant, il existe toute une graduation de niveaux de toxicité, depuis les espèces absolument inoffensives, jusqu'à celles qui sont sûrement mortelles. Ainsi, il y a des Champignons qui sont toxiques à l'état cru, mais qui deviennent comestibles après la cuisson; il y a aussi des Champignons légèrement toxiques, aussi bien que des Champignons vénéneux mais non mortels.

Nous n'insisterons jamais assez sur le fait que le poison des Champignons présente un caractère strictement spécifique; ainsi, le seul moyen pour échapper à l'empoisonnement est la pleine connaissance des Champignons faisant l'objet de récoltes. A ce propos, nous voudrions souligner vivement l'*inutilité absolue* des moyens empiriques qui sont adoptés pour reconnaître la toxicité des Champignons, moyens qui ont reçu la confiance de la plupart des gens ayant subi des empoisonnements. Par exemple, la mie de pain, les feuilles de Persil, la cuillère d'argent, la monnaie, peuvent changer de couleur en présence de Champignons comestibles, de même que les courgettes ou les aubergines, et peuvent garder la même couleur en présence d'un bouillon mortel d'Amanite phalloïde.

La précaution de consommer des Champignons qui ont déjà été rongés par des Escargots, ou celle d'en donner préalablement un morceau au Chat, dans l'illusion que si l'Animal survit, l'Homme survivra lui aussi, n'a aucun fondement : en fait, notre métabolisme diffère de celui des Animaux.

Il existe toute une échelle de toxicité parmi les différentes espèces de Champignons; elle dépend beaucoup de la sensibilité individuelle aussi bien que des conditions de santé de la personne qui absorbe le poison fongique. A part les Champignons dangereux, qui sont mortels pour tous, il est évident qu'un enfant, aussi bien qu'une personne présentant des troubles cardio-vasculaires, ou bien des troubles au foie ou aux reins, peuvent succomber même lorsqu'ils s'alimentent d'espèces qui causent seulement des malaises, plus ou moins graves, chez un individu adulte étant en parfaite santé. Il peut arriver que l'ingestion d'une forte quantité de Champignons moyennement toxiques provoque des crises très graves, alors qu'en petite quantité ces Champignons ne sont responsables que de malaises passagers.

Il existe toute une gamme de Champignons considérés comme étant « suspects », dont certains auteurs déconseillent la consommation, alors que d'autres en admettent l'utilisation, après cuisson, tout en signalant la nécessité d'en limiter la quantité ingérée.

*L'*Agaricus xanthodermus *est très semblable au Champignon de couche, mais il est vénéneux : sa chair devient jaune au toucher.*

Secours d'urgence

Dans tous les cas d'empoisonnement provoqué par des Champignons, les victimes doivent être aussitôt soumises à l'attention d'un médecin.
Nous décrivons cependant certains soins qui peuvent être appliqués dès que les premiers symptômes se manifestent.
Lorsque l'empoisonnement se manifeste avant les huit heures qui suivent l'ingestion du Champignon, il est convenable de provoquer le vomissement en touchant la luette ou en faisant ingérer à la victime de l'eau salée tiède ; il faut libérer son intestin à l'aide de lavements d'eau tiède. On peut lui faire boire de l'eau froide ou du lait, en lui administrant du café fort dans le cas d'une dépression cardiaque. Si la victime accuse des douleurs gastriques, il est conseillé de lui faire des applications de compresses chaudes.
Lorsque l'empoisonnement se manifeste seulement huit heures après l'ingestion, la seule chose à faire est d'administrer à la victime de l'eau salée ou des tonicardiaques. Elle doit être ensuite hospitalisée d'urgence. Il est probable que dans ce cas il puisse s'agir d'un syndrome dû à l'Amanite phalloïde.
Dans le cas où le vomissement et la diarrhée sont spontanés, il faut calmer les coliques avec des médicaments spécifiques jusqu'à ce que le tube digestif se soit complètement vidé.

Deux corps fructifères de l'Oronge vraie, ou Amanite des Césars (Amanita caesarea) : *il s'agit d'un Champignon d'excellente qualité qui se distingue des Amanites mortelles par le fait que son stipe et ses lamelles sont jaunes.*

D'autre part, il y a des espèces qui, pour avoir été très rarement récoltées et cuisinées, ne donnent pas les résultats permettant de définir leur toxicité.

Puisque les espèces comestibles sont nombreuses, il n'est pas question de prendre des risques pour vouloir se nourrir à tout prix d'un Champignon quelconque : il faut se fier toujours et seulement à ce qui est écrit dans des manuels de Mycologie. De même, un empoisonnement est possible, même très grave, chez un enfant, par un Champignon n'ayant causé aucun ennui à un autre membre de la même famille plus robuste, qui en aurait ingéré une petite quantité.

Dans les grandes villes, il existe des centres spécialisés auxquels on peut s'adresser pour faire examiner le matériel récolté, par des mycologistes compétents. Il faut accorder une attention particulière aux Champignons faisant l'objet de consommation : ainsi, certaines espèces peuvent être influencées par un développement excessif, l'action de la gelée, ou de la pluie, ainsi que par certaines conditions de conservation; le Cèpe comestible par exemple lorsqu'il est trop vieux, offre une chair molle et aqueuse, pouvant se révéler très toxique à cause de la formation de ptomaïnes dans son intérieur, c'est-à-dire de toxines analogues à celles qui se forment dans des viandes putréfiées.

En général, les Polypores, lorsqu'ils sont trop développés, peuvent devenir coriaces et très difficiles à digérer. Des malaises éventuels, provoqués par ces Champignons, sont analogues à une indigestion normale, à cause de la difficulté pour l'appareil digestif de réduire en bouillie leurs fibres beaucoup trop résistantes.

En ce qui concerne l'action du froid sur les Champignons, on sait que pour certains d'entre eux elle est nulle; par exemple, les Cèpes comestibles surgelés donnent des résultats excellents. Au contraire, les Armillaires, lorsqu'elles sont soumises à la cuisson aussitôt après avoir subi l'action des gelées, deviennent toxiques et provoquent des syndromes gastro-intestinaux. Il est toutefois probable que les altérations du Champignon lui-même ne soient pas provoquées par la gelée, mais plutôt par le retour à la température normale, lorsque la chair du Champignon s'imprègne davantage d'eau et peut se décomposer plus facilement.

Avant de prendre en considération les espèces vénéneuses et les différentes formes d'empoisonnement, nous voudrions rappeler que l'ébullition (suivie de l'élimination de l'eau de cuisson) peut quelquefois réduire la toxicité de certains Champignons; toutefois, il ne faut pas considérer cette affirmation comme une vérité absolue.

En fait, à chaque saison, bon nombre de personnes, y compris des enfants plus ou moins grands, sont hospitalisés à la suite d'empoisonnements dus à des

Champignons, et on enregistre des décès provoqués pour la plupart, par la totale irresponsabilité des gens qui les ont récoltés. Il faut être le plus prudent possible lorsqu'on fait cuire les Champignons qui ont été récoltés, et il faut se méfier — à moins d'être compétent — de toutes les traditions. Il faut également se méfier de tous les Champignons âgés, de consistance molle, mouillés, gelés, ou parasités par d'autres.

Les empoisonnements dus aux Champignons

En premier lieu, nous considérons le syndrome gastro-intestinal dû à un excès de Champignons ingérés : il peut être provoqué par toute espèce fongique. Il se manifeste par les mêmes symptômes de toute autre forme d'indigestion et se conclut de la même manière. Si la personne qui présente ces malaises connaît sûrement les Champignons dont elle s'est nourrie, elle n'aura pas besoin de recourir au lavage gastrique; par contre, si on se trouve mal après avoir mangé des Champignons dont on ne connaît pas les qualités comestibles avec certitude, ou bien si on suppose avoir simplement exagéré dans la quantité ingérée, on doit recourir aux secours d'urgence d'un hôpital ou aux soins d'un médecin.

Plutôt rares, mais cependant observables, sont les idiosyncrasies causées par des Champignons, c'est-à-dire des états de malaises dus à une intolérance individuelle, analogues à ceux qui peuvent être provoqués par des fraises, des framboises ou des fruits de mer. Ils peuvent être causés également par les Champignons les meilleurs (Chanterelles, Cèpes, Champignons de couche) et se manifestent par des dérangements de type intestinal auxquels s'associe en général un exanthème cutané (urticaire). Il s'agit d'une forme allergique semblable à celle qui peut se produire parfois par inspiration des spores de Champignons, dans les lieux de récolte où ceux-ci sont abondants : par exemple, quand les Vesses s'ouvrent et libèrent des nuages de spores. Les symptômes sont ceux du rhume des foins et disparaissent peu après si la personne s'éloigne de ce lieu.

Empoisonnements dus aux Champignons crus

Il existe de nombreuses espèces qui, à l'état cru, présentent un niveau de toxicité généralement bas et qui après la cuisson deviennent absolument inoffensives.

La cause de ce phénomène est due à la présence de certaines toxines thermolabiles, dont la molécule est détruite par les hautes températures; elles se scindent en composés offrant une molécule plus petite, qui ne possèdent aucune propriété toxique. Le même Cèpe comestible renferme une petite quantité de ces poisons et de ce fait, il est déconseillé de le laisser manger cru aux petits enfants (même les adultes ne doivent pas en consommer des quantités excessives).

Parmi les Champignons qui nécessitent une cuisson pour pouvoir être comestibles, nous rappelons certaines espèces qui se retrouvent dans nos régions, comme par exemple les Amanites *rubescens*, *vaginata*, *solitaria*, *junquillea*, le *Boletus erythropus*, le *Paxillus involutus*, les Morilles, les Helvelles, les Pezizes, le *Clitocybe nebularis*, les Armillaires, les *Clavaria* et certains Tricholomes, le *Clitocybe tabescens*, qui généralement est confondu avec l'Armillaire, et le *Boletus luridus*, sur lequel certains auteurs ont toutefois émis des réserves, même après cuisson.

Les symptômes de l'intoxication due aux Champignons crus sont du type gastro-entérique, avec des nausées, des maux de tête, des sueurs...

Syndrome phalloïdien

De ce type d'empoisonnement, qui provoque plus de 80 % des décès, sont responsables l'*Amanita phalloides*, l'*A. verna* et l'*A. virosa*.

Ci-dessus : le Boletus purpureus, *vénéneux, pourrait être confondu avec d'autres Bolets comestibles si les couleurs rouge et jaune vif du stipe et le rouge des tubules, ne permettaient pas une identification immédiate.*
Ci-contre : le Lactarius blennius *est l'un des responsables des empoisonnements du type acrorésineux.*

Les Amanites mortelles

*L'*Amanita phalloides, *à différents stades de son développement.*

Page ci-contre : l'Amanita virosa, *qui croît du printemps jusqu'à l'automne.*

Plus de 80 % des décès dus à l'empoisonnement par des Champignons, sont provoqués par les trois Amanites printanière, vireuse et phalloïde *(Amanita verna, A. virosa, A. phalloides)*. Il s'agit de trois espèces très proches les unes des autres et caractérisées par la présence de stipes et lamelles blancs, chapeau blanc chez l'Amanite vireuse et l'Amanite printanière, allant du vert olivâtre clair au blanc crème et à l'ocre olivâtre chez l'Amanite phalloïde. Il s'agit de Champignons des forêts, du moment qu'ils possèdent des liens mycorhiziens avec les arbres. Au stade très jeune ils offrent la forme d'un œuf blanc, étant renfermés dans la volve : ainsi lorsqu'on récolte des Champignons étant encore très jeunes, il faut les couper longitudinalement et lorsqu'on observe la présence de lamelles blanches et de pédoncules blancs, il faut les jeter immédiatement.
Les trois Amanites mortelles contiennent un groupe de composés toxiques appartenant à la classe des polypeptides : la phalline, hémolytique, thermolabile à 75 °C, est inoffensive chez les Champignons soumis à cuisson. Il est inutile de récolter les Champignons qui ont été rongés par les Escargots, pensant qu'ils ne sont pas vénéneux. Sur la base de ces résultats il a été calculé que 20 g de Champignon peuvent déjà tuer ; ainsi, les avertissements pour une identification exacte de cette espèce ne seront jamais superflus.

La symptomatologie
L'empoisonnement procède lentement et il provoque des altérations profondes dans les cellules du foie, ce qui est prouvé par une chute importante du taux de glycogène, la dégénérescence du tissu hépatique allant jusqu'à l'atrophie, suivie de complications rénales, avec anurie et néphrite, et cardiaques. La symptomatologie apparaît tardivement, de 8 à 40 heures après ; les chances de sauver la victime sont d'autant plus nombreuses que son apparition est rapide. Les symptômes plus tardifs apparaissent lorsque le foie est désormais irréparablement atteint.
L'empoisonnement se manifeste par des douleurs gastro-entériques violentes, vomissements ininterrompus, coliques et diarrhée avec émission de sang auxquels font suite une transpiration abondante et générale, déshydratation, absence d'urine, refroidissement du corps, cyanose du visage avec des orbites enfoncées et faciès cholériforme. Souvent les crises alternent avec des moments de bien-être de plus en plus courts, jusqu'à ce que le rythme cardiaque devienne très faible et rapide ; en même temps apparaissent l'ictère et le coma, et après une période plus ou moins longue, la mort survient généralement entre 3 et 20 jours depuis le début de la symptomatologie. Dans des cas particulièrement bénins il se produit le contraire, et les crises deviennent de

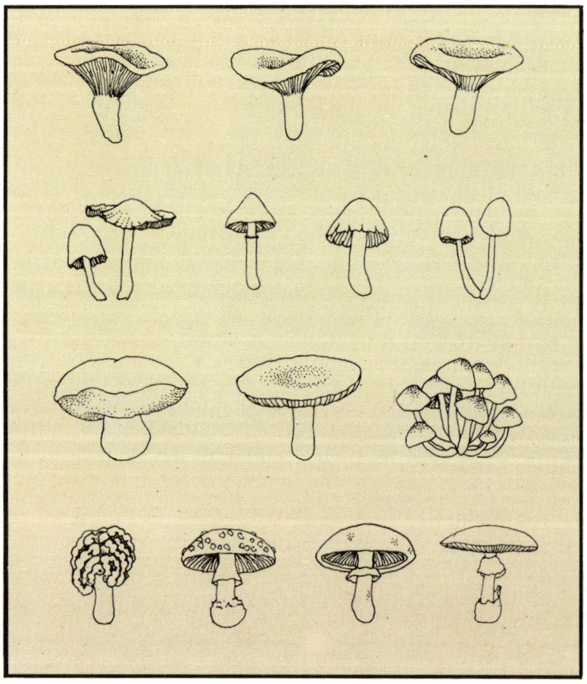

plus en plus légères. Cependant la convalescence est toujours très longue.

La thérapie
Jusqu'à présent, la thérapie ne s'appuie pas sur des méthodes sûres. On procède à une thérapie générale, antitoxique, impliquant un lavage gastrique seulement au cas où la symptomatologie est très précoce. Dans les cas de symptomatologie tardive il faut administrer du glucose par perfusion, de l'eau froide et du sel ; on effectue une thérapie à la cortisone, hépatoprotectrice, comportant l'adjonction de vitamines du complexe B, de cocarboxylase, de vitamines C et K. Aux États-Unis, on a tenté, avec de bons résultats, d'employer le rein artificiel ; au cours des premières heures de l'empoisonnement, lorsqu'on arrive à le trouver, on peut utiliser aussi le sérum antiphallique préparé par l'institut Pasteur de Paris. Toutefois, les meilleurs résultats ont été récemment obtenus grâce à l'emploi de l'acide thioctique, composé chimique organique qui a permis la survie d'individus empoisonnés, soit en Tchécoslovaquie, soit en Italie. Contre la dépression du système nerveux, on emploie de la caféine, de la spartéine ou du camphre ; il ne faut jamais utiliser ni atropine ni alcool. Cependant, il n'existe aucune norme de secours d'urgence pouvant être conseillée lorsqu'on se trouve en présence d'une personne qui manifeste les symptômes précédemment décrits, douze heures après avoir ingéré les Champignons qu'elle a récoltés : dans ce cas, cette personne doit être hospitalisée d'urgence, tout en indiquant aux médecins les données connues et leur apportant ce qui reste du plat de Champignons qui a provoqué l'empoisonnement.

Page ci-contre, en bas : à gauche, Clitocybe rivulosa ; *à droite, morphologie de Champignons toxiques :*

1. Paxillus insolotus
2. Lactarius torminosus
3. Clitocybe *sp.*
4. Coprinus atramentarius
5. Stropharia cubensis
6. Inocybe *sp.*
7. Panaeolus *sp.*
8. Boletus satanas
9. Russula emetica
10. Hypholoma fasciculare
11. Gyromitra esculenta
12. Amanita muscaria
13. Agaricus xanthodermus
14. Amanita phalloides

Étant donné l'importance du syndrome phalloïdien, ce sujet est traité en détail dans l'encadré ci-dessus.

Syndrome paraphalloïdien
Ce type de syndrome comprend des empoisonnements graves, qui peuvent même être mortels et qui, par leur symptomatologie, sont semblables à ceux dus à l'Amanite phalloïde. En sont responsables le *Lepiota helveola* et d'autres petites Lépiotes analogues, aussi bien que le *Cortinarius orellanus.* Il s'agit d'empoisonnements rares, soit parce que ces Champignons se rencontrent difficilement, soit parce qu'ils sont généralement négligés par les chercheurs.

Les principes toxiques des Lépiotes ne sont pas encore bien connus. Par contre, on a récemment isolé, à partir du *Cortinarius orellanus*, l'orellanine, qui est une toxine thermostable; elle demeure active même chez le Champignon cuit; elle présente une grande capacité d'accumulation dans l'organisme humain, même pendant de longues périodes. En fait, lorsque deux ingestions de ce Champignon ont lieu, avec un intervalle de cinq jours entre la première et la deuxième, les symptômes de l'empoisonnement se manifestent comme si les deux ingestions étaient simultanées.

Les symptômes apparaissent tardivement, de trois à quatorze jours après avoir mangé le Champignon. Leur début se présente sous la forme d'une soif très forte, qui ne peut pas être atténuée même lorsque le malade boit continuellement; lui font suite des troubles gastro-intestinaux avec des nausées, de la constipation et de fortes douleurs. Enfin, surviennent le mal de tête, une sensation de froid aux extrémités et de fortes douleurs aux reins. Dans des cas encore plus graves, il y a même perte de connaissance. La mort survient une à deux semaines après, à la suite de lésions se produisant au niveau des reins. Le traitement qu'on applique dans ce cas est analogue à celui qui est adopté contre les empoisonnements dus à l'*Amanita phalloides.* Le résultat obtenu peut être favorable lorsque les personnes empoisonnées possèdent une constitution robuste ou bien lorsqu'elles ont ingéré une petite quantité du Champignon. Il y a une dizaine d'années, le *Cortinarius orellanus* était considéré comme inoffensif, même s'il n'était pas consommé à cause de son goût peu attrayant.

Syndromes muscarinien et panthérien

Sont responsables de ce type de syndrome l'*Amanita muscaria* et l'*A. pantherina*. Nous décrirons séparément l'empoisonnement causé seulement par la muscarine, compte tenu que, chez les deux Amanites mentionnées, il y a d'autres nombreux principes toxiques : en fait, à la muscarine s'ajoutent d'autres alcaloïdes, la muscaridine (mycoatropine) et la bufoténine, qui est un hallucinogène.

La muscarine et l'atropine sont deux composés antagonistes, si bien que théoriquement, étant tous les deux présents chez le même organisme, chacun devrait annuler l'effet nuisible de l'autre : au contraire, leurs effets toxiques se superposent. Suivant que l'effet dominant est celui de la muscarine ou celui de la muscaridine, on observe des syndromes différents, l'un de type nerveux, dû à la muscarine et à la bufoténine, l'autre de type gastro-intestinal, dû à la muscaridine.

Le syndrome nerveux se manifeste par des délires, ivresse, hallucinations, convulsions, dilatation de la pupille, crises d'euphorie, crises hystériques, visions, et enfin par un sommeil profond.

Le syndrome gastro-intestinal comporte des douleurs à l'estomac, vomissements, diarrhées, transpiration et salivation abondantes, sécrétions lacrymales, délire, tachycardie, et absence d'urines. Très souvent, les symptômes des deux syndromes se superposent, donnant lieu à un tableau clinique plus grave.

L'empoisonnement se manifeste précocement, de une à quatre heures après l'ingestion des Champignons; ainsi, l'intervention médicale peut être opportune, permettant une résolution positive de la crise. La thérapie prévoit un lavage gastrique et un traitement symptomatique des manifestations nerveuses, aussi bien que de celles de type cardiaque. Il est important de souligner le fait qu'il ne faut jamais administrer au malade ni atropine ni alcool.

Syndrome muscarinien exclusif

Il s'agit de l'empoisonnement causé par la seule muscarine contenue dans l'*Inocybe patouillardi*, l'*I. fastigiata*, l'*I. napipes*, l'*I. umbrina*, le *Clitocybe rivulosa*, le *C. dealbata* et le *C. cerussata*. L'empoisonnement se manifeste une à deux heures après l'ingestion, avec transpiration, sécrétions de larmes et salivation excessive; à ces symptômes font suite un ralentissement du rythme cardiaque, un abaissement de la tension, une irrégularité respiratoire, des vomissements et des diarrhées. Normalement, ce type d'empoisonnement se conclut positivement en quelques jours; le meilleur remède adopté est l'atropine, dont l'action doit être facilitée par l'administration de boissons salées et de sérum glucosé.

Syndrome gyromitrien

Le responsable principal de cette forme d'intoxication est le *Gyromitra esculenta ;* mais il y a d'autres espèces voisines qui peuvent provoquer des symptômes analogues. Les manifestations les plus fortes sont provoquées par l'ingestion de Champignons crus.

Le principe toxique que ces Champignons contiennent et qui autrefois était considéré comme étant l'acide helvellique, composé thermolabile et hémolytique, a été mis en évidence à la suite de recherches récentes; il s'agit de la gyromitrine, substance volatile à température ambiante et partiellement thermolabile.

Ce domaine demeure toutefois ouvert à de nouvelles recherches du fait qu'on ne possède pas encore de résultats sûrs. Les manifestations de l'empoisonnement apparaissent lentement, sous forme d'ictère, vomissements, diarrhées, somnolence et crises de contractions musculaires semblables à celles qui sont provoquées par le tétanos. Peuvent leur faire suite le coma et la mort, surtout chez les enfants et les personnes qui ont ingéré les Champignons au cours de plusieurs repas successifs, compte tenu du fait qu'on ne connaît pas encore de phénomènes d'accumulation. Le traitement adopté est symptomatique; dans ce cas il est utile de boire beaucoup de lait.

Les Champignons hallucinogènes

L'*Amanita muscaria*, de même que plusieurs *Stropharia*, *Conocybe*, *Psilocybe*, *Panaeolus*, *Onocybe*, sont des Champignons qui contiennent des composés toxiques de nature diverse et qui ont été connus dès l'Antiquité à cause de leur pouvoir hallucinogène ; celui-ci avait été associé à des cultes magiques et religieux.
L'*Amanita muscaria*, commun dans les forêts de Hêtres et de Pins de tout l'hémisphère boréal, est probablement le plus connu parmi tous ces Champignons qui agissent au niveau du système nerveux. Son propre nom d'espèce provient du fait qu'au cours du Moyen Age il était utilisé dans la lutte contre les Mouches ; ses corps fructifères réduits en poudre étaient ajoutés à du lait ou bien ils étaient écrasés et sucrés afin d'attirer et d'empoisonner les Mouches ; cependant, les résultats obtenus devaient être plutôt discutables.
En tant que produit excitant, ce Champignon est utilisé dès les époques les plus reculées par des tribus de la Sibérie, avec un indice de mortalité très bas étant donné que sa variété asiatique est beaucoup moins toxique que la variété européenne.
Des rites très complexes, au cours desquels les Champignons hallucinogènes jouent un rôle de premier plan, sont notamment connus auprès de tribus primitives de l'Amérique centrale : il n'y a pas très longtemps encore, on connaissait peu l'importance de ces Champignons dans le déroulement de ces cultes et surtout on ignorait quelles espèces fongiques étaient l'objet principal de ces pratiques magiques et religieuses.

*Page ci-contre : corps fructifères d'*Amanita muscaria*; la cuticule du chapeau semble contenir le plus haut pourcentage de substance toxique.*

Cultes de l'Amérique centrale

La première documentation concernant l'usage de Champignons hallucinogènes dans l'Amérique centrale, provient des envahisseurs espagnols du XVIe siècle. A ce propos, Bernardin de Sahagun note qu'il y avait « certains petits Champignons originaires du pays, appelés par les indiens *teonanacatl*... Ils se développent entre les Mousses ou bien dans des régions élevées et froides. Ceux qui s'en nourrissent sont soumis à des visions et se sentent dans un état de faiblesse. » Suivant le récit de l'auteur, on retrouve une description concernant l'usage rituel des Champignons au cours d'un banquet : « ... Ils mangent de petits Champignons mélangés avec du miel et aussitôt après ils commencent à s'exciter... ; certains commencent à danser, d'autres pleurent, d'autres encore chantent. » Bien que des scènes de ce genre soient souvent décrites par les premiers explorateurs, qui désapprouvaient les cérémonies d'idolâtrie au cours desquelles on consommait les Champignons, l'identité de ces derniers est restée plongée dans le mystère. Le mot *teonanacatl* était généralement traduit par « chair des dieux ».
Les Champignons mexicains sont connus actuellement comme appartenant aux genres *Psilocybe*, *Stropharia*, et *Conocybe;* ils sont assez répandus et relativement communs même en Europe, se développant sur des substrats organiques riches tels que le fumier. La consommation rituelle des Champignons sacrés se poursuit aujourd'hui encore parmi les tribus mexicaines, telles que les Mazatèques ; leur usage est beaucoup plus répandu qu'autrefois.
Entre-temps, les pouvoirs hallucinogènes de ces Champignons n'ont pas échappé à tous ceux qui ont des intérêts dans le domaine de la drogue. A la suite de la découverte, effectuée par un chimiste suisse, du L.S.D., en 1943, on s'est intéressé à d'autres composés hallucinogènes, y compris la mescaline, extraite du *Cactus peyote*, aussi bien qu'aux composés actifs du *Psilocybe*.
Il y a en particulier deux composés, la psilocybine et la psilocyne, qui ont été isolés et qui, comme le L.S.D., ont acquis une certaine notoriété, soit pour être d'un emploi utile dans le domaine médical, soit parce que les toxicomanes espèrent pouvoir les utiliser à leur fin.

Sculptures Maya en forme de Champignons, provenant d'Amérique centrale. Les pouvoirs hallucinogènes de certaines espèces fongiques ont poussé les populations qui vivaient dans cette région à les considérer comme sacrées. Dans certaines tribus, elles étaient ingérées par les prêtres; dans d'autres elles étaient distribuées aux guerriers avant de danser.

Syndrome hallucinogène

Ce type de syndrome est provoqué par des Psilocybes, Strophaires et Conocybes, dont certains *Panaeolus* et par le *Mycena pura*. Les principes toxiques qui en sont responsables sont la psilocybine et la psilocyne, composés hallucinogènes qui déforment, chez le malade, la notion d'espace et de temps. Les premiers symptômes qui se manifestent sont l'abaissement de la tension et la dilatation des pupilles, auxquels s'associent transpiration, congestion, sommeil, amnésie, des états subits d'ivresse et des hallucinations de tous genres pouvant même conduire au suicide. Il s'agit des mêmes manifestations que celles dues aux drogues hallucinogènes.

Syndrome coprinien

Il se vérifie à la suite de l'ingestion du Champignon de l'encre *(Coprinus atramentarius)* et d'autres Coprins. Le principe toxique qui en est la cause (disulfure de tetrahetyl-tiurame) est soluble dans l'alcool; ainsi, l'empoisonnement ne se manifeste que lorsqu'on ingère des boissons alcoolisées, en même temps que les Champignons ou après. Les symptômes peuvent persister pendant deux jours au maximum; ils sont caractérisés par anxiété, agitation, rougissement au visage, faiblesse, tachycardie, bourdonnements d'oreilles et enfin par des coliques intestinales de caractère plutôt bénin. Cet empoisonnement se conclut tout seul et il est traité par une thérapie symptomatique.

Syndrome acrorésineux

Cette forme d'intoxication est du type gastro-intestinal, due à des acides acrorésineux thermostables. Elle est causée par *Entoloma lividum*, *Tricholoma pardinum*, *Clitocybe olearia*, *Boletus satanas*, *Clavaria formosa*, *C. pallida*, Lactaires et Russules, Champignons étant définis comme toxiques et suspects. L'empoisonnement se situe entre une demi-heure et deux heures après l'ingestion du Champignon; il se manifeste par des vomissements, douleurs intestinales, soif, diarrhées abondantes, crampes musculaires et évanouissement. Ces symptômes ne disparaissent que quelques jours après; chez les personnes faibles et chez les enfants, ils peuvent provoquer des formes de débilité d'une certaine gravité. Le traitement à adopter est symptomatique.

Syndrome ergotinien

On entend, sous ce nom, l'empoisonnement dû au *Claviceps purpurea* (ergot de Seigle). Il s'agit d'un phénomène qui revêt un caractère historique : nous en parlons en détail dans le tableau ci-dessous.

Page ci-contre : cycle biologique du Claviceps purpurea.

Syndrome dû à des Champignons altérés

Sont responsables de ce syndrome tous les Champignons qui s'altèrent, même ceux qui appartiennent aux meilleures espèces comestibles. Les principes toxiques qui en sont responsables sont représentés par des ptomaïnes, cryptomaïnes et des composés hémolytiques de la putréfaction.

Les symptômes qui caractérisent cette forme d'empoisonnement sont des troubles gastro-entériques, accompagnés de vomissements, diarrhées, hémolyses, phénomènes nerveux et cardiaques. Le traitement est le même que l'on applique pour toutes les formes d'intoxications alimentaires et pour celles qui sont dues à certaines Bactéries.

Allergies causées par des spores fongiques

Ce sont surtout les « Moisissures » qui sont responsables de la production de spores pouvant provoquer des allergies, du fait aussi qu'elles s'installent souvent sur des denrées alimentaires conservées dans des lieux renfermés dans lesquels se constitue une forte concentration de spores. De même, les « Rouilles » et les « Charbons » qui infestent les céréales,

Ergotisme ou « mal des ardents »

Une des maladies les plus redoutables à cause des graves souffrances qu'elle provoquait était, dans le passé, le prétendu « mal des ardents » connu aussi sous le nom de *ignis sacer*, caractérisé par les brûlures très fortes qu'il provoquait chez les malades. Les membres gonflaient et se couvraient de plaies ; souvent les doigts, les orteils et même les membres tout entiers étaient soumis à la gangrène ; à cela s'ajoutaient des convulsions violentes et des formes de déséquilibre psychique. Les épidémies étaient très graves : on calcule qu'une épidémie, qui se produisit en Aquitaine en 944 après J.-C., a provoqué la mort de plus de 40 000 personnes.

Vers le XIIe siècle, la maladie fut associée à saint Antoine, qui était considéré comme le protecteur du feu, de l'inflammation et l'épilepsie. Or les dépouilles mortuaires de ce saint qui avait vécu en Égypte, avaient été transportées en France, dans le Dauphiné. Des récits de cures miraculeuses faisaient accourir dans cette région des milliers de personnes. Le fait que le voyage puisse contribuer à la guérison des malades peut être expliqué en considérant que la maladie est contractée à la suite de l'ingestion de pain fait avec des céréales

Gravure du XVIe siècle, représentant un malade atteint d'ergotisme, qui fait appel à saint Antoine.

peuvent être très abondants dans un champ, l'air étant ainsi envahi par leurs spores. Il suffit de penser qu'au cours d'une seule saison, un champ de Maïs étant moyennement atteint par le Charbon, c'est-à-dire par le Champignon *Ustilago maydis*, libère douze milliards de spores par hectare. Dans les milieux urbains, ou qui toutefois ne se trouvent pas tout près des champs de céréales infectées, les genres les plus répandus, qui dispersent la plus forte quantité de spores dans l'atmosphère, sont ceux qui se développent sur des matériaux organiques variés, tels que des feuilles, des fruits, des Insectes, du pain, du fromage, des confitures et d'autres aliments conservés; ils se développent aussi sur du papier, sur de la colle, sur des apprêts, etc. Le *Monilia sitophila*, la Moisissure des boulangers, est une espèce tellement spécifique des fours et des boulangeries, que l'allergopathie provoquée par l'inhalation de ses spores est considérée comme étant une véritable maladie professionnelle.

Les genres qui en sont les principaux responsables sont les *Penicillium*, *Aspergillus*, *Cladosporium*, *Alternaria*, *Macrosporium*, *Epicoccum*, *Botrytis*, *Trichothecium*, *Trichoderma*, *Monilia* et *Torula*, auxquels il faut ajouter certaines Levures (*Saccharomyces*, *Rhodotorula*, *Torulopsis*, *Candida*, etc.).

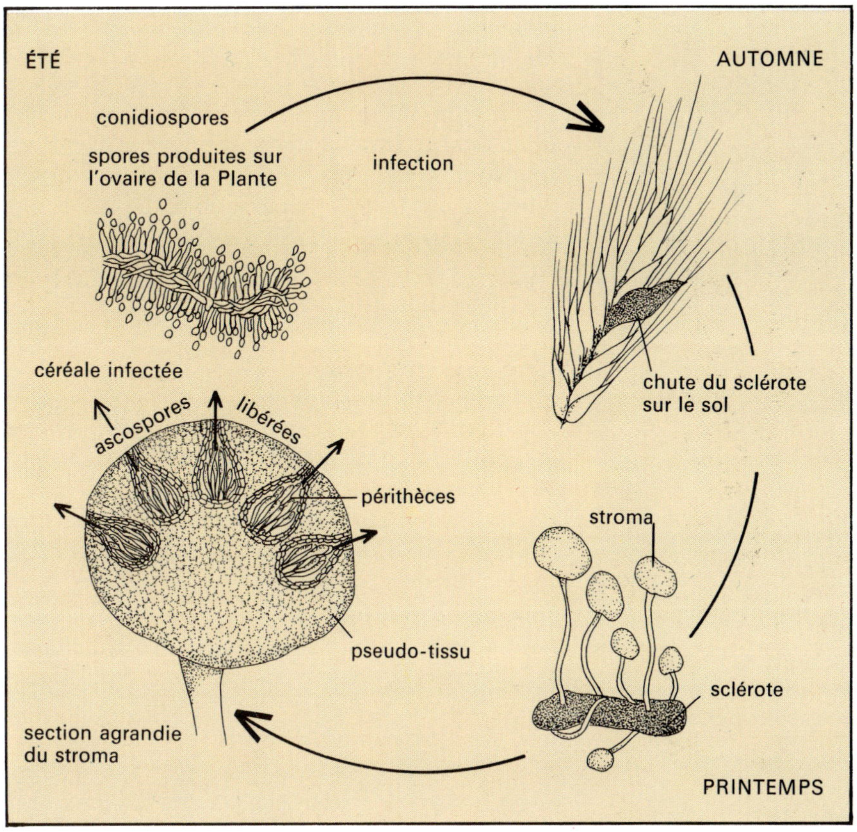

infestées par le *Claviceps purpurea;* mais lorsqu'au cours de ce voyage les pélerins changeaient de région et donc aussi d'alimentation, les symptômes de la maladie disparaissaient progressivement.

L'ergot du Seigle

Il a fallu des siècles pour établir la nature du lien existant entre le mal des ardents et un empoisonnement dû aux corps fructifères du Champignon *Claviceps purpurea;* ces derniers se développent comme de petites « cornes » sur les épis du Seigle. On savait que ce fléau était plus fréquent au cours des années de famine, lorsque les céréales étaient rares et on utilisait même celles de qualité inférieure. En général, le mal des ardents atteignait davantage les pauvres gens, vu que les meuniers gardaient le Blé de meilleure qualité uniquement pour les classes nobles. De leur côté, les paysans connaissaient déjà les sclérotes noirs et durs de l'ergot du Seigle ; cependant ils n'étaient pas encore en mesure de se rendre compte que la maladie était une conséquence de l'ingestion de pain fabriqué avec de la farine provenant de Plantes infectées. Ainsi, tant que le cycle vital du Champignon qui en est le responsable ne fut pas découvert par Tulasne en 1853, il ne fut pas possible de découvrir le rôle joué par l'ergot du Seigle dans la maladie.

Des cas d'ergotisme (dont le nom actuel est « mal des ardents ») se vérifièrent à Turin en 1798, à Milan en 1795, en Russie en 1926 et enfin en 1951 à Pont-Saint-Esprit : dans cette dernière, plus de 200 personnes dont 5 trouvèrent la mort, eurent à souffrir d'étranges hallucinations, de somnolence et d'autres troubles, aussitôt après avoir mangé du pain contaminé. Bien que le rapport de toxicologie ait imputé l'accident à un insecticide utilisé pour le Blé, il y a des raisons de croire que l'ergot du Seigle en fut le responsable. Actuellement, grâce aux contrôles sévères qui ont été établis pour les céréales, on peut espérer dorénavant que l'ergotisme va disparaître ; cependant, il peut encore atteindre le bétail du moment que le fourrage est soumis à des contrôles moins rigoureux.

Le cycle biologique du *Claviceps purpurea* débute à l'automne, lorsque le sclérote qui est un dispositif de conservation résistant du Champignon, se sépare des épis et tombe au sol ; il y germe au printemps suivant, produisant des sphères pédicellées qui renferment des périthèces producteurs d'ascospores. Celles-ci, transportées par le vent, sont amenées au contact des fleurs de cérales où elles germent ; elles y forment un mycélium producteur de conidiophores et de conidies qui à leur tour sont disséminées par des Insectes, attirées par les substances sucrées sécrétées par le Champignon. Après ce stade le mycélium s'organise, formant à la place de la fleur et donc du caryopse de la céréale, un sclérote qui représente la conclusion du cycle vital. Le Champignon ne provoque pas de dégâts considérables pour la Plante ; il y a des problèmes quand les sclérotes sont récoltés au cours de la moisson, puis moulus en même temps que les caryopses, de façon que leur contenu se mélange avec la farine destinée à la panification. Chaque sclérote contient plusieurs composés organiques qui sont responsables de l'intoxication : en particulier l'ergotinine, l'ergotamine et l'ergotanine, qui provoquent la contraction des fibres musculaires lisses. La maladie est précisément due au fait que la contraction intéresse les fibres de la tunique musculaire des vaisseaux sanguins, ce qui provoque une vasoconstriction. Le manque d'apport sanguin au niveau des membres produit des douleurs fortes et aigues, et ensuite la nécrose des membres eux-mêmes.

Enfin, en 1943, un chimiste suisse, Albert Hoffmann, a découvert le L.S.D. (diéthylamide de l'acide lysergique) lorsqu'il effectuait des études sur les dérivés de l'ergot du Seigle. A la suite de cette découverte, cette substance est devenue l'une des drogues les plus tristement connues. Cependant, de notre point de vue, la présence de ce composé explique la manifestation d'hallucinations et de convulsions chez les individus atteints par le mal des ardents : en particulier, du moment qu'il y a des intoxications dues au *Claviceps purpurea*, qui se manifestent avec ces symptômes plutôt que par des troubles circulatoires, il semblerait que plusieurs « obsessions » et folies collectives racontées par les écrivains du Moyen Age, puissent être dues au pain fabriqué avec de la farine infectée.

Sclérote de Claviceps purpurea, *développé à la place d'un caryopse chez une Graminée.*

La charge de spores fongiques dans l'air dépend non seulement de la flore présente dans la région, mais aussi de la saison; ainsi, à chaque période de l'année, peuvent se vérifier des allergopathies bien déterminées. Le traitement à effectuer est celui qui caractérise toutes les formes d'allergies : il faut d'abord individualiser l'espèce dont les spores suscitent des réactions chez la personne qui est allergique vis-à-vis d'elles; ensuite, il faut procéder à sa désensibilisation à l'aide de sérums spécifiques.

Les mycoses

A part leurs influences indirectes sur nous-mêmes, qui s'exercent de différentes manières, les Champignons peuvent avoir aussi un effet plus direct sur notre propre santé, en tant qu'agents pathogènes qui causent des maladies plus ou moins graves, connues sous le nom de mycoses.

Les phénomènes pathologiques dus aux Champignons sont favorisés par des conditions climatiques (par exemple la chaleur et une humidité élevée), par l'absence d'hygiène et par des conditions débilitées de l'organisme, pouvant être causées soit par une mauvaise alimentation, soit par d'autres maladies déjà en cours. Souvent, les mycoses font partie du domaine des maladies professionnelles; du moment que certains Champignons prolifèrent dans des milieux bien déterminés, ils peuvent ainsi atteindre plus facilement ceux qui y travaillent.

Nous pouvons distinguer deux catégories de mycoses qui, généralement, se manifestent au niveau du tégument (qu'il soit ou non couvert de poils) et des muqueuses : mycoses superficielles et mycoses profondes. Parmi les mycoses superficielles plus connues, nous trouvons les teignes, contagieuses, provoquées par des Champignons des genres *Microsporum* et *Trichophyton;* elles peuvent être localisées dans la peau (épidermomycoses) ou bien dans les poils (trichophyties). Les premières produisent un érythème diffusé sur la peau glabre, ou bien des formations pustuleuses et des desquamations du cuir chevelu, ayant pour conséquence la chute des cheveux (teigne faveuse ou favus du cuir chevelu). Les deuxièmes se subdivisent en teignes provoquant des tonsures et teignes disséminées; elles causent la formation de plaques squameuses ou granuleuses. Dans le cas de la teigne qui provoque des tonsures, on observe la fraction des cheveux à leur base. Ces teignes sont caractéristiques de l'âge de la puberté; généralement, elles disparaissent spontanément lorsque la maturité sexuelle est atteinte, probablement à la suite de changements qui se produisent dans l'acidité du cuir chevelu, dus à la présence, dans le sang, des hormones de la reproduction. Le remède contre ces maladies consiste à effectuer une épilation et un traitement à base de produits antifongiques.

Offrent également un caractère superficiel les mycoses qui se localisent sur les muqueuses, provoquées par le *Candida albicans (= Monilia albicans = Oidium albicans).* Ce Champignon peut se localiser sur la muqueuse vaginale, notamment à la suite de thérapies qui ont été appliquées pour lutter contre d'autres maladies à l'aide de produits désinfectants et antibiotiques; ces derniers provoquent la mort de la flore bactérienne vaginale, éliminant les antagonistes naturels du *Candida* qui est un Champignon saprobie habituel. N'étant plus limité dans son développement, il prolifère, donnant lieu à des prurits et à des pertes de consistance caséeuse. Toutefois, la plupart des moniliases se manifestent au niveau de la muqueuse buccale chez les bébés, par contamination se produisant pendant l'accouchement. L'infection, appelée aussi « muguet », se manifeste par des taches blanchâtres localisées sur les côtés de la langue qui, observée au microscope, révèle la présence des filaments mycéliens du Champignon. Les badigeonnages à base de bicarbonate de soude, de borate de sodium, et de permanganate de potassium, sont des thérapies efficaces contre cette maladie. Dans des cas rares, le *Candida* peut infecter les poumons ou l'intestin; il provoque alors une symptomatologie qui est souvent grave.

Les mycoses profondes intéressent les couches les plus internes du tégument, aussi bien que le tissu sous-cutané. La plus importante parmi elles est la blastomycose cutanée, dont l'agent est une Levure, le *Blastomyces dermatidis;* la maladie se manifeste par un épaississement de l'épiderme qui se déchire, donnant de petits abcès, et elle peut se répandre aussi dans des organes internes, jusqu'au système nerveux. Les traitements qui ont été essayés jusqu'à présent n'ont pas donné d'effets véritablement satisfaisants, même si de bons résultats sont obtenus à l'aide de vaccins et de produits antibiotiques.

Les agriculteurs sont particulièrement soumis à la sporotrichose due au *Sporotrichum schencki,* Champignon saprobie qui vit sur les Plantes et sur le sol. Il pénètre dans l'organisme humain à travers les blessures des mains et après plusieurs semaines, il produit un nodule qui devient purulent. Ensuite, toute la voie des vaisseaux lymphatiques du bras est parsemée de tels nodules, jusqu'à ce que l'infection se transfère aux organes internes et au tissu osseux. Le remède consiste à utiliser de l'iodure de potassium qui est absorbé par voie orale.

Il faut enfin mentionner les actinomycoses, provoquées par des organismes du genre *Actinomyces,* qui généralement sont présents au niveau de la muqueuse buccale sans y produire aucun dommage. Dans des circonstances particulières, parmi lesquelles il faut rappeler les cas d'extraction de dents, ils peuvent toutefois devenir infectieux; ils causent alors un grossissement des tissus du visage, pouvant donner lieu à une ostéomyélite comportant des lésions graves des os. Les remèdes sont basés essentiellement sur l'usage de fongicides.

Il y a, enfin, l'*Aspergillus fumigatus* qui provoque la pneumomycose, ou aspergillose pulmonaire, étant très souvent confondue et soignée comme tuberculose. Cette dernière considération nous conduit dans le domaine du diagnostic des mycoses, qui souvent est plutôt difficile, parce que les symptômes de ces infections sont généralement semblables à ceux d'autres maladies (comme dans le cas de la tuberculose que nous venons de citer); en fait, leurs agents pathogènes sont mis en évidence seulement à la suite d'un examen microscopique permettant de reconnaître les hyphes du mycélium ou bien les cellules fongiques dans le cas des Levures.

Si le diagnostic présente déjà, par lui-même, des difficultés, le traitement est souvent encore plus problématique. Il existe un nombre restreint de produits antibiotiques étant efficaces contre les Champignons et qui, pour la plupart, sont nuisibles à l'organisme humain; de ce fait, ils ne peuvent pas être employés en usage interne. Cependant, de bons résultats ont été obtenus à l'aide de l'amphotéricine B et de la nistatine, ce dernier produit étant spécifique contre le *Candida albicans*.

Les Champignons représentent un problème en tant que parasites d'Animaux domestiques, en particulier d'Oiseaux et de Poissons. Ceux qui possèdent un aquarium connaissent sûrement les dégâts qui peuvent être provoqués par les *Saprolegnia*; ces organismes infestent les Poissons, les recouvrant d'une Moisissure blanche.

Il ne faut pas sous-évaluer l'effet nuisible exercé sur l'organisme humain, à la suite d'ingestion de produits en conserve, confitures, Champignons, légumes conservés dans l'huile, sur lesquels est présent un voile de Moisissures, même lorsqu'il est retiré avant que ces produits soient servis à table. Mais lorsque le fruit ou le légume moisi a été éliminé, il y a toujours des toxines secrétées par les Moisissures elles-mêmes qui peuvent être répandues dans l'huile de conservation ou dans le sirop; ainsi, leur composition chimique est altérée, de telle sorte qu'ils deviennent toxiques pour l'appareil digestif. Ceci peut se vérifier même lorsque les propriétés comestibles de ces produits conservés n'ont subi que des altérations si légères que leur état de dépérissement ne peut être reconnu.

Ces mêmes considérations sont valables pour les fruits et les légumes frais (par exemple, les tomates), étant en partie atteints par les Moisissures.

Champignons et bois

Parmi les produits naturels, le bois est l'un des plus largement utilisés par l'homme. Il ne faut donc pas s'étonner que la biologie des Champignons responsables des pourritures du bois ait fait l'objet d'études, et pas seulement de nos jours. Les guerres maritimes interminables du Moyen Age étaient très souvent interrompues afin de procéder à la réparation des dégâts provoqués par les Champignons du bois, qui étaient au moins aussi nuisibles que l'ennemi lui-même.

Toutes les cellules des Plantes sont caractérisées par la présence d'une paroi extérieure rigide, composée de cellulose qui, chez les arbres, est associée à un autre composé polysaccharide; ce dernier, connu sous le nom de lignine, confère une plus grande solidité à la paroi cellulaire. Ainsi, le bois est composé, en large mesure, par ces cellules aux parois épaissies et robustes. Les Champignons qui détruisent le bois se sont adaptés à « digérer » cellulose et lignine; ce phénomène provoque un affaiblissement de la paroi cellulaire jusqu'à ce que le bois lui-même devienne mou et perde sa consistance.

Souvent, les premiers Champignons qui s'installent sur du bois qui vient d'être découpé, appartiennent à un groupe de Moisissures microscopiques, parmi lesquelles la plus connue est le *Chlorosplenium aeruginascens*. Celles-ci se développent seulement au niveau des couches les plus extérieures; elles consomment les réserves nutritionnelles des cellules du bois, sans détruire les parois cellulaires. Leurs hyphes provoquent des changements de couleur du bois, le faisant devenir bleu clair, bleu foncé ou gris, jusqu'à vert. Bien que ces organismes ne diminuent pas la solidité du bois, ses changements de couleurs en réduisent souvent la valeur commerciale. L'homme a pu tirer profit de ces inconvénients : le bois coloré en vert brillant, par l'activité du *Chlorosplenium aeruginascens*, fut apprécié par les artisans du XIXe siècle qui l'utilisèrent pour confectionner des marqueteries.

Le bois qui est maintenu dans des lieux humides est soumis aux infections d'un autre groupe de Moisissures microscopiques, se localisant elles aussi dans les couches extérieures du bois où elles produisent une légère pourriture spongieuse. Elles ont été découvertes, d'abord, dans des tours de refroidissement de l'industrie, où elles provoquent le dépérissement des planches en bois doux utilisées pour construire les emballages. Ces organismes vivent à l'intérieur de la paroi cellulaire, où ils produisent des cavités aux formes géométriques, qui compromettent la solidité du bois.

Tomate envahie par une Moisissure assez commune, appartenant au genre Rhizopus. *Un fruit moisi peut contaminer tout un stock alimentaire.*

Des dégâts encore plus graves sont causés par le *Coniophora puteana (= cerebella)*, qui produit des corps fructifères croûteux et minces sur du bois de construction humide (dans ce cas aussi l'humidité est essentielle); à leurs marges, ces formations offrent une consistance de papier et une couleur crème, alors qu'à leur centre, ils sont parsemés de tubercules et présentent une couleur brune ou rouille à cause de la présence des spores mûres. Cette espèce ressemble donc au *Serpula lacrymans;* cependant, l'examen microscopique du bois dans lequel elle se développe révèle un caractère spécifique de ce Champignon, c'est-à-dire la présence de filaments mycéliens s'unissant en boucles réunies en verticilles, alors que le *S. lacrymans* offre des boucles simples.

Le *Poria vaporaria (= Trametes vaporaria = Poria mucida)* est également un Champignon qui, à partir de Plantes forestières, peut être transmis au bois utilisé dans les constructions; il produit des croûtes brun jaunâtre et préfère les lieux obscurs et les fondations des maisons, là où le milieu est très humide et est associé à une aération limitée. Du moment que la contamination provient directement des forêts, il suffit d'employer du bois sain et bien sec pour éliminer le danger provoqué par la présence de ce Champignon. Un Champignon typique des poutres, dans des mines ou dans des caves, est le *Phellinus cryptarum (= Phellinus megaloporus)*, produisant un corps fructifère semblable à un coussinet de velours, pouvant atteindre jusqu'à dix centimètres d'épaisseur. Du fait qu'il se localise de préférence dans des lieux obscurs, humides et assez chauds, il peut être rencontré aussi dans des bibliothèques et dans des dépôts de graines. Le plus souvent, lorsqu'il s'agit d'arrêter son processus d'infection, il suffit d'éliminer son corps fructifère et d'inoculer dans le bois des produits fongicides. A part le *Serpula lacrymans*, auquel nous réservons une description plus détaillée, parmi les espèces fongiques responsables des dégâts produits dans le bois, rappelons encore le *Lenzites saepiaria* et le *L. abietina*, le *Trametes quercina*, le *Lentinus lepidus* et le *Paxillus lamellirugus*.

Comme nous l'avons déjà mentionné, certains types de bois contiennent des composés toxiques pour les Champignons; ainsi le teck et le cèdre rouge occidental sont plus durables que d'autres. Des bois partiellement atteints par des infections fongiques peuvent être utilisés avec succès pour construire des placages décoratifs, du moment que le Champignon s'arrête à leur niveau, s'ils sont maintenus dans une atmosphère sèche.

Du fait que les Champignons parasites peuvent détruire jusqu'à 80 % des parois des cellules du bois, il n'est pas surprenant que dans des stades avancés de dégradation, ces derniers s'émiettent à la première secousse. Le bois pourri acquiert alors une odeur caractéristique de Moisissure. Les risques d'incendie augmentent à ce stade, et il est plus facilement infesté par des Insectes.

En conclusion, nous pouvons affirmer que les infections fongiques sont plus facilement combattues en supprimant les conditions qui favorisent leur installation. En particulier, l'humidité du bois devrait être contrôlée et maintenue au niveau que ce matériel atteint lorsqu'il est mûr (15 à 18 %). Lorsque le bois vert, qui est moins résistant aux parasites, est utilisé comme matériel de construction — ce qui arrive souvent aujourd'hui —, il est conseillé de le traiter préalablement par des produits fongicides. On utilise actuellement des mélanges d'arseniate de cuivre et de chrome : leur solution aqueuse est injectée, sous pression, dans le bois, au cours des processus auxquels il est soumis dans les scieries.

Les maladies fongiques des Plantes

Les espèces fongiques qui pourraient être mentionnées ici sont très nombreuses, à partir des *Olpidium*, qui provoquent les pourritures de jeunes plantules des semis, au *Synchytrium endobioticum*, agent de la « gale noire de la pomme de terre », au *Plasmodiophora brassicae*, responsable de tumeurs se formant sur les racines des Brassicacées.

Un groupe particulièrement redoutable de parasites est celui des Péronosporacées, qui selon certains

Le Serpula lacrymans

Le *Serpula lacrymans*, selon le langage populaire, est aussi appelé « Champignon des maisons ». Il s'installe sur le bois de construction dans des milieux humides : en fait, les conditions optimales pour son développement prévoient une humidité de 30 à 40 %. Mais ensuite, il peut s'étendre rapidement même dans des zones plus sèches, du fait qu'une fois installé il crée les conditions de vie qui lui sont optimales tout en « transportant » à travers ses hyphes de l'eau dans les nouveaux lieux d'infection. Les gouttelettes d'eau qui exsudent à la surface de son mycélium en voie de développement et de ses corps fructifères, ont donné l'origine du nom spécifique *lacrymans*. Ce Champignon provoque une pourriture à la suite de laquelle le bois se dessèche et se brise, donnant des blocs caractéristiques en forme de cubes. Le bois suspect peut être facilement vérifié en y pratiquant un petit trou à l'aide d'une pointe métallique ou d'un tournevis : si la résistance à la pénétration et à l'extraction de ces outils est faible ou nulle, le bois est certainement entamé. Des poutres de taille plus ou moins élevée peuvent être testées en y pratiquant des petits trous et en tenant compte de la facilité de pénétration d'outils métalliques aussi bien que de la couleur des copeaux de bois que l'on obtient, ou bien en percutant avec un marteau et en évaluant la qualité du son produit.

Bois envahi par le Serpula lacrymans *: le mycélium blanc provoque des craquelures dans le bois lui-même.*

Mode de propagation

Dans des conditions particulièrement favorables, lorsque le Champignon prolifère sans obstacles, il est possible de voir le mycélium qui se développe en éventail à la surface du bois, comme une masse de coton. Dans des conditions de sécheresse légèrement plus accentuées, le mycélium constitue une couche semblable à un feutrage mince, plutôt mou, généralement jaune ou de couleur lilas. Il produit aussi des rhizomorphes blancs qui peuvent atteindre la taille d'un crayon. Ces derniers donnent au Champignon la possibilité de coloniser des zones éloignées de son point de pénétration, ce qui le rend très nuisible et difficile à éliminer. Il peut parcourir de longues distances à travers des plâtres, des pierres, des murs en briques et même à travers des barrières de métal. Si les rhizomorphes ne rencontrent pas une poutre de bois qui soit favorable à leur développement, leur croissance s'arrête : le Champignon produit alors un corps fructifère mou, charnu, en forme de console, qui peut atteindre même une forte taille tout en présentant une surface supérieure finement ridée, recouverte par des millions de spores de couleur rouille, alors que ses marges demeurent blanches. Souvent c'est l'apparition d'un corps fructifère sur le plâtre d'un plafond ou d'un mur qui révèle la présence de cet habitant indésirable. Les spores sont dispersées par des courants d'air sous forme de poussière marron-rougeâtre. Habituellement le *Serpula lacrymans* n'est pas nuisible à l'homme, malgré son odeur désagréable. Cependant plusieurs personnes peuvent présenter des phénomènes de type allergique causées par ses spores. Pour combattre les dégâts dus au *Serpula lacrymans*, il est essentiel que toute source d'humidité soit découverte et éliminée. Toutes les ouvertures en bois, aussi bien que le plâtre, montrant des signes d'infestation, doivent être retirés jusqu'à la distance d'un mètre, au-delà des signes visibles montrant la présence du Champignon et ils doivent être détruits. Le bois destiné à remplacer celui qui a été endommagé devrait être traité par des fongicides.

Page ci-contre : corps fructifères de Chlorosplenium aeruginascens, *développés sur du bois.*

auteurs sont élevés au rang d'ordre systématique *(Peronosporales)*. Il s'agit de Champignons produisant un mycélium bien développé, dont voici les quatre genres principaux : *Plasmopara*, *Bremia*, *Peronospora* et *Phytophthora*. Le *Plasmopara viticole* (mildiou de la Vigne) représente l'un des plus grands dangers pour les vignobles. Son cycle évolutif est complexe; la maladie se manifeste d'abord par l'apparition de taches foliaires, dites « taches d'huile » à cause de leur couleur; ensuite, au niveau de ces taches, sur la face inférieure des feuilles, se forme une moisissure blanche, alors que la face supérieure noircit et se fissure. Cette maladie est combattue par des pulvérisations de solutions à base de sulfate de cuivre.

Le genre *Peronospora* comprend plusieurs espèces parasites spécifiques de plantes maraîchères, allant des petits pois jusqu'aux Brassicacées. Une mention particulière doit être consacrée au *Phytophthora infestans*, agent du mildiou de la Pomme de terre. Les feuilles des plantes infectées se recouvrent d'une moisissure blanche et quelque temps après, elles tombent, privant ainsi la Plante de tissus spécialisés dans la photosynthèse; ces Plantes sont alors condamnées à un dépérissement progressif pouvant les mener à la mort.

Font partie du groupe des Hélotiales de nombreux Champignons nuisibles aux cultures, en particulier les agents de la tavelure du Rosier *(Dyplocarpon rosae)*, de l'anthracnose du Cerisier *(Higginsia hiemalis)*, du mal du sclérote *(Sclerotinia sclerotiorum)* qui atteint les racines de Carottes et les tubercules de la Pomme de terre, et de la Moisissure grise *(Botrytis cinerea)* qui s'installe sur des grappes de raisin et sur d'autres fruits. Lorsque cette maladie n'est pas très développée, elle provoque une concentration de sucre dans le raisin; elle prend alors le nom de « pourriture noble » et est acceptée par les viticulteurs.

Les anthracnoses sont provoquées par des Champignons de l'ordre des Sphæriales : elles sont connues et redoutées à cause des dégâts qu'elles provoquent. Par exemple, sont bien connues, à cause de leurs dégâts, l'anthracnose des gousses de Haricots, qui produit des taches brunes ou grises, plutôt enfoncées, sur les haricots; l'anthracnose du Coton, l'anthracnose des Melons et celle des pastèques.

Au même ordre appartiennent aussi les membres du genre *Nectria* qui produisent les chancres du Pommier et du Poirier. En particulier, le *Nectria cinnabarina* produit des pustules sèches, de couleur rouge vif, sur le périderme de nombreux arbres parmi lesquels les Peupliers, les Érables, les Pommiers, etc. Mentionnons aussi le *Rosellinia necatrix* auquel sont dues les pourritures des racines de Vignes et d'arbres fruitiers.

Pour conclure cette brève revue des Ascomycètes pathogènes, pour les Plantes supérieures, rappelons encore certaines infections fongiques plutôt graves, comme par exemple le mal du « piétin-verse » du Blé, le chancre du Châtaignier *(Endothia parasitica)* et les pourritures produites sur des rameaux et sur des troncs d'agrumes par des espèces appartenant au genre *Phomopsis*. Les tavelures du Pommier et du Poirier, dues respectivement au *Venturia inaequalis* et au *V. pirina*, la variole du Trèfle et l'anthracnose du Pois, sont toutes provoquées par des Champignons appartenant à l'ordre des Pseudosphæriales.

A la classe des Basidiomycètes appartient un nombre très élevé de Champignons nuisibles pour les cultures, qui provoquent des infections de types variés chez les tissus végétaux. L'ordre des Urédinales, tout entier, comprend des espèces normalement connues sous le nom de Champignons des rouilles; il s'agit de 5 000 espèces parasites, offrant un cycle évolutif très complexe qui prévoit même la production de cinq types différents de spores. Les rouilles prennent ce nom par l'aspect poussiéreux de leurs spores, de couleur brun rougeâtre, émises par une sorte de pustule apparaissant sur l'organe de la Plante qui est atteinte par la maladie. Il serait trop long de les décrire toutes, une à une; cependant, notre attention est attirée par la plus grave et la plus redoutable parmi elles : la rouille du Blé *(Puccinia graminis)* qui endommage le Froment, l'Orge, l'Avoine, le Seigle, d'autres Graminées dont elle atteint soit le chaume, soit les épis.

Sur les organes atteints, on observe des pustules linéaires de couleur jaune allant jusqu'au rouge orangé, poussiéreuses, comme étant rouillées, qui constituent le stade de production du premier type de spores dites urédospores. Ensuite, font leur apparition, sur les feuilles et sur les tiges, des points noirâtres, qui produisent des téleutospores sous forme de poussière noire. Au printemps suivant les téleutospores germent; elles édifient un promycélium qui représente une baside cloisonnée, produisant des basidiospores; ces dernières germent sur les feuilles d'une autre Plante, qui n'est pas une Graminée, et précisément sur l'Épine-vinette *(Berberis vulgaris)*, qui constitue l'hôte intermédiaire.

A partir de la germination des basidiospores prend naissance un mycélium qui produit des tâches rougeâtres sur la face supérieure des feuilles de l'Épine-vinette : ces tâches présentent de petites pustules noires, dans lesquelles mûrissent les spores du quatrième type ou écidiospores. Ces dernières sont issues d'un processus de reproduction du type sexué et elles sont normalement transportées par le vent et répandues dans le milieu environnant : lorsqu'elles tombent sur des feuilles de Graminées, elles s'y installent et donnent naissance au mycélium qui est responsable de la production des urédospores par lesquelles un nouveau cycle évolutif commence. Le dernier ordre des Basidiomycètes, les Ustilaginales, regroupe les Champignons des charbons, dénommés ainsi du fait qu'ils sont la cause de tumeurs ou de malformations dans les organes de plusieurs Plantes. Ces anomalies conduisent à la production d'une masse poussiéreuse, noirâtre, constituée par des spores noires dites ustilagospores. Ces organismes ne produisent pas de corps fructifères; ils se subdivisent en quatre familles dont nous ne considérerons que les deux dernières, c'est-à-dire celle des Tilletiacées et celle des Ustilaginacées. A la première appartient la carie du Blé *(Tilletia tritici = T. caries)* qui est une des maladies les plus nuisibles pour l'économie humaine. Elle se manifeste par l'aspect noir des caryopses, qui au lieu

A gauche : Plante de Pomme de terre, infectée par le Phytophthora infestans.

Ormes défoliés par l'action du Champignon parasite Ceratocystis ulmi, *répandu dans l'Europe nord-occidentale et dans l'Amérique septentrionale.*
En cartouche : en haut, larves du Coléoptère Scolytus *sp.;*
en bas, tunnels que cet Insecte creuse dans le bois des Ormes. C'est ce parasite qui, au printemps, transporte les spores du Champignon sur les arbres.

de contenir les substances bien connues utilisées pour la production de farine, lorsqu'ils sont écrasés émettent une poussière brun noirâtre qui n'est autre chose qu'une masse de spores du Champignon. Des espèces analogues infectent le Seigle.

La famille des Ustilaginacées comprend le charbon du Maïs *(Ustilago maydis = U. zeae)* qui donne lieu à la formation de tumeurs dont la taille peut atteindre celle d'une orange; ces malformations apparaissent sur les tiges et sur les inflorescences féminines du Maïs, et donc aussi sur les épis. Les tumeurs offrent d'abord une consistance molle, pourvues d'un revêtement extérieur lisse, de couleur nacre ou grisâtre. A leur maturation, elles émettent des spores brun noirâtre, qui s'échappent comme des nuées de poussière. Analogues à cette maladie sont le charbon de l'Avoine *(Ustilago avenae)*, le charbon de l'Orge *(U. hordei)* et le charbon du Froment *(U. tritici)*. Enfin, il ne faut pas oublier que de nombreux Champignons imparfaits (Deuteromycètes) sont également des agents de maladies des Plantes, comme la « septoriose » ou « rouille du céleri » *(Septoria apii)* et la maladie « en crottes de mouches » des pommes due au *Leptothyrium pomi.*

L'utilisation des Moisissures

Personne ne sait qui a été le premier à avoir utilisé des fromages mûris à l'aide de Moisissures, tels que le roquefort, le gorgonzola ou le camembert; de même, on ne sait pas à quelle époque, en Extrême-Orient, on a procédé, pour la première fois, à la fermentation fongique des haricots de Soja. Les processus de fermentation, basés sur l'emploi des Levures, sont encore plus anciens. On sait, avec certitude, que dans l'antique cité de Babylone on préparait habituellement la bière, et que la production du pain levain est un art probablement introduit par les Égyptiens!

Le grand problème qui a inquiété les savants du XIXe siècle, concernant la nature de la fermentation, a été résolu par Pasteur, lorsqu'il a montré que la transformation du sucre en alcool et en gaz carbonique nécessitait la présence de Microbes vivants. Cette découverte a posé les bases d'un rapprochement du progrès scientifique avec l'exploitation industrielle des Champignons. Bien que les Champignons soient aujourd'hui employés dans une vaste gamme de processus industriels, allant de la fabrication de la bière à la production d'hormones dans des pastilles, les principes de base qui les règlent sont semblables dans tous les cas. Dans un milieu favorable, stérilisé, donc dépourvu d'autres Microbes, est injecté le Champignon qui réalise la fermentation du milieu de culture lui-même; dans le cas de la production de boissons alcoolisées, ce milieu est très abondant par rapport à la quantité de Champignons utilisés. Par contre, dans la production de Levures alimentaires, c'est plutôt le Champignon et non pas le substrat, qui est utilisé.

Les Levures utiles

Sous le nom de Levures on désigne certaines espèces de Champignons unicellulaires, capables de se multiplier par bourgeonnements et de réaliser des processus de réduction ou d'oxydation des sucres, qui dans leur ensemble sont connus sous le nom de fermentations. Ces organismes offrent une forme variée, globuleuse, elliptique ou grossièrement triangulaire, avec des dimensions qui ne dépassent pas les 30 microns. Généralement, ils sont cultivés sur de l'agar de malte où ils produisent des colonies blanchâtres (rarement jaunâtres ou rosées); dans des cultures effectuées en milieu liquide, ce dernier devient trouble et ces organismes y forment un dépôt floconneux qui précipite sur le fond du récipient. Ils sont présents partout sur la terre, et ils s'accroissent en particulier sur des fruits et des fleurs; certains sont spécifiques des eaux marines, alors que d'autres font partie de la microflore de l'appareil digestif des Animaux et de certains produits de leur métabolisme (miel, lait). Ils revêtent une énorme importance dans le domaine économique non seulement en ce qui concerne la fermentation alcoolique, mais aussi par leur production de protéines et de vitamines. Cependant, il y en a certains dont les processus de fermentation ne sont pas très agréables pour l'homme, comme par exemple ceux qui provoquent la fermentation des confitures, de produits en conserve, de boissons et de fruits, qui à la suite de ces processus ne sont plus comestibles.

Récemment, on a observé que certaines Levures comme le *Candida lipolytica*, sont capables d'exploiter aussi des substrats à base d'hydrocarbures dérivés du pétrole. Ce phénomène pourrait être utilisé dans le but d'employer les protéines synthétisées par le Champignon pour la préparation d'aliments à partir de composés qui autrement ne pourraient pas être exploités. Sous des conditions optimales, un demi-kilo de Levure peut se multiplier, produisant l'équivalent de six tonnes de protéines pendant vingt-quatre heures; une utilisation rationnelle de cette productivité très élevée pourrait résoudre plusieurs des problèmes actuels de l'alimentation. La Levure la plus importante est le *Saccharomyces cerevisiae*, qui est utilisé pour la production de bière, de vin, d'alcool pur et de pain.

La Levure de bière était déjà connue par les Grecs et les Romains qui l'utilisaient pour faire lever le pain et pour produire de l'alcool. Ils mélangeaient une petite quantité de pâte levée avec de la pâte fraîche; puis ils attendaient que tout l'ensemble soit fermenté. Une grande partie de ce produit était utilisée pour la panification, une autre partie était mise de côté afin d'être rajoutée à la pâte du jour suivant, ce qui permettait de répéter le même procédé.

La production de grandes quantités de Levure est reliée à l'industrie de la bière. Dans l'infusion de malte germé, mélangé à du sucre et à du houblon, est inoculé le *Saccharomyces cerevisiae* qui s'y développe rapidement, provoquant la fermentation du substrat; on en obtient la bière accompagnée par de gros amas de cellules fongiques qui sont récoltées, purifiées et desséchées afin de former les pains de Levure de bière. Ce phénomène peut être réglé à volonté : en insufflant beaucoup d'air dans la masse en fermentation, on favorise la production de Levure; si, au contraire, on insuffle moins d'air on augmente la quantité d'alcool produite.

D'autres espèces de Saccharomycètes peuvent se reproduire sur de la mélasse ou sur des déchets de l'industrie du bois; ces produits, qui autrement seraient inutiles à l'homme, sont ainsi dégradés et il en résulte une production de substances utiles.

Le gorgonzola, ainsi que le roquefort, prend son goût caractéristique grâce à la présence de Champignons du genre Penicillium (Penicillium weidemanni *var.* fuscum = Penicillium gorgonzolae), *qui sont non seulement inoffensifs mais même bénéfiques, si l'on pense qu'ils produisent la pénicilline. Plus long est le développement du Champignon dans le fromage, plus ce dernier prendra un goût piquant; en même temps, les petites colonies du Champignon vert-bleu, qui s'y développent, seront plus nombreuses.*

Page ci-contre, en bas : Levure de bière (Saccharomyces cerevisiae) *observée au microscope.*

Les antibiotiques

La lutte biologique entre organismes appartenant à des groupes différents, se trouvant en état d'antagonisme pour l'utilisation de la nourriture et pour la colonisation de niches écologiques favorables à leur développement se vérifie à tous les niveaux du monde animal et du monde végétal. Les Champignons possèdent aussi leurs ennemis naturels, et à leur tour ils sont les ennemis naturels d'autres organismes. En fait, lorsqu'un Champignon est inoffensif pour l'Homme tout en étant l'ennemi naturel d'une Bactérie pathogène, il peut être utilisé pour combattre cette Bactérie qui envahit l'organisme du malade. Il s'agit du phénomène de l'antibiose, découvert par Alexander Fleming. Fleming était en train d'étudier plusieurs souches bactériennes du genre *Staphylococcus,* lorsque sur l'une de ces cultures sont tombées accidentellement des spores du *Penicillium notatum,* Champignon imparfait, qui donnèrent naissance à une colonie de Moisissures.
A ce stade, Fleming put noter qu'autour de la Moisissure se caractérisait une zone neutre qui n'était pas colonisée par les Staphylocoques ; après de nombreuses tentatives, il put extraire, à partir du Champignon, une substance qu'il appela « pénicilline ». Toutefois, il ne fut pas attribué une grande importance à cette découverte ; ce fut seulement en 1940 que Florey et Chain eurent l'idée d'utiliser la pénicilline dans le traitement de maladies causées par certaines souches bactériennes. Les chercheurs se rendirent alors compte que les Staphylocoques ne sont pas les seuls Micro-organismes sensibles à l'action de ce produit antibiotique, mais que ce dernier agit aussi sur d'autres espèces bactériennes dont plusieurs sont la cause de maladies infectieuses.
Afin d'obtenir des quantités suffisantes de produit antibiotique et de faire face aux demandes, on a pu sélectionner et isoler des souches de *Penicillium* capables de produire de plus fortes quantités de pénicilline. Cependant, il apparut bientôt que certains genres de Bactéries étaient insensibles au traitement effectué à l'aide de ce produit, tandis que d'autres étaient capables de s'habituer à sa présence, donnant naissance à des souches résistantes. C'est alors que furent réalisées de nombreuses recherches nouvelles afin de voir s'il était possible de trouver un produit antibiotique qui soit valable pour tous les types de Bactéries. C'est ainsi que fut découverte la streptomycine, produite par le *Streptomyces griseus* et qui est active contre les agents de la tuberculose, de la diphtérie, de la pneumonie (Pneumocoque) etc.
Il est important de noter que, généralement, le produit antibiotique ne provoque pas la mort des Bactéries à proprement parler, mais il en réprime la reproduction. C'est pour cette raison que dans de nombreux médicaments sont associés un produit antibiotique, qui empêche les Bactéries de se reproduire, et d'autres médicaments qui détruisent celles qui sont présentes dans le sang du malade.

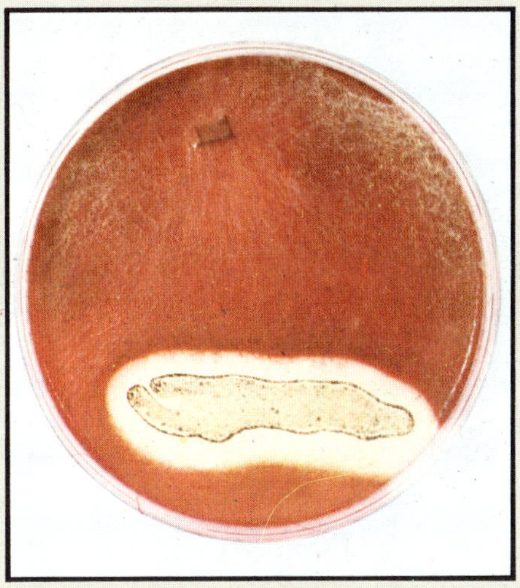

Boîte de Petri *dans laquelle se réalise un phénomène d'antibiose : autour d'une colonie fongique se produit une répression dans la croissance d'autres Micro-organismes.*

Production de pénicilline à l'échelle commerciale

Les anciennes méthodes de production de la pénicilline étaient basées sur la culture de la Moisissure dans des bouteilles préalablement utilisées pour la conservation du lait ou dans d'autres conteneurs ; dans ces récipients, le Champignon se développait, produisant des colonies à la surface du milieu de culture. Ce procédé a été aujourd'hui remplacé par la culture du Champignon dans d'énormes tonneaux de 50 000 litres. Tout d'abord, les spores produites sur un milieu de culture stérile sont injectées dans une petite quantité de milieu disposé dans un récipient maintenu en mouvement de rotation continuel. Le contenu de ce dernier est ensuite versé dans un récipient plus grand ; ce procédé est appliqué ultérieurement jusqu'à ce que le produit obtenu soit ensemencé dans un conteneur de 500 litres. Lorsque le Champignon est suffisamment développé, le contenu de ce récipient est transféré dans le conteneur définitif d'environ 50 000 litres de contenance. Dans ce dernier, la culture est maintenue dans un état d'agitation continuelle et elle est insufflée d'air stérile afin de lui fournir la quantité d'oxygène nécessaire pour la production de la pénicilline. Le mouvement continuel et l'aération de la culture tendent à créer une sorte de mousse à laquelle, si nécessaire, on ajoute des huiles antimousse. Un autre problème auquel il faut faire face est celui de l'échauffement que subit la culture à cause de la chaleur qui se dégage au cours de la fermentation du substrat ; pour pallier cet inconvénient, il faut insérer dans le système un réfrigérateur ; Après sept jours de fermentation, le substrat est filtré et le produit obtenu passe à travers une série de colonnes d'extraction où la pénicilline est isolée à l'aide de solvants organiques. Le temps de fermentation varie d'une série de conteneurs à l'autre, et dans les usines modernes, chaque stade est contrôlé par un ordinateur. Après extraction, le produit est cristallisé à partir de la solution et il peut être raffiné pour l'usage médical.

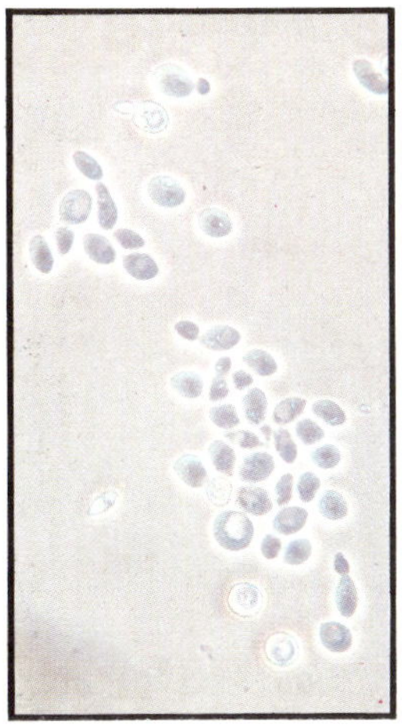

Autres usages des Levures

Au Japon, une industrie de grande importance est celle de la fabrication de la sauce de Soja. En fait, on calcule une consommation journalière, par personne, de 27 grammes de ce produit, dont de grandes quantités sont exportées à l'étranger. Dans un mélange de haricots de Soja cuits et de Blé, est introduit l'*Aspergillus oryzae,* et après une période de fermentation initiale d'une durée de trois ou quatre jours, le mélange est dilué dans de l'eau salée, puis on le laisse mûrir pendant une période allant de trois mois à un an. Le produit final de cette fermentation est extrait par pression et on en obtient la sauce de Soja. Un autre produit important est le « miso », c'est-à-dire une pâte de haricot de Soja fermentée qui est à la base d'un potage populaire. On calcule que la production annuelle de cet aliment dépasse les 900 000 tonnes.

Un autre aliment typique de l'Extrême-Orient, que l'on obtient par fermentation d'une mince tarte de haricots de Soja mélangée à des Champignons du genre *Rhizopus,* est le « tempek »; ce produit est consommé à l'état cru ou sous forme de friture. Dans l'Afrique Centrale, de nombreuses tribus se nourrissent principalement à base de racines de Cassava qui possèdent un contenu de protéines plutôt bas. Certaines tribus préfèrent manger la racine de cette Plante lorsqu'elle est moisie, ce qui améliore sans doute leur diète du fait que le Champignon transforme certaines amides en protéines.

Les Champignons dans l'alimentation

Avant tout, il est fondamental de respecter au maximum le milieu dans lequel les Champignons se développent. En effet, un milieu caractérisé par sa propre écologie bien définie et par son rythme biologique parfaitement coordonné, pourrait subir des déséquilibres très graves, pouvant conduire à une véritable destruction du milieu d'origine, par des interventions maladroites de la part de l'Homme. Une démonstration pratique de ce fait est constituée, par exemple, par certains bois dont la fertilité mycologique change d'une année à l'autre jusqu'à disparaître complètement. A part l'action de facteurs météorologiques ou physiques, quelquefois c'est précisément l'homme qui cause ces dépérissements biologiques, avec son respect limité pour la nature, lorsqu'il oublie qu'elle est le patrimoine de tout le monde. La rupture indistincte de branches, plantules, baies et fruits, l'écrasement massif de Plantes, le soulèvement de terres et de feuillages, la destruction aveugle de tous les Champignons, même de ceux qui n'ont pas été choisis pour la récolte, représentent des facteurs qui ont malheureusement des effets désastreux; ce sont surtout les régions considérées comme étant les plus fertiles du point de vue mycologique qui en subissent les conséquences. En effet, de nombreux corps fructifères sont détruits, alors que des populations fongiques toutes entières sont décimées, ou sérieusement compromises dans leur possibilité de survie. Bref, tout cela produit un bouleversement profond des caractéristiques naturelles du milieu.

Il est important que celui qui récolte des Champignons connaisse à l'avance tous les dégâts possibles qui pourraient être provoqués par son comportement incorrect. Rappelons que la nature est un patrimoine splendide, appartenant à tous les Hommes, dont chacun a le droit de bénéficier. Par contre, personne n'a le droit de le détruire.

Cela ne veut pas dire qu'il est interdit d'aller à la recherche de Champignons; cependant, une fois qu'on a compris de quel « mécanisme » délicat ils font partie, il faut respecter certaines règles de base.

En les observant, ce sera le même chercheur passionné de Champignons qui en tirera lui-même des avantages; la flore fongique peut se maintenir florissante et copieuse à condition que le milieu ambiant soit objet de respect.

La corbeille en osier et le couteau sont deux « outils » nécessaires au chercheur de Champignons. En particulier, la corbeille permet au Champignon de se maintenir sain et frais jusqu'à la maison. Par contre, les sacs en matière plastique, qui ne permettent aucune aération, ont pour résultat une accélération des processus de décomposition. Une caisse en bois, pourvue d'une poignée, peut être aussi un bon conteneur. Il est convenable de recouvrir la caisse, aussi bien que la corbeille, d'une toile permettant le passage de l'air.

Comment les récolter

Le premier élément qu'il faut choisir soigneusement est le récipient qui doit contenir les Champignons récoltés. Il doit être fait de telle manière que le matériel récolté se maintienne dans les meilleures conditions possibles jusqu'au retour à la maison. En ce sens, l'objet idéal est la corbeille traditionnelle : elle est peut-être plutôt incommode pour le transport effectué au cours de l'excursion, mais il s'agit toutefois d'un récipient qui maintient au mieux les Champignons bien conservés pendant tout le temps de la récolte. En fait, dans la corbeille, les Champignons ne peuvent ni être écrasés ni devenir trop humides.

Ce qui est à déconseiller, c'est le sac en matière plastique (malheureusement c'est peut-être le plus utilisé) : les Champignons s'y écrasent entre eux et subissent rapidement des processus de fermentation — surtout s'ils sont de consistance aqueuse et s'ils sont récoltés pendant les heures chaudes — et de plus, en les transportant ainsi, on empêche la dispersion des spores qui, avec le temps, pourraient créer de nouvelles colonies fongiques.

Le deuxième point important concernant la récolte des Champignons, c'est celui de leur choix. Il ne faut pas récolter des Champignons trop vieux, ou même des individus trop petits, soit parce que ces derniers ne constituent pas un apport alimentaire

Groupe de chercheurs de Champignons satisfaits de leur récolte, sur des pentes des Alpes.

important, soit parce qu'ils pourraient être facilement confondus avec d'autres espèces du fait que leurs corps fructifère n'est pas encore assez développé. Les Champignons en cours de décomposition doivent être également laissés sur place; ce processus doit s'accomplir entièrement dans la nature au bénéfice de l'écologie du système. Il est aussi inutile de récolter des espèces qui n'intéressent pas le chercheur.

Lors de la récolte, chaque Champignon doit être prélevé en entier (sans découper son pied), de façon que toutes ses caractéristiques morphologiques soient préservées. Toutefois, il faudra le débarrasser aussitôt de résidus de terre ou de résidus de feuilles ou de Moisissures, tout en évitant qu'au cours du transport les individus récoltés puissent se détériorer mutuellement.

Il faut rappeler d'autre part que les Champignons étant sûrement comestibles ne doivent jamais être placés dans une corbeille contenant aussi des individus douteux.

En fait, ces derniers pourraient rendre vénéneux les premiers; c'est le cas des spores de l'*Amanita phalloides* qui, déposées en forte quantité sur un Champignon comestible, peuvent rendre ce dernier parfaitement toxique.

Les Champignons douteux, qui sont destinés à être identifiés doivent être isolés et conservés dans les meilleures conditions possibles, afin d'en permettre la reconnaissance.

Enfin, parmi les équipements utiles, il ne faut pas oublier d'apporter un petit couteau bien affûté, utilisé pour procéder aux premières opérations de nettoyage effectuées sur place.

Réactifs chimiques utilisés pour l'identification

Nous allons proposer ci-dessous une courte liste de réactifs chimiques les plus largement utilisés pour la détermination des espèces fongiques. Certains sont toxiques; ils doivent donc être manipulés avec précaution et conservés loin de la portée des enfants, dans des récipients sur lesquels le mot « poison » est bien mis en évidence. Dans de nombreux cas, les solutions utilisées, pour la détermination des Champignons, se détériorent rapidement; il faut alors les préparer juste au moment de l'emploi, ou tout au moins une fois par semaine. Les colorations des tissus fongiques, ou bien celles des spores, obtenues par l'utilisation de ces réactifs, sont reportées dans la partie de cet ouvrage consacrée aux différentes espèces auxquelles elles sont appliquées, tout au moins dans des cas où leur emploi revêt une plus grande importance.

Ammoniaque diluée - On utilise une solution à 50 % ou même à 75 %; il s'agit vraisemblablement du réactif le plus simple et le plus utilisé.

Sulfate de fer - On utilise une solution dans l'eau à 10 %; de préférence on y ajoute une goutte d'acide sulfurique dilué. Ce composé peut être utilisé en alternance avec le chlorhydrate de fer. Les sels de fer sont particulièrement utiles pour reconnaître les différentes espèces de *Russula.* Leur solution doit être préparée toutes les deux à trois semaines.

Aldehyde formique (formol) - On utilise une solution dans l'eau à 40 % pour reconnaître les espèces appartenant aux genres *Russula* et *Boletus.*

Guaïacol - Ce composé est utilisé sous forme de solution saturée de résine de guaïacol dans l'alcool éthylique (éthanol) à 70 %. On l'utilise pour déterminer de nombreuses Russules, en particulier le *Russula emetica.* Ce réactif provoque le virage au bleu clair de la chair de cette espèce.

Réactif de Henry - Ce réactif est préparé par mélange d'oxyde de thallium (1,5 g), acide chlorhydrique concentré (80 gouttes), acide nitrique concentré (80 gouttes). Généralement, il est dilué dans 10 ml d'eau auxquels on ajoute 1 g de bicarbonate de soude; il doit être laissé en repos pendant quelques jours avant de pouvoir être utilisé. Mais ensuite il demeure toujours actif.

Ce réactif est particulièrement employé pour identifier l'*Agaricus xanthodermus*, ainsi que d'autres espèces comestibles appartenant au même genre.

Solution iodurée de Melzer - On mélange 1,5 g d'iode, 5 g d'iodure de potassium, 100 g d'hydrate de chloral et 100 ml d'eau. Ces ingrédients doivent être mélangés et réchauffés sans toutefois atteindre l'ébullition. Ce réactif doit être préparé au moment de l'emploi à chaque saison. Il est largement utilisé pour colorer les spores, notamment celles du genre *Boletus.*

Phénol - Une solution à 2 % de phénol dans l'eau.
Hydroxyde de potassium - La solution de ce composé dans l'eau à 10 %, est particulièrement employée pour reconnaître les Amanites.
Sulfaldéhyde - On l'appelle aussi Sulfovanilline, en raison des cristaux de vanille qui sont laissés à dissoudre dans l'acide sulfurique concentré pour en obtenir une solution de couleur jaune. Ce réactif se détériore au bout de deux à trois jours; il doit donc être préparé au moment de l'emploi. D'autre part, il est corrosif, et il doit être utilisé avec certaines précautions. Il sert à déterminer les Russules.

Les Champignons les meilleurs

A part certaines variations qui dépendent des régions et des goûts personnels, il est évident que chaque chercheur devra se limiter à récolter les espèces qui pour lui sont facilement et sûrement identifiables. Il y a un certain nombre d'espèces qui sont mentionnées dans toutes les recettes ou listes des Champignons comestibles comme les meilleurs; ceci est dû soit au fait qu'il s'agit d'espèces assez répandues et qui peuvent donc être récoltées en quantité suffisante pour la consommation, soit à leurs qualités gastronomiques particulières.

En France et en Italie, les espèces préférées sont généralement l'*Amanita caesarea* (Oronge vraie), le *Tuber magnatum* (Truffe), le *Boletus edulis* (Cèpe), le *Cantharellus cibarius* (Chanterelle) et le *Lactarius deliciosus* (Lactaire délicieux). En Amérique, sont très appréciées plusieurs espèces de Morilles, alors qu'en Grande-Bretagne le choix se fixe en général sur l'*Agaricus campester*. D'autre part, il est évident qu'au sein d'une même nation, il y a des variations de choix entre les régions septentrionales et les régions méridionales.

A gauche : détail des lamelles d'un Lactaire, qui exsudent leur latex typique; des caractères comme celui-ci doivent être relevés aussitôt et le Champignon lui-même doit être identifié au moment de la récolte. En fait, avant d'arriver à la maison, il peut s'écouler un temps trop long pour que tel caractère soit visible ensuite, dans sa plénitude.
Ci-dessous : corps fructifères de Marasmius oreades *(Faux Mousseron), espèce comestible de petite taille qui souvent se développe en cercles. Elle est commune même dans les avenues des villes et a été cultivée, avec succès, au niveau expérimental.*

Une différence d'évaluation encore plus accentuée oppose les pays occidentaux aux pays orientaux, et ceci, pour des raisons multiples, aussi bien culturelles que religieuses.

Ce qu'en pensaient les Romains

Les premiers gourmets véritables, en matière de Champignons, furent les Romains qui les considéraient comme une gourmandise. Cependant, même parmi les Romains, les opinions étaient discordantes. Selon Sénèque, ils ne représentaient pas une véritable nourriture, mais seulement quelque chose qui stimulait l'appétit et qui poussait celui qui était rassasié à se nourrir davantage. Il n'y a aucun doute que les Romains consommaient une grande quantité de Champignons appartenant à des espèces différentes : Truffes, Morilles, Vesses, Bolets et Oronges, représentaient une fête pour leur table.

Les rois de la table

Si les prix du marché peuvent constituer un indice de valeur, les Truffes doivent être considérées comme étant une catégorie de comestibles tout à fait à part : leur prix élevé est dû, plus qu'à toute autre chose, aux difficultés particulières de leur récolte.

Un autre Champignon dont le prix est élevé, est le Cèpe comestible, abondamment utilisé dans la cuisine française. La principale caractéristique de cette espèce, le *Boletus edulis*, comme des espèces voisines, est la consistance de la chair, qui suivant les différentes préparations culinaires, ne permet pas d'être soumise à une cuisson prolongée. Ainsi, on rencontre le Cèpe soit dans les sauces préparées pour le riz et pour les pâtes alimentaires, soit dans de nombreuses recettes de plats au four ou dans des recettes comportant sa préparation dans l'huile et dans le vinaigre. Il peut être facilement desséché et il donne d'excellents résultats en fritures panées ou en grillades.

Il y a aussi d'autres espèces voisines du *B. edulis*, appartenant au même genre, qui sont d'excellente qualité du point de vue comestible, comme le *B. aereus*, le *B. pinicola*, le *B. canescens*, le *B. badius*, le *B. reticulatus*, le *B. appendiculatus*, le *B. castaneus*, le *B. scaber*, le *B. bovinus* et le *B. rufus (= Leccinum aurantiacum)*. Il existe d'autres Bolets comestibles, qui sont de bonne qualité, mais moins raffinés.

La Chanterelle est aussi un Champignon comestible qui se prête facilement à la dessiccation; il est reconnaissable à sa couleur abricot et à ses lamelles qui se prolongent sur le stipe. Les Chanterelles donnent des plats très raffinés lorsqu'elles sont frites au beurre, avec de l'oignon haché, de l'ail et du persil, et lorsqu'elles sont cuites dans des ragoûts. Elles représentent d'autre part, un excellent condiment pour les pâtes alimentaires, pour le riz et pour la polenta. L'espèce voisine, *Craterellus cornucopioides*, elle aussi comestible, est d'une qualité nettement inférieure.

Les Morilles printanières

Parmi les Champignons supérieurs, il y a un nombre d'espèces relativement limité, qui peuvent être repérées au cours du printemps. Parmi celles-ci

Le genre Tricholoma *est très riche d'espèces qui souvent ont été attribuées à d'autres genres* (Melanoleuca, Lepista *et aussi* Clitocybe). *Il s'agit de Champignons très hétérogènes, notamment en ce qui concerne les lamelles plus ou moins espacées.*

les plus connues sont les Morilles. L'espèce la plus répandue est le *Morchella esculenta* (Morille ronde), qui est aussi mise en conserve et exportée par la France. Pour cette espèce, on conseille davantage la dessiccation car sous cette forme le produit garde son arôme. Les Morilles peuvent être farcies avec des ingrédients variés, tels que la viande de poulet haché ou les œufs, mais elles donnent également des résultats excellents lorsqu'elles sont préparées avec des Truites, ou bien sous forme de fritures ou de potages. Rappelons que la Gyromitre comestible *(Gyromitra esculenta)* est une espèce à déconseiller pour les préparations culinaires.

Vesses et Coprins

Les Vesses méritent d'être évoquées ici pour leur facilité d'identification (on ne peut pas les confondre avec d'autres Champignons, à moins qu'elles ne soient d'une taille excessivement réduite, mais dans ce cas, il vaut mieux ne pas les récolter), pour leur répartition et pour leur bonne qualité, lorsqu'elles sont récoltées à l'état jeune, quand leur chair est blanche. Les plus grosses parmi elles fournissent des plats excellents lorsqu'elles sont découpées en tranches et panées. Tandis que les autres, cuites au beurre avec un peu de persil, donnent de bons résultats.

Un autre Champignon répandu et de bonne qualité comestible est le *Coprinus comatus* (Coprin chevelu), qui se développe fréquemment dans des zones urbaines, sur les bords des routes et sur des ordures. Il doit être consommé à l'état jeune, avant que ses lamelles commencent à brunir. On le conseille comme garniture de poissons, mais il donne également de bonnes fritures. L'important est qu'il doit être consommé à l'état frais. Lors de la consommation de Coprins, il faut éviter les boissons alcoolisées, pouvant donner lieu à des phénomènes de sensibilisation.

Normes pour la récolte

1. Avant de récolter un Champignon, il faut s'assurer qu'il ne s'agit pas d'une espèce mortelle *(Amanita phalloides, A. verna, A. virosa)*, à l'aide d'un manuel, pour une vérification. Lorsqu'on doute qu'il puisse s'agir de l'une des trois Amanites précédemment mentionnées, il ne faut même pas le récolter par curiosité en le mettant dans la corbeille avec les autres Champignons : en fait, même les spores de ces espèces sont très vénéneuses et elles peuvent infecter d'autres Champignons. Si, au contraire, on veut le récolter pour des raisons d'études, il faut le tenir séparé, dans un conteneur à part. Il ne faut pas toucher des produits comestibles après avoir manié ce Champignon, suspect ou vénéneux, sans s'être préalablement lavé les mains ; de même il ne faut pas le confier à des enfants pour qu'ils puissent jouer avec car ils pourraient ensuite porter leurs doigts à la bouche.
2. Il faut commencer sa propre « carrière » de chercheur de Champignons, en récoltant seulement ceux dont le pouvoir comestible est sûr.
3. Dans des cas de doute, même léger, il faut montrer les Champignons aux experts : lorsque cela n'est pas possible, il faut jeter tous les Champignons dont l'identité n'est pas certaine.
4. Il ne faut jamais récolter de corps fructifères âgés, endommagés, moisis, pourrissants.

D'autres espèces de bonne qualité

Les espèces appartenant au genre *Agaricus (= Psalliota)* sont des Champignons très populaires, peut-être aussi parce qu'ils sont l'équivalent de l'espèce cultivée *Agaricus bisporus*. L'*Agaricus arvensis* est lui aussi d'excellente qualité; un seul individu de forte taille, appartenant à cette espèce, peut remplir à lui seul une poêle entière. Les espèces forestières *A. silvaticus* et *A. silvicola* sont elles aussi excellentes, mais elles sont moins utilisées. De toutes façons, toute espèce sauvage appartenant au genre *Agaricus*, à l'exception de l'*A. xanthodermus*, peut très bien remplacer l'espèce cultivée.

Il s'agit, en somme, de Champignons « multiformes », exquis lorsqu'ils sont utilisés crus, en salade, mais aussi lorsqu'ils sont employés pour préparer des potages, des fritures, des plats au four, des pâtes alimentaires, des tartes, des grillades, etc.

Un autre Champignon qui mérite d'être mentionné ici et qui pour certains auteurs est considéré parmi les meilleurs du point de vue comestible, est la Lépiote élevée ou Coulemelle *(Lepiota procera)*, atteignant souvent une taille considérable; il s'agit d'une espèce d'excellente qualité, qui donne de bons résultats culinaires, à condition que son stipe fibreux soit préalablement éliminé. Son chapeau, qui possède un contenu élevé d'humidité, devrait être cuit aussitôt après récolte, à feu vif (il donne d'excellents résultats au gril ou pané); lorsqu'il a tendance à durcir, il peut être cuit dans un ragoût. Il est facilement reconnaissable par le fait qu'il possède, lorsqu'il est dégusté à l'état cru, un goût caractéristique de noisette; sa forme même est typique, et il peut être clairement distingué des Amanites, notamment par l'absence de volve à sa base.

Lactaires et Russules

Parmi les genres les plus riches en espèces, il faut mentionner ici les Lactaires et les Russules, souvent caractérisés par leur couleur vive. Ces deux groupes d'organismes sont très répandus dans les différents types de bois. Certaines de leurs espèces offrent quelque difficulté d'identification; il y en a peu d'importantes du point de vue gastronomique.

Le *Russula virescens*, de couleur verte, est considéré comme une espèce exquise. Elle peut être servie crue, assaisonnée avec du citron, de l'huile et du poivre, ou bien après cuisson dans du ragoût, ou encore panée ou frite, aussi bien que dans des potages. Le *Russula cyanoxantha* est aussi conseillée pour sa bonne qualité. Par contre, beaucoup d'autres Russules, tout en étant comestibles, offrent un intérêt culinaire limité.

On peut dire la même chose en ce qui concerne les Lactaires, à l'exception (comme l'exprime son nom) du *Lactarius deliciosus ;* il s'agit d'un Champignon facilement reconnaissable par le fait qu'il sécrète un latex de couleur orange vif, devenant vert après exposition à l'air. Il est excellent lorsqu'il est cuit au gril : il s'agit probablement de la meilleure méthode pour pouvoir en apprécier le goût tout particulier, mais il donne également de bons résultats lorsqu'on l'utilise pour préparer des rôtis ou pour le conserver dans l'huile.

Les Armillaires

L'un des Champignons les plus répandus dans nos bois et dans nos prairies (il s'installe notamment sur des souches d'arbres ou sur des troncs morts) est l'*Armillariella mellea*, l'Agaric ou Armillaire couleur de miel. Il se trouve en abondance dans nos campagnes, où il est activement recherché. Il ne se prête pas facilement à la dessiccation, mais il est excellent lorsqu'il est conservé dans l'huile, dans le vinaigre ou dans du sel (naturellement lorsqu'il s'agit de corps fructifères jeunes et sains). De plus, il peut être utilisé avec succès dans plusieurs préparations culinaires : une des plus classiques consiste à le faire cuire dans une poêle avec du persil et de l'ail, mais il peut être aussi cuit dans du ragoût, ou être servi, par exemple, comme garniture pour plusieurs plats. Souvent, l'Agaric ou Armillaire couleur de miel peut être confondu avec le *Clitocybe tabescens (= Armillaria tabescens)* qui possède les mêmes propriétés gastronomiques; cependant, il peut être distingué de cette dernière espèce par la présence d'un anneau qui fait défaut chez le *C. tabescens;* ce dernier doit être classé lui aussi parmi les meilleurs Champignons comestibles.

Un autre Champignon des bois, étant lui aussi d'excellente qualité, est le *Pleurotus ostreatus* (Pleurote en forme d'huître ou de coquille), au chapeau caractéristique en forme de coquille, qui depuis quelques temps est vendu aussi sur les marchés. Il peut faire également l'objet de plusieurs préparations culinaires, mais les meilleurs résultats sont obtenus lorsqu'il est employé dans des fritures ou dans des plats panés.

Cette brève revue panoramique a permis de mettre en évidence les Champignons les plus intéressants du point de vue gastronomique et ceux qui sont le plus fréquemment consommés. Il faut cependant souligner le fait que c'est toujours le goût personnel qui décide du choix à faire dans une gamme très vaste de Champignons comestibles; ce qui est important, c'est de ne jamais consommer des espèces dont l'identité n'est pas tout à fait certaine. Dans la partie de cet ouvrage qui est consacrée à la description particulière des différentes espèces, le chercheur pourra trouver tous les éléments nécessaires pour l'identification de ces organismes, ainsi que des renseignements sur leurs caractères comestibles.

Les espèces qui changent de couleur

Les espèces fongiques dont la chair change de couleur lorsqu'elle est exposée à l'air, généralement, ne sont pas bien réputées, et le plus souvent écartées ou considérées comme étant toxiques. Toutefois, le virage de couleur de la chair ne présente aucun lien avec la toxicité du Champignon.

L'exemple classique de ce phénomène est offert par l'*Amanita phalloides*, qui possède une chair blanche, dont la couleur demeure immuable même lorsqu'elle est découpée, ou touchée, ou exposée à l'air; cependant, il s'agit du Champignon le plus toxique dont nous avons connaissance jusqu'à présent. On peut dire la même chose à propos de deux autres Amanites mortelles, la *verna* et la *virosa.*

Au contraire, le *Boletus cyanescens* possède une chair blanche, consistante, qui dès son exposition à l'air devient bleue, prenant une tonalité plutôt intense. Cependant, il s'agit d'une espèce absolument inoffensive, qui est même de bonne qualité du point de vue gastronomique.

Il est important de souligner que le changement de couleur de la chair des Champignons ne doit être d'aucune manière relié à leur pouvoir vénéneux. Ce caractère doit être considéré dans l'ensemble de tous les autres qui permettent d'identifier une espèce.

Ainsi, cela n'aurait aucun sens d'affirmer que les Champignons blancs sont vénéneux, alors que les

Ci-contre : Morchella esculenta, *Champignon comestible qui peut être repéré au printemps, surtout en avril, aux marges des forêts, généralement associé à des Peupliers, Ormes et Frênes. Il s'agit d'une espèce vénéneuse à l'état cru et comestible après cuisson, puisqu'elle contient des toxines thermolabiles qui se désagrègent à la chaleur.*
A droite : bel assortiment de Boletus edulis, Amanita caesarea *et* Armillariella mellea, *Champignons d'excellente qualité, pouvant être aussi conservés dans l'huile.*

Valeur gastronomique des principaux Champignons comestibles

Excellents

Agaricus arvensis
Agaricus campester
Agaricus silvicola
Amanita caesarea
Boletus aereus
Boletus castaneus
Boletus edulis
Boletus pinicola
Calocybe gambosum
Cantharellus cibarius
Lactarius deliciosus
Lactarius sanguifluus
Morchella conica
Morchella rotunda
Pleurotus eryngii
Pleurotus fuscus
Pleurotus ostreatus
Polyporus pes-caprae
Russula cyanoxantha
Russula virescens

Bons

Agaricus bisporus
Agrocybe aegerita
Amanita gemmata
Amanita inaurata
Amanita rubescens
Amanita vaginata
Armillariella mellea
Boletus appendiculatus
Boletus cyanescens
Boletus erythropus
Boletus luteus
Boletus regius
Boletus reticulatus
Cantharellus lutescens
Clitocybe tabescens
Clitopilus prunulus
Coprinus comatus
Hydnum repandum
Hygrophorus marzuolus
Hygrophorus niveus
Hygrophorus pratensis
Hypholoma capnoides
Laccaria amethystina
Leccinum aurantiacum
Lepiota excoriata
Lepiota procera
Lycoperdon giganteum
Lycoperdon perlatum
Marasmius oreades
Marasmius scorodonius
Pholiota mutabilis
Russula aurata
Russula grisea
Russula heterophylla
Russula mustelina
Russula vesca

Moyens

Albatrellus frondosus
Albatrellus ovinus
Boletus carpini
Boletus duriusculus
Boletus elegans
Boletus granulatus
Boletus leucophaeus
Boletus subtomentosus
Clitocybe infundibuliformis
Clitocybe odora
Collybia velutipes
Cortinarius praestans
Craterellus cornucopioides
Gomphidius glutinosus
Hygrophorus puniceus
Polyporus umbellatus
Rhodopaxillus nudus
Rozites caperata
Tricholoma colossus
Tricholoma columbetta
Tricholoma terreum

Ordinaires

Biannularia imperialis
Boletus tridentinus
Boletus viscidus
Clavaria aurea
Clavaria botrytis
Clavaria flava
Collybia radicata
Gomphidius viscidus
Laccaria laccata
Lactarius volemus
Melanoleuca evenosa
Polyporus confluens
Russula decolorans
Sarcodon imbricatum

jaunes sont de bonne qualité; de même, il est inutile de se méfier dans l'absolu des Champignons offrant une chair de couleur variable.

Le phénomène du virage de couleur de la chair des Champignons est attribué à la présence de composés chimiques particuliers, comme par exemple le bolétol, qui se retrouve chez les Champignons appartenant au groupe du *Boletus luridus*. Cette substance est d'une couleur jaune pâle, mais elle peut subir une oxydation due à une enzyme (bolétase) qui contient du cuivre. Ainsi, dès que l'oxygène de l'air est en condition d'agir (intervention de l'enzyme), le bolétol est oxydé et il devient bleu. De même, la *Russula nigricans*, Champignon de mauvaise qualité, mais non toxique, renferme la tyrosinase, enzyme qui provoque l'oxydation de la tyrosine en présence d'oxygène; ce phénomène conduit au virage au gris noirâtre de la couleur de la chair du Champignon.

Des phénomènes analogues ont lieu chez les espèces qui, comme l'*Agaricus xanthodermus*, se tachent de jaune au toucher; dans ce cas, le phénomène est utile car il permet de distinguer cette espèce toxique des autres Agarics comestibles.

Parmi les Bolets, à part le *Boletus cyanescens* précédemment mentionné, le *B. luridus* et le *B. purpureus*, qui deviennent comestibles seulement après cuisson, il y a aussi le *B. satanas*, qui change de couleur et qui de plus, est tout à fait toxique. Il est donc indispensable de prendre en considération d'autres caractères pour reconnaître ce Champignon. Chez le *Lactarius deliciosus*, soit le latex, soit la chair, qui normalement sont de couleur orange, deviennent rapidement de couleur vert-bleu à l'air ou au toucher; dans ce cas, le Champignon est d'excellente qualité, aussi bien que le *L. sanguifluus*, qui, sous les mêmes conditions, se colore lui légèrement en vert.

Deux corps fructifères jeunes, au chapeau encore fermé, à côté d'un individu adulte, du Lepiota procera, *la Lépiote élevée, espèce délicieuse, notamment lorsqu'elle est cuite sur le gril.*

Les Truffes

Les Truffes sont, de tous les Champignons comestibles, les plus raffinés et les plus coûteux. Il s'agit d'espèces fongiques hypogées, appartenant au genre *Tuber* (classe Ascomycètes), qui vivent à des profondeurs variables dans le sol, en symbiose avec de nombreuses Plantes supérieures; ce sont surtout les Chênes, les Saules, les Peupliers, les Tilleuls, aussi bien que les Ormes, les Châtaigniers, les Bouleaux, les Aulnes, les Hêtres, les Épicéas, les Charmes et d'autres Plantes, qui s'associent avec ces organismes. Les Truffes s'installent, de préférence, dans des sols de type calcaire, suffisamment aérés, au climat tempéré. La France et l'Italie sont les pays où ces Champignons sont le plus répandus. De forme globuleuse, irrégulière, qui est précisément celle d'un tubercule, les Truffes offrent des tailles assez variables, allant de celle d'une noix à la taille d'une grosse pomme de terre. Leur poids peut varier entre 30 et 200 jusqu'à 300 grammes, mais il y a des exemplaires qui atteignent 800 grammes et dans des cas exceptionnels, même plus d'un kilo.

On considère, en France, que la meilleure Truffe connue est celle du Périgord; cependant, d'après les gastronomes italiens, la meilleure Truffe serait la Truffe blanche d'Alba.

D'autre part, il est opportun de souligner le fait que toutes les Truffes, y compris celles qui présentent le moins de valeur culinaire, sont tout à fait inoffensives. Cependant, elles ne doivent pas être confondues avec d'autres espèces fongiques voisines étant elles aussi hypogées, qui sans être mortelles sont toxiques : parmi celles-ci il faut rappeler le *Choiromyces meandriformis*, le *C. terfezioides* (Truffe des porcs) et le *Balsamia vulgaris*.

La recherche

Un indice de leur présence sur un terrain donné est le manque de végétation herbacée; en fait, le mycélium des Truffes réprime le développement des Plantes non symbiotiques. De plus, le sol offre des fissures caractéristiques, provoquées par le développement volumineux des Truffes.

Un autre indice de leur présence est la « Mouche des Truffes » *(Helomyza tartufifera)*, qui se pose sur le terrain qui recouvre ces Champignons et y dépose ses œufs.

Pour leur recherche, à part la « sonde » (il s'agit d'un petit bâton qui doit être enfoncé dans le sol jusqu'à rencontrer un obstacle pouvant correspondre précisément à une Truffe), on utilise également des chiens dressés (appartenant à des races particulières comme les barbets) qui, à l'aide de leur flair, localisent la présence du Champignon. Dans ce même but, on se servait autrefois du cochon, ce qui ne nécessitait aucun dressage particulier, l'animal étant friand de Truffes; cependant, ce système a été presque totalement abandonné à cause des dégâts que le cochon cause aux pâturages en creusant la terre avec son groin.

Pleurotus ostreatus, connu comme Pleurote en forme d'huître ou Pleurote en forme de coquille. Ce Champignon délicieux se trouve sur des souches d'arbres. Il est largement cultivé et mis en vente dans les magasins et supermarchés.

Dans la cuisine

Alors que du point de vue scientifique les différences entre la Truffe blanche et la Truffe noire sont très faibles, en cuisine ces deux espèces sont nettement distinguées suivant un principe fondamental que voici : la Truffe noire est consommée en quantités assez considérables, aussi bien que d'autres espèces végétales raffinées, alors que dans la pratique la Truffe blanche est utilisée comme produit aromatique qui transmet son parfum aux plats, et de ce fait, elle est employée en quantités très faibles.

L'autre différence de base entre ces deux Champignons réside dans le fait que la Truffe noire est généralement consommée après cuisson, alors que la Truffe blanche est utilisée presque uniquement à l'état cru. En effet, elle est découpée en tranches puis elle est placée directement sur le plat en préparation. Avant d'être consommées, les Truffes doivent d'abord être bien brossées à l'aide d'une brosse molle et sèche; ensuite, elles sont nettoyées avec des serviettes en papier afin d'être libérées de toutes particules de terre ou d'autres impuretés. D'autre part, les Truffes ne doivent jamais être lavées.

Il y a de nombreuses préparations culinaires auxquelles la Truffe peut apporter son « caractère de classe »; elles peuvent même faire leur apparition sur plusieurs plats faisant partie du même menu sans que cela puisse scandaliser les théoriciens de la grande cuisine. Parmi les plats les plus répandus, qui sont habituellement aromatisés avec la Truffe, il y a les poitrines de poulet, les œufs au plat, la salade de viandes crues, des garnitures diverses, comme la salade d'Oronges. En réalité, le parfum de ce Champignon se marie très bien avec des produits culinaires très divers (il y a de nombreux plats qui peuvent être servis après avoir été parsemés d'écailles de Truffes). Ce sont en général le goût personnel et la fantaisie du cuisinier qui en décident l'usage. Celui qui en aurait la possibilité, pourrait les préparer selon la recette à la parmesane. Pour 4 personnes, il faut disposer de deux Truffes d'environ 50 g chacune, 100 g de parmesan, 100 g de beurre, une cuillère de jus de citron, du sel et du poivre blanc à peine moulu. On forme des couches alternées de Truffes et de parmesan qui sont cuites au four, dans une poêle. à 180°, pendant 20 minutes environ.

La culture des Truffes

La première personne qui a réussi à implanter une « truffière » avec résultat positif, semble avoir été un paysan français en 1810. A partir de ce moment-là, la culture de la Truffe s'est développée, surtout en France, dans les régions les plus favorables du point de vue climatique. En Italie, cette pratique n'est pas très répandue, bien qu'elle ait subi un certain développement grâce à de nouvelles recherches dont le but a été de mieux approfondir les problèmes biologiques liés à la croissance de la Truffe.

L'implantation d'une truffière ne représente pas un problème simple. Il faut d'abord faire coïncider de multiples facteurs, tels que le climat (la Truffe préfère le « climat de la Vigne »), le terrain (il doit être léger, comportant une couche d'humus assez abondante), l'altitude (entre 350 et 600 mètres), l'exposition (elle ne doit pas être au nord), le taux de pluviosité et naturellement la présence de plantes symbiotiques, c'est-à-dire de Chênes à feuilles caduques *(Quercus pedunculata* et *Q. sessiliflora)*. Après avoir choisi le lieu favorable, il faut procéder à la culture des Chênes (cependant, on peut utiliser aussi des Saules, des Peupliers, des Noisetiers, des Hêtres, des Pins, des Châtaigniers, associés aux Chênes); il faut choisir généralement un terrain calcaire ou calcaire-argileux. Au printemps, on effectue le semis des glands, récoltés au cours de l'automne précédent, dans une zone de production de Chênes à Truffes (les glands tombés par terre doivent rester quelques temps au contact du sol). Lors du semis, il est opportun d'enterrer, avec les glands, du mycélium ou des morceaux de Truffes bien mûres, mais saines, et de mélanger le tout à du terreau prélevé dans des truffières en activité. Les pratiques de culture qui doivent être appliquées ensuite consistent en de petits travaux superficiels du sol et dans la taille des petites Plantes dont le but est celui de consentir le développement maximum des branches dans le sens horizontal plutôt qu'en hauteur. Six à huit ans après, la truffière commence à donner ses productions; elle peut être maintenue en activité jusqu'à cinquante ans.

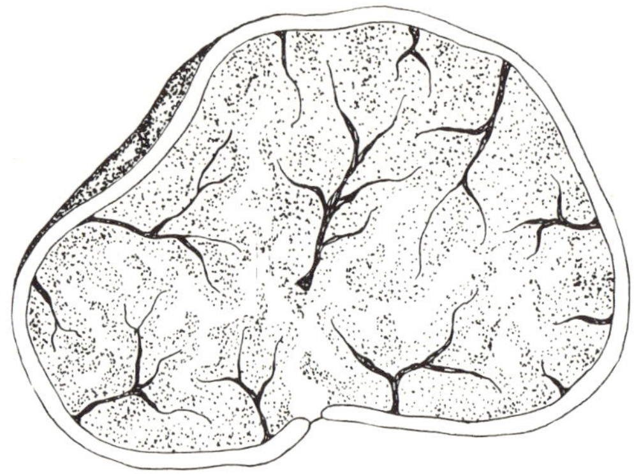

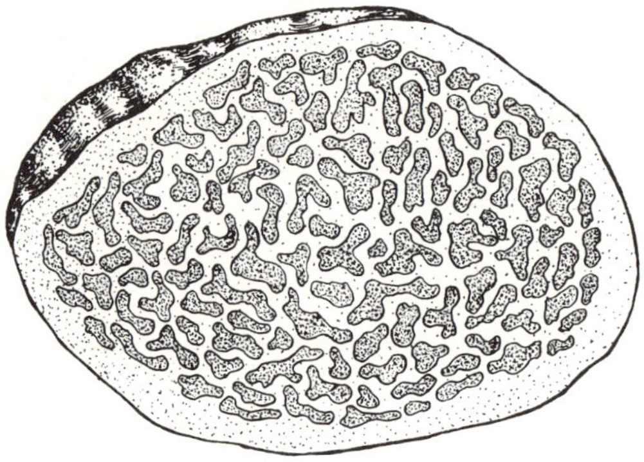

A gauche : schéma de la structure interne de la Truffe (genre Tuber, *en haut) comparé avec la structure interne de la Fausse Truffe (genre* Balsamia, *au centre). Ci-contre : Truffe noire* (Tuber melanosporum). *A droite : chercheur de Truffes avec un chien dressé.*

La culture

Compte tenu de la quantité de Champignons comestibles existant, il y a de quoi être surpris lorsqu'on constate qu'il y a seulement quatre espèces fongiques qui sont cultivées sur des bases industrielles. Il s'agit du *Champignon* commun *(Agaricus bisporus = Psalliota bispora = Psalliota hortensis)*, du Pleurote en forme d'huître *(Pleurotus ostreatus)*, du *Volvariella volvacea* et du *Lentinus edodes*. Parmi ces Champignons, l'*Agaricus bisporus* et le *Pleurotus ostraetus* sont largement cultivés en Occident, alors que les deux autres sont typiquement orientaux. La culture de la Truffe représente enfin une pratique restreinte dans de petites régions européennes, comme il a été déjà mentionné dans le paragraphe concernant ce Champignon. De bons résultats ont été obtenus dans le midi de la France avec la culture du Pholiote du peuplier *(Pholiota aegerita)*, là où cette espèce est particulièrement recherchée; elle est cultivée sur des fragments circulaires de bois frais provenant de troncs de Peupliers. Ces derniers doivent être préalablement frottés avec des lamelles du chapeau mûr du Champignon, de façon qu'un grand nombre de spores puissent adhérer à la surface du bois. Ensuite, celui-ci est recouvert par une couche mince de terre qui doit être périodiquement arrosée. Quelques mois après, les corps fructifères du Champignon font leur apparition. Bien qu'il s'agisse d'un Champignon d'excellente qualité, sa culture est limitée au niveau artisanal. De même, a été tentée la culture du *Marasmius oreades*, aussi bien que celle des Morilles et de certaines Lépistes.

Recherches pour les premières cultures

Comme pour beaucoup d'autres secteurs concernant l'étude des Champignons, la découverte d'une méthode pour leur production commerciale a été effectuée par des Français. Il paraît que des méthodes de culture valables ont déjà été développées sous le règne de Louis XIV, et que la première description scientifique de la culture du Champignon de couche est due à Tournefort, en 1707. Cependant, il a fallu attendre jusqu'en 1800 pour que la culture des Champignons ne soit plus une pratique purement expérimentale et pour qu'elle se répande, tout en gardant son caractère artisanal, auprès de nombreux fongiculteurs qui peu à peu en ont amélioré les méthodologies.

Toutefois, l'implantation de cultures de Champignons sur vaste échelle, donnant des résultats vraiment positifs, n'a été réalisée qu'au XXe siècle. Actuellement, les techniques de fongiculture suivent trois méthodes différentes : la méthode française (qui est précisément la plus ancienne), la méthode américaine et la méthode mixte. La méthode française, comportant une production ininterrompue, exploite des locaux souterrains, comme par exemple de grosses caves, des tunnels, etc. La température y est maintenue à un niveau variable entre 10 et 18 °C, ce qui est obtenu grâce à un réchauffement provoqué par la fermentation de matériaux organiques utilisés pour la constitution du substrat de culture. Les lits de terreau, généralement orientés selon l'axe longitudinal des locaux, sont en forme de dos (« dos d'âne ») allongé.

Des méthodes modernes de production ont été plus intensivement développées aux États-Unis; à partir de 1960, s'est installée à Formose une industrie liée à la production des Champignons pour la mise en conserve de ces derniers. La culture commerciale des Champignons est aujourd'hui très répandue, de telle façon que la consommation domestique de ce type de nourriture a considérablement augmenté au cours de ces dernières années.

Culture de l'Agaricus bisporus

Les méthodes utilisées pour la culture de l'*Agaricus bisporus (= Psalliota bispora)* sont les mêmes qui ont été adoptées par les horticulteurs français. Cependant, les anciennes pratiques de culture ont été perfectionnées et modifiées jusqu'à obtenir la mise au point d'un procédé scientifique soumis à des contrôles sévères. A l'origine, on n'attachait pas beaucoup d'importance à la présence éventuelle de parasites, si bien que le mycélium fongique était simplement prélevé dans son milieu naturel, puis transféré d'un substrat fongique à un autre; de cette manière, étaient aussi transférés tous les orga-

Bien que la Truffe soit généralement incluse dans des plats particuliers et raffinés, elle peut être découpée en tranches, déposées sur des œufs, où elle révèle alors tout son arôme.

nismes parasites. D'autre part, par ce transfert direct du mycélium, celui-ci perdait graduellement sa vigueur à travers les déplacements répétés d'un substrat à un autre.

La plus grande innovation qui a résolu largement ces problèmes, a été l'introduction de la culture du mycélium pur, obtenu directement à partir des spores du Champignon; cette technique évite la présence possible d'organismes parasites dans les cultures. On laisse tomber les spores d'un corps fructifère mûr; elles sont ensemencées dans des boîtes de Petri, remplies par un milieu de culture favorable (agar de pomme de terre, additionné de sucre); elles sont laissées sur place, sous une température de 24 °C environ, afin de favoriser leur germination.

Une à deux semaines après, les premiers hyphes du Champignon commencent à se développer : à ce stade, il faut transférer toute la culture sur un substrat plus favorable; il faut surtout mettre à sa disposition un espace plus vaste que celui qui est offert par une boîte de Petri. Ce deuxième milieu de culture doit être lui aussi stérile; il s'agit de ce qu'on appelle « culture-mère ». Au terme de cette deuxième phase qui se prolonge pendant trente jours environ, on obtient des récipients de culture remplis par un mycélium abondant, parfaitement sain. Ce mycélium est mis en vente : il est acheté par les cultivateurs pour être ensemencé sur du milieu définitif où devront se développer les corps fructifères.

La préparation de ce milieu, particulièrement favorable à la dernière phase de la culture, est plutôt laborieuse : on emploie généralement du fumier de cheval, spécialement traité et intégré par des composés azotés; il est mis à fermenter dans de grands récipients où il est continuellement remué et alcalinisé à l'aide de carbonate de calcium, lorsqu'il tend à devenir acide. La température de fermentation atteint généralement 80 °C; elle pourrait à elle seule provoquer l'élimination de micro-organismes pathogènes. Toutefois, pour une plus grande sécurité, on procède ultérieurement à sa pasteurisation à 60 °C. L'ensemencement du mycélium, provenant de la « culture-mère » sur le milieu définitif, représente un procédé plutôt délicat, au cours duquel il faut prendre soin de ne contaminer ni l'un ni l'autre. Dans de grandes fermes sont adoptées des machines spécialisées afin d'éviter de tels inconvénients. Le substrat ensemencé est déposé dans des conteneurs particulièrement adaptés à cet usage, en forme de caisses, ou bien il est directement distribué par terre. L'incubation dure environ une vingtaine de jours, à une température de 25 à 28 °C, sans ventilation. Lorsque les premiers corps fructifères commencent à apparaître, la température est abaissée à 15 ou à 18 °C et on procède à la ventilation du lieu de culture.

Les qualités des différents types de terre à utiliser avec le substrat provenant des excréments de cheval, font l'objet de discussions entre les cultivateurs. Des terreaux argileux sont mieux considérés que des terreaux sableux; cependant, on est arrivé aussi à utiliser des substrats artificiels, tels que des mélanges de tourbe et de Vermiculite, substance artificielle qui sert uniquement pour y cultiver des Plantes dans des vases ou des pots. Les phases finales de la culture des Champignons sont représentées par la récolte et l'expédition. Après la première récolte, font suite d'autres périodes de fructification à des intervalles de deux à trois semaines l'une de l'autre.

Chaque production donne lieu à une quantité plus faible de corps fructifères dont la qualité est inférieure à celle de la production précédente. Les cultivateurs récoltent les quatre ou cinq premières productions, comprenant environ les trois quarts de la récolte totale possible. Le moment où est effectuée la récolte est très important. Bien que tout le monde soit d'accord pour reconnaître que les corps fructifères complètement développés sont les plus savoureux, le cultivateur commercial effectue la récolte des Champignons généralement avant la rupture du voile qui unit le stipe au bord du chapeau. Il faut tenir compte du fait que les Champignons étant encore jeunes peuvent être conservés plus longtemps dans les lieux de vente. Lorsque le milieu qui constitue le lieu de culture est épuisé, il est prélevé et vendu comme engrais, utilisable pour fertiliser des jardins et des potagers.

Culture du Pleurotus ostreatus

La préparation du mycélium de culture de cette espèce est réalisée suivant le même procédé que nous avons décrit à propos du *Champignon*. La première différence entre les deux cultures réside dans la préparation du substrat, le Pleurote en forme d'huître étant un Champignon lignivore; il faut donc préparer un substrat de culture particulièrement favorable à cette espèce, au moyen d'épis de Maïs, de paille de Blé, ou de sciure de Peuplier. Ce matériel doit être réduit sous forme de petits fragments qui sont humidifiés par immersion dans l'eau pendant cinq heures. Ensuite, lorsqu'on les retire, il faut contrôler soigneusement leur pH; ce matériel doit être acidifié ou alcalinisé si nécessaire. Il est indispensable que son pH soit égal à 7 pour que la croissance du Champignon puisse être réalisée. On procède ensuite, pendant 7 heures, à la stérilisation qui est obtenue à 70 °C.

Le milieu stérile est ensuite déposé dans des conteneurs spéciaux, puis comprimé et ensuite ensemencé par le mycélium fongique. L'incubation, qui a lieu à une température de 20 à 22 °C, accompagnée par une humidité très élevée, a une durée d'un mois environ. A la fin de cette période, le substrat offre un aspect blanchâtre, tandis que les premiers corps fructifères se forment; à ce stade, il faut retirer les parois latérales des conteneurs, de même qu'il faut abaisser la température à 10 °C et la maintenir constante; il faut également bien éclairer les locaux de culture. Au bout d'une quinzaine de jours, il est possible d'effectuer la première récolte. Des récoltes successives peuvent être obtenues si après chacune d'elles on procède à un nettoyage méticuleux du substrat et à une élévation de la température jusqu'à 22 °C; elle doit être ensuite brusquement abaissée jusqu'à 4 °C environ.

Culture orientale des Champignons : Volvariella volvacea et Lentinus edodes

La culture des Champignons a débuté en Orient. Ainsi, bien avant que les Français puissent produire avec succès des variétés de Champignons cultivés, les horticulteurs chinois étaient déjà des maîtres dans cet art; en effet, ils cultivaient deux espèces fongiques diverses, le *Volvariella volvacea* et le *Lentinus edodes*. Aujourd'hui encore, ces Champignons sont cultivés intensivement dans l'Asie sud-orientale et ils sont utilisés habituellement dans la cuisine japonaise et chinoise. Ils sont aussi vendus, après dessiccation, aux amateurs occidentaux des magasins chinois.

La méthode de culture du *Volvariella volvacea* est semblable à celle du *Champignon ;* elle prévoit également la préparation de lits de culture spéciaux, dont le constituant principal est la paille de Riz; c'est sur ce milieu que l'inoculation du mycélium est réalisée. Avant de préparer les lits de culture, le terrain doit être labouré et imbibé d'eau, afin de détruire les vers et les insectes qui s'y sont installés; ensuite, il doit être drainé et modelé en forme de tas plutôt élevés, de la largeur d'un mètre et dont la longueur est de quatre mètres environ. La paille doit être immergée dans l'eau pendant un ou deux jours; ensuite, on la laisse fermenter par l'adjonction de Riz et de résidus de distillerie, ce qui permet au lit de culture de se réchauffer.

Généralement, la paille imbibée d'eau est directement utilisée dans la construction des lits de culture; on y introduit le mycélium qui provient presque toujours d'anciens lits.

Bien que la culture pure du mycélium puisse être obtenue dans des laboratoires de recherche, cette amélioration technique n'a pas encore donné d'applications pratiques.

*Ci-dessous : grains de Blé bouillis sur lesquels se développe le mycélium de l'*Agaricus bisporus*. En bas : corps fructifères de Champignons de couche qui commencent à se développer sur du terrain préparé pour leur culture.*

La paille est ainsi disposée sous forme de couches, jusqu'à obtenir une hauteur d'un mètre environ; le mycélium, quant à lui, est installé entre deux couches successives.

Après avoir éparpillé ce dernier, les lits de culture sont maintenus humides jusqu'à l'apparition des premiers corps fructifères, ce qui en général correspond à une période de 15 à 25 jours, suivant les conditions climatiques.

Comme l'*Agaricus bisporus*, le *Volvariella* donne lieu à plusieurs productions de corps fructifères qui sont récoltés à un stade jeune. L'essentiel de ce matériel récolté est consommé dans des marchés locaux; une seule partie des corps fructifères est soumise à dessiccation et est destinée à être exportée.

Il faut penser que la culture du *Lentinus edodes* (= *Tricholomopsis edodes*) au Japon, remonte au moins à 2 000 ans. Sa méthode de culture est complètement différente de celle qui est utilisée pour le *Volvariella volvacea*. Le *Lentinus* se développe spontanément sur des souches d'arbres, en particulier sur des Hêtres, des Châtaigniers, des Charmes et des Chênes. Sa culture est donc pratiquée sur de grandes branches découpées de ces arbres, ou bien sur leurs souches. Ce matériel est d'abord plongé dans l'eau, jusqu'à ce que son écorce se brise, ou bien on y pratique des ouvertures artificielles à l'aide d'une perceuse ou d'un marteau spécial. Dans les cavités ainsi obtenues, sont introduits alternativement du mycélium développé sur des copeaux de bois et de la sciure.

La phase suivante est celle qui consiste à placer le matériel ensemencé sur un lieu soigneusement choisi dans une forêt dénommée « aire d'installation ». Le choix de ce lieu est très important : s'il est trop humide, cela favorise les destructeurs naturels du bois, et la récolte est considérablement réduite, ou même complètement perdue. Les meilleures aires d'installation sont représentées par des prairies bien ventilées ou par des localités situées sur les bords de la forêt.

Une autre différence entre la culture du *Lentinus* et celle des autres Champignons, correspond à la période relativement longue qui sépare l'introduction du mycélium de l'obtention de la récolte. En fait, le temps mis par le mycélium pour proliférer à travers le bois est beaucoup plus long que celui mis par un autre Champignon pour sortir du lit de culture. Suivant la température du milieu ambiant, les fragments de bois sont laissés dans l'aire d'installation pendant une période allant de cinq à huit mois; au cours de cette période, le seul traitement nécessaire consiste en un léger arrosage, si le temps est trop sec.

Les bois sont ensuite transférés dans une nouvelle localité afin de faciliter la formation des corps fructifères; il s'agit généralement d'un point isolé de la forêt où l'humidité est très élevée; les bois y sont régulièrement arrosés. Plus tard, ils sont transférés de la zone où le Champignon s'accroît durant l'hiver à celle où est réalisée la première récolte au printemps. Lorsque les bois ont commencé à produire des corps fructifères, le phénomène se prolonge pendant un certain nombre d'années, respectivement au printemps et à l'automne de chaque année.

Cependant, la période de production rentable peut être de six ans au maximum, comportant ainsi douze récoltes. Le *Lentinus* peut être soumis à dessiccation plus facilement que le *Volvariella;* généralement, il est exporté sous sa forme désséchée, dans des boîtes de conserve ou dans du vinaigre. Bien qu'il soit difficile d'avoir des chiffres concernant la production de cette espèce, il n'y a aucun doute que sa culture est effectuée sur une large échelle; par exemple, en 1953 ont été exportées, seulement à partir du Japon, 1 500 tonnes de Champignons.

En Orient, on apprécie beaucoup l'*Auricularia polytricha*, largement cultivée en Chine. Pour obtenir la culture de ce Champignon, ses spores sont ensemencées sur des « tranches » de bois issues d'arbres abattus. Il s'agit d'une espèce qui pourrait être considérée comme « étrange » pour le marché européen; ainsi, jusqu'à présent, son importation n'a pas été tentée.

Sans doute, la culture artificielle pourrait être étendue à un nombre d'espèces fongiques beaucoup plus élevé par rapport à ce qui est réalisé actuellement. A ce propos, il s'agit de résoudre le problème de sensibiliser le public vis-à-vis des Champignons cultivés; en premier lieu, il faudrait éliminer la méfiance qui existe envers tout Champignon qui n'est pas le Cèpe ou une autre espèce connue depuis longtemps (et qui est régulièrement vendu dans les supermarchés). Il faudrait souligner que la valeur nutritionnelle des espèces qui sont encore inconnues dans les pays occidentaux est environ la même que celle des espèces très connues; leur goût est également délicieux. Enfin, il faudrait convaincre le public d'inclure régulièrement dans leur diète les Champignons en tant que source de protéines, pouvant être alternée à la viande; ils pourraient être utilisés pour préparer des sauces, des salades ou des potages, et pourraient aussi bien constituer des plats d'entrée.

L'augmentation de la demande aurait pour conséquence une plus forte production fongique; il pourrait y avoir aussi une plus large gamme d'espèces cultivables, disponibles sur les marchés.

Modes de conservation

La dessiccation
Parmi les différentes méthodes de conservation des Champignons utilisables, l'une des plus répandues est sans doute celle de la dessiccation.

Compte tenu du fait que toutes les espèces ne sont pas aptes à être desséchées, il est important de choisir des individus sains, c'est-à-dire non parasités par des Insectes ou des Moisissures, dont naturellement les pouvoirs comestibles sont indiscutables; en fait, une fois qu'ils ont été soumis à la dessicca-

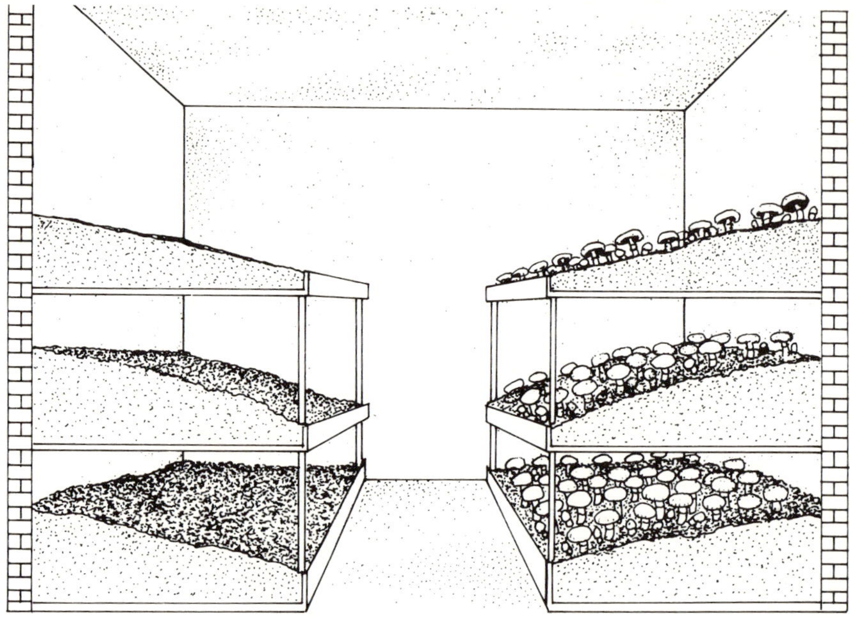

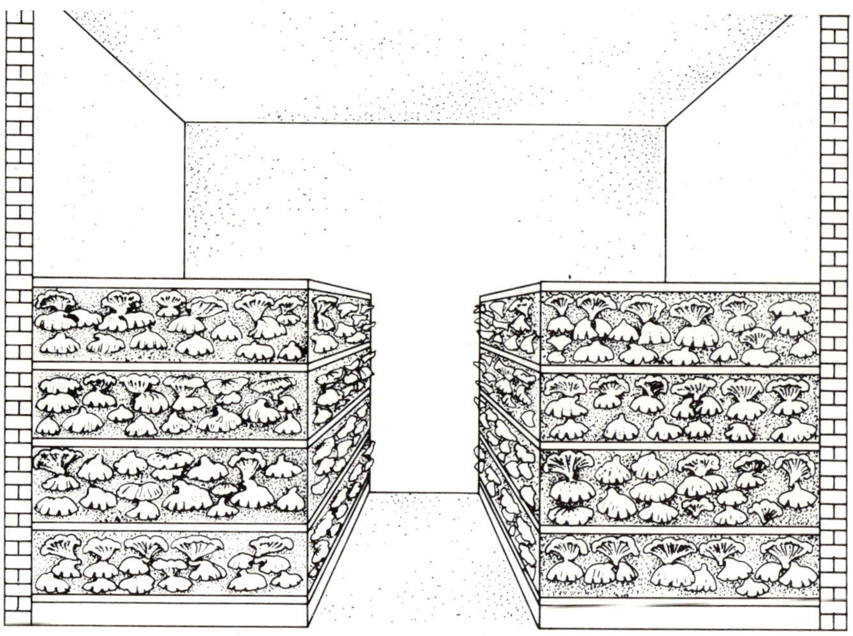

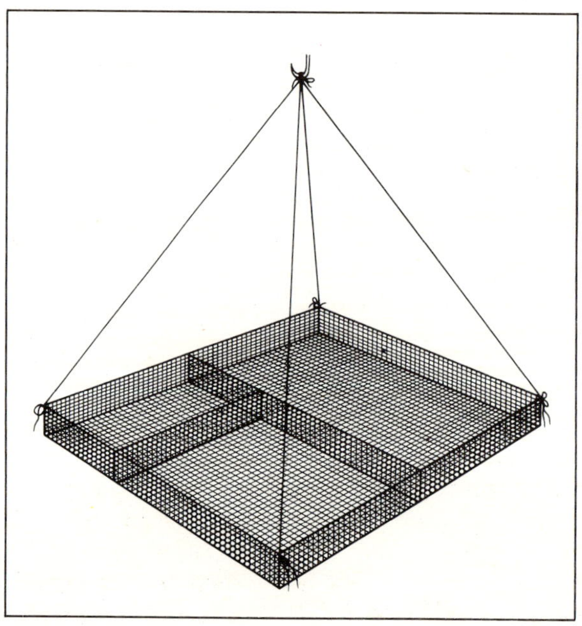

*En haut : disposition d'une pièce pour la culture de l'*Agaricus bisporus*.*
Ci-dessus : structure « à tiroirs » de terreau engraissé, sur lequel sont cultivés les Pleurotes en forme d'huître (Pleurotus ostreatus).
Ci-contre : dessiccateur à grille pour les Champignons.

tion, il est pratiquement impossible de pouvoir les identifier avec certitude. De toute manière, dans nos pays, il est d'usage de dessécher presque uniquement les individus du genre *Boletus* (qui d'ailleurs sont les seuls Champignons dont est admis le commerce à l'état sec); mais, il y a d'autres espèces fongiques, nombreuses, dont les corps fructifères peuvent être conservés sous la même forme, tels que les Morilles, les Oronges, les Vesses, les Champignons de couche, etc.

Lorsqu'on prépare les Champignons destinés à la dessiccation, il faut d'abord éliminer les parties abîmées, aussi bien que la portion basilaire des stipes et ces derniers lorsqu'ils sont trop durs ou fibreux; ensuite, il faut enlever au moins les résidus de terre les plus évidents (un lavage soigné sera effectué au moment de leur consommation). En ce qui concerne les Cèpes, lorsqu'ils sont en bon état et point trop développés, les tubules qui se trouvent sur la face inférieure du chapeau peuvent être gardés en même temps que les autres parties du corps fructifère.

Les Champignons destinés à la dessiccation sont d'abord découpés en tranches de 2 mm d'épaisseur ou même plus, en opérant dans le sens longitudinal du corps fructifère, du haut vers le bas. Ensuite, les tranches sont disposées sur des plateaux de ficelles minces ou de métal inoxydable, ou bien sur des planches en bois bien nettoyées et bien sèches, recouvertes, si possible, d'une toile de coton brut. Ces Champignons doivent être exposés à l'air, aux rayons du soleil d'une intensité modérée, mais ils doivent être retirés, si le temps est humide, aussi bien que pendant la nuit; enfin, ces précautions sont prises afin d'éviter qu'ils puissent réabsorber de l'humidité. Une bonne règle consiste à les recouvrir de voiles minces, au cours de leur dessiccation, afin d'empêcher que des Insectes puissent y déposer leurs œufs et en provoquer ainsi la détérioration.

Il faut rappeler que pour obtenir de bons résultats, il faut que les Champignons soient exposés en plein air et à la lumière naturelle du soleil, au cours de la dessiccation. Dans des cas particuliers, lorsque cette opération est déjà en cours et qu'elle est compromise par des conditions météorologiques défavorables, on peut recourir à des sources de chaleur artificielles; par exemple, le sèche-cheveux électrique ou la bouche d'un four allumé, maintenu au minimum, peuvent être utilisés avec profit.

Lorsque les tranches ont atteint une consistance coriace, et lorsqu'en les comprimant elles ne laissent plus aucune trace d'humidité, elles peuvent être déposées dans de petits sacs de papier poreux ou de gaze; ces sacs doivent être maintenus dans un milieu sec et aéré. Ceci donne la certitude d'une parfaite dessiccation, de telle sorte que les Champignons peuvent être bien conservés ensuite, dans des récipients de verre ou de métal, ou bien dans des sacs de matière plastique.

Au moment de la consommation, les Champignons desséchés sont lavés à l'eau courante; ils sont ensuite immergés dans de l'eau tiède, pendant une heure ou même plus, afin de leur permettre d'absorber à nouveau de l'humidité. Ils sont essorés et à ce moment là, prêts à être consommés.

Conservation dans l'huile, le vinaigre ou le sel

D'autres méthodes excellentes de conservation consistent à mettre les Champignons dans des récipients contenant de l'huile, du vinaigre ou du sel.

La conservation dans l'huile convient particulièrement aux Cèpes et aux Armillaires, ainsi qu'à quelques Russules de grande taille et à d'autres espèces de Champignons. Ce qui est important c'est que les corps fructifères qui doivent être manipulés soient tout à fait frais, sains et consistants.

Ce sont surtout les Armillaires qui sont conservées dans le vinaigre, aussi bien que les Chanterelles, les Cèpes, etc. Cette méthode présente toutefois l'inconvénient, par rapport à la précédente, que l'arôme intense du vinaigre prédomine sur le parfum propre au Champignon.

Un excellent système pour conserver les Champignons, et en particulier les Armillaires, est celui qui consiste à les mettre dans du sel. Après les avoir lavés et soigneusement essorés, ils sont portés à ébullition, pendant deux minutes, dans un mélange d'eau et de vinaigre; ensuite, on les laisse sécher convenablement, et ils sont disposés dans un petit vase à fermeture hermétique, en les déposant en couches alternées avec du sel de cuisine (la dernière étant celle du sel). Au moment de la consommation, le sel doit être éliminé; les Champignons sont alors lavés à l'eau courante, puis essorés; leur état sera très semblable à celui qu'ils offrent au moment de la récolte.

Les Champignons surgelés

Contrairement à une opinion très répandue, il y a des espèces fongiques, comme par exemple les Cèpes, qui peuvent être congelées comme tout autre aliment, à condition de disposer d'un appareil de bonne qualité. Le procédé n'est pas difficile : les Champignons doivent être bien frottés en les nettoyant avec un chiffon humidifié; ensuite, ils doivent être essorés, puis découpés en tranches minces. Ils sont alors déposés sur des plateaux de carton (en évitant de superposer les tranches) puis ils sont mis à congeler. Lorsque la congélation est achevée, ils sont récoltés dans de petits sacs de matière plastique (de cette manière, on peut les conserver dans le congélateur pendant un an environ).

Naturellement, il est possible, de cette manière, de les conserver aussi après les avoir soumis à un procédé de précuisson : ainsi, ils sont déposés dans une cuve en aluminium et, au moment de la consommation, leur cuisson sera complétée au bain-marie, ou bien directement sur le feu.

Avant de procéder à la congélation des Champignons appartenant à des espèces autres que celles des Bolets, il faut s'assurer que ce procédé ne les rende pas toxiques, ce qui se produit par exemple dans le cas de l'*Armillariella mellea.*

Conseils diététiques

Nous savons que, dans le passé, les Champignons étaient définis comme la « viande du pauvre »; à une époque où le milieu environnant n'était pas encore aussi lourdement dégradé et pollué qu'aujourd'hui, ces organismes étaient très abondants dans les bois et les prés. Ainsi, dès le début du printemps et jusqu'à l'automne, il suffisait de se lever de bonne heure le matin, puis de marcher dans la nature, pour se procurer gratuitement un aliment savoureux et nourrissant, qui pouvait être conservé facilement pour l'hiver.

Malheureusement, la négligence et le manque d'éducation d'un trop grand nombre de chercheurs appauvrissent de plus en plus le milieu. Souvent, celui qui ne connaît qu'un nombre limité d'espèces fongiques comestibles écrase sans motif d'autres espèces qui pourraient avoir une valeur pour d'autres chercheurs. Ce type de dégât est particulièrement grave lorsqu'il s'agit de corps fructifères jeunes, qui n'ont pas encore produit de spores mûres et qui sont l'objet d'un tel mépris.

Si la nature était respectée, les Champignons pourraient constituer, aujourd'hui encore, un aliment valable qui remplace le deuxième plat de viande, sans devoir être nécessairement achetés dans un magasin, souvent à des prix prohibitifs.

Soulignons que la valeur nutritionnelle des Champignons est environ la même pour les Cèpes que pour les Champignons de couche ou d'autres Champignons cultivés; en fait, avec un coût modéré (on en trouve dans presque tous les supermarchés), ces aliments peuvent être inclus régulièrement dans le menu de la semaine. Ils procurent le double avantage de varier le goût des plats consommés et de fournir une alternative à l'apport excessif de protéines animales, puisque leur contenu protéique est plutôt élevé. De plus, on pourrait aussi limiter l'ingestion des lipides, qui, chez les Champignons, sont en quantités limitées, à condition qu'il n'y ait pas d'excès de matières grasses ajoutées en cours de cuisson.

Suivant la consistance de leur chair, les Champignons contiennent 78 à 92 % d'eau; d'autre part, leur pseudo-tissu de soutien est formé par un poly-

Page ci-contre, à gauche : le Cèpe est l'un des meilleurs Champignons pour la conservation dans l'huile ou le vinaigre.

Nature morte du peintre flamand Jan Fyt (1611-1661), où sont représentés, entre autres, des Cèpes.

saccharide, la mycocellulose, qui n'est pas utilisable par l'organisme humain et qui souvent s'associe à la chitine. L'analyse de la matière sèche révèle aussi la présence d'autres glucides et de protéines. En particulier, dans la composition de ces dernières, peuvent entrer certains aminoacides qui se trouvent seulement chez les Champignons; de ce fait, les protéines fongiques peuvent être considérées comme possédant une haute valeur biologique, car elles ne sont jamais dépourvues des aminoacides essentiels. Les lipides y sont rares et le plus souvent sont liés aux protéines. On retrouve enfin de nombreux sels, dont certains contiennent du phosphore et du potassium et aussi, en quantité plus faible, du sodium, du soufre, du magnésium et du calcium. Dans certaines espèces fongiques sont présentes aussi des vitamines, en particulier les vitamines PP, C, B_1, B_2, B_5, B_6. En ce qui concerne leur contenu en vitamine D, les auteurs sont en désaccord, parce que la quantité de ce composé varie considérablement d'une espèce à l'autre. Les calories fournies par 100 grammes de Champignons frais, vont de 30 à 85; aussi, nous pouvons inclure ces organismes dans des diètes pauvres en calories.

A droite : corps fructifères de Cèpe (Boletus edulis) *dans leur milieu.*
Ci-contre : rapports entre les substances principales contenues chez certaines espèces fongiques, en pourcentage de matière sèche. Pour obtenir leurs quantités, par rapport au poids frais, il faut diviser les chiffres par dix.

espèces fongiques	protides	lipides	glucides	mycocellulose	sels minéraux
BOLETUS EDULIS (Cèpe)	40,00	2,00	34,00	6,78	7,47
BOLETUS SCABER (Bolet ou Cèpe rude)	37,43	4,70	17,09	31,45	8,17
BOLETUS LUTEUS (Bolet ou Cèpe jaune)	36,65	5,11	20,64	28,52	8,96
AGARICUS CAMPESTER (Champignon de couche)	43,47	1,72	40,05	9,63	5,50
ARMILLARIELLA MELLEA (Agaric ou Armillaire couleur de miel)	27,50	4,92	18,42	37,58	10,92
CANTHARELLUS CIBARIUS (Chanterelle)	28,00	1,85	41,40	13,12	11,37
HYDNUM REPANDUM (Hydnum sinué, Pied de mouton)	24,45	4,64	47,40	14,00	9,42
LYCOPERDON PERLATUM (Vesse de loup perlée)	55,98	2,99	19,18	14,42	7,90
MORCHELLA ESCULENTA (Morille)	34,12	2,37	46,83	6,89	8,97

Préparations culinaires

Le premier secret pour la bonne réussite d'un plat de Champignons réside dans le choix soigneux de la « matière première ». Les Champignons doivent être bien frais et sains, sans présenter aucune trace de détérioration. Il est donc souhaitable de les manipuler le plus tôt possible après la récolte ou l'achat. Quelquefois, il ne suffit que de quelques heures, surtout si le climat est chaud, pour que les Champignons se détériorent et manifestent les premiers indices de putréfaction.

La préparation véritable dépend au contraire des différentes espèces de Champignons. En fait, ils doivent être tous soigneusement nettoyés, privés de la terre et de parties offrant éventuellement des détériorations. Cependant, seulement certains d'entre eux sont soumis au lavage, car de cette manière on provoque fatalement la dispersion d'une grande partie de leur parfum.

Ainsi, seront lavés sous une abondante quantité d'eau courante froide les Champignons de dimension réduite et ceux qui sont pourvus de lamelles; les Chanterelles, les Armillaires, les Champignons de couche, pour citer quelques exemples, sont donc lavés suivant cette méthode.

Par contre, les Champignons de plus grande dimension, comme les différents *Boletus*, sont nettoyés seulement à l'aide d'un chiffon humide. De cette manière, on peut les débarrasser de tous résidus terreux sans compromettre ni le goût ni le parfum du Champignon. En ce qui concerne les Bolets, il faut toujours rappeler qu'il est souhaitable d'enlever la partie inférieure, spongieuse, de leur chapeau, lorsque celle-ci est trop molle et traverse une phase de décomposition; elle doit être éliminée lorsqu'il s'agit d'une espèce visqueuse *(B. elegans)*.

En ce qui concerne les Vesses, celles-ci doivent presque toujours être privées de leur cuticule extérieure, qui souvent est plutôt dure; la même précaution doit être prise pour certains Bolets (comme l'*elegans* ou le *luteus*) dont le chapeau est recouvert d'une cuticule plutôt visqueuse.

Chez les Russules, dont les lamelles sont plutôt fragiles et peuvent donc se briser facilement, il est préférable de retirer l'hyménium lamellisé; il faut dire la même chose au sujet des Agarics trop mûrs. D'autres parties fongiques qui doivent être éliminées, sont l'anneau des Armillaires et celui de l'Oronge, aussi bien que la volve de ce dernier. Nous rappelons enfin qu'il est de bonne règle d'écarter les Clavaires lorsqu'elles offrent une chair aqueuse. Il s'agit d'une considération qui du reste est générale : on ne consomme en effet, de tous les Champignons comestibles, que les parties complètement saines et offrant une bonne consistance; par contre, toutes les autres parties (abîmées, coriaces, fibreuses, visqueuses, etc.) peuvent être éliminées sans remords.

L'ébullition préliminaire des Champignons est à déconseiller, exception faite des espèces qui, sans cette précaution, ne seraient pas comestibles. On procède à la « pré-ébullition » seulement lorsque les Champignons sont consommés par des personnes à l'estomac fragile.

Une fois complétées les opérations de nettoyage, on procède à l'élimination du stipe, chez les espèces dont celui-ci n'est pas comestible; ensuite, il faut les découper suivant les préparations culinaires auxquelles elles sont destinées. Il n'est pas facile d'établir quel type de Champignon est plus apte à une recette bien déterminée plutôt qu'à une autre; en général, les différentes espèces s'adaptent indifféremment à tous les types de préparations. Aux individus plus jeunes, consistants et maintenus en parfait état de conservation, sont réservées, de préférence, les préparations crues, en salade (Oronge, Cèpe jeune, Champignon de couche) ou bien celles dans le vinaigre ou dans l'huile, destinées à la conservation.

Les Champignons possédant un chapeau volumineux se prêtent particulièrement aux cuissons au gril, ou bien aux préparations sous des formes panées ou farcies.

Les stipes de tous les autres individus demandent, en général, un tout autre type de cuisson : frits dans une poêle avec de l'huile, cuits avec des tomates, au beurre, en ragoût, etc.

Une fois la cuisson terminée, les Champignons peuvent être conservés au réfrigérateur, de la même manière que d'autres aliments cuits.

Précautions

Le pouvoir comestible de certains Champignons est très discuté. En ce qui concerne les espèces dites « suspectes », qui sont utilisées dans la cuisine par certaines personnes, alors que plusieurs tests en déconseillent catégoriquement l'utilisation, il est de bonne règle de suivre l'opinion des mycologistes plutôt que les traditions.

Il arrive, d'autre part, que les réactions de personnes différentes vis-à-vis du même Champignon varient; ce fait se produit probablement aussi parce que des Champignons, apparemment semblables, récoltés dans des lieux différents, au cours des diverses saisons, contiennent des quantités différentes de produits nuisibles.

Lorsqu'une espèce nouvelle est essayée, il est conseillé d'en goûter d'abord une petite partie. Si après un temps raisonnable, il ne se manifeste aucune réaction, elle peut être incluse dans le menu. Deux exemples particuliers soutiennent cette affirmation. On sait, par exemple, que le *Coprinus atramentarius* renferme une certaine substance qui, lorsqu'elle est ingérée en même temps que des boissons alcoolisées, provoque une symptomatologie tout à fait caractéristique.

L'espèce comestible voisine, le *Coprinus comatus*, contient normalement une quantité plus faible de cette même substance; il y a toutefois des personnes qui sont si sensibles à celle-ci qu'elles réagissent mal aux deux espèces, de telle manière que les effets qu'elles en subissent peuvent être très nuisibles.

Quelques recettes préparées à l'aide des Champignons

Chapeaux de Champignons au four

Cette recette est très indiquée pour préparer les chapeaux de Champignons Cèpes, de taille moyenne.
Il faut éliminer les stipes (qui pourront être utilisés pour d'autres préparations) ; ensuite il faut laver les chapeaux, les essorer, les saler et les poivrer.
Le beurre doit être dissout dans une poêle à part, et il faut faire revenir les chapeaux pendant quelques minutes.
Disposez ensuite les Champignons dans une terrine enduite de beurre, dans la partie convexe qui est orientée vers le bas. Mélangez dans une jatte de l'ail et du persil haché, de l'oignon légèrement revenu dans le beurre, du pain râpé, du sel et du poivre. Disposez l'ensemble sur les chapeaux des Champignons et de petits flocons de beurre.
Passez la préparation au four chauffé à température modérée, pendant trente minutes environ, jusqu'à ce que la surface de cette préparation soit bien dorée et croustillante.

Armillaires au vinaigre

Mettez sur le feu une casserole contenant de l'eau, un verre de vinaigre blanc, du sel en abondance, quelques feuilles de laurier, de la sauge, et du basilic. Nettoyez les Armillaires et versez-les dans la casserole. Faites cuire avec le récipient couvert et à feu modéré pendant vingt minutes ; ensuite sortez les Champignons et égouttez-les. Dans un autre récipient faites bouillir autant de vinaigre qu'il en faut pour recouvrir les Champignons qui seront placés dans des bocaux. Ajoutez du poivre en grains et les Champignons ; portez à nouveau à ébullition.
Retirez le récipient du feu, disposez les Champignons dans les bocaux, à fermeture hermétique et bien nettoyés ; recouvrez avec de l'huile d'olive et conservez le tout dans un lieu frais.
De la même manière vous pouvez conserver, à part les Armillaires, les Pholiotes du Peuplier, des Agaricales, des Chanterelles, des Clavaires en forme de choux-fleurs et naturellement des Cèpes.

Lapin aux Champignons

Cette préparation est plutôt laborieuse et demande une certaine patience, mais le résultat est fort agréable. Comme Champignon, le plus indiqué est le Tricholome équestre.
Pour 1 kg de lapin, il faut utiliser 230 g de Champignons.
Découpez le lapin en morceaux et faites-le bouillir pendant trente minutes dans un récipient contenant 3/4 de litre de bouillon. Écumez la surface du liquide et ajoutez un peu de thym et de laurier, ainsi que deux gros oignons hachés. Poursuivez la cuisson, toujours à feu modéré, pendant encore trente minutes. Dix minutes avant la fin de la cuisson, rajoutez les Champignons bien nettoyés et découpés.
Laissez refroidir, retirez le bouillon et filtrez-le dans un autre récipient. Éliminez le laurier et les os de lapin les plus gros.
Dans une casserole, faites brunir une cuillère de farine dans du beurre ; rajoutez petit à petit un quart de litre de bouillon, et toujours en remuant, laissez cuire pendant quelques minutes. Dans une jatte battez trois jaunes d'œufs, puis ajoutez-les lentement à la sauce, en remuant jusqu'à ce qu'elle soit devenue assez dense. Versez dans la sauce le lapin et les autres ingrédients, avec un peu de jus de citron, du sel et du poivre ; mélangez, portez à ébullition et servez tout de suite.

Côtelettes de Champignons

Les Vesses sont recommandées pour cette recette.
Nettoyez bien les Champignons ; ensuite, découpez-les en tranches

Pour préparer un excellent plat de Champignons, avec de l'ail et du persil, vous pouvez vous servir de nombreuses espèces fongiques, notamment de celles du genre Boletus.

d'un centimètre d'épaisseur environ. Préparez la pâte pour frire avec la farine, du sel, de l'eau et un œuf. Plongez-y une à une les tranches de Champignons et faites-les frire dans le beurre chaud jusqu'à ce qu'elles soient dorées des deux côtés, en y ajoutant, si nécessaire, un peu de beurre au cours de la cuisson.
Une fois les Champignons retirés de la poêle, vous pouvez incorporer, en fin de cuisson, un peu de farine blanche et verser l'ensemble sur les Champignons, disposés sur le plat de service préchauffé.
A côté des Vesses, vous pouvez préparer, selon la même recette, les chapeaux larges et charnus d'autres Champignons, tels que les Bolets, ainsi que les Lépiotes élevées.

Côtelettes de Russules

Nettoyez et écrasez les Champignons ; faites-les cuire ensuite pendant trente minutes à feu doux avec un peu de beurre.
Préparez une béchamel bien dense avec du beurre, de la farine, du lait, du sel et du poivre.
Lorsque les Champignons seront prêts, mélangez à la béchamel, rajoutez du parmesan râpé en abondance, un œuf et formez des côtelettes aplaties que vous passerez dans l'œuf battu et dans du pain râpé, les faisant dorer de chaque côté dans un mélange d'huile et de beurre.
Les espèces recommandées pour cette recette sont le *Russula virescens* et le *R. cyanoxantha.*

Crème de Champignons

Les Lactaires *(Lactarius deliciosus* et *L. sanguifluus)* et la Lépiote élevée sont très indiqués pour la préparation de cette crème.
Nettoyez, lavez et écrasez les Champignons ; faites-les cuire lentement avec du beurre dans un récipient couvert, jusqu'à ce qu'ils soient assez tendres. Retirez du feu et saupoudrez avec une cuillerée de farine blanche. Mélangez et ajoutez une tasse de crème liquide.
Remettez le récipient sur le feu, portez ensuite lentement à ébullition, ajoutez du sel et du poivre et servez enfin avec des croûtons de pain.

Croquettes de Champignons

Très indiqués pour cette préparation sont la Lépiote élevée et le *Calocybe gambosum;* ces deux espèces peuvent aussi être mélangées entre elles.
Nettoyez, lavez et découpez les Champignons en petits morceaux ; faites-les griller à feu doux, avec un peu de beurre, jusqu'à ce que leur liquide soit évaporé. Ajoutez deux œufs durs et du persil haché, du sel et du poivre. Faites fondre le beurre dans une poêle, et toujours en remuant, ajoutez deux cuillerées de farine. Lorsque celle-ci sera légèrement dorée, versez l'ensemble des Champignons et mélangez délicatement, puis incorporez le tout.
Laissez refroidir la préparation ; ensuite, formez des croquettes, passez-les dans l'œuf, puis dans le pain râpé. Enfin, faites-les dorer uniformément dans de l'huile en abondance.

Champignons au four

La cuisson au four ne modifie pas le goût délicat des Champignons et elle permet d'y ajouter d'autres éléments aromatiques. Presque tous les Champignons comestibles, parmi les plus répandus, se prêtent à cette préparation.
Nettoyez, lavez et découpez les Champignons ; mettez-les dans une casserole, avec de l'huile, du beurre, du sel et du poivre, ainsi qu'avec d'autres arômes tels que l'ail, la marjolaine, le persil (ou des mélanges d'herbes aromates, suivant les goûts). Recouvrez. Mettez la terrine dans le four pendant environ une heure, à température modérée.

Champignons au poivre vert

Pour cette préparation, il faut disposer de 500 g de petits Champignons de Paris, bien fermes, 2 grosses tomates très mûres, 3 cuillerées à soupe d'huile d'olive, un bouquet garni, du jus de citron, une très petite boîte de poivre vert, 5 cl de vin blanc sec, une cuillerée à soupe de rhum, une cuillerée à soupe de ketchup, du sel. Cette recette est pour 4 personnes.
Emplissez une casserole d'eau, amenez-la à ébullition ; plongez-y les tomates dix secondes, puis pelez-les, coupez-les en deux, enlevez les pépins et hachez-les.
Faites chauffer 2 cuillerées à soupe d'huile d'olive dans un petit sautoir épais ; mettez-y les tomates à fondre, pendant cinq minutes, avec le bouquet garni ; salez.
Pendant ce temps, épluchez les Champignons ; lavez-les rapidement ; coupez-les en deux ou en quatre ; mettez-les dans une terrine allant au feu.
Quand la fondue de tomates est cuite, versez-la sur les Champignons ; ajoutez-y le jus de citron, le poivre vert, le vin blanc et le rhum ; couvrez la terrine ; mettez à cuire, pendant vingt minutes à four moyen.
Ensuite, retirez le bouquet garni des Champignons ; versez dans la terrine le ketchup et le reste de l'huile ; mélangez.
Mettez la terrine au réfrigérateur jusqu'au moment de servir.

Champignons crus à la crème

Pour cette préparation, on emploie de préférence des Champignons

Les Champignons préparés à la grecque (aromatisés avec laurier, cumin, pointes vertes de fenouil, persil, huile et citron) sont délicieux, servis soit tièdes, soit froids.

Alléchant plat de Champignons à la crème; en plus des Champignons de couche, vous pouvez utiliser aussi, avec des résultats excellents, les Cèpes et les Oronges.

de couche ou Champignons de Paris, très fermes. Il faut disposer de 400 g de Champignons, 1 dl de crème épaisse, le jus d'un citron, 1/2 cuillerée à café de paprika, une gousse d'ail, un bouquet de persil, du sel, du poivre.
Coupez la partie sableuse du pied des Champignons ; lavez-les rapidement et épongez-les ; épluchez et hachez finement l'ail.
Mettez la crème dans un saladier avec le jus de citron, l'ail, le paprika, du sel et beaucoup de poivre ; mélangez le tout.
Coupez les Champignons en lamelles fines et régulières, dans le sens de leur hauteur ; versez-les aussitôt dans le saladier ; mélangez l'ensemble délicatement.
Épluchez, lavez, épongez et hachez le persil ; saupoudrez-en la salade et servez sans attendre.

Champignons cuits à la crème

On peut utiliser les Champignons de couche ou Champignons de Paris, cultivés, aussi bien que les Oronges et les Cèpes.
Nettoyez bien les Champignons (environ 600 g pour 4 personnes) et mettez-les dans une casserole avec un litre d'eau bouillante, légèrement salée, quelques gouttes de jus de citron, et 20 g de beurre. Faites bouillir pendant cinq minutes, égouttez et laissez complètement refroidir.
A ce point-là, découpez les Champignons en tranches minces, et mettez-les à rissoler, avec 30 g de beurre, et mélangez souvent.
Au bout d'un quart d'heure, ajoutez un demi-litre à peine de béchamel bien dense et un demi-verre de crème fraîche. Retournez bien et laissez cuire pendant dix minutes encore ; mélangez souvent.
Quelques minutes avant de retirer du feu, ajoutez encore quelques gouttes de jus de citron, du sel, du poivre blanc à peine moulu. Servez immédiatement. Si vous voulez servir ces Champignons comme plat unique, vous pouvez les accompagner de morceaux de blanc de poulet, cuits dans du beurre et aromatisés avec du Marsala.

Champignons à la grecque

Pour cette préparation sont particulièrement indiqués les Cèpes ; les Champignons de couche, ou Champignons de Paris, sauvages ou cultivés, conviennent aussi.
Il faut disposer de 750 g de petits Champignons, 36 petits oignons blancs, 1/4 de bulbe de fenouil, 6 cuillerées à soupe d'huile d'olive, 1/4 de litre de vin blanc sec, 2 cuillerées à soupe de concentré de tomate, 1 feuille de laurier, 2 branches de thym, 20 graines de coriandre, sel et poivre.
Coupez la partie sableuse du pied des champignons ; ne les épluchez pas ; lavez-les très rapidement ; épongez-les soigneusement.
Nettoyez le fenouil, coupez-le en très petits dés ; épluchez les petits oignons sans les écorcher. Mettez dans une petite cocotte épaisse le vin blanc, l'huile et le concentré de tomate ; mélangez ; faites cuire dix minutes à feu très doux.
Jetez alors dans la sauce les Champignons, les petits oignons, le fenouil, le thym, le laurier et les graines de coriandre ; salez et poivrez ; couvrez la cocotte et laissez cuire à feu très doux pendant trente minutes.
Ensuite, retirez le thym et le laurier de la sauce ; versez les Champignons et leur garniture dans un plat creux ; laissez-les refroidir ; servez très frais, mains ne mettez pas au réfrigérateur.
La méthode dite « à la grecque » est pratiquement la même pour tous les légumes qui se prêtent à cette opération : petits oignons, artichauts, fenouil, céleri, etc.

Champignons au madère

Pour cette préparation, choisissez des Champignons mélangés et de qualité pas trop raffinée (Russules variées, *Boletus carpini, Clavaria aurea, Rozites caperata*).
Il faut disposer de 500 g de Champignons déjà nettoyés. Faites-les cuire dans une casserole sans y ajouter de liquide jusqu'à ce qu'ils aient rejeté toute l'eau de végétation. Secouez-les et mettez-les à griller dans une poêle avec du beurre, pendant cinq minutes.
Mouillez-les avec un verre de Madère ; élevez le feu et faites évaporer le vin. Saupoudrez avec de la farine, salez, poivrez et ajoutez une cuillerée à soupe d'estragon frais haché.
Mélangez, ajoutez un demi-verre de bouillon de viande et continuez la cuisson pendant encore cinq minutes, tout en continuant à mélanger, à l'aide d'un fouet.

Champignons à la tomate

Les Champignons cuits au four avec des tomates et d'autres légumes mélangés, sont un excellent

condiment pour les spaghetti ou le riz. Beaucoup de Champignons peuvent être préparés de cette manière, en particulier les Armillaires *(Armillariella mellea).* Nettoyez 250 g de Champignons et découpez-les. Faites-les rissoler pendant quelques minutes, dans une casserole avec de l'huile et du beurre.
Ajoutez deux petits oignons hachés et 250 g de légumes mélangés à des dés de viande (courgettes, aubergines, poivrons, etc.).
Mélangez soigneusement et ajoutez une boîte de tomates pelées en conserve (300 g). Salez, poivrez, recouvrez et faites cuire pendant quinze minutes. Servez avec des spaghetti ou avec du riz bouilli.

Champignons frits

Cette méthode de cuisson devrait être utilisée uniquement pour des Champignons au goût plutôt fort, capables de supporter les hautes températures requises par la friture. Très indiqués à ce propos sont les Lépiotes élevées et les Bolets en général.
Nettoyez les Champignons, lavez-les, essorez-les, et cuisez-les dans du beurre ou de la margarine bouillants. Mélangez fréquemment à l'aide d'une cuillère en bois et continuez la cuisson pendant au moins cinq minutes, ou même plus, suivant la dimension des Champignons utilisés.
Les Champignons ainsi préparés peuvent être servis avec d'autres spécialités, dans une friture mélangée, ou bien ils peuvent être accompagnés avec du pain et du beurre. Dans certains cas, ils peuvent être consommés comme plat indépendant.

Champignons marinés

Cette préparation peut être servie aussi comme accompagnement d'apéritifs.
Il faut utiliser des Champignons de couche ou Champignons de Paris, très fermes et de petite dimension. Il faut disposer de 600 g de Champignons, 6 dl de vinaigre de vin, 2 cuillerées à soupe de sucre semoule, 2 pincées de cannelle, 2 pincées de gingembre, 4 clous de girofle, 10 grains de coriandre, 2 cuillerées à soupe de persil haché, du sel et du poivre. Il faut également prévoir un morceau de mousseline. Mettez les graines de coriandre et les clous de girofle au centre de la mousseline ; refermez celle-ci et ficelez-la.
Mettez la mousseline dans une casserole épaisse avec le vinaigre, le sucre, le gingembre, la cannelle, du sel et beaucoup de poivre ; amenez à ébullition ; écumez et laissez frémir pendant cinq minutes ; versez la marinade dans un plat creux et laissez-la refroidir.
Épluchez les Champignons ; lavez-les sans les laisser tremper ; essorez-les ; taillez-les en lamelles ou en petits quartiers ; mettez-les dans un bocal ; arrosez-les avec la marinade ; mettez-les 48 heures au réfrigérateur.
Puis égouttez les Champignons ; récupérez la marinade et filtrez-la, puis versez-la dans une casserole et refaites-la cuire encore cinq minutes.
Remettez les Champignons dans le bocal et recouvrez-les avec la marinade ; après complet refroidissement, fermez hermétiquement le bocal et laissez-le mariner un bon mois dans un endroit frais.
Au moment de servir les Champignons, égouttez-les et décorez-les avec du persil haché.

Champignons à l'huile

Les Champignons utilisés pour cette préparation doivent être frais, d'aspect sain et posséder une chair bien ferme.
Disposez les Champignons dans un récipient en céramique, en couches alternées avec du sel, des tranches de citron et des herbes aromatiques selon le goût. Trente minutes après, ajoutez un verre de vinaigre et autant d'eau qu'il faut pour les recouvrir complètement. Faites cuire pendant trois minutes. Égouttez, passez sous l'eau courante, essorez, et disposez les Champignons dans des bocaux à fermeture hermétique. Couvrez-les avec du vinaigre blanc non bouilli.
Laissez-les reposer pendant huit jours ; ensuite, égouttez-les, rincez-les dans du vinaigre frais, essorez-les et rangez-les dans des bocaux. Couvrez avec de l'huile d'olive et conservez en lieu frais.
Suivant cette méthode, vous pouvez conserver des corps fructifères jeunes de Champignons variés, tels que *Russula virescens, R. cyanoxantha, Armillariella mellea, Clitocybe tabescens, Lactarius deliciosus,* aussi bien que les espèces comestibles du genre *Boletus.*

Chanterelles au four

Cette préparation peut être servie comme entrée ou bien comme deuxième plat du menu.
Nettoyez et lavez 450 g de Chanterelles ; écrasez-les avec un oignon et faites-les sauter dans une poêle avec du beurre, jusqu'à ce qu'ils soient bien rissolés.
Saupoudrez avec une cuillerée à soupe de farine et ajoutez, petit à petit, un verre de bouillon de viande chaud. Portez à ébullition, et continuez à remuer.
Un par un, il faut rajouter trois jaunes d'œufs battus, un peu de sauce Worcester et une demi-cuillerée de chili en poudre. Mélangez encore soigneusement et versez le tout dans une terrine à parois basses. Éparpillez du pain et du fromage râpés et faites cuire au four pendant vingt minutes environ, ou tout au moins jusqu'à ce que la préparation ait pris une belle couleur doré foncé.

Salade mixte de Champignons

Vous pourrez préparer une excellente salade de Champignons mélangés. Les plus recommandés pour cette préparation sont les Oronges, les Champignons de couche, et les Cèpes.
Nettoyez, lavez et découpez les Champignons.
Disposez-les dans une jatte ou dans un saladier, assaisonnez-les avec de l'huile, du sel et du poivre, ou bien avec de la mayonnaise ou de la crème acide.
Servez-les avec d'autres légumes en salade, disposés dans des saladiers séparés, ou bien seuls, comme entrée ou en déjeuner.

Potage d'orge et Champignons

Excellents pour la préparation de ce potage sont les Cèpes, qui lui confèrent un arôme particulier. Toutefois, vous pouvez utiliser aussi d'autres Champignons moins coûteux. Les Cèpes peuvent être aussi utilisés à l'état sec ; dans ce cas, il en faut au moins 30 g. Si, au contraire, ils sont à l'état frais, il en faut environ 450 g, déjà nettoyés. Si vous utilisez des Champignons secs, faites-les d'abord ramollir dans de l'eau tiède, pendant une heure.
Écrasez la moitié des Champignons après les avoir nettoyés. Faites rissoler, dans une casserole, de l'oignon avec du beurre. Rajoutez les Champignons, une tasse d'orge perlé, du sel et du poivre ; couvrez avec de l'eau et faites bouillir pendant une heure et demie.
Faites fondre dans une poêle trois cuillerées à soupe de beurre et faites-y rissoler, après les avoir découpés, les Champignons restants. Ajoutez-les au potage en même temps qu'un litre de lait chaud. Mélangez soigneusement, reportez à ébullition et servez tout de suite.

Potage de Pieds de mouton ou Hydnum sinué

Faites frire dans un peu de beurre deux cuillerées à soupe de lard et de persil haché.
Nettoyez et découpez les Champignons *(Hydnum repandum)*; mettez-les dans le lard et laissez-les cuire lentement jusqu'à ce qu'ils aient émis leur eau.
Ajoutez un litre de bouillon de viande bouillant et faites cuire encore pendant vingt minutes.
Retirez le récipient du feu, ajoutez un œuf battu, et du parmesan râpé en abondance. Mélangez et servez.

Morilles farcies

C'est l'un des modes de préparation le plus adapté aux Morilles. Vous pouvez les remplir avec une farce de viande de poulet cuit ou de viande de veau haché, mélangée avec de la langue aromatisée et hachée, du persil haché, un peu de jus de citron, du sel, du poivre, du pain râpé, de la noix de muscade et un jaune d'œuf.
Après avoir nettoyé les Champignons, blanchissez-les pendant deux minutes dans un grand volume d'eau bouillante légèrement salée. Égouttez-les et découpez-les en morceaux dans le sens de la longueur. Remplissez-les avec la farce, puis disposez-les dans une terrine enduite de beurre ; ajoutez un verre à peine, plein de bouillon de viande, et faites cuire pendant trente minutes. Saupoudrez avec du persil haché et servez tout de suite.

Poulet sauté aux Champignons

Pour cette préparation, on utilise généralement des Champignons cultivés, mais d'autres espèces fongiques conviennent aussi, à condition que leurs corps fructifères soient bien charnus.
Nettoyez, lavez et découpez en morceaux un poulet ; saupoudrez-le de farine et faites-le sauter dans une poêle avec beaucoup de beurre.
Faites revenir un oignon sur le fond de cuisson du poulet. Ajoutez 300 g de Champignons découpés, un verre de bouillon de poulet, un demi-verre de vin blanc sec, du sel, du poivre et une cuillerée de purée de tomate. Portez à ébullition en remuant continuellement.
Versez la sauce dans une terrine et ajoutez le poulet. Faites cuire au four à chaleur modérée, pendant 45 minutes environ, c'est-à-dire jusqu'à ce que le poulet soit complètement attendri.
Servez bien chaud.

Escalopes de Russules

Pour cette préparation culinaire, on peut utiliser soit le *Russula virescens,* soit le *R. vesca.*
Ébouillantez les chapeaux des Champignons dans de l'eau bouillante, légèrement salée. Égouttez, essorez sur du papier absorbant de cuisine et farinez. Faites dissoudre le beurre dans une poêle et rissolez uniformément les Champignons.
Ajoutez un demi-verre de bouillon de viande, et faites cuire jusqu'à évaporation du liquide.
Salez, poivrez et ensuite disposez sur chaque chapeau de Champignon, du côté des lamelles, une tranche mince de fromage Fontina. Portez de nouveau à ébullition, pendant quelques minutes, la casserole étant couverte. Éteignez le feu et laissez reposer dix minutes avant de servir, de façon que le fromage fonde à la surface de la préparation.

Soles aux Champignons

Les filets de soles cuisent rapidement : de cette manière, le goût des Champignons n'est pas altéré. Les espèces fongiques les plus indiquées pour cette préparation sont les Champignons de couche cultivés *(Champignons).*
Il faut calculer un filet de sole en entier par personne. Pour obtenir la farce, il faut disposer, pour 4 filets, de 340 g de Champignons, nettoyés et pilés, et il faut mettre de côté deux chapeaux en plus pour chaque filet.
Mettez dans un saladier les Champignons pilés, avec du pain râpé, du persil et de l'oignon haché, du sel, du poivre et 40 g de beurre fondu.
Mélangez soigneusement, et disposez l'ensemble sur 4 filets de poisson, enroulez-les et fixez-les avec un cure-dent.
Disposez les rouleaux sur une terrine enduite de beurre, en disposant sur chaque rouleau deux chapeaux de Champignons. Arrosez de beurre fondu et faites cuire au four à 170 °C pendant trente minutes environ.

Soufflé de Champignons

L'espèce la plus indiquée pour cette préparation culinaire est le Champignon de couche (sauvage) ou cultivé) ; on peut également utiliser, avec d'excellents résultats, les Chanterelles.
Faites rissoler dans une casserole, à feu doux, 50 g de beurre avec 50 g de farine, en remuant.
Ajoutez petit à petit un demi-verre de lait et continuez à mélanger jusqu'à ce que la sauce soit devenue bien dense.
Retirez le récipient du feu et laissez tiédir tout l'ensemble.
Hachez 120 g de Champignons et ajoutez-les à la sauce avec une cuillerée à soupe de moutarde anglaise en poudre et du sel.
Ajoutez un par un trois jaunes d'œufs, et montez en neige bien consistante les blancs de ces œufs, puis incorporez à l'ensemble.
Beurrez un moule à soufflé, résistant au feu ; versez-y l'ensemble et faites cuire au four à 190 °C pendant 45 minutes, ou tout au moins jusqu'à ce que le soufflé soit bien gonflé et doré à la surface.
Servez aussitôt dans des assiettes préalablement réchauffées.

Toasts aux Champignons

Pour préparer ces toasts, les Champignons de couche conviennent parfaitement.
Nettoyez et lavez 150 g de *Champignons* (pour 4 personnes). Découpez-les et faites-les rissoler pendant un quart d'heure dans une petite casserole avec 30 g de beurre, une échalote finement hachée, du sel et du poivre.
En même temps, battez à part deux œufs avec deux cuillères de lait, deux cuillères d'emmenthal râpé et du sel.
Faites griller huit tranches de pain.
Dissolvez à feu doux 30 g de beurre dans une petite poêle. Versez-y les œufs battus et en remuant avec une cuillère de bois, faites prendre à l'ensemble la consistance d'une crème.
Étalez la crème sur les tranches de pain grillé ; éparpillez dessus les Champignons et servez aussitôt le plat bien chaud.

Tarte aux Champignons

Cette tarte peut être préparée avec plusieurs espèces de Champignons.
Étalez la couche de pâte de façon à obtenir deux rectangles.
Enduisez de beurre une terrine ; déposez-y un rectangle de pâte et recouvrez-le de 500 g de Champignons préalablement découpés et rissolés dans du beurre.
Salez et poivrez légèrement ; ensuite, recouvrez les Champignons avec 300 g de fromage blanc et des tranches d'œufs durs. Recouvrez à l'aide du deuxième rectangle de pâte, et scellez avec le bout des doigts tout autour du bord.
Badigeonnez la surface de la pâte avec un jaune d'œuf battu et passez au four à température moyenne, pendant vingt-cinq minutes.

La dénomination des Champignons

Un système de classification qui soit toujours fonctionnel et satisfaisant au moment présent est pour la plupart des groupes d'organismes, y compris les Champignons, est un idéal plutôt qu'une réalité. Ceci est dû, en large partie, au fait que pour établir avec certitude l'histoire de l'évolution d'un certain groupe d'êtres vivants, il est nécessaire de disposer d'un même témoignage fossile qui serve de base à tous ces individus. Malheureusement, pour la plupart des groupes biologiques, ce témoignage est incomplet, et dans certains cas, comme dans celui des Champignons, il est presque inexistant. Cette lacune est due sans doute au fait que les Champignons sont trop fragiles et éphémères pour pouvoir se conserver très longtemps jusqu'à la fossilisation. En l'absence de témoignage précis, nos tentatives tendant à individualiser le chemin évolutif des Champignons sont, dans la meilleure des hypothèses, de simples déductions. Toutefois, les mycologistes ont déduit que les ressemblances observées dans la structure fondamentale et les cycles évolutifs des espèces actuelles reflètent souvent une origine évolutive commune; sur la base de ces principes, il a été possible de parvenir à une classification naturelle des Champignons. Cette approche a pour base la reconnaissance de l'importance plus ou moins grande de certaines caractéristiques. Par exemple, on affirme que les genres *Russula* et *Lactarius* possèdent une étroite affinité, du moment qu'ils possèdent tous les deux une structure de pseudo-tissus tout à fait typique, due à la présence de cellules arrondies, associées avec les communes cellules allongées. Cette caractéristique ne se retrouve chez aucun autre genre de l'ordre des Agaricales. Puisqu'il est improbable que ce caractère ait subi une évolution séparée chez des groupes complètement différents, il semble raisonnable de supposer que les genres *Russula* et *Lactarius* possèdent quelques ancêtres communs.

Les genres de Champignons classés comme Gastéromycètes sont regroupés sur la base d'un seul caractère, c'est-à-dire sur celui de la libération non violente des basidiospores. Ce caractère a pu certainement se présenter dans plusieurs occasions, au cours de l'évolution, simplement par la perte de l'aptitude à la diffusion des spores. Pour cette raison, les Gastéromycètes représentent presque certainement un groupe construit artificiellement; de ce fait, les espèces qui en font partie sont ainsi réunies, plus pour des raisons pratiques que pour le fait de posséder une étroite relation évolutive entre elles.

Les principales subdivisions sont basées sur les structures des dispositifs de reproduction et sur les affinités des cycles biologiques. Les caractéristiques végétatives, c'est-à-dire les caractères morphologiques du mycélium, offrent une importance limitée, car dans la plupart des cas, les différences sont très faibles et peuvent être mises en évidence seulement à l'aide de techniques microscopiques et biochimiques très précises. A l'exception des Mixomycètes, qui constituent un groupe à position incertaine, ayant une phase végétative lente et plutôt semblable à celle d'une Amibe géante, presque tous les Champignons produisent un mycélium filamenteux qui à première vue est très semblable chez un nombre d'espèces très élevé. Pour cette raison, les Champignons ne peuvent pas être immédiatement identifiés sur la base de leur mycélium; en général, il est nécessaire de disposer d'un corps fructifère pour établir de quel Champignon il s'agit. En l'absence de corps fructifères, il faut prendre en considération la structure des dispositifs de reproduction, à l'aide d'un microscope.

Les mycologistes attachent une signification particulière aux phases de la reproduction sexuée, soit parce qu'il s'agit d'un fait fondamental dans le cycle vital de chaque organisme, soit parce qu'elles constituent un caractère assez stable pour une même espèce. Pourtant, le mécanisme de la reproduction sexuée est utilisé comme critère de base pour la classification des principales espèces fongiques. Le groupe des Deutéromycètes est par contre artificiel; en fait, on y inclut, par convention, tous les Champignons supérieurs qui sont dépourvus d'une phase véritable de reproduction sexuée. Dans de nombreux cas, ceci signifie que le stade sexué n'a pas été découvert.

Les larges consoles formées par le Ganoderma applanatum *se trouvent plus fréquemment sur les troncs du Hêtre.*

Principales subdivisions des Champignons

Division	*Myxomycota* (Myxomycètes) Il s'agit d'organismes dont la position est très discutée, qui par certains auteurs sont classés parmi les Animaux. Ils ne présentent aucun intérêt pour les chercheurs de Champignons comestibles. Leur phase végétative se présente sous forme amiboïde.
Division	*Eumycota* (Eumycètes) Il s'agit des vrais Champignons ; leur phase végétative est représentée par le mycélium filamenteux typique.
Classe	*Chytridiomycetes* (Chytridiomycètes) Espèces microscopiques aquatiques ou parasites de Végétaux.
Classe	*Plasmodiophoromycetes* (Plasmodiophoromycètes) Il s'agit de Champignons microscopiques aux caractères semblables aux Myxomycotes.
Classe	*Oomycetes* (Oomycètes) Espèces microscopiques parasites d'organismes végétaux et espèces aquatiques saprobies.
Classe	*Zygomycetes* (Zygomycètes) Y appartiennent des espèces saprobies généralement connues comme « Moisissures blanches ».
Classe	*Ascomycetes* (Ascomycètes) Voir tableau aux pages 34 et 35.
Classe	*Basidiomycetes* (Basidiomycètes) Voir tableau aux pages 34 et 35.
Classe	*Deuteromycetes* (Deutéromycètes) Groupe créé pour réunir tous les Champignons dont seul le stade asexué est connu et dont la phase de reproduction sexuée n'a pas été découverte.

Les Champignons qui offrent un plus grand intérêt pour les chercheurs, sont regroupés dans la classe des Basidiomycètes (Polyporacées, Agaricacées, Bolétacées, etc.) ou dans celle des Ascomycètes (Morilles, Truffes, et espèces semblables). Ces deux classes de Champignons se caractérisent pas un type particulier de dispositif de reproduction, étant respectivement la *baside* et l'*asque*. Au sein de chaque classe il y a des subdivisions ultérieures; en fait, les Champignons sont regroupés suivant un système hiérarchique comprenant des classes, ordres, familles, genres, et espèces, avec des catégories intermédiaires lorsqu'elles sont nécessaires. Les détails exacts de ce système ne nous intéressent pas dans cet ouvrage, exception faite de ceux qui concernent l'espèce qui représente l'unité de base de la classification; en tant que telle, l'espèce représente avant tout l'unité systématique qui intéresse le chercheur de Champignons.

Les nombreux types de Champignons qui sont illustrés dans la deuxième partie de ce volume, sont considérés tous en tant qu'espèces et ils sont décrits selon l'ordre alphabétique, tout en respectant leur nom scientifique. Théoriquement, la définition d'une espèce est apparemment simple, du moment qu'on y inscrit des individus semblables; en outre, les individus d'une même espèce peuvent se croiser entre eux, donnant des hybrides fertiles.

Cependant, dans la pratique, il peut être difficile de définir l'espèce. En fait, il se manifeste quelquefois des désaccords entre les auteurs en ce qui concerne l'existence d'une distinction entre espèces différentes. Il est important de se rendre compte que dans toute population d'organismes il existe une certaine variabilité entre les individus; il est donc nécessaire d'établir jusqu'à quel point cette variabilité peut s'étendre à l'intérieur d'une même espèce, avant d'arriver à la définition d'une espèce nouvelle. Dans certains cas, ce n'est pas très clair. Malgré ces difficultés, l'espèce est une unité importante pour la description et la dénomination des organismes; il faut souvent s'attendre à rencontrer des formes intermédiaires dont la position est très difficile à déterminer et qui pourraient être le résultat d'une évolution se produisant sans interruption.

Lorsqu'une espèce a été décrite et définie, on peut lui donner un nom. Le système de nomenclature utilisé par les biologistes remonte à l'année 1753, lorsque le botaniste suédois Linné l'a appliqué le premier au règne végétal. Ce système implique l'utilisation de noms latins pour chaque espèce; de cette manière, le système est binominal. Par exemple, l'Oronge est connue scientifiquement comme *Amanita caesarea*. Le premier terme de cette dénomination, c'est-à-dire le nom *Amanita*, indique le genre, alors que le deuxième, le mot *caesarea*, se réfère à l'espèce. Ce système binominal présente deux grands avantages par rapport à tout autre type de nomenclature. En premier lieu, il est utilisé dans le monde entier, si bien qu'un *Boletus satanas* est toujours un *Boletus satanas*, pour tous les mycologistes professionnels ou dilettantes, appartenant à toutes les nations, indépendamment du nom que ce Champignon reçoit dans leurs différentes langues maternelles. Deuxièmement, cette nomenclature fournit immédiatement de nombreuses indications de caractère scientifique, y compris les affinités entre un Champignon et d'autres, aussi bien que leurs principales caractéristiques morphologiques. Ainsi, nous savons que les *Boletus* sont tous pourvus de tubules et de pores sur la face inférieure de leur chapeau; les *Coprinus* sont des organismes coprophiles et possèdent des lamelles déliquescentes, alors que les *Amanita* présentent habituellement une volve basilaire et un stade juvénile en forme d'œuf. Afin que ce système de nomenclature puisse être réellement efficace, il est indispensable qu'il ne soit pas continuellement changé : à ce propos, un *Code international de nomenclature botanique* a été rédigé.

Dans la deuxième partie de cet ouvrage, nous verrons donc cités, en dessous du nom qui est accepté comme étant le principal, les différents synonymes. Généralement, le nom avec lequel le Champignon est inclus dans l'ordre alphabétique est le plus récent et les synonymes se réfèrent à la nomenclature précédente qui très souvent est plus connue et plus utilisée par les chercheurs. C'est le cas du *Calocybe gambosum* qui a été appelé pendant des décennies *Tricholoma georgii*, comme du *Leccinum scaber* que nous avions l'habitude d'appeler *Boletus scaber*.

Les Champignons qui sont ici mentionnés sont dénommés suivant la classification proposée par les mycologistes anglais C. Dickinson et J. Lucas. Cependant, dans l'index, aussi bien que dans les descriptions particulières, sont reportés aussi leurs principaux synonymes, ce qui permet au lecteur de trouver facilement le Champignon qui l'intéresse, même lorsqu'il a l'habitude de l'appeler par un nom établi dans les classifications d'autres auteurs.

Identification

Dans de nombreux cas, les Champignons peuvent être identifiés seulement au cours de leur fructification. Les exceptions apportées à cette règle concernent des Champignons comme le *Chlorosplenium aeruginascens*, qui confère une couleur caractéristique, verte, au bois sur lequel il vit; de même, il y a d'autres espèces qui se développent sur du bois pourri, sur lequel elles provoquent des phénomènes caractéristiques, visibles à l'œil nu. De toute manière, dans la plupart des cas, la présence d'un mycélium indique simplement sur le lieu où celui-ci se manifeste, il y a un Champignon qui est en pleine activité; cependant, tant que ce dernier n'a pas produit ses fructifications, il est seulement permis de faire des conjectures en ce qui concerne son identité.

Les corps fructifères fongiques de plus forte taille peuvent être produits par des Ascomycètes et par des Basidiomycètes. Le plus souvent, il est facile de les reconnaître à première vue; cependant, lorsqu'il y a des difficultés de détermination, il est nécessaire d'observer au microscope si dans ces corps fructifères il y a des basides ou bien des asques en formation. Il est facile d'individualiser des organismes appartenant au groupe des Auriculariacées ou à celui des Agaricales, ces derniers étant pourvus de chapeau avec des lamelles. Mais les corps fructifères en forme de massue ou de sphère peuvent être source de doutes, même pour des experts.

Pour déterminer l'identité d'un Champignon, il est nécessaire de savoir aussi dans quel lieu il s'est développé, sur quel support il s'est développé, s'il se trouvait à l'état isolé ou bien s'il faisait partie d'un groupe ou d'un cercle d'individus. Il est indispensable de décrire certaines des caractéristiques les plus évidentes du corps fructifère, telles qu'elles apparaissent au moment de la récolte; en fait, il y a des caractères comme la présence d'anneaux ou les couleurs des corps fructifères qui peuvent se perdre ou s'altérer au cours du transport.

Un examen plus détaillé débute généralement par l'étude de la morphologie du corps fructifère. Cette dernière implique la détermination de la position occupée par la partie fertile *(hyménium)*.

Lorsqu'il s'agit d'identifier un Champignon Ascomycète, il est très probable qu'un examen des asques (effectué au microscope) soit utile pour déterminer un grand nombre de caractères importants du Champignon. On peut faire cet examen dans l'eau et

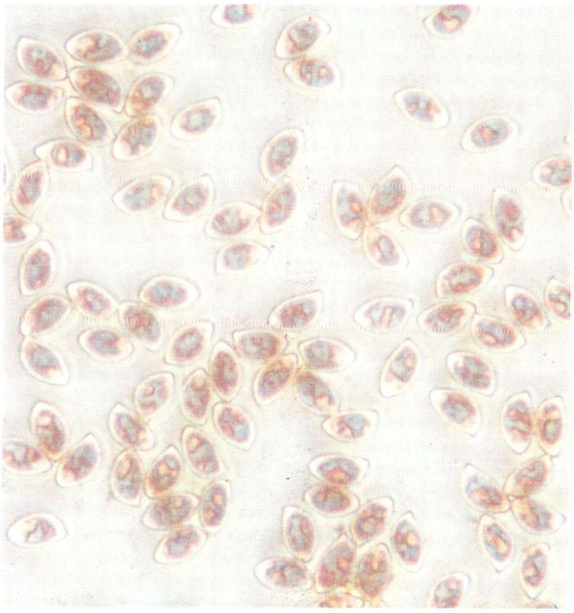

Pour identifier un Champignon à partir de ses spores, il faut disposer d'un microscope. Ici, basidiospores ellipsoïdes du Pholiota squarrosa : *elles sont de couleur brun clair à l'état frais, alors qu'elles ont été colorées à l'aide d'une solution iodo-iodurée pour l'observation au microscope.*

dans ce cas, il peut s'agir tout simplement d'observer un petit morceau d'hyménium prélevé à l'aide d'une aiguille et écrasé au centre d'une lame porte-objet. La présence d'asques cylindriques, disposés dans des séries verticales, est une caractéristique des Discomycètes, comme par exemple les Auriculariacées. Par contre, les Pirenomycètes possèdent des asques en forme d'utricule, ayant des parois plus épaisses que chez les Discomycètes. La couleur, la forme, aussi bien que la présence de cloisons transversales, chez les asques, sont tous des caractères utilisés souvent pour déterminer à quelle espèce appartient le Champignon : lorsqu'il s'agit d'une Auriculariacée, il y a probablement des poils stériles mélangés aux asques, qui peuvent être colorés. Les Discomycètes formant des corps fructifères à coupe, possèdent un hyménium qui est exposé sur la face intérieure du

La présence de lamelles et d'un anneau sont deux caractères dont l'association réduit le domaine de la recherche pour l'identification d'une espèce fongique, à un nombre réduit de genres dans lesquels elle doit être située.

corps fructifère; par contre, ceux qui produisent des ascocarpes de formes variées, enroulées ou avec des circonvolutions, présentent un hyménium disposé sur la face supérieure externe; en réalité, la différence entre les deux groupes n'est pas si grande. Pensons simplement à une coupe de feutre, étant rouge à l'intérieur et noire à l'extérieur : si nous la retournons et la frottons avec les doigts, nous pouvons constater que la partie rouge est devenue externe, bien que la structure de base demeure inchangée.

Les Pirenomycètes produisent leurs asques à l'intérieur de corps fructifères en forme d'utricule, ou de bouteilles, dénommés « périthèces », qui peuvent être disséminés sur le substrat à l'état isolé, ou bien agrégés en structures complexes. La disposition des périthèces aussi bien que leur morphologie générale, présentent des caractères importants qui peuvent être individualisés à l'aide d'une loupe ou bien d'un microscope à petit grossissement (X 20). D'autre part, de nombreux Pirenomycètes vivent sur le bois; de ce fait, la connaissance de la plante hôte peut aider à retrouver le nom du Champignon.

En ce qui concerne les Basidiomycètes, la forme du corps fructifère constitue souvent un caractère très important pour classer le Champignon dans un groupe systématique déterminé. Lorsque le corps fructifère offre une forme en éventail ou en console, il est utile de savoir s'il s'agit d'une espèce annuelle ou pérennante, aussi bien que sur quelle sorte de substrat elle se développe. Il est également important de connaître la disposition de l'hyménium : celui-ci peut recouvrir une surface aplatie, ou bien il peut être distribué sur des lamelles, ou dans des pores, ou bien sur des formations de type épineux. Dans certains cas, la détermination finale d'un Champignon, pour ce qui est du genre, requiert des connaissances approfondies, qui généralement appartiennent au domaine de plusieurs experts.

Les corps fructifères offrant la forme classique de Champignon, pourvu de stipe et de chapeau, sont sous certains aspects plus faciles à déterminer. Il faut d'abord examiner le chapeau, en considérant sa taille, sa couleur, son âge et la consistance de sa chair. La couche la plus extérieure du chapeau, c'est-à-dire la cuticule, est un élément utile pour l'identification de certaines espèces. Un fragment du chapeau découpé et posé sur une lame porte-objet, au milieu d'une goutte d'eau, permet de remarquer au microscope la forme des cellules qui le composent. La cuticule peut être, au toucher, de consistance sèche, grasse, visqueuse, glutineuse ou simplement humide; elle se retire facilement, mais dans certains cas, elle se détache difficilement de la surface du corps fructifère. Elle peut être lisse, légèrement poilue, veloutée, tomenteuse, hérissée ou bien écailleuse. Le bord du chapeau, appelé aussi marge, peut avoir un aspect régulier, ou ondulé, lisse ou rude, strié ou bien uniforme. Lorsqu'un voile est présent, il faut examiner les corps fructifères jeunes pour noter des caractéristiques souvent très utiles pour la détermination du Champignon. Chez certaines espèces, cette struc-

Clef pour l'identification des Basidiomycètes
(à l'exclusion des Gastéromycètes)

Nous donnons ici un schéma utile pour faciliter l'identification des Basidiomycètes, du moment que ces Champignons sont ceux qui intéressent le plus les chercheurs. Cependant, les Gastéromycètes y ont été exclus ; ils sont en effet plus facilement reconnaissables à cause de leur forme particulière. Ce schéma permet de situer un Champignon dans le genre ou dans le groupe de genres auquel il appartient ; pour déterminer son espèce il faut cependant consulter l'exposé particulier de chacune d'elles et vérifier si tous les caractères qu'il présente lui correspondent.
Pour se servir de ce schéma, il faut partir du haut à gauche et aller vers le bas. Le premier groupe de caractères concerne la forme et le type du corps fructifère ; il est indiqué par une plaque de couleur noire.
Le deuxième groupe se réfère à l'hyménium et il est indiqué par une plaque de couleur bleue et ainsi de suite : chaque caractère ou chaque groupe de caractères est donc mis en évidence par une plaque de couleur différente.

Corps fructifères irréguliers, de consistance gélatineuse : *Auricularia, Dacrymyces, Exidia, Tremella*
En forme d'entonnoir : *Cantharellus, Clitocybe, Clitopilus, Craterellus, Lactarius, Lentinellus, Paxillus.* Croûteux ou résupiné

Hyménium aplati : *Coniophora*
Hyménium avec des pores : *Fibuliporia, Schizopora*

A consoles sans pores : *Chondrostereum, Serpula, Merulius, Stereum*
A consoles avec des pores

Charnus : *Fistulina, Grifola, Laetiporus, Meripilus*
Ligneux

Une seule couche de pores : *Daedalea, Gloeophyllum, Heterobasidion, Hirschioporus, Lenzites, Piptoporus, Pseudotrametes, Trametes*
Plusieurs couches de pores : *Fomes, Ganoderma, Phellinus*

Avec stipe et chapeau

Hyménium avec épines

Corps fructifères gélatineux : *Pseudohydnum*
Corps fructifères consistants : *Hydnum, Sarcodon, Hericium, Hydnellum, Auriscalpium*

Hyménium à pores : *Boletus, Coltricia, Grifola, Meripilus*
Hyménium à lamelles

Stipe excentrique ou latéral

Spores blanches : *Lentinellus, Lentinus, Panellus, Pleurotus, Schizophyllum*
Spores roses : *Crepidotus*
Spores brunes : *Crepidotus, Paxillus*

Stipe central

Spores blanches

Anneau et volve : *Amanita*
Seulement volve : *Amanita*
Seulement anneau : *Armillaria, Lepiota, Oudemansiella*

Parasites d'autres Champignons : *Nyctalis*
Production de latex à partir de la surface fendue des lamelles et du stipe : *Lactarius*
Lamelles friables : *Russula*
Lamelles cireuses : *Hygrophorus, Hygrocybe*
Lamelles épaisses et espacées : *Laccaria, Omphalina*
Lamelles sinuées : *Calocybe, Lepista, Melanoleuca, Tricholoma, Tricholomopsis*
Lamelles décurrentes : *Cantharellus, Cantharellula, Clitocybe, Hygrophoropsis, Lactarius, Omphalina*
Lamelles délicates : *Marasmius, Mycena*
Lamelles adnées ou libres : *Collybia, Cystoderma*
Lamelles annexes : *Flammulina*

Spores roses

Avec volve : *Volvariella*
Sans volve

Odeur de poisson : *Macrocystidia*
Lamelles libres : *Pluteus*
Lamelles adnées : *Leptonia*
Lamelles sinuées : *Entoloma, Lepista, Nolanea*
Lamelles décurrentes : *Clitopilus*

Spores brunes

Dans des régions marécageuses, avec des Saules et des Aulnes : *Naucoria*
Lamelles déliquescentes : *Bolbitius*
Chapeau convexe ou mamelonné, fibrillaire ou écailleux, lamelles brunes : *Inocybe*
Lamelles décurrentes : *Gymnopilus, Paxillus*
Lamelles sinuées : *Hebeloma*
Lamelles annexes, anneau robuste, surface du chapeau poussiéreuse : *Phaeolepiota*
Chapeau écailleux, Champignons lignivores : *Phaeomarasmius, Pholiota.* Voile partiel : *Cortinarius, Rozites*
Chapeau petit, strié : *Galerina*
Lamelles adnées, anneau présent : *Agrocybe*

Spores pourpres ou noires

Lamelles déliquescentes : *Coprinus*
Anneau présent

Lamelles libres : *Agaricus, Coprinus*
Lamelles non libres, chapeau visqueux : *Stropharia*

Sans anneau

Lamelles adnées ou libres : *Panaeolus, Psathyrella, Psilocybe*
Lamelles sinuées : *Hypholoma, Lacrymaria, Psathyrella*

ture est semblable à une toile d'araignée; chez d'autres, elle a la consistance d'un tissu léger, qui, lorsqu'il se déchire, laisse des débris suspendus, rattachés aux stipes et aux bords du chapeau.

La chair du chapeau doit être aussi prise en considération pour en déterminer la couleur, l'odeur, le goût, la consistance, aussi bien que le virage éventuel de la couleur qu'elle subit après avoir été exposée à l'air. Pour en connaître le goût, il faut mordre un petit fragment, le mâcher avec les dents antérieures pendant une minute environ, puis le cracher. Toutefois, lorsqu'on a affaire aux Amanites mortelles, il est conseillé d'éviter cet examen (le goût ne peut servir à déterminer ces espèces).

Les lamelles sont très importantes pour l'identification des Champignons. Il faut noter la manière dont elles adhèrent au stipe, et décrire l'épaisseur, la distance entre elles, aussi bien que leur couleur. Il est important d'observer si toutes les lamelles se développent du bord du chapeau jusqu'au stipe, ou bien si à côté d'elles il n'y a pas de lamelles plus courtes, connues sous le nom de lamellules.

Les spores sont l'élément déterminant pour l'identification d'une espèce fongique. Il faut d'abord en analyser la couleur lorsqu'elles sont regroupées dans des masses; dans ce cas, il faut obtenir une pluie de spores en déposant la moitié du chapeau sur du papier blanc et l'autre moitié sur du papier noir. Les autres caractères des spores (forme, taille, présence ou absence de rugosité, réaction en présence d'iode), ne sont perçues qu'au microscope.

Le stipe est central ou excentrique; il peut être bien développé ou presque inexistant, grossi à son extrémité ou bien à sa base, trapu ou élancé, lisse ou variablement rugueux. Il est important de connaître sa couleur et sa consistance (fibreuse, charnue, coriace, ligneuse). La surface du stipe peut être décorée d'un réticule coloré; elle peut présenter un anneau situé en position plus ou moins proche du chapeau; il peut être pourvu d'un pied qui se prolonge en une espèce de racine, ou bien celui-ci peut être enveloppé dans la volve.

Méthode pour obtenir une sporée, soit sur fond clair, soit sur fond sombre, à partir d'un même chapeau. Suivant leur couleur, les spores seront alors visibles sur l'une des deux feuilles de papier.

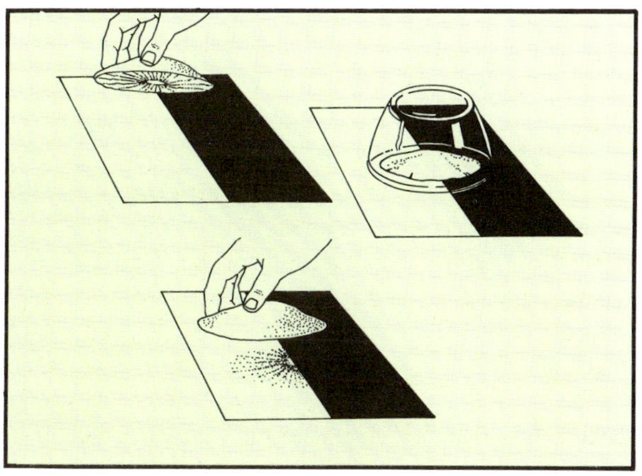

Les Champignons un par un

Les fiches les plus synthétiques se réfèrent à des espèces qui revêtent une moindre importance dans nos régions, soit du point de vue de leur répartition, soit en ce qui concerne leur intérêt gastronomique.

Ascomycètes

Classe très vaste dont le nom dérive de la forme d'huître ou de sac du sporange, dénommé « asque ». Les asques se forment à l'intérieur d'un corps fructifère appelé *ascocarpe.* Pour certains genres, les asques se développent à la surface de la colonie fongique, sur le mycélium.
Les ascocarpes présentent différentes structures de base : ceux qui sont clos, ceux qui offrent une forme sphérique, ceux qui sont du type utriculaire, en bouteille (périthèces) et ceux qui sont ouverts, en forme de plat ou de coupe.
Le chercheur peut facilement trouver des Champignons qui appartiennent à ce groupe, vivant sur le sol ou dans les couches hypogées, comme saprobies, ou bien comme parasites, sur le bois des Plantes supérieures. Beaucoup de Champignons comestibles font partie de cette classe.

En haut :
Aleuria aurantia.
Au centre :
Bulgaria inquinans.

Aleuria aurantia
(Peziza aurantia,
P. coccinea Bull.)

Cette espèce est facilement identifiable à cause de la forme en coupe large, ou en assiette, de son corps fructifère; Champignons d'automne des plus communs.
Corps fructifère - En forme de coupe, quelquefois irrégulière, puis presque aplatie, au diamètre variable de 1 à 12 cm, marge d'abord légèrement involutée, souvent fendue ; surface interne de couleur orange vif, parfois orange rouge ; surface extérieure blancrosé, pruineuse, finement granulée ; chair blanche, fragile. *Stipe* très court ou absent, central ou excentrique. *Spores* blanches dans leur masse, largement elliptique (dimensions moyennes : $19{,}5 \times 1\mu$).
Habitat et distribution - Ce Champignon se développe à l'état isolé ou en colonies, quelquefois formées par de nombreux individus, dans des sols nus, dans des zones ouvertes, dans des prés, tout au long de sentiers ou de routes, près des troncs d'arbres qui viennent d'être abattus, ou bien sur des copeaux de bois. Espèce répandue et commune en Europe.
Époque d'apparition - De juillet à janvier en Europe.
Possibilités gastronomiques - Il ne faut pas consommer ce Champignon à l'état cru ; l'eau d'ébullition, toxique, doit être éliminée. Goût agréable. Au cours de la dessiccation, offre une odeur semblable à celle du *Cantharellus cibarius.*

Bulgaria inquinans

Se développe sur des Chênes comme l'espèce commune *Exidia glandulosa* avec laquelle il est souvent confondu ; il présente un disque lisse, quelquefois entouré par une masse de spores noires, alors que l'*Exidia glandulosa* produit un corps fructifère recouvert de petites pustules et de groupes de spores incolores.
Corps fructifère - Disque hyménial gélatineux, d'abord globuleux,

s'ouvrant seulement à maturité ; diamètre de 1 à 3 cm. Surface extérieure de couleur brun fumé, pelliculaire ; chair de consistance gommeuse. Surface interne noire, lisse, brillante, qui s'aplatit chez des individus âgés. *Stipe* très court ou absent. *Spores* brun noir dans leur masse, réniformes, lisses (dimensions moyennes : 2,5 × 6,5 μ).
Habitat et distribution - Cette espèce se développe en groupe, quelquefois en colonies nombreuses, sur l'écorce de Plantes à feuilles aplaties, abattues : notamment sur des Chênes, plus rarement sur des Hêtres, Ormes ou Bouleaux. Champignon commun et répandu en Europe.
Époque d'apparition - D'octobre à novembre.
Possibilités gastronomiques - Aucune : il n'est pas comestible.

Calycella citrina
(Calycium citrinum)
Facilement reconnaissable, malgré ses dimensions réduites, à cause de sa couleur vive. Champignon répandu et commun ; il en existe plusieurs espèces semblables ; elles s'accroissent sur des tiges de Plantes herbacées, sur des glands de Chênes et de Hêtres, Noisetiers, comme sur des résidus de bois en putréfaction qui se sont ensuite desséchés.

Corps fructifère - En forme de coupe, puis aplati ; diamètre de 0,5 à 5 mm, pourvu de stipe. Surface extérieure de couleur jaune vif par temps humide, orange pâle si le temps est sec, lisse, cireuse. Disque hyménial jaune, peu épais. *Stipe* cylindrique, érigé, de 1 à 2 mm de hauteur.
Spores blanches dans leur masse, elliptiques, lisses (11,4 × 4 μ).
Habitat et distribution - Ce Champignon est grégaire ; peut se développer en colonies denses sur le bois et sur l'écorce de branches qui pourrissent, appartenant à des Plantes à feuilles aplaties. Commun en Europe.
Époque d'apparition - De juillet à décembre.
Possibilités gastronomiques - Trop petit.

Chlorosplenium aeruginascens
Le bois imprégné du mycélium de ce Champignon est d'une couleur verte ; le bois ainsi coloré était très apprécié par les artisans du XIXe siècle qui l'utilisaient pour des placages, marqueteries de meubles et objets décoratifs.
Corps fructifère - Variable, de la forme en coupe à celle aplatie, diamètre jusqu'à 5 mm ; surface extérieure glauque, lisse ; chair également glauque, mince. Disque hyménial bleu-vert, quelquefois tendant au jaune. *Stipe* court, mince, haut jusqu'à 3 mm, au diamètre de 1 mm, de couleur vert-grisâtre, foncé. *Spores* blanches dans leur masse, fusiformes, lisses (7 × 1,8 μ).
Habitat et distribution - Champignon grégaire ou épars, sur des branches tombées au sol, sur des souches d'arbres en voie de décomposition, sur du bois décortiqué, appartenant notamment à des Chênes ; plus rarement sur des

Hêtres, Bouleaux, Noisetiers, et sur d'autres arbres à feuilles aplaties.
Commun en Europe, Amérique septentrionale, Asie, Australie et Nouvelle-Zélande.
Époque d'apparition - D'avril à novembre, mais surtout au cours de l'automne.
Possibilités gastronomiques - Inconnues, mais il s'agit d'un Champignon qui ne mérite pas d'être pris en considération.

Claviceps purpurea
Ergot du Seigle
Champignon à action ergotinique qui peut être mortelle. Produit des sclérotes d'aspect fusiforme, sur les épis de céréales, notamment sur le Seigle. Ces sclérotes, contenant plusieurs composés toxiques, provoquent une grave maladie connue sous le nom d'ergotisme.
Sclérote - Fusiforme ou en forme de corne courte, avec rainures longitudinales ; dimensions qui varient suivant la plante hôte ;

de couleur violacé noir, blanc à l'intérieur, friable à l'état sec, caduque en automne, à l'état mûr.
Corps fructifères - Se développent sur les sclérotes tombés au sol, au printemps ; ils sont petits, sphéroïdes et pédonculés, rougeâtres ou rosés. *Ascospores* filiformes, cloisonnées (80 × 3,5 μ). *Conidies :* ces spores asexuées sont produites en abondance après la germination des ascospores ; ovoïdes (5,5 × 3,5 μ).
Habitat et distribution - Les sclérotes se forment à la place des fleurs du Blé, de l'Avoine, de l'Orge, du Seigle (notamment), de l'Ivraie, du Chiendent, avec des variétés spécifiques.
Fréquent ou commun, selon les années, en Europe.
Époque d'apparition - Les sclérotes apparaissent de juillet à septembre ; les corps fructifères d'avril à juin.
Possibilités gastronomiques - Vénéneux et mortel ; du Blé et du Seigle infectés par « l'ergot » furent accidentellement moulus dans la farine et furent la cause d'épidémies d'ergotisme. Cette maladie se manifeste sous deux formes : ergotisme gangréneux, par lequel le malade peut subir la perte d'un ou deux membres

Ci-contre : Claviceps purpurea.
En bas, de gauche à droite : Calycella citrina *et* Chlorosplenium aeruginascens.

et peut aussi mourir ; ergotisme convulsif, par lequel des convulsions répétées et des douleurs atroces conduisent à la mort au bout de trois à quatre jours.
En médecine, l'ergot était utilisé en gynécologie pour accélérer les accouchements.

Cordyceps militaris

Les corps fructifères de cette espèce sont répandus notamment sur les larves ou les nymphes de papillons : en sectionnant ces derniers, on peut remarquer la présence du mycélium de cette espèce qui provoque la destruction du corps de l'Insecte, jusqu'à le réduire au seul état de tégument. La première description d'un *Cordyceps* a été faite au sujet du *Cordyceps sinensis,* qui se développe seulement au Thibet. Ce Champignon est récolté et vendu sur les marchés tibétains, puis exporté en Chine comme drogue.
Corps fructifère - Claviforme, aminci vers le bas, offrant une portion apicale fertile, légèrement enflée. Haut de 1 à 4 cm (parfois 5), avec une épaisseur atteignant 5 mm ; de couleur cramoisi vif, orange ou rouge ; aspect cireux, pruineux à son extrémité. Chair rouge ou orange. *Spores* filiformes, se subdivisent en spores partielles, presque cylindriques (4,8 × 1,3 μ).
Habitat et distribution - Champignon se développant à l'état isolé, sur des vers et sur des nymphes de plusieurs espèces de Lépidoptères, généralement sur le sol, dans les bois, tout au long des haies ou dans les prés.
Pas très commun en Europe.
Époque d'apparition - Août à octobre.
Possibilités gastronomiques - Aucune : à rejeter.

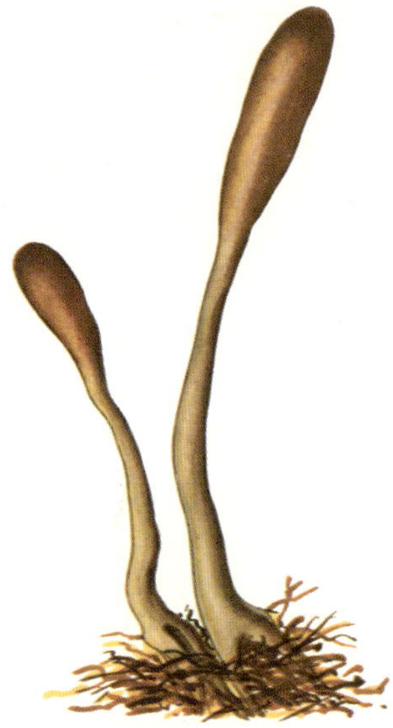

Cordyceps ophioglossoides

Corps fructifère - En forme de massue ou de langue, qui s'amincit vers le bas, formant un stipe plutôt trapu. D'abord jaune, puis noir dans sa partie supérieure, toujours jaune à sa base. Présente un aspect lisse ou rugueux.
Écologie - Champignon se développant isolément ou en petits groupes. Parasite du Champignon hypogé *Elaphomyces granulatus.* Il est répandu dans les pinèdes. Occasionnel ou même fréquent en Europe de septembre à octobre. Non comestible.

Cyathipodia macropus

Le corps fructifère de cette espèce est semblable à celui d'un *Peziza,* pourvu de pédoncule allongé. Champignon en forme de coupe, répandu en Europe, mais peu visible dans le substrat du sous-bois à cause de sa couleur sombre.
Corps fructifère - Portion apicale en forme de coupe, au diamètre de 2 à 4 cm. Surface extérieure et marge de couleur gris souris, poilue ; chair blanche, mince. Disque hyménial gris brun, lisse. *Stipe* érigé, mince, s'amincissant davantage et légèrement vers le sommet. Hauteur : de 2 à 7 cm ; couleur gris, recouvert de duvet fin, quelquefois scrobiculé. *Spores* blanches dans leur masse, offrant une forme allant de l'ellipse à celle du fuseau, lisses (dimensions moyennes : 15 × 11 μ).
Habitat et distribution - Champignon se développant à l'état isolé, dans les bois, dans des sites ombragés et humides, notamment au milieu des herbes.
Répandu en Europe et en Amérique septentrionale.
Époque d'apparition - De juillet à octobre.
Possibilités gastronomiques - Vénéneux à l'état cru. L'eau de cuisson doit être éliminée car elle contient des substances toxiques. Après l'ébullition, il peut être cuit avec des sauces variées.

Daldinia concentrica

Les corps fructifères de cette espèce sont souvent recouverts par une couche fuligineuse, noirâtre, due aux spores ; celles-ci sont généralement libérées pendant la nuit et éjectées même à 2 cm de distance.
Corps fructifère - Émisphérique, légèrement incurvé à sa base, au diamètre de 2,5 à 6 cm, d'abord brun rougeâtre, puis noirâtre brillant, offrant des taches en relief. Chair ferme, brun violacé, présentant des zones concentriques plus sombres. *Spores* noires dans leur masse, dont la forme varie de l'ellipse au fuseau (14,5 × 7,5 μ).

En haut : Cordyceps ophioglossoides.
Ci-contre : Cordyceps militaris.
A droite : Cyathipodia macropus.

feuilles aplaties. Il est répandu dans des zones localisées de l'Europe, de janvier à décembre. Non comestible (autrefois utilisé comme aphrodisiaque et pour la préparation de « filtres d'amour »).

Gyromitra esculenta

On a longtemps discuté sur la toxicité du *Gyromitra;* il paraît confirmé que les toxines de cette espèce sont présentes dans ses corps fructifères adultes, notamment chez des individus vieux et en cours de décomposition. Il y a des gens qui apprécient ce Champignon ; si on n'est pas sûr de son âge et de sa fraîcheur, on ne devrait jamais le récolter pour usage comestible. Il peut être aussi la cause d'allergies par contact.

Habitat et distribution - Champignon se développant sur des branches mortes d'arbres à feuilles aplaties, notamment Bouleaux et Frênes, plus rarement sur des Hêtres et des Aulnes. Espèce commune en Europe, Amérique septentrionale et Australie ; connue aussi en Nouvelle-Zélande.
Époque d'apparition - De janvier à décembre.
Possibilités gastronomiques - Inconnues, à éviter de toutes manières.

Disciotis venosa
(Peziza venosa, Discina venosa)

Corps fructifère - En forme de coupe, soutenu par un pédoncule court. Intérieur brun cireux, avec fond plissé en éventail. L'extérieur varie de blanchâtre à couleur crème ; diamètre jusqu'à 12 cm.
Habitat et distribution - Champignon se développant seul ou en groupes, dans des terrains de bois et dans des lieux ombragés. Répandus en Europe et dans la région orientale de l'Amérique septentrionale.
Époque d'apparition - Au printemps, mais aussi de juillet à novembre.
Possibilités gastronomiques - Vénéneux à l'état cru. Comestible mais de qualité médiocre après cuisson ; exhale une odeur d'acide nitrique ou d'eau de Javel.

Elaphomyces granulatus

Corps fructifère - Ovoïde, de couleur jaune ocre pâle, finement bosselé. Chair de couleur marron clair, devenant vite gris noirâtre lorsqu'elle est découpée.
Écologie - Ce Champignon est présent dans les couches superficielles du sol, habituellement dans des pinèdes, moins fréquemment dans des bois d'arbres à feuilles aplaties...

Corps fructifère - Haut de 6 à 12 cm environ. *Mitre* en forme globuleuse, avec des circonvolutions désordonnées, vide, couleur noisette, allant ensuite du brun clair au brun fuligineux, ou même rosé, au diamètre de 3 à 8 cm ; marge unie au stipe en 2 ou 3 points seulement. Chair blanche, à l'aspect cireux, très fragile. *Stipe* court, trapu, sillonné par des rugosités, haut de 5 à 6 cm, au diamètre de 1 à 4 cm, couleur chair clair, presque blanc jusqu'à rose grisâtre ; légèrement tomenteux, creux ; chair moelleuse, fragile. *Spores* allant du blanc au crème lorsqu'elles sont en masse, elliptiques, lisses (20 × 10,5 μ).
Habitat et distribution - Se développe à l'état isolé, ou en groupe, dans les terrains sableux, notamment dans des bois de Conifères des régions montagneuses. Sa fréquence est variable en Europe, plus commun vers le nord.

En haut : Daldinia concentrica.
Ci-dessus, de gauche à droite : Disciotis venosa *et* Gyromitra esculenta.

Époque d'apparition - D'avril à mai, quelquefois jusqu'à juin.
Possibilités gastronomiques - Comme il a été déjà mentionné, les individus de cette espèce, exception faite pour ceux qui sont frais et jeunes, peuvent être vénéneux, et — parfois même —, mortels. Ils doivent toujours être bouillis et on doit éliminer l'eau d'ébullition avant de les mettre à cuire dans les condiments définitifs. Malgré cela, il s'agit d'un Champignon qui est très connu en Europe orientale, en Suède, en Finlande et en France, où il est manipulé, mis en conserve et exporté en quantités importantes, notamment en Allemagne. Il paraît confirmé que les toxines de cette espèce sont détruites au cours de la dessiccation. Cependant, les corps fructifères âgés peuvent contenir non seulement le poison du Champignon, mais aussi les toxines qui se sont formées au cours de leur altération ; celles-ci ne sont pas détruites au cours de l'ébullition. Les symptômes provoqués par l'empoisonnement dû au *Gyromitra esculenta* correspondent à des nausées, vomissements et diarrhées, parfois suivis d'ictère, troubles du foie et des reins, et enfin — mais rarement —, coma et mort. Récemment, des cas d'empoisonnement ont été soignés par des piqûres d'acide tioctique.

En haut :
Helvella crispa.
Ci-dessus :
Elaphomyces granulatus.
A droite :
Helvella lacunosa.

Helvella crispa
Helvelle crépue
Recherché comme une curiosité, il est aussi consommé en grande quantité en France et aux Indes.
Corps fructifère - Haut de 7 à 10 cm, pourvu d'une mitre irrégulière, subdivisée en 2 à 4 lobes, large de 1,5 à 3 cm, de couleur ocre clair, cireux, lisse. L'*hyménium,* dont la couleur varie entre le grisâtre et l'ocre clair, est finement pruineux. *Stipe* d'aspect variable, trapu ou allongé, généralement enflé à sa base, haut de 2 à 4 cm, au diamètre allant de 1 à 2 cm, blanc ou couleur crème, orné par des côtes longitudinales évidentes ; creux ou alvéolé, lacuneux dans son intérieur. Chair blanchâtre, de consistance plutôt élastique. *Spores* blanches dans leur masse, elliptiques, lisses (dimensions moyennes : 19 × 11,5 μ).
Habitat et distribution - Ce Champignon se développe à l'état isolé ou en groupes, dans des lieux frais et humides, sur des sols fertiles, tout au long des sentiers, dans des bois d'arbres à feuilles aplaties. Commun en Europe.
Époque d'apparition - De mai à novembre : parfois au printemps en Europe.
Possibilités gastronomiques - Goût semblable à celui de la Morille *(Morchella esculenta);* ce Champignon ne doit pas être consommé à l'état cru, mais il doit être bouilli avant de pouvoir être cuit dans sa sauce. L'eau d'ébullition doit être éliminée.

Helvella lacunosa
Les individus vieux ou tout au moins n'étant pas frais, appartenant à cette espèce qui est tout de même reconnue comme étant comestible par des mycologistes français, contiennent des substances toxiques. En France, il est moins répandu que l'*Helvella sulcata,* avec lequel il est souvent confondu ; selon certains mycologistes, ces deux individus appartiennent à une même espèce.
Corps fructifère - Haut jusqu'à 10 cm, pourvu d'une mitre en forme de selle, large de 2 à 4 cm, lobée : les lobes se séparent bientôt du stipe et s'orientent vers la marge ; surface inférieure grisâtre foncé, quelquefois presque noir, lisse ; chair grise avec des nuances de couleur lilas, mince, un peu élastique mais fragile. *Hyménium* grisâtre foncé ou presque noir, finement pruineux. *Stipe* cylindrique ou légèrement grossi à sa base, quelquefois légèrement incurvé ; haut de 2 à 4 cm, au diamètre de 1 à 2 cm, gris avec des nuances olivâtres, orné de côtes ou d'alvéoles, vide ou alvéolé à l'intérieur ; chair plutôt élastique. *Spores* blanches dans leur masse, elliptiques (dimensions moyennes : 15,5 × 11 μ).
Habitat et distribution - Ce Champignon se développe de façon isolée ou grégaire, dans des bois d'arbres à feuilles aplaties, notamment après des incendies, ou sur des sols pauvres, ou bien dans les forêts de Conifères des régions montagneuses. Commun en Europe.
Époque d'apparition - De mai à octobre.
Possibilités gastronomiques - Il est recommandé de consommer cette espèce en commençant par de petites quantités, avant d'en utiliser des quantités plus fortes. Il faut faire très attention de récolter seulement des individus frais et jeunes, qui sont comestibles. Il ne faut jamais le consommer à l'état cru, et après ébullition il faut en jeter l'eau contenant des composés toxiques ; après cela, il peut être cuit dans les condiments habituels.

Helvella monachella
Corps fructifère - *Chapeau* constitué par une lame de consistance cireuse, élastique, incurvée en trois

ou quatre lobes en forme de mitre ; la surface extérieure est noirâtre, alors que la surface interne est blanchâtre. *Stipe* mince, érigé, plutôt irrégulier, d'une hauteur pouvant atteindre 10 cm ; blanc, lisse ou légèrement rugueux.
Habitat et distribution - Ce Champignon se développe tout au long des sentiers dans les bois de l'Europe continentale.
Époque d'apparition - Au printemps.
Possibilités gastronomiques - Comestible après cuisson.

Leotia lubrica

Corps fructifère - Il a un aspect et une consistance gélatineux, presque gommeux ; sa hauteur peut atteindre 6 cm, il est pourvu d'une mitre convexe, au diamètre de 2 cm environ, lobée, verdâtre noir, dont la marge retombe tout autour du stipe ; chair de consistance gélatineuse. *Stipe* parfois légèrement enflé à sa base, haut de 3 à 5 cm, de couleur ambre, quelquefois ponctué de vert ; visqueux, très finement squameux fin, creux ; chair assez ferme. *Spores* blanches dans leur masse, dont la forme varie de strictement elliptique à fusiforme, cloisonnées à l'état mûr (22,5 × 5,5 μ).
Habitat et distribution - Ce Champignon se développe à l'état grégaire ou en groupes isolés, dans des sols riches, humides, sur de l'humus, entre les Mousses, sous les Fougères, dans des ruisseaux qui traversent des bois d'arbres à feuilles aplaties. Commun en Europe et en Amérique septentrionale.
Époque d'apparition - De juillet à octobre en Europe.
Possibilités gastronomiques - Les individus de petites dimensions, notamment, offrent une valeur gastronomique d'assez bonne qualité mais discutable.

Mitrophora semilibera

Espèce comestible.
Corps fructifère - *Mitre* (chapeau conique) petite, conique, parcourue par des côtes verticales et des replis horizontaux qui lui donnent un aspect alvéolé ; haute de 2 à 4 cm, jaunâtre allant jusqu'au brun, avec des côtes presque noires ; la moitié inférieure de la mitre est séparée du stipe. *Stipe* cylindrique ou légèrement enflé à sa base, quelquefois finement pubescent à l'état adulte ; hauteur atteignant 4 à 8 cm avec couleur allant du blanchâtre au jaune pâle, pruineux, creux ; chair mince.
Spores crème dans leur masse, elliptiques, lisses, de longueur variable (25,5 × 16 μ).
Habitat et distribution - Ce Champignon se développe isolément dans des sols humides et riches, dans les bois d'arbres à feuilles aplaties, dans les jardins ombragés et dans les lieux herbeux. En Europe, sa présence est variable, pouvant être sporadique ou fréquente.
Époque d'apparition - De mars à mai.
Possibilités gastronomiques - Ne doit pas être consommé à l'état cru ; bouilli, l'eau de cuisson doit être éliminée.

Morchella conica

Espèce semblable au *Morchella elata,* qui cependant est plus rare.

A gauche : en haut, Helvella monachella ; *en bas,* Leotia lubrica. *Ci-dessous :* Mitrophora semilibera. *En bas :* Morchella conica.

Corps fructifères - *Mitre* conique, pourvue d'alvéoles allongées, haute de 2,5 cm, au diamètre de 2,5 cm à la base ; couleur d'abord fauve jaune ocre clair, devenant plus sombre ensuite ; chair jaune olivâtre clair, mince, fragile. *Stipe* atteignant presque le diamètre de la mitre à son extrémité supérieure, se rétrécissant vers sa base, haut de 3 à 5 cm ; couleur de blanchâtre à brun clair, pruineux. *Spores* blanches dans leur masse, elliptiques (19 × 13,5 μ).
Habitat et distribution - A l'état isolé, dans des sols légers, mais riche, dans des zones ombragées, forêts de Conifères, vergers, forêts de Peupliers, comme dans les plaines ou les zones montagneuses. Sporadique.
Époque d'apparition - Mai.
Possibilités gastronomiques -

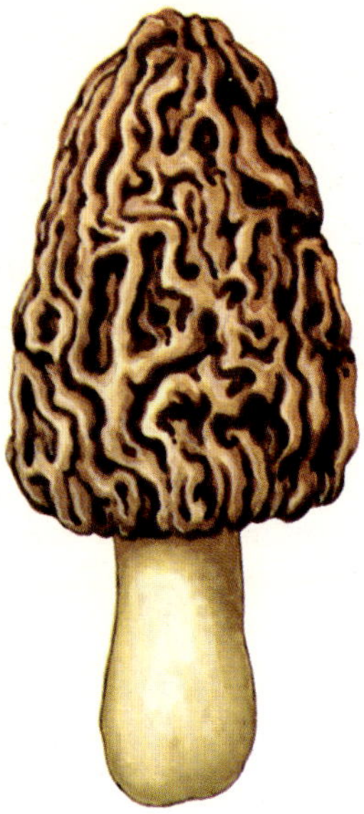

Ce Champignon ne doit pas être consommé à l'état cru ; l'eau d'ébullition doit être éliminée.

Ci-dessus : Morchella deliciosa.
Ci-dessous : Morchella esculenta.
A droite : en haut, Morchella vulgaris ; *en bas,* Nectria cinnabarina.

Morchella deliciosa

Morille délicieuse

Corps fructifère - *Chapeau* dont la forme varie, globuleux ou ovoïde, alvéolé à cause de la présence de côtes longitudinales et de cloisons transversales ; sa couleur varie entre le gris ocre et le gris foncé. *Stipe* trapu, généralement étendu à sa base ; blanchâtre ou jaunâtre, creux. *Spores* ellipsoïdales, lisses (21 × 15 μ).
Habitat et distribution - Espèce se développant dans des lieux couverts d'herbes, à l'orée des bois, notamment dans des sols sableux. Répandue en Europe.
Époque d'apparition - Printemps.
Possibilités gastronomiques - Comestible. Peut être confondu avec l'autre espèce comme le *Morchella esculenta,* elle aussi d'excellente qualité.

Morchella esculenta

Morille

Espèce comestible, largement utilisée, soit dans le passé, soit actuellement. Desséchée, elle est utilisée comme condiment. De grandes quantités de cette Morille sont vendues sur les marchés.
Corps fructifère - *Mitre* allant de la forme conique arrondie à la forme ovoïde, alvéolée, haute de 6 à 12 cm, de couleur nuancée de jaune ocre à presque noir ; les alvéoles tendent à être plus foncée que les côtes ; chair ferme, fibreuse. *Stipe* légèrement conique, quelque peu gonflé à la base ; parfois pourvu de rainures vers le sommet et de verrues à la base ; hauteur de 6 à 12 cm ; blanchâtre jaune, brun chez les individus développés, légèrement pruineux, creux ; chair blanche. *Spores* couleur crème foncé dans leur masse, elliptiques (19,5 × 12,5 μ).
Habitat et distribution - Ce Champignon se développe isolément, formant quelquefois des cercles, dans des sols riches, alcalins, dans des forêts, tout au long des haies et des berges, dans des prés, dans des lieux sableux, dans des sols de bois ou de landes après des incendies. Sa répartition en Europe est très variable.
Époque d'apparition - De mars à mai.
Possibilités gastronomiques - Ce Champignon ne doit jamais être consommé à l'état cru ; il doit être bien lavé et bouilli (le liquide d'ébullition doit être éliminé) avant la cuisson définitive.

Morchella vulgaris

Corps fructifère - *Chapeau* à mitre, de forme ovale allongée, offrant un réseau irrégulier dû à la présence de cavités alvéolaires et de crêtes. De couleur marron grisâtre, quelquefois avec des nuances olivâtres. *Stipe* étendu, rugueux à sa base, de couleur blanche tendant à la couleur crème, lisse et plutôt pruineux.

Écologie - Ce Champignon est présent sur des sols riches, souvent sableux, dans les forêts et les jardins. Sa distribution est variable en Europe ; il est plus répandu dans les régions méridionales. De mars à mai. Comestible ; bon.

Nectria cinnabarina

Champignon de dimensions réduites, vivant sur des arbres ou sur leurs branches mortes tombées au sol, appartenant à toute espèce végétale. Présent aussi sur des arbres fruitiers. Ses jeunes corps fructifères, de couleur rose, correspondent au stade conidien : ils appartiennent à l'espèce imparfaite *Tubercularia vulgaris.*
Corps fructifère - En forme de pustule aplatie, au diamètre de 2 à 4 mm, d'abord rose clair, ensuite rose cannelle, fonçant avec l'âge. *Conidies* blanches dans leur masse elliptiques, lisses (dimensions moyennes : 18,5 × 6,5 μ).
Habitat et distribution - Se développant en colonies denses sur la partie corticale d'arbres

abattus, branches, petits rameaux morts, bois, sur des tuteurs ligneux de légumes. Commun en Europe.
Époque d'apparition - De janvier à décembre.
Possibilités gastronomiques - Non comestible, à cause aussi de sa minceur. Il est pathogène pour de nombreuses plantes.

Otidea onotica

Champignon de taille moyenne, vivement coloré, peu répandu en Europe.
Corps fructifère - Plutôt allongé, généralement plus long sur un côté, en forme d'oreille d'âne ; parfois aux côtés parallèles ; lobes larges jusqu'à 5 à 6 cm, haut de 3 à 10 cm, avec marge involutée et aplatie ; surface extérieure jaunâtre fauve, finement pruineuse ; chair blanche, mince. Surface hyméniale jaune ocre, nuancée de rose, devenant plus rosée avec la dessiccation. *Stipe* court, blanc, pruineux tomenteux, parfois rugueux. *Spores* blanches dans leur masse, largement elliptiques, lisses (dimensions moyennes : 12 × 5,5 μ).
Habitat et distribution - Champignon se développant en groupes,

sur le sol, entre les résidus morts des forêts de Chênes, aussi bien que sur des souches d'arbres, sur des troncs et sur des branches. Assez rare en Europe ; répandu en Amérique septentrionale.
Époque d'apparition - Septembre.
Possibilités gastronomiques - Goût agréable ; cette espèce ne doit jamais être consommée à l'état cru : après ébullition, le liquide doit être éliminé.

Paxina acetabulum
(Peziza acetabulum, Acetabula vulgaris)

Le petit *Paxina acetabulum* est facilement reconnaissable par les côtes de son stipe qui se poursuivent dans la partie inférieure du chapeau, aussi bien que chez le *Paxina sulcata;* le *Paxina costifera* est une espèce semblable, mais elle apparaît en automne. Elle a un corps fructifère gris et des stipes pourvus de côtes larges.
Corps fructifère - Semblable à une coupe assez profonde, au diamètre de 2 à 6 cm, avec une marge onduleuse-lobée ; surface extérieure jaune brun, légèrement pruineuse ; chair blanche plutôt ferme. Surface de l'hyménium de couleur ambre foncé allant jusqu'à brun. *Stipe* court, trapu, haut de 1 à 1,5 cm ; blanchâtre opaque, orné de côtes qui se poursuivent en forme de veines, en relief, fourchues dans la partie inférieure externe de la coupe hyméniale. Chair blanche : le stipe est creux et alvéolé. *Spores* blanches dans leur masse, largement elliptiques, lisses (21 × 13 μ).
Habitat et distribution - Champignon se développant isolément dans des sols calcaires ou caillouteux, dans des forêts (notamment dans des forêts de Chênes) et dans les landes. Rare en Europe.
Époque d'apparition - D'avril à juin, parfois jusqu'à fin août.
Possibilités gastronomiques - Il est vénéneux à l'état cru ; au cours de l'ébullition, il se débarrasse des composés toxiques ; ainsi, le liquide d'ébullition doit être éliminé. Ensuite ce Champignon peut être cuit dans sa sauce définitive.

Peziza badia

Le *Peziza badia* peut être confondu avec beaucoup d'autres espèces qui lui ressemblent. Parmi celles-ci, il faut mentionner le *Peziza badioconfusa,* dont les spores sont plus étroites et le *Galactinia limosa,* aux spores brièvement sillonnées, qui se développent dans des sols argileux, près de flaques d'eau et de marécages.

Corps fructifère - D'abord fermé et presque sphérique, se développant ensuite en forme de coupe, au diamètre allant jusqu'à 8 cm ; hauteur de 2 à 7 cm, avec marge onduleuse, surface extérieure brune, parfois nuancée de violet, pruineuse ; chair rougeâtre clair, allant jusqu'au brun, mince, qui émet un liquide aqueux. Surface de l'hyménium brun foncé, avec des nuances olivâtres. *Stipe* très court, ou absent, trapu, quelquefois à surface irrégulière. *Spores*

Ci-dessus :
Paxina acetabulum.
A gauche :
Otidea onotica.
En bas :
Peziza badia.

blanches dans leur masse, elliptiques, réticulées (18,5 × 10 μ).
Habitat et distribution - Champignon se développant à l'état grégaire, sur le sol, dans les bois ou dans des lieux où ont été préalablement allumés des feux, tout au long des routes des régions forestières. Répandu en Europe.
Époque d'apparition - De juillet à octobre en Europe.
Possibilités gastronomiques - Ce Champignon doit être bouilli et son liquide de cuisson doit être éliminé ; consistance charnue mais dépourvu de goût.

Peziza vesiculosa
(Aleuria vesiculosa)

En se développant en groupes denses, les corps fructifères de cette espèce deviennent souvent irréguliers par pression réciproque ; dès qu'ils sont touchés, les corps fructifères mûrs émettent des nuées de spores.
Corps fructifère - D'abord refermé et presque sphérique, bientôt étendu jusqu'à assumer la forme d'une coupe irrégulière ; diamètre de 2,5 à 7,5 cm, hauteur 2,5 cm, avec marge involutée, dentelée et ondulée ; surface extérieure grisâtre fauve, granuleuse, avec de petites squames irrégulières ; chair fauve clair, fragile. Surface hyméniale, de jaunâtre fauve à couleur miel ; la couche de l'hyménium se sépare parfois de la chair formant une sorte de bulle au centre de la coupe. *Stipe* absent. *Spores* blanches dans leur masse, elliptiques, lisses (22 × 13 μ).
Habitat et distribution - Champignon se développant en groupes ou touffes, sur des cumuls de fumier, sur des terrains bien fertilisés, notamment dans des jardins, dans des anciens substrats de culture de Champignons, et même sur des plâtres humides. Répandu en Europe.
Époque d'apparition - D'avril à l'automne.
Possibilités gastronomiques - Goût agréable, consistance délicate. Il ne doit jamais être consommé cru ; l'eau d'ébullition doit être éliminée.

Pustularia catinus
Corps fructifère - En forme de coupe largement hémisphérique, souvent irrégulier, pourvu de marge finement ondulée, de consistance élastique cireuse. Couleur variable entre crème et ocre pâle. *Stipe* court, trapu ou absent, à position centrale.
Écologie - Champignon se développant isolément ou en groupes, dans des forêts, tout au long des sentiers, notamment sous les Hêtres. Fréquent en Europe, de juin à septembre. Non comestible.

Rhizina undulata
Champignon parasite des Conifères, qui s'insinue souvent à travers les zones ouvertes par le feu et à travers des routes ; il se répand sur les arbres sains dont il peut provoquer la mort.
Corps fructifère - D'abord en forme de disque, puis en forme de colonne lobée, au diamètre de 1 à 8 cm ; surface inférieure blanc jaunâtre, avec de nombreuses rides ; chair rougeâtre brun, très ferme, fibreuse. Surface de l'hyménium allant du brun foncé au noir ; marge plus claire, ondulée. *Spores* dont la couleur varie entre le blanc et le brun pâle lorsqu'elles sont réunies en masse, fusiformes, finement rugueuses.
Écologie - Présent parmi les résidus des coniféraies, commun en Europe, de juin à octobre. Non comestible.

Ci-dessous :
Peziza vesiculosa.
Au centre :
Pustularia catinus.
A droite : en haut,
Rhizinia undulata ;
au centre,
Sarcoscypha coccinea.

Sarcoscypha coccinea
Corps fructifère - En forme de coupe, pourvu de marge involutée, au diamètre de 2 à 6 cm, avec surface extérieure blanchâtre jaune, pruineuse. Surface de l'hyménium de couleur écarlate, parfois pâle ou presque blanche. *Stipe* trapu, haut de 1 à 2 cm, réuni au substrat par une masse blanche de mycélium. *Spores* blanches dans leur masse, elliptiques, lisses, de longueur variable (dimensions moyennes : 28 × 13 μ).
Habitat et distribution - Champignon se développant isolément ou en groupes de 2 à 3 exemplaires sur des branches pourrissantes d'arbres à feuilles aplaties, ou bien sur des Ronces ; parfois, il se trouve à moitié enterré dans l'humus. Répandu et commun çà et là en Europe et en Amérique septentrionale ; présent aussi en Tasmanie.
Époque d'apparition - De décembre à mai en Europe ; d'avril à mai en Amérique septentrionale.

Possibilités gastronomiques - Champignon vénéneux à l'état cru ; il doit être bouilli et le liquide de cuisson doit être éliminé car il contient des composés toxiques ; goût agréable ; utilisable seulement lorsqu'on en récolte de grandes quantités.

Spathularia flavida

Corps fructifère - *Chapeau* comprimé verticalement, en forme de spatule, qui forme une large marge tout autour de la partie supérieure du stipe. Jaune, souvent pourvu de rides, ondulé. *Stipe* cylindrique, blanchâtre, tendant au jaune, haut de 2 à 7 cm.
Écologie - Espèce se développant isolément dans des coniféraies. Distribution variable en Europe. De août à octobre. Pouvoir comestible inconnu.

Terfezia leonis

Truffe jaune, Terfetia
Corps fructifère - Tubériforme, semblable à une Truffe, hémisphérique ou un peu piriforme, de diamètre allant de 3 à 12 cm, pourvu de surface extérieure lisse, blanchâtre ou de couleur crème. Le corps fructifère est divisé en de nombreuses chambres qui contiennent l'hyménium ; les asques sont grands et globuleux, généralement pourvus de huit spores.
Habitat et distribution - Champignon se développant dans des forêts de Pins ou de Cèdres, dans des régions montagneuses méditerranéennes et dans les zones sableuses proches de la mer, vivant en symbiose avec des espèces végétales appartenant aux genres *Cistus* et *Helianthemum*. Présent en Europe méridionale.
Époque d'apparition - Toute l'année, mais surtout en été.
Possibilités gastronomiques - Champignon comestible.

Trichoglossum hirsutum

Corps fructifère - *Mitre* fusiforme aplatie, haute de 1,5 cm, dont l'épaisseur est de 5 à 8 mm ; couleur brun fuligineux à noir, sec. *Stipe* cylindrique dont la hauteur peut atteindre 6 cm, avec une épaisseur de 2 à 5 mm ; de brun fuligineux à noir, finement pruineux. *Spores* brun sombre dans leur masse, fusiformes, lisses, cloisonnées à maturité (dimensions moyennes : 125 × 7 μ).
Habitat et distribution - Champignon se développant en groupes dans des sols herbeux, acides ; non fréquent en Europe.
Époque d'apparition - D'août à novembre.
Possibilités gastronomiques - Inconnues ; il est préférable de le rejeter.

Tuber aestivum

Truffe d'été
Ce Champignon est présent notamment sous les Hêtres, Noisetiers, Aubépines et Érables.

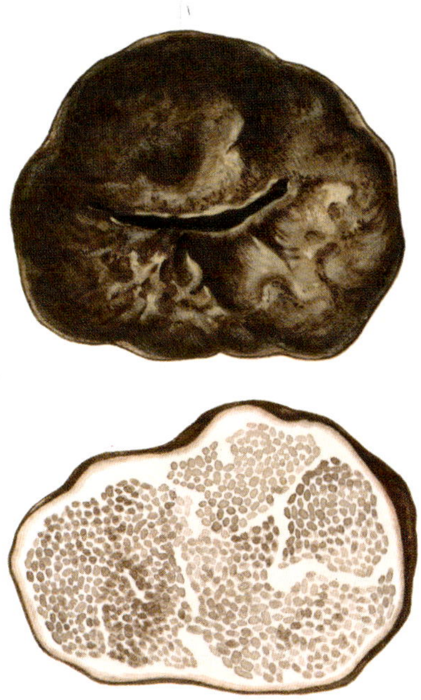

Ci-contre :
Trichoglossum hirsutum.
En haut :
Terfezia leonis.
Ci-dessous, de gauche à droite :
Spathularia flavida et Tuber aestivum.

Corps fructifère - Globuleux, dont le diamètre est de 2 à 7 cm (parfois jusqu'à 9), violacé ou bleuâtre, luisant lorsqu'il est frais, noir brunâtre lorsqu'il est sec ; recouvert de verrues pyramidales discontinues ; chair d'abord blanc jaunâtre, ensuite lors de la maturation, elle est brune, marbrée avec des veines blanches. *Spores* blanches dans leur masse, elliptiques, réticulées (3 × 22,5 μ).
Habitat et distribution - De 12 à 50 cm de profondeur dans les sols calcaires, notamment près des Hêtres. Commun en Europe méridionale.
Époque d'apparition - De juin à octobre.
Possibilités gastronomiques - Odeur aromatique légère mais caractéristique ; moins recherché que le *Tuber melanosporum,* mais tout de même de bonne qualité.

Tuber melanosporum

Truffe noire,
Truffe du Périgord
L'un des centres de diffusion de ces Truffes est, en France, la région du Périgord, où ce Champignon se développe en abondance dans des sols aérés mais argileux de la Marnasie.
Corps fructifère - Globuleux, au diamètre de 2 à 10 cm ; noir ou noir rosâtre, couvert de verrues polygonales ; chair violacé noir veinée de blanc (les parties claires, exposées à l'air, deviennent rougeâtres). *Spores* brun foncé dans leur masse, elliptiques, aculéolées (32,5 × 28,5 μ).
Habitat et distribution - Présent en groupes ou plus fréquemment isolé, de 5 à 20 cm en profondeur dans les sols calcaires, près des Chênes, sporadiquement près de Noisetiers ; présent en Europe, surtout en France.
Époque d'apparition - Automne-hiver.
Possibilités gastronomiques - Odeur aromatique, piquante, agréable. Comestible, très raffiné.

Tuber magnatum

(Tuber griseum, T. album)
Truffe blanche,
Truffe du Piémont,
Truffe d'Alba
Corps fructifère - Forme globuleuse plus ou moins lobée ou grossièrement irrégulière ; ressemble à un tubercule ; diamètre de 3 à 15 cm ; couleur allant du gris jaunâtre clair à l'ocre et gris terre ; de consistance savonneuse, blanc rosé virant au gris, avec des veinures blanchâtres qui lui confèrent un aspect marbré ; odeur pénétrante d'ail ou de gaz de ville.
Habitat et distribution - Champignon se développant sous la terre, dans des forêts de Chênes ou d'autres arbres à feuilles aplaties. Présent en Europe centro-méridionale, notamment dans le Piémont, dans les Langhe (dont le nom commun de Truffe blanche ou piémontaise).
Époque d'apparition - Automne-hiver.
Possibilités gastronomiques - Comestible, très recherché ; de haute valeur commerciale. Le goût très aromatique ne convient toutefois pas à tout le monde.

Tuber rufum

Corps fructifère - Globuleux plus ou moins régulier ou irrégulièrement lobé, rougeâtre, pourvu d'une surface finement craquelée. Chair (gléba) ferme, d'abord blanchâtre, avec des veines de couleur crème, devenant ensuite de couleur marron rougeâtre. Goût de noisette ; odeur désagréable chez les individus plus développés.

Écologie - Ce Champignon est présent soit sur des sols où se développent des arbres à feuilles aplaties, soit où se développent des Conifères. De juillet à août. Comestible mais pas raffiné.

Verpa bohemica

Corps fructifère - *Chapeau* en forme de cône obtus, parfois un peu couvert de côtes ou sillonné, large à sa base de 1 à 3 cm, alvéolé et anastomosé ; couleur de jaune-brun clair à brun foncé. *Stipe* blanc ou couleur crème, enfin fauve clair, hauteur de 6 à 8 cm, creux, ou peu consistant. *Spores* jaunâtres (70 × 20 μ).
Habitat et distribution - Champignon se développant dans des sols forestiers. Rare en Amérique

Ci-dessous : Tuber melanosporum.
A droite : au centre, Tuber rufum ;
en bas, Tuber magnatum.

septentrionale et en Europe continentale.
Époque d'apparition - Début du printemps.
Possibilités gastronomiques - Comestible, mais indigeste.

Verpa digitaliformis

Corps fructifère - *Chapeau* en forme de dé, légèrement rugueux ou alvéolé, disposé au sommet du stipe, large à sa base de 1 à 2 cm ; couleur de jaune brun à brun rougeâtre. *Stipe* cylindrique, parfois un peu irrégulier, haut de 5 à 10 cm, blanchâtre, qui devient creux lorsqu'il est complètement développé.
Habitat et distribution - Champignon se développant dans des aires libres des bois soumis à abattage régulier, tout au long des haies, sur les dunes sableuses et dans les jardins. Il apparaît çà et là périodiquement en Europe.
Époque d'apparition - Printemps.
Possibilités gastronomiques - Comestible.

Xylaria hypoxylon

Le mycélium de ce Champignon est légèrement luminescent. Les corps fructifères sont hauts et le plus souvent s'accroissent dans des sites peu éclairés, près de souches d'arbres, dans le creux de troncs ou sous les feuilles, orientés vers la lumière.
Corps fructifère - Généralement fourchu ou simple, semblable à une corne ; haut de 3 à 8 cm ; les parties apicales sont d'abord blanches et recouvertes de conidies pruineuses ; ensuite, lorsque les corps fructifères mûrissent, ces parties deviennent noires et rudes ; chair blanche, ferme, subéreuse. *Stipe* noir. *Spores* noires dans leur masse, lisses, plutôt réniformes (dimensions moyennes : 18,5 × 5,5 µ).
Habitat et distribution - Champignon se développant en petits groupes, sur des souches d'arbres, sur des branches tombées au sol, sur du bois pourrissant d'arbres à feuilles aplaties. Commun en Europe.
Époque d'apparition - De janvier à décembre.
Possibilités gastronomiques - Inconnues ; il est donc préférable de ne pas en faire usage.

Xylaria polymorpha

Cette espèce se rencontre sur des Genêts et Bouleaux, notamment après des incendies. Colonies copieuses, dues à l'absence de lumière ; elles sont parfois rencontrées sur des troncs d'arbres pourris ou au pied de souches.
Corps fructifère - Irrégulièrement claviforme, pourvu de stipe court, cylindrique, pouvant atteindre 8 cm, recouvert de conidiophores pruineux à l'âge juvénile ; noir, opaque, légèrement rugueux, pourvu de pointes faisant saillie chez les individus mûrs. Chair blanche, ferme. *Spores* noires, fusiformes, lisses (26 × 7 µ).
Habitat et distribution - Se développe à l'état grégaire ou en touffes, sur des souches d'arbres pourrissantes, sur des branches mortes, sur du bois brûlé (Hêtres).
Époque d'apparition - Pendant l'hiver.
Possibilités gastronomiques - Inconnues.

Basidiomycètes

Appartiennent à ce groupe la plupart des Champignons supérieurs qui produisent des corps fructifères macroscopiques. Leurs spores d'origine sexuée se forment par quatre sur les *basides* ; elles sont soutenues par de minces pédoncules, les *stérigmates*.

Gastéromycètes

Il s'agit de Champignons offrant parfois un aspect très insolite, caractérisés par le fait que leurs basides mûrissent dans une masse à l'intérieur du corps fructifère ; celui-ci peut avoir une forme globuleuse, comme chez les *Lycoperdon*, ou il peut être constitué par un stipe pourvu de chapeau en forme de mitre.
Le corps fructifère présente une enveloppe extérieure, le *péridium*, qui entoure la masse sporogène, la *gléba*. Le péridium peut être séparable sous forme de couche extérieure *(exopéridium)* et de couche intérieure *(endopéridium)*. Ces Champignons sont tous saprobies.

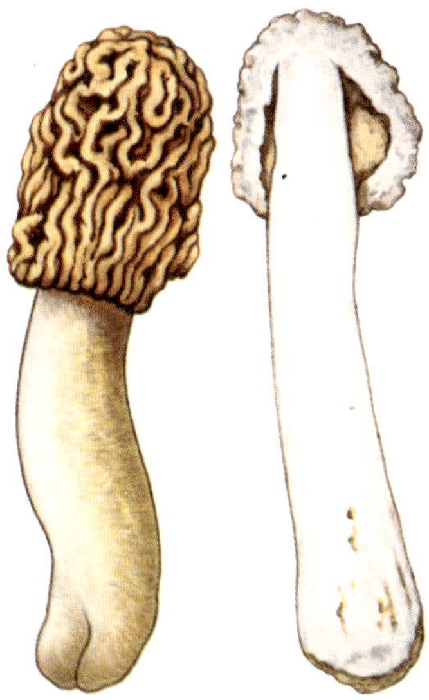

Ci-dessus : Xylaria polymorpha.
Au centre, de gauche à droite : Verpa bohemica *et* Xylaria hypoxylon:
En bas : Verpa digitaliformis.

Ci-contre,
de gauche à droite :
Bovista nigrescens
et Bovista plumbea.
En haut : Calvatia
excipuliformis.
En bas : Calvatia
utriformis.

Bovista nigrescens

Corps fructifère - Globuleux, au diamètre de 3 à 6 cm ; en automne le corps fructifère de cette espèce est parfois emporté par le vent ; blanc et lisse d'abord, ensuite, lorsque le péridium se déchire, apparaît la deuxième enveloppe brun-noir, plutôt brillante ; les spores sont dispersées à travers un trou apical pourvu d'opercule, alors que la première enveloppe, séparée, est emportée par le vent. Gléba blanche, devenant ensuite olivâtre et enfin violacé brun ; consistance molle.

Spores brunes dans leur masse, dont la forme varie entre sphérique et ovoïde ; elles sont lisses, pourvues d'un long pédicelle (diamètre 5,5 μ).

Habitat et distribution - Présent sporadiquement entre les herbes, dans les pâturages, les prés et les landes, comme sur des dunes de sable en Europe.

Époque d'apparition - De janvier à décembre.

Possibilités gastronomiques - Odeur de fruit et dépourvu de goût à l'état cru. Les individus jeunes, encore blancs, sont excel-

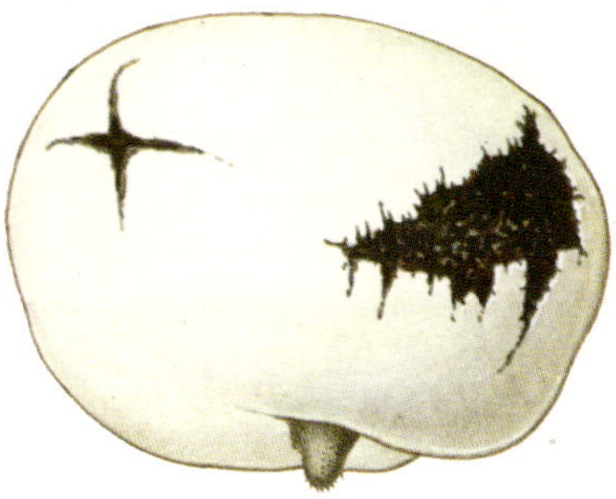

lents après cuisson. Il est conseillé de peler les corps fructifères avant la cuisson.

Bovista plumbea

Corps fructifère - Il a la taille d'une noisette ou même plus, et il n'est pas très volumineux (diamètre de 1 à 3 cm), blanchâtre et lisse ; le mycélium se développant au pied du carpophore n'est pas du type « à racine ». Les exemplaires mûrs se dissolvent et leurs spores sont emportées par le vent, donnant naissance à une propagation abondante. L'exopéridium est poli, blanc, se dissolvant bientôt ; l'endopéridium est de couleur plomb, lisse, un peu brillant ; les spores sont dispersées à travers un petit orifice apical. Gléba initialement blanche, puis opaque, à l'aspect de plâtre, enfin brun olivâtre, tendre, dépourvue de partie basilaire stérile. *Spores* brunes dans leur masse, ovoïdes, à surface lisse ou finement rude, pourvues d'un long pédoncule pointu (5 $\times$ 3,8 μ).

Habitat et distribution - Se développe isolément ou sous forme grégaire, sur des sols sableux, dans les pâturages, les prés, les landes, sur des dunes, dans les broussailles. Commun en Europe. Comestible mais de mauvaise qualité.

Calvatia excipuliformis
(Lycoperdon saccatum)

C'est une Vesse de loup recherchée pour usage alimentaire ; ce Champignon est reconnaissable par la forme et par la partie basilaire stérile, bien développée, de son corps fructifère.

Corps fructifère - Clavé ou en forme de pilon, avec une partie supérieure globuleuse qui s'atténue graduellement vers la base stérile semblable à un stipe ; haut de 8 à 20 cm, au diamètre de 2 à 10 cm à son sommet. Blanchâtre d'abord, pourvu de plusieurs aiguillons fissurés à la base et réunis à leur extrémité, caduques, qui se séparent bientôt, mettant à nu l'enveloppe interne brune, polie ou pruineuse, qui ensuite, en se déchirant, libère les spores. Gléba blanche, puis jaune et enfin

brun olivâtre. *Spores* olivâtres dans leur masse, sphériques, verruqueuses (diamètre 4,5 μ).

Habitat et distribution - Espèce plutôt fréquente dans les forêts, les pâturages et les landes. Présente en Europe.

Époque d'apparition - De juillet à novembre.

Possibilités gastronomiques - Comestible ; toutefois il doit être consommé tant que la chair est immature et blanche.

Calvatia utriformis

Les corps fructifères de ce Champignon, lorsqu'ils étaient desséchés, étaient utilisés autrefois comme astringents. Chez les individus mûrs, le péridium extérieur s'ouvre à son sommet, découvrant ainsi la deuxième enveloppe fragile ; cette dernière, en se déchirant, libère les spores ; après la dispersion de celles-ci, la base persistante, stérile, demeure sur le sol, même pendant plusieurs mois, ou bien elle se détruit et est dispersée par des agents atmosphériques.

Corps fructifère - Il est de grande taille, piriforme ou presque conique, atténué vers sa base qui est trapue et courte en forme de stipe (diamètre 6 à 12 cm) ; d'abord blanc, puis de couleur brun cannelle ; péridium extérieur tomenteux, puis squameux, qui enfin se déchire en forme d'étoile. Portion inférieure stérile, séparée de la portion fertile qui produit les spores par une cloison membraneuse. Gléba initialement blanche tendant au jaune, enfin olivâtre brune lors de la maturation des spores ; très fragile, d'abord moelleuse et ensuite farineuse.

Spores olivâtre sombre dans leur masse, sphériques, lisses (diamètre 4,5 μ).

Habitat et distribution - Champignon fréquent dans les prés, les pâturages argileux, aussi bien que sur des dunes de sable. Présent en Europe septentrionale.

Époque d'apparition - De juillet à novembre en Europe.

Possibilités gastronomiques - Il faut consommer seulement les individus jeunes dont la chair est encore blanche.

Clathrus cancellatus
(Clathrus ruber)

Champignon très beau, à l'aspect particulier, mais dégageant une odeur forte, très désagréable.
Corps fructifère - A l'état jeune, il a la forme d'un œuf de dimensions moyennes, blanc, offrant à sa base des cordons de mycélium blanc ; d'abord entier et lisse, puis réticulé ; la volve se brise laissant autour de la base ses résidus en forme de coupe. Au stade adulte, il est globuleux, plus clair à la base, offrant une structure grossièrement réticulée, comme un réseau à grandes mailles, quadrangulaires, dont les interstices offrent une chair ferme mais spongieuse. Gléba olivâtre brun, malodorante, qui recouvre la surface interne du réticule. *Spores* olivâtre brun dans leur masse, elliptiques, lisses.
Habitat et distribution - Ce Champignon se développe isolément sur les bords des pelouses

fertilisées, sur des cumuls de feuillages, sous les haies et dans les forêts. Commun, après les pluies, en Europe, notamment vers le sud ; rare en Amérique septentrionale ; sporadique à la Jamaïque, aux Bahamas.
Époque d'apparition - Été avancé et automne.
Possibilités gastronomiques - A éviter à cause de son odeur répulsive, bien que sa toxicité ne soit pas confirmée.

Crucibulum laeve
Espèce répandue, limitée cependant aux régions tempérées, jamais rencontrée dans les régions tropicales.
Des groupes de corps fructifères en forme de calice, sont fréquents sur un stroma basilaire unique, constitué par le mycélium.
Lorsque les parois de deux corps fructifères contigus se touchent, il peut se constituer un corps fructifère double. De nombreux corps fructifères jeunes peuvent se développer sur les résidus d'individus âgés ; ils naissent ainsi à partir d'un stroma unique de mycélium. Initialement, le nouveau Champignon est complètement renfermé dans l'individu âgé.
Corps fructifère - D'abord globuleux, il se développe ensuite, prenant la forme d'un calice ou d'une coupe ; couleur allant du grisâtre au cannelle foncé ; haut de 1 à 3 cm, diamètre de 4 à 8 mm ; extrémité supérieure fermée par une double membrane (opercule) ; enveloppe extérieure de couleur ocre à fauve, pruineuse, puis brunâtre fauve ou grise, presque lisse à l'état mûr ; enveloppe interne gris argent ou blanc, lisse, brillante. A maturité, l'opercule de fermeture se dessèche et se déchire, découvrant de petits péridioles lenticulaires de 1 à 2 mm de diamètre, fixés aux parois par des pédoncules minces et recouverts par une enveloppe épaisse, blanche, parfois déchirée. *Spores* incolores, dont la forme varie entre elliptique et ovoïdale, lisses, aux dimensions variables (8,5 × 4 μ).
Habitat et distribution - Champignon se développant en groupes souvent nombreux, sur des branches, sur du bois pourrissant, sur des cumuls de bois, sur des écorces de Plantes, sur des feuilles de Fougères, sur des vieilles toiles de sac, sur des nattes, sur du fumier et plus rarement sur le sol.
Époque d'apparition - De juillet à mars.
Possibilités gastronomiques - Inconnues ; sa taille limitée rend la récolte absurde.

Cyathus olla
Bien que ce Champignon se développe en général dans des sites humides et ombragés, il supporte la sécheresse ; quelquefois, il se trouve entre les buissons, dans des plaines arides. Parmi les Nidulariacées, c'est l'espèce la plus répandue et la plus fréquente en Amérique du Nord, où elle s'accroît en groupes, faisant souvent son apparition à partir d'une masse de mycélium.
Il s'agit d'un Champignon très variable en ce qui concerne sa forme et ses dimensions ; il est reconnaissable par la structure fine des parois de son corps fructifère et par les péridioles qui offrent une forme irrégulière.
Corps fructifère - Il offre initialement une marge involutée ; ensuite, il s'étale en forme de calice ou de cloche renversée, à base étroite, avec un grand opercule

Ci-dessous : Cyathus olla.
Au centre : Clathrus cancellatus.
En bas : Crucibulum laeve.

Ci-dessous :
Cyathus striatus.
Au centre :
Geastrum fornicatum.
A droite :
Geastrum quadrifidum.

évasé ; haut de 8 à 12 mm, au diamètre de 7 à 10 mm à son sommet. Enveloppe extérieure d'abord brun fauve, finement pruineuse, ensuite grisâtre brun, lisse ; péridium interne de grisâtre foncé à argenté brunâtre, lisse, brillant ; la coupe fongique contient 6 à 8 grands péridioles irréguliers, gris argenté, au diamètre de 2 à 3 mm, dont chacun est relié à la paroi par un pédoncule blanchâtre. *Spores* incolores, dont la forme est ovoïde ou elliptique, lisses (dimensions moyennes : 12 × 7 μ).
Habitat et distribution - Ce Champignon se développe isolément, ou en petits groupes sur le sol, sur la paille, sur des branches d'arbres, sur des pommes de Pin, sur du bois conservé, sur des planchettes en bois, dans les jardins et dans les champs.
Commun en Europe, au sud de la Suède, en Amérique du Nord, en Afrique méridionale, en Iran, en Australie ; sporadique en Nouvelle-Zélande.
Époque d'apparition - De mars à novembre.
Possibilités gastronomiques - Inconnues ; quoi qu'il en soit, il ne mérite pas d'être cueilli vu sa petitesse.

Cyathus striatus

Une espèce voisine est le *Cyathus stercoreus*, qui offre des épines petites et minces à la surface extérieure de son corps fructifère ; celui-ci a la forme d'un petit calice. Le mycélium est de couleur brun rouille.
Corps fructifère - D'abord globuleux, il se développe ensuite, prenant la forme d'un cône renversé, haut de 8 à 12 mm (diamètre 6 à 8 mm). La partie apicale des individus jeunes est fermée par une membrane mince, lisse, blanchâtre (opercule). Le péridium extérieur, initialement fauve, s'obscurcit et se recouvre de poils raides ; l'enveloppe intérieure est de couleur variable, allant du gris clair jusqu'au noir, pratiquement lisse, brillante et sillonnée de rainures verticales. La membrane (opercule) se détache lors de la maturité du corps fructifère, laissant ainsi découvert 10 à 12 péridioles gris, lenticulaires, au diamètre de 1,5 à 2 mm chacun ; ces derniers sont fixés à la paroi au moyen d'un pédoncule résistant et élastique. *Spores* incolores, elliptiques (19 × 9 μ).
Habitat et distribution - Ce Champignon se développe à l'état grégaire, généralement en touffes, sur du bois mort, sur des palissades, sur des souches d'arbres, sur des branches, des pommes de Pin, feuilles mortes, feuilles de Fougères desséchées, moissons. Commun dans les zones tempérées d'Europe.
Époque d'apparition - De mars à novembre.
Possibilités gastronomiques - Inconnues ; cependant, il s'agit sûrement d'un Champignon non utilisable vu la taille limitée de ses corps fructifères.

Geastrum fornicatum

Les petits groupes de ce Champignon offrent un aspect très particulier ; ils ont été décrits pour la première fois en 1668 par G. Seger, qui a dénommé cette espèce *Fungus anthropomorphus.*
Corps fructifère - Haut de 5 à 10 cm lorsqu'il est développé ; enveloppe externe qui se déchire en deux couches : la couche interne se divise en quatre secteurs à éventail, dont les extrémités demeurent attachées à un nombre égal de lobes plus petits, sur la marge de la couche interne qui présente l'aspect d'une coupe membraneuse située près du sol. Les quatre secteurs sont de couleur brun sombre et charnus ; en se dissolvant, ils laissent exposé au milieu extérieur un pseudo-tissu fibreux, blanchâtre, fauve. Le corps fructifère intérieur est globuleux jusqu'à prendre la forme d'une urne, pourvu d'un pédoncule évi-

dent ; il est brun foncé, velouté, pourvu d'un pore apical de grande taille et faisant saillie à l'extérieur ; celui-ci, lorsqu'il se déchire, devient ridé. *Spores* noirâtre brun dans leur masse, sphériques, épineuses (diamètre 3,8 μ).
Habitat et distribution - Dans les régions tempérées, mais de façon irrégulière ; de rare à sporadique entre les herbes et à l'orée des forêts d'arbres à feuilles aplaties.
Époque d'apparition - D'avril à novembre.
Possibilités gastronomiques - Non comestible.

Geastrum quadrifidum
(Geaster quadrifidus)

Pouvant être confondu avec le *Geastrum fornicatum,* qui cependant est plus vénéneux.
Corps fructifère - Diamètre de 2 à 3 cm lorsqu'il est développé. Enveloppe extérieure de couleur violacé brun, qui s'ouvre en étoile avec des pointes orientées vers le substrat. Le corps fructifère interne est de forme ovoïde, légèrement aplati, pourvu de pédoncule évident ; couleur gris plomb, pruineux, avec une couche pelliculaire discontinue, luisante. Oper-

cule apical pourvu de marge bien délimitée. *Spores* sombres, fuligineuses, violacé brun dans leur masse, sphéroïdes, rugueuses (diamètre 5,5 μ).
Habitat et distribution - Répandu et localement fréquent en Europe, en Amérique septentrionale et centrale, au Japon et en Nouvelle-Zélande.
Époque d'apparition - D'août à octobre.
Possibilités gastronomiques - Non comestible.

Geastrum rufescens
(Geaster rufescens)

Les corps fructifères de cette espèce, lorsqu'ils sont encore fermés, apparaissent généralement en groupes dans les sous-bois ; ils ont l'aspect de petites protubérances. Les individus déjà développés sont petits ; ils présentent un corps fructifère interne dépourvu de stipe.
Corps fructifère - D'abord globuleux, de 3 à 6 mm de diamètre, lorsqu'il est développé ; l'enveloppe externe s'ouvre en éventail, offrant des secteurs qui rappellent les pétales d'une fleur ; ces derniers s'enroulent sous le corps fructifère ; les secteurs forment une sorte de coupe arrondie à la base de l'endopéridium ; l'enve-

loppe externe est de couleur brun clair, l'enveloppe interne de couleur jaune ou brun pâle. L'endopéridium est presque sphérique, sessile, lisse, de couleur cannelle, jusqu'à gris chamois ; il présente un opercule apical légèrement élevé, effrangé. *Spores* brun cendre dans leur masse ; sphéroïdes, légèrement verruqueuses (diamètre 5 μ).
Habitat et distribution - Répandu dans les forêts tempérées d'Europe.
Époque d'apparition - De juillet à novembre.
Possibilités gastronomiques - Les individus jeunes ont une odeur fruitée ; non comestible.

Geastrum striatum
(Geaster striatus)
Corps fructifère - D'abord globuleux, pourvu d'une enveloppe extérieure irrégulièrement divisée en 6 à 12 secteurs en éventail, charnus, de couleur marron foncé. Endopéridium de couleur gris

plomb, tendant au marron noirâtre, pourvu d'un stipe court accompagné d'une sorte de collier.
Habitat et distribution - Ce Champignon est présent dans des forêts d'arbres à feuilles aplaties, dans les landes et sur des dunes de sable. Il est occasionnel en Europe.
Époque d'apparition - De janvier à décembre.
Possibilités gastronomiques - Non comestible.

Geastrum triplex
(Geaster triplex)
Corps fructifère - Initialement globuleux, mais aminci et pointu à son extrémité supérieure ; diamètre allant jusqu'à 10 cm lorsque le corps fructifère est ouvert. Exopéridium qui s'ouvre en 4 ou 5 secteurs, prenant ainsi une forme en étoile avec des secteurs qui s'enroulent vers le bas sous le corps fructifère. Secteurs d'abord de couleur chair, épais, offrant ensuite des fentes transversales, enfin de couleur brun foncé, et durcis. Corps fructifère interne presque sphérique, sessile, avec endopéridium de couleur brun clair entouré d'une sorte de coupe basilaire. L'opercule apical se déchire, donnant lieu à une ouverture semblable à un cratère minuscule qui n'est pas bien délimité, par lequel sortent les spores à la suite d'une percussion provoquée par des gouttes de pluie. *Spores* de couleur brun dans leur masse, sphériques, échinulées (dimensions moyennes : diamètre 5,5 μ).
Habitat et distribution - Espèce localement répandue dans des terrains fertilisés ou riches en humus, près des souches d'arbres pourrissantes, ou bien dans des forêts de Hêtres, dans des régions tempérées chaudes d'Europe.
Époque d'apparition - D'août à octobre.
Possibilités gastronomiques - Non comestible.

Geastrum velutinum
(Geaster velutinus)
Espèce probablement inconnue en Europe.
Corps fructifère - D'abord globuleux ou ovoïdal, au diamètre de 3 à 4 cm lorsqu'il est développé. Enveloppe externe qui s'ouvre en 5 à 7 secteurs disposés en étoile, de couleur chamois clair, jusqu'à brun ; ces secteurs demeurent étalés et adhèrent au substrat ou bien ils s'enroulent sous le corps fructifère.
Endopéridium presque sphérique, sessile, au diamètre de 1 à 1,5 cm, de couleur chamois à brun foncé ; opercule apical entouré d'une auréole soyeuse, convexe. *Spores* brun clair dans leur masse, sphériques, verruqueuses (dimensions moyennes : diamètre 3 μ environ).
Habitat et distribution - Espèce forestière, fréquente dans la couche des feuillages qui recouvre le sol des forêts tempérées-chaudes d'Amérique, des Indes occidentales, de l'Afrique, de l'Australie et de la Nouvelle-Zélande.
Époque d'apparition - Été et automne.
Possibilités gastronomiques - Non comestible.

Ci-contre :
Geastrum striatum.
A gauche :
Geastrum velutinum.
En haut, de gauche à droite :
Geastrum rufescens *et* Geastrum triplex.

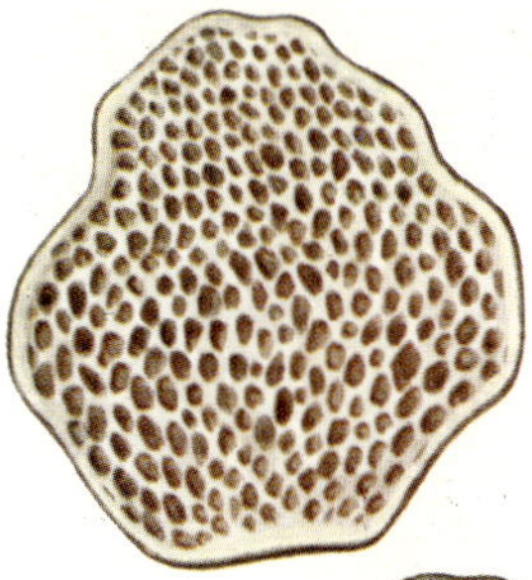

Hymenogaster tener

Corps fructifère - De petite taille, irrégulièrement ovoïde, légèrement lobé, de couleur blanc argenté, brillant, qui devient rougeâtre au niveau des parties qui ont subi des chocs ou des traumatismes. La gléba est blanche mais devient ensuite gris rougeâtre et creuse. Il en émane une odeur agréable.
Écologie - Ce Champignon est présent d'habitude dans les sols calcaires, sur de l'humus ou sous les résidus des feuilles, dans des forêts soumises à abattage périodique, notamment dans des forêts de Chênes. De janvier à décembre.

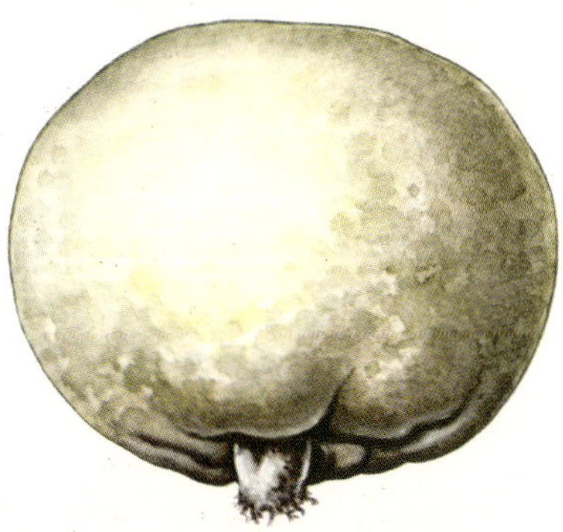

Ci-contre : Langermannia gigantea.
En haut : Hymenogaster tener.
A droite : Lycoperdon ericetorum.
En bas : Lycoperdon echinatum.

Langermannia gigantea
(Lycoperdon giganteum, L. maximum, Calvatia gigantea, C. maxima)
Vesse de loup géante

Corps fructifère - Arrondi, parfois plutôt aplati, au diamètre allant de 15 à 40 cm. Il s'agit de l'espèce de plus forte taille parmi tous les *Lycoperdon :* certains individus atteignent jusqu'à 14 kg. D'abord grisâtre, puis jaune et enfin brun chez les individus âgés. Exopéridium pruineux, puis lisse ; lors de la maturation du corps fructifère celui-ci se fend, découvrant l'endopéridium friable, poussiéreux, qui libère les spores. Capillitium dense jaune, comportant des filaments de 6 μ de diamètre environ. Gléba d'abord blanche et ferme, puis jaune, enfin olivâtre brun ; masse des spores compacte, farineuse, sèche. *Spores* olivâtres, brunes dans leur masse, sphériques, finement verruqueuses (diamètre 4 μ).
Habitat et distribution - Présent dans des terrains couverts d'herbes, dans des potagers, dans des prés, dans des jardins, tout au long des routes ; il peut se développer en formant des cercles.
Époque d'apparition - D'août à septembre en Europe.
Possibilités gastronomiques - Les individus jeunes, à la chair blanche, sont d'excellente qualité, panés ou frits. Ce Champignon peut être soumis à dessiccation.

Lycoperdon echinatum

Reconnaissable par la présence d'une cuticule épineuse.
Corps fructifère - Globuleux, atténué vers la base qui présente une partie stérile, au diamètre de 3 à 6 cm ; d'abord blanc crème, puis brun, orné d'épines délicates, bien développées, réunies en pyramides, qui tombent en laissant une trace polygonale sur les individus mûrs. Les spores sont dispersées à travers un opercule apical, petit, à ouverture déchirée. Gléba blanche, puis jaunâtre olivâtre, enfin violet foncé brune. *Spores* olivâtres, brun foncé dans leur masse, sphériques, verruqueuses (diamètre 5 μ).
Habitat et distribution - Présent dans des terrains riches en humus, dans des forêts d'arbres à feuilles aplaties, notamment sous les Hêtres, dans des prairies et dans des pâturages ; présent çà et là en Europe, parfois fréquent, plus répandu cependant dans le sud ; fréquence variable en Amérique du Nord, à l'est des Montagnes Rocheuses.
Époque d'apparition - Du printemps à l'automne en Europe.
Possibilités gastronomiques - Comestible à l'état jeune, pourvu d'un goût agréable ; ce Champignon est tendre après cuisson.

Lycoperdon ericetorum
(Lycoperdon furfuraceum)

C'est une Vesse de petites dimensions, qui comme les autres est comestible tant que sa chair est blanche. Cette espèce est présente seulement en petites quantités et doit être donc associée à d'autres Champignons. Elle s'accroît sur des sols pauvres.
Corps fructifère - Petit, sphéroïde ou en forme de poire renversée, atténué à sa base en un cordon mycélien ; diamètre de 1 à 3 cm ; initialement de blanc à blanchâtre gris avec surface pelliculaire, enfin jaunâtre brun clair ; lisse, presque brillant, dépourvu de base stérile ; chez les individus mûrs les spores sont dispersées à travers un petit opercule apical. Gléba d'abord blanche, puis jaune, enfin brunâtre olivâtre. *Spores* brun olivâtre dans leur masse, sphériques, lisses (diamètre 3,8 μ).
Habitat et distribution - Champignon se développant en groupes ou épars, dans des sols pauvres, sableux, dans les landes, dans les pâturages arides ou tout au long des haies. Fréquent en Europe, commun dans la région orientale de l'Amérique du Nord.
Époque d'apparition - De juillet à novembre en Europe ; de juin à octobre en Amérique du Nord.

Possibilités gastronomiques - Comestible à l'état jeune. Les individus isolés sont très petits : il faut en disposer d'un grand nombre pour des préparations culinaires.

Lycoperdon molle

Espèce rare dans les forêts de Conifères où elle se développe au milieu des Mousses (spécialement du genre *Polytrichum*).
Corps fructifère - Sphérique ou en forme de poire renversée, avec une base stérile en guise de stipe ; haut de 3 à 4,5 cm, avec un diamètre de 2 à 5 cm. Couleur variable du blanc au brunâtre gris clair. Enveloppe extérieure recouverte d'épines courtes, poilues, érigées et séparées entre elles, qui s'apla-

tissent vers la base ; les épines disparaissent chez les individus mûrs et elles découvrent ensuite l'enveloppe interne de couleur brun clair, brillante. Gléba initialement blanche tendant au jaune, puis olivâtre, enfin olivâtre brun plus ou moins foncé. *Spores* brun foncé dans leur masse, sphériques finement verruqueuses (diamètre 4 μ environ).
Habitat et distribution - Répandu mais sans être abondant dans les forêts de Conifères, moins fréquent dans les landes. Présent en Europe.
Époque d'apparition - De juillet à novembre en Europe.
Possibilités gastronomiques - Comestible. Champignon de taille plutôt réduite mais offrant un goût agréable ; il garde sa consistance au cours de la cuisson.

Lycoperdon perlatum
(Lycoperdon gemmatum)

La forme et les dimensions de cette espèce sont très variables. Quelquefois, les individus sont réunis en couples au moyen de cordons mycéliens blancs ; ces filaments peuvent même atteindre une certaine longueur, permettant ainsi au Champignon de se propager tout autour. Chez les corps fructifères mûrs, on peut noter la présence de spores sorties en myriades comme des nuées de poussière noirâtre par l'opercule apical.
Les chercheurs de Champignons en apprécient beaucoup le goût et la chair délicate.
Corps fructifère - Globuleux, pointu ou arrondi, avec base stérile semblable à un stipe ; haut de 4 à 7 cm, avec diamètre de 3 à 5 cm ; d'abord blanc, enfin jaunâtre brun livide, orné de verrues fragiles entourées de petits granules ; les verrues tombent enfin, laissant une trace réticulée. Les spores sont dispersées à travers un opercule apical faisant saillie vers l'extérieur.
Gléba initialement blanche et consistante, puis jaune verdâtre, enfin olivâtre brun. *Spores* olivâtre brun dans leur masse, sphériques, minutieusement échinulées (diamètre 4 μ environ).
Habitat et distribution - Champignon se développant isolément ou en groupes, formant parfois des cercles, sur des sols riches en humus, dans les broussailles, ou dans les prairies et les pâturages. Commun en Europe.
Époque d'apparition - De juin à novembre.
Possibilités gastronomiques - Champignon offrant une odeur de racines, qui toutefois disparaît au cours de la cuisson. Corps fructifères qui mûrissent très rapidement ; pourtant il n'est pas toujours facile de les récolter au stade où ils possèdent une chair encore blanche.

Lycoperdon piriforme

Vesse qui s'accroît sur le bois. Ses corps fructifères forment des touffes sur des souches d'arbres pourrissantes, en se développant à partir de cordons ramifiés et enchevêtrés de mycélium ; quelquefois on peut en repérer de véritables colonies sur le sol, mais en suivant les cordons mycéliens, on peut constater qu'ils sont reliés à des morceaux de bois souterrains ou à des souches d'arbres morts. Les individus âgés sont durables et peuvent être rencontrés au printemps, lors du dégel, étant souvent encore en bonne condition.
Corps fructifère - En forme de poire renversée avec un léger ombon à son sommet, atténué vers sa base qui possède une portion stérile, courte et rugueuse ; haut de 3 à 5 cm, au diamètre de 2 à 4 cm ; initialement blanc, grossièrement farineux à sa surface, bientôt grisâtre ou grisâtre brun et lisse ; les spores sont dispersées à travers un opercule apical petit et irrégulier. Gléba d'abord blanche, puis jaune verdâtre, enfin olivâtre brun foncé. *Spores* olivâtre brun dans leur masse, sphériques, lisses (diamètre 1,3 μ).
Habitat et distribution - Champignon se développant en groupes souvent nombreux (formés parfois par des dizaines d'individus) sur des souches d'arbres à feuilles aplaties, sur des troncs d'arbres brûlés, près de tas de sciure de bois anciens. Commun en Europe.
Époque d'apparition - De juillet à novembre en Europe.
Possibilités gastronomiques - Comestible mais offrant un goût et une odeur âpres ; plus amer lorsque la chair est jaune. Un individu trop développé peut suffire pour abîmer tout un plat.

Ci-dessus : Lycoperdon perlatum.
En bas, de gauche à droite : Lycoperdon molle *et* Lycoperdon piriforme.

Lysurus gardneri

Corps fructifère - A l'état jeune il offre une forme globuleuse ; il est blanc, coriace, pourvu de cordons mycéliens blancs. Le corps fructifère mûr possède une extension allongée, formée de 5 à 7 protubérances digitiformes, de couleur marron rougeâtre, d'abord étroitement réunies, coniques, ensuite divergentes, légèrement incurvées, ridées, avec une rainure centrale longitudinale. La gléba qui revêt les protubérances sur leur face interne est marron olivâtre. Le stipe est long, cylindrique, creux, blanc, avec une odeur légèrement fétide.

Écologie - Ce Champignon est présent sur des sols bien fertilisés, sur des excréments de cheval non décomposés, dans les jardins et dans les serres. Il s'agit d'une espèce tropicale introduite dans les zones tempérées de l'Europe et de l'Amérique du Nord, où elle fait son apparition au cours des étés très chauds et secs. Commun en Australie et en Nouvelle-Zélande. Pouvoir comestible inconnu ; cependant ce Champignon doit être rejeté à cause de sa mauvaise odeur.

Melanogaster variegatus

C'est la Truffe rouge en vente sur les marchés de l'Angleterre du Sud.

Corps fructifère - Sphéroïde irrégulier, en forme de tubercule, au diamètre de 1 à 4 cm ; d'abord jaune ocre, puis rougeâtre brun opaque tendant au noir lorsqu'il est manié ; enveloppe plutôt tomenteuse. Le corps fructifère est relié au sol au moyen de rhizomorphes ramifiés. Gléba subdivisée en chambres par des membranes qui forment des alvéoles, remplies enfin par la masse violacé noir des spores ; initialement celle-ci est cependant blanchâtre jaune et ensuite de couleur orange vif. Spores noires dans leur masse, elliptiques, lisses (dimensions moyennes : 3,5 × 8,5 μ).

Habitat et distribution - Champignon qui se développe en groupes de 5 à 6 individus, le plus souvent à la surface du sol, mais souvent aussi sous la couche de feuilles mortes des forêts d'arbres à feuilles aplaties (notamment de Hêtres). Fréquent en Europe et dans la région orientale de l'Amérique du Nord.

Époque d'apparition - Surtout en automne.

Possibilités gastronomiques - Comestible mais non raffiné ; ce Champignon offre un goût sucré et une odeur d'amande amère. Il est parfois utilisé comme les Truffes.

Mutinus caninus

Semblable au *Phallus impudicus,* mais plus petit, de couleur plus vive et avec une odeur plus atténuée. L'espèce tropicale *Mutinus bambusinus* diffère de celle-ci par la présence d'un chapeau rouge vif, conique, pourvu d'une pointe violacée.

Corps fructifère - A l'état jeune, il est blanchâtre jaune en forme de poire ou ovoïde, au diamètre de 1 à 2 cm ; lorsque le corps fructifère mûrit, l'enveloppe se fend en 2 ou 3 lobes, restant comme volve à la base du stipe. *Chapeau* d'abord vert foncé puis orangé rouge, plus pâle vers le

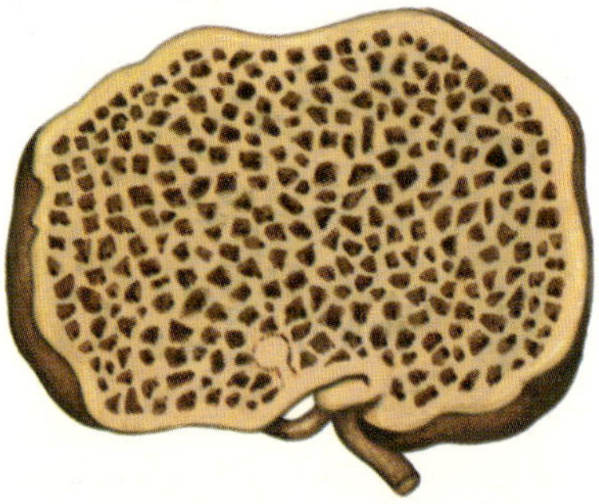

bas, haut de 2,5 cm, et de 2,5 cm d'épaisseur ; pointu, réuni à l'extrémité du stipe. Gléba vert foncé, visqueuse. *Stipe* de forme presque cylindrique, mince, atténué vers le bas, long de 10 à 12 cm, de 1 à 3 cm d'épaisseur ; blanc, quelquefois nuancé de rose ou de jaune, rugueux ; chair spongieuse, vide. Spores jaunâtre clair, elliptiques, lisses (4,5 × 1,8 μ).

Habitat et distribution - Présent parfois en groupes, sur du bois, entre les feuilles mortes, sur de vieilles souches d'arbres ou autour de celles-ci, sur des résidus pourrissants. Commun en Europe.

Époque d'apparition - De juillet à novembre en Europe.

Possibilités gastronomiques - Non comestible.

Mutinus elegans

Champignon très semblable au *Mutinus caninus,* mais il diffère de ce dernier car il possède un chapeau plus pointu.

Corps fructifère - Jeune, il est ovoïde, allongé, marron blanchâtre tendant au rosé. Mûr, il possède une portion fertile, ou chapeau, pointue, sans solution de continuité avec le stipe, de couleur rouge orangé, recouvert par la gléba marron olivâtre, déliquescente et fétide. Chair spongieuse. Stipe creux, blanc-rosé. Spores ellipsoïdales (5 × 2,5 μ).

Écologie - Présent dans des régions forestières et dans des prairies au cours de l'été. Non comestible.

Phallus hadriani
(Phallus imperialis)

Corps fructifère - Dans son stade juvénile, il offre une forme ovoïde ; il est blanc jusqu'à ce qu'il se trouve sous le niveau du sol, puis il devient rose, tendant au violacé intense lorsqu'il est exposé à l'air. Chez les individus adultes sont bien différenciés le chapeau (mitre) de forme presque conique, et le stipe blanc et spongieux qui s'amincit vers le haut. Le *Chapeau* est recouvert par la gléba mucilagineuse, de couleur vert foncé, qui produit des gouttes et émet une odeur sucrée répugnante.

Écologie - Présent sur des dunes de sable, au milieu de la végétation sauvage, dans les jardins et les pâturages. Sa distribution varie en Europe : il est rare au nord et plus fréquent dans les régions méridionales.

On le trouve de juillet à janvier. Il n'est pas comestible.

Ci-dessus : Lysurus gardneri. *Au centre :* Melanogaster variegatus. *En bas, de gauche à droite :* Mutinus caninus *et* Mutinus elegans.

Phallus impudicus

Satyre puant, Oeuf du diable

Il est beaucoup plus fréquent que le *Phallus hadriani,* qui est considéré par certains auteurs comme une sous-espèce. Lorsque le corps fructifère jeune, étant encore refermé en œuf, est sectionné longitudinalement, il montre à l'intérieur de la volve la succession du péridium, de la gléba et du stipe à l'état embryonnaire ; le stipe s'étend très rapidement en sortant de l'œuf ; il augmente en longueur de 7,5 cm environ en une heure. Les spores ont été

retrouvées dans des excréments de Mouches et d'Oiseaux. De plus, elles peuvent germer dans le corps de certaines Mouches, et les filaments de mycélium qu'elles produisent se développent, sortant des dépouilles de l'Insecte.

Corps fructifère - A l'état jeune, il a la forme d'un œuf (diamètre de 3 à 4 cm), blanc, élastique au toucher ; il offre à sa base un cordon mycélien évident. *Mitre* insérée à l'extrémité supérieure du stipe, haute de 4,5 à 11 cm, de 3 à 5 cm de diamètre ; d'abord sèche et veloutée, vert olivâtre opaque, elle devient immédiatement visqueuse et fétide, attirant ainsi des Mouches, des Serpents et des Oiseaux qui mangent la gléba mucilagineuse recouvrant la surface blanche alvéolée. Gléba vert olivâtre foncé, visqueuse. Stipe atté-

nué vers le sommet, alvéolé, long de 10 à 20 cm, de 1 à 2 cm d'épaisseur ; blanc, pourvu de volve permanente à sa base. Spores vert olive foncé dans leur masse, ovoïdes (dimensions moyennes : 4 × 12 μ).

Habitat et distribution - Champignon se développant à l'état isolé ou en groupes, dans des forêts d'arbres à feuilles aplaties, quelquefois sur des Bouleaux pourrissants ou près de ceux-ci, ou près de Rhododendrons, dans les jardins ou dans les cimetières. Il subit négativement l'influence de la pollution atmosphérique. Commun en Europe et en Amérique du Nord, à l'ouest du Mississippi, mais il est rare dans la région orientale ; présent aussi en Australie sud-orientale.

Époque d'apparition - De juillet à novembre.

Possibilités gastronomiques - Immangeable à cause de son odeur répulsive.

Pisolithus tinctorius

(Pisolithus arrhizus)

Corps fructifère - Globuleux, allongé, légèrement piriforme, quelquefois pourvu d'un stipe court ; diamètre entre 5 et 15 cm ; couleur de ocre à brun noirâtre, lisse ou un peu craquelé. Le péridium, en se déchirant, permet la sortie des spores contenues à l'intérieur de la gléba, dans de nombreuses chambres séparées par des parois indépendantes. *Spores* jaunes, devenant fauves lors de leur maturation.

Habitat et distribution - Champignon se développant dans des sols sableux ou riches en gravier, dans des coniféraies et dans des champs. Fréquent dans certaines régions de l'Amérique du Nord et de l'Europe méridionale. Ailleurs, il est sporadique, ayant été introduit avec l'implantation de Plantes forestières.

Époque d'apparition - Présent pendant toute l'année.

Possibilités gastronomiques - Comestible dans son stade juvénile ; dans plusieurs lieux, il est utilisé pour assaisonner les plats.

Rhizopogon luteolus

Espèce probablement plus fréquente qu'il n'y paraît, car elle est difficilement reconnaissable et non recherchée, n'étant pas comestible. Les individus mûrs sont déhiscents : ils s'ouvrent de façon irrégulière, permettant ainsi la sortie de myriades de spores.

Corps fructifère - En forme d'œuf, de 2 à 8 cm de diamètre, de couleur allant de blanc grisâtre ocre ou livide au jaune miel, enfin olivâtre brun ; péridium coriace, avec des fentes recouvertes de fibrilles brun roussâtre. Gléba subdivisée en chambres ; d'abord blanche, enfin olivâtre jaune livide ; les loges deviennent presque vides après la dispersion des spores qui peuvent persister quelquefois dans des cavités plus petites. *Spores* de couleur allant du blanc au jaune fauve clair, elliptiques, presque lisses (4 × 10,5 μ).

Habitat et distribution - Champignon se développant en groupes, souvent sous le niveau du sol, dans des terrains sableux, dans des forêts de Conifères, sous les Pins, aussi bien que dans des landes. Distribution variable en Europe et en Amérique du Nord, plus fréquent vers le nord.

Ci-dessous :
Pisolithus tinctorius.
A gauche :
Phallus hadriani.
En haut :
Phallus impudicus.

Époque d'apparition - De septembre à octobre.
Possibilités gastronomiques - Non comestible.

Rhizopogon rubescens

Corps fructifère - Irrégulièrement globuleux, semblable à un tubercule de Pomme de terre, long jusqu'à 8 cm, au diamètre de 4 cm environ, d'abord blanchâtre, rougissant au toucher, virant au jaune et enfin brun à l'âge mûr ou lorsqu'il est sec. Plus ou moins lisse, souvent pourvu de quelques fissures ou rugosités. Les parties inférieures du corps fructifère sont pourvues de rhizomorphes brunâtres devenant presque noirs. Gléba subdivisée en loges irrégulièrement aplaties, d'abord blan-

Ci-contre :
Rhizopogon luteolus.
En haut, de gauche à droite :
Rhizopogon rubescens *et* Scleroderma aurantium.
En bas : Scleroderma verrucosum.

che, virant au rose lorsqu'elle est découpée, brune chez les individus mûrs.
Spores de couleur jaune brunâtre clair dans leur masse, sa forme peut être allongée ou elliptique ; elles sont lisses (dimensions moyennes : $2{,}5 \times 6{,}5\,\mu$).
Habitat et distribution - Champignon se développant en groupes étant partiellement ou complètement situés sous le niveau du sol, dans des terrains sableux, sous des Conifères, dans des forêts, ou tout au long des berges des rivières, des routes et sentiers, ainsi que sur des dunes de sable. Sporadique en Europe, répandu et commun çà et là en Amérique du Nord.
Époque d'apparition - Présent de la fin de l'été jusqu'à l'automne avancé.
Possibilités gastronomiques - Goût assez agréable après cuisson, avec une consistance ferme, assez semblable à la Truffe noire.

Scleroderma aurantium
(Scleroderma vulgare)

Corps fructifère - Globuleux ou un peu ellipsoïdal ou aplati, sessile ; diamètre de 4 à 6 cm ; enveloppe extérieure olivâtre jaune livide, qui se fissure en surface, à l'état précoce, donnant des auréoles polygonales bien nettes, quelquefois très évidentes et faisant saillie à l'extérieur. L'enveloppe est souvent dure, blanche, rose ou jaune lorsqu'elle est découpée ; elle se brise irrégulièrement chez les corps fructifères mûrs, afin de permettre la sortie des spores qui sont très nombreuses. Gléba initialement grise, ferme, virant au violet noirâtre, parsemée de minces veines blanches, enfin poussiéreuse, correspondant ainsi à la masse des spores. *Spores* brun noirâtre dans leur masse, sphériques, réticulées (diamètre $9{,}5\,\mu$).
Habitat et distribution - Se développe maintes fois en groupes sur le sol, dans des terrains riches en tourbe et sableux, près des Bouleaux ou des Conifères, dans des broussailles ou des landes, dans des pâturages, ou tout au long des routes. Très commun en Europe.
Époque d'apparition - De juin à novembre.
Possibilités gastronomiques - Soit cru, soit cuit, ce Champignon offre un goût et une odeur très forts et dégoûtants. Lorsqu'il est ingéré en quantité assez grande il est nettement vénéneux : il est presque inoffensif lorsqu'il est ingéré en petite quantité.

Scleroderma verrucosum

Corps fructifère - Presque sphérique, aplati à son sommet, soutenu par une portion basilaire trapue ; diamètre de 2 à 7 cm, de couleur ocre ou brun grisâtre ; revêtu par des verrues granuleuses

ensuite lisses. Enveloppe mince, qui se fissure irrégulièrement en son milieu, formant ainsi une sorte de cratère assez large. Gléba initialement blanche, enfin brun ambre. *Spores* brun ambre dans leur masse, sphériques, verruqueuses échinulées (diamètre $12\,\mu$).
Habitat et distribution - Sporadiquement présent dans des terrains riches mais légers, dans des forêts d'arbres à feuilles aplaties, en Europe.
Époque d'apparition - De juillet à novembre en Europe.
Possibilités gastronomiques - Les individus frais sont utilisés dans la cuisine tant que leur chair est blanche, dans différents lieux ; de toute manière, cette espèce doit être considérée comme non comestible.

Sphaerobolus stellatus

Découvert en 1729, ce petit Champignon, de forme étoilée, a toujours intéressé les mycologistes à cause du mode de dispersion des spores.
Corps fructifère - Il a initialement la forme d'une petite sphère dont le diamètre est d'environ 2 mm ; il est contenu dans un stroma de mycélium blanc ; plus tard, le corps

fructifère se fend à son extrémité supérieure, en s'ouvrant en forme d'étoile orangée à 5 pointes ; de cette manière le corps globuleux central, de couleur orangée, contenant les spores et immergé dans une substance visqueuse, est exposé à l'air. Chez les corps fructifères mûrs, les deux enveloppes se réunissent avec leurs apex pointus respectifs ; ensuite, subitement, l'enveloppe interne se renverse brusquement, de telle façon que la petite sphère est éjectée avec une certaine force à quelques mètres de distance. *Spores* blanches dans leur masse, ovoïdes, lisses (4 × 8,5 μ).
Habitat et distribution - Champignon se développant en colonies denses sur du bois pourrissant, sur des branches mortes, sur des feuilles sèches, sur de vieux tas de sciures de bois, sur des toiles de sac, plus rarement sur du fumier.
Il est fréquent en plusieurs endroits de l'Europe, aussi bien que dans la région orientale de l'Amérique du Nord.
Époque d'apparition - Toute l'année en Europe ; de mai à septembre en Amérique du Nord.
Possibilités gastronomiques - Inconnues ; de toute façon, il est préférable de ne pas les éprouver.

Tulostoma brumale

Ce Champignon ressemble à un petit corps globuleux ; mais lorsqu'on retire le sable qui l'entoure, apparaît son stipe vertical, issu d'un grumeau de mycélium cotonneux.
Corps fructifère - *Chapeau* sphéroïdal, pourvu d'un petit orifice central ; diamètre de 1 à 2 cm ; d'abord de couleur gris-brun et ensuite, lorsque la première enveloppe mince se détache, gris blanchâtre. Gléba de couleur brun rouille. *Stipe* caché dans le substrat, érigé, atténué vers le sommet, pénétrant dans la cavité inférieure du chapeau ; haut de 2,5 cm. Brun, de consistance fibrillaire à squameuse, avec la surface qui se desquame, laissant apparaître la couche sous-jacente plus claire. *Spores* roses dans leur masse, sphériques, verruqueuses (diamètre 4,5 μ).
Habitat et distribution - Espèce rare, se développant sur des dunes de sable riches en calcaire, tout au long des berges sèches, sur de vieux murs, dans les interstices des pavés ; présente dans plusieurs lieux de l'Europe, aussi bien que dans la région orientale de l'Amérique du Nord et en Australie sud-orientale.
Époque d'apparition - De mai à février.
Possibilités gastronomiques - Inconnues.

Tulostoma fimbriatum

Corps fructifère - Le *chapeau* globuleux est situé près d'un *stipe* haut et rugueux.

Le revêtement externe, de couleur marron roussâtre, se sépare précocement et constitue des flocons minuscules à la base du chapeau et sur le stipe.
Le revêtement interne, de couleur marron clair, velouté, montre à son apex une ouverture conique, entourée par une frange de poils courts.
Écologie - Champignon se développant isolément ou en petits groupes sur des terrains humides et compacts. Il n'est pas très fréquent dans les régions tempérées-chaudes de l'Europe. De novembre à décembre.
Possibilités gastronomiques - Inconnues.

Vascellum pratense
(Lycoperdon pratense)

Corps fructifère - En forme de cylindre trapu ou un peu piriforme, initialement recouvert de petits aiguillons blancs, éphémères ; ouverture au moyen d'un orifice large qui continue à se dilater et à se déchirer. *Spores* de couleur olivâtre sombre à leur maturité, dans une gléba bien séparée de la base stérile du corps fructifère qui occupe environ un tiers en hauteur de ce dernier.
Habitat et distribution - Champignon se développant dans l'herbe des prés, dans les pâturages et dans les terrains de sports ; parfois il constitue des cercles. Commun en Europe.
Époque d'apparition - Été et automne.
Possibilités gastronomiques - Comestible à l'état juvénile.

Ci-contre, de gauche à droite : Sphaerobolus stellatus, Tulostoma brumale *et* Tulostoma fimbriatum.
En bas : Vascellum pratense.

Auriculariales et Trémellales

Ces ordres appartiennent à la sous-classe des Phragmobasidiomycètes, ainsi que tous les Champignons pourvus de basides formées par plusieurs cellules, étant subdivisées par des cloisons.
Les Auriculariales présentent des corps fructifères en forme de

membrane, avec une consistance de feutre ou bien de coussinets ou de plaques ; souvent, les basides sont immergées dans une matrice gélatineuse et prolongent leurs stérigmates jusqu'à la surface de cette structure, formant ainsi un hyménium régulier. Il s'agit de Champignons cosmopolites, qui pour la plupart sont des saprobies vivant sur le bois. Du point de vue alimentaire, ils n'ont aucune valeur.
Chez les Trémellales, les corps fructifères sont gélatineux et tremblotants, ce qui peut être supposé en lisant le nom propre à cet ordre ; ils offrent une forme variée et sont pourvus d'un hyménium régulier. On y trouve aussi, parfois, des Champignons à la consistance cireuse, devenant coriace avec le temps. Tous ces Champignons sont saprobies.
Vu l'affinité extérieure, comme ils produisent aussi des corps fructifères gélatineux et qu'ils ne présentent aucun intérêt gastronomique, nous allons mentionner aussi certaines espèces de Dacriomycétales. Du point de vue taxonomique, les Dacriomycétales appartiennent à la sous-classe des Holobasidiomycètes et sont pourvus de basides unicellulaires.

Auricularia auricula judae

Selon une légende, ce Champignon, en forme d'oreille, est désigné *Auricula judae* puisqu'il se développe sur le sureau, arbre auquel se serait pendu Judas. La Chine importe l'*Auricularia* de Tahiti ; il s'agit cependant de l'espèce voisine *Auricularia polytricha.* On en fait un grand usage dans la cuisine chinoise ; par contre, cette espèce est rarement employée en Europe.
Cette espèce est cultivée sur des petis arbres de Chênes et sur des palissades.
Corps fructifère - Cireux gélatineux, en forme d'oreille plus ou moins irrégulière, de couleur brun violacé, presque transparent par temps humide, de 3 à 10 cm de diamètre. Les individus vieux ont une forme de plus en plus irrégulière. Surface extérieure supérieure légèrement grisâtre et pruineuse. Hyménium (surface inférieure) pourvu de veines et comportant des rides plus ou moins accentuées. En se desséchant, il se transforme en protubérance coriace, presque noire. *Stipe* absent ; corps fructifère pourvu d'un pédoncule latéral très court. *Spores* blanches dans leur masse, lisses, cylindriques-incurvées (18 × 7 μ).
Habitat et distribution - Champignon se développant isolément ou à l'état grégaire, parfois en colonies superposées, le plus souvent sur de petits arbres de Sureau noir, moins fréquemment sur des Chênes et sur d'autres arbres à feuilles aplaties. En Europe, il est assez répandu.
Époque d'apparition - Surtout d'octobre à novembre.
Possibilités gastronomiques - Comestible mais médiocre.
Plutôt dépourvue de goût, la chair durcit si elle est soumise à cuisson rapide. Il donne de meilleurs résultats lorsqu'il est découpé en tranches et passé au four pendant plusieurs heures. Il donne d'excellents résultats pour la préparation de potages.

Ci-dessous :
Auricularia auricula judae.
A droite : en haut,
Calocera cornea ;
en bas,
Calocera viscosa.

Calocera cornea

Corps fructifère - Érigé, en forme de clave ou fusiforme, quelquefois fourchu à son extrémité. Jaune ou jaune orangé, compact, de consistance gélatineuse qui parfois peut être rugueux longitudinalement.
Écologie - Champignon se développant en groupes plus ou moins nombreux. Il est présent sur des branches tombées au sol, appartenant à des arbres à feuilles aplaties, notamment des Frênes, Chênes, Tilleuls, Ormes. Il n'est pas très répandu en Europe. Il apparaît de l'été à l'automne. Pouvoir comestible inconnu.

Calocera viscosa

Champignon aux couleurs vives, que les non-experts confondent souvent avec un *Clavaria* de couleur jaune vif. Le *Calocera* est reconnaissable par sa consistance plus compacte et élastique, par sa surface visqueuse et parce qu'il est présent notamment sur des souches de Conifères.
Corps fructifère - Érigé, très ramifié (comme des cornes de cerf), enraciné à sa base, de 2 à 8 cm de hauteur, de couleur jaune vif, doré ou orangé, visqueux par temps humide ; orangé plus sombre et plus consistant après dessiccation ; chair jaune, tenace, élastique, cartilagineuse ou gélatineuse. Face hyméniale lisse qui recouvre toute la surface du corps fructifère. *Spores* de blanc à jaune clair dans leur masse, ovoïdes, lisses (9,8 × 4 μ).
Habitat et distribution - Champignon se développant par groupes sur de vieilles souches d'arbres appartenant à des Conifères, ou dans leur voisinage immédiat, notamment dans des régions montagneuses ; commun en Europe.
Époque d'apparition - D'août à avril.
Possibilités gastronomiques - Inconnues, mais il s'agit probablement d'une espèce non toxique.

Dacrymyces stillatus
(Dacrymyces deliquescens)

Champignon de petites dimensions, semblable à une excroissance gélatineuse, vivant sur du bois mort, plus abondant par temps humide. Dans des conditions d'humidité élevée, les corps fructifères deviennent très mous et ils semblent vouloir se dissoudre ; lorsque l'humidité cesse, ils se rabougrissent, se transformant en petites taches de couleur orangé foncé qui reprendront leur vie lors d'une prochaine pluie.
Corps fructifère - Gélatineux, en forme de goutte, de 2,5 mm de diamètre seulement ; chair presque transparente. Parfois ce Champignon produit deux types de corps fructifères : les premiers de couleur orangée, produisant des spores asexuées, elles aussi de couleur orangée ; les deuxièmes jaunes, offrant parfois un aspect rabougri, pourvus de basides produisant des basidiospores. L'hyménium revêt leur surface extérieure. *Spores* jaunes dans leur masse, cylindriques, à peine incurvées, lisses, pourvues de trois cloisons (3,5 × 5,5 μ).
Habitat et distribution - Champignon se développant en groupes volumineux de corps fructifères entassés sur du bois pourrissant, sur des branches mortes de divers

arbres, aussi bien que sur du bois même travaillé, appartenant à des Conifères, comme celui de vieilles planchettes de Pin, de traverses de chemin de fer et de palissades. Espèce non commune en Europe.
Époque d'apparition - Présent pendant toute l'année.
Possibilités gastronomiques - Inconnues.

Exidia albida

Corps fructifère - Gélatineux, entortillé-enroulé, semblable à une masse pourvue de circonvolutions

irrégulières, parfois lobé, dont le diamètre maximum est de 3 à 10 cm ; gris blanchâtre, quelquefois pourvu de nuances rougeâtres, brun grisâtre lorsqu'il est sec ; chair ferme qui durcit au cours de la dessiccation. Hyménium pruineux, recouvrant toute la surface libre du corps fructifère. *Spores* blanches dans leur masse, sphériques, lisses (dimensions moyennes : diamètre 9,5 μ).
Habitat et distribution - Champignon se développant sur des branches d'arbres à feuilles aplaties (notamment de Hêtres), dans plusieurs régions d'Europe.
Époque d'apparition - De septembre à avril en Europe.
Possibilités gastronomiques - Comestible mais de qualité médiocre à cause de son aspect et de sa consistance gélatineuse, aussi bien qu'à cause de son goût sucré de bois.

Exidia glandulosa

Champignon de consistance gélatineuse, présent sur la face inférieure de branches tombées au sol. Reconnaissable par ses dimen-

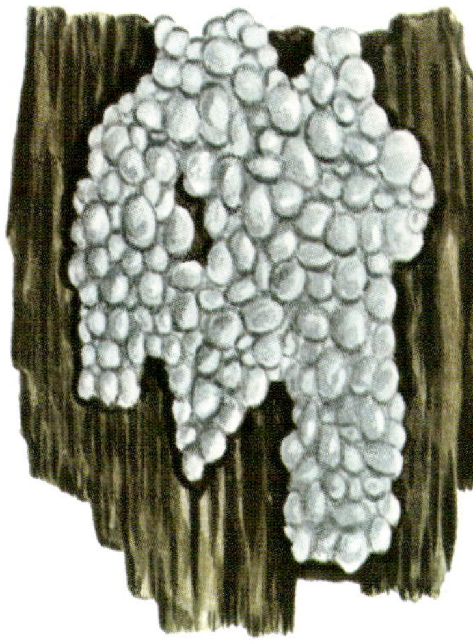

sions élevées, sa couleur, et l'hyménium verruqueux de son corps fructifère.
Corps fructifère - Gélatineux, de forme variable, semblable à un cerveau pourvu de circonvolutions irrégulières, entortillées, globuleux ou aplati.
De couleur noir olivâtre, plutôt tomenteux sur la partie orientée vers le bois. Hyménium à couches squameuses, consistant, quelquefois ondulé ou replié, revêtant la surface libre du corps fructifère. *Spores* blanches dans leur masse, cylindriques-incurvées, lisses (13,5 × 4,5 μ).
Habitat et distribution - Champignon se développant généralement par groupes, sur des souches pourrissantes d'arbres à feuilles aplaties (notamment de Châtaigniers).
Originaire de l'Australie.
Époque d'apparition - De janvier à décembre (mais particulièrement d'août à décembre).
Possibilités gastronomiques - Inconnues.

Pseudohydnum gelatinosum

Champignon d'aspect particulier, presque transparent ; la surface supérieure de son carpophore offre des nuances glauques et des épines blanches.
Corps fructifère - De consistance gélatineuse, en forme de langue, ou étalé en éventail, quelquefois légèrement lobé, inséré latéralement sur le substrat, de couleur gris perlé, avec des nuances bleu grisâtre et des reflets tendant au violacé ; enfin, brunâtre, finement pruineux sur sa face supérieure. Hyménium disposé sur une surface épineuse de la partie inférieure du corps fructifère, blanc, légèrement transparent ; épines coniques, érigées, plus courtes au voisinage de la marge. *Stipe* latéral, lorsqu'il est présent, d'épaisseur moyenne, gris perle, tomenteux. *Spores* blanches dans leur masse, de forme allant de largement ovoïde à sphérique, lisses (dimensions moyennes : 6 × 5 μ).
Habitat et distribution - Champignon se développant sur des souches de Conifères, sur des troncs, quelquefois sur le sol entre les résidus de Conifères, aussi bien que sur de la sciure de bois. Distribution variable en Europe, plus commun vers le sud.
Époque d'apparition - De septembre à novembre en Europe.
Possibilités gastronomiques - Comestible. Certains spécialistes le définissent comme étant d'excellente qualité lorsqu'il est passé au four.

Tremella mesenterica

Champignon de dimensions très variables, reconnaissable généralement par sa couleur.
Corps fructifère - De consistance gélatineuse, entortillé, semblable à une masse cérébrale dont les replis peuvent s'aplatir, de 2 à 10 cm de largeur ; jaune orangé et visqueux par temps humide ; orangé sombre, consistant et replié lorsque le temps est sec. Hyménium pruineux à cause de la présence de spores blanches chez les individus mûrs, recouvrant toute la surface du corps fructifère. *Spores* blanches dans leur masse, dont la forme va de largement elliptique à celle d'une graine réniforme, très variables pour les dimensions (7,5 × 6,5 μ).
Habitat et distribution - Champignon se développant sur des branches et des rameaux morts d'arbres à feuilles aplaties, sur des Genêts, Bruyères et Lierres ; commun et répandu en Europe.
Époque d'apparition - Été et automne.

Ci-dessous : Pseudohydnum gelatinosum.
En haut : Exidia albida.
A gauche : Dacrymyces stillatus.
En bas : Exidia glandulosa.

Possibilités gastronomiques - Non toxique, mais de mauvaise qualité à cause de son goût de bois sucré.

Tremiscus helvelloides

Corps fructifère - En forme d'éventail ou plutôt lobé, de 3 à 12 cm de hauteur, soutenu par un stipe court, de rosé à rose brun, glutineux ou visqueux, brillant.
Habitat et distribution - Champignon se développant par groupes ou par touffes, sur le terrain des forêts de Conifères, notamment dans des régions montagneuses. Fréquent en Europe continentale.
Époque d'apparition - Automne.
Possibilités gastronomiques - Comestible. Selon certains spécialistes, il est très bon à l'état cru lorsqu'il est jeune. Plus tard la cuisson est nécessaire. Il en émane une odeur de Mousse.

Sous-ordre Aphyllophorales

Il s'agit d'un groupe très vaste et hétérogène, caractérisé par la structure des corps fructifères qui se présentent dépourvus d'axe vertical de symétrie ; ou bien ils possèdent une symétrie imparfaite. Il s'agit de corps charnus de consistance coriace ou ligneuse. L'hyménium n'est pas constitué par des lamelles, mais par des épines ou tubules, disposés sur la face inférieure du chapeau.
De nombreuses espèces produisent des basidiocarpes capables de persister pendant plusieurs années. Ils sont subdivisés en 9 familles (Vignoli) et précisément Vuilleminiacées, Corticiacées, Téléphoracées, Cantarellacées, Clavariacées, Hydnacées, Méruliacées, Fistulinacées et Polyporacées.

Albatrellus confluens
(Polyporus confluens)
Champignon du pain

Corps fructifère - Présence de nombreux *chapeaux* superposés ou placés côte à côte, pouvant constituer des groupes atteignant un diamètre maximum de 35 cm. Ces chapeaux ont une forme irrégulière et un diamètre allant jusqu'à 10 cm, pourvus de marge lobée ; surface craquelée mais lisse, de couleur jaunâtre rosé, virant au brun clair. *Tubules* décurrents jusqu'à la partie haute du pied du stipe, de couleur blanche puis jaunâtre, courts, non séparables de la chair du chapeau et du stipe. *Stipe* trapu, fuselé à sa base, lisse, d'aspect pelliculaire dans sa partie haute, blanchâtre avec des nuances rosées dans sa portion inférieure. Chair blanchâtre, ferme, fragile.
Habitat et distribution - Champignon se développant dans les coniféraies d'Europe.
Époque d'apparition - De juin à novembre.
Possibilités gastronomiques - Comestible (après ébullition) mais de mauvaise qualité à cause du goût amer et de son arôme qui n'est pas très agréable.
Champignon devant être consommé avec précaution lorsqu'il n'a jamais été goûté.

Albatrellus pes-caprae
(Polyporus pes-caprae, Polyporus scobinacaeus)

Corps fructifère - *Chapeau* de forme semi-circulaire ou irrégulière, de 3 à 12 cm de large, quelquefois subdivisé en deux zones par un sillon qui lui confère la

forme d'un socle fendu ; marge onduleuse ; de brun sépia à rougeâtre brun, revêtu d'écailles brunes plus foncées.
Pores décurrents, de blanchâtre à jaunâtre, larges, irrégulièrement

Ci-dessous, de gauche à droite : Tremiscus helvelloides *et* Albatrellus confluens. *En haut :* Tremella mesenterica. *A droite :* Albatrellus pes-caprae.

polygonaux. *Stipe* central ou excentrique pouvant occuper même une position latérale, plein ; haut de 3 à 8 cm, de blanchâtre à jaune ou brun. *Chair* blanche avec des nuances jaunâtres ; immuable, ferme. *Spores* blanchâtres dans leur masse, lisses, elliptiques.
Habitat et distribution - Se développe seul ou en groupes, dans des forêts soumises à abattages périodiques, et dans des coniféraies. En Europe continentale.
Époque d'apparition - De juillet à septembre.
Possibilités gastronomiques - Comestible à l'état jeune et cuit.

Habitat et distribution - Champignon se développant sur le sol des forêts de Conifères dans les régions montagneuses. Fréquent en Europe septentrionale (Alpes, Jura, Vosges) ; il est probablement absent en Angleterre.
Époque d'apparition - De septembre à l'hiver.
Possibilités gastronomiques - Odeur agréable d'amande ; bon à l'état cuit, mais plutôt indigeste à cause de sa chair ferme.
Selon certains experts, les exemplaires plus jeunes sont bons aussi lorsqu'ils sont consommés à l'état cru.

lobée ; surface finement tomenteuse ; chair mince coriace. *Lamelles* d'abord couleur chair ocre, enfin gris brun, minces, consistantes, denses. *Stipe* latéral, érigé, mince, de 4 à 7 cm de hauteur, brun ocre ou presque noir, tomenteux notamment au niveau du pied. *Spores* blanches dans leur masse, ovoïdales, lisses (dimensions moyennes : 4,8 × 3,8 μ).
Habitat et distribution - Se développe seul ou en petits groupes, sur d'anciennes pommes de Pin tombées au sol et sur des fruits analogues, appartenant à d'autres Conifères. Il est commun dans

les forêts de Conifères d'Europe.
Époque d'apparition - Toute l'année, mais surtout en automne.
Possibilités gastronomiques - Non comestible.

Albatrellus ovinus
(Polyporus ovinus)

Polypore de forme insolite, à cause de son stipe central comme chez les *Boletus;* il peut être distingué de ces derniers par la présence de tubules qui se détachent difficilement de la chair ferme de son chapeau.
Corps fructifère - D'abord blanchâtre, puis jaune brunâtre clair, enfin nuancé de couleur olivâtre ; diamètre de 5 à 10 cm ; irrégulièrement convexe et déprimé, pourvu de marge qui parfois est largement lobée ; surface lisse, ensuite fissurée et plutôt squameuse ; chair de blanche à jaunâtre, ferme mais fragile. *Tubules* courts, irrégulièrement décurrents. *Pores* initialement blancs, mais chez les corps fructifères mûrs, et au toucher, ils deviennent de couleur jaune citron ou ocre. *Stipe* peu évident, généralement central, parfois excentrique, court, plutôt incurvé, de 2 à 3 cm de diamètre, blanc, puis jaunâtre brun clair.
Spores de blanches à jaunâtres dans leur masse, ovoïdales, lisses (3,8 × 3,3 μ).

Auriscalpium vulgare
Corps fructifère - *Chapeau* brun sombre, pourvu de marge d'abord de couleur châtain jaunâtre ; réniforme ou hémisphérique avec une marge qui quelquefois est plutôt

Bjerkandera adusta
Corps fructifère - En console, ondulé, pourvu de bandes fauves ou gris fauve, avec une marge d'abord blanche, sessile, de forme semi-circulaire. *Pores* petits, d'abord blanc et ensuite gris noirâtre.
Écologie - Champignon vivant sur des troncs d'arbres, sur des

Au centre, de gauche à droite : Albatrellus ovinus et Bjerkandera adusta. *En bas :* Auriscalpium vulgare.

souches et sur des branches tombées à partir d'arbres soumis à un abattement périodique (notamment les Hêtres). Commun en Europe. De janvier à décembre. Pouvoir comestible inconnu, mais il est préférable d'ignorer ce Champignon à cause de la consistance subéreuse de sa chair.

Cantharellus cibarius

Chanterelle, Girole,
Girandole, Crête de coq,
Gallinace

Champignon comestible parmi les plus communs. Connu et récolté sur une vaste échelle en Europe, où il a été récolté de façon excessive.

Il existe certaines variétés de cette espèce, qui se distinguent les unes des autres par la diversité de leur couleur, par leurs dimensions et leur habitat : par exemple, le *Cantharellus brunescens* présente un chapeau ocre foncé, strié et dégage une odeur de pêche, forte ; la variété *C. umbrina* est présente sous les Cèdres et les Séquoias ; elle possède un chapeau brunâtre fauve clair, pourvu de stipe à chair jaunâtre. Le *C. cibarius* peut parfois ressembler à l'*Higrophoropsis aurantica,* espèce inodore et dépourvue de valeur comestible. Il peut aussi être confondu avec les petits individus du *Clitocybe* (= *Pleurotus) olearia,* vénéneux.

Corps fructifère - *Chapeau* jaune vif, de 3 à 10 cm de diamètre, d'abord convexe puis aplati ou déprimé en son milieu ; marge initialement involutée, ensuite étendue et ondulée ; surface qui rappelle la peau de Daim lorsqu'elle est humidifiée ; chair jaune, plus claire lorsqu'elle est desséchée. *Lamelles* jaunes, semblables à des replis décurrents, irrégulièrement ramifiées, quelquefois réunies en un réticule au sommet du stipe. *Stipe* qui se poursuit dans le chapeau, de 3 à 5 cm de hauteur, avec un diamètre de 1 à 2 cm ; jaune clair, lisse ; chair ferme, blanchâtre, jaune sous l'épiderme. *Spores* blanches dans leur masse, elliptiques, lisses ($9 \times 5 \mu$).

Habitat et distribution - Se développe seul ou en groupes, dans les forêts d'arbres à feuilles aplaties, sous les Hêtres ou les Chênes, ou sous des Conifères (Épicéas) dans les régions montagneuses ; commun mais devenant de plus en plus rare en Europe.

Époque d'apparition - De juillet à décembre en Europe.

Possibilités gastronomiques - Comestible. Quelquefois, en se desséchant, il dégage une odeur d'abricot ; goût excellent, légèrement poivré ; nécessite de longues cuissons à feu doux, puisque sa chair peut être tenace. Il est conseillé de le découper et de l'immerger dans du lait pendant plusieurs heures avant la cuisson ; il est aussi bon frit ou ajouté à des omelettes ; constitue un excellenf condiment.

Ci-dessous : Cantharellus cibarius.
En bas : Cantharellus cinereus.
A droite : en haut, Cantharellus infundibuliformis ;
au centre, Chondrostereum purpureum.

Cantharellus cinereus
(Merulius cinereus)

Corps fructifère - Petit, au *chapeau* gris brun, profondément et irrégulièrement en forme d'entonnoir, avec marge ondulée. De 2 à 3 cm de diamètre. *Lamelles* grises d'aspect poussiéreux, semblables à des côtes irrégulièrement ramifiées. *Stipe* plus ou moins pourvu de rainures et aplati, haut de 3 à 5 cm.

Écologie - Champignon présent en groupes autour de souches d'arbres abattus. Occasionnel en Europe, en été et en automne. Pouvoir comestible inconnu, mais très probablement inoffensif.

Cantharellus infundibuliformis

Les mycologistes ne sont pas d'accord sur la valeur alimentaire de ce Champignon ; sa chair est très ferme, quelquefois, lorsqu'il est sec, elle est fibreuse et a un goût amer. Sa couleur peut être très variable ; la variété *lutescens* est complètement jaune.

Corps fructifère - *Chapeau* de couleur variable, du brun foncé au jaune livide, lorsqu'il est humide ; grisâtre lorsqu'il est sec ; diamètre de 2 à 5 cm ; d'abord largement convexe, à maturité, en forme d'entonnoir profond ; marge involutée, enfin ondulée ; chair jaune, ferme ; surface légèrement veloutée lorsqu'elle est sèche. *Lamelles* initialement jaunes puis grisâtres, décurrentes, obtuses, irrégulières, ramifiées. *Stipe* relativement haut, ondulé, quelquefois avec des rainures ou comprimé, parfois légèrement renflé au pied ; haut de 2 à 7 cm, au diamètre de 5 à 10 mm ; jaune foncé lisse, creux. *Spores* de blanches à jaunes, très claires dans leur masse ; de largement elliptiques à sphériques, lisses (dimensions moyennes : $10{,}3 \times 7{,}5 \mu$).

Habitat et distribution - Champignon se développant de façon grégaire, quelquefois en groupes sur les terrains acides des forêts de Conifères et des bois d'arbres à feuilles aplaties, notamment dans des régions montagneuses ; commun en Europe et en Amérique septentrionale.

Époque d'apparition - De juillet à octobre en Europe ; d'août à novembre en Amérique du Nord.

Possibilités gastronomiques - Comestible mais médiocre, avec un goût amer ; déconseillé par les experts.

Chondrostereum purpureum

C'est l'agent du « mal du plomb » des arbres fruitiers (notamment des Pêchers) ; dangereux aussi pour les Hêtres de l'Europe continentale. Les spores germent au cours de l'automne, dans les fentes de l'écorce ; les arbres atteints par ce Champignon dépérissent par nécrose des tissus conducteurs ; leur bois n'est plus utilisable car il devient peu résistant. L'infection peut être combattue en éliminant le bois abattu ou en désinfectant avec des produits fongicides efficaces.

Corps fructifère - Résurpiné et plat, avec l'hyménium situé sur la partie libre où il peut former de petites consoles superposées, de couleur blanchâtre gris ; de 1 à 5 cm de large lorsqu'il a la forme de console, avec marge irrégulièrement crénelée et lobée ; surface finement veloutée ou hérissée ; chair mince, coriace.

Hyménium initialement uniforme, violacé brunâtre, ensuite pâle, gris chamois, lisse. *Stipe* manquant. *Spores* blanches dans leur masse, elliptiques, de dimensions variables (en moyenne : 7 × 2,8 μ).

Habitat et distribution - Champignon se développant quelquefois en couches superposées sur des troncs vivants ou morts d'arbres à feuilles aplaties et sur des arbres fruitiers, sur des souches et des branches. Commun.

Époque d'apparition - Automne et hiver.

Possibilités gastronomiques - Non comestible.

Clavaria argillacea

Il a de petits corps fructifères jaune verdâtre.

Corps fructifère - En forme de clave, ramifié, émoussé ou arrondi à son extrémité, quelquefois un peu aplati, haut de 3 à 8 cm ;

de verdâtre clair jaune à jaune sale, avec une nette série de stries jaunes ; chair jaune, fragile. *Spores* blanches dans leur masse, oblongues, lisses (10 × 5 μ).

Habitat et distribution - Champignon se développant en groupes entre les Mousses, dans les terrains riches en tourbe, dans les landes, les prés, les buissons, les broussailles de Pins.

Époque d'apparition - De juillet à novembre.

Possibilités gastronomiques - Non comestible. Goût de suif.

Clavaria vermicularis

Corps fructifère - Champignon se développant en touffes denses avec des corps fructifères allongés presque en forme de vers, érigés et ondulés, simples ou rarement ramifiés, fragiles, de couleur blanche, parfois plutôt jaunâtre brun, ailes de 3 à 10 cm de longueur et de 1 cm d'épaisseur au maximum.

Écologie - Croît entre les herbes et les Mousses, dans les prés, plus rarement dans les régions forestières. Commun en Europe et dans les régions orientale et centrale de l'Amérique du Nord. Apparaît à l'été avancé et en automne. Il n'a aucune valeur culinaire ; légère odeur d'iode.

Clavariadelphus fistulosus

Corps fructifère - Gros, en forme de massue, fragile, souvent ondulé ou entortillé. D'abord jaune, devient ensuite marron jaunâtre.

Écologie - Croît sur des branches, petits rameaux, et feuilles tombées d'arbres soumis à abattage régulier, notamment Hêtres, Aulnes et Chênes. Rare en Europe. D'août à février. Comestible.

Clavariadelphus pistillaris

Clavaire en pilon

Champignon de forme massive, clavée, grossie à son extrémité. En le récoltant pour usage comestible, il faut faire attention qu'il ne soit pas atteint par le Champignon parasite *Hypomyces sublateritius*.

Corps fructifère - En forme de massue ou de pilon, non ramifié, atténué vers la base, haut de 8 à 15 cm (parfois jusqu'à 30), de 2 à 5 cm de diamètre à son extrémité ; jaunâtre, fauve et puis rougeâtre brun, notamment vers le pied et au toucher ; surface finement veloutée et plusieurs fois ridée, qui se fend à son sommet chez les individus adultes ; chair blanche, d'abord ferme, puis moelleuse et lacuneuse, cotonneuse en son centre.

Spores jaune ocré clair dans leur masse, d'ovoïdales à légèrement réniformes, lisses (dimensions moyennes : 13,5 × 7,5 μ).

Habitat et distribution - Croît isolément, quelquefois en petits groupes, sur les terrains des forêts d'arbres à feuilles aplaties, spécialement sous les Hêtres ; de sporadique à fréquent en Europe.

Époque d'apparition - D'août à décembre en Europe.

Possibilités gastronomiques - Comestible mais de qualité médiocre. Goût et odeur légers.

Clavulina cristata

Espèce offrant des formes et des couleurs très diverses, s'accroissant quelquefois sous forme de parasite du Champignon ascomycète *Helminthosphaeria;* à son

Ci-dessus : Clavariadelphus pistillaris.
En haut, au centre : Clavaria vermicularis.
A gauche : Clavaria argillacea.
En bas : Clavariadelphus fistulosus.

Ci-dessous : Clavulina rugosa. *Ci-contre :* Clavulina cristata. *Au centre :* Coltrichia perennis. *En haut, à droite :* Coniophora puteana. *En bas, de gauche à droite :* Clavulinopsis corniculata *et* Coriolus hirsutus.

tour, son pied est noirci par une Moisissure parasite ; elle est considérée comme une variété du *Clavaria cinerea.*

Corps fructifère - Irrégulièrement ramifié, pourvu d'un pied court et trapu, haut de 3 à 8 cm, avec des ramifications aplaties vers son

sommet, pourvues de pointes crénelées ; couleur variable du blanc au blanc gris rosé ; chair blanche, ferme. *Spores* blanches en masse, de légèrement elliptiques à sphériques, lisses (8,5 × 6,8 μ).

Habitat et distribution - Croît isolément ou en groupes, formant des files ou des touffes sur les terrains des forêts d'arbres à feuilles aplaties ou dans les coniféraies, notamment tout au long des sentiers forestiers, sous les haies, en particulier dans les régions de collines ou de montagnes. Il est commun en Europe.

Époque d'apparition - De juin à décembre.

Possibilités gastronomiques - Valeur comestible limitée ; de plus, il peut provoquer des troubles gastro-entériques chez les individus sensibles.

Clavulina rugosa

Corps fructifère - Haut, en forme de massue, avec des rides longitudinales, ou irrégulièrement ramifié. Les ramifications augmentent de taille vers le sommet qui est obtus. Gris blanchâtre, quelquefois maculé de jaune. Chair fragile.

Écologie - Se développant dans les prés, tout au long des sentiers forestiers, dans les collines. Commun en Europe et en Amérique du Nord à l'est des Montagnes

Rocheuses ; aucun renseignement concernant sa présence en Australie. De juillet à décembre. Seuls les individus frais et jeunes sont comestibles ; il n'est pas toléré par tout le monde.

Clavulinopsis corniculata

Corps fructifère - Champignon formant une touffe densément ramifiée qui s'élève à partir d'une portion basilaire plutôt irrégulière, ondulée, très courte. Ramifications de couleur jaune vif. Portion basilaire blanche. Chair consistante.

Écologie - Présent dans les prés et tout au long des sentiers forestiers couverts d'herbe. Présent en Europe d'avril à décembre. Comestible lorsqu'il est jeune mais il n'est pas toléré par tous.

Coltrichia perennis

Corps fructifère - *Chapeau* coriace, irrégulièrement en forme d'entonnoir, velouté, pourvu de veines alternées de couleur bronze et marron rouille ; marge ondulée. *Pores* de couleur brun rouille,

avec aspect soyeux, très petits. *Stipe* ventriculeux vers la base, marron rouille sombre, velouté.

Écologie - Présent sur des terrains sableux, sur des résidus de charbon et de feu, dans les forêts et les landes, notamment sous les Conifères. Peu commun en Europe. Durant toute l'année. A éviter.

Coniophora puteana
(Coniophora cerebella)

Dans de nombreuses régions d'Europe le *Coniophora puteana* et le *Serpula lacrymans* sont la cause de 90 % des dépérissements et des avaries du bois, même dans les habitations.

A la surface du bois infecté, le mycélium recouvre une ample surface avec des filaments très facilement visibles dans leur ensemble.

Corps fructifère - Mince couche croûteuse qui se détache facilement du substrat ; irrégulièrement répandu et bien fixé à ce dernier ; hyménium disposé sur la surface au jour ; de 2 à 70 cm de diamètre ; marge stérile couleur crème, mince comme du papier et facilement déchirable, quelquefois contournée par une marge fine de mycélium en toile d'Araignée. Hyménium d'abord jaune, devenant olivâtre brun et olivâtre verdâtre lors de la maturation des spores ; lisse, puis irrégulièrement écaillé

chez les individus mûrs. *Spores* d'olivâtre brun à rouille en masse, largement elliptiques, lisses (dimensions moyennes : 12 × 7,5 µ).
Habitat et distribution - Croît sur les Conifères et sur des arbres à feuilles aplaties morts, dans les forêts et sur du bois de construction ; commun en Europe.
Époque d'apparition - De janvier à décembre.
Possibilités gastronomiques - Non comestible.

Coriolus hirsutus

Corps fructifère - En console. *Chapeau* jaunâtre brun uniforme ou grisâtre brun, de 3 à 5 cm de large, d'abord hémisphérique, puis aplati, strié concentriquement ; surface grossièrement hérissée-poilue ; chair blanche, mince, tenace, élastique lorsqu'elle est fraîche, puis ligneuse. *Tubules* blancs très minces. *Pores* de couleur blanchâtre puis gris clair, enfin jaunâtre brun.
Stipe absent. *Spores* blanches en masse, sphériques, lisses (dimensions moyennes : 7 × 2,5 µ).
Habitat et distribution - Se développant sur des troncs et sur des branches, qui viennent d'être abattus, appartenant à des arbres à feuilles aplaties ; de sporadique à fréquent en Europe.
Époque d'apparition - De juin à mars.
Possibilités gastronomiques - Non comestible.

Coriolus versicolor

Champignon parasite, puis saprobie, qui provoque la nécrose du bois découpé. Nuisible aussi pour les palissades, piliers, poutres.
Corps fructifère - En console. Généralement pourvu de zones concentriques multicolores, blanchâtres, jaunes, brunes, grises, verdâtre gris, olivâtres ou noires, avec une marge plus claire ; de 3 à 6 cm de diamètre ; semi-circulaire, aplati ou en coquille renversée, avec surface ondulée ; marge mince, parfois lobée ou ondulée ; chair blanche, tenace, mince, enfin ligneuse. *Tubules* blancs très courts. *Pores* de blancs à ocre gris, lisses, arrondis, puis angulaires, entortillés ou crénelés, généralement petits mais de taille variable chez des individus très développés (ils sont toujours crénelés dans l'espèce voisine *C. pinxitus*). *Stipe* absent. *Spores* blanches en masse, sphériques, lisses (6,5 × 2,5 µ).
Habitat et distribution - Croît en grands groupes, superposés sur des souches, sur des branches tombées au sol, sur du bois laissé vieillir et appartenant à des arbres à feuilles aplaties, notamment à des Chênes. Commun en Europe.
Époque d'apparition - Pendant toute l'année.
Possibilités gastronomiques - Non comestible.

Corticium evolvens

Corps fructifère - Semblable à une croûte coriace, résupiné, plus rarement en forme de console recouverte de taches arrondies, plutôt squameuse ; marge légèrement veloutée ; couleur blanche passant à l'ocré clair.
Écologie - Croît sur des branches mortes d'arbres abattus et sur des Conifères. Très commun en Europe, pendant toute l'année. Aucune valeur culinaire.

Craterellus cornucopioides

Trompette des morts
Corps fructifère - De couleur marron gris à noirâtre avec l'humidité et gris brun opaque à l'état sec. De 3 à 10 cm de diamètre, infundibuliforme, souvent creux jusqu'à la base. Marge irrégulièrement lobée-dentelée ou ondulée ; surface pruineuse et ondulée. Chair membraneuse ou coriace, dure lorsqu'elle est humide, friable lorsqu'elle est sèche. Hyménium de gris cendre à marron lilas, étendu à la surface du corps fructifère, lisse ou ridé. *Stipe* noir, généralement court ou presque absent, qui constitue la suite du chapeau.
Spores de blanches à rose saumon pâle, en masse, ellipsoïdales, lisses (dimensions moyennes : 14 × 8,5 µ).
Habitat et distribution - Croît isolément ou en groupes, entre les feuilles mortes dans les forêts soumises à abattage, notamment sous les Hêtres, moins fréquent sous les Charmes et les Chênes. Commun en Europe.
Époque d'apparition - De juillet à novembre en Europe.
Possibilités gastronomiques - Goût légèrement amer, odeur délicatement et agréablement aromatique. La chair, cuite, devient noire. Il se prête pour les préparations à la casserole et pour les risottos. Dand le sud de l'Italie, il est utilisé en tranches minces bouillies dans le lait, puis frites dans l'huile. Champignon pouvant être bien conservé aussi dans du vinaigre et desséché.

Daedalea quercina

Champignon d'abord parasite, puis saprobie, commun surtout sur des souches de Chênes, des troncs abattus et plus rarement sur du bois travaillé. Sporadiquement présent dans les habitations rurales, mais plus fréquemment sur des constructions externes, sur des charpentes de fenêtres ; le mycélium continue à se développer sur la même souche pendant de nombreuses années, formant chaque année de nouveaux corps fructifères.
Corps fructifère - *Chapeau* en console ou presque en sabot, de gris à grisâtre brun clair ; de 3 à 5 cm de diamètre, semi-circulaire, pourvu de zones concentriques plus ou moins en relief, quelquefois rugueuses en éventail ; marge

Ci-dessous : Corticium evolvens.
Au centre : Craterellus cornucopioides.
A gauche : Coriolus versicolor.
En bas : Daedalea quercina.

obtuse ; chair couleur bois clair ou rouge brun clair, subéreuse, tenace, se prolongeant dans les tubules. *Tubules* couleur bois clair, longs jusqu'à 2,5 cm. *Pores* couleur ocre pâle ou grisâtre, d'abord arrondis, puis dilatés irrégulièrement formant des lacunes à labyrinthe. *Stipe* très court, à base large. *Spores* blanches en masse, d'elliptiques à réniformes, lisses (dimensions moyennes : 6,8 × 2,8 μ).
Habitat et distribution - Croît sur des branches mortes encore attachées aux arbres, sur des souches, sur du bois travaillé (surtout bois de Chênes, parfois Châtaigniers, Hêtres, et d'autres bois durs).
Commun en Europe.
Époque d'apparition - De janvier à décembre.
Possibilités gastronomiques - Non comestible à cause de sa consistance ligneuse.

Ci-dessous : Fibuliporia vaillantii. *En bas :* Fistulina hepatica.

Fibuliporia vaillantii
(Poria vaillantii)

Champignon saprobie qui vit sur du bois doux de troncs et de branches abattus, même sur du bois travaillé ; prospère dans des conditions de grande humidité et d'obscurité, provoquant des détériorations graves au bois dans des mines et dans des constructions lorsqu'elles subissent des infiltrations d'eau ; dans les charpentes humides des mines sont parfois visibles des structures fongiques pendantes, semblables à des stalactites ; les cordons de mycélium sont plus minces que ceux du *Serpula lacrymans* et ils demeurent de couleur blanche. Le *Fibuliporia vaillantii* a besoin, pour se développer, d'une plus grande humidité que le *Serpula lacrymans;* il peut supporter des températures plus élevées. Il produit une nécrose de type tout à fait analogue. Très semblable est l'espèce *Poria vaporaria* qui selon certains auteurs, appartient au même genre ; elle produit sur le bois des croûtes blanches entourées de mycélium cotonneux qui est particulièrement visible chez les individus jeunes. Chaque corps fructifère peut atteindre le diamètre de 30 cm environ. L'habitat et les dégâts provoqués au bois sont les mêmes que ceux décrits à propos du *Fibuliporia vaillantii.*
Corps fructifère - Il se répand sur le substrat portant l'hyménium sur sa face externe ; blanc ou couleur crème clair ; marge blanche ; diamètre de 10 à 30 cm ; semblable à un coussinet épais de peau molle ; marge cotonneuse, hérissée. *Tubules* variables en longueur suivant l'épaisseur du corps fructifère : de 3 à 10 mm. *Pores* anguleux, de 0,5 à 1 mm de diamètre, pouvant se déchirer si le Champignon s'accroît sur une surface verticale. *Stipe* absent. *Spores* blanches en masse, elliptiques (6 × 3,5 μ).
Habitat et distribution - Croît dans les coniféraies, dans les bois mixtes, dans les mines et dans les habitations ; commun en Europe.
Époque d'apparition - Pendant toute l'année.
Possibilités gastronomiques - Non comestible.

Fistulina hepatica
(Boletus hepaticus, Fistulina buglossoides, Hypodrys hepaticus)
Fistuline,
Langue ou foie de boeuf

La chair de ce Champignon rappelle celle du veau ; après cuisson, elle est fade. Il s'agit toutefois d'une des espèces fongiques comestibles qui est vendue sur les marchés.
Le *Fistulina hepatica* produit une pourriture diffuse chez les arbres infectés. Sa présence produit des lacunes dans le bois de nombreux Chênes et peut être aussi un des facteurs de mort des arbres.
Corps fructifère - *Chapeau* de rougeâtre brun à couleur foie, large de 5 à 30 cm, en forme de langue de bœuf ou de console. Surface ondulée, généralement séparable de la couche compacte sous-jacente constituée par la chair, même lorsqu'elle offre une consistance gélatineuse ; chair rougeâtre, succulente au découpage, fibreuse, veinée, élastique. *Pores* blancs jaunâtres, puis rosés, tâchés de brun chez les individus adultes, arrondis et très petits. *Spores* rose-brun en masse, presque sphériques ou ovoïdes, lisses (4,5 × 3,5 μ).
Habitat et distribution - Parasite d'arbres vivants à feuilles aplaties, notamment Châtaigniers et Chênes. De très fréquent dans plusieurs lieux à commun en Europe, commun çà et là dans la région orientale de l'Amérique du Nord.
Époque d'apparition - De juillet à novembre.
Possibilités gastronomiques - Comestible après une longue cuisson ; les individus jeunes possèdent un goût plutôt acide ; il est utilisé comme attendrissant pour la viande.

Fomes fomentarius
(Polyporus fomentarius)

Le *Fomes fomentarius* est l'un des Champignons les plus anciens connus et utilisés par l'homme ; il a été retrouvé dans des fouilles de l'âge mésolithique (8 000 av. J.-C.) à Star Carr dans le Yorkshire, en Angleterre, là où certains exemplaires ont été récupérés adhérant encore à des tiges de Bouleaux. Dans d'autres cas, sa chair desséchée a été retrouvée attachée à des morceaux de pyrite et de silice, utilisés comme briquet par les chasseurs de la Préhistoire. Hippocrate le désigna *Phellinus* et le considéra comme un bon

cicatrisant ; Pline l'appela *Aridus fomes fungorum.*
Il était utilisé de deux manières. Les parties les plus tendres du Champignon étaient d'abord découpées, puis bouillies dans de l'eau chaude ; ensuite, elles étaient frappées et frottées jusqu'à ce qu'elles deviennent aussi souples qu'une peau ; à ce stade, on les utilisait pour cicatriser les blessures. Aujourd'hui encore, ce système est adopté dans les régions les plus anciennes de l'Europe. Jusqu'à une époque relativement récente, il était utilisé en odontoiatrie (pour dessécher et désinfecter la cavité orale avant de procéder à des obturations).
Il s'agit d'une espèce parasite qui attaque le bois d'arbres à feuilles aplaties. Autrefois, elle était confondue avec le *Ganoderma applanatum.* Les corps fructifères sont pérennants ; les tubules sont stratifiés chez les individus âgés, alors que chaque année, dans la partie inférieure, une nouvelle couche se développe ; il paraît que chaque couche de tubules produit des spores pendant quatre années successives. S'agissant d'un Champignon utile, il est rare qu'on le laisse se développer jusqu'à ce qu'il atteigne une taille excessive ; cependant, des exemplaires portant de 25 à 30 couches de tubules ont été retrouvés (en Amérique, jusqu'à 50 couches).
Corps fructifère - *Chapeau* de brun clair à noir grisâtre, pourvu de marge, de fauve à brun, d'un diamètre allant jusqu'à 50 cm ; en forme de sabot, avec des rainures concentriques ; marge émoussée ; surface d'abord légèrement pruineuse, puis polie-lisse ; chair de couleur fauve, compacte, ligneuse.
Tubules couleur brun rouille, en couches superposées.
Pores blancs, puis couleur cannelle claire, très petits, avec des parois épaisses.
Stipe absent ; de ce fait le corps fructifère est largement inséré sur le tronc des arbres.
Spores blanches en masse, d'elliptiques à fusiformes (dimensions moyennes : 16,5 × 5,8 μ).
Habitat et distribution - Croît presque uniquement sur des Bouleaux ; présent aussi sur la plupart des arbres à feuilles aplaties ; commun en Europe (cependant très rare en Angleterre), fréquent en Amérique septentrionale.
Possibilités gastronomiques - Non comestible, ligneux.

Fomitopsis pinicola

Corps fructifère - De couleur marron rougeâtre, luisant, avec des marges plus pâles, en forme de console ou de sabot, sessile. Chair subéreuse, très ferme. *Pores* blanc jaunâtre pâle, ensuite de couleur marron. Chaque année une nouvelle couche de tubules se rajoute sur la face inférieure du carpophore.
Écologie - Se développant généralement sur des Conifères, quelquefois aussi sur des arbres à feuilles aplaties. Il provoque une pourriture rouge à l'intérieur du bois. Commun en Europe. Apparaît pendant toute l'année. Non comestible.

Ganoderma applanatum

Champignon confondu, pendant très longtemps, avec le Fomes *fomentarius;* il est reconnaissable par la croûte dure, brune, ondulée, verruqueuse, qui recouvre le carpophore et par la chair plutôt brune ; le corps fructifère produit une grande quantité de spores brunes qui se déposent en poussière sur la partie sous-jacente au Champignon, sur le tronc de l'arbre ou sur la partie inférieure du corps fructifère. Quelquefois, il est possible de reconnaître une variété anormale dont chaque couche de tubules est séparée par une mince assise de chair blanchâtre.
Le *Ganoderma applanatum* provoque une carie blanche du bois et une pourriture ; l'arbre frappé par ce parasite meurt.
Corps fructifère - *Chapeau* de couleur rouge brun opaque, pourvu de marges plus claires, blanchâtre gris, ensuite brun, parfois par l'effet des spores qui s'y déposent, de couleur brun chocolat ; diamètre de 5 à 30 cm ; en forme de console, plutôt aplati, avec des zones concentriques légèrement en relief. *Stipe* absent. *Spores* de couleur brun chocolat en masse, ovoïdes ou aplaties, avec des parois épaisses, réticulées en surface mais lisses (dimensions moyennes : 10,3 × 6,3 μ).
Habitat et distribution - Croît isolément ou en colonies, en couches superposées, sur des troncs âgés d'arbres à feuilles aplaties, notamment Hêtres et Peupliers, dans des régions montagneuses. De fréquent à commun en Europe et en Amérique septentrionale ; présent à Trinidad, au

A gauche :
Fomes fomentarius.
Ci-dessous :
Fomitopsis pinicola.

Venezuela, en Colombie et à Panama.
Époque d'apparition - Corps fructifères pérennants, se développant durant toute l'année.
Possibilités gastronomiques - Non comestible, ligneux.

Ganoderma lucidum

Corps fructifère - *Chapeau* de couleur marron foncé ou fauve, jusqu'à pourpre, luisant, souvent brillant, comme s'il était laqué, avec des sillons irrégulièrement concentriques, en forme de rein ou circulaire. *Stipe* latéral, allongé. *Pores* d'abord blanchâtres, puis de couleur marron opaque. *Spores* brunes en masse, plus ou moins ovoïdes (11 × 8 μ).
Habitat et distribution - Se développant au niveau du sol, sur des souches d'arbres à feuilles aplaties, chez lesquels il provoque une pourriture blanche. D'occasionnel à fréquent en Europe.
Époque d'apparition - Durant toute l'année.
Possibilités gastronomiques - Non comestible, parce que ligneux.

Gloeophyllum saepiarium

Champignon très nuisible pour les Conifères, rare sur le bois de construction ; cependant, dans certaines régions de l'Europe conti-

Ci-dessus :
Ganoderma applanatum.
En haut :
Ganoderma lucidum
(cet exemplaire est immature et son chapeau n'offre pas encore la forme d'un rein).
A droite :
Grifola frondosa.
En bas :
Gloeophyllum saepiarium.

nentale, il pousse sur du bois tendre de palissades ; il attaque le bois exposé aux intempéries et s'accroît plus activement par temps humide. Les corps fructifères apparaissent environ cinq mois après la germination des spores ; ils causent la pourriture et une nécrose brun rougeâtre avec des fissures qui séparent les anneaux concentriques annuels du bois.
Corps fructifère - *Chapeau* d'abord de couleur brun rouille, enfin brun noirâtre ou châtain, avec marge plus claire, jaunâtre ; diamètre de 3 à 6 cm ; en forme de console mince semi-circulaire; marge large,

surface finement squameuse, d'abord veloutée, enfin verruqueuse ; avec des zones concentriques de couleur variée ; chair jaune brunâtre, subéreuse, tenace. Hyménium situé sur des tubules en forme de lamelles, parfois irrégulièrement fourchues. *Stipe* absent. *Spores* blanches en masse, globuleuses ou légèrement incurvées, lisses (9,5 × 3,5 μ).
Habitat et distribution - Croît sur les Conifères, les souches ou les troncs, sur les haies et sur les bois de construction ; commun.
Époque d'apparition - Toute l'année.
Possibilités gastronomiques - Non comestible, ligneux.

Grifola frondosa
(Polyporus frondosus)

Connu dans l'Antiquité et déjà vendu sur les marchés de Rome. Il en existe des exemplaires pou-

vant atteindre le poids de 3 kg. Le mycélium de cette espèce persiste sur des racines émergeant du sol et à la base du tronc des arbres infectés, où il produit une putréfaction blanche qui rejoint le cœur du tronc ; le mycélium se répand dans le sol qui entoure la Plante, formant des zones plus ou moins vastes ; certains mycologistes tiennent à distinguer le *Grifola intybacea* du *Grifola frondosa,* selon que le chapeau est gris ou plus foncé ; d'autres mycologistes décrivent ces individus comme appartenant à la variété *intybacea.*
Corps fructifère - Présente un gros stipe qui se ramifie plusieurs fois ; des cheveux, en forme de spatule, à l'extrémité de chaque ramification, forment dans leur ensemble une touffe dense, large

jusqu'à 30 cm. *Chapeau* de couleur variant du brun jaunâtre au gris sombre brunâtre, avec des structures radiales plus foncées, maintes fois pourvues de marge plus claire ; diamètre de 4 à 6 cm ; en forme de spatule ou d'éventail étroit ou semi-circulaire, aplati ; marge parfois ondulée, surface rugueuse, avec des fibrilles en éventail ; chair blanche, d'abord molle, ensuite ferme et fibreuse. *Tubules* blancs, courts, décurrents *Pores* de blancs à jaunâtre pâle, très petits, irréguliers, généralement dentelés chez les individus âgés. *Stipe* lisse, blanc, très ramifié (la fin de chaque ramification s'étend latéralement dans un chapeau). *Spores* blanches en masse, elliptiques, lisses (dimensions moyennes : 6 × 4,3 μ).
Habitat et distribution - Croît en touffes larges, à la base des troncs et sur le sol, près d'arbres à feuilles aplaties, notamment Chênes et

Charmes ; fréquent dans plusieurs lieux d'Europe.
Époque d'apparition - De juillet aux premières gelées.
Possibilités gastronomiques - Comestible. Odeur de farine ; les individus jeunes sont bons lorsqu'ils sont cuits soigneusement ; les individus âgés doivent être découpés en petits morceaux et ont besoin d'une longue cuisson.

Hericium coralloides

Espèce fongique très particulière, plutôt rare ; très appréciée par les gourmets.
Corps fructifère - D'abord blanc, puis jaune paille ; diamètre jusqu'à 40 cm ; formé par de denses ramifications entrelacées entre elles, dont chacune se termine en forme d'aiguillon. *Aiguillons* situés sur un côté de chaque ramification, en forme de poinçon, longs de 4 à 10 cm, pendant en touffes comme des flocons. *Stipe* trapu, atteignant une épaisseur moyenne. *Spores* blanches en masse, sphéroïdes, lisses (diamètre moyen : 4,5 μ).
Habitat et distribution - Croît en colonies sur des souches et sur des branches mortes d'arbres à feuilles aplaties ou de Conifères.
Époque d'apparition - D'octobre à novembre en Europe.
Possibilités gastronomiques - Comestible ; les individus jeunes sont bons après cuisson au beurre avec poivre et noix de muscade, en sauce blanche.

Heterobasidion annosum

Parasite très commun, c'est une des causes principales du chancre du bois, qui atteint le cœur des troncs. Provoque la mort de beaucoup d'arbres jeunes (surtout d'Épicéas en Norvège). Dans des milieux humides, il continue à se développer même sur du bois de construction, notamment sur des charpentes, dans des tunnels ou des mines. Les corps fructifères se développent au niveau du sol, autour de la base des arbres, sur des tas de terre, souvent cachés par des touffes de feuilles mortes. Les spores germent soit sur des souches qui viennent d'être découpées, soit dans des fentes ou fissures des troncs, sous l'écorce à la base de Conifères vivants.
Le mycélium se répand dans les racines des arbres voisins.
Corps fructifère - Généralement en console, rarement résupiné. *Chapeau* rougeâtre vif brun, pourvu de marges blanches ; diamètre de 2 à 4 cm, en forme de console ou de coquille irrégulière ; surface dure, semblable à une croûte verruqueuse, avec des rugosités grossières concentriques. *Lamelles* parfois en guise de replis concentriques ; chair blanchâtre, d'abord coriace, et enfin plus dure, ligneuse. *Tubules* stratifiés (couches de 5 à 8 cm d'épaisseur) ; dans les tubules âgés se développe

Ci-contre : Heterobasidion annosum.
En bas : Hericium coralloides.

un nouveau mycélium. *Pores* initialement blancs, puis de couleur crème ; de sphériques à ovales, légèrement irréguliers. *Spores* blanches en masse, de légèrement elliptiques à subglobuleuses, lisses (dimensions moyennes : 5 × 5 μ).
Habitat et distribution - Croît en colonies superposées à la base de Conifères. Peu commun en Europe ; commun en Amérique centrale et septentrionale.
Époque d'apparition - On le trouve pendant toute l'année.
Possibilités gastronomiques - Non comestible.

Hirchioporus abietinus

Champignon d'abord parasite, puis saprobie, formant des carpophores à console sur des Conifères, en y provoquant une pourriture croûteuse, jaune.
Corps fructifère - Généralement composé de petits carpophores à console, rarement résupinés, sur le substrat, avec hyménium exposé sur la face extérieure. *Chapeau* gris blanchâtre ou gris verdâtre, offrant parfois des nuances violacées, surtout sur la marge ; diamètre de 1 à 3 cm ; les chapeaux sont quelquefois soudés latéralement, formant des consoles étroites, étendues sur 7,5 cm ou plus, en forme de coquille, zonés ; surface hérissée par la présence de poils érigés ; chair brune ou violacé brun, mince, ferme, coriace et élastique. *Tubules* lilas violacés, très courts. *Pores* lilas violacés, inégaux, quelquefois anguleux.
Spores blanches en masse, elliptiques, incurvées, lisses (dimensions moyennes : 7,5 × 5 μ).
Habitat et distribution - Croît en colonies superposées sur des troncs morts, sur des souches, sur des branches, tombées au sol, de

Conifères, spécialement si les arbres sont morts à la suite d'incendies. Commun en Europe, Amérique septentrionale.
Époque d'apparition - Présent durant toute l'année.
Possibilités gastronomiques - Non comestible.

Hydnellum zonatum
(Hydnum zonatum)
Les corps fructifères s'accroissent sous forme agrégée en groupes denses ; la chair très ferme ne s'améliore pas après cuisson.
Corps fructifère - *Chapeau* brun rougeâtre à zones concentriques : marges plus claires, diamètre de 3 à 6 cm ; infundibuliforme, inégal ; pourvu de marges ondulées, avec partie inférieure stérile ; surface soyeuse avec des rides en éventail ; chair mince, ferme. *Aiguillons* de l'hyménium bruns, avec des pointes de couleur gris brun et jusqu'à couleur rouille chez les

Ci-contre : Hirchioporus abietinus.
En haut : Hydnellum zonatum.
En bas : Hydnum repandum.

individus mûrs ; décurrents, courts et minces. *Stipe* court, plus ou moins mince, cylindrique, grossi à sa base, brun et tomenteux. *Spores* brun sombre en masse, subglobuleuses, striées (dimensions moyennes : 5,5 × 4,5 μ).
Habitat et distribution - Parfois présent en colonies sur le sol ou près des branches tombées dans les forêts d'arbres à feuilles aplaties ou de Conifères.
Croît abondamment dans plusieurs lieux de la région orientale de l'Amérique du Nord ; de rare à sporadique en Europe.
Époque d'apparition - De septembre à octobre.
Possibilités gastronomiques - La chair demeure ferme après cuisson ; selon certains experts, elle peut servir pour préparer une sauce de goût agréable.

Hydnum repandum
Hydnum sinué, Pied de mouton - Champignon très commun, comestible.
Il s'agit d'une espèce officiellement reconnue comme comestible et vendue comme telle dans d'autres pays.
Corps fructifère - *Chapeau* de jaune ocré clair à jaune orangé ou

rosé ou couleur chamois ; diamètre de 4 à 10 cm ; au début, irrégulièrement convexe, puis aplati et irrégulier, çà et là bosselé, parfois déprimé ; marge involutée, quelquefois lobée ; surface lisse, parfois légèrement fissurée ; chair blanche, immuable, ferme, quelquefois fragile. *Aiguillons* blanchâtres, serrés, courts, décurrents et fragiles. *Stipe* court, trapu, quelquefois plutôt excentrique ; haut de 4 à 12 cm, avec diamètre de 1 à 4 cm, blanchâtre ou taché de jaune ocré aux endroits où il est touché ; chair blanche, ferme. *Spores* blanches dans la masse, subglobuleuses, lisses (dimensions moyennes : 7,8 × 6,5 μ).
Habitat et distribution - Croît en groupes, quelquefois en cercles, dans des landes de buissons et d'herbes, dans des forêts d'arbres à feuilles aplaties, en particulier sous les Hêtres et sous les Conifères des régions montagneuses. Commun en Europe.
Époque d'apparition - De juillet à novembre en Europe.
Possibilités gastronomiques - Comestible. Saveur plutôt amère ou acide, pouvant être éliminée

après ébullition ou immersion dans du lait. Il est bon découpé en tranches et cuit à feu doux pendant une heure dans une casserole fermée, ou bien utilisé comme condiment. Il s'agit d'un Champignon qui donne de bons résultats après dessiccation.

Hymenochaete rubiginosa
C'est un Champignon qui provoque de graves dégâts dans des bois de Chênes, Hêtres (et en Amérique, même de Châtaigniers), produisant des galeries à l'intérieur du bois.
Corps fructifère - En forme de console ou aplati, résupiné sur le substrat, dont l'hyménium est disposé sur sa surface exposée à l'extérieur. D'abord de couleur marron jaunâtre opaque, finement velouté, enfin de couleur châtain foncé à presque noir. Souvent zoné, çà et là verruqueux et lobé. Chair consistante. Hyménium de couleur marron rouille, légèrement rude. La dureté de la chair augmente au fur et à mesure que le Champignon se développe.
Écologie - Présent en groupes superposés, persiste d'une année à l'autre sur les troncs, sur les souches et sur les branches en décomposition d'arbres à feuilles aplaties, notamment des Chênes et Hêtres.
Fréquent en Europe et en Amérique du Nord. On le trouve pendant toute l'année. Non comestible.

Inonotus hispidus
Corps fructifère - D'abord de couleur marron jaunâtre, ensuite de couleur rouille foncé, enfin marron noirâtre, hérissé, en forme de console, sessile, de 15 à 20 cm de largeur. *Pores* bruns d'où exsudent des gouttes aqueuses. *Spores* de couleur marron jaunâtre.
Écologie - Présent sur des troncs

court, grossi, commun. *Chapeau* initialement de couleur jaune orangé clair, qui passe au blanc fauve pâle ; large de 10 à 12 cm, en forme de console épaisse, aplatie, légèrement irrégulière ; marge ondulée ; chair d'abord jaune, puis blanche, épaisse, spongieuse, fragile et très légère après dessiccation. *Tubules* jaune soufre, courts. *Pores* d'abord de couleur jaune soufre vif, s'estompant avec l'âge, très petits, arrondis. enfin anguleux. *Spores* blanches en masse, d'ovoïdes à légèrement réniformes. lisses (6,5 × 4,5 μ).
Habitat et distribution - Croît en colonies d'individus superposés, sur le tronc de Conifères et d'arbres à feuilles aplaties ; commun en Europe septentrionale.

d'arbres à feuilles aplaties, notamment Pommiers et Frênes. Le mycélium pénètre à travers les blessures dans l'écorce, provoquant à l'intérieur du bois une pourriture spongieuse blanche. Commun en Europe, de mai à février. Non comestible.

Laetiporus sulphureus

Champignon nuisible pour toutes les Plantes, soit dans les régions tempérées, soit aux tropiques ; attaquant les Plantes ligneuses les plus résistantes, même les Chênes ; il s'agit de l'un des rares Champignons rencontrés sur les *Taxus* âgés ; dans des régions méditerranéennes, sa présence est gravement nuisible pour les Châtaigniers. Le mycélium peut vivre pendant plusieurs années dans le bois sous-jacent à l'écorce, avant l'apparition des corps fructifères. Provoque une pourriture rouge brun dans le cœur du bois, alors que les fentes se remplissent de mycélium formant du feutrage semblable à des peaux. Les corps fructifères réapparaissent sur le tronc à chaque saison ; les arbres infectés peuvent survivre pendant plusieurs années, mais leurs troncs deviennent progressivement creux et peuvent même tomber lorqu'ils sont frappés par des vents forts. Le *Laetiporus sulphureus* a provoqué, dans le passé, le dépérissement d'embarcations construites avec du bois infecté ; aujourd'hui encore, le même problème se présente pour des embarcations, péniches et bateaux à voile.
Corps fructifère - Quelquefois constitué par un certain nombre de chapeaux superposés (diamètre 20 à 40 cm), agrégés sur un stipe

Époque d'apparition - De mai à novembre en Europe ; de juin à septembre en Amérique du Nord.
Possibilités gastronomiques - Comestible mais de qualité médiocre. Odeur forte mais agréable ; saveur légèrement acide. Sont tendres seulement les chapeaux ou les bords de chapeaux jeunes à peine étalés.

Lenzites betulina
(Trametes betulina)

Espèce reconnaissable par la présence de pores allongés, étant formés par des lamelles.
Corps fructifère - En console. *Chapeau* de blanc à gris, quelquefois nuancé de brun, de 4 à 8 cm de largeur, semi-circulaire, aplati, à zones concentriques. Marge quelquefois ondulée ; chair blanche, mince, initialement tendre puis subéreuse. *Tubules* de blancs à blanc jaunâtres, allongés, avec des cloisons semblables à des lamelles, parfois ramifiés, avec des

Ci-dessus : Laetiporus sulphureus.
En haut : Inonotus hispidus.
En bas : Hymenochaete rubiginosa.

parois épaisses. *Stipe* absent. *Spores* blanches en masse, elliptiques (5 × 2,3μ).
Habitat et distribution - Croît souvent en colonies superposées, sur des souches, troncs et branches d'arbres à feuilles aplaties (spécialement Bouleaux, parfois Hêtres) ; fréquent en Europe.
Époque d'apparition - Pendant toute l'année.
Possibilités gastronomiques - Non comestible. Goût de noix et consistance subéreuse élastique.

Meripilus giganteus

Champignon parmi les plus volumineux ; formant de grandes touffes autour de la base des Chênes et des Hêtres ; de bonne qualité alimentaire.
Corps fructifère - Champignon se développant en touffes de chapeaux séparés sur des stipes réunis dans une partie basilaire enflée ; diamètre jusqu'à 1 m. *Chapeau* couleur brun clair ou même clair ; marge jaune crème ; diamètre de 8 à 20 cm ; de semi-circulaire à forme d'éventail, zoné ; marge ondulée ou lobée ; surface qui se fend en secteurs finement squameux ; chair blanche, qui noircit un peu après découpage, d'abord fragile puis tenace. *Tubules* blancs, noirâtres au toucher, arrondis, très petits. *Stipe* court, plus ou moins latéral, qui s'étend vers le sommet au niveau des frondes des chapeaux. *Spores* blanches en masse, de largement elliptiques à réniformes (dimensions moyennes : 5,5 × 4,5 μ).
Habitat et distribution - Croît en touffes volumineuses à la base d'arbres à feuilles aplaties, aussi bien qu'autour des souches et sur les racines, en particulier des Chênes et des Hêtres ; commun.
Époque d'apparition - De juillet à janvier.
Possibilités gastronomiques - Comestible, avec une odeur de cerise. Les jeunes chapeaux sont bons en ragoût ; les individus âgés sont coriaces.

Merulius tremellosus

Reconnaissable par son chapeau duveteux, presque transparent, et par sa chair gélatineuse.
Corps fructifère - Aplati, étendu, résupiné, pourvu d'hyménium sur sa face exposée vers l'extérieur ; marge qui se replie en s'enroulant. *Chapeau* de verdâtre clair à blanc, légèrement transparent, avec une marge rosée ; large de 1 à 4 cm, parfois en forme de console ; marge dentelée ou sinueuse ; surface duveteuse ; chair blanche, de consistance gélatineuse. Hyménium d'orangé à couleur chamois jusqu'à rose, réticulé par des plis ou veines formant des pores peu profonds, allongés s'irradiant du point d'attache du corps fructifère au substrat. *Spores* blanches en masse, lisses (dimensions moyennes : 4,5 × 1 μ).
Habitat et distribution - Souvent en colonies où les carpophores à console sont superposés dans des files. On le rencontre sur les souches pourrissantes, sur les troncs creux d'arbres à feuilles aplaties. De sporadique à fréquent en Europe.
Époque d'apparition - De septembre à mars en Europe.
Possibilités gastronomiques - Non comestible. Goût de bois, plutôt tenace.

Phaeolus schweinitzii

Corps fructifère - Couleur marron foncé, avec marge jaunâtre, très duveteuse. En forme de console. *Pores* jaune verdâtre, qui deviennent bruns lorsqu'ils sont comprimés.
Stipe absent ou court, trapu, couleur marron.
Écologie - Souvent présent en groupes au niveau du sol, sur des souches et des racines de Conifères. Provoque une pourriture de couleur marron, notamment sur le tronc des Pins. De fréquent à commun en Europe. D'août à décembre. Non comestible.

Ci-dessous :
Lenzites betulina.
En bas :
Meripilus giganteus.
A droite,
de haut en bas :
Phaeolus schweinitzii *et*
Merulius tremellosus.

Phellinus igniarius

Les corps fructifères du *Phellinus igniarius* sont pérennants ; ils produisent chaque année une nouvelle couche de tubules sur leur surface externe inférieure. Les corps fructifères âgés sont extrêmement tenaces et peuvent être composés de vingt à trente couches de tubules. Ce Champignon provoque une putréfaction blanche dans le cœur du bois d'arbres infectés, qui le rend non commercial.

Corps fructifère - *Chapeau* d'abord couleur rouille, ensuite gris noirâtre avec marge gris blanchâtre ; diamètre de 5 à 25 cm ; en forme de console ou de sabot, avec des rainures concentriques ; généralement fissuré, irrégulièrement à éventail ; surface légèrement pruineuse, chez les individus jeunes ; marge arrondie, d'épaisseur moyenne ; chair brun rouille, zonée, très ferme. *Tubules* bruns, longs jusqu'à 1 cm, parfois stratifiés ; les tubules plus âgés se remplissent d'un nouveau mycélium blanc. *Pores* gris blanchâtre, plus claires chez les Individus âgés, enfin couleur cannelle ; très petits, ronds. *Stipe* absent.
Habitat et distribution - Croît sur des troncs d'arbres à feuilles aplaties, notamment Saules et Peupliers ; répandu et commun dans plusieurs lieux de l'Europe et de l'Australie.
Époque d'apparition - Durant toute l'année.
Possibilités gastronomiques - Non comestible.

Phellinus pomaceus

Il est commun sur les Pruniers où il provoque une pourriture dans le cœur du tronc.
Corps fructifère - D'abord brun, enfin gris ; marge grise, ensuite de couleur cannelle ; diamètre de 2 à 6 cm ; en forme de coussinet ou irrégulièrement étendu, quelquefois en forme de sabot ; marge arrondie, initialement veloutée, puis fissurée ; chair brun clair, très ferme, ligneuse. *Tubules* couleur cannelle, longs d'environ

6 mm, stratifiés chez les individus âgés. *Pores* offrant d'abord des reflets grisâtres, puis bruns, très petits. *Spores* brun clair en masse, globuleuses, lisses, ($6 \times 5{,}5\,\mu$).
Habitat et distribution - Croît sur des Rosacées ligneuses vivantes, spécialement Aubépines, arbres fruitiers à pépins et Pruniers. Commun en Europe et en Amérique du Nord.
Époque d'apparition - Pendant toute l'année.
Possibilités gastronomiques - Non comestible.

Phellinus robustus
(Fomes robustus)

Corps fructifère - Semblable à une console ou à un sabot, offrant des couches de développement pluri-annuel ; large de 10 à 30 cm, avec une épaisseur allant jusqu'à 30 cm ; la surface supérieure est de couleur brun ; chair et *tubules* rougeâtre brun. *Spores* blanc jaunâtre en masse.
Habitat et distribution - Croît notamment sur les Chênes, en Europe continentale (montagnes comprises).
Époque d'apparition - Présent toute l'année.
Possibilités gastronomiques - Ce Champignon ne peut pas être considéré comme étant comestible, à cause de sa consistance subéreuse-ligneuse.

Piptoporus betulinus
(Polyporus betulinus, Ungulina betulina)

Ci-contre :
Phellinus robustus.
Au centre :
Phellinus pomaceus.
A gauche :
Phellinus igniarius.

Champignon spécifique des Bouleaux ; croît sur des arbres se trouvant déjà en phase de dégradation, souvent en groupes nombreux qui envahissent tous les troncs. Provoque une pourriture farineuse du bois, brune, donnant lieu à la mort de l'arbre infecté.
Corps fructifère - *Chapeau* à socle de grisâtre à brun clair ; diamètre de 5 à 30 cm ; réniforme ou en forme de coquille, convexe et quelquefois pointu ; surface lisse, mince, facilement détachable ; marge épaisse, involutée, faisant saillie au-delà de la surface des pores ; chair d'abord blanche, ferme, tenace, d'humide à sèche et subéreuse avec l'âge. *Tubules* blancs, longs jusqu'à 1 cm ; séparés de la chair chez les individus mûrs. *Pores* blancs, légèrement gris avec l'âge, très petits, arrondis, à parois épaisses. *Stipe* manquant ou très court, sous forme de légère protubérance. *Spores* blanches en masse, lisses (dimensions moyennes : $4{,}8 \times 1{,}8\,\mu$).
Habitat et distribution - Croît en colonies nombreuses sur les Bouleaux ; commun en Europe et dans les régions nordiques de l'Amérique septentrionale ; fréquent en Australie.
Époque d'apparition - Présent

Ci-dessus, de gauche à droite : Piptoporus betulinus *et* Polyporus squamosus. *En bas :* Polyporus brumalis. *A droite : au centre,* Polyporus varius ; *en bas,* Pseudotrametes gibbosa.

pendant toute l'année (notamment en été et en automne).
Possibilités gastronomiques - Non comestible. Ligneux.

Polyporus brumalis

Corps fructifère - *Chapeau* d'abord couleur marron, duveteux, qui devient ensuite plus clair et lisse, avec marge poilue, souvent ondulée ou lobée ; convexe puis déprimé. *Pores* de blanchâtres à jaunâtres. *Stipe* central ou parfois excentrique, souvent ondulé, de couleur gris tendant à la couleur châtain vers la base.
Écologie - Se développant sur des souches, troncs et branches d'arbres à feuilles aplaties, souvent aussi sur du bois enterré. Fréquent en Europe. Les corps fructifères sont présents toute l'année. Non comestible.

Polyporus squamosus

Polypore écailleux.
Champignon quelquefois très volumineux (son corps fructifère peut atteindre même vingt kilos), de 70 cm de largeur environ. Ses corps fructifères se détériorent beaucoup plus tôt que ceux d'autres Polypores et ils s'altèrent complètement avant le début de l'hiver. Le mycélium continue à se développer à l'intérieur de l'arbre infecté pendant plusieurs années, donnant des fructifications à chaque automne ; les formes anormales, ressemblant à des cornes de cerf, peuvent se développer en pleine obscurité.
Corps fructifère - *Chapeau* jaune ocré clair, avec des taches brunes plus ou moins foncées, surface revêtue d'écailles minces, brunes, ordonnées en séries concentriques ; diamètre de 10 à 35 cm ; de réniforme à presque circulaire en coquille, plus aplati. Chair blanche, d'abord tendre, plus coriace, relativement mince, dégageant une odeur de farine.

Tubules blanc jaunâtre, décurrents, longs jusqu'à 1 cm. *Pores* d'abord blancs, petits, puis jaune grisâtre, de plus en plus grands, anguleux et dentelés. *Stipe* de latéral à excentrique, court, trapu, oblique, de 5 à 8 cm de hauteur, et de 2 à 5 cm de diamètre, de blanchâtre à couleur crème, noir au pied ; chair blanche, ferme, immuable. *Spores* blanches en masse, elliptiques, lisses (dimensions moyennes : $12{,}5 \times 4{,}5\mu$).
Habitat et distribution - Croît isolément ou en groupes sur des troncs, des souches ou sur du vieux bois d'arbres à feuilles aplaties (spécialement d'Ormes, Frênes, Poiriers).
Commun en Europe ; peu commun dans les régions orientales de l'Amérique septentrionale ; présent en Australie.
Époque d'apparition - D'avril à décembre en Europe. De mai à novembre en Amérique du Nord.
Possibilités gastronomiques - Odeur forte de farine. Champignon coriace, comestible, mais de qualité médiocre : il peut être consommé seulement à l'état jeune, s'il est découpé en petits morceaux et cuit longtemps à feu doux.

Polyporus varius

Corps fructifère - La couleur du *chapeau* varie du jaune ocre à la couleur cannelle, souvent avec des lignes en éventail marron sombre. Il a une forme de langue, de coquille ou circulaire, déprimé ou infundibuliforme chez les individus adultes. *Pores* couleur crème tendant au gris.
Stipe central ou excentrique, de couleur crème, devenant ensuite noirâtre, entortillé ou ondulé vers la base.
Écologie - Se développant sur des souches, troncs et branches tombées au sol, d'arbres à feuilles aplaties. Commun en Europe. Présent pendant toute l'année. Non comestible parce qu'il est de consistance ligneuse.

Pseudotrametes gibbosa

Polypore très commun provoquant une pourriture blanche chez de vieilles souches de Hêtres ou d'autres arbres à feuilles aplaties.
Corps fructifère - *Chapeau* de blanchâtre à grisâtre, parfois taché de verdâtre par la présence d'Algues microscopiques ; diamètre de 8 à 15 cm, en forme de console, zoné ; marge obtuse ou arrondie, quelquefois ondulée ; surface finement pruineuse ; chair blanche, coriace, ferme. *Pores* blanc sale, allongés et disposés en éventail, 3 à 5 fois plus longs que larges, à parois épaisses. *Stipe* absent. *Spores* blanches en masses, cylindriques, lisses (dimensions moyennes : $5 \times 2{,}3\,\mu$).

Habitat et distribution - Croît isolément ou en colonies superposées, sur des souches d'arbres à feuilles aplaties (notamment Hêtres) ; commun en Europe.
Époque d'apparition - De juillet à mars.
Possibilités gastronomiques - Non comestible.

Pycnoporus cinnabarinus

Corps fructifère - De couleur rouge écarlate à orange vif, s'estompant ensuite jusqu'à devenir jaune orangé opaque, légèrement verruqueux, avec des zones concentriques à peine perceptibles. En forme de console ou résupiné. *Pores* très petits, de couleur rouge écarlate.
Écologie - Se développant isolément ou en colonies superposées sur des troncs d'arbres à feuilles aplaties, notamment Bouleaux et Hêtres. Occasionnel en Europe, il devient plus commun vers les régions méridionales. Répandu en Australie. De juillet à octobre. Non comestible, ligneux.

Ramaria botrytis

(Clavaria botrytis)

En récoltant cette espèce comestible, il faut faire attention à ne pas la confondre avec le *Ramaria formosa* ou avec d'autres *Ramaria*. Il représente un aliment commun dans certaines régions de l'Amérique septentrionale et de l'Europe.
Corps fructifère - Assez volumineux, compact, densément ramifié dans sa partie supérieure, haut de 4 à 15 cm, avec un diamètre de 10 à 20 cm ; à partir de sa base trapue et massive, se développent des ramifications plusieurs fois subdivisées, se terminant, à leur extrémité, en plusieurs rameaux, petits, courts pointus ; partie basilaire haute de 3 à 4 cm, avec un diamètre allant de 2 à 6 cm ; de couleur jaunâtre clair ; pointes des ramifications de rouge commun à violacé chez une variété ; chair blanche ou jaune paille, ferme, fragile. *Spores* jaune clair en masse, elliptiques, légèrement allongées, striées, autrement lisses (15 × 5 μ).
Habitat et distribution - Se développant maintes fois en cercles ou groupes sur des terrains riches, acides, des forêts d'arbres à feuilles aplaties, sous les Conifères des régions montagneuses, parfois sous les Rhododendrons ; de sporadique à fréquent en Europe.
Époque d'apparition - De juillet à novembre.
Possibilités gastronomiques - Goût léger, plutôt acide chez les individus âgés ; odeur légère de fruit ; les individus jeunes sont compacts, charnus, tendres et offrent un goût agréable. La base grande et charnue, aussi bien que les ramifications principales, requièrent une cuisson plus longue que les extrémités tendres.
Il ne faut pas en abuser, car comme les Clavaires, il peut provoquer des troubles gastro-entériques.

Ramaria flava

(Clavaria flava)

Les individus âgés de cette espèce peuvent être confondus avec le *Ramaria formosa*, amer et laxatif ; ce Champignon n'est pas toléré par tout le monde.
Corps fructifère - Portion basilaire grande, trapue, charnue, de 10 à 20 cm de hauteur, de 6 à 15 cm de diamètre, produisant des ramifications érigées, courtes, se terminant en petites pointes aplaties, minces ; base blanche, rougeâtre brun au stade mûr, ramifications jaune soufre vif (puis ocré avec l'âge) ; chair blanche, tendre, élastique. *Spores* jaune clair dans leur masse, elliptiques, finement verruqueuses (dimensions moyennes : 12 × 5 μ).
Habitat et distribution - Croît isolément sur le sol, sporadiquement sur des souches pourrissantes dans des forêts d'arbres à feuilles aplaties (notamment de Hêtres) et dans les coniféraies des régions montagneuses ; de sporadique à fréquent en Europe, commun en Amérique septentrionale.
Époque d'apparition - De juillet à octobre en Europe. De juillet à septembre en Amérique septentrionale.
Possibilités gastronomiques - Non toxique, mais au goût piquant et de qualité médiocre ; non toléré par tous les individus. Les exemplaires développés sur du bois sont facilement coriaces, fibreux et astringents.

Ci-dessus : Ramaria botrytis.
A gauche : Pycnoporus cinnabarinus.
Ci-dessous : Ramaria flava.

Ramaria formosa

(Clavaria formosa)

Espèce considérée par certains experts comme vénéneuse ; mais, pour d'autres, elle est inoffensive ;

elle peut être facilement confondue avec les espèces *botrytis* et *flava*.
Corps fructifère - Volumineux, densément ramifié à partir d'une partie basale courte et trapue ; de 18 à 25 cm de hauteur ; produisant des ramifications allongées, érigées, subdivisées à leur extrémité

en petites branches ; couleur rosé ocre chamois à la base ; ramifications rose saumon à pointes jaunes ou jaune rosé ; chair couleur rose clair, puis ocre brunâtre au toucher, fragile mais filamenteuse. *Spores* ocrées en masse, d'elliptiques à ovoïdes (dimensions moyennes : 13 × 4,3 μ).
Habitat et distribution - Croît en touffes ou en cercles, sur le sol des forêts d'arbres à feuilles aplaties (spécialement Hêtres), sous les Conifères, dans des régions montagneuses. Fréquent en Europe.
Époque d'apparition - De juillet à novembre.
Possibilités gastronomiques - Moyennement vénéneux : goût amer, acide, irritant ; provoque des diarrhées violentes.

Sarcodon imbricatum

Espèce assez volumineuse, reconnaissable par ses écailles épaisses, sombres, superposées ; pour usage alimentaire, il faut récolter seulement les individus jeunes, les individus âgés offrant un goût amer ; de toute façon, il s'agit d'un Champignon très médiocre.
Corps fructifère - *Chapeau* grisâtre opaque, brun ; diamètre de 5 à 15 cm, d'abord convexe, puis légèrement déprimé en son centre ; surface recouverte de grosses écailles imbriquées, concentriques, superposées au centre ; chair blanche, brunâtre ou couleur chamois, ferme mais fragile. *Aiguillons* de couleur grisâtre à gris brun ; décurrents, courts, de longueurs diverses, très fragiles chez les individus âgés. *Stipe* enflé au pied, de 2 à 3 cm de hauteur, de 2 à 3 cm de diamètre ; de blanc grisâtre à brun clair, lisse légèrement velouté à la base ; chair ferme. *Spores* rougeâtre brun en masse, sphériques, striées (diamètre 6 μ).
Habitat et distribution - Croît en colonies, plus rarement en cercles, sur des terrains sableux de forêts de Conifères et d'arbres à feuilles aplaties (notamment de Chênes) ; présent dans des régions montagneuses et dans des vallées ; variable en Europe.
Époque d'apparition - De juillet à novembre en Europe.
Possibilités gastronomiques - Non toxique mais de qualité médiocre. Les individus âgés offrent souvent un goût amer et une odeur aromatique ; les individus jeunes sont utilisables après ébullition, mais le liquide de cuisson doit être éliminé ; selon certains experts, ils sont bons dans les fritures, panés, avec des oignons.

Ci-contre : Ramaria formosa.
En haut : Sarcodon imbricatum.
En bas : Schizophyllum commune.

Schizophyllum commune

Espèce très commune en Europe ; toutefois, on la retrouve aussi dans des pays tropicaux, sur des troncs de bois dur ; elle ne provoque pas de dégâts très graves ; cependant, le bois infecté diminue de valeur. On dit que des corps fructifères desséchés ont recommencé à vivre après plusieurs années. Les mycologistes ont étudié cette espèce pour préciser les phénomènes de reproduction des Champignons.
Corps fructifère - *Chapeau* gris brunâtre quand il est humide, blanchâtre gris et rosé lorsqu'il est sec ; diamètre de 1 à 4 cm ; en forme d'éventail ou réniforme, avec marge involutée ou légèrement lobée ; surface pruineuse ou écailleuse ; chair brunâtre lorsqu'elle est humide, blanche si elle est sèche, ferme, élastique. *Lamelles* grisâtres, lilas violacé, en éventail au point d'insertion sur le stipe court ; souvent bifide. *Stipe* absent ou court. *Spores* rose clair en masse, presque cylindriques, lisses (dimensions moyennes : 5 × 1,3 μ).
Habitat et distribution - Croît en colonies éparses sur des troncs, branches mortes, souches, amas de bois de construction d'arbres à feuilles aplaties ; quel-

quefois, sur du bois de Conifère dans des régions montagneuses ; très fréquent en Europe.
Époque d'apparition - Toute l'année en Europe.
Possibilités gastronomiques - Non comestible.

Serpula lacrymans
(Merulius lacrymans, Gyrophana lacrymans)

Les corps fructifères de ce Champignon sont formés par des plaques de mycélium grisâtre, qui, se développant à partir du bois infecté, traversent plusieurs substrats ; ces rubans de feutrage mycéliens, ou cordons, poursuivent leur croissance même à travers des plâtres, des fissures dans des murs en briques, et des fentes dans les pierres, tandis qu'ils doivent continuer à recevoir leur nourriture à partir du bois ; leur développement s'arrête par absence d'espace lorsqu'ils ne peuvent pas se développer plus loin. Ils prospèrent dans des milieux humides, là où l'aération est réduite ou absente. Le développement de ce Champignon se produit tant dans les régions tropicales que dans celles plus froides et tempérées. Il est particulièrement nuisible aux caisses de bois dans les régions arctiques. Le *Serpula* n'est pas pathogène pour l'homme ; cependant, il peut provoquer une allergie respiratoire lorsqu'on inspire de l'air contenant un pourcentage élevé de spores.
Corps fructifère - Généralement aplati et résupiné, sur des surfaces horizontales, avec l'hyménium situé sur la face exposée ; forme sporadiquement des carpophores en console sur des surfaces verticales ; dimensions indéfinissables ; les corps fructifères mûrs atteignent une épaisseur d'environ 1 cm ; ils sont de couleur brun ou rouille, cannelle ou fauve avec une surface alvéolée ; marge blanche pruineuse et cotonneuse, avec épaisseur variable. Hyménium recouvrant la surface alvéolée (les replis de la surface de l'hyménium s'allongent et deviennent dentelés dans les corps fructifères en forme de console). *Spores* jaunes en masse, elliptiques, lisses (9,5 × 5,5 μ).
Habitat et distribution - Très commun sur le bois de construction, à l'intérieur des habitations, tunnels, embarcations, dans des conditions d'humidité et de mauvaise aération. Présent dans les régions tempérées d'Europe.
Époque d'apparition - Toute l'année.
Possibilités gastronomiques - Non comestible.

Sparassis crispa
(Clavaria crispa, Helvella ramosa)

Espèce caractéristique unique ; les individus adultes rappellent légèrement les inflorescences des choux-fleurs, et certains d'entre eux atteignent un poids considérable. Cette espèce se raréfie.
Corps fructifère - Irrégulièrement globuleux, de volume considérable, semblable à une inflorescence intriquée de choux-fleur, avec des méandres en rubans crispés ; diamètre de 10 à 35 cm ; d'abord couleur crème, puis progressivement plus sombre avec l'âge, notamment aux marges des ramifications ; chair d'aspect cireux, fragile. *Spores* jaune ocre clair en masse, de largement elliptiques à réniformes, lisses (dimensions moyennes : 6 × 4,5 μ).
Habitat et distribution - Champignon formant des amas volumineux à la base de souches de Sapins, quelquefois aussi à l'intérieur de troncs creux à la suite de caries ; n'étant plus fréquent en Europe.
Époque d'apparition - De juillet à novembre.
Possibilités gastronomiques - Goût léger de noisette ; la chair devient ferme chez les individus âgés.

Ci-dessus :
Sparassis crispa.
En bas :
Serpula lacrymans.

Stereum hirsutum

La forme de ce Champignon varie suivant le substrat sur lequel il pousse.
Normalement en forme de console, il devient résupiné ou légèrement concave lorsqu'il croît sur une surface horizontale, comme par exemple la partie supérieure d'une souche découpée ; lorsqu'il fructifie sur le côté inférieur d'une souche d'arbres, il est toujours aplati, avec l'hyménium toujours situé sur sa surface exposée.
Il représente une des causes principales de la dégradation du bois des Chênes abattus et laissés sur le sol ; naturellement, il est un agent important de la décomposition des branches tombées au sol et des troncs de nombreuses espèces végétales à feuilles aplaties.
Corps fructifère - *Chapeau* de couleur variant de jaune ocré chamois à gris, de 1 à 10 cm de longueur, résupiné ou en console, souvent irrégulier, subdivisé en zones ; il présente souvent de

multiples carpophores en consoles, réunis latéralement. La marge est ondulée ou lobée. La surface est légèrement pruineuse. La surface supérieure est hérissée. La chair est mince, dure, coriace. Hyménium d'abord jaune ocre clair, devenant ensuite gris, opaque, lisse ou rude. *Stipe* absent. *Spores* blanches en masse, ellipsoïdales, aplaties sur un côté, lisses (dimensions moyennes : $6 \times 3\ \mu$).
Habitat et distribution - Croît en files ou colonies hétérogènes sur des souches d'arbres, sur des branches tombées au sol et sur du bois abattu et travaillé, appartenant à des arbres à feuilles aplaties. Commun en Europe et en Australie, on le trouve au Venezuela.
Époque d'apparition - Présent durant toute l'année.
Possibilités gastronomiques - Non comestible.

Stereum rugosum

Corps fructifère - Résupiné et aplati sur le substrat, avec l'hyménium disposé sur la surface exposée ; marge orientée vers le haut. Hyménium marron rosé clair, puis gris et jusqu'à rouge sang ; émet un liquide aqueux lorsqu'il est découpé.
Écologie - Il se trouve sur des souches d'arbres, branches tombées au sol et troncs d'espèces à feuilles aplaties. Non commun en Europe, se trouve aussi en Australie. Présent au cours de toute l'année. Non comestible.

Ci-dessous : Stereum hirsutum. *Au centre, de haut en bas :* Stereum rugosum *et* Thelephora palmata. *A droite :* Thelephora terrestris.

Thelephora palmata

Corps fructifère - Érigé, buissonneux, pourvu de nombreuses ramifications irrégulières, aplaties, qui se développent à partir d'un stipe court, mince. Couleur marron, souvent rouille ou couleur brûlé, ou terre d'ambre, plus clair vers le sommet. Odeur fétide ou d'ail.
Écologie - Se trouvant en groupes sur le terrain des bois de Conifères notamment sous les Pins.

D'occasionnel à fréquent en Europe ; il est connu en Australie. D'août à novembre. Non comestible.

Thelephora terrestris
(Byssocorticium terrestris)

La couleur sombre de ce Champignon peut être facilement confondue avec celle du sol environnant et des feuilles mortes, ce qui en rend difficile le repérage.
Constitue une menace pour les jeunes plantations de Pins : en fait, il provoque le dépérissement et la mort des plantules. En Amérique septentrionale, il atteint aussi les jeunes Érables.

Cette espèce peut, dans des conditions particulières, être mycorhizienne avec les Pins.
Corps fructifère - Érigé, à buisson, ou parfois étendu sur le substrat et pourvu alors d'une petite marge orientée vers le haut. *Chapeau* couleur chocolat terre sombre ou brun noirâtre, avec marge à franges plus claires, de 3 à 8 cm de largeur ; en forme d'éventail ou irrégulièrement infundibuliforme ; surface à écailles finement hérissées, disposées en éventail. Chair brune, mince, dure, fibreuse. Hyménium de couleur brun clair, rugueux ou granuleux. *Stipe* absent ou court. *Spores* couleur marron en masse, anguleuses, verruqueuses (dimensions moyennes : $8{,}5 \times 6{,}8\ \mu$).
Habitat et distribution - Croît en groupes sur le substrat d'aiguilles dans les pinèdes, sur racines, petits rameaux, branches, troncs de Conifères, sur le feuillage mort, etc.
Commun en Europe et sur les Érables d'Amérique septentrionale.
Époque d'apparition - De juillet (généralement août) à décembre.
Possibilités gastronomiques - Non comestible.

Vuilleminia comedens

Petit Champignon présent dans les bois ; on le rencontre plus souvent sur des rameaux d'arbres,

entre l'écorce détachée et le bois.
Corps fructifère - Sous forme de petite croûte qui sort à l'extérieur par-dessus l'écorce. Couleur chair opaque.
Spores blanches dans leur masse, cylindriques, un peu incurvées (dimensions moyennes : $18 \times 6{,}3\ \mu$).
Habitat et distribution - Ce Champignon est présent sur des branches mortes aussi bien que sur de jeunes troncs d'arbres à feuilles aplaties. Peu commun en Europe.
Époque d'apparition - Présent pendant toute l'année.
Possibilités gastronomiques - Inconnues.

Sous-ordres Agaricales et Bolétales

Dans les pages qui suivent seront examinées, par ordre alphabétique, des espèces appartenant aux deux sous-ordres qui viennent d'être mentionnés. Au cours de cet examen, aucune distinction ne sera faite entre les deux sous-ordres.

Agaricus arvensis
(Psalliota arvensis)
Agaric des bois

Champignon de proportions considérables, présent dans des zones couvertes d'herbes et ouvertes. Il est semblable à l'*Agaricus silvicola (= Pratella flavescens),* dont il diffère par l'absence de grossissement à la base du stipe. Il peut être repéré accidentellement dans les cultures de Champignons.

Corps fructifère - *Chapeau* blanc, qui devient livide et plutôt jaune avec l'âge, d'abord convexe, ensuite étalé, avec un diamètre variable allant de 8 à 15 cm (exceptionnellement atteignant 20 cm) ; cuticule soyeuse, tendue, lisse et presque lucide ; chair blanche, immuable, ferme et consistante. *Lamelles* d'abord blanches, puis grises et enfin de couleur brun sombre, jamais complètement roses ; libres, denses, plutôt étroites, qui s'élargissent et grossissent à proximité du stipe. *Stipe* uniformément cylindrique ou à peine grossi à la base ; de 5 à 12 cm, avec un diamètre d'environ 3 cm ; blanc ou à peine jaunâtre, lisse, d'abord plein et compact, puis creux et fibreux ; présente un anneau évident, mou et retombant sur le stipe lui-même. *Spores* elliptiques (8 × 5,5 μ), lisses, de couleur brun pourpre, lorsqu'elles sont observées en masse, brun cuivre au microscope.

Habitat et distribution - Croît dans des prés et des champs cultivés, au voisinage d'étables et d'écuries, bergeries et granges, plus rarement dans des régions forestières ouvertes.

Ce champignon est fréquent dans toute l'Europe y compris la Grande-Bretagne.

Époque d'apparition - De juin à novembre.

Possibilités gastronomiques - Il a un goût sucré et parfois un arôme d'anisette accentué ; charnu et d'excellente qualité à l'état jeune, devient trop coriace.

Agaricus augustus
(Psalliota augusta)

Champignon comestible parmi les meilleurs. De dimensions considérables, au chapeau assez semblable à celui du *Lepiota procera,* mais pourvu d'écailles plus petites et dépourvu de protubérance prononcée. On peut favoriser le développement de nombreux individus en arrosant le lieu où il en a été retrouvé un.

Corps fructifère - *Chapeau* jaunâtre brun ou blanchâtre, qui devient jaune en desséchant, revêtu de squames très fines, couleur noisette, d'abord subsphérique, puis convexe et étendu, de 10 à 20 cm de diamètre. Chair blanche, pouvant devenir légèrement jaune, au découpage. *Lamelles* d'abord blanches (jamais roses), enfin couleur brun sombre, libres. *Stipe* cylindrique, haut jusqu'à 20 cm, considérablement enfoncé dans le sol ; écailleux chez les individus jeunes, avant que le chapeau ne s'aplatisse ; il devient ensuite blanc et lisse, pourvu d'un grand anneau membraneux situé en haut. Chair qui se colore en jaune au toucher. *Spores* ellipsoïdales, lisses, couleur marron chocolat en masse (dimensions moyennes : 8,5 × 5 μ).

Habitat et distribution - Présent sporadiquement dans les bois, dans les parcs, près des amas de fumier et dans les prés, quelquefois aussi dans les vergers et au bord des champs. Fréquent en Europe.

Époque d'apparition - D'août à novembre en Europe.

Possibilités gastronomiques - Charnu et d'excellent goût ; il possède un fort arôme d'anisette. Il est conseillé de le faire cuire aussitôt que possible après la récolte.

Ci-contre : Agaricus augustus.
Au centre : Agaricus arvensis.
En haut : Vuilleminia comedens.

Ci-dessus :
Agaricus bisporus.
A droite :
Agaricus bitorquis.

Agaricus bisporus
(Psalliota bispora, P. hortensis var. **bispora)**
Champignon de culture, Champignon

Corps fructifère - *Chapeau* globuleux ou globuleux-tronqué qui s'aplatit en se développant, blanc, blanchâtre ou fauve pâle, selon les souches et les races ; lisse ou revêtu de fibrilles brunes ; marge offrant des résidus d'anneau chez les individus jeunes. *Lamelles* libres, roses, puis pourpre brun. *Stipe* court, cylindrique, lisse et muni d'anneau ; la chair est blanche et devient rougeâtre brun au toucher. *Spores* brun pourpre en masse.

Habitat et distribution - Croît sur des cumuls de fumier ou dans des lieux riches en matériaux organiques.

Époque d'apparition - Dans la nature, du printemps à l'automne.

Possibilités gastronomiques - Ce Champignon est largement cultivé dans de nombreuses régions du monde. Les experts en distinguent deux espèces (ou sous-espèces) : l'*Agaricus bisporus* strié de brun et l'*Agaricus hortensis* au chapeau blanc pur.

Agaricus bitorquis
(Agaricus edulis, Psalliota bitorquis, P. edulis)

Cette espèce ressemble beaucoup à l'*Agaricus campester,* dont elle diffère par les deux anneaux qu'elle possède sur la partie supérieure du stipe.

Corps fructifère - *Chapeau* de blanchâtre à brun jaunâtre clair, avec des taches ocrées, et parfois aussi rougeâtres ; d'abord convexe puis aplati, avec marge qui demeure involutée. Cuticule épaisse, soyeuse, souvent craquelée et écailleuse au centre, difficilement séparable : chez les individus âgés, elle se sépare facilement ; chair blanchâtre, tendant au rose au découpage et avec l'âge. *Lamelles* rouges chez les individus jeunes, puis couleur cannelle, enfin brun noir avec un fil blanc ; libres, étroites, très denses, n'atteignant jamais parfaitement le stipe. *Stipe* robuste, légèrement clavé, de 4 à 6 cm de longueur et de 1 à 3 cm d'épaisseur ; blanc avec des nuance rosées, il présente deux anneaux étroits : le plus grand, semblable à un reste de volve, est généralement couvert de terre : il peut se briser au cours du développement. *Spores* rougeâtre brun en masse, sphériques, lisses ($6 \times 4,5\,\mu$).

Habitat et distribution - Présent dans les aires urbaines ou sur les vestiges, croît isolément, mais il peut se trouver en groupes sur des terrains pauvres, et même dans les interstices des pavés, le long des canaux ou des avenues plantées d'arbres. Sporadique en Europe du Nord, devient plus commun dans les pays méridionaux.

Époque d'apparition - De mai à octobre.

Possibilités gastronomiques - Saveur et odeur plutôt intenses, mais agréables. La chair est ferme, bien que moins agréable que chez l'*Agaricus campester;* toutefois, ce Champignon est comestible et apprécié.

Agaricus campester
(Psalliota campestris, Pratella campestris)
Champignon de couche

Espèce répandue partout, étroitement apparentée à l'*Agaricus bisporus,* le commun « Champignon cultivé » *(Champignon).* Au cours des premiers stades de son développement, il peut être confondu avec des individus de l'*Amanita verna* qui est mortelle ; pour cette raison, on conseille de découper toujours le Champignon longitudinalement, avant la cuisson, pour se rendre compte de sa structure. Il s'agit d'une espèce qui se raréfie, bien que sa répartition soit cosmopolite.

Corps fructifère - *Chapeau* de 3 à 10 cm de diamètre, blanc, puis parfois blond ou brunâtre, d'abord arrondi, ensuite presque aplati ; marge qui s'étend en s'incurvant au-delà des lamelles qui sont crénelées ; cuticule recouverte de minces fibrilles radiales, parfois écailleuse vers le centre ; chair blanche, à peine rosée sur les lamelles, ferme et consistante ; *lamelles* rose foncé lorsque le Champignon est encore jeune et le chapeau pas encore ouvert, puis rose brun jusquà brun rougeâtre, libres, denses, uniformes. *Stipe* trapu et robuste, atténué vers la base, un peu ventru, long de 3 à 7 cm avec une épaisseur d'environ 2 cm ; couleur blanchâtre qui devient brunâtre au toucher, d'abord consistant puis creux ; il est pourvu d'un anneau membraneux simple. *Spores* brun pourpre en masse, elliptiques, lisses ($7,5 \times 4,8\,\mu$).

Habitat et distribution - Très répandu, croît en groupes dans des terrains fertilisés et dans des prés, des champs et des jardins, toujours loin des arbres, dans les plaines jusqu'au niveau des montagnes. Présent dans les régions tempérées de l'Europe, de la péninsule indienne, de l'Afghanistan, de l'Afrique du Sud, de la

Chine, du Japon, des États-Unis et du Canada méridional.
Époque d'apparition - D'août à novembre en Europe, de juillet à octobre en Amérique septentrionale, notamment après les pluies.
Possibilités gastronomiques - Saveur et arôme agréables. Il est comestible partout, soit à l'état cru en salade, soit cuit selon les recettes traditionnelles ; il ne faut pas utiliser des individus trop développés, dont les lamelles sont déjà excessivement sombres.

Agaricus comptulus
(Psalliota comptula)
Corps fructifère - Champignon de petites dimensions. *Chapeau* blanc soyeux, de couleur crème, plus foncé au centre, au diamètre de 2 à 3 cm ; d'abord convexe, ensuite aplati. *Lamelles* roses chez les Champignons jeunes, puis brunes. *Stipe* blanc sale, mince avec anneau élargi vers le sommet. Chair blanche ou à peine jaunâtre à la base du stipe ; dégage une légère odeur d'amande.
Écologie - Présent sur des sols couverts d'herbes, à proximité d'arbres. Rare en Europe. De septembre à novembre. Il n'est pas toxique. Sans valeur gastronomique.

Agaricus macrosporus
(Psalliota macrospora)
Chez les individus plus développés, le chapeau peut atteindre la taille d'une commune assiette de table. Sa culture a été tentée, mais toutefois il n'est pas possible d'en faire du commerce sur une large échelle, puisque ce Champignon ne supporte pas le transfert, et qu'il produit bientôt un liquide d'altération malodorant.
Corps fructifère - *Chapeau* blanc ou couleur chamois clair qui devient jaune au toucher et se colore en jaune lorsqu'il est en plein développement ; hémisphérique, puis convexe, un peu aplati au centre ; diamètre variable entre 12 et 26 cm ; marge involutée, quelquefois avec des résidus de voile lacéré, pendants. Chair blanche, consistante. *Lamelles* d'abord gris sombre (jamais roses), enfin brun noirâtre, libres, larges à proximité du stipe, à décours libre incurvé, qui se rétrécissent aux deux extrémités, denses ; la plupart offrent une longueur uniforme. *Stipe* trapu, cylindrique et grossi vers la base, avec anneau membraneux très visible ; sa hauteur dépasse le diamètre du chapeau ; blanchâtre avec écailles floconneuses, blanches ou brunes, qui peuvent devenir couleur saumon avec l'âge, spécialement à proximité de l'anneau. Chair de couleur rose clair qui devient orangé lorsqu'elle est exposée à l'air. *Spores* noir brunâtre en masse, allongées en forme d'amande (dimensions moyennes : 10 × 6 μ).
Habitat et distribution - Dans les pâturages et dans les terrains calcaires ; commun en Europe.
Époque d'apparition - Septembre-octobre.
Possibilités gastronomiques - Comestible, avec une odeur agréable d'anis ou d'amande tant qu'il est jeune.

Agaricus silvaticus
(Psalliota silvatica)
Corps fructifère - *Chapeau* pourvu d'écailles minces, rougeâtres ou brunes disposées en cercles concentriques sur une cuticule nuancée à partir du centre brun foncé jusqu'aux bords beaucoup plus clairs, convexe à l'état jeune, bientôt aplati ; diamètre de 5 à 8 cm ; marge initialement involutée, chair blanche légèrement rougissante au découpage. *Lamelles* d'abord rose clair puis plus sombres, enfin brun rougeâtre, libres, minces, denses. *Stipe* plutôt long avec une base légèrement enflée, de 8 à 13 cm de longueur, à peine écailleux vers le pied, blanc, jaunâtre au toucher, devient brun et creux avec l'âge. Près de l'insertion du chapeau, il présente un anneau blanc, strié dans la partie supérieure et cotonneux dans la partie inférieure. *Spores* brun, pourpre en masse, elliptiques, lisses (5,5 × 4 μ).
Habitat et distribution - Présent dans les bois de Conifères, pourvus de tapis épais d'aiguilles. Commun en Europe, en Australie et en Amérique du Nord.
Époque d'apparition - D'août à novembre.

Ci-dessous :
Agaricus silvaticus.
A gauche,
de haut en bas :
Agaricus campester,
Agaricus macrosporus
et Agaricus
comptulus.

Ci-contre : Agaricus silvicola.
Au centre : Agaricus xanthodermus.
A droite, de haut en bas : Agrocybe dura *(très semblable à l'*A. aegerita, *mais se développant dans un habitat différent)* *et* Agrocybe erebia.

Possibilités gastronomiques - Comestible, de saveur agréable, mais de qualité inférieure au vrai Champignon de couche.

Agaricus silvicola

(Psalliota arvensis var. **acicola, Pratella flavescens)**

Champignon forestier, mince, reconnaissable par son chapeau dont la couleur tend au jaune et par son odeur typique d'anis qui toutefois disparaît rapidement. Comestible, il est parfois confondu avec l'*Agaricus xanthodermus* qui est toxique et avec certaines espèces vénéneuses d'*Amanita*.

Corps fructifère - *Chapeau* blanc crème tendant au jaune au toucher et avec l'âge, d'abord hémisphérique ou campanulé, puis étalé ; diamètre entre 6 et 12 cm ; cuticule soyeuse ; marge d'abord involutée ; chair tendre, de blanchâtre à couleur crème clair. *Lamelles* d'abord blanc grisâtre nuancé de couleur chair (jamais rose), puis brun noirâtre, libres, uncinées vers le stipe, minces et denses. *Stipe* haut de 5 à 12 cm avec un diamètre de 2 à 5 cm, se développant en cône vers la partie haute en partant d'une base bulbeuse, lisse, pourvu d'anneau double, mou, retombant au sommet ; extérieurement il offre une couleur blanche qui vire au jaune avec l'âge. *Spores* de couleur pourpre sombre en masse, lisses, elliptiques (5,5 × 3,5 μ).

Habitat et distribution - Présent dans les coniféraies, parfois dans les bois d'arbres à feuilles aplaties. Commun en Europe, sporadique en Amérique septentrionale et en Australie.

Époque d'apparition - D'août à novembre en Europe ; d'août à septembre en Amérique du Nord.

Possibilités gastronomiques - Goût et odeur un peu particuliers. Les stipes des individus âgés, coriaces, doivent être évités.

Agaricus xanthodermus

(Psalliota xanthoderma, P. cretacea, Pratella cretacea)

Agaric jaunissant

Champignon toxique, dangereux puisqu'il peut être facilement confondu avec des espèces comestibles ; il est cependant reconnaissable par la couleur jaune vif du bulbe basilaire du stipe, notamment lorsqu'il est découpé.

Corps fructifère - *Chapeau* blanc, soyeux, nuancé de gris brun dans sa partie centrale, devient jaune au toucher, notamment sur son bord ; d'abord convexe, mais aplati au centre de façon typique, puis étendu, de 5 à 10 cm de diamètre ; chair blanche, plus ferme vers le

centre et moins consistante aux marges. *Lamelles* d'abord blanchâtres, puis rose gris, enfin brun pourpre, libres, plutôt variables en largeur, denses. *Stipe* cylindrique, long jusqu'à 7 cm et épais de 1,5 cm, blanc, lisse, brillant, pourvu d'un bulbe basilaire prononcé, de chair blanche, qui jaunit à l'air ou bien jaune, anneau haut, plus épais au bord. Quelquefois la couleur des différentes parties s'estompent dans le brun ou le brun pourpre. *Spores* brun pourpre en masse, lisses, ellipsoïdales (5,5 × 3,6 μ).

Habitat et distribution - Présent en groupes dans les terrains herbeux, calcaires, là où l'herbe a été écrasée, dans les prés et dans les jardins, dans les forêts de Hêtre. Commun en Europe.

Époque d'apparition - D'août à octobre en Europe.

Possibilités gastronomiques - Provoque des vomissements et des diarrhées.

Agrocybe aegerita

(Pholiota aegerita)

Corps fructifère - *Chapeau* fauve clair, blanchâtre vers le bord, au diamètre allant de 2 à 12 cm, d'abord convexe puis aplati, pourvu de marge involutée, puis entortillée à l'extérieur ; cuticule humide, soyeuse, souvent craquelée et subdivisée en petites auréoles vers le centre ; chair fragile, blanche, brunâtre sous la cuticule. *Lamelles* d'abord blanchâtres, puis de couleur gris rouille, enfin de couleur marron, adnées, avec des dents décurrentes sur le stipe, larges, plutôt denses. *Stipe* fuselé, parfois atténué vers le bas, haut de 7 à 15 cm, avec diamètre de 2 cm, blanchâtre, avec large anneau

membraneux, taché de jaune ou de brun vers le pied ; chair brunâtre dans sa partie basilaire. *Spores* marron tabac en masse, ovoïdes et allongées (10 × 6,5 μ).

Habitat et distribution - Croît en touffes sur des troncs ou des souches de Peupliers et Saules. Commun en Europe méridionale.

Époque d'apparition - De juillet à octobre.

Possibilités gastronomiques - Odeur de farine ; comestible.

Agrocybe erebia

Corps fructifère - *Chapeau* marron foncé, légèrement visqueux, pourvu de marge striée par temps humide, marron grisâtre opaque par temps sec ; légèrement proéminent au centre ; diamètre de 3 à 8 cm. *Lamelles* blanchâtres, puis brunes. *Stipe* bien développé, avec anneau blanchâtre membraneux presque jusqu'à mi-hauteur. Chair épaisse, de couleur cendre.
Écologie - Il est présent dans les bois d'arbres à feuilles aplaties, le plus souvent sous les Peupliers. Occasionnel en Europe. Comestible, mais sans valeur.

Agrocybe praecox
(Pholiota praecox,
Agaricus praecox,
A. candicans)
Pholiote précoce

Corps fructifère - *Chapeau* de blanc argile à brun, lorsque le temps est humide, blanchâtre s'il est sec. D'abord convexe, puis presque aplati, légèrement proéminent ; diamètre de 3 à 7 cm ; marge initialement involutée avec des lambeaux de voile qui pendent ; cuticule lisse, quelquefois légèrement visqueuse ; chair blanche, de consistance moyenne. *Lamelles* de blanchâtre à gris jaunâtre, puis brunes ou couleur rouille, annexes,

en forme de crochets, larges et dépourvues de marge, très denses. *Stipe* plutôt mince, généralement droit, avec base légèrement grossie, long de 4 à 8 cm. De couleur blanchâtre, virant au brun au toucher, pruineux et lisse, avec un petit anneau membraneux à son sommet, caduque ; chair jaune brun clair ou presque blanche. *Spores* brun ferrugineux en masse, lisses, ovoïdes-allongées avec pore germinatif évident (9,5 × 6 μ).
Habitat et distribution - Croît isolément ou en groupes dans des lieux herbeux, dans les bois, dans des peupleraies, entre les haies, dans les prés et dans les jardins. Commun en Europe, en Amérique du Nord et en Afrique méridionale.

Époque d'apparition - De mai à juillet, notamment après les pluies.
Possibilités gastronomiques - Comestible, mais peu conseillé en ce qui concerne le chapeau.

Agrocybe semiorbicularis

Corps fructifère - *Chapeau* hémisphérique, puis convexe, de jaunâtre jusqu'à fauve clair ; diamètre de 2,5 cm environ ; lisse. *Lamelles* pâles, qui deviennent couleur cannelle, adnées, denses. *Stipe* fuselé, haut de 6 à 7,5 cm, dépourvu d'anneau, jaunâtre, lisse et un peu luisant. *Spores* ocrées en masse.

Écologie - Croît entre les herbes dans les pâturages et le long des routes champêtres. Peu commun en Europe. Apparaît du début de l'été à l'automne. Comestible.

Amanita aspera

Corps fructifère - *Chapeau* de brun sombre à brun clair grisâtre, livide, densément recouvert de petites verrues jaunâtres, coniques. *Lamelles* blanches, parfois à peine jaunes. *Stipe* avec base grossie, recouverte de verrues jaunâtres au-dessus de l'anneau, grises dans la partie inférieure. *Spores* blanches en masse.
Habitat et distribution - Croît isolément dans des forêts d'arbres à feuilles aplaties et de Conifères. Assez rare en Europe et en Amérique du Nord.
Époque d'apparition - Automne.
Possibilités gastronomiques - Suspect : vénéneux selon certains auteurs, comestible selon d'autres, mais toujours après avoir retiré la cuticule du chapeau et après cuisson. Pouvant être confondu avec l'espèce très vénéneuse *Amanita pantherina.*.

Amanita caesarea
(Agaricus caesareus
A. aurantinum)
Oronge, Oronge vraie,
Amanite des Césars

Cette espèce peut être assez facilement confondue avec la dangereuse *A. muscaria,* dont elle diffère par la présence de lamelles, stipe et anneau jaune vif au lieu de blanc.
Par contre, l'absence de verrues sur le chapeau ne représente aucun élément valide de reconnaissance.
Dans tous les cas doivent être visibles la couleur orangée du chapeau et le jaune des lamelles après lacération de la volve. Au stade initial de son développement, l'Oronge vraie peut être difficilement identifiée.
Corps fructifère - *Chapeau* jaune doré intense, orangé vif, jusqu'à

Ci-dessus :
Amanita caesarea.
En haut : Agrocybe semiorbicularis.
A gauche :
Agrocybe praecox.
En bas :
Amanita aspera.

rouge, d'abord subsphérique, puis étendu, enfin aplati, légèrement mamelonné en son centre, diamètre de 6 à 20 cm ; marge nettement striée ; cuticule lisse, pouvant être emportée ; chair blanche, tendant au jaune ou à l'orangé sous la cuticule, immuable, tendre. *Lamelles* jaune soufre, libres. *Stipe* régulier, un peu atténué vers le haut, avec base légèrement enflée ; longueur variable entre 10 et 20 cm, avec une épaisseur d'environ 2 cm au pied ; jaune, parfois avec des taches plus sombres, plutôt squameux dans la partie inférieure et lisse au-dessus de l'anneau large et membraneux qui est également jaune ; volve blanche, large et libre, plutôt membraneuse, irrégulièrement lacérée. *Spores* blanches en masse, elliptiques-ovoïdes, lisses (dimensions moyennes : $12 \times 8,5\,\mu$).

Ci-contre :
Amanita citrina.
Au centre, de haut en bas :
Amanita eliae *et* Amanita excelsa.
A droite, de haut en bas :
Amanita gemmata *et* Amanita fulva.

Habitat et distribution - Forme souvent de larges cercles ou croît en groupes, sur des sols sableux, dans les forêts de Hêtres et de Conifères, en particulier dans les forêts de Rouvres et dans les landes. Plus ou moins commun en Europe.
Époque d'apparition - De juillet à septembre, quelquefois jusqu'à octobre.
Possibilités gastronomiques - Comestible, excellent. Odeur et saveur très agréables. Se prête à être consommé cru en salade, ou bien à peine blanchi dans de l'eau bouillante, additionnée de vinaigre et de sel.

Amanita citrina
(Amanita mappa, Agaricus citrinus, A. bulbosus pro parte**)**
Amanite citrine
La variété *alba* de cette espèce offre une couleur presque blanche et peut être confondue, avec danger, avec l'*A. phalloides* et l'*A. virosa,* mortelles.

Corps fructifère - *Chapeau* jaune citron ou plus pâle, parfois avec des nuances blanches ou blanc grisâtre ; hémisphérique puis étendu, diamètre entre 4 et 10 cm ; cuticule lisse, brillante si elle est sèche, parfois avec des résidus membraneux du voile. Chair blanche, immuable, quelquefois nuancée de jaune sous la cuticule ; traitée avec de l'acide sulfurique, elle ne change pas de couleur. *Lamelles* blanches, denses, déta-

chées du stipe. *Stipe* enflé à la base, qui s'amincit vers le sommet ; longueur de 5 à 8 cm, épaisseur de 8 à 12 mm ; blanc, strié au-dessus de l'anneau et lisse dans la partie inférieure. La volve est globuleuse et recouvre le grossissement basilaire bulbeux jusqu'à sa partie supérieure. *Spores* blanches en masse, subsphériques, lisses ; traitées avec de l'iode, elles se colorent en bleu-noir ($9,5 \times 8\,\mu$).
Habitat et distribution - Croît dans les sols sableux des forêts

d'arbres à feuilles aplaties et de Conifères, notamment sous les Hêtres et les Chênes. Commun dans toute l'Europe.
Époque d'apparition - De juillet à novembre.
Possibilités gastronomiques - Certains experts considèrent ce Champignon comme vénéneux.

Amanita eliae
Corps fructifère - *Chapeau* en forme de cloche jusqu'à être étendu-mamelonné ; diamètre de 4 à 12 cm, de fauve jusqu'à grisâtre

ocré ou pâle, quelquefois plutôt squameux. Volve pourvue de taches rares virant au jaunâtre. *Lamelles* blanches, libres. *Stipe* mince, légèrement grossi à son sommet, de 10 à 14 cm de hauteur, de blanc jusqu'à fauve clair, squameux audessous de l'anneau. *Spores* blanches.
Écologie - Croît dans les bois et sur des pentes sous les arbres. Très rare. De juillet à septembre.

Selon certains auteurs, on ne connaît pas exactement son pouvoir comestible ; selon d'autres, il est comestible après cuisson.

Amanita excelsa

Corps fructifère - *Chapeau* convexe, pourvu de marge lisse et privé de stries ; de gris jusqu'à brun, avec des verrues farineuses, aplaties, grisâtres. *Lamelles* blanches, denses, quelquefois légèrement décurrentes. *Stipe* trapu, grossi à sa base, pourvu d'un anneau blanc large, strié vers le sommet. *Spores* blanches.
Habitat et distribution - Croît en solitaire dans les forêts d'arbres à feuilles aplaties et de Conifères. Commun en Europe.
Époque d'apparition - De juin à octobre.
Possibilités gastronomiques - Comestible, mais facilement confondu avec les individus à chapeau clair appartenant à l'espèce très dangereuse *Amanita pantherina.*

Amanita gemmata
(Amanita junquillea)
Corps fructifère - *Chapeau* jaune clair ou tendant à l'ocre, lisse, légèrement visqueux, recouvert de verrues éparses blanches. *Lamelles* blanches ou couleur ivoire pâle. *Stipe* blanc avec pied bulbeux et anneau mince, blanc, près du sommet. Volve pas toujours évidente. *Spores* blanches.
Habitat et distribution - Croît sous de nombreux Conifères, aussi bien que sous des arbres à feuilles aplaties. Présent en Europe et en Amérique septentrionale.
Époque d'apparition - Du printemps à l'automne.
Possibilités gastronomiques - Suspect de toxicité, il s'agit de toute façon d'une espèce à éviter, car elle est facilement confondue avec les individus à chapeau pâle de l'*Amanita pantherina.*

Amanita fulva
(Amanitopsis fulva)
Voir *Amanita vaginata.*

Amanita muscaria
(Agaricus muscarius,
A. aurantiacus)
Fausse Oronge,
Amanite tue mouches
Les corps fructifères très jeunes peuvent être confondus avec de petites Vesses ; il est donc conseillé de le découper toujours dans le sens de la longueur pour pouvoir le reconnaître.
Corps fructifère - *Chapeau* de couleur variable du jaune doré à l'orange et au rouge écarlate, avec des verrues blanches ou jaunâtres plus ou moins nombreuses ; d'abord hémisphérique, puis convexe et enfin légèrement aplati ou concave, de 8 à 20 cm de diamètre. Bord strié chez les exemplaires adultes. Cuticule légèrement visqueuse, avec des résidus duveteux de voile ou seulement des verrues. Chair blanche, immuable, nuancée de jaune sous la cuticule, consistance moyenne ; traitée avec de l'acide sulfurique, elle se colore en brun clair. *Lamelles* blanches ou légèrement nuancées, de couleur crème, denses, libres, larges, pourvues de fil finement dentelé. *Stipe* cylindrique, légèrement grossi à sa base, de 15 à 28 cm de longueur, de couleur blanche, strié au-dessus de l'anneau qui est large, mou, membraneux. La volve est constituée par de nombreux cercles épaissis, concentriques, de verrues adhérentes. *Spores* blanches en masse, lisses, ovoïdes. Traitées avec de l'iode, elles se colorent en bleu-noir ($10{,}3 \times 8\ \mu$).
Habitat et distribution - Croît en groupes, quelquefois en cercles, notamment sous les Bouleaux, plus rarement sous d'autres arbres à feuilles aplaties ou Conifères. Répandu et commun.
Époque d'apparition - D'août à novembre en Europe.
Possibilités gastronomiques - Il a une légère odeur de terre ou de graines de *Brassica napus f. oleifera.* Toxique, rarement mortel, sauf s'il est ingéré en fortes quantités.

Amanita ovoidea
Amanite ovoïde,
Oronge blanche
Corps fructifère - *Chapeau* blanc ou blanchâtre, de 8 à 12 cm de diamètre, à marge non striée, mais avec effrangements cotonneux ; cuticule dépourvue d'écailles ou de verrues. *Stipe* blanc, cylindrique farineux, anneau large. *Spores* blanches.
Écologie - Croît en groupes dans les forêts de Conifères ou dans des bois d'arbres périodiquement abattus. Présent en Europe méridionale en été et en automne. Comestible.

Amanita pantherina
(Agaricus pantherinus,
A. maculatus)
Amanite panthère,
Fausse Golmote
Bien que ce Champignon ne soit pas aussi dangereux que l'*Amanita phalloides,* de nombreux cas d'empoisonnements mortels ont été enregistrés. Peut être confondu par erreur avec l'*Amanita rubescens,* espèce de laquelle il se distingue par la présence de verrues plus larges sur le chapeau et par le fait que sa chair ne se tache pas de rouge au toucher.
Corps fructifère - *Chapeau* brun-gris de diverses tonalités, plus foncé au centre, souvent pourvu de nuances olivâtres chez les

Ci-dessous :
Amanita pantherina.
En haut :
Amanita muscaria.
En bas :
Amanita ovoidea.

*Ci-dessus : aspects divers de l'*Amanita phalloides. *Au centre :* Amanita porphyria. *A droite :* Amanita rubescens.

individus jeunes, parsemé de verrues blanches ou de couleur crème ; d'abord hémisphérique puis aplati ; diamètre entre 5 et 10 cm ; marge initialement involutée, striée de manière caractéristique ; cuticule d'abord visqueuse, puis sèche, quelquefois pourvue de lambeaux de voile verruqueux, notamment au centre ; chair blanche, devenant brun foncé par traitement à l'hydroxyde de potassium. *Lamelles* blanches, libres, incurvées, émoussées vers le bord, atténuées-arrondies vers le stipe, denses. *Stipe* plutôt aminci vers le haut, à partir de sa base bulbeuse, de 6 à 10 cm de haut et de 1 à 2 cm de diamètre, blanc, lisse, pourvu d'anneau également blanc, situé plutôt en bas ; la base bulbeuse garde les résidus de la volve sous forme d'anneaux concentriques ; chair blanche, consistante. *Spores* blanches en masse, ovoïdes-elliptiques, lisses, pourvues d'une petite protubérance à une extrémité (dimensions moyennes : 11 × 9,5 μ).

Habitat et distribution - Présent dans les bois d'arbres à feuilles aplaties, notamment sous les Bouleaux, dans les bois de Conifères des régions montagneuses, dans les prairies et les landes boisées. Répandu et plutôt commun dans toute l'Europe.

Époque d'apparition - De juillet à octobre.

Possibilités gastronomiques - Toxique, quelquefois mortel.

Amanita phalloides

Amanite phalloïde,
Amanite bulbeuse, Oronge verte

Il s'agit du Champignon le plus vénéneux parmi tous ceux qui sont connus actuellement ; toutes ses parties, y compris les spores, sont toxiques ; la virulence du poison ne diminue pas avec la dessiccation, ni avec le temps : voir à ce propos la partie encadrée à la page 74.

Dans nos régions, l'*Amanita phalloides* peut être confondue avec l'*A. verna* et l'*A. virosa,* les deux étant vénéneux et mortels ; parfois aussi avec l'*A. citrina,* non toxique, mais non comestible car indigeste et de goût très désagréable.

Corps fructifère - *Chapeau* de jaune pâle à vert olivâtre, souvent avec de minces stries sombres en éventail, d'abord ovoïdal, puis campanulé, enfin étendu, de 5 à 12 cm de diamètre ; cuticule légèrement visqueuse par temps humide, lisse, offrant rarement des traces de volve ; chair blanche, immuable, à peine verdâtre sous la cuticule ; traitée à l'acide sulfurique elle se colore, aussi bien que les lamelles, de rose lilas. *Lamelles* blanches, parfois verdâtres, très pâles, denses, unies au stipe. *Stipe* grossi à la base, s'amincissant vers le haut, de 8 à 12 cm de longueur, lisse, blanc ou à peine strié de jaune verdâtre ; anneau évident dans la partie supérieure du stipe, mou, en jupette ; volve basilaire blanche, effrangée et en large partie libre. *Spores* blanches en masse. lisses, ovoïdes (dimensions moyennes : 9,5 × 8 μ) ; elles se colorent en bleu foncé par traitement à l'iode.

Habitat et distribution - Croît isolément ou grégaire, quelquefois en forme circulaire dans des bois d'arbres à feuilles caduques, notamment de Chênes et de Hêtres, dans les forêts de Conifères des régions montagneuses et dans les pâturages qui entourent les bois. Présent dans toute l'Europe, plus abondant au sud.

Époque d'apparition - De juillet à octobre en Europe.

Possibilités gastronomiques - Mortel !

Amanita porphyria

Corps fructifère - *Chapeau* gris fumé tendant au violet, plus foncé au centre, lisse, convexe, parfois un peu mamelonné, de 4 à 8 cm de diamètre. *Lamelles* blanchâtres,

denses, avec des lamellules. *Stipe* grossi à sa base, mince, blanc ou jaunâtre ; volve basilaire blanche ou grisâtre. Chair blanche, légèrement violacée sous la cuticule.

Écologie - Présent dans les forêts de Conifères, notamment dans les régions montagneuses. Fréquent en Europe et en Amérique du Nord, d'août à octobre. Non comestible.

Amanita rubescens
(Agaricus rubens, Amanita rubens)

Amanite ou Oronge vineuse, Golmote

Peut être confondu avec l'*A. pantherina,* hautement toxique, bien qu'il soit relativement facile de le reconnaître en le découpant, du moment que sa chair rougit à l'air alors que celle de l'*A. pantherina* est blanche, immuable.

Corps fructifère - *Chapeau* de couleur variable du chamois pâle au brun rougeâtre opaque, avec des verrues blanches ou grisâtres ;

d'abord hémisphérique puis convexe pendant un bon laps de temps ; il devient enfin aplati ; de 7 à 12 cm de diamètre. Marge à peine striée ; cuticule légèrement visqueuse au début ou après la pluie, avec des résidus de voile semblables à des taches farineuses molles par temps humide, devenant de plus en plus petites, dures et adhérentes lorsque le temps est sec. Chair blanche, rougissant au découpage, tendre ; aucun changement de couleur après traitement à l'acide sulfurique. *Lamelles* denses, blanches, devenant tachées de rougeâtre chez les individus âgés ; se rétrécissant à proximité du stipe auquel elles sont reliées au moyen d'une dent. *Stipe* atténué vers le haut, avec base enflée, haut de 12 à 15 cm, blanc, puis blanc vineux, surtout à sa base ; volve basale, formée par des anneaux de verrues ; chair blanche qui rougit lorsqu'elle est exposée à l'air. *Spores* blanches en masse, ovoïdes, lisses, devenant bleu-noir après traitement à l'iode (dimensions moyennes : 9,6 × 6,6 μ).

Habitat et distribution - Croît isolément ou en groupes dans des bois soumis à abattage régulier ou dans des forêts de Conifères, dans les landes et les pâturages. Commun en Europe.

Époque d'apparition - De juillet à octobre, parfois jusqu'à novembre.
Possibilités gastronomiques - Goût initialement sucré, puis âcre. Toxique à l'état cru, devient comestible après cuisson, du moment qu'il contient des hémolysines thermolabiles. Pour l'usage alimentaire, il faudrait récolter uniquement des individus jeunes, que l'on peut reconnaître en les découpant un peu avant la cuisson, afin de s'assurer que la chair rougisse.

Amanita solitaria

(Agaricus solitarius, A. strobiliformis, Hypophyllum pellitum, Amanita boudieri)
Amanite solitaire, Amanite pomme de pin
Corps fructifère - *Chapeau* de blanchâtre à grisâtre, parsemé de nombreuses petites verrues coniques ; marge effrangée avec des résidus de voile ; de 7 à 16 cm de diamètre. *Lamelles* jaune grisâtre clair. *Stipe* à pied bulbeux, c'est-à-dire grossi, recouvert d'écailles. Anneau strié, floconneux, cotonneux. *Spores* blanches.
Écologie - Croît dans les bois, dans des terrains calcaires ou neutres. Présent dans les régions méridionales de l'Europe et dans

les régions sud-orientales de l'Amérique septentrionale, au cours d'étés chauds et secs. Comestible : toutefois, la cuticule doit être retirée.

Amanita vaginata

(Amanitopsis vaginata)
Amanite vaginée ou engainée, Grisette, Coucoumelle
Très semblable à l'espèce mortelle *Amanita phalloides,* il en diffère essentiellement par l'absence de l'anneau. Cependant, lorsqu'il est récolté pour usage alimentaire, il faut faire extrêmement attention pour que son iden-

tification soit correcte. La variété *fulva* est caractérisée par un chapeau rouge brique pourvu de marge très striée.
Corps fructifère - *Chapeau* blanc cendre et jusqu'à gris plomb (var. *plumbea),* fauve ou rouquin chez la variété *fulva,* plus ou moins clair au centre ; d'abord ovoïde ou campanulé, il devient bientôt aplati avec une protubérance pointue centrale ; diamètre de 4 à 9 cm ; marge striée ou sillonnée, finement dentelée ; cuticule visqueuse chez le Champignon jeune, parfois pourvu de fragments de voile adhérents ; chair blanche, immuable, tendre, légère. *Lamelles* blanches, libres, larges, denses. *Stipe* plutôt mince, cylindrique ou à peine atténué en haut ; de 12 à 15 cm de long et de 1 à 2 cm de diamètre ; blanc, lisse, floconneux, strié-squameux ; à la base il est enveloppé par une volve grisâtre en forme de gaine, anneau absent. *Spores* blanches en masse, subsphériques, lisses, se colorant en bleu-noir par traitement à l'iode (11,3 × 10,3 μ).
Habitat et distribution - Croît isolément dans des bois d'arbres à feuilles aplaties, notamment de Hêtres et dans les forêts de Conifères des régions montagneuses, dans les landes et les prés ombragés, plantés d'arbres. Commun en Europe du Nord.
Époque d'apparition - De juillet à octobre.
Possibilités gastronomiques - Comestible, médiocre, facilement confondu avec des Champignons toxiques. Ne doit jamais être consommé à l'état cru.

Amanita verna

(Agaricus bulbosus vernus)
Amanite printanière
Corps fructifère - *Chapeau* d'abord hémisphérique, puis presque, ou tout-à-fait, aplati et légèrement mamelonné, de couleur blanc pur, plutôt visqueux, avec marge non striée. *Lamelles* libres, blanches. *Stipe* érigé, mince, strié

Ci-dessous : Amanita verna.
En bas : Amanita virosa.
Ci-contre : Amanita vaginata.
A gauche : Amanita solitaria.

au-dessus de l'anneau, à peine écailleux en dessous et farineux dans la partie inférieure ; pied bulbeux, pourvu de volve enroulée, peu ouverte. *Spores* blanches.
Habitat et distribution - Croît soit dans des forêts de Conifères, soit dans des bois soumis à abattage régulier. Présent en Europe et en Amérique septentrionale.
Époque d'apparition - Au printemps (d'où dérive le nom vulgaire), mais parfois aussi en automne.
Possibilités gastronomiques - Vénéneux, mortel !

Amanita virosa

(Amanita verna var. virosa)
Il s'agit d'un Champignon mortel, complètement blanc, moins commun en Europe que l'*Amanita phalloides.* Les individus jeunes peuvent être confondus par erreur avec ceux de l'*Agaricus campester* et de l'*A. arvensis*, puisqu'ils poussent dans le même milieu ; toutefois, ils peuvent être distingués par leurs lamelles, persistantes, blanches, par leur base bulbeuse et par la présence d'une volve.
Corps fructifère - *Chapeau* blanc, convexe, souvent pourvu de nuances ocrées ou rougeâtre pâle, souvent légèrement mamelonné au

centre, de 5 à 9 cm de diamètre ; marge floconneuse ; cuticule visqueuse, lucide, lisse ; chair blanche immuable qui devient jaune par traitement à l'hydroxyde de potassium et à peine rosée avec l'acide sulfurique. *Lamelles* blanches, libres, denses, étroites et finement effrangées. *Stipe* élancé, cylindrique, avec une base bulbeuse, de 10 à 15 cm de haut ; il peut se trouver aussi en position plutôt excentrique par rapport au chapeau ; blanc, pourvu d'un anneau également blanc, lacéré, disposé à proximité du chapeau ; écailleux dans le sens longitudinal, base entourée d'une volve engainante évidente. *Spores* blanches en masse, presque sphériques, se colorant en bleu noir après traitement à l'iode (11,3 × 10,3 μ).
Habitat et distribution - Croît isolément, de préférence sur des sols siliceux, dans des bois d'arbres à feuilles aplaties et de Conifères des régions montagneuses.
Époque d'apparition - De mai à octobre.
Possibilités gastronomiques - Vénéneux, mortel ! Syndrome d'empoisonnement analogue à celui de l'*Amanita phalloides*.

Armillaria ponderosa

Espèce très répandue dans la région nord-occidentale des États-Unis, là où elle est exploitée du point de vue commercial. Dimensions élevées et croissance de préférence dans les forêts de Conifères.
Corps fructifère - *Chapeau* d'abord blanc ou rosé, ensuite de couleur chamois jusqu'à brun fauve, irrégulier, convexe et puis aplati, au diamètre compris entre 6 et 14 cm ; marge avec des résidus persistants de voile ; cuticule lisse, fibrillaire, visqueuse, lorsque le temps est humide, brillante par temps sec ; chair blanche, ferme, consistante. *Lamelles* blanches tendant au chamois, qui se colorent de brun au toucher, libres, larges de 8 à 12 mm, denses. *Stipe* cylindrique et fusiforme vers la base, long de 10 à 15 cm, avec un diamètre de 2 à 4 cm, recouvert d'un voile à involucre couleur chamois, nuancé vers le brun sous l'anneau membraneux très évident. Se colorant de brun foncé au toucher. *Spores* blanches en masse, larges, elliptiques, lisses, avec une goutte lipidique centrale (dimensions moyennes : 5,5 × 4 μ).
Habitat et distribution - Croît isolément ou en touffes sur des terrains sableux, dans les clairières des forêts de Conifères. Localement abondant en Amérique septentrionale.
Époque d'apparition - D'octobre à décembre.
Possibilités gastronomiques - Comestible, pourvu de saveur agréablement épicée. Il est conseillé de le préparer en friture ou cuit dans l'eau ; conservé dans du sel ou desséché, il perd son arôme.

Ci-dessous :
Armillariella mellea.
A droite :
Armillaria ponderosa.

Armillaria tabescens
(Clitocybe tabescens)

Corps fructifère - *Chapeau* convexe, puis étendu, diamètre de 2 à 6 cm ; un peu velouté au centre, sec, de jaune ocre jusqu'à rougeâtre brun clair. *Lamelles* légèrement décurrentes, de blanc ocre rosé jusqu'à bunâtre. *Stipe* érigé ou incurvé, haut jusqu'à 20 cm, se soudant, à sa base, à d'autres stipes ; blanc vers le sommet, virant au brun à la base, privé de l'anneau présent chez l'*Armillariella mellea*. *Spores* blanches.
Habitat et distribution - Croît en touffes denses au pied d'arbres à feuilles aplaties et autour des souches. Parasite des Chênes en Amérique du Nord ; commun en Europe et en Amérique du Nord.
Époque d'apparition - Été-automne.
Possibilités gastronomiques - Comestible après cuisson.

Armillariella mellea
(Armillaria mellea,
Clitocybe mellea)
Agaric,
Armillaire couleur de miel

Champignon parasite des souches d'arbres, nuisible pour les Plantes. Peut être confondu avec le *Collybia illudens*, lui aussi bioluminescent et toxique à l'état cru, aussi bien qu'avec le *Clitocybe tabescens* (dépourvu d'anneau), comestible, d'excellente qualité, avec l'*Hypholoma fasciculare* et l'*H. sublateritium*, tous les deux toxiques. Se différencie de ces espèces essentiellement par la présence de l'anneau.
Corps fructifère - *Chapeau* de jaune (couleur miel) à brunâtre, couvert de taches marron à l'état jeune, d'abord hémisphérique, puis étendu, généralement pourvu de protubérances pointues, enfin aplati, un peu déprimé au centre ; de 3 à 15 cm de diamètre ; marge initialement ornée de poils en touffes de couleur ocre, jaune ou brun, lisse et striée chez les individus adultes ; cuticule couverte de petites écailles caduques qui persistent seulement au centre ; chair blanchâtre. *Lamelles* blanches, puis couleur chair ; annexes, peuvent être légèrement décurrentes, plutôt écartées. *Stipe* plutôt grêle, cylindrique, ou bien grossi à sa base, de 7,5 à 15 cm de hauteur, de 1 à 2 cm de diamètre ; blanchâtre au-dessus du petit anneau jaune, jaune en dessous, avec tendance à foncer ; chair consistante, fibreuse, extérieurement molle, pourvue de cavité centrale. *Spores* blanc crème en masse, ellipsoïdales, lisses (8,5 × 5,5 μ).
Habitat et distribution - Croît en touffes très nombreuses sur des souches ou des troncs d'arbres à feuilles aplaties ou de vieux Conifères, aussi bien que sur des arbustes ; il peut envahir aussi des entrepôts de bois. Commun dans toutes les régions tempérées, subtropicales et tropicales humides.
Époque d'apparition - De juillet à novembre.
Possibilités gastronomiques - Comestible d'excellente qualité ; goût aromatique ; noircit légèrement avec la cuisson. Se prête

à la préparation des sauces, en ayant à l'esprit qu'il ne faut pas utiliser les stipes ni les individus très âgés qui sont coriaces. Il peut être conservé avec succès dans l'huile et dans le vinaigre.

Bolbitius vitellinus

Corps fructifère - *Chapeau* jaune vif, s'éclaircissant avec l'âge, en particulier au niveau de sa marge ; d'abord campanulé, puis étendu et enfin aplati, parfois pourvu d'un petit ombon central ; diamètre de 1 à 5 cm ; la marge visqueuse et striée chez les individus jeunes se dessèche et se rainure en éventail, se fissurant souvent avec le temps ; chair jaunâtre, tendre. *Lamelles* ocre pâle, puis couleur cannelle, jusqu'à rouille, densément annexes, décurrentes, larges par rapport à l'épaisseur de la chair, denses et ensuite devenant espacées au fur et à mesure que le chapeau se développe. *Stipe* mince, atténué vers le haut, de 6 à 12 cm de hauteur et de 2 à 4 mm de diamètre ; couleur paille, nuancée jusqu'au blanc ; parfois duveteux, dans d'autres cas translucide et brillant ; chair jaune clair, fragile. *Spores* couleur rouille en masse, lisses, elliptiques, pourvues de pore germinatif caractéristique (dimensions moyennes : 13,3 × 8 μ).

Habitat et distribution - Coprophile. Croît dans les prés fertilisés, les parcs ou tapis herbeux, souvent sur du bois en décomposition. Présent soit en Europe, soit en Amérique septentionale, mais il s'agit toujours d'un Champignon plutôt rare.
Époque d'apparition - De juillet à novembre en Europe ; de mai à juillet en Amérique du Nord.
Possibilités gastronomiques - Dépourvu de valeur alimentaire.

Boletinus cavipes
(Boletus cavipes)

Corps fructifère - *Chapeau* de convexe à aplati-omboné, tomenteux et squameux-fibrilleux ; de jaune-brun jusqu'à brun fauve, avec marge velue et squames plus foncées. *Pores* plutôt allongés, larges, disposés en éventail, jaune citron virant au verdâtre, légèrement décurrents chez les individus âgés. *Stipe* jaune citron, avec réticule peu évident au-dessus de l'anneau qui est blanchâtre et floconneux, plus foncé vers le bas, creux. *Spores* jaunâtres, allongées.
Écologie - Croît en groupes sous les Mélèzes. Commun en Amérique du Nord et en Europe ; de juillet à octobre. Champignon comestible à l'état jeune ; il est conseillé d'éliminer la cuticule du chapeau et les stipes, aussi bien que d'éviter les individus trop développés ; il est indigeste.

Boletus aereus
Cèpe bronzé, Cèpe noir

Corps fructifère - *Chapeau* de brun datte à brun-noir, plus foncé à l'état jeune, finement pruineux, sec. *Tubules* presque libres, jaunes ou blanchâtres.
Pores d'abord blanchâtres puis jaunes. Chair blanche, ferme. *Stipe* blanchâtre pourvu d'un réticule brun dans sa partie supérieure et d'un réticule de couleur rouille dans la partie inférieure, d'abord grossi au pied, puis cylindrique. *Spores* olive sombre en masse (14 × 4 μ).
Habitat et distribution - Croît sous des arbres à feuilles aplaties, notamment Chênes, Hêtres, Châtaigniers. Peu commun en Europe méridionale, plus répandu en Italie centro-méridionale.
Époque d'apparition - De mai à octobre.
Possibilités gastronomiques - Comestible, excellent, possède saveur et odeur agréables, et pour la consistance de sa chair, il est souvent préféré au *Boletus edulis.*

Boletus appendiculatus

Corps fructifère - *Chapeau* charnu de rougeâtre clair au brun, légè-

En haut :
Bolbitius vitellinus.
Au centre :
Armillaria tabescens.
Ci-dessous :
Boletinus cavipes.

rement pruineux, lisse. *Pores* jaune citron virant au jaune verdâtre, devenant bleu au toucher. *Stipe* un peu ventru, jaune citron dans sa partie haute, là où il est pourvu d'un fin réticule de couleur jaune vif ; dépourvu d'anneau. Chair jaune citron clair, compacte. *Spores* jaunâtres.
Habitat et distribution - Se développe sous les Chênes.
Époque d'apparition - De juillet à octobre.
Possibilités gastronomiques - Comestible.

En haut : Boletus appendiculatus.
Au centre, de haut en bas : Boletus calopus *et* Boletus chrysenteron.
Ci-dessous : Boletus edulis.
A droite : Boletus aereus.

Boletus calopus
(Tubiporus calopus)
Corps fructifère - *Chapeau* de couleur gris ocré devenant olivâtre avec le temps ; cuticule

sèche ; diamètre de 5 à 15 cm. *Tubules* adhérents au stipe, jaunes ; *pores* arrondis, jaunes, devenant bleu verdâtre au toucher.
Stipe robuste, jaune, pourvu de réticule blanc qui dans la partie basilaire devient carmin avec réticule rosé.
Chair ferme qui vire au bleu lorsqu'elle est exposée à l'air.
Écologie - Croît dans des bois d'arbres à feuilles aplaties et de Conifères, notamment en montagne. Très répandu d'août à novembre. Non comestible, il a une saveur amère.

Boletus chrysenteron
Ce Champignon est souvent atteint par des espèces fongiques parasites appartenant au genre *Hypomyces.*
Corps fructifère - *Chapeau* couleur brun rougeâtre, avec des nuances olivâtres, souvent craquelé, de façon à exposer sa chair à l'air, qui peut rougir vivement. Offrant plus rarement une coloration ocracée, avec des nuances rougeâtres. Cuticule initialement pruineuse-veloutée, ensuite lisse ; chair jaunâtre, rouge sous la cuticule, qui devient bleuâtre au découpage et qui enfin s'éclaircit jusqu'à devenir couleur chamois rougeâtre. *Tubules* jaune soufre, ensuite grisâtres, longs jusqu'à 8 mm, déprimés autour du

stipe. *Pores* jaunes, ensuite olivâtres, devenant lentement vert bleuâtre au toucher, larges, anguleux, inégaux. *Stipe* grêle, plutôt ventru à mi-hauteur, ondulé, de 4 à 8 cm de long, au diamètre de 10 à 15 mm ; jaune dans sa partie supérieure, réticulé de rouge en bas, avec des granules rouges tomenteux plus ou moins évidents. Chair couleur chamois rougeâtre, jusqu'au jaune : dans sa partie basilaire il se colore en bleu au découpage. *Spores* brun olivâtre en masse, lisses, elliptiques-fusiformes ($3{,}5 \times 5{,}5\,\mu$).
Écologie - Commun dans les bois d'arbres à feuilles aplaties.
Apparaît de juillet à novembre ; comestible mais de qualité médiocre ; avant la cuisson, il est nécessaire d'éliminer les tubules.

Boletus edulis
(Tubiporus edulis)
Cèpe, Cèpe comestible
Après dessiccation, il est plus riche en protéines que tout autre végétal, exception faite des noix.
Corps fructifère - *Chapeau* de ocré à brunâtre, tendant au brique foncé, variable suivant le terrain et les conditions météorologiques (diamètre de 5 à 20 cm) ; hémisphérique, convexe et enfin presque plat. La cuticule initialement blanchâtre, devient de plus en plus sombre au fur et à mesure que le chapeau s'étale, tout en conservant une bande plus claire tout au long de sa marge. Chair d'abord ferme, puis molle, blanche, im-

muable, souvent à peine rougeâtre sous la cuticule (réaction très faible au traitement à l'ammoniaque, à l'hydroxyde de potassium et au sulfate de fer). *Tubules* blancs, puis jaunes et enfin olivâtres, longs jusqu'à 2 cm, facilement séparables du stipe, presque libres. *Pores* blancs, puis jaunâtres et vert olivâtre à maturité, qui se tachent de brun rouille au toucher, petits, ronds. *Stipe* robuste, qui

peut être bulbeux, élevé ou cylindrique, de 5 à 15 cm de haut, avec un diamètre de 3 à 7 cm au pied et à mi-hauteur. De brun clair nuancé de blanc à la base, à gris ocré ; la partie supérieure présente un réticule dense, fin et blanc, légèrement en relief. Chair ferme, consistante, blanche ou tendant à peine au jaune ocre. *Spores* de couleur olivâtre tendant au tabac, fusiformes, (dimensions moyennes : $15{,}5 \times 5\,\mu$).
Habitat et distribution - Commun dans les forêts de Conifères et les bois d'arbres à feuilles aplaties, ou dans le sous-bois des forêts de montagnes. On en connaît de multiples variétés liées aux différents types d'arbres. Présent en Europe, Amérique du Nord, Australie et Afrique.
Époque d'apparition - De juillet à novembre en Europe ; de juillet à août en Amérique septentrionale.
Possibilités gastronomiques - Excellent goût de noisette, arôme agréable ; chez les individus très développés on peut retirer les tubules avant la cuisson.

Boletus erythropus
(Tubiporus erythropus)

Corps fructifère - *Chapeau* marron sombre, plus pâle vers la marge, diamètre de 5 à 20 cm. *Tubules* jaunes puis verdâtres, séparés du stipe ; *pores* petits, de couleur rouge orangé, virant au vert-bleu au toucher. *Stipe* robuste, grossi à la base, jaune, densément pointillé de rouge ; dépourvu de réticule, plus foncé vers le pied.
Écologie - Croît dans des bois d'arbres à feuilles aplaties et de Conifères. De fréquent à commun en Europe et en Amérique septentrionale, d'août à novembre. Vénéneux à l'état cru, certains experts le considèrent comme étant comestible après cuisson.

Boletus fragrans

Corps fructifère - *Chapeau* charnu, de brun clair à rougeâtre châtain, plutôt irrégulier. *Pores* jaune citron devenant légèrement bleuâtres au toucher. *Stipe* jaune au sommet, rougeâtre dans sa partie centrale, presque blanc ou grisâtre au pied, fusiforme, plutôt enraciné, haut de 7 à 10 cm. Chair jaunâtre, compacte. *Spores* jaunâtres.
Écologie - Croît dans des bois d'arbres à feuilles aplaties. Rare en Europe continentale, en été-automne. Comestible.

Boletus impolitus

Corps fructifère - *Chapeau* couleur cannelle ou marron clair, d'abord recouvert d'un duvet grisâtre, devenant ensuite lisse et sec ; diamètre de 8 à 20 cm. *Tubules* jaune doré jusqu'à l'olivâtre ; *pores* arrondis, de la même couleur que les tubules. Chair de blanche à jaune pâle, immuable. *Stipe* bien développé, jaune ocre nuancé de rouge dans sa partie basilaire ; lorsqu'il est découpé il émet une odeur d'iodoforme.
Écologie - Croît sur des terrains argileux, dans des bois d'arbres à feuilles aplaties, notamment sous les Chênes. Distribution variable en Europe.
Présent de juin à octobre. Comestible.

Boletus lupinus
(Sensu Fries
non sensu Bresadola)

Corps fructifère - *Chapeau* charnu, initialement brun clair, puis gris olivâtre, avec des nuances rougeâtres chez les individus adultes, plus clair au niveau de la marge, qui devient bleuâtre au toucher ; diamètre jusqu'à 20 cm. *Pores* petits, d'abord et pour un temps très court jaune citron, rouge vif chez des corps fructifères mûrs. Chair de blanchâtre à jaune citron, devenant bleue au découpage. *Stipe* cylindrique ou plutôt bulbeux, jaune ou orangé dans sa partie supérieure avec une zone de couleur rouge vif centrale ; couleur rouge sombre ou ocré à la base. *Spores* jaunâtres.
Habitat et distribution - Croît sous les Chênes et sous d'autres arbres à feuilles aplaties.
Époque d'apparition - Été-automne.
Possibilités gastronomiques - Non comestible.
Ce Champignon peut être confondu soit avec le *Boletus purpureus*, soit avec le *B. rhodoxanthus*, qui sont également non comestibles, aussi bien qu'avec le *Boletus satanas*, vénéneux.

En haut :
Boletus erythropus.
Ci-dessus :
Boletus fragrans.
En bas,
de gauche à droite :
Boletus impolitus *et*
Boletus lupinus.

Ci-contre :
Boletus luridus.
Au centre,
de haut en bas :
Boletus parasiticus *et*
Boletus pinicola.
A droite :
Boletus piperatus.

Boletus luridus
(Boletus rubeolarius)
Bolet blafard, faux Cèpe

Corps fructifère - *Chapeau* brun olivâtre ou tendant au rougeâtre, convexe ; diamètre de 5 à 12 cm ; marge étroite et involutée. Chez les individus jeunes, la cuticule est poussiéreuse et avec le temps, elle devient lisse et presque lucide ; chair ferme, jaunâtre, rouge pourpre à proximité des tubules, devenant bleu verdâtre à l'air ; traitée à l'hydroxyde de potassium, elle vire au jaune ou au rouge brique ; avec le sulfate de fer elle vire du jaune au jauve vert. *Tubules* jaune verdâtre, devenant bleus au découpage, longs jusqu'à 1,5 cm chez des individus de plus fortes dimensions, libres, à peine plus courts vers le stipe. *Pores* orangé-rouge, devenant bleus au toucher, petits, arrondis. *Stipe* blanc, cylindrique, ou un peu enfoncé au pied, de 8 à 15 cm de hauteur, de 1 à 3 cm de diamètre, jaunâtre avec des nuances orangées dans sa partie supérieure, plus rouge et plus foncé vers le bas, là où il est recouvert d'un réticule sombre, grossier. Pied noirâtre, quelquefois pourvu de mycélium jaunâtre ; chair rougeâtre, virant au bleu lorsqu'elle est exposée à l'air. *Spores* d'olivâtre à brun en masse, elliptiques, (dimensions moyennes : $3 \times 5{,}5\,\mu$).
Habitat et distribution - Présent dans les bois d'arbres à feuilles aplaties et dans des parcs, plus fréquent là où le sol est calcaire ; dans les régions montagneuses, il est présent aussi dans des forêts de Conifères. Commun dans plusieurs parties de l'Europe.
Époque d'apparition - De juillet à octobre.
Possibilités gastronomiques - Malgré sa saveur et son odeur agréables, il est toxique à l'état cru mais il est généralement considéré comme étant comestible après cuisson.

Boletus parasiticus
(Xerocomus parasiticus)
Bolet parasite

Corps fructifère - *Chapeau* de vert olive à brun jaunâtre, avec cuticule qui se fend, convexe ; diamètre de 3 à 5 cm. *Tubules* décurrents, jaunâtres. *Pores* grands, jaune olivâtre. *Stipe* jaunâtre, mince et incurvé.
Écologie - Espèce unique à cause de son habitat particulier : croît comme parasite sur un autre Champignon, le *Scleroderma aurantium (= vulgare).*
Rare en Europe, très rare en Amérique septentionale et nord-orientale. Présent de septembre à octobre. Comestible.

Boletus pinicola
(Boletus edulis subsp. **pinicola)**
Cèpe des pins

Corps fructifère - *Chapeau* charnu, couleur brun rougeâtre cuivre, quelquefois avec des reflets châtains ou bien de couleur ocre ; initialement à peine visqueux, puis sec, pourvu de marge ondulée, tout au moins chez les individus adultes.
Pores petits, blancs et puis jaune violacé, enfin verdâtres, avec des taches de couleur rouille chez les individus adultes. *Stipe* trapu, rougeâtre à son sommet, châtain ou couleur cannelle dans sa partie inférieure, pourvu d'un réticule

blanc avec des mailles plutôt petites. *Spores* ocrées.
Habitat et distribution - Croît sous les Conifères et quelquefois sous les arbres à feuilles aplaties. Il n'est pas rare en Europe, notamment dans les Alpes.
Époque d'apparition - De juin à octobre.
Possibilités gastronomiques - Excellent, comestible.

Boletus piperatus
(Xerocomus piperatus)
Bolet poivré

Corps fructifère - *Chapeau* jaunâtre brun, tendant à la couleur cannelle, convexe, puis étendu ou aplati ; cuticule visqueuse avec l'humidité. Chair jaune tendant au marron cannelle, nuancée de rouge sous la cuticule et au-dessus des tubules. *Tubules* subdécurrents, de couleur cannelle, puis fauve, quelquefois devenant plus sombres au toucher. *Pores* de couleur rouge cuivre chez les individus adultes, anguleux. *Stipe* mince, fusiforme, atténué vers le bas jusqu'à la base qui est plutôt pointue, long de 4 à 8 cm avec un diamètre de 2 à 20 mm, couleur cannelle ou rouille clair (la base est de couleur jaune vif), lisse, soyeux, brillant, mais pointillé vers sa partie supérieure lorsqu'il est frais ; chair ferme, jaune, nuancée de rougeâtre dans la partie haute. *Spores* marron tabac en masse, lisses, d'elliptiques à fusiformes ($9{,}5 \times 3{,}5\,\mu$).
Écologie - Croît sur des terrains sableux des bois de Conifères, Bouleaux et Hêtres. Présent de juillet à novembre. Non toxique mais non comestible, à cause de sa saveur trop poivrée.

Boletus pulverulentus
(Xerocomus pulverulentus)

Corps fructifère - *Chapeau* variable du marron foncé opaque au café au lait, au rougeâtre, jusqu'au brun olivâtre. Se teinte de bleu au toucher. *Tubules* de même couleur que le chapeau ; *pores* jaune citron, devenant bleus au toucher. *Stipe* atténué vers la base, jaune au sommet, nuancé de marron rougeâtre jusqu'au pourpre au pied. Se colorant en bleu au toucher, de même que la chair du Champignon lorsqu'elle est exposée à l'air.

Écologie - Présent dans les bois d'arbres à feuilles aplaties, notamment sous des Chênes et des Châtaigniers, dans des prairies

et tout au long des sentiers. De distribution variable en Europe, plus commun dans les régions méridionales. Apparaît d'août à novembre. Comestible.

Boletus queletii

Corps fructifère - *Chapeau* variable du rouge brique au marron rougeâtre, sec ; la chair se colore en bleu verdâtre lorsqu'elle est découpée. *Tubules* jaune olivâtre. *Pores* marron rouille jusqu'au pourpre, virant au bleu noirâtre.

Écologie - Dans des bois d'arbres à feuilles aplaties : Hêtres, Chênes, Tilleuls. Rare. Présent d'août à octobre. Non comestible.

Boletus satanas

Corps fructifère - *Chapeau* clair, presque blanc, nuancé vers la couleur chamois ou noisette, souvent effacé de rouge au niveau de la marge, enfin ocré chez des individus d'âge avancé ; convexe et souvent pourvu de marge libre et très ondulée ; diamètre de 6 à 30 cm ; cuticule d'abord finement pruineuse, puis lisse et offrant la consistance d'une peau avec des crevasses qui peuvent se former vers le centre ; chair jaune paille ou plus vif, devenant ocrée par traitement à l'ammoniaque ou à l'hydroxyde de potassium, devenant bleue au découpage.
Tubules minces, vert jaunâtre, devenant immédiatement bleu olivâtre foncé au découpage, longs jusqu'à 2 cm, libres.
Pores rouges, plus sombres chez les individus mûrs, constamment couleur orange à proximité de la marge du chapeau, virant au gris plomb au toucher, très petits, ronds.
Stipe robuste, quelquefois ventru, de 6 à 8 cm de long, de 5 à 7 cm de diamètre ; jaune au sommet, rouge nuancé vers la couleur ocre à la base, avec réticule fin, rouge évident, notamment en haut ; chair constamment couleur chamois sale, dans la partie basilaire, plutôt malodorante.
Spores olivâtre ou couleur tabac en masse, elliptiques, fusiformes, lisses (dimensions moyennes : $13 \times 5{,}5\ \mu$).

Habitat et distribution - Croît dans des bois d'arbres à feuilles aplaties, sur des terrains calcaires, dans des régions tempérées et méridionales de l'Europe.

Époque d'apparition - De juillet à octobre.

Possibilités gastronomiques - Vénéneux mais non mortel. Le syndrome d'empoisonnement se manifeste avec diarrhées et vomissements persistants, d'autant plus graves si le Champignon a été ingéré à l'état cru.

Ci-contre : Boletus satanas.
Ci-dessous : Boletus subtomentosus.
A gauche : Boletus pulverulentus.

Boletus subtomentosus
(Boletus communis)

Corps fructifère - *Chapeau* de couleur noisette au marron olive, sec, velouté, qui se fend, mettant ainsi en évidence une chair jaunâtre. Traité avec de l'ammoniaque, le chapeau se colore en brun châtain. *Tubules* jaunes avec de grands pores de la même couleur. *Stipe* atténué vers la base, couleur marron clair, quelquefois avec de petites nervures longitudinales.

Écologie - Présent dans les bois d'arbres à feuilles aplaties. Commun en Europe et en Amérique septentrionale, d'août à novembre. Comestible.

Boletus versicolor
(Boletus rubellus, B. barlae, Xerocomus rubellus)

Corps fructifère - *Chapeau* de rouge jusqu'à violacé rougeâtre, avec marge ondulée ; diamètre de 3 à 6 cm ; chair de couleur chamois clair jusqu'à couleur paille. *Pores* anguleux, jusqu'à jaune citron, virant à l'olivâtre avec l'âge, qui deviennent bleuâtres au toucher. *Stipe* mince, haut jusqu'à 7 cm environ, rouge à l'exception du sommet qui est jaune ; chair jaune citron au sommet, rouge brun dans la partie inférieure, virant légèrement au bleu. *Spores* jaunâtres.

Écologie - Croît au milieu des

Ci-dessous : Boletus versicolor.
A gauche : Boletus queletii.

herbes, sous des arbres à feuilles aplaties. Fréquent çà et là, en été-automne. Comestible.

Calocybe gambosum
(Calocybe georgii, Tricholoma georgii, Liophyllum georgii)
Tricholome ou Mousseron de la Saint-Georges, Mousseron vrai

Corps fructifère - *Chapeau* variable, de couleur crème à blanchâtre et à chamois clair jusqu'à couleur noisette, d'abord convexe puis aplati ; diamètre de 3 à 10 cm ; marge initialement involutée et farineuse, enfin ondulée ; cuticule lisse, avec de petites taches, qui ensuite se fissure ; chair blanche, ferme, mais molle, fragile. *Lamelles* blanches tendant à la couleur chamois clair, émarginées ou avec une petite dent décurrente, enfin ondulées, larges jusqu'à 5 mm, très denses. *Stipe* solide, quelquefois plutôt incurvé, long jusqu'à 8 cm, avec un diamètre de 1,5 à 2,5 cm, couleur crème tendant au blanchâtre ou au chamois, farineux au sommet ; chair solide et compacte. *Spores* blanches en masse, elliptiques ou ovoïdes, lisses, avec une goutte lipidique dans leur partie centrale (dimensions moyennes : $6{,}3 \times 3{,}8\ \mu$).
Habitat et distribution - Croît isolément ou en groupes, ou bien en « cercles des sorcières » typiques, dans les prairies ouvertes, les pâturages, près des buissons, dans des clairières des bois, notamment sur du terrain calcaire, de sporadique à fréquent en Europe, rare dans la région nord-orientale de l'Amérique du Nord.
Époque d'apparition - D'avril à juin en Europe, de juin à juillet en Amérique septentrionale.

Ci-dessous : Calocybe gambosum. *Au centre :* Cantharellula umbonata. *A droite, de haut en bas :* Catathelasma imperialis *et* Clitocybe cerussata.

Possibilités gastronomiques - Goût et odeur de farine fraîche. Excellent, comestible.

Cantharellula umbonata
Corps fructifère - *Chapeau* de gris à blanc, plus clair au niveau de sa marge, de 3 à 4 cm de diamètre ; d'abord convexe, puis plus aplati et généralement pourvu d'umbon central ; cuticule de veloutée à floconneuse, brillante lorsqu'elle est observée à la loupe. Chair molle, blanche, rougissant au toucher. *Lamelles* d'abord blanches et enfin maculées de rouge, décurrentes, à marges atténuées ; maintes fois bifurquées. *Stipe* cylindrique, quelquefois sinueux, de 2,5 à 12,5 cm de hauteur, gris clair, velouté à la base. Chair granuleuse. *Spores* blanches en masse, qui avec le développement du Champignon deviennent noirâtres, ellipsoïdales (dimensions moyennes : $9 \times 3\mu$).
Habitat et distribution - Croît en groupes dans des forêts de

Conifères, entre les Bruyères et les Mousses.
Sporadique en Europe et en Amérique septentrionale.
Époque d'apparition - D'août à novembre en Europe ; d'août à octobre et quelquefois au printemps en Amérique septentrionale.
Possibilités gastronomiques - Déconseillé.

Catathelasma imperialis
(Biannularia imperialis, Armillaria imperialis, Armillariella imperialis)

Corps fructifère - *Chapeau* de couleur olive brun à couleur châtain, visqueux, qui se fissure spécialement en son milieu ; diamètre de 8 à 30 cm environ. *Lamelles* de blanchâtres ou chamois pâle jusqu'à olive grisâtre clair, décurrentes, denses, sou-

vent bifurquées. *Stipe* atténué vers la base, dont le diamètre dans sa partie supérieure atteint 5 cm ; anneau double, très large et résidus de voile partiel et universel : souvent des résidus sont présents aussi sur le chapeau. *Spores* blanchâtres.
Habitat et distribution - Croît en groupes ou isolément, notamment sous les Conifères en Europe et en Amérique du Nord.
Époque d'apparition - Été-automne.

Possibilités gastronomiques - Comestible mais plutôt indigeste.

Clitocybe cerussata
Corps fructifère - *Chapeau* initialement convexe, puis légèrement infundibuliforme, recouvert d'une pruine dense, offrant l'aspect d'une laque, puis nuancé de couleur chair ; marge çà et là fissurée.
Lamelles blanchâtres, légèrement décurrentes. *Stipe* radicant dépourvu d'anneau. *Spores* blanches.
Écologie - Croît à l'état grégaire, près de souches d'arbres à feuilles aplaties.
Présent en Europe, de la fin de l'été à l'automne. Vénéneux.

Clitocybe clavipes
Corps fructifère - *Chapeau* brun grisâtre clair avec des nuances

olivâtres et marge généralement presque blanche ; d'abord légèrement mamelonné en son centre, devenant ensuite concave ou en forme d'ombilic ; cuticule lisse ; chair blanc grisâtre, peu consistante.
Lamelles d'abord blanches puis jaune pâle, longuement décurrentes, rares et plutôt larges. *Stipe* atténué vers sa partie haute avec pied fortement clavé, long de 3 à 7 cm, de 2 cm d'épaisseur à la base, gris blanchâtre, lisse ou

légèrement fibrilleux, tomenteux à la base ; chair molle, spongieuse au centre, fragile.
Spores blanches en masse, elliptiques, lisses (dimensions moyennes : 6 × 3,5 μ).
Habitat et distribution - Croît isolément ou en groupes dans des terrains sableux couverts d'herbes, dans des forêts de Hêtres ou de Conifères des régions montagneuses. Commun en Europe, localement présent en Amérique du Nord.
Époque d'apparition - En Europe de septembre à novembre ; de juillet à septembre en Amérique septentrionale.
Possibilités gastronomiques - Comestible : saveur et odeur agréables ; la chair des individus adultes devient trop molle et s'écrase facilement après la cuisson.

Clitocybe cyathiformis
(Agaricus cyathiformis, Omphalia cyathiformis)
Corps fructifère - *Chapeau* qui devient vite infundibuliforme, avec marge très involutée, brun fauve, grisâtre brun ou jusqu'à gris ardoise, plus sombre par temps humide. *Lamelles* décurrentes, plus claires que le chapeau, plutôt denses. *Stipe* un peu plus clair que le chapeau ou de la même couleur, fuselé, strié de brun, pruineux à la base. *Spores* blanches.
Écologie - Croît dans les bois et dans les champs entre les herbes et sur des feuilles mortes. Commun en Europe et en Amérique du Nord, en automne avancé. Non comestible.

Clitocybe dealbata
Champignon vénéneux : il diffère du *Marasmius oreades* par ses dimensions plus réduites et le blanc persistant des lamelles et du chapeau.
Corps fructifère - *Chapeau* de blanc à blanc sale, convexe, puis aplati et enfin déprimé en son centre, avec marge involutée chez les individus jeunes, devenant souvent révoluté et ondulé avec l'âge ; diamètre de 2 à 3 cm environ ; cuticule sèche, opaque, constamment pruineuse ; chair blanche, légère. *Lamelles* blanches, légèrement nuancées vers le jaune, denses, à peine décurrentes. *Stipe* court, grêle, quelquefois atténué vers le pied, long de 2 à 4 cm, blanc ou blanchâtre brun, lisse, légèrement farineux au sommet ; chair fibreuse et enfin creuse. *Spores* blanches en masse, ellipsoïdales, lisses (4,5 × 2,5 μ).
Habitat et distribution - Dans les régions herbeuses en général, prés, pâturages, champs et même dans les landes. Commun en Europe et en Amérique septentrionale.
Époque d'apparition - De juillet à novembre.

Ci-dessous :
Clitocybe flaccida.
En haut, de gauche à droite :
Clitocybe clavipes *et* Clitocybe cyathiformis.
En bas :
Clitocybe dealbata
(l'exemplaire de cette espèce ne se trouve pas ici dans son habitat naturel : du sol herbeux).

Possibilités gastronomiques - Vénéneux, contient de la muscarine ; il peut devenir mortel lorsqu'il est ingéré en quantité considérable.

Clitocybe flaccida
(Clitocybe inversa, Lepista inversa)
Corps fructifère - *Chapeau* couleur cuir et même plus rougeâtre, devenant plus clair par temps sec et plus sombre avec l'âge, d'abord convexe, ensuite infundibuliforme, au diamètre de 8 cm ; marge étendue ou involutée, lobée: cuticule lisse et un peu brillante ; chair de couleur ocre pâle, fragile chez le Champignon jeune, puis coriace. *Lamelles* initialement blanches, puis jaunâtres ou rougeâtres, denses, intercalées par des lamellules. *Stipe* plein, souvent plu-

tôt incurvé, tendant à devenir comprimé, fibrillaire, avec des traces tomenteuses de mycélium à sa base ; couleur cuir jusqu'à brun, lisse, qui toutefois devient rugueux avec le temps, creux en son intérieur ; chair coriace. *Spores* blanches en masse, arrondies, finement verruqueuses (dimensions moyennes : 4,3 × 3,5 µ).
Habitat et distribution - Croît isolément ou en groupes, quelquefois en cercles, sur des Végétaux pourrissants, surtout dans les forêts de Conifères, mais aussi dans des bois d'arbres à feuilles aplaties. Plus ou moins commun en Europe selon les régions, fréquent vers le Nord.
Époque d'apparition - De septembre à décembre.
Possibilités gastronomiques - Saveur et odeur légèrement âcres ; comestible, on conseille d'utiliser uniquement les chapeaux les plus tendres ; les individus récoltés sous les Conifères sont plus savoureux.

Ci-dessus :
Clitocybe fragrans.
Au centre :
de haut en bas :
Clitocybe geotropa *et*
Clitocybe infundibuliformis.
A droite :
Clitocybe nebularis.

Clitocybe fragrans

Corps fructifère - Caractérisé par une forte odeur d'anis. *Chapeau* ocré pâle ou grisâtre avec marge striée s'il est humide, aplati ou légèrement déprimé. *Lamelles* de la même couleur que le chapeau, à peine décurrentes. *Stipe* mince, jaune blanchâtre, souvent sinueux.
Écologie - Entre l'herbe, dans les bois d'arbres à feuilles aplaties, notamment sous l'Aulne, et dans les forêts de Conifères des régions montagneuses. Fréquent en Europe et en Amérique du Nord, de juillet à novembre. Champignon suspect de toxicité : son usage alimentaire est déconseillé.

Clitocybe geotropa

(Agaricus geotropus)

Champignon de dimensions considérables, identifiable par la forme du chapeau, déprimé au centre et mamelonné.
Corps fructifère - *Chapeau* de couleur rosé clair puis fauve, d'abord convexe, puis aplati, déprimé autour du mamelon central ; diamètre de 8 jusqu'à 20 cm environ ; marge involutée, cuticule lisse ; chair blanche, ferme et consistante. *Lamelles* blanches chez les individus jeunes, puis plus ou moins ocrées, décurrentes, larges de 5 mm environ chez les individus adultes, denses. *Stipe* atténué vers le haut, pourvu de base nettement enflée, haut de 6 à 20 cm (généralement un peu plus long que le diamètre du chapeau), de 1,5 à 3 cm d'épaisseur ; ocré tendant au rosé, finement fibrilleux, farineux ou tomenteux à la base ; chair consistante. *Spores* blanches en masse, d'arrondies à ovoïdes, lisses (dimensions moyennes : 7 × 5,6 µ).

Habitat et distribution - Croît isolément ou en grands cercles dans les terrains humides, dans les clairières des forêts et dans des pâturages. Fréquent dans toute l'Europe.
Époque d'apparition - De septembre à novembre.
Possibilités gastronomiques - Comestible ; les individus jeunes sont bons découpés et cuits avec de l'ail et du persil.

Clitocybe infundibuliformis

Clitocybe en entonnoir

Corps fructifère - *Chapeau* de couleur variable du jaunâtre au rouge clair et jusqu'au fauve, d'abord convexe, puis aplati, ensuite en forme d'entonnoir ; diamètre de 4 à 8 cm ; marge d'abord involutée puis ondulée ; cuticule généralement soyeuse, un peu tomenteuse au centre ; chair blanche, molle. *Lamelles* blanches, longuement décurrentes, minces, denses, intercalées par des lamellules. *Stipe* atténué, vers le haut, et plutôt enflé à la base, de 4 à 7 cm de longueur et de 0,6 à 1,5 cm d'épaisseur, de couleur fauve clair, lisse, quelquefois pourvu de résidus cotonneux de mycélium à sa base ; chair fibreuse. *Spores* blanches en masse, ovoïdes, lisses, de longueur variable (6 × 4 µ).
Habitat et distribution - Croît en groupes, parfois en cercles, dans les sous-bois herbeux et entre les buissons, dans les landes, notamment dans les collines. Commun en Europe et en Amérique du Nord.

Époque d'apparition - De juillet à novembre.
Possibilités gastronomiques - Comestible, avec une légère odeur

agréable d'amande. Les chapeaux jeunes sont tendres, mais ils doivent être cuits longuement. Les individus âgés sont nettement coriaces et doivent être écartés.

Clitocybe nebularis

Clitocybe nébuleux, Petit gris, Grisette

Corps fructifère - *Chapeau* grisâtre clair ou couleur chamois, plus sombre vers le centre, d'abord convexe, ensuite largement omboné, puis plan ou avec une légère dépression en son milieu ; diamètre de 6 à 15 cm ; marge peu consistante, involutée ; cuticule lisse, recouverte de pruine très fine à l'état jeune ; chair blanche, tendre, qui devient plus molle avec le temps. *Lamelles* blanchâtres puis de couleur gris jaunâtre très pâle, à peine décurrentes, denses et étroites. *Stipe* robuste, aminci vers le haut, avec pied légèrement grossi à la base ; de 7 à 15 cm de hauteur et de 2 à 3 cm d'épaisseur, blanchâtre ou gris pâle, de fibrilleux à strié ; chair consistante, mais spongieuse dans la partie centrale. *Spores* blanches, de couleur crème clair en masse, lisses, elliptiques (dimensions moyennes : 6 × 3,8 μ).

Habitat et distribution - Croît à l'état grégaire, formant quelque fois des groupes très nombreux. Généralement il est présent dans les bois, notamment dans les forêts de Conifères ou dans les landes. Commun en Europe et localement dans la partie orientale de l'Amérique septentrionale.

Époque d'apparition - D'août à novembre, parfois jusqu'à fin décembre.

Possibilités gastronomiques - Son arôme de farine le rend désagréable pour tout le monde ; de toutes façons, il s'agit d'un Champignon qui est comestible après cuisson ou après avoir été rapidement ébouillanté ; il est conseillé d'éviter les individus trop développés.

Clitocybe odora

(Viridis odora)

Clitocybe odorant, Clitocybe vert

Corps fructifère - *Chapeau* vert bleu pâle, qui pâlit avec l'âge, aplati mais avec mamelon en son centre, irrégulièrement lobé, diamètre de 4 à 8 cm ; cuticule visqueuse par temps humide, soyeuse par temps sec ; chair verdâtre, glauque, plutôt ferme, molle. *Lamelles* verdâtres, annexes, larges. *Stipe* un peu enflé à sa base ; de 2,5 à 4 cm de longueur, nuancé de bleu-verdâtre, chair élastique, coriace chez les individus âgés. *Spores* blanches en masse, elliptiques, lisses (dimensions moyennes : 6,8 × 3,6 μ).

Habitat et distribution - Croît isolément ou en groupes sur l'humus et entre les résidus des bois d'arbres soumis à abattage régulier, aussi bien que parmi les aiguilles des sous-bois des forêts de Conifères. Commun en Europe et en Amérique du Nord.

Époque d'apparition - En Europe d'août à novembre ; en Amérique septentrionale, d'août à septembre.

Possibilités gastronomiques - Fort arôme d'anisette, qui persiste aussi après dessiccation ; généralement utilisé pour donner du goût à des plats dépourvus de Champignons, ou à ceux qui sont à base de Champignons peu savoureux.

Clitocybe rivulosa

Champignon très vénéneux, semblable, par son aspect, au *Marasmius oreades*, qui est comestible et qui vit dans le même habitat. Il est identifiable par la couleur blanche du chapeau et par les lamelles décurrentes.

Corps fructifère - *Chapeau* de blanc sale à rosé, jusqu'à marron clair, strié en zones concentriques, aplati ou bien légèrement déprimé au centre, d'un diamètre de 2 à 5 cm ; bord involuté chez les individus jeunes, puis ondulé ; cuticule initialement pruineuse ; chair blanche, consistante, rose doré sous la cuticule. *Lamelles* blanches, puis couleur chair clair, légèrement décurrentes, larges, très denses. *Stipe* court, trapu, parfois incurvé, de 2 à 5 cm de longueur, de blanchâtre à marron clair, fibrilleux, farineux à la base ; chair coriace, élastique. *Spores* blanches en masse, elliptiques, lisses (dimensions moyennes : 4,5 × 2,5 μ).

Habitat et distribution - Croît en groupes ou en cercles dans des lieux herbeux, dans les landes, le long des routes et dans les clairières des bois.

Époque d'apparition - D'août à novembre.

Possibilités gastronomiques - Vénéneux, peut être mortel : il

En haut : Clitocybe odora.
Ci-dessous : Clitocybe rivulosa.

contient une quantité considérable de muscarine. L'empoisonnement se manifeste avec transpiration abondante, respiration haletante, hallucinations, ralentissement des pulsations, baisse de tension artérielle, crampes d'estomac, vomissements et diarrhées. Dans les cas moins graves, la symptomatologie disparaît assez rapidement ; dans les cas plus sérieux, peut survenir un état de coma et une crise cardio-circulatoire.

Ci-dessous :
Clitopilus prunulus.
A droite,
de haut en bas :
Collybia confluens *et*
Collybia butyracea.

Clitopilus prunulus

(Rhodosporus prunulus) *Langue de carpe, Meunier, Mousseron*

Les individus jeunes de cette espèce peuvent être parfois confondus avec les espèces vénéneuses *Clitocybe rivulosa* et *C. dealbata*. De toutes façons, il est caractérisé par une forte odeur de farine.

Corps fructifère - *Chapeau* de blanc à blanc cendre, d'abord convexe, puis irrégulièrement déprimé ou un peu ondulé, de 3 à 6 cm de diamètre ; marge involutée, farineuse, plus ou moins lobée ; cuticule sèche, lisse, visqueuse par temps humide ; chair blanche, peu consistante, immuable. *Lamelles* de couleur chair pâle chez des individus jeunes, puis rose grisâtre, fortement décurrentes, denses, étroites. *Stipe* généralement un peu excentrique, bref, s'amincissant vers la base, de 2 à 3 cm de longueur, avec un diamètre d'environ 1 cm, blanc ou blanc grisâtre, à peine strié, légèrement pruineux ; chair ferme, blanche. *Spores* rose saumon pâle en masse, fusiformes, à peine ponctuées (dimensions moyennes : 12 × 5,5 μ).

Habitat et distribution - Croît isolément, parfois aussi en cercles, dans les sous-bois ou dans les pâturages, notamment à proximité des bois. Présent en Europe, commun dans certaines parties de la région nord-orientale de l'Amérique septentrionale.

Possibilités gastronomiques - Comestible ; saveur agréable et odeur typique de farine fraîche. La chair est tendre et se prête à tout usage culinaire.

Collybia butyracea

Corps fructifère - *Chapeau* brun rougeâtre lorsqu'il est humide, brun grisâtre quand il est sec ; convexe chez les individus jeunes, devenant ensuite aplani ou bien pourvu de marge, retourné vers le haut, mamelonné au centre. *Lamelles* blanchâtres. *Stipe* duveteux et ventriculeux à sa base, s'atténuant vers le haut. Chair molle avec légère odeur de fruit.

Écologie - Croît dans des bois d'arbres à feuilles aplaties et de Conifères, spécialement dans les régions montagneuses. Commun en Europe, en Amérique septentrionale nord-orientale et en Australie sud-orientale. Apparaît du printemps à l'automne dans nos régions.

Comestible, mais de qualité médiocre.

Collybia confluens

(Marasmius confluens)

Corps fructifère - *Chapeau* convexe ou campanulé, puis aplani ; brun rougeâtre, mince, consistant, avec diamètre allant jusqu'à 5 cm. *Lamelles* libres, denses, étroites, blanchâtres ou couleur chair. *Stipe* de rosé à rougeâtre, recouvert d'un duvet dense, haut jusqu'à 5 cm. *Spores* blanches.

Écologie - Croît en groupes parmi les feuilles mortes et les résidus végétaux, dans les bois soumis à abattage régulier et de Conifères. Commun en Europe et en Amérique septentrionale, en été-automne. Comestible, mais déconseillé par certains experts.

Collybia dryophila

(Marasmius dryophilus)

Espèce commune, qui se trouve en général dans les bois de Chênes.

Corps fructifères - *Chapeau* jaunâtre, qui passe progressivement au marron dans la partie centrale, d'abord convexe puis aplati, parfois déprimé au centre, de diamètre de 2 à 5 cm ; marge involutée d'abord, ensuite, plane ; cuticule lisse, légèrement visqueuse par temps humide ; chair blanche, ferme. *Lamelles* initialement blanches, puis nuancées de jaune, à peine décurrentes, quelquefois libres, en forme de crochet, étroites, denses. *Stipe* cylindrique, creux, légèrement enflé vers la base, haut de 2,5 à 7 cm, jaune ou bien rougeâtre, lisse, farineux vers le pied ; chair coriace. *Spores* blanches en masse, elliptiques, lisses (5,5 × 3 μ).

Habitat et distribution - Espèce qui croît à l'état grégaire, parfois

en touffes denses, dans les forêts d'arbres à feuilles aplaties, en particulier de Chênes, dans les landes ou les régions montagneuses. Commun en Europe et dans les régions montagneuses de l'Amérique du Nord.
Époque d'apparition - De mai à novembre en Europe ; de juin à décembre en Amérique du Nord.
Possibilités gastronomiques - Non toxique, mais sans intérêt du point de vue gastronomique.

Collybia esculenta

Corps fructifère - *Chapeau* de convexe à aplati, ocré clair ou jaune clair, humide au toucher avec marge striée. *Lamelles* blanches virant au jaunâtre clair, annexes, denses. *Stipe* de 2 à 7 cm de hauteur avec diamètre de 0,5 cm,

blanc puis de la même couleur que le chapeau ; radicant au pied. *Spores* jaunâtres en masse, globuleuses (dimensions moyennes : 5 × 4 µ).
Habitat et distribution - Se développe sur les fruits des Conifères tombés au sol, (spécialement d'Épicéa).
Assez commun en Europe.
Époque d'apparition - Été-automne dans nos régions. De septembre à mai dans les autres pays.
Possibilités gastronomiques - Comestible.

Collybia fusipes
(Agaricus fusipes)

Collybie à pied en fuseau, Souchette
Les individus de cette espèce vivent comme parasite sur les racines et les souches de nombreux arbres, où ils provoquent une pourriture blanche.
Corps fructifère - *Chapeau* rouge brun sombre qui devient peu à peu brunâtre avec l'âge, et aussi quelquefois maculé de noir ;

convexe, puis mamelonné, souvent déformé ou irrégulier, de 3 à 8 cm de diamètre ; marge lobée ou incisée ; cuticule lisse, sèche, parfois fissurée ; chair consistante, de couleur brun rougeâtre. *Lamelles* blanches puis de couleur rougeâtre clair ou à peine brunes, d'abord reliées à l'anneau tout autour du stipe, puis libres, larges et espacées. *Stipe* creux, fusiforme, avec des sillons longitudinaux profonds, se terminant en forme de racine, entortillé ; haut de 7 cm ou plus, au diamètre de 1,5 à 2,5 cm, de couleur rouge brun, parfois jusqu'à pourpre sombre vers le pied ; chair fibreuse, de consistance cartilagineuse. *Spores* blanches en masse, elliptiques, en forme de graine, lisses (dimensions moyennes : 5 × 20 µ).
Habitat et distribution - Croît généralement en petites touffes au pied des Chênes et des Hêtres. Commun en Europe et localement sur la bande nord-orientale de l'Amérique du Nord.
Époque d'apparition - D'avril-mai jusqu'à décembre en Europe ; d'août à décembre en Amérique du Nord.
Possibilités gastronomiques - Comestible ; on utilise seulement les chapeaux, cuits de n'importe quelle façon ou desséchés, les pédoncules étant trop fibreux.

Collybia maculata

Champignon caractérisé par la présence de taches typiques couleur rouille sur le chapeau.
Corps fructifère - *Chapeau* blanc

Ci-dessous :
Collybia maculata.
Au centre :
Collybia fusipes.
A gauche,
de haut en bas :
Collybia dryophila *et*
Collybia esculenta.

chez les individus jeunes, qui bientôt se couvre de tâches de couleur rouille et devient de couleur crème, d'abord convexe, puis aplati, au diamètre de 8 à 13 cm ; bord initialement très involuté ; chair blanche, ferme. *Lamelles* de couleur blanc crème d'abord uniforme, puis maculées de rouge ; arrondies, parfois libres, étroites, souvent denticulées, très denses. *Stipe* long, légèrement ventru, atténué vers la base ; pied radicant, long de 5 à 16 cm, avec une épaisseur de 0,5 à 2 cm ; blanc puis maculé de rouge brunâtre, sillonné dans le sens longitudinal ; chair fibreuse. *Spores* roses en masse, lisses, subsphériques (dimensions moyennes : 5 × 4 µ).
Habitat et distribution - Croît en groupes ou en cercles dans les forêts, généralement associé aux Hêtres ; quelquefois, il est présent aussi dans les forêts de Conifères. Plutôt commun en Europe et localement présent en Amérique du Nord.
Époque de récolte - De juillet à novembre en Europe et de septembre jusqu'aux premières gelées en Amérique septentrionale.

Possibilités gastronomiques - Saveur amère qui le rend sans intérêt du point de vue alimentaire, bien qu'il ne soit pas toxique.

Collybia peronata

(Agaricus peronatus, Marasmius urens, M. peronatus)

Ce nom *peronatus,* qui signifie « chaussé », prend naissance du caractère nettement tomenteux, jusqu'à une certaine hauteur, du stipe.

Corps fructifère - *Chapeau* de jaunâtre à brun rougeâtre, d'abord convexe puis aplani, au diamètre de 2 à 5 cm ; cuticule parfois rugueuse et avec fossettes ; chair jaunâtre, d'abord peu consistante, puis coriace et membraneuse. *Lamelles* initialement jaunes, puis brun rougeâtre, arrondies près du stipe, puis libres, denses chez

Ci-dessous : Collybia peronata. *En haut :* Conocybe tenera. *En bas :* Coprinus atramentarius.

les individus jeunes et espacées chez les individus très développés. *Stipe* légèrement atténué vers le haut, un peu aplati et incurvé au pied, haut de 5 à 7 cm, de jaunâtre à jaune brunâtre, tomenteux à la base ; il devient creux avec le temps ; chair fibreuse. *Spores* blanches en masse, d'elliptiques à cylindriques (dimensions moyennes : 8 × 3,5 µ).

Habitat et distribution - Croît isolément, rarement en groupes, dans les forêts de Conifères et dans les bois soumis à abattage régulier. Commun en Europe et en Amérique septentrionale.

Époque d'apparition - De juillet à novembre en Europe, d'août à septembre dans les régions nordiques de l'Amérique du Nord et de juin à décembre dans la partie méridionale.

Possibilités gastronomiques - Saveur acidulée qui le rend sans intérêt alimentaire.

Conocybe tenera

(Galera tenera)

Espèce vivant sur l'humus, de petite taille et très fragile, aux caractères plutôt variables.

Corps fructifère - *Chapeau* brun ocré, opaque par temps humide, légèrement plus clair par temps sec ; conique, avec des stries à peine visibles ou complètement absentes ; diamètre de 1 à 3 cm. *Lamelles* couleur cannelle, adnées, plutôt étroites, denses. *Stipe* droit, atténué vers le sommet, avec un petit bulbe à la base, haut de 8 à 10 cm, avec un diamètre de 1 à 1,5 cm, couleur miel, puis nuancé vers la couleur rouille, farineux au sommet, avec des stries plus pâles ; chair à peine rougeâtre, fragile. *Spores* couleur rouille en masse, ovoïdes, avec un pore germinatif évident (dimensions moyennes : 11 × 6,5 µ).

Habitat et distribution - Croît isolément ou en groupes dans les pâturages, dans les bois dans les jardins et aussi le long des routes champêtres. Commun çà et là en Europe, Amérique septentrionale, Afrique méridionale et Australie.

Époque d'apparition - De mai à décembre en Europe ; de mai à septembre en Amérique du Nord.

Possibilités gastronomiques - Non toxique, mais privé d'intérêt alimentaire.

Coprinus atramentarius

Coprin noir d'encre

Corps fructifère - *Chapeau* brun blanchâtre, recouvert de pruine grisâtre qui cependant disparaît vite, ovoïde, puis campanulé ou conique, donc plus ou moins étendu, marqué par des sillons fins dans sa partie périphérique et écailleux vers le centre ; diamètre de 3 à 8 cm, selon qu'il est ouvert ou fermé ; marge irrégulièrement dentelée ou lobée, qui se fend lors de l'extension du chapeau ; chair fragile, grisâtre. *Lamelles* d'abord blanches, rosées, grises et enfin noirâtres et déliquescentes, qui se détruisent par autolyse ; denses, libres, pourvues de fil pruineux ; lorsqu'elles se dissolvent, la chair est détruite elle aussi, alors que le chapeau se réduit à un petit disque charnu placé au sommet du stipe. *Stipe* érigé, cylindrique, atténué vers le haut, long de 10 à 15 cm, avec une épaisseur de 1 à 2 cm ; souvent, il présente presque à sa base un anneau résiduel, qui se clive vite ; couleur de blanc cireux au brun clair, avec de petites écailles retournées vers le haut, au-dessous de l'anneau ; le stipe se détache facilement du chapeau. *Spores* noires en masse, lisses, elliptiques (9 × 5,5 µ).

Habitat et distribution - Croît en groupes dans les champs, potagers et jardins, sur des ter-

rains plutôt gras ou bien fertilisés, même au bord des marécages, sur des souches d'arbres ou au voisinage de celles-ci.
Époque d'apparition - D'août à décembre, ou même avant.
Possibilités gastronomiques - Toxique lorsqu'il est ingéré avec des boissons alcoolisées (ou avant celles-ci), inoffensif en cas contraire, à condition qu'on utilise seulement des individus très jeunes dont les lamelles n'ont pas commencé à se colorer en rose. De toutes façons, son usage alimentaire est déconseillé.

Coprinus cinereus

Corps fructifère - *Chapeau* d'abord marron clair, ensuite marron grisâtre avec des écailles blanchâtres dans la partie centrale ; conique, avec marge striée qui ensuite s'enroule vers le haut. *Lamelles* gris clair qui deviennent noires, déliquescentes. *Stipe* long et pourvu de base ventriculaire bien enracinée.
Écologie - Se développant sur des excréments, des tas de fumier ou de paille en décomposition. Commun en Europe et en Amérique septentrionale. Il est présent pendant toute l'année.
Il n'a pas de valeur gastronomique.

Coprinus comatus
(Agaricus porcellanus, A. tiphoides)
Coprin chevelu, Goutte d'encre, Escumelle
Le liquide noir que ce Champignon produit lors de sa maturité, peut être bouilli, filtré, et utilisé comme encre.
Corps fructifère - *Chapeau* d'abord blanc, qui devient ocré et aussi plus foncé avec l'âge, avec un diamètre de 5 à 12 cm. Presque cylindrique au début, puis ouvert en forme de cloche étroite ; son bord se déchire avec l'émarge-

ment du chapeau et se retourne en boucle ; cuticule ornée de grandes écailles floconneuses, pendantes ; chair blanche, mince, délicate. *Lamelles* progressivement blanches, roses et noires, qui se dissolvent avec l'âge en liquide noir ; libres, larges jusqu'à 12 mm, très denses. Des franges farineuses sont présentes sur le fil de chaque lamelle. *Stipe* droit, mince, légèrement atténué vers le haut, avec base bulbeuse, haut de 10 à 15 cm et épais de 12 à 17 mm. Il s'allonge au fur et à mesure que les spores mûrissent ; blanc et légèrement fibreux, pourvu d'anneau blanc qui disparaît vite, sur la partie inférieure. *Spores* noires en masse, lisses, elliptiques, de dimensions très variables (12 × 8 μ).
Habitat et distribution - Grégaire et à distribution multiple, il est présent en groupes dans des zones couvertes d'herbes, près des tas de détritus ou le long des routes. Commun en Europe, Amérique septentrionale, Australie, Afrique méridionale et Venezuela.
Époque d'apparition - D'avril à novembre.
Possibilités gastronomiques - Champignon de saveur délicate ; il doit être consommé avant que son chapeau ne s'élargisse et jusqu'à ce que les lamelles soient blanches : les individus âgés donnent lieu à des réactions de type allergique. Il est bon cru en salade, en ragoût ou cuit au four.

Coprinus disseminatus
(Psathyrella disseminata, Pseudocoprinus disseminatus)
Espèce caractérisée par une vie courte (elle ne dure que 24 heures) ; elle fructifie après la pluie.
Corps fructifère - *Chapeau* jaunâtre ou blanchâtre, puis gris ou brun grisâtre, initialement ovoïde, puis semi-sphérique et profondément rainuré ; diamètre de 1 cm, avec une hauteur de 5 à 10 mm. Chair très mince, membraneuse. Lamelles blanches, puis grises, enfin noires, adnées, plutôt larges et espacées. *Stipe* court, mince, quelquefois sinueux, long de 2 ou 3 cm, avec une épaisseur de 0,5 à 1 mm ; blanc, d'abord finement pubescent, creux ; chair fragile. *Spores* noires en masse, elliptiques, lisses, avec pore germinatif (dimensions moyennes : 9,5 × 4,5 μ).
Habitat et distribution - Croît en groupes grands et denses, au-dessus et autour de souches pourries d'arbres à feuilles aplaties, notamment de Saules. Commun en Europe, Amérique septentrionale et Australie.
Époque d'apparition - De mai à novembre en Europe ; de mai à octobre en Amérique du Nord.
Possibilités gastronomiques - Saveur douce, inodore, mais sans valeur du point de vue alimentaire, bien qu'il ne soit pas toxique.

Coprinus lagopus

Corps fructifère - *Chapeau* blanc, jusqu'à gris noirâtre, avec le sommet tendant au marron clair ; d'abord cylindrique-campanulé, rarement conique. *Lamelles* blan-

En haut : Coprinus comatus.
A gauche : Coprinus cinereus.
Ci-dessous : Coprinus disseminatus.

ches, puis marron, jusqu'à violacé noir, vite déliquescentes, libres, denses, séparées du stipe. *Stipe* droit. *Spores* noires en masse.
Habitat et distribution - Commun, croît à l'état isolé.

Coprinus micaceus

Corps fructifère - *Chapeau* d'ocre brun à couleur datte, de 2 à 4 cm de hauteur, et de 4 à 6 cm de diamètre, d'abord ovale, puis campanulé, enfin étendu. Marge densément rainurée, d'abord révolutée, ondulée. Cuticule luisante par la présence de granulations sou-

Ci-contre :
Coprinus lagopus.
A droite :
Coprinus picaceus.
En bas :
Coprinus micaceus.

vent agglomérées, semblables au mica, qui disparaissent vite. Chair fragile, de couleur jaunâtre clair. *Lamelles* d'abord blanches et puis rosées, enfin brun sombre, déliquescentes, annexes et plutôt étroites.
Stipe mince, creux, souvent incurvé en bas, haut de 4 à 7 cm avec une épaisseur de 4 à 8 mm, blanc, densément poilu à l'état jeune, puis soyeux ; chair blanche, fragile.
Spores brun noirâtre en masse, elliptiques (dimensions moyennes : 10,5 × 8,5 µ).
Habitat et distribution - Commun, croît en groupes denses, dans des lieux couverts d'herbes autour des souches d'arbres à feuilles aplaties, le long des routes, dans les champs, les jardins, les cours. Présent en Europe, Amérique septentrionale, Afrique méridionale et Australie.
Époque d'apparition - De mai à décembre en Europe ; de mai à septembre en Amérique du Nord.
Possibilités gastronomiques - Saveur et arôme légers. Sans être toxique, il est dépourvu de valeur culinaire à cause de l'inconsistance de sa chair aqueuse.

Coprinus picaceus

Corps fructifère - *Chapeau* strié jusqu'au centre, ocré ou brun clair avec de grandes taches blanches, floconneuses, poussiéreuses en surface. Il est d'abord ovoïde et ensuite campanulé, avec de larges lambeaux du voile blanc qui forment les taches floconneuses de la cuticule, précédemment mentionnées ; haut de 5 à 8 cm, avec un diamètre de 3 à 6 cm ; chair fragile, de blanche à brunâtre. *Lamelles* de blanches à gris ocre clair, enfin noires et déliquescentes, libres, larges jusqu'à 10 mm, ventriculeuses, denses.
Stipe élancé chez le Champignon adulte, droit, plutôt mince et lisse, atténué vers le haut, avec pied un peu renflé, long de 10 à 15 cm avec une épaisseur de 8 à 16 mm, blanc et squameux à la base ; chair claire ou blanche.
Spores ellipsoïdales brun noir en masse (dimensions moyennes : 16 × 11 µ).
Habitat et distribution - Croît isolément sur des terrains riches en humus, ou fertilisés, des bois ou sur des troncs pourrissants. Présent en Europe, en Amérique du Nord et en Australie.
Époque d'apparition - De septembre à novembre en Europe ; de juin à août en Amérique du Nord.
Possibilités gastronomiques - Non comestible, caractérisé par une saveur très âcre.

Coprinus plicatilis

Corps fructifère - *Chapeau* d'abord campanulé, puis aplani, membraneux, mince, presque translucide, ridé ; marge claire chez les individus jeunes, qui avec l'âge s'obscurcit et s'enroule vers le haut. *Lamelles* réunies sur une sorte de collier présent dans la partie supérieure du stipe, peu déliquescentes, gris noirâtre. *Stipe* très mince et fragile, nacré.
Écologie - Présent dans des prés et des clairières de forêts, tout au long des routes, sur des excréments de Vaches ou de Chevaux et sur des sols bien fertilisés. Commun en Europe, et en Amérique septentrionale, de mai à novembre. Privé de valeur gastronomique.

Coprinus radians

Reconnaissable par la couleur orangée du mycélium.
Corps fructifère - *Chapeau* gris recouvert de petites écailles coniques ; d'abord ovoïde, ensuite il a une marge incurvée ; diamètre de 3 à 5 cm. *Lamelles*

gris noirâtre, denses. *Stipe* mince, blanc, velu vers la base, haut de 6 à 9 cm.
Écologie - Présent sur des morceaux de bois pourrissants. Commun en Europe, de mai à novembre.
Non comestible.

Coprinus sterquilinus

Corps fructifère - *Chapeau* d'abord blanc, duveteux, puis gris argenté, avec des écailles poilues incurvées vers le haut. D'ovoïde, il assume une forme aplanie, avec la marge qui se fend au fur et à mesure que le chapeau augmente de dimensions et s'enroule vers le haut. *Lamelles* blanches, puis roses, enfin noires et déliquescentes.
Stipe mince avec anneau mobile dans la partie inférieure, blanc et brun vers le haut chez les individus adultes.
Écologie - Se développant sur des excréments ou sur des sols bien fertilisés.
Occasionnel en Europe et Amérique septentrionale, de juin à octobre.
Ne possède pas de valeur gastronomique.

Cortinarius alboviolaceus

(Sous-genre **Inoloma**)
Le genre *Cortinarius* se subdivise en 6 sous-genres.
Myxacium : avec chapeau et stipe visqueux et voile glutineux.
Phlegmacium : avec chapeau visqueux, stipe sec et voile glutineux.

Inoloma : voile filamenteux, chapeau fibrileux ou velouté, stipe épais. *Dermocybe :* comme *Inoloma,* mais avec pédoncule mince. *Telamonia :* voile filamenteux, chapeau globuleux avec fibrilles blanches. *Hydrocybe :* sensible à l'humidité, avec stipe globuleux.
Corps fructifère - *Chapeau* couleur lilas blanchâtre, d'abord campanulé, puis plan, avec bosse centrale, soyeux et fibrillaire.
Lamelles de couleur lilas grisâtre chez le Champignon jeune, puis fauve.
Stipe lui de couleur lilas blanchâtre, renflé à la base, velu et squameux, présentant souvent une gaine qui de la base s'élève presque jusqu'au sommet, se terminant en anneau.
Écologie - Présent dans les bois d'arbres à feuilles aplaties. De fréquent à commun en Europe et en Amérique du Nord, en automne. Non comestible.

Cortinarius anomalus

(Sous-genre **Inoloma**)
Corps fructifère - *Chapeau* campanulé ou hémisphérique de couleur variant du marron au gris violacé ; marge d'abord involutée puis révolutée. *Lamelles* de couleur rouille, tendant au violet. *Stipe*

clavé, avec la partie supérieure violacée, et celle située sous la zone annulaire plus claire.
Écologie - Se développant dans des forêts d'arbres à feuilles aplaties, notamment de Hêtres, et dans les bois de Conifères dans les régions montagneuses. Fréquent en Europe d'août à novembre. Non comestible.

Cortinarius armillatus

(Sous-genre **Telamonia**)
Espèce de forte taille reconnaissable par la présence de deux ou trois colliers rouges sur le stipe.
Corps fructifère - *Chapeau* rouge brique quand le Champignon est jeune, qui devient brun avec le temps, convexe ou presque plan, au diamètre de 5 à 10 cm ; marge d'abord involutée avec des fragments rougeâtres de rideaux pendants ; cuticule sèche, lisse, puis fibrilleuse ou squameuse ; chair claire, pas trop ferme et plutôt spongieuse. *Lamelles* d'abord couleur cannelle clair, puis fauve, jusqu'à marron foncé, adnées, parfois décurrentes avec une petite dent, très larges et distantes. *Stipe* bien développé, élancé et légèrement clavé, haut de 7 à 15 cm, avec un diamètre de 1 à 2 cm au sommet et de 3 à 5 cm à la base, marron clair, strié à l'âge mûr ; la partie inférieure est ornée de 2 à 4 bandes de couleur rouge cinabre ; chair jaunâtre. *Spores* brun rouille en masse, ellipsoïdales, verruqueuses (dimensions moyennes : 9,5 × 6,5 μ).
Habitat et distribution - Présent dans les landes, sous les Bouleaux, et dans les sous-bois des régions montagneuses. Non commun en Europe, rare en Amérique septentrionale.
Époque d'apparition - D'août à octobre.
Possibilités gastronomiques - Saveur et odeur légères de racine. Suspect de toxicité.

Cortinarius balteatus

(Sous-genre **Phlegmacium**)
Corps fructifère - *Chapeau* hémisphérique, puis aplani, couleur datte au centre, violet ou lilas près

En haut, de gauche à droite : Coprinus plicatilis *et* Coprinus sterquilinus. *Au centre, de gauche à droite :* Coprinus radians *et* Cortinarius alboviolaceus. *En bas, de gauche à droite :* Cortinarius anomalus *et* Cortinarius armillatus.

Ci-dessus,
de gauche à droite :
Cortinarius balteatus, Cortinarius caerulescens *et* Cortinarius cinnabarinus.
Au centre,
de gauche à droite :
Cortinarius bolaris, Cortinarius caesiocyaneus, *très semblable au* C. caerulescens *et* Cortinarius cinnamomeus.

de la marge : floconneux, brillant par temps sec. Rideau fribrilleux couleur rouille. *Lamelles* initialement claires, puis fauves, légèrement décurrentes. *Stipe* haut jusqu'à 6 cm, trapu, grossi au pied ; blanchâtre avec des nuances ocrées ou violettes, finement tomenteux.
Écologie - Croît dans les bois mixtes ou dans les forêts de Conifères. Peu commun en Europe. Apparaît de septembre à octobre. Comestible.

Cortinarius bolaris

(Sous-genre **Dermocybe**)
Corps fructifère - *Chapeau* hémisphérique, puis aplani, parfois à marge révolutée, couleur crème, recouvert d'écailles poilues rouge cannelle.
Lamelles ocre clair étant jeunes, puis brun rouille, annexes et en forme de crochets, ou à peine décurrentes.
Stipe cylindrique, ocré avec des nuances couleur cannelle, fibreux.
Spores couleur rouille en masse (dimensions moyennes : $6 \times 4\ \mu$).
Habitat et distribution - Se trouve dans les bois d'arbres à feuilles aplaties, notamment sous les Hêtres et les Bouleaux et sous les Conifères des régions montagneuses.
Occasionnel en Europe et en Amérique septentrionale.
Époque d'apparition - D'août à novembre.
Possibilités gastronomiques - Appartient au groupe du *C. orellanus*, qui est mortel ; bien qu'il n'y ait aucun renseignement concernant de cas mortel à sa charge, ce Champignon ne doit être consommé sous aucun motif.

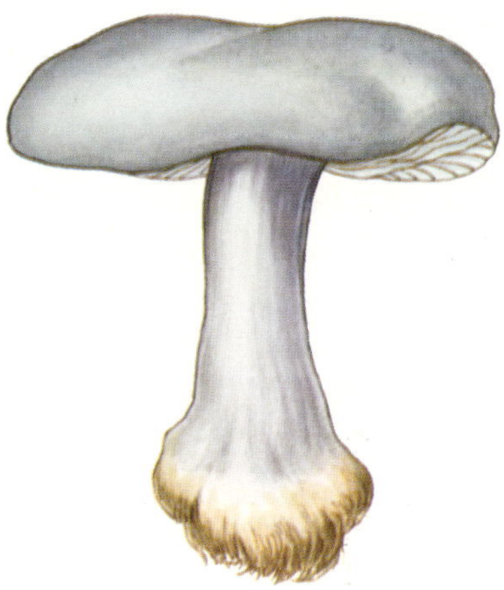

Cortinarius caerulescens

(Sous-genre **Phlegmacium**)
Corps fructifère - *Chapeau* offrant toutes les tonalités de bleu violet, devenant bientôt ocré en partant du centre ; d'abord convexe, puis étendu et enfin aplani ; diamètre de 5 à 10 cm. Rideau filamenteux violet. *Lamelles* minces et denses de couleur améthyste virant au rouille par la présence des spores. *Stipe* améthyste puis brunâtre, haut jusqu'à 7 cm ; grossi à la base.
Écologie - Croît dans les bois d'arbres à feuilles caduques, dans les forêts de Conifères et dans les landes. Présent en Europe au cours de l'automne. Comestible, mais déconseillé à cause de son goût amer.

Le *C. caesiocyaneus* est assez semblable, mais plus bleuâtre et non comestible.

Cortinarius cinnabarinus

(Sous-genre **Dermocybe**)
Corps fructifère - Entièrement rouge cinabre. *Chapeau* charnu, d'abord soyeux, puis translucide ; convexe avec bosse centrale, ou bien aplani, de 3 à 7 cm de diamètre. *Lamelles* espacées, larges, un peu plus foncées que le chapeau. *Stipe* atténué dans la partie supérieure, avec des stries petites, longitudinales, devenant plus ocrées chez des individus âgés. *Spores* jaunâtres en masse.
Écologie - Présent isolément ou en petits groupes, sur les terrains sableux des forêts de Hêtres. Occasionnel en Europe, fréquent en Amérique du Nord, d'août à novembre.
Suspect de toxicité comme tous les Cortinaires de couleur rouge, se reconnaît par la brillance de ses teintes.

Cortinarius cinnamomeus

(Sous-genre **Dermocybe**)
Corps fructifère - *Chapeau* brun jaunâtre, tendant souvent à l'olivâtre, avec des nuances rougeâtres dans la partie centrale, d'abord convexe, puis étalé et omboné ; diamètre d'environ 2,5 cm ; marge involutée et reliée par le rideau soyeux à la partie inférieure du stipe chez les individus jeunes, ondulée chez les individus adultes ; chair fragile, de couleur jaune olivâtre livide. *Lamelles* jaunes et jusqu'à couleur safran, tendant au marron fauve, au fur

et à mesure que les spores murissent, adnées, plutôt larges et espacées. *Stipe* mince, atténué vers le haut ou cylindrique, quelquefois sinueux, haut de 5 à 10 cm. *Spores* brun rouille en masse, lisses, ovoïdes (dimensions moyennes : 6,5 × 4 μ).
Habitat et distribution - Commun çà et là sur des sols acides, dans des forêts de Pins ou de Bouleaux, près des étangs et des bourbiers, fréquent en montagne. Présent en Europe, Amérique du Nord et Afrique méridionale.
Époque d'apparition - De juillet à décembre.
Possibilités gastronomiques - Saveur et odeur légères. Déconseillé : probablement toxique.

Cortinarius collinitus
(Sous-genre **Myxacium**)
Espèce caractérisée par une cuticule très visqueuse, qui souvent retient sur le chapeau des résidus de feuilles.
Corps fructifère - *Chapeau* jaunâtre brun, plus foncé au centre, convexe et omboné, très visqueux, de 5 à 10 cm de diamètre ; chair consistante marron clair. *Lamelles* brun clair chez des individus jeunes, et marron opaque avec le temps, adnées, plutôt larges. *Stipe* bien développé, droit, atténué vers le bas, haut de 5 à 10 cm ; jaune brun avec de grandes

écailles visqueuses, de couleur livide ou bleuâtre, disposées en colliers superposés. *Spores* brun rouille en masse, ellipsoïdales, ponctuées, de longueur très variable (15,5 × 8 μ).
Habitat et distribution - Fréquent dans les bois de Conifères, plus rare dans les bois d'arbres à feuilles aplaties, croît en groupes.
Époque d'apparition - De juillet à octobre.
Possibilités gastronomiques - Saveur et odeur fortes, qui disparaissent à la cuisson ; comestible mais de mauvaise qualité.

Cortinarius delibutus
(Sous-genre **Myxacium**)
Corps fructifère - *Chapeau* convexe, de jaune or au marron jaunâtre, visqueux. *Lamelles* couleur lilas bleuâtre, puis ocrées. *Stipe* clavé, visqueux, jaunâtre ou grisâtre. Rideau évanescent, jaunâtre ou nuancé de lilas.
Écologie - Présent dans des bois de Bouleaux, Peupliers, Hêtres, et des forêts de Conifères de régions montagneuses. Occasionnel en Europe. Non comestible.

Cortinarius elatior
(Sous-genre **Myxacium**)
Corps fructifère - *Chapeau* d'abord campanulé, puis plan, de couleur brun olive, visqueux, avec marge striée. *Lamelles* hautes, avec rugosités verticales ; d'abord violacées, puis couleur rouille.

Ci-contre :
Cortinarius fulgens.
En haut,
de gauche à droite :
Cortinarius collinitus
et Cortinarius delibutus.
En bas :
Cortinarius elatior.

Stipe fusiforme, blanchâtre, nuancé de violet, avec des bandes plus foncées vers la base.
Écologie - Se développant dans des bois d'arbres à feuilles aplaties, en Europe, d'août à octobre. Non comestible.

Cortinarius fulgens
(Sous-genre **Phlegmacium**)
Corps fructifère - *Chapeau* de couleur variable d'orange à marron rouille, visqueux, lisse, d'hémisphérique devenant convexe ou bien aplani. *Lamelles* d'abord jau-

Ci-dessus, de gauche à droite : Cortinarius glandicolor, Cortinarius largus *et* Cortinarius pholideus. *Au centre :* Cortinarius orellanus. *En bas, de gauche à droite :* Cortinarius hinnuleus, *très semblable au* C. glandicolor, *et* Cortinarius praestans.

nes, puis ocre et enfin couleur rouille. *Stipe* jaune, strié de rouille, foncé vers la base ; bulbe basilaire très évident.
Écologie - Repérable dans les bois d'arbres à feuilles aplaties, notamment de Hêtres, et dans les bois de Conifères en montagne. D'occasionnel à fréquent en Europe, plutôt rare en Amérique septentrionale, de septembre à novembre. Non comestible.

Cortinarius glandicolor
(Sous-genre **Telamonia**)
Corps fructifère - *Chapeau* marron sépia, sec, de campanulé à convexe, avec une bosse centrale prononcée. *Lamelles* espacées, épaisses, brun sombre. *Stipe* mince, ondulé, marron avec un faux anneau blanc.
Écologie - Présent dans des marais et des landes, notamment sous des Bouleaux et des Aulnes, parfois sous les Conifères. Fréquent en Europe de septembre à novembre. Appartient à un groupe de Cortinaires de couleur marron et de petites dimensions, comme le *C. hinnuleus.* Ces Champignons sont tous non comestibles.

Cortinarius largus (Fries)
(Sous-genre **Phlegmacium**)
Corps fructifère - *Chapeau* convexe puis aplani, légèrement omboné au centre ; chez les individus jeunes, la couleur est améthyste, puis elle devient brun datte avec des reflets violacés à proximité de la marge ; visqueux par temps humide. Rideau blanc filamenteux. *Lamelles* violacées virant au brun noisette par la présence des spores. *Stipe* blanc avec des nuances violacées dans sa partie haute, ocré en bas ; haut de 6 à 13 cm, gros et plein.
Écologie - Croît dans des bois d'arbres à feuilles caduques et dans des pinèdes. Présent en Europe, au cours de l'automne. Comestible.

Cortinarius orellanus
(Cortinarius rutilans)
Corps fructifère - *Chapeau* orangé fauve ; d'abord hémisphérique, puis aplani et omboné, sec, recouvert de squames sombres, granuleuses ; marge ondulée. Chair de jaune clair à rouge rouille.

Rideau fauve, fibrileux. *Lamelles* jaune safran, devenant ensuite couleur rouille, larges, plutôt espacées, arrondies, ou à peine décurrentes.
Stipe cylindrique, un peu grossi en son milieu, plein, jaune safran et ensuite couleur rouille, un peu fibrillaire.
Spores couleur rouille en masse, elliptiques (dimensions moyennes : $9 \times 5\,\mu$).
Habitat et distribution - Croît sous les arbres à feuilles caduques et plus rarement sous les Conifères. Préfère des terrains siliceux. Rare en Europe continentale et en Amérique du Nord.
Époque d'apparition - D'août à octobre.
Possibilités gastronomiques - Mortel !

Cortinarius pholideus
(Sous-genre **Inoloma**)
Corps fructifère - *Chapeau* de couleur brun noisette, avec des squames tendres, aiguës, farineuses, d'abord convexe, puis étendu et omboné ; diamètre de 3 à 8 cm. *Lamelles* d'abord couleur améthyste, puis couleur cannelle sombre, libres, larges. *Stipe* mince, légèrement atténué vers le sommet, haut de 4 à 10 cm, violet clair au sommet et brun noisette dans la partie inférieure ; chair spongieuse, de couleur brun clair. *Spores* brun rouille en masse, rudes, ovoïdes ($7{,}8 \times 5{,}5\,\mu$).
Habitat et distribution - Croît en groupes sous les Bouleaux, dans les terrains humides et riches en tourbe, dans les landes et près des marais, sur du bois pourrissant. Assez commun en Europe et en Amérique du Nord.
Époque d'apparition - De juillet à octobre en Europe ; d'août à septembre en Amérique du Nord.
Possibilités gastronomiques - Saveur et odeur légères ; non comestible.

Cortinarius praestans
(Cortinarius berkeleyi, C. torvus Kalch., C. largus Quél.)
Cortinaire remarquable
Corps fructifère - *Chapeau* hémi-

sphérique à l'état jeune, puis convexe ; visqueux par temps humide, brun avec des reflets violacés au niveau de la marge, souvent avec des résidus du voile en général blanc. Rideau initialement violacé clair, demeurant attaché à la marge du chapeau. Chair blanche ou à peine lilas. *Lamelles* d'abord couleur lilas pâle, devenant brunes avec le temps ; d'adnées à légèrement décurrentes. *Stipe* recouvert de résidus du voile général ; blanc violacé à l'état jeune, devenant

couleur ocre à l'état mûr ; plein, bulbeux à la base. *Spores* ocre en masse, fusiformes (dimensions moyennes : 19 $\times$ 9 μ).
Habitat et distribution - Dans les bois d'arbres à feuilles aplaties, sur du terrain calcaire, souvent en cercles. Présent, mais non fréquent, en Europe.
Époque d'apparition - Septembre, octobre.
Possibilités gastronomiques - Comestible. Il se distingue des Cortiniares vénéneux, par sa plus forte taille, par sa chair blanche et par ses lamelles claires. Dans tous les cas, il faut être bien sûr de son identité avant de l'utiliser.

Cortinarius semisanguineus
(Sous-genre **Dermocybe**)
Corps fructifère - *Chapeau* de fauve à couleur cannelle, quelquefois aussi marron rougeâtre sombre, d'abord convexe puis étendu et mamelonné ; diamètre de 2 à 5 cm ; marge mince, souvent fissurée ; cuticule sèche avec des restes fibrilleux soyeux de rideau ; chair sombre, jaune brunâtre. *Lamelles* d'abord couleur rouge sang, puis nuancées vers la couleur rouille, adnées, larges, denses, pourvues d'un fil plutôt ondulé. *Stipe* mince, légèrement grossi à la base, sinueux, long de 3 à 6 cm ou plus, avec un diamètre de 2 à 6 cm, jaunâtre brun avec des fibrilles

brunes, soyeuses ; fibreux et solide. *Spores* couleur rouille en masse, ellipsoïdales, lisses (dimensions moyennes : 7,8 $\times$ 5 μ).
Habitat et distribution - Présent dans les bois de Conifères et dans les bois de Bouleaux, dans les landes et près des marais, sur des terrains riches de Sphaignes. Présent en Europe et en Amérique septentrionale.
Époque d'apparition - De juillet à novembre.
Possibilités gastronomiques - Saveur et odeur légères ; non comestible, suspect de toxicité.

Cortinarius torvus
(Sous-genre **Telamonia**)
Corps fructifère - *Chapeau* brun violacé, à l'état jeune, ensuite rouge brun, convexe, puis aplani ; fibrillaire, diamètre de 4 à 10 cm. Rideau éphémère qui ne laisse pas de traces. *Lamelles* très larges, d'abord violacées puis brun cannelle, épaisses. *Stipe* grossi au pied, violacé à son sommet, chaussé d'une gaine blanche qui se termine au-dessus de la moitié formant un bord annulaire.

Écologie - Croît sous les Hêtres et quelquefois dans des bois mixtes. Commun en Europe, à la fin de l'automne. Comestible, mais de qualité mauvaise.

Cortinarius violaceus
(Sous-genre **Inoloma**)
Corps fructifère - *Chapeau* violet intense, d'abord hémisphérique ou convexe, avec marge involutée et pourvu de rideau, puis étendu, presque aplani ; cuticule pourvue de squames denses, petites, minces, plus sombres, presque tomenteuse à l'état jeune, puis brillante, avec des reflets métalliques ; chair consistante, violacée. *Lamelles* de même couleur que le chapeau chez les individus jeunes, puis tendant au brun cannelle, arrondies, soudées au stipe, mais non décurrentes, plutôt épaisses, larges, espacées, reliées par des veinules transversales. *Stipe* charnu, clavé, haut de 7,5 à 12,5 cm, de 1 à 3 cm de diamètre, violet, avec des squames fibrilleuses plus sombres ; chair consistante, violacée, spongieuse à la base. *Spores* brun rouille en masse, largement ellipsoïdales, rudes (dimensions moyennes : 12,5 $\times$ 8 μ).

Habitat et distribution - Présent dans les sous-bois des forêts de Conifères et dans des bois d'arbres à feuilles aplaties, en particulier de Hêtres et de Bouleaux. Localement commun en Europe.
Époque d'apparition - De juillet à octobre.
Possibilités gastronomiques - Légères odeur et saveur fongiques ; comestible, demeure sombre après cuisson et colore les sauces en violet.

Crepidotus mollis
Il est facilement reconnaissable par la consistance molle de son chapeau, pratiquement sessile, en forme de coquille.
Corps fructifère - *Chapeau* qui chez des individus jeunes est couleur crème ou ocre clair, deve-

Ci-dessous :
Crepidotus mollis.
En haut :
Cortinarius torvus.
A gauche : Cortinarius semisanguineus.
En bas :
Cortinarius violaceus.

Ci-dessous : Crepidotus variabilis. *Au centre :* Cystoderma granulosum. *A droite :* Entoloma clypeatum.

nant blanc par temps sec ou de couleur brun jaunâtre ; réniforme ou en forme de coquille, quelquefois pourvu de marge ondulée, au diamètre de 2 à 5 cm ; cuticule épaisse et un peu visqueuse, facilement détachée ; chair blanchâtre, molle, aqueuse. *Lamelles* d'abord couleur paille ou ivoire, puis couleur cannelle pâle, quelquefois maculées, minces, étroites, denses. *Stipe* rudimentaire ou absent, nettement excentrique, farineux. *Spores* couleur tabac en masse, ellipsoïdales, lisses (dimensions moyennes : 8,3 × 5,5 μ).

Habitat et distribution - Champignon n'étant pas très commun sur les souches et les branches mortes d'arbres à feuilles aplaties. Présent en Europe.

Époque d'apparition - De juillet à novembre.

Ci-dessous : Cystoderma carcharias. *Ci-contre :* Cystoderma amianthinum. *A droite :* Entoloma nidorosum.

Possibilités gastronomiques - Ni saveur ni odeur particulières ; sans intérêt alimentaire, bien qu'il ne soit pas considéré comme étant toxique.

Crepidotus variabilis

Corps fructifère - Champignon de petites dimensions, avec chapeau réniforme, quelquefois incurvé en cuvette de façon à exposer les lamelles, blanc soyeux, avec marge ondulée. *Lamelles* d'abord blanches puis cannelle clair, disposées en éventail à partir du point d'insertion du stipe. *Stipe* latéral, très court ou absent.

Écologie - Présent sur les branches et sur les souches d'arbres à feuilles aplaties. Commun en Europe de janvier à décembre. Non comestible.

Cystoderma amianthinum

Corps fructifère - *Chapeau* convexe, puis aplani ; ocre, plus rouge au centre, pointillé de granules de couleur ocre rougeâtre. *Lamelles* blanc-laiteux ou jaune ocré. *Stipe* mince, ocre, squameux jusqu'au niveau d'un anneau minuscule. Les *spores* deviennent de couleur noir bleuâtre après traitement par l'iode.

Écologie - Présent dans les forêts de Conifères, dans les landes,

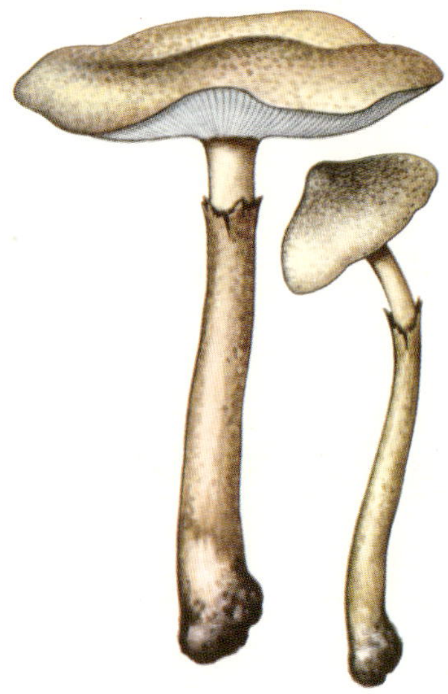

sous les Genêts. Commun en Europe, d'août à novembre. Non comestible.

Cystoderma carcharias
(Lepiota carcharias)

Corps fructifère - *Chapeau* d'abord ovoïde ou campanulé, puis étendu-mamelonné, de beige rosé à carmin, couvert de petits points de même couleur. Marge finement dentelée. *Lamelles* blanchâtres ou couleur crème. *Stipe* gris rosé, coiffé par une gaine qui s'ouvre en un large collier.

Écologie - Présent dans les forêts de Conifères. Fréquent en Europe d'août à novembre. Non comestible.

Cystoderma granulosum

Espèce plutôt rare, reconnaissable par la présence de granules typiques du chapeau.

Corps fructifère - *Chapeau* brunâtre qui s'éclaircit avec l'âge, devenant couleur jaune rouille ou rougeâtre ; d'abord convexe, vite étendu et presque aplani ; diamètre de 3 à 6 cm ; cuticule rude pourvue de petites squames granuleuses qui lui confèrent un aspect particulier ; chair de couleur claire, avec des nuances rougeâtres. *Lamelles* de blanches à couleur crème, en forme de crochet vers le stipe où elles sont généralement à peine annexes. *Stipe* court et charnu, légèrement grossi à sa base, de 2 à 5 cm de hauteur avec un diamètre de 4 à 8 mm ; rouge clair, plutôt granuleux de la base jusqu'au niveau d'un anneau peu prononcé qui disparaît bientôt, plus clair et lisse dans la partie supérieure. *Spores* blanches en masse, lisses, ovoïdes, qui se colorent en rouge brun par traitement à l'iode (dimensions moyennes : 4,3 × 2,8 μ).

Habitat et distribution - Croît à l'état grégaire au milieu des feuilles mortes et des Mousses du sous-bois de forêts d'arbres à feuilles aplaties et de Conifères, et près des marécages. De sporadique à fréquent suivant les régions, en Europe et en Amérique du Nord.

Possibilités gastronomiques - Saveur et odeur légères, sans intérêt du point de vue alimentaire.

Entoloma clypeatum
(Rhodophyllus clypeatus, Agaricus clypeatus, A. sepium)

Corps fructifère - *Chapeau* de grisâtre à jaunâtre brun, avec des stries et des taches plus sombres, initialement campanulé, puis aplani ou omboné, de 5 à 10 cm de diamètre ; marge sinueuse ; cuticule lisse ; chair consistante, mais fragile, blanchâtre par temps sec, sombre et translucide par temps humide. *Lamelles* d'abord de cou-

leur gris clair, enfin pruineuse, en forme de crochet, puis libres, larges et finement denticulées, plutôt espacées. *Stipe* assez charnu, bref, parfois recourbé, haut jusqu'à 7 cm, avec diamètre de 1 à 2 cm ; blanc, tendant au gris cendre, fibrilleux, avec sommet pruineux ; chair fibreuse mais fragile. *Spores* couleur rose saumon en masse, ellipsoïdales, an-

guleuses (dimensions moyennes : 9,8 × 8,5 μ).
Habitat et distribution - Croît en groupes, parfois aussi en cercles, sur des terrains gras dans les pâturages et dans les bois d'arbres à feuilles aplaties le long des routes et des sentiers. Répandu et fréquent en Europe.
Époque d'apparition - D'avril à juin en Europe.
Possibilités gastronomiques - Saveur insignifiante, odeur légère de farine ; comestible mais de peu d'intérêt.

Entoloma nidorosum
(Rhodophyllus nidorosus)
Corps fructifère - *Chapeau* d'abord convexe puis aplani, lisse, de gris à couleur bistre. *Lamelles* émarginées, blanchâtres, puis de couleur rose. *Stipe* cylindrique, blanchâtre.
Écologie - Répandu en Europe dans les bois d'arbres à feuilles aplaties. Apparaît en été et en

automne. Vénéneux. Ressemble à l'*Entoloma rhodopolium,* mais se différencie de cette espèce par l'odeur caractéristique de chair brûlée ou d'hypochlorite de sodium.

Entoloma rhodopolium
Corps fructifère - *Chapeau* campanulé bientôt aplani et ombiliqué, marge involutée puis ondulée, de gris jaunâtre à blanc brunâtre. *Lamelles* blanches, puis rosées rares. *Spores* rose en masse. *Stipe* blanc, haut jusqu'à 10 cm, rainuré, creux, fragile.
Écologie - Croît à l'état grégaire, dans des bois d'arbres à feuilles caduques, spécialement dans les bois de Hêtres.
Présent en Europe au cours de l'automne. Vénéneux.

Entoloma sinuatum
(Entoloma lividum,
E. fertile, Agaricus lividus,
A. sinuatus, A. fertilis,
Rhodophyllus sinuatus)
Entolome livide, le Perfide
Champignon vénéneux qui peut être confondu avec l'*Agaricus campester,* espèce de laquelle il diffère par l'absence d'anneau et

par ses lamelles sinueuses, de couleur clair, rosé ocré.
Corps fructifère - *Chapeau* gris ocré, souvent taché de blanc, d'abord subsphérique, enfin presque plan et omboné, diamètre de 5 à 12 cm ; marge involutée chez le Champignon jeune, puis ondulée et fissurée ; cuticule légèrement visqueuse et lucide par temps humide ; chair ferme, blanche, consistante, à peine brunâtre sous la cuticule. *Lamelles* d'abord jaunâtres, enfin rosées avec fil jaune, arrondies et émarginées, larges, plutôt espacées. *Stipe* généralement tordu ou incurvé, charnu, de 7 à 15 cm de hauteur, avec un

diamètre de 1 à 3 cm, blanc soyeux, pruineux au sommet ; chair ferme, consistante. *Spores* rose chair en masse, larges, globuleuses-anguleuses (dimensions moyennes : 9,5 × 7,5 μ).
Habitat et distribution - Croît isolément, en petits groupes ou en cercles dans les clairières des bois d'arbres à feuilles aplaties, spécialement Chênes et Hêtres, dans les champs et le long des canaux. De sporadique à fréquent en Europe.
Époque d'apparition - De juillet à octobre.
Possibilités gastronomiques - Saveur insignifiante, odeur légère, de farine. Vénéneux : peut être la cause d'empoisonnements graves, et parfois mortels.

Flammulina velutipes
(Collybia velutipes,
Agaricus velutipes, A. nigripes)
Collybie à pied velouté
Espèce parasite qui vit sur les troncs d'arbres, là où il y a des fissures ou des crevasses.
Corps fructifère - *Chapeau* de couleur jaune ocre, plus sombre dans la partie centrale, d'abord convexe puis aplani, parfois irrégulier ; diamètre de 2 à 6 cm ; marge mince, quelquefois révolutée, qui se fend facilement, striée chez les individus adultes ; cuticule pruineuse à l'état jeune, lisse et visqueuse chez les individus âgés ; chair jaunâtre, molle, plus ferme dans la partie centrale. *Lamelles* d'abord couleur crème clair, puis brunâtres, larges, arrondies près du stipe, espacées. *Stipe* atténué vers la base, incurvé, souvent entortillé, haut de 2 à 6 cm, avec un diamètre de 0,5 à 1 cm, brun sombre nuancé vers le jaune au sommet, typiquement velouté, intérieurement creux chez les individus âgés ; chair fibreuse.

Ci-contre : Flammulina velutipes.
Au centre : Entoloma sinuatum.
A gauche, de haut en bas : Entoloma prunuloides, *forme d'automne de l'*E. clypeatum, *et* Entoloma rhodopolium.

Ci-contre :
Galerina hypnorum.
En haut :
Galerina unicolor.
En bas,
de gauche à droite :
Galerina paludosa,
très semblable au
G. hypnorum, *et*
Gomphidius
glutinosus.

Spores blanches en masse, de cylindriques à ellipsoïdales, lisses (dimensions moyennes : 8,5 × 3,5 μ).
Habitat et distribution - Croît en groupes sur les souches et les troncs des arbres à feuilles aplaties, dans les forêts de Conifères des régions montagneuses. Commun en Europe et en Amérique du Nord.
Époque d'apparition - De septembre à mars en Europe, en hiver en Amérique du Nord.
Possibilités gastronomiques - Il a une saveur aromatique et peut être utilisé pour usage alimentaire ;

toutefois, il est conseillé de se servir uniquement du chapeau bien nettoyé et après en avoir retiré la cuticule.

Galerina hypnorum

Corps fructifère - Espèce de petite taille. *Chapeau* couleur miel, strié presque jusqu'au centre, glabre, campanulé. *Lamelles* de même couleur que le chapeau, larges, espacées. *Stipe* très mince, glabre, souvent ondulé, jaune, qui devient marron rouille vers le pied.
Écologie - Présent dans les bois, les landes, les marécages, au milieu des Mousses. Répandu et commun en Europe, occasionnel en Amérique septentrionale. Apparaît de juillet à novembre. Non comestible.
Presque identique est le *G. paludosa,* mais pourvu d'un anneau.

Galerina unicolor

(Galera marginata, Pholiota marginata)
Corps fructifère - *Chapeau* couleur brun datte, avec marge plus striée ; par temps humide il devient plus sombre, alors que par temps sec, il devient ocré, brun opaque, nuancé du centre vers l'extérieur ;

convexe à l'état jeune, il devient vite aplani ; marge qui fait saillie au-delà des lamelles ; cuticule lisse, brillante, visqueuse ; chair brunâtre. *Lamelles* d'abord claires, puis couleur cannelle, adnées, étroites, denses. *Stipe* mince, régulier, haut jusqu'à 7 cm, avec un diamètre de 5 à 10 mm ; clair au-dessus de l'anneau qui est membraneux, marron foncé, recouvert de fibrilles soyeuses en dessous ; à la base se trouvent des touffes de mycélium. *Spores* brunes en masse, lisses, ellipsoïdales (dimensions moyennes : 7 × 5,8 μ).
Habitat et distribution - Croît en touffes sur du bois en décomposition dans les forêts de Conifères et aussi sur des troncs vivants. Localement fréquent en Europe et en Amérique du Nord.
Possibilités gastronomiques - Sans intérêt gastronomique.

Gomphidius glutinosus

(Gomphus glutinosus, Agaricus glutinosus, A. viscidus Pers.**)**
Gomphide glutineux
Corps fructifère - *Chapeau* gris violacé avec des nuances brun pourpre et parfois aussi avec des taches noires, convexe et légèrement omboné ou ombiliqué avec le développement ; diamètre de 5 à 12 cm ; très glutineux et fortement strié vers la marge ; chair ferme, gris clair, rougissant légèrement, particulièrement sous la cuticule. *Lamelles* d'abord gris clair, enfin noirâtres, décurrentes, étroites, espacées, mucilagineuses, séparables du chapeau. *Stipe* court, robuste, atténué vers le bas, haut de 5 à 10 cm, avec un diamètre de 1 à 2 cm ; la partie supérieure est claire, avec des résidus visqueux du voile, qui noircissent avec le temps ; plus bas il s'obscurcit jusqu'au gris brun et le pied est jaune. *Spores* couleur sépia en masse, allongées-fusiformes (18,5 × 5,8 μ).
Habitat et distribution - Plutôt répandu, en symbiose avec des Conifères, en Europe.
Époque d'apparition - De juillet à novembre en Europe,.
Possibilités gastronomiques - Il n'a ni odeur ni saveur particulières ; comestible.

Gomphidius rutilus

(Chroogomphus rutilus, Gomphidius viscidus, Agaricus viscidus L. non Pers., **A. lubricus, A. gomphus)**
Corps fructifère - *Chapeau* brun avec des nuances rougeâtres ou pourpres et marge jaunâtre,

d'abord campanulé, puis étendu avec ombon central plutôt prononcé ; marge visqueuse si humide, claire et brillante si sec ; cuticule d'abord visqueuse, vite sèche, finement squameuse ; chair de jaune rougeâtre à fauve clair. *Lamelles* d'abord de couleur olivâtre clair, opaques, puis presque noires avec des tons pourpre brun, très décurrentes, larges, écartées, ramifiées. *Stipe* droit, parfois atténué vers le bas, haut de 6 à 12 cm, avec un diamètre de 5 à 10 mm, pourvu de stries pourpres, avec des restes de voile floconneux formant une espèce d'anneau. Chair jaune ocré, sombre à la base. *Spores* couleur bistre ou sépia en masse, lisses, d'ellipsoïdales à fusiformes (dimensions moyennes : $18{,}5 \times 6{,}3\ \mu$).

Habitat et distribution - Croît isolément, sous les Pins, généralement après les pluies. Répandu en Europe et en Amérique septentrionale.
Époque d'apparition - De juillet à novembre, parfois jusqu'à décembre.
Possibilités gastronomiques - Saveur acidulée, mais pas désagréable ; odeur insignifiante ; on n'en fait pas un usage alimentaire, bien qu'il ne soit pas toxique.

Gymnopilus junonius
(Pholiota junonis,
sous-genre **Gymnopilus)**

Corps fructifère - *Chapeau* brun or, au diamètre de 6 à 12 cm, convexe. Cuticule qui se déchire en minuscules fibrilles disposées en éventail. Chair jaunâtre, compacte, ferme au centre, mince au niveau de la marge. *Lamelles* d'abord jaunes, ensuite elles deviennent marron rouille, adnées, avec une petite dent décurrente, très denses. *Stipe* bien développé, ventriculeux dans la partie centrale, qui s'atténue vers la partie inférieure, se terminant par une courte racine, long de 4 à 12 cm, avec diamètre de 7 à 15 mm. Légèrement plus clair que le chapeau, pourvu d'un mince anneau membraneux très proche de l'extrémité supérieure. *Spores* couleur rouille en masse, rudes, amplement ellipsoïdales ($8{,}5 \times 6{,}3\ \mu$).
Habitat et distribution - Croît en touffes à la base des arbres soumis à abattage régulier, notamment sur des souches de Chênes. Distribution variable en Europe, plus commun vers les régions sud-occidentales. Rare en Amérique du Nord et en Australie.
Époque d'apparition - De septembre à novembre en Europe.
Possibilités gastronomiques - Non comestible à cause de sa saveur très amère.

Gyroporus castaneus
(Boletus castaneus)
Cèpe marron

Corps fructifère - *Chapeau* couleur cannelle ou rouge brunâtre châtain, qui devient plus sombre avec l'âge ; d'abord convexe, puis plan ou un peu déprimé, au diamètre de 3 à 10 cm ; cuticule sèche, à peine veloutée chez les individus jeunes, puis lisse ; chair blanche, consistante, fragile, qui ne change pas de couleur si elle est traitée chimiquement. *Tubules* blancs,

puis jaune crème, longs jusqu'à 7 mm, libres, déprimés au voisinage du stipe. *Pores* blancs, puis jaunâtres, petits et arrondis, qui ne se colorent jamais de bleu au toucher. *Stipe* régulier ou aminci vers le haut, quelquefois légèrement ventriculeux au milieu, haut de 3,5 à 10 cm, avec un diamètre de 10 à 30 cm ; de la même couleur que le chapeau mais un peu plus clair, velouté, parfois rainuré irrégulièrement vers le haut ; il peut arriver que la chair rougisse légèrement ; il présente à l'intérieur des zones creuses typiques ; parfois, il est complètement creux et médulleux. *Spores* jaune citron en masse, lisses, elliptiques (dimentions moyennes : $9{,}5 \times 5\ \mu$).
Habitat et distribution - Répandu dans les clairières des bois d'arbres à feuilles aplaties, sous les Chênes, dans les sous-bois riches en Mousses ; dans les régions montagneuses, on peut le trouver aussi sous les Conifères. Assez répandu en Europe.

Ci-contre : Gyroporus castaneus. *Au centre :* Gymnopilus junonius. *A gauche :* Gomphidius rutilus. *En bas :* Gyroporus cyanescens.

Époque d'apparition - En Europe de juillet à novembre.
Possibilités gastronomiques - Arôme agréable avec goût de noisette ; excellent.

Gyroporus cyanescens
(Boletus cyanescens,
Coelopus cyanescens)

Avec l'espèce précédente, il constitue le genre (ou pour quelques experts « sous-genre ») *Gyroporus,* qui est caractérisé par la présence de tubules et de pores blancs.
Corps fructifère - *Chapeau* charnu, d'abord hémisphérique puis convexe, de couleur ocre pâle recouvert de duvet marron, sec. La chair se colore de bleu brillant au découpage. *Tubules* libres, blanchâtres ; *pores* jaune pâle,

bleus au toucher. *Stipe* légèrement ventriculé vers la partie inférieure, de la même couleur que le chapeau, haut jusqu'à 12 cm, plein, chair spongieuse.
Écologie - Se trouve sur des terrains pauvres des bois et des landes, souvent sous les Bouleaux et sous les Épicéa, spécialement dans les zones montagneuses. Peu commun en Europe et en Amérique du Nord, de juillet à novembre. Comestible,.

Hebeloma crustuliniforme
(Agaricus crustuliniformis)
Corps fructifère - *Chapeau* de couleur fauve clair (couleur croûte de pain), blanchâtre vers la marge et plus sombre au centre, d'abord convexe puis étendu ; diamètre de 3 à 7 cm ; marge involutée, ondulée chez le Champignon adulte, cuticule lisse, légèrement visqueuse par temps humide. *Lamelles* initialement blanc grisâtre, enfin marron ocré clair, arrondies vers le stipe, étroites ; par temps humide, il suinte de celles-ci un liquide qui forme des petites gouttes sur leur fil. *Stipe* plutôt charnu, légèrement floconneux dans la partie supérieure, parfois un peu velu à la base ; haut de 3 à 6 cm avec un diamètre de 5 à 12 mm environ. *Spores* brun clair en masse, ellipsoïdales ou en forme d'amande (12 × 7 μ).
Habitat et distribution - Croît en groupes, parfois en cercles, dans les terrains marécageux, dans les bois et dans les pâturages. Commun en Europe.
Époque d'apparition - De juillet à novembre.
Possibilités gastronomiques - Saveur amère, odeur forte de racine ; non comestible.

Ci-dessous : Hebeloma crustuliniforme.
Au centre : Heleboma longicaudum.
A droite, de haut en bas : Hebeloma mesophaeum *et* Hebeloma radicosum.

Hebeloma longicaudum
(Hebeloma elatum)
Corps fructifère - *Chapeau* beige jaunâtre clair, puis sombre dans la partie centrale, lisse, visqueux, d'abord convexe puis plan, diamètre de 3 à 7 cm. Chair blanche presque privée d'odeur et de saveur. *Lamelles* denses, de couleur ocre grisâtre clair qui virent au brun terreux avec le temps. *Stipe* plutôt élancé, haut, avec bulbe basilaire, beige clair, presque lisse.
Écologie - Repérable dans les régions marécageuses de broussailles et de landes. Occasionnel en Europe et en Amérique septentrionale. Apparaît d'août à novembre. Non comestible.

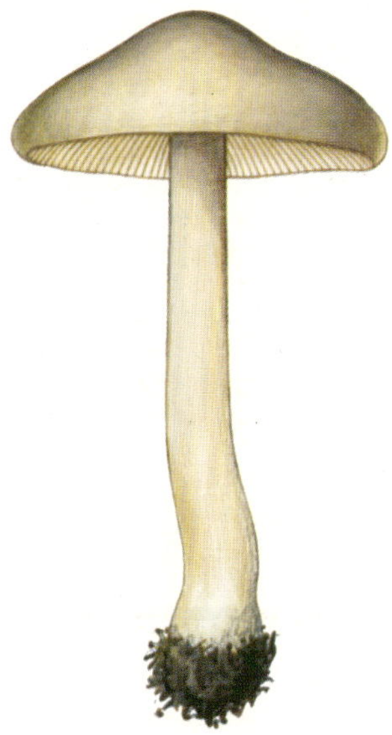

Hebeloma mesophaeum
(Hebeloma versipelle
var. **mesophaeum,**
Agaricus mesophaeus)
Corps fructifère - *Chapeau* couleur châtain clair, avec marge nettement plus pâle, d'abord convexe, puis aplani au diamètre de 2 à 4 cm ; marge avec résidus de voile de couleur blanc grisâtre ; cuticule lisse, soyeuse, brillante. *Lamelles* blanchâtres chez le champignon jeune, puis couleur marron foncé ; adnées, recourbées en crochets, plutôt larges, denses, avec fil blanc finement effrangé. *Stipe* mince, parfois tordu, haut de 4 à 6 cm, avec un diamètre de 3 à 8 mm ; d'abord blanchâtre avec des résidus de voile, puis brun clair, avec un bourrelet semblable à un anneau proche du sommet ; chair marron clair, plus sombre à la base. *Spores* brunes en masse, lisses, réniformes (dimensions moyennes : 9,5 × 5,5 μ).
Habitat et distribution - Espèce grégaire commune, qui croît en groupes souvent très sériés dans les bois, dans les landes, dans les

maquis et dans les territoires marécageux, spécialement dans les zones de collines et de montagnes. Commun en Europe, en Amérique du Nord.
Époque d'apparition - De juillet à décembre.
Possibilités gastronomiques - Non comestible à cause de l'odeur et de la saveur fortes de racine ; il est probablement toxique.

Hebeloma radicosum
(Pholiota radicosa,
Myxocybe radicosa)
Corps fructifère - *Chapeau* convexe, à peine omboné, avec marge involutée, ocré ou brunâtre, recouverts de larges squames plus sombres adhérentes à la cuticule ; légèrement visqueux. *Lamelles* blanchâtres puis brun grisâtre, ventriculeuses, avec bord plus clair. *Stipe* fusiforme, blanchâtre au-dessus de l'anneau, recouvert d'écailles brun gris dans

la partie inférieure ; base se terminant en une longue « racine ».
Écologie - Croît isolément dans les bois de Hêtres ou de Chênes, surtout autour des vieilles souches. Commun en Europe ; apparaît en été et en automne. Comestible mais déconseillé.

Hebeloma sinapizans

Corps fructifère - *Chapeau* de convexe à plan, avec large mamelon central ; de couleur crème jusqu'à rougeâtre brun, visqueux.

Lamelles initialement claires puis couleur cannelle. *Stipe* vide, avec un prolongement caractéristique du chapeau dans la cavité ; parfois légèrement radicant ; blanchâtre avec de petites squames plus sombres.
Écologie - Croît sur des terrains marécageux sous les Épicéas et dans les bois humides mixtes et d'arbres à feuilles aplaties. Rare. Apparaît de la fin de l'été à l'automne, Vénéneux.

Hygrocybe coccinea
(Hygrophorus coccineus)

Corps fructifère - *Chapeau* écarlate vif chez le Champignon jeune, qui se décolore dans le jaune or du centre vers l'extérieur, convexe ou campanulé puis plan, souvent irrégulier ; diamètre de 2,5 à 5 cm ; cuticule visqueuse chez l'individu jeune, puis lisse ; chair de rouge à jaunâtre. *Lamelles* jaunes, couleur pourpre à proximité du stipe, avec des nuances rouges, adnées, décurrentes avec une petite dent, aqueuses, espacées conjointes par des veines saillantes. *Stipe* atténué vers le bas, comprimé, creux dans la partie centrale, haut de 5 cm environ avec un diamètre de 3 à 9 mm, écarlate vers le haut, avec base jaune, parfois légèrement poilu ; chair qui fait suite à celle du chapeau, rouge ou jaunâtre. *Spores* blanches en masse, lisses, elliptiques (dimensions moyennes : $8{,}3 \times 4{,}6\,\mu$).
Habitat et distribution - Croît en groupes dans l'herbe, dans les pâturages et dans les prés, dans les clairières des bois, sous les Saules, dans les régions montagneuses. Commun en Europe.
Possibilités gastronomiques - Saveur et odeur légères ; comestible.

Hygrocybe conica
(Hygrophorus conicus, Agaricus conicus)

Corps fructifère - *Chapeau* jaune, orangé ou écarlate, qui noircit avec l'âge, conique-pointu, au diamètre de 1 à 5 cm ; marge révolutée qui se fond avec facilité ; cuticule visqueuse par temps humide, brillante par temps sec ; chair jaunâtre qui devient noire au découpage. *Lamelles* blanches ou jaune pâle qui noircissent au toucher, étroites vers le stipe, libres, se terminant par une petite dent, plutôt denses. *Stipe* droit, rigide, haut de 5 à 15 cm, avec une épaisseur d'environ 6 mm, jaune avec ou sans nuances rouges, strié ; noircit au toucher ; creux dans sa partie centrale ; chair fibreuse. *Spores* blanches en masse, lisses, elliptiques-allongées ($11{,}5 \times 6\,\mu$).
Habitat et distribution - Croît isolément ou en groupes, dans les zones herbeuses ou dans les bois, dans les pâturages, dans les jardins, le long des routes. Commun en Europe.
Époque d'apparition - De juillet à novembre en Europe.
Possibilités gastronomiques - Ni saveur, ni odeur particulières ; non comestible parce qu'on le soupçonne de toxicité, et à cause de ses dimensions et de ses qualités insignifiantes.

Ci-contre :
Hygrocybe conica.
Ci-dessous :
Hygrocybe laeta.
A gauche,
de haut en bas :
Hebeloma sinapizans
et Hygrocybe coccinea.

Hygrocybe laeta

Corps fructifère - *Chapeau* orange ou couleur chair, visqueux, strié ; d'abord convexe puis aplani ; diamètre de 1 à 3 cm. *Lamelles* décurrentes, grisâtres avec des reflets rose violacé. *Stipe* mince, orange brun nuancé de bleu dans la partie supérieure, lisse.
Écologie - Présent sur des terrains herbeux, landes, marécages. Fréquent en Europe et en Amérique septentrionale. Il peut apparaître d'août à décembre. Non comestible.

Hygrocybe miniata

Corps fructifère - De petites dimensions, dont les couleurs s'effacent vite. *Chapeau* couleur minium, velu ; plan chez l'individu adulte, souvent ombiliqué. *Lamelles* jaunes, parfois nuancées de rouge. *Stipe* lisse, mince, rouge orange.
Écologie - Se trouve sur des terrains herbeux, clairières, restes de feux de bois. Présent et fréquent en Europe, Amérique du Nord et Australie, de juin à octobre. Comestible.

En haut :
Hygrocybe miniata.
Ci-dessous :
Hygrocybe nivea.
A droite, de haut en bas :
Hygrocybe pratensis *et* Hygrocybe psittacina.

Hygrocybe nivea

(Hygrophorus niveus, Camarophyllus niveus, Agaricus niveus)
Corps fructifère - *Chapeau* blanc, parfois nuancé de gris au centre, d'abord convexe puis étendu, plus ou moins irrégulier ; diamètre de 1 à 5 cm ; marge striée ; cuticule visqueuse par temps humide, lisse par temps sec ; chair blanche, presque translucide par temps humide. *Lamelles* blanches, arquées, décurrentes, plutôt larges, espacées. *Stipe* mince, droit, qui présente une contracture au pied, haut d'environ 5 cm, avec un diamètre de 3 à 8 mm, blanc, à peine rosé vers la base ; plein chez le Champignon jeune, il devient creux avec l'âge. *Spores* blanches en masse, lisses, allongées en forme de graine (dimensions moyennes : 8,5 × 5 µ).
Habitat et distribution - Croît à l'état grégaire dans des lieux herbeux, prés, pâturages, près des marécages, dans les landes. Commun en Europe ; rare en Amérique du Nord.
Époque d'apparition - D'août à décembre en Europe ; d'août à septembre en Amérique du Nord.
Possibilités gastronomiques - Saveur et odeur agréables ; comestible.

Hygrocybe pratensis

(Hygrophorus pratensis, Camarohyllus pratensis)
Corps fructifère - *Chapeau* de blanchâtre à couleur chamois clair, jusqu'à fauve clair et orange, d'abord convexe, puis étendu et omboné, de façon à assumer une forme typique de toupie ; diamètre de 3 à 8 cm ; marge parfois fissurée par temps sec ; cuticule sèche et lisse par temps sec, visqueuse avec l'humidité ; chair de blanchâtre à couleur chamois, fragile, un peu fibrilleuse, elle a une odeur agréable. *Lamelles* couleur chamois clair, décurrentes, très larges au centre, charnues, fragiles, espacées, conjointes par des veines à la base. *Stipe* plein, grossissant graduellement vers le chapeau, haut de 4 à 5 cm, avec un diamètre de 6 à 10 mm, parfois supérieur à 15 mm, plus clair que le chapeau, fibrilleux, strié ; chair spongieuse. *Spores* blanches en masse, largement ellipsoïdales ou ovoïdes (dimensions moyennes : 7 × 4,8 µ).
Habitat et distribution : Croît à l'état grégaire, en touffes, et parfois en cercles, dans les prés, dans les pâturages et dans les jardins, aussi bien que dans les landes des régions montagneuses, commun en Europe et Amérique septentrionale.
Époque d'apparition - De juillet à décembre en Europe, de juillet à septembre en Amérique septentrionale.
Possibilités gastronomiques - Saveur et odeur légères ; comestible, de bonne qualité : il doit être cuit longtemps à feu doux pour ne pas rester coriace.

Hygrocybe psittacina

(Hygrophorus psittacinus, Agaricus psittacinus)
Corps fructifère - *Chapeau* bleu verdâtre sombre qui avec le temps s'efface pour devenir d'abord jaune, puis rouge pourpre sombre ou jaune citron livide ; d'abord campanulé, puis étendu et omboné, au diamètre de 1 à 3 cm (parfois jusqu'à 5 cm) ; marge légèrement striée ; cuticule visqueuse ; chair verdâtre fragile, translucide par temps humide. *Lamelles* jaunes, verdâtres à proximité du stipe, annexes, larges, non espacées. *Stipe* cylindrique, parfois sinueux, haut de 4 à 7 cm, avec un diamètre de 3 à 8 mm ; vert chez le Champignon jeune, tendant au jaunâtre vers la base et avec le temps ; lisse, visqueux, creux à l'intérieur ; chair coriace. *Spores* blanches en masse, ovoïdes, lisses (8,8 × 4,9 µ).
Habitat et distribution - Croît en groupes, dans des prés, dans des pâturages, entre les Mousses et les Fougères, dans les clairières des bois. De fréquent à commun en Europe et en Amérique du Nord.

Époque d'apparition - De juillet à décembre en Europe, de juillet à octobre en Amérique du Nord.
Possibilités gastronomiques - Saveur et arôme légers ; non toxique mais sans intérêt du point de vue alimentaire.

Hygrocybe punicea
(Hygrophorus puniceus, Agaricus puniceus)
Hygrophore rouge-ponceau
Champignon très beau, de dimensions moyennes, reconnaissable par son chapeau lucide couleur rouge sang et par la base du stipe blanche. Moins commun que l'*Hygrocybe coccinea,* avec lequel il a en commun l'habitat.
Corps fructifère - *Chapeau* écarlate ou couleur rouge sang chez le Champignon jeune, qui s'estompe vite, campanulé, avec marge sinueuse ou lobée, au diamètre de 4 à 8 cm, parfois jusqu'à 10 cm ;

cuticule visqueuse ; chair jaune, fragile. *Lamelles* d'abord jaunes, devenant rougeâtres avec l'âge, anastomosées vers la marge, plus ou moins libres, larges, espacées. *Stipe* cylindrique, ventriculeux, haut de 4 à 10 cm, avec un diamètre de 1 à 2 cm, recouvert de rudes fibrilles sombres, creux à l'intérieur ; chair blanchâtre. *Spores* blanches en masse, lisses, cylindriques-elliptiques (dimensions moyennes : 9,8 × 5,3 μ).
Habitat et distribution - Présent dans les pâturages, dans les champs et dans les landes, le long des routes et dans les clairières des bois.
Époque d'apparition - De juillet à décembre en Europe.
Possibilités gastronomiques - Saveur et odeur légères ; comestible, il se réduit beaucoup à la cuisson.

Hygrophoropsis aurantiaca
(Clitocybe aurantiaca, Cantharellus aurantiacus, Agaricus aurantiacus)
On peut le confondre avec le *Cantharellus cibarius,* comestible, ou avec le *Clitocybe olearia,* toxique.

Corps fructifère - *Chapeau* de couleur jaune orangé, de plan à infundibuliforme ; diamètre de 3 à 8 cm ; marge involutée, parfois sinueuse ; cuticule sèche, lisse, légèrement pruineuse, chair jaunâtre pâle, un peu coriace. *Lamelles* rouge orangé, décurrentes, denses, anastomosées. *Stipe* court, un peu recourbé, légèrement atténué du bas vers le haut, haut de 2,5 à 5 cm, avec un diamètre de 0,5 à 1 cm, jaune orangé, lisse, creux chez les individus âgés ; chair coriace. *Spores* blanches en masse, elliptiques, lisses (dimensions moyennes : 6,3 × 4,4 μ) ; traitées avec du sodium, elles deviennent de couleur rouge brun.
Habitat et distribution - Croît le plus souvent à l'état grégaire dans les forêts de Conifères, ou sous les Conifères dans les landes. Commun en Europe et en Amérique septentrionale.
Époque d'apparition - De juillet jusqu'à novembre en Europe ; de juillet à octobre en Amérique du Nord.
Possibilités gastronomiques - Saveur et odeur légères ; il n'est pas toxique, mais il est déconseillé à cause de sa chair coriace et de son goût qui n'est pas particulièrement agréable.

Hygrophorus agathosmus
Hygrophore à odeur agréable
Corps fructifère - *Chapeau* olivâtre ou gris jaunâtre, avec marge plus claire. Il est visqueux, campanulé puis convexe, et finalement plan. *Lamelles* blanches. *Stipe* bien

Ci-dessus : Hygrophorus agathosmus.
Ci-contre : Hygrophorus chrysaspis.
Au centre : Hygrophoropsis aurantiaca.
A gauche : Hygrocybe punicea.

développé, cylindrique, blanchâtre avec granulations brunes.
Écologie - Se trouve dans les bois de Conifères, particulièrement dans les régions montagneuses. D'occasionnel à fréquent en Europe, d'août à novembre. Non toxique, mais sans aucun intérêt alimentaire.

Hygrophorus chrysaspis
(Sous-genre **Limacium)**
Corps fructifère - *Chapeau* convexe puis aplani, très visqueux par temps humide ; blanc virant à la couleur crème puis au jaune rouille. *Lamelles* décurrentes, blan-

Hygrophorus eburneus
(Agaricus eburneus)

Corps fructifère - *Chapeau* blanc, d'abord convexe, puis étendu et légèrement omboné, diamètre de 2 à 6 cm ; marge d'abord involutée et poilue, puis lisse ; cuticule lisse, très visqueuse si elle est humide ; chair blanche et ferme, immuable. *Lamelles* blanches, très décurrentes, épaisses, espacées, parfois conjointes par des veinules. *Stipe* fin, aminci vers le bas, parfois sinueux, haut de 6 à 15 cm, visqueux, granuleux et pruineux au sommet ; chair blanche, ferme. *Spores* blanches en masse, lisses, ellipsoïdales ou ovoïdes (dimensions moyennes : $9 \times 4{,}5\,\mu$).

Habitat et distribution - Croît à l'état grégaire, parfois en touffes, dans les bois d'arbres à feuilles aplaties et de Conifères, dans les landes et dans les pâturages. Fréquent en Europe.

En haut : Hygrophorus chrysodon. *A droite :* Hygrophorus hypothejus. *En bas :* Hygrophorus eburneus.

ches, puis orangé clair. *Stipe* haut jusqu'à 6 cm, atténué au pied ; d'abord couleur crème, puis brun dans la partie supérieure et maculé d'ocre dans la partie inférieure.

Écologie - Croît sous les Hêtres, sur des terrains calcaires, dans le courant de l'automne. Comestible mais de mauvaise qualité.

Hygrophorus chrysodon

Corps fructifère - *Chapeau* d'abord convexe, puis étendu et irrégulier, avec ou sans ombon, blanchâtre, recouvert de petits points jaune doré plus fréquents au niveau de la marge ; diamètre de 3 à 8 cm.

Lamelles de blanc jusqu'à couleur crème, légèrement décurrentes, cireuses.

Stipe visqueux, blanc à l'exception du sommet, il est recouvert de fines écailles jaunes ; charnu, long de 3 à 8 cm. *Spores* blanches.

Écologie - Croît dans les bois d'arbres à feuilles caduques et de Conifères, particulièrement dans les régions montagneuses. De l'été à la fin de l'automne. Comestible, mais déconseillé.

Époque d'apparition - Présent de juillet à novembre en Europe.

Possibilités gastronomiques - Saveur légère, odeur également légère et agréable ; sans valeur alimentaire.

Hygrophorus hypothejus
(Limacium hypothejus, Agaricus hypothejus, A. vitellum)

Corps fructifère - *Chapeau* d'abord marron olivâtre, puis nuancé vers le jaune ou le fauve, convexe, puis aplani, un peu ombiliqué ; diamètre de 2 à 6 cm ; visqueux à l'état jeune, strié et brillant à l'état adulte ; chair blanche, tendant au jaune pâle, ferme. *Lamelles* jaunes, puis d'un jaune safran vif, adnées décurrentes, épaisses,

espacées. *Stipe* atténué vers le bas, haut de 6 à 8 cm, de blanc à jaunâtre, plus clair au sommet où il est visqueux, mucilagineux à proximité de l'anneau qui a une consistance cotonneuse. *Spores* blanches en masse, lisses, ovoïdes (8 × 4,5 μ).
Habitat et distribution - Présent dans l'herbe et les Mousses, dans les bois de Conifères.
Époque d'apparition - D'août à novembre.
Possibilités gastronomiques - Saveur et odeur légères ; comestible.

Hygrophorus marzuolus
(Sous-genre **Camarophyllus**)
Hygrophore de mars
Corps fructifère - *Chapeau* aplani ou déprimé, sec, avec marge ondulée, de blanchâtre à gris acier. *Lamelles* décurrentes, ventriculeuses, blanches puis grises, avec bords plus clairs. *Stipe* gris au pied, plus clair vers le haut, plein, pruineux vers le sommet. *Spores* blanches en masse.
Écologie - Croît en groupes dans les bois de Chênes, de Châtaigniers, de Hêtres, de Conifères, en montagne, dans l'Europe continentale. Présent au printemps. Comestible parmi les meilleurs.

Hygrophorus olivaceoalbus
(Sous-genre **Limacium**)
Corps fructifère - *Chapeau* olivâtre, avec zone centrale brune et visqueuse. D'abord campanulé puis aplani. *Lamelles* blanches, décurrentes. *Stipe* mince, visqueux, blanc, tacheté de marron jusqu'à la zone annulaire.
Écologie - Présent dans les bois de Conifères et d'arbres à feuilles aplaties. Occasionnel en Europe, d'août à novembre. Non comestible.

Hygrophorus penarius
(Sous-genre **Limacium**)
Corps fructifère - *Chapeau* convexe, puis étendu et légèrement omboné, plutôt sec ; couleur ivoire, avec des nuances pailles au centre ; diamètre de 6 à 10 cm. *Lamelles* espacées, décurrentes, de même couleur que le chapeau. *Stipe* trapu, sec, couvert de minces granules, de mêmes couleurs que le chapeau ; haut de 3 à 6 cm.
Écologie - Présent dans les bois d'arbres à feuilles aplaties, sur un terrain calcaire, en Amérique du Nord et en Europe, en automne. Comestible.

Hygrophorus russula
(Tricholoma russula, Agaricus russula)
Hygrophore russule
Corps fructifère - *Chapeau* presque plan à l'âge mûr ; rosé ou violet, recouvert de filaments rougeâtre violacé ; il est visqueux par temps humide ; marge involutée. *Lamelles* blanches ou jaunâtres, maculées de rouge. *Stipe* gros, plein et sec ; blanc, avec des taches de couleur rose pourpre.

Ci-dessus, de gauche à droite : Hygrophorus olivaceoalbus *et* Hygrophorus russula. *A gauche :* Hygrophorus marzuolus. *En bas :* Hygrophorus penarius.

Ci-dessus : Hypholoma capnoides.
Au centre : Hypholoma dispersum.
En bas : Hypholoma fasciculare.

Écologie - Croît isolément ou en groupes dans les bois mixtes et les forêts d'arbres à feuilles aplaties.
Commun en Europe et en Amérique du Nord, à la fin de l'été et en automne. Comestible.

Hypholoma capnoides

Espèce comestible qui peut être confondue avec les congénères *Hypholoma fasciculare* et *H. sublateritium,* non comestibles ; il se distingue de ceux-ci par ses lamelles qui ne se colorent jamais ni de vert ni de jaune.
Corps fructifère - *Chapeau* jaune ocré, brunâtre ou fauve, plus sombre au centre et plus clair vers la marge, d'abord convexe, puis plan et légèrement omboné ; diamètre de 2 à 8 cm ; cuticule légèrement visqueuse par temps humide, sèche par temps sec ; chair blanchâtre ou jaune clair. *Lamelles* d'abord blanchâtres, progressivement nuancées de grisâtre, enfin gris bleu, adnées, séparables du stipe, plutôt larges, denses. *Stipe* cylindrique, mince, haut de 4 à 7 cm, jaune, nuancé de marron de la base vers le haut, avec des résidus soyeux de voile chez les exemplaires jeunes. *Spores* brun pourpre en masse, ellipsoïdales, lisses, avec un pore germinatif évident (dimensions moyennes : 7 × 4 µ).
Habitat et distribution - Croît en touffes denses sur de vieilles souches de Conifères, spécialement dans les régions montagneuses. Fréquent en Europe et en Amérique septentrionale.
Époque d'apparition - D'avril à novembre en Europe, de septembre aux premières gelées en Amérique du Nord.
Possibilités gastronomiques - Odeur légère, saveur un peu amère, comestible ; le faire bouillir avant de le cuisiner.

Hypholoma dispersum

Corps fructifère - *Chapeau* couleur miel, jusqu'à fauve, jaunâtre vers la marge, d'abord campanulé, puis étendu et légèrement omboné ; diamètre de 2 à 6 cm ; marge avec résidus de voile soyeux chez les individus jeunes ; cuticule lisse ou légèrement squameuse ; chair mince, marron clair. *Lamelles* initialement jaune clair, plus sombres avec l'âge, adnées, larges, denses. *Stipe* mince, tendu, droit, haut de 4 à 7 cm, grisâtre brun, strié transversalement de zones blanchâtres, soyeuses ; chair brun rouille clair, coriace. *Spores* brun pourpre en masse, ellipsoïdales, lisses, avec pore germinatif évident (8,3 × 4,5 µ).

Habitat et distribution - Croît isolément ou en petits groupes sur des souches de Conifères, dans l'humus humide des pinèdes, sur des branches, sur des fragments de bois.
Il est localement fréquent en Europe, en Amérique septentrionale et en Australie, spécialement dans les régions montagneuses.
Époque d'apparition - D'août à novembre en Europe ; d'avril à novembre en Amérique du Nord.
Possibilités gastronomiques - Saveur très amère ; non comestible.

Hypholoma fasciculare
(Nematoloma fasciculare, Agaricus fascicularis)

Agaric ou Hypholome en touffes
Champignon facilement confondu avec quelques espèces semblables, parmi lesquelles se trouve *l'Hypholoma epixanthum* qui dégage une odeur désagréable. Il est reconnaissable surtout par la couleur verdâtre livide des lamelles ; ces dernières peuvent être facilement envahies, chez les individus âgés, par le Champignon parasite *Collybia cirrata.*
Corps fructifère - *Chapeau* couleur jaune soufre intense, jusqu'à couleur brique ou rougeâtre brun, plus sombre dans la partie centrale ; d'abord subsphérique puis plus ou moins convexe, parfois omboné, avec un diamètre de 2 à 6 cm ; marge involutée, avec des résidus éphémères de voile jaune olivâtre, s'étendant en toile d'araignée chez les individus jeunes ; cuticule lisse et sèche ; chair jaune et ferme. *Lamelles* d'abord jaune verdâtre, puis olivâtres ou livides, jusqu'à marron sombre, adnées, très denses. *Stipe* mince, sinueux, souvent uni aux stipes des autres individus de la touffe ; haut de 4 à 10 cm, avec un diamètre de 8 à 12 mm, jaune soufre, marron livide vers la base, strié, avec des fragments floconneux de voile chez les individus très jeunes ; chair fibreuse. *Spores* brun pourpre en masse, ellipsoïdales, lisses, (dimensions moyennes : 6,6 × 4,3 µ).
Habitat et distribution - Il forme des touffes plutôt nombreuses sur les souches d'arbres à feuilles aplaties, mais on peut le trouver aussi sporadiquement entre les

Conifères. Présent et très commun en Europe, présent aussi en Amérique du Nord, en Afrique méridionale et en Australie.
Époque d'apparition - Présent durant toute l'année en Europe ; d'octobre aux premières gelées en Amérique septentrionale.
Possibilités gastronomiques - Considéré comme toxique par la plupart des experts et suspect par d'autres, il est de toutes façons trop amer pour être utilisé en cuisine ; il a donné lieu à des empoisonnements de faible importance (rarement graves et encore moins mortels, chez des individus âgés ou affaiblis).

Hypholoma sublateritium
(Agaricus sublateritius, Nematoloma sublateritium)
Hypholome couleur de brique
Parmi les espèces d'*Hypholoma*, c'est peut-être celle qui a la plus grande taille ; elle est reconnais-

sable par la couleur rouge brique du centre du chapeau, d'où elle tire son nom. Dans l'ancien temps, ce Champignon était utilisé en pharmacologie comme émétique et purgatif.
Corps fructifère - *Chapeau* de couleur rouge brique dans la partie centrale, plus clair et jaunâtre vers la marge, d'abord convexe puis presque plan ; diamètre de 2 à 8 cm ; marge involutée avec des résidus de voile blanchâtre chez les individus jeunes ; cuticule lisse, sèche ; chair jaunâtre, compacte. *Lamelles* d'abord de couleur jaune livide, puis gris olivâtre, enfin brunâtres, adnées, denses, étroites. *Stipe* robuste, atténué vers la base, haut de 7,5 à 10 cm, avec un diamètre de 5 à 12 mm, jaune au sommet ; il rougit vers le bas jusqu'à devenir couleur rouille au pied ; légèrement squameux, avec une mince bande semblable à un anneau à proximité du chapeau ; chair brun rougeâtre.

Spores brun pourpre en masse, ellipsoïdales, lisses (dimensions moyennes : 6,5 × 3,8 µ).
Habitat et distribution - Croît en touffes plutôt denses sur les souches d'arbres à feuilles aplaties. Commun en Europe.
Époque d'apparition - De juillet à novembre en Europe.
Possibilités gastronomiques - A l'état jeune, ce Champignon n'a pas de goût particulier, mais il devient amer avec le temps. Suspect de toxicité, bien que les experts ne soient pas tous d'accord : à rejeter.

Inocybe asterospora
Corps fructifère - Plutôt gros, de bel aspect.
Chapeau clair parcouru de stries radiales étendu avec bosse centrale prononcée.
Lamelles blanchâtres qui deviennent ensuite brunes.
Stipe mince, avec bulbe basilaire, jaune ocré, avec des stries longitudinales brun rougeâtre.
Écologie - Croît isolément sur sols riches, humides, le long des sentiers des bois, particulièrement sous les Hêtres et dans les parcs.
De distribution variable, en Europe, il devient plus commun vers les régions méridionales. Apparaît d'août à novembre. Vénéneux.

Inocybe casimiri
(Inocybe lanuginosa)
Corps fructifère - *Chapeau* de couleur chamois à marron foncé (2 à 3 cm de diamètre), convexe puis plan, très tomenteux, avec de petites écailles érigées au centre et recourbées vers le bord. *Lamelles* d'abord de couleur blanc chaux tendant au jaunâtre brun, avec fil finement effrangé, blanchâtre, légèrement détachées du stipe, denses. *Stipe* mince, cylindrique et sinueux, de longueur égale au double du diamètre du chapeau, de la même couleur que le chapeau lui-même, de la base au sommet : vers le bas recouvert d'écailles fibreuses sombres, plutôt hirsutes. *Spores* couleur chamois vues en masse, sphériques, avec de nombreuses verrues coniques et une plus grande au som-

Ci-contre, de gauche à droite : Hypholoma sublateritium, Inocybe casimiri *et* Inocybe dulcamara. *En haut :* Inocybe asterospora.

met (dimensions moyennes : 18-20 µ de diamètre, mais très variables).
Habitat et distribution - Dans les terrains sableux, dans les bois de Conifères, spécialement sous les Mélèzes, et dans les bois d'Aulnes. Sporadique dans toute l'Europe et en Australie occidentale.
Époque d'apparition - D'août à novembre.
Possibilités gastronomiques - Goût délicat avec une légère odeur de terre ; trop petit pour être ramassé pour l'usage culinaire.

Inocybe dulcamara
Corps fructifère - *Chapeau* jaune brun pâle, bronze au centre, recouvert de fines écailles, d'abord campanulé puis convexe et aplani chez l'individu adulte ; diamètre de 2 à 5 cm. *Lamelles* olivâtre pâle, qui deviennent ensuite couleur cannelle, annexes émarginées. *Stipe* d'abord clair, qui vire avec le temps au brun jaunâtre, couvert de fibrilles plutôt denses.

Ci-dessus, de gauche à droite : Inocybe fastigiata *et* Inocybe lacera. *En bas : corps fructifère jeune de l'*Inocybe geophylla, *semblable à l'*Inocybe patouillardi.

Écologie - Présent dans les forêts de Conifères, sous les Saules nains jusqu'à 2 600 m, sur les dunes de sable sous le *Salix repens.*
Fréquent en Europe de juillet à novembre.
Non comestible.

Inocybe fastigiata
(Agaricus fastigiatus)

Corps fructifère - *Chapeau* de jaune ocré à brunâtre, d'abord conique puis étendu avec mamelon très prononcé, de 2 à 5 cm de diamètre ; marge initialement involutée, puis retournée vers le haut, fissurée ; cuticule finement craquelée, avec des fibrilles caractéristiques disposées en éventail ; chair blanche, fibreuse. *Lamelles* jaunâtres, puis olivâtres ou grises, légèrement ventriculeuses, enfin libres, étroites, denses. *Stipe* cylindrique ou à peine atténué vers le haut, quelquefois sinueux ou tordu, long de 4 à 8 cm, avec un diamètre de 4 à 5 mm ; blanc ou jaune clair, qui s'obscurcit avec l'âge en conservant les caractéristiques floconneuses dues aux fibrilles blanches.
Spores couleur chamois sombre en masse, lisses, d'ellipsoïdales à réniformes, très variables (dimensions moyennes : $12 \times 6{,}5\ \mu$).
Habitat et distribution - Croît à l'état grégaire dans les sous-bois soit de Conifères, soit d'arbres à feuilles aplaties. Commun en Europe et en Amérique septentrionale.
Époque d'apparition - De juin à novembre en Europe ; de juillet à septembre en Amérique du Nord.
Possibilités gastronomiques - Odeur forte et désagréable de muscarine.

Inocybe lacera

Espèce très variable qui présente de nombreuses variétés, caractérisées par leurs habitats différents. La variété *halophila* est typique des terrains sableux, l'*heterocystis* des régions montagneuses, la *pruinosa* des terrains d'alluvions et des rives des cours d'eau.
Corps fructifère - *Chapeau* de fauve clair à gris souris, nuancé vers l'olivâtre à la marge, d'abord convexe puis mamelonné ; diamètre de 2 à 4 cm ; cuticule fibrillaire ou légèrement squameuse, qui devient enfin rayonnante, avec des écailles sur le mamelon ; chair blanche, mince vers la marge. *Lamelles* d'abord gris olivâtre clair, enfin couleur olive foncé brunâtre, ventriculeuses, larges, espacées. *Stipe* court, atténué vers le bas, long de 3 à 4 cm, avec un diamètre de 4 à 5 mm, marron avec de fines

fibrilles rouges, lisse au sommet ; chair de couleur brun rouille clair. *Spores* marron chamois en masse, lisses, étroitement ellipsoïdales allongées (dimensions moyennes : $12{,}3 \times 5\ \mu$).
Habitat et distribution - Croît dans les terrains sableux ou caillouteux, dans les landes et sur les montagnes jusqu'à 2 000 m d'altitude. Pas très répandu ni commun en Europe.
Époque d'apparition - De juin à novembre.
Possibilités gastronomiques - Saveur et odeur légères. Non comestible, toxique comme tous les *Inocybe.*

Inocybe maculata

Corps fructifère - *Chapeau* marron foncé, d'abord conique, puis étendu et omboné, de fibrilleux à fibreux, couvert de petites squames claires dans la partie centrale. *Lamelles* grisâtres puis couleur tabac. *Stipe* clair au sommet et à la base, finement strié de rouge brun dans la zone centrale.
Écologie - Se trouve dans les bois d'arbres à feuilles caduques, souvent associé au *Glechoma hederacea.* Commun en Europe d'août à novembre.
Vénéneux, il a une odeur légèrement aromatique, nauséabonde.

Inocybe napipes

Corps fructifère - *Chapeau* de couleur variable de marron foncé à noisette, presque lisse, d'abord conique, ensuite convexe avec mamelon central pointu.
Lamelles blanchâtres, puis brun clair.
Stipe mince, avec bulbe basilaire évident ; de couleur brun pâle, plus clair vers le haut.

Inocybe patouillardi
(Inocybe trinii var. **rubescens, I. repanda, I. lateraria)**

Espèce vénéneuse qui peut être aussi mortelle ; présente dans les terrains calcaires et dans les zones boueuses ; jeune, ce Champignon ressemble à quelques Agaricales comestibles : avec l'âge, il se macule de rouge.

Très semblable à l'*Inocybe geophylla,* également vénéneux, avec chapeau blanc jaunâtre jusqu'à lilas pâle selon les variétés et lamelles qui, de blanches, deviennent gris brun avec l'âge. Il est présent dans les sous-bois humides d'arbres à feuilles aplaties aussi bien que de Conifères.

Corps fructifère - *Chapeau* blanchâtre chez le Champignon jeune, puis jaunâtre brun, maculé de rouge, surtout s'il est fendu ou touché ; campanulé puis étendu et omboné, avec un diamètre de 3 à 7 cm ; marge d'abord involutée, par la suite lobée ou fissurée ; cuticule soyeuse, finement fibrillaire ; chair blanche, ferme dans la partie centrale du chapeau. *Lamelles* blanchâtres, puis jaune olivâtre, avec fil blanc, maculées de rouge-vermillon chez les individus âgés, adnées, annexes ou presque libres, épaisses et assez denses. *Stipe* plutôt robuste, irrégulièrement cylindrique, parfois avec base bulbeuse ; hauteur variable de 2 à 7 cm ou même plus, avec un diamètre de 1 à 2 cm, d'abord blanchâtre puis maculé de rouge ; chair nuancée dans les tons rougeâtres. *Spores* couleur chamois sombre en masse, lisses, ellipsoïdales ou réniformes (dimensions moyennes : $11{,}5 \times 6{,}5\,\mu$).

Habitat et distribution - Se trouve occasionnellement dans les bois ou dans des parcs à terrain calcaire, surtout sous les Hêtres et les Tilleuls.

Époque d'apparition - De mai à novembre.

Possibilités gastronomiques - Odeur désagréable. Toxique, il peut causer des empoisonnements graves car il contient une quantité élevée de muscarine. Il est très dangereux, surtout dans ses premières périodes de développement.

Laccaria amethystina
(Laccaria laccata var. **amethystina)**

Agaric ou Clitocybe laqué

Espèce plutôt voyante, à cause de sa couleur, quand le temps est humide, alors qu'elle devient insignifiante et peut passer inaperçue lorsque l'atmosphère est sèche.

Corps fructifère - *Chapeau* de couleur violacé opaque quand le temps est humide, lilas clair lorsqu'il est sec, d'abord convexe

Écologie - Présent dans les bois et dans les marais.
D'occasionnel à fréquent en Europe.
Apparaît d'août à novembre.
Vénéneux.

Ci-contre, de gauche à droite : Inocybe maculata *et* Inocybe patouillardi.
En bas, de gauche à droite : Inocybe napipes *et* Laccaria amethystina.

puis aplani ; diamètre de 1 à 4 cm ; cuticule lisse, finement squameuse vers le centre ; chair violacé clair, mince. *Lamelles* comme le chapeau, décurrentes, larges. *Stipe* cylindrique, parfois sinueux, haut de 4 à 7 cm, avec un diamètre de 0,5 à 1 cm, couleur lilacé clair, finement strié de blanc, couvert de duvet blanc à la base, creux chez les individus âgés ; chair fibreuse, élastique. *Spores* blanches en masse, ornées de fins aiguillons (diamètre 10 μ).
Habitat et distribution - Croît isolément ou en groupes dans les bois d'arbres à feuilles aplaties et de Conifères dans les régions montagneuses. Commun en Europe et en Amérique septentrionale.

Ci-contre :
Laccaria laccata.
A droite :
Lacrymaria velutina.

Époque d'apparition - De juillet à décembre en Europe. De juin jusqu'au premières gelées en Amérique du Nord.
Possibilités gastronomiques - Les chapeaux sont plutôt coriaces et doivent être cuits longtemps ; les stipes ne sont pas utilisables ; c'est donc un Champignon comestible de valeur médiocre ; toutefois, il peut être employé dans les plats mixtes de Champignons.

Laccaria laccata
(Agaricus laccatus, Clitocybe laccata)
Champignon plutôt polymorphe, d'identification facile. On connaît une variété *proxima* de plus grande taille et de couleur plutôt rose violacé.
Corps fructifère - *Chapeau* rouge brun clair tendant au vineux quand le temps est humide, jaune ocré ou couleur chamois lorsqu'il est sec ; convexe et enfin étendu, toujours ombiliqué, c'est-à-dire avec une fossette au centre ; diamètre de 1 à 6 cm ; marge parfois irrégulière : parfois lobée ou presque dentelée ; cuticule lisse si elle est mouillée, très finement écailleuse par temps sec ; chair brun rougeâtre pâle, translucide par temps humide.
Lamelles couleur chair ocré, qui apparaissent, avec le temps, saupoudrées de blanc par la présence des spores (blanches), adnées. décurrentes avec une petite dent, larges, plutôt épaisses et très espacées. *Stipe* mince, parfois un peu incurvé ou tordu, haut de 5 à 10 cm avec un diamètre de 0,5 à 1 cm, de même couleur que le chapeau, tomenteux à la base ; chair fibreuse, élastique. *Spores* blanches en masse, sphériques, aculéolées, ponctuées (dimensions moyennes : diamètre 8 μ).
Habitat et distribution - Croît en groupes dans les bois, dans les pâturages et dans les prés, dans les landes et dans les marécages.
Époque d'apparition - De juin à novembre.
Possibilités gastronomiques - Saveur insignifiante ; il est plutôt coriace, mais il peut être apprécié s'il est cuisiné avec soin.

Lacrymaria velutina
(Lacrymaria lacrymabunda, Geophyla lacrymabunda, Hypholoma lacrymabundum, H. velutinum, Agaricus lacrymabundus, A. velutinus)
Espèce dont le pouvoir comestible a été vérifié récemment ; elle est plutôt variable et est caractérisée par son voile très strié qui laisse des traces évidentes sur le chapeau et sur le stipe.
Corps fructifère - *Chapeau* d'abord blanchâtre puis jaunâtre foncé jusqu'à brun plus ou moins rougeâtre, très convexe et légèrement mamelonné au centre, de 1 à 8 cm de diamètre ; marge et cuticule pourvues souvent de restes importants et très fibrilleux du voile ; chair blanche, consistante. *Lamelles* brunâtres, jusqu'au marron foncé avec des reflets pourpres ; fil d'où suintent des gouttes semblables à de minuscules perles quand le temps est humide, adnées, étroites, denses. *Stipe* soit un peu trapu, soit élancé, grossi seulement à la base, haut de 6 à 12 cm, avec un diamètre de 5 à 10 mm, légèrement plus clair que le chapeau, strié et blanchâtre au sommet, rendu squameux par des fibrilles noirâtres et ponctuées dans la partie haute, couvert de résidus de voile vers le bas. *Spores* brun noirâtre en masse, ovoïdales, verruqueuses (dimensions moyennes : 10,3 × 6 μ).
Habitat et distribution - Espèce commune çà et là dans les bois d'arbres à feuilles caduques, en Europe, en Amérique septentrionale et en Afrique méridionale ; présent aussi dans les pinèdes, isolément ou en petits groupes.
Époque d'apparition- De juillet à octobre en Europe ; de mai à novembre en Amérique du Nord.
Possibilités gastronomiques - Comestible, de saveur légère.

Lactarius blennius

(Agaricus blennius, Lactarius viridis)

Champignon caractéristique, reconnaissable par ses taches couleur marron disposées en cercles concentriques sur le chapeau ; il est courant dans les bois de Hêtres.

Corps fructifère - *Chapeau* de brun olivâtre à vert olive, avec des zones concentriques formées par des taches brunes, d'abord convexe, puis déprimé au centre, de 4 à 10 cm de diamètre ; chair blanche, ferme, consistante, qui devient grise si elle est exposée à l'air ; latex blanc, virant lui aussi au gris. *Lamelles* blanches qui deviennent grises au toucher, légèrement décurrentes, étroites, denses. *Stipe* robuste, atténué vers la base, haut de 2,5 à 5 cm, avec un diamètre de 2,5 cm au sommet, couleur olive clair, jusqu'à brun, visqueux. *Spores* couleur crème clair en masse, largement elliptiques (5 × 6 μ).

Habitat et distribution - Présent dans les bois d'arbres à feuilles aplaties, spécialement de Hêtres. Commun çà et là en Europe.

Époque d'apparition - De juillet à novembre.

Possibilités gastronomiques - Non comestible à cause de son goût trop amer.

Lactarius camphoratus

(Agaricus camphoratus)

Corps fructifère - Champignon en général plutôt petit, avec *chapeau* brun rougeâtre, zoné, déprimé avec un petit mamelon central chez les individus adultes ; marge striée et à peine involutée. *Lamelles* nuancées de pourpre chez l'individu adulte, décurrentes, denses, bifurquées près du stipe. *Stipe* marron rouille foncé. Latex aqueux, légèrement doux.

Écologie - Se trouve dans les bois de Conifères, sur terrain humide et dans les bois d'arbres à feuilles aplaties.

Répandu et commun en Europe et en Amérique septentrionale, de juillet à novembre. Comestible. Les individus secs ont une odeur de *curry.*

Lactarius chrysorrheus

Corps fructifère - *Chapeau* d'abord déprimé, puis infundibuliforme chez le Champignon adulte ; d'orangé jusqu'à jaunâtre avec des zones concentriques plus sombres ; diamètre de 4 à 10 cm. *Lamelles* légèrement décurrentes, de couleur crème à ocre clair, souvent pourvues de taches rougeâtre brun à l'âge mûr. *Stipe* vite creux, long de 4 à 7 cm, blanc nuancé de rougeâtre et maculé d'ocre. Latex blanc qui vire au jaune citron s'il est exposé à l'air.

Écologie - Croît sous les Chênes, les Châtaigniers, les Pins et les Sapins. Commun en Europe et en Amérique du Nord, en été et en automne. Vénéneux.

Lactarius controversus

Corps fructifère - *Chapeau* plan, déprimé au centre, avec marge involutée et veloutée, de 6 à 30 cm de diamètre ; blanc avec des zones concentriques rose ocré. Latex blanc, âcre. *Lamelles* blanches puis rosé clair, très denses, décurrentes. *Stipe* court, trapu, blanchâtre. *Spores* de couleur crème rosé en masse.

Écologie - Croît en cercles sous les Peupliers et les Saules pleureurs, dans les bois clairsemés. Fréquent en Europe méridionale. Apparaît en automne. Comestible avec précaution, seulement après une longue cuisson.

Lactarius deliciosus

(Agaricus deliciosus)

Lactaire délicieux, Rouzillon

Champignon très connu et amplement consommé dès l'Antiquité : il se range parmi les meilleurs Champignons comestibles ; sa vente est permise par les règlements communaux dans de nombreuses villes d'Italie.

Corps fructifère - *Chapeau* orangé rougeâtre, marqué par des zones

Ci-dessus, de gauche à droite : Lactarius blennius *et* Lactarius controversus.
Au centre : Lactarius chrysorrheus.
En bas : Lactarius camphoratus.

Ci-contre : Lactarius deliciosus. *Au centre :* Lactarius fuliginosus (*var.* albipes). *En bas :* Lactarius glyciosmus.

concentriques de couleur plus intense, taché çà et là de vert chez les individus adultes ; d'abord convexe, puis déprimé au centre, plus ou moins infundibuliforme, de 4 à 10 cm de diamètre ou même plus ; marge lisse et involutée chez le Champignon jeune ; cuticule légèrement visqueuse ou sèche ; chair malléable et fragile, claire en profondeur, de couleur orangée sous la cuticule ; latex d'une couleur orange carotte vive qui vire au vert gris après une longue exposition à l'air. *Lamelles* rougeâtre clair avec des taches vertes, parfois décurrentes et arquées, étroites, denses, souvent ramifiées. *Stipe* creux et médulleux dans la partie basale, haut de 2,5 à 5 cm, avec un diamètre d'environ 1,5 à 2,5 cm, de couleur rouge orangé clair, devenant verdâtre au toucher, légèrement pruineux chez les individus jeunes. *Spores* couleur crème en masse, arrondies ou elliptiques, ornées de plusieurs crêtes (8,5 $\times$ 6,5 μ).

Habitat et distribution - Croît à l'état grégaire, parfois en colonies, toujours associé aux Conifères (notamment aux Pins sylvestres), dans les bois et dans les landes, sur des terrains humides mais bien drainés. Fréquent en Europe et localement fréquent en Amérique septentrionale ; présent aussi en Afrique méridionale.

Époque d'apparition - De juillet à novembre en Europe ; de juillet à septembre en Amérique.

Possibilités gastronomiques - Saveur légère, parfum un peu aromatique. Excellent cuisiné au gril ou en ragoût.

Lactarius fuliginosus

Corps fructifère - *Chapeau* d'abord marron rougeâtre clair, ensuite couleur suie sombre, sec, velu puis glabre. Marge légèrement ondulée ; devenant bientôt déprimé, parfois avec un mamelon central. La chair se colore lentement de rose au découpage. *Lamelles* blanchâtres qui virent au rose saumon au toucher, annexes, puis décurrentes.
Stipe d'abord blanc, devenant presque marron. Latex blanc, puis rosé à l'air, de saveur légèrement acide.

Écologie - Se trouve dans les bois d'arbres à feuilles caduques, spécialement sous les Chênes. Fréquent en Europe et en Amérique du Nord, de juillet à novembre. Non comestible, et probablement vénéneux.

Lactarius glyciosmus
(Lactarius impolitus)

Corps fructifère - *Chapeau* gris lilacé, d'abord convexe puis aplani, à peine déprimé au centre, au diamètre de 2 à 6 cm ; marge parfois striée ; cuticule opaque, légèrement visqueuse ; chair jaune clair, avec des reflets rosés ; latex blanc, immuable même exposé à l'air. *Lamelles* d'abord jaunâtres, enfin gris lilas, plus ou moins décurrentes, étroites, denses. *Stipe* fuselé, haut de 3 à 5 cm, avec un diamètre de 5 à 8 cm, gris blanchâtre, parfois jaunâtre devenant fauve au toucher ; initialement pruineux, puis lisse. *Spores* couleur crème en masse.

Écologie - Croît en groupes dans les bois et les landes, sous les Bouleaux et les Conifères. Présent en Europe et sporadique en Amérique du Nord. Apparaît de juillet à novembre. Non comestible ; il se reconnaît à son odeur de noix de coco.

Lactarius piperatus
(Agaricus piperatus, A. pergamenus, A. amarus, A. acris)

Lactaire poivré

Champignon voyant, de dimensions importantes, très commun et répandu. Il est facilement parasité par un champignon microscopique : l'*Hypomyces lactifluorum*.

Corps fructifère - *Chapeau* blanc, avec des nuances couleur crème, parfois maculé de marron clair, d'abord convexe, puis infundibuliforme ; diamètre de 6 à 15 cm ou un peu plus, marge longtemps involutée, enfin horizontale ; cuticule lisse ; chair blanche, consistante (traitée avec du formol, elle se colore en bleu violet) ; latex blanc, de saveur fortement poivrée. *Lamelles* d'abord blanches, devenant jaune crème avec le temps, plus ou moins décurrentes, arquées, puis droites quand le chapeau est aplani, étroites, très denses, ramifiées, dichotomes. *Stipe* trapu, atténué vers le bas, haut de 2 à 5 cm, avec un diamètre de 1 à 3 cm, blanc, d'abord pruineux ; chair ferme. *Spores* blanches en masse, plutôt lisses, subsphériques avec un contour excentrique caractéristique (dimensions moyennes : $8 \times 6{,}4\,\mu$).

Habitat et distribution - Croît à l'état grégaire, quelquefois en cercles, dans les bois d'arbres à feuilles aplaties, dans les pinèdes, sur des terrains sableux et dans les lieux où le bois a été brûlé. A répartition variable en Europe et en Amérique du Nord, il devient plus commun vers le sud.

Époque d'apparition - De juillet à novembre en Europe ; de juillet à octobre en Amérique du Nord.

Possibilités gastronomiques : Saveur très âcre et poivrée, odeur

En haut : Lactarius mitissimus.
Ci-dessous : Lactarius piperatus.
En bas : Lactarius pallidus.

Lactarius mitissimus
Fries
(Lactarius fulvissimus, Romagnesi)

Corps fructifère - *Chapeau* brillant brun, puis orangé, déprimé, parfois avec un mamelon central, diamètre de 3 à 6 cm ; marge ondulée.

Lamelles rosé ocré clair, décurrentes, denses. *Stipe* cylindrique, de même couleur que le chapeau, devenant creux avec le temps.

Écologie - Se trouve dans les bois de Conifères et d'arbres à feuilles aplaties.

Répandu et fréquent en Europe et en Amérique septentrionale. Présent d'août à novembre. Comestible mais de valeur très médiocre ; il a une légère odeur de punaise.

Lactarius pallidus
Corps fructifère - *Chapeau* couleur bronze clair ou rosé ; visqueux, convexe, puis plan à l'état jeune, déprimé chez l'individu adulte ; diamètre de 4 à 10 cm ; marge longtemps involutée, puis plane. *Lamelles* denses, blanchâtres ou rosées, à peine décurrentes, se tachant de brun au toucher. *Stipe* bien développé, d'abord blanc crème, ensuite bronze clair ou couleur chair. Latex blanc, légèrement amer ou un peu acide. *Spores* couleur ocre en masse.

Écologie - Se trouve en groupes dans les bois d'arbres à feuilles caduques, notamment de Hêtres et de Bouleaux, dans les régions montagneuses. Fréquent en Europe, de juillet à novembre. Non comestible.

En haut : Lactarius porninsis. *Ci-contre :* Lactarius pyrogalus. *En bas :* Lactarius quietus.

insignifiante ; il est suspect de toxicité et semble être la cause de dérangements gastro-entériques lorsqu'il est utilisé frais ; dans quelques régions d'Europe, il est cependant desséché et réduit en poudre afin d'être utilisé à la place du poivre.

Lactarius porninsis
(Lactarius aurantiacus sensu Bresadolae, **Agaricus aurantiacus)**
Lactaire orangé

Corps fructifère - *Chapeau* orangé ou jaunâtre, plan, ou déprimé au centre, lisse, visqueux s'il est humide. *Lamelles* blanches chez les individus jeunes, orangé clair chez les adultes. Latex blanc. Chair blanche ou orangée, légèrement amère. Odeur caractéristique d'écorce d'orange. *Stipe* de même couleur que le chapeau, non visqueux. *Spores* rondes, jaunâtres en masse.
Habitat et distribution - Croît en groupes sous les Mélèzes. Fréquent en Europe et en Amérique septentrionale.
Époque d'apparition - Automne.
Possibilités gastronomiques - Suspect car il contient des substances acro-résinoïdes.

Lactarius pyrogalus
(Agaricus pyrogalus)

Corps fructifère - *Chapeau* gris-brun, plus sombre au centre, en général nuancé de violet. Infundibuliforme chez l'individu adulte. *Lamelles* adnées, d'abord jaune clair, ensuite ocre intense. *Stipe* atténué vers la base, jaune-brun pâle. Latex blanc, très poivré.
Écologie - Présent dans les bois d'arbres à feuilles caduques, notamment sous les Noisetiers. Fréquent en Europe, de juillet à novembre. Vénéneux.

Lactarius quietus

Corps fructifère - *Chapeau* rouge-brun opaque avec des zones concentriques plus sombres, convexe, puis aplani, enfin infundibuliforme, de 4 à 8 cm de diamètre ; marge involutée chez les individus jeunes, puis ondulée ou aussi révolutée ; cuticule initialement visqueuse, puis sèche et lisse ; latex jaune clair, de saveur douce, mais parfois légèrement amère. *Lamelles* blanchâtres devenant brun clair tendant au rougeâtre, un peu décurrentes, adnées et larges, denses, bifurquées à proximité du stipe. *Stipe* qui présente une contracture longitudinale du sommet à la base, long jusqu'à 8,5 cm ; brun rougeâtre nuancé de sombre vers le bas, creux ; chair spongieuse. *Spores* couleur crème en masse, ovoïdes, avec de courts aiguillons réunis par des lignes (dimensions moyennes : $8 \times 7 \mu$).
Écologie : Se trouve généralement sous les Chênes, parfois sous d'autres arbres à feuilles aplaties, dans les terrains pauvres. Commun dans toute l'Europe et rare en Amérique du Nord, de juillet à octobre.
Saveur légère, un peu amère ; odeur aiguë de punaise ou d'huile rance, chez les individus âgés ; non comestible.

Lactarius rufus
(Agaricus rufus)
Lactaire roux

Corps fructifère - *Chapeau* rouge-brun sombre, opaque, d'abord convexe, puis déprimé, avec mamelon central petit et pointu ; diamètre de 4 à 8 cm ; marge involutée chez le Champignon jeune ; cuticule d'abord finement

pruineuse, puis lisse ; chair claire, presque couleur de lait ; latex blanc, très âcre. *Lamelles* jaunâtres, prenant des reflets rougeâtres avec l'âge, souvent maculées, décurrentes, denses, parfois bifurquées. *Stipe* cylindrique, haut de 5 à 10 cm, rouge-brun, avec base blanchâtre ; chair ferme, rougeâtre surtout au pied. *Spores* couleur crème en masse, elliptiques, finement réticulées (dimensions moyennes : 8,5 × 6,5 μ).
Habitat et distribution - Présent sous les Pins, dans les terrains sableux ou calcaires.
Époque d'apparition - De juillet à novembre.
Possibilités gastronomiques - Très amer, non comestible ; considéré comme toxique.

Lactarius sanguifluus

Corps fructifère - *Chapeau* couleur carotte ou rougeâtre brun avec des zones concentriques plus sombres, devenant infundibuliforme avec l'âge ; marge involutée, se maculant de vert. Latex rouge sombre devenant rouge-brun s'il est exposé à l'air. *Lamelles* décurrentes, de couleur ocre virant au rouge violacé, minces ; elles se tachent de vert. *Stipe* qui s'amincit vers la base, d'abord plein puis creux ; concolore avec le chapeau. *Spores* blanches en masse.
Habitat et distribution - Croît isolément ou en groupes sous les Conifères. Commun en Europe méridionale et en Amérique du Nord.
Époque d'apparition - De l'été à l'automne.
Possibilités gastronomiques - Comestible, excellent.

Lactarius scrobiculatus

Lactaire scrobiculé
Corps fructifère - *Chapeau* jaune vaguement zoné, visqueux, lisse, d'abord plan-convexe puis déprimé au centre ; marge involutée. Latex blanc virant rapidement au jaune soufre. *Lamelles* d'adnées à décurrentes, couleur crème, maculées de jaune sombre ou rougeâtre. *Stipe* blanchâtre, couvert de fossettes jaune safran.
Écologie - Croît sous les Conifères. Commun dans les régions montagneuses de l'Europe et dans certaines régions d'Amérique du Nord. Apparaît à la fin de l'été et en automne. Vénéneux.

En haut : Lactarius rufus.
Ci-contre : Lactarius scrobiculatus.
Ci-dessous, de gauche à droite : Lactarius sanguifluus *et* Lactarius serifluus.

Lactarius serifluus

Corps fructifère - *Chapeau* qui devient vite très déprimé, avec ombon central ; marron foncé tendant au sépia au centre, opa-

En haut : Lactarius tabidus. *Ci-dessous, de gauche à droite :* Lactarius subdulcis *et* Lactarius torminosus. *En bas :* Lactarius trivialis.

que ; lisse ; marge involutée. Latex rare, aqueux. *Lamelles* de jaunâtre chair jusqu'à rougeâtre ; décurrentes. *Stipe* plus clair que le chapeau, mince, haut jusqu'à 5 cm, atténué vers le pied.
Écologie - Croît dans les bois d'arbres à feuilles caduques, notamment de Hêtres, et dans les bois de Conifères. Commun en Europe, de la fin de l'été à l'automne. Comestible mais déconseillé.

Lactarius subdulcis
(Agaricus subdulcis)
Corps fructifére - *Chapeau* couleur brun cannelle, d'abord convexe, puis plan et déprimé au centre ; diamètre de 3 à 6 cm ; marge mince, involutée, parfois ondulée ; cuticule lisse, chair de blanche à rosée, puis rouge sous la cuticule ; latex blanc de douceâtre à acidulé. *Lamelles* blanches, parfois avec des nuances brun rouge, plus ou moins décurrentes, plutôt étroites, denses. *Stipe* fuselé, atténué vers le sommet, long jusqu'à 6 cm, rosé clair, puis rougeâtre, enfin rouge-brun foncé, nuancé de la base vers le haut ; lisse, parfois tomenteux à la base. *Spores* couleur crème en masse.
Écologie - Croît le plus souvent à l'état grégaire dans les bois d'arbres à feuilles aplaties, dans les maquis et dans les clairières ; en montagne, il se trouve sous les Conifères. Commun en Europe et en Amérique du Nord de juillet à novembre. Non toxique mais dépourvu de valeur gastronomique ; le goût va du douceâtre à l'acidulé, jusqu'à l'amer.

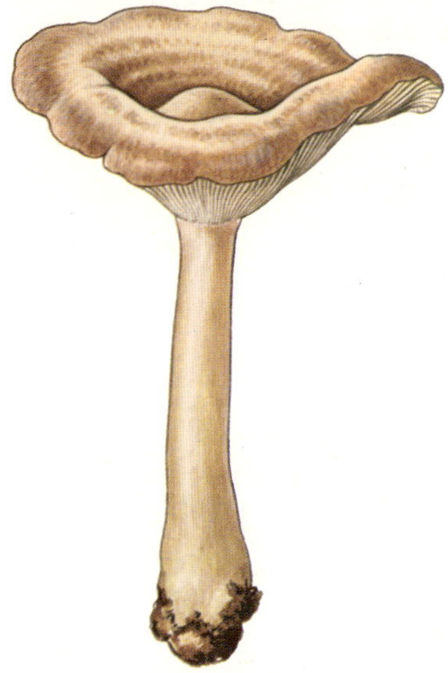

Lactarius tabidus
Corps fructifère - *Chapeau* jaune-brun, jusqu'à orange, étendu jusqu'à infundibuliforme avec mamelon central ; diamètre de 2 à 4 cm. *Lamelles* plus claires que le chapeau, à peine décurrentes. Latex blanc, virant au jaune soufre à l'air. *Stipe* assez haut et mince, de même couleur que le chapeau ou plus pâle. *Spores* blanches en masse.
Écologie - Présent aussi bien dans les bois d'arbres à feuilles aplaties que de Conifères et dans les tourbières. Commun en Europe. Comestible, mais déconseillé.

Lactarius torminosus
(Agaricus torminosus)
Lactaire toisonné, Mouton zoné
Corps fructifère - *Chapeau* rose chair, avec des zones concentriques un peu plus foncées, d'abord convexe, puis plan et enfin déprimé au centre, avec diamètre de 5 à 10 cm ; marge fortement involutée et très velue ; cuticule visqueuse chez le Champignon jeune ou quand le temps est humide ; chair d'une couleur blanchâtre à un blanc laiteux, immuable ; latex blanc, très poivré et âcre. *Lamelles* couleur chair plus ou moins clair, adnées, à peine décurrentes, étroites, denses. *Stipe* plus ou moins cylindrique, haut de 4 à 7 cm, avec diamètre de 10 à 15 mm, couleur chair clair, légèrement pruineux ; chair molle et médulleuse. *Spores* couleur crème en masse, subsphériques ou largement elliptiques (dimensions moyennes : 7,5 × 5,2 μ).
Habitat et distribution - Croît isolément, parfois en cercles, souvent sous les Bouleaux, dans les landes, dans les bois de plaine et dans les régions montagneuses. Fréquent en Europe et en Amérique septentrionale.
Époque d'apparition - De juillet à novembre en Europe ; en août en Amérique du Nord.
Possibilités gastronomiques - Il a un goût très fort, âcre et poivré. Toxique, il provoque des crampes gastro-intestinales, vomissements et diarrhées.

Lactarius trivialis
Corps fructifère - *Chapeau* visqueux, gris-violet à l'état jeune puis couleur chair sale, parsemé de taches brunâtres ; diamètre de 5 à 20 cm. Latex blanc devenant gris verdâtre à l'air. Saveur âcre. *Lamelles* de couleur paille clair

jusqu'à rose chamois, maculées de couleur rouille. *Stipe* visqueux ; couleur chamois dans la partie supérieure, jaune paille clair vers le pied, marqué par de grandes taches. *Spores* blanchâtres en masse.
Écologie - Croît dans des terrains humides et moussus, sous les Épicéas et les Pins. Présent en Europe dans le courant de l'automne. Non comestible.

isolément ou en groupes dans les bois et les maquis, dans les landes et près des marécages. Commun en Europe occidentale.
Époque d'apparition - D'août à novembre.
Possibilités gastronomiques - Champignon ayant une saveur très amère et âcre ; malgré cela, n'étant pas toxique, il est conservé dans du sel, dans certains pays.

Lactarius uvidus

Lactaire humide

Corps fructifère - *Chapeau* gris brunâtre avec nuances lilacées, d'abord convexe, puis plan et déprimé au centre ; diamètre de 4 à 10 cm ; marge involutée d'abord puis étendue, légèrement pruineuse ; cuticule visqueuse ; chair molle, blanche virant au violet si elle est exposée à l'air. Latex blanc qui se colore en violet lorsqu'il est exposé à l'air. *Lamelles* blanches chez le Champignon jeune, puis jaune clair livide, elles se teintent de lilas au toucher, adnées, ou légèrement décurrentes, plutôt étroites, denses. *Stipe* irrégulier, sinueux, haut de 4 à 7 cm avec un diamètre de 6 à 12 mm, blanchâtre, avec des reflets ocrés de la base vers le haut ; devenant lilas au toucher. *Spores* couleur ocre en masse, largement elliptiques, échinulées-réticulées (10 × 20 μ).
Habitat et distribution - Croît à l'état grégaire dans les bois humides, près des étangs, surtout sous les Bouleaux. Espèce plutôt rare en Europe.
Époque d'apparition - De juillet à novembre en Europe.
Possibilités gastronomiques - Saveur légèrement amère, odeur insignifiante ; non comestible.

A gauche :
Lactarius turpis.
Ci dessous :
Lactarius uvidus.

Lactarius turpis
(Lactarius plumbeus,
L. necator,
Agaricus plumbeus,
A. necator)

Lactaire couleur de plomb

Le chapeau traité à l'ammoniaque ou avec n'importe quelle autre substance alcaline, devient couleur pourpre foncé.
Corps fructifère - *Chapeau* brun olivâtre sombre, jaune orangé vers la marge, d'abord convexe, puis plan et déprimé au centre, de 6 à 14 cm de diamètre ; marge involutée, initialement pruineuse, de couleur jaune olivâtre ; la cuticule devient visqueuse et parfois poilue chez les individus âgés ; chair ferme, blanche ou gris brunâtre, immuable ; latex blanc, de saveur âcre et brûlante. *Lamelles* d'abord de couleur jaune pâle ou blanc laiteux, devenant vite veinées avec des taches brunes, surtout au toucher ; décurrentes, denses, bifurquées. *Stipe* trapu, légèrement aminci à la base, haut de 4 à 7,5 cm, avec un diamètre de 1 à 2 cm ; couleur brun olivâtre clair, nettement jaunissant au sommet, devenant visqueux et scrobiculé avec le temps ; chair coriace, dure, compacte. *Spores* couleur crème clair en masse, elliptiques (7 × 5,5 μ).
Habitat et distribution - Croît

Lactarius vellereus
(Agaricus vellereus, A. listeri, Lactarius listeri)
Lactaire velouté, Sanguin blanc

Il est sujet à l'invasion du Champignon parasite *Hypomyces lactifluorum* qui en abîme les lamelles.
Corps fructifère - *Chapeau* blanc qui devient jaunâtre avec l'âge, d'abord convexe, puis aplani et enfin déprimé au centre ; diamètre de 10 à 20 cm, marge involutée ; cuticule pruineuse-veloutée, chair blanche, consistante, immuable ; latex blanc au goût poivré et âcre. *Lamelles* blanchâtres puis couleur ocre pâle, décurrentes, très larges, parfois bifurquées. *Stipe* trapu, quelquefois atténué au pied, haut de 2 à 6 cm, avec un diamètre de 1,5 à 3 cm, blanc, finement pruineux ; chair ferme, consistante. *Spores* blanc crème en masse, presque lisses, subglobuleuses (10,6 × 8,8 μ).
Habitat et distribution - Croît souvent en colonies nombreuses, dans les bois d'arbres à feuilles aplaties, notamment sous les Chênes et les Peupliers. Commun en Europe septentrionale.
Époque d'apparition - D'août à novembre en Europe.
Possibilités gastronomiques - Saveur très âcre et poivrée. Non comestible.

Lactarius vietus
Corps fructifère - *Chapeau* gris améthyste et visqueux s'il est humide, gris opaque s'il est sec ; aplani ou un peu déprimé avec mamelon central. Latex blanc, qui à la surface des lamelles devient gris au bout de 15 à 20 minutes, âcre. *Lamelles* d'abord de couleur crème, puis ocre clair rosé, elles se tachent de gris au toucher. *Stipe* brun grisâtre clair.
Écologie - Se trouve parfois en groupes dans les bois, les régions marécageuses, les landes, en Europe, d'août à novembre. Non comestible.

Lactarius volemus
(Agaricus volemus, Lactarius lactifluus)
Lactaire à lait abondant, Lactaire orangé

Corps fructifère - *Chapeau* orangé vif jusqu'à fauve, plus clair vers la marge, convexe à l'état jeune, puis aplani et légèrement déprimé au centre, au diamètre de 7 à 11 cm ; marge glabre et sèche, un peu craquelée ; chair ferme, blanc jaunâtre ou couleur blanc

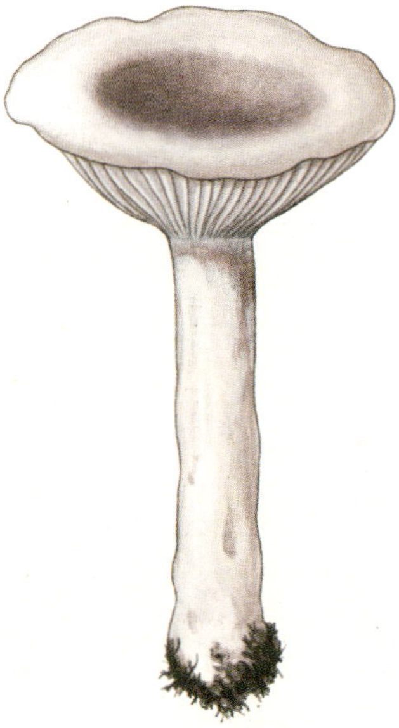

laiteux, un peu visqueuse ; latex abondant, blanc, dense, doux. *Lamelles* couleur crème, devenant brunâtres au toucher, faiblement décurrentes, denses ; des lamellules sont aussi présentes. *Stipe* légèrement atténué vers le haut, avec un faible grossissement basilaire, haut de 2,5 à 10 cm, blanchâtre pruineux au sommet, orangé au pied ; chair ferme. *Spores* blanches en masse, globuleuses, aréolées (diamètre 9 μ).
Habitat et distribution - Croît à l'état grégaire dans les bois lumineux d'arbres à feuilles aplaties (surtout de Hêtres) et de Conifères. Fréquent çà et là en Europe.

Époque d'apparition - De juin à septembre.
Possibilités gastronomiques - Comestible, mais on conseille une cuisson prolongée ; s'il n'est pas bien cuit, il est coriace.

Lactarius zonarius
Corps fructifère - *Chapeau* convexe et déprimé vers le centre ; visqueux avec des bandes alternées orangé clair et jaune brunâtre plus sombre ; marge involutée. Latex blanc, âcre. *Lamelles* décurrentes, de couleur jaune ocré. *Stipe* orangé clair jusqu'à jaunâtre, lisse ; haut de 2 à 6 cm ; robuste, atténué à la base.
Écologie - Croît dans les zones herbeuses des bois, surtout de Conifères. Rare en Europe et en Amérique septentrionale. Non comestible.

En haut, à droite : Lactarius volemus. *Au centre :* Lactarius vietus. *Ci-dessous, de gauche à droite :* Lactarius vellereus *et* Lactarius zonarius.

Leccinum aurantiacum

(Boletus rufus, B. aurantiacus, Leccinum rufum)
Bolet ou Cèpe roux, Bolet orangé, Girole rouge
Corps fructifère - *Chapeau* d'orangé jusqu'à couleur abricot, lisse ou finement pruineux, sec mais visqueux par temps humide. *Chair* blanche devenant rouge au toucher, puis couleur sépia ou grisâtre. *Tubules* longs, blanchâtres. *Pores* fins, blancs, devenant violacés au toucher. *Stipe* cylindrique, atténué au sommet, recouvert de squames d'abord blanches puis orangées ou brunes ; haut de 8 à 14 cm. *Spores* couleur tabac en masse.
Habitat et distribution - Croît principalement sous les Peupliers ; commun en Europe méridionale.
Époque d'apparition - Fin de l'été et automne.
Possibilités gastronomiques - Comestible, de bonne qualité.

Leccinum carpini

(Boletus scaber var. **carpini, B. griseus, Leccinum griseum)**
Corps fructifère - *Chapeau* hémisphérique ou convexe, ocré puis couleur chamois ; cuticule non amovible, surface irrégulière, diamètre de 3 à 10 cm. *Tubules* blanchâtres puis gris jaunâtre. *Pores* blancs, devenant violet noirâtre au toucher. Chair blanchâtre, virant au rouge violacé puis au noirâtre. *Stipe* haut de 8 à 9 cm, régulier mais légèrement renflé à moitié ; de ocre à couleur chamois, recouvert de squames virant au noir. *Spores* brun tabac.
Écologie - Croît sous les Charmes, les Chênes et les Noisetiers. Répandu en Europe et en Amérique du Nord, en été. Comestible, si l'on utilise seulement les chapeaux. La chair noircit au toucher et à la cuisson.

Leccinum crocipodium

(Boletus crocipodius, B. rimosus, B. tessellatus, B. nigrescens)
Corps fructifère - *Chapeau* hémisphérique, couleur noisette ou fauve à l'état jeune, puis olivâtre ou noirâtre, vite craquelé au centre, velu ; diamètre de 5 à 13 cm. *Tubules* jaune citron virant au brun grisâtre. *Pores* jaune citron s'obscurcissant au toucher. *Chair* molle dans le chapeau, fibreuse

Ci-contre :
Leccinum carpini.
Ci-dessous, de gauche à droite :
Leccinum aurantiacum *et* Leccinum crocipodium.

dans le stipe ; de couleur jaune claire, virant au brun puis au noirâtre. *Stipe* ventriculé à l'état jeune, puis allongé, de ocre clair à paille, avec des squames jaunes qui deviennent brun sombre avec l'âge.
Écologie - Croît sous les Chênes et les Hêtres. Présent en Amérique septentrionale et en Europe méridionale. Apparaît en été et en automne. Comestible mais pas très conseillé.

Leccinum scaber
(Boletus scaber)
Bolet ou Cèpe rude,
Bolet du charme
Champignon comestible très commun et plutôt apprécié, dont cependant la vente est interdite sur beaucoup de marchés ; on conseille de ramasser seulement les individus jeunes, car la chair devient molle et spongieuse avec l'âge.
Corps fructifère - *Chapeau* de grisâtre plus ou moins intense à brun foncé, très convexe, puis presque plan, avec diamètre de 4 à 15 cm ; marge qui ne sort jamais de dessous les tubules ; cuticule molle, sèche, par temps humide, elle devient facilement séparable, lisse ou irrégulièrement ridée spécialement par l'action du vent ; chair blanche, très molle, parfois aqueuse ; généralement immuable, elle peut rougir ou devenir bleuâtre au découpage ; traitée avec du sulfate de fer, elle vire au vert grisâtre. *Tubules* blanc grisâtre qui s'obscurcissent avec le temps, longs jusqu'à 18 mm, libres, profondément déprimés autour du sommet du stipe de façon à former une dépression. *Pores* blancs, puis blanc sale, qui deviennent ocrés ou couleur cannelle au toucher, très fins, ronds. *Stipe* érigé, rigide, élancé, atténué vers le haut, haut de 7 à 20 cm avec un diamètre de 2 à 3 cm, blanc, tendant au grisâtre, rugueux, avec des écailles noirâtres qui deviennent plus claires et mieux alignées vers le sommet. *Spores* de couleur tabac jusqu'à couleur cannelle claire en masse, lisses, elliptiques-fusiformes, devenant jaune paille par traitement à l'ammoniaque (5,5 × 17 μ).
Habitat et distribution - Espèce très commune, présente dans des régions tempérées, sous des arbres à feuilles aplaties, dans des bois et des landes.
Époque d'apparition - De juillet à novembre ; en Amérique septentrionale au printemps.
Possibilités gastronomiques - Odeur et saveur agréables ; comestible et de bonne qualité. Le stipe et les tubules doivent être éliminés avant la cuisson, tout au moins chez les individus adultes.

En haut :
Lentinus lepideus.
Au centre :
Lentinellus cochleatus.
Ci-dessous :
Leccinum scaber.

Lentinellus cochleatus
Corps fructifère - *Chapeau* infundibuliforme, irrégulier, de couleur chamois clair à brun clair ; diamètre de 2 à 10 cm ; marge ondulée,

cuticule lisse ; chair rosée, plutôt coriace, élastique. *Lamelles* de couleur brun clair, plus foncées avec l'âge ; très décurrentes, denticulées, denses. *Stipe* quelquefois central ou complètement latéral, plus fréquemment excentrique, toujours longé par des sillons (orientés dans le sens longitudinal), long jusqu'à 1 cm, de couleur chair au sommet, rougeâtre brun vers la base, lisse ; chair ferme, tenace. *Spores* blanches en masse, subglobuleuses, spinuleuses, se teignant en bleu après traitement à l'iode (dimensions moyennes : 4 × 3,6 μ).
Habitat et distribution - Croît en touffes compactes (quelquefois isolément) sur des vieilles souches d'arbres à feuilles aplaties, notamment de Hêtres ; fréquent en Europe et en Amérique du Nord.

Lentinus lepideus
Corps fructifère - *Chapeau* jaunâtre clair, avec des squames brunâtres ; diamètre de 4 à 10 cm, irrégulièrement convexe, enfin déprimé ; la cuticule se déchire en écailles ; chair blanche, ferme, consistante mais élastique. *Lamelles* de blanchâtre à jaunâtre, décurrentes, ondulées près du stipe, larges, pourvues de fil denticulé, plutôt espacées. *Stipe* court, trapu, très irrégulier, avec base en forme de racine, quelquefois excentrique, de 2,5 à 6 cm de hauteur et de 1 à 2 cm de diamètre ; blanc avec des fibrilles ou des squames brunes sous la zone apicale, formant presque un anneau. Chair blanchâtre, coriace, qui se macule de jaune au toucher. *Spores* blanches en masse, lisses, ellipsoïdales (13 × 4,5 μ).
Époque d'apparition - D'août à novembre.
Possibilités gastronomiques - Comestible. Odeur d'anis ; à l'état jeune ce Champignon est tendre lorsqu'il est bien cuit ; après dessiccation, il peut être utilisé comme condiment.

Habitat et distribution - Croît isolément ou en colonies, dans les forêts de Conifères, dans des lieux marécageux, dans des endroits bien éclairés, sur des traverses de chemin de fer, sur des poteaux de bois, sur les parquets. Assez commun en Europe méridionale.
Époque d'apparition - De mai à octobre.
Possibilités gastronomiques - Saveur forte qui plus tard devient piquante; désagréable, il exhale un léger parfum d'anis ou de réglisse. Tendre à l'état jeune. Doit être cuit lentement, mais longuement. Facile à dessécher.

Lentinus tigrinus
(Panus tigrinus,
Agaricus tigrinus)

Corps fructifère - *Chapeau* blanc, avec surface parsemée de petites squames brunes plus ou moins sombres, d'abord convexe, puis plan, enfin infundibuliforme ; diamètre de 2 à 6 cm, avec marge mince, souvent fendue ; la cuticule, comme il a été dit auparavant, est recouverte de fines écailles velues ; chair blanchâtre, mince, fragile chez les individus jeunes, coriace et élastique au fur et à mesure qu'elle se développe. *Lamelles* blanches, décurrentes, denses, pourvues de fil finement denticulé. *Stipe* mince, généralement atténué vers le bas, souvent recourbé, de 3 à 5 cm de hauteur, blanchâtre, finement squameux, plus sombre à la base ; présente au voisinage du chapeau un anneau très éphémère qui disparaît chez les individus adultes ; chair coriace. *Spores* blanches en masse, ovoïdes-allongées (dimensions moyennes : 9,5 × 3,3 μ).
Habitat et distribution - Croît seul ou en colonies sur de vieilles souches de Saules et de Peupliers.
Époque d'apparition - Du printemps jusqu'à l'automne ; hiberne.
Possibilités gastronomiques - Saveur et odeur agréables. Les individus jeunes, lorsqu'ils sont encore tendres, sont comestibles ; il devient coriace et indigeste.

Lepiota americana
Lepiota badhami

Il s'agit de deux espèces voisines, la première se développant uniquement dans le Nouveau Monde, alors que la deuxième est à répartition européenne; elles sont reconnaissables par la présence d'un mamelon brun rougeâtre, situé au centre du chapeau. Elles peuvent être confondues avec le *Lepiota procera,* dont elles n'atteignent pas les dimensions.
Corps fructifère - *Chapeau* d'abord rougeâtre brun puis blanchâtre, pourvu d'umbon central, brun rougeâtre, et de cercles concentriques de squames brunes ; ovoïde à l'état jeune, puis en s'étalant, il devient plan et umboné ; diamètre de 2,5 à 10 cm ; marge mince, généralement striée ; cuticule lisse qui se fend avec l'accroissement du chapeau tout en formant les squames, sauf sur l'ombon, où elle est immuable. *Lamelles* blanches, libres, denses, qui n'atteignent pas exactement le stipe ; chez le *L. badhami,* elles se tachent de jaune, puis de brun violacé. *Stipe* aminci vers le sommet, avec base clavée ou grossie en fuseau, haut de 7 à 13 cm ; diamètre de 4 à 6 mm au point d'insertion du chapeau ; blanchâtre, il devient rougeâtre au toucher chez le *L. americana,* jaune puis pourpre chez le *L. badhami* ; lisse ; avec un petit anneau membraneux. *Spores* blanches en masse, ellipsoïdales, lisses chez le *L. americana* ; couleur crème. ellipsoïdales, lisses, avec pore germinatif évident chez le *L. badhami* (9 × 6 μ).
Habitat et distribution - Espèces se développant isolément ou en colonies, dans les près, autour de vieilles souches, ou près des dépôts de bois. Le *L. americana* est commun dans les bois d'arbres à feuilles aplaties de l'Amérique du Nord ; le *L. badhami* est pré-

Ci-contre : Lentinus tigrinus.
En bas : Lepiota americana.

Ci-contre :
Lepiota bucknallii.
A droite :
Lepiota echinata.
En bas,
de gauche à droite :
Lepiota clypeolaria
et Lepiota cristata.

sent en Europe, mais rare, se développant sur des détritus ou sur du bois pourrissant.
Époque d'apparition - De juillet à septembre pour les deux espèces.
Possibilités gastronomiques - Saveur et odeur agréables. Les chapeaux sont charnus et bons en grillade ou frits ; espèces moins recherchées que le *Lepiota procera;* en particulier, le *L. badhami* est défini, par certains experts, comme un Champignon médiocre.

Lepiota bucknallii

Corps fructifère - De petite dimension. *Chapeau* campanulé puis convexe, avec umbon central, d'abord bleu violacé clair, devenant ensuite gris blanchâtre. Marge finement denticulée. *Lamelles* blanches. *Stipe* sinueux, violacé bleuâtre, devenant plus sombre vers la base.
Écologie - Croît sur terrain humide des bois d'arbres à feuilles caduques. De rare à occasionnel en Europe, d'août à octobre. Dépourvu de valeur gastronomique. Dégage une forte odeur de gaz de ville.

Lepiota clypeolaria

Corps fructifère - *Chapeau* d'abord de jaunâtre à brun rougeâtre clair, enfin pourvu de taches concentriques de couleur marron clair ; diamètre de 3 à 7 cm ; d'abord convexe ou campanulé, enfin umboné ; marge pourvue de fragments de voile denticulés, enfin révolutée. Cuticule feutrée, qui se fissure à la suite de l'extension du chapeau en anneaux concentriques d'écailles ; chair mince, blanche, et molle. *Lamelles* blanches ou jaunâtres, pourvues de fil finement velouté, libres, larges jusqu'à 5 mm, plus étroites vers la marge, très délicates, denses. *Stipe* fusiforme, quelquefois légèrement aminci vers le haut et pourvu de pied plutôt pointu (de 4 à 7 cm de hauteur, avec un diamètre de 1,5 cm). Blanc jaunâtre, avec un petit anneau de squames libres, duveteuses. Sommet blanchâtre, chair blanche, fragile ; le stipe est creux chez les individus adultes. *Spores* blanches, en masse, lisses, fusiformes (13,5 $\times$ 5 μ).
Habitat et distribution - Croît seul ou en groupes denses, sur des terrains fertilisés, ou dans les bois de Conifères ou d'arbres à feuilles aplaties, dans des régions de collines ou de montagnes. De fréquent à commun en Europe.
Époque d'apparition - De septembre à novembre.
Possibilités gastronomiques - Saveur agréable, mais il en émane une odeur de gaz ; à éviter.

Lepiota cristata

Corps fructifère - *Chapeau* plus ou moins campanulé, blanchâtre en marge avec umbon et squames disposées en cercles concentriques brun rougeâtre. *Lamelles* blanches. *Stipe* mince, lisse, rose brunâtre qui s'éclaircit vers le haut ; il existe un petit anneau membraneux.
Écologie - Champignon se développant quelquefois en groupes, dans des prés rasés, des pâturages, moins souvent près des sentiers des bois, occasionnellement dans les serres. De fréquent à commun en Europe. De juin à novembre. Non comestible et probablement vénéneux. Il en émane une odeur désagréable.

Lepiota echinata

Corps fructifère - De petites dimensions. *Chapeau* brun grisâtre sombre, farineux ou granulé, avec des résidus de voile suspendus à la marge comme un bord denticulé. Chair rouge sang. *Lamelles* rouge vin brillant, qui chez les individus adultes deviennent brun rougeâtre. *Stipe* gris brun sombre, farineux et écailleux.

Écologie - Croît quelquefois en groupes plus ou moins denses, dans les bois d'arbres à feuilles caduques, tout au long des sentiers, dans les jardins, sur des tas de fumier et des restes de bois. D'occasionnel à fréquent en Europe, d'août à novembre. Non comestible.

Lepiota excoriata
(Agaricus excoriatus)
Lépiote excoriée,
Petite Coulemelle

Corps fructifère - *Chapeau* blanc ocré grisâtre, marron clair au centre, de 6 à 10 cm de diamètre ; d'abord globuleux-ovoïde, puis étalé et légèrement umboné. La cuticule se fend en larges squames pourvues de marge renversée vers le haut et effrangée. Chair blanche, immuable. *Lamelles* blanches, libres : séparées du stipe, larges, denses. *Stipe* facilement séparable du chapeau, radicant, aminci vers le haut, à base légèrement bulbeuse ; haut de 4 à 6 cm, jusqu'à 8 mm de diamètre, blanc ou grisâtre, pourvu d'anneau étroit, durable. Chair spongieuse. *Spores* blanches en masse, lisses, ellipsoïdales, pourvues de pore germinatif évident (18 × 9,5 μ).

Habitat et distribution - Présent dans les pâturages et les prés, sur des terrains labourés, dans les landes et les régions montagneuses. De sporadique à fréquent en Europe.

Époque d'apparition - D'août à novembre.

Possibilités gastronomiques - Saveur et odeur délicates ; excellent.

Ci-contre :
Lepiota felina.
En bas : à gauche,
Lepiota excoriata ;
à droite,
Lepiota friesii.

Lepiota felina

Corps fructifère - *Chapeau* conique ou convexe, avec umbon central blanchâtre, recouvert de minces squames érigées, sombres, plus denses dans la partie centrale ; diamètre de 2,5 cm. *Lamelles* blanches, libres. *Stipe* haut, fibrilleux, blanchâtre, au pied recouvert par de petites squames sombres ; anneau membraneux, blanc, situé sur la moitié supérieure du stipe, persistant. *Spores* elliptiques, blanches en masse.

Écologie - Présent en groupes dans les forêts de Conifères. Rare en Europe. Non comestible.

Lepiota friesii
Lepiota acutesquamosa

Le *L. friesii* a été décrit soit comme espèce indépendante, soit comme variété du *L. acutesquamosa.* Les différences entre les deux Champignons se réduisent pratiquement aux dimensions (elles sont plus grandes chez le L. *friesii)* et à l'époque d'apparition, le *L. acutes-*

quamosa étant plus précoce par rapport au *L. friesii.*
Corps fructifère - *Chapeau* marron clair avec des verrues plus sombres, d'abord conique, puis étalé, avec ou sans umbon central, de 5 à 12 cm de diamètre ; surface ponctuée de nombreuses verrues coniques ou pyramidales, plutôt fragiles ; chair blanche et peu consistante. *Lamelles,* blanchâtres, souvent tachées de brun rougeâtre, libres, étroites, denses, généralement bifurquées vers la marge. *Stipe* grossi à la base, qui souvent s'amincit vers le haut, de 7 à 10 cm de hauteur et de 1 à 2 cm de diamètre ; blanc, fibrilleux, et revêtu de squames brunâtres vers la base, blanc et pruineux au-dessus de l'anneau, qui est mou, large et retombant vers le bas. *Spores* blanches en masse, lisses, ellipsoïdales (6 × 2,5 μ).
Habitat et distribution - Espèce croissant le plus souvent à l'état grégaire, sur des lieux couverts d'herbes, dans des bois, pâturages et jardins. Le *Lepiota friesii* est sporadique et le *L. acutesquamosa* fréquent en Europe.
Époque d'apparition - Pour le *L. friesii,* d'août à novembre ; pour le *L. acutesquamosa,* de juillet à septembre.
Possibilités gastronomiques - Saveur légèrement acide chez le *L. acutesquamosa* et amère chez le *L. friesii;* odeur désagréable.
Ces deux espèces sont considérées comme non comestibles ; cependant quelques auteurs ont décrit le *L. friesii* comme étant un Champignon comestible.

Ci-dessus : Lepiota leucothites.
A droite : Lepiota mastoidea.

Lepiota leucothites
(Lepiota naucina, L. pudica, L. parvis, Agaricus naucinus)
Lépiote pudique, Colombette, Bisette
Espèce pouvant être confondue avec l'*Amanita versa,* qui est mortelle, et de laquelle elle se différencie par l'absence de volve au pied et par la forme de l'anneau ; en fait, chez l'*A. verna,* ce dernier ressemble à une petite jupe membraneuse pendante, alors que chez le *L. leucothites* il a la forme d'un petit collier. Les lamelles sont elles aussi différentes ; rosées chez le *L. leucothites* et candides chez l'*A.* verna.
Corps fructifère - *Chapeau* blanc, puis blanc sale, ou marron grisâtre pâle, d'abord globuleux ou ovoïde, puis plan avec ou sans umbon central, cuticule mince, légèrement granuleuse ; chair blanche, immuable, molle ; *lamelles* d'abord blanches, puis à peine couleur chair, étroites, denses, libres, n'atteignant jamais parfaitement le stipe.
Stipe qui s'amincit légèrement vers le haut, de 5 à 10 cm de hauteur, et de 6 à 12 mm de diamètre, blanc, lisse, soyeux à proximité de l'anneau pruineux, situé dans la partie inférieure ; chair blanche. *Spores* blanches en masse, ovoïdes, lisses (8,4 × 5,3 μ).
Habitat et distribution - Croît à l'état grégaire, dans les prés, les pâturages, les jardins, les champs après les récoltes, les vignobles. De sporadique à commun en Europe.
Époque d'apparition - D'août à novembre.
Possibilités gastronomiques - Saveur délicate et agréable, arôme légèrement acide. Il s'agit d'un bon Champignon comestible.

Lepiota mastoidea
(Leucocoprinus mastoideus)
Corps fructifère - *Chapeau* campanulé ou convexe, pourvu d'un gros mamelon central, couleur ocre clair, recouvert de minces squames granuleuses plus sombres. *Lamelles* blanches. *Stipe* clair avec squames de même couleur que celles du chapeau, anneau large, membraneux, situé près du sommet.
Écologie - Croît dans des lieux couverts d'herbes, des bois d'arbres à feuilles aplaties et de Conifères. Présent en Europe, en automne. Comestible.

Lepiota morgani
(Leucocoprinus morgani)
Champignon des prairies de l'Amérique du Nord, faisant partie de ceux qui atteignent une plus forte taille.

Corps fructifère - *Chapeau* de couleur chamois à marron clair, hémisphérique chez les individus jeunes, puis convexe, enfin plan, de 10 à 30 cm de diamètre ; marge initialement velue ; cuticule qui se fragmente en squames, sauf dans sa partie centrale ; chair blanche, ferme et compacte. *Lamelles* d'abord blanches, puis rapidement verdâtres, et enfin brun grisâtre, libres, éloignées du stipe, plutôt larges et denses. *Stipe* trapu, aminci vers le haut, avec

base élevée, de 10 à 20 cm de hauteur et de 1 à 2 cm de diamètre dans la partie haute et de 2 à 4 cm dans la partie basse, de blanchâtre à blanc grisâtre, jusqu'à marron clair, lisse, pourvu d'un anneau mobile évident ; chair ferme. *Spores* de vert vif à vert opaque, lisses, ovoïdes (dimensions moyennes : 10,7 × 7 μ).

Habitat et distribution - Croît à l'état grégaire, formant souvent de grands cercles dans les prés, les pâturages et les clairières des bois. Fréquent en Amérique du Nord.

Époque d'apparition - De mai à octobre.

Possibilités gastronomiques - Dépourvu d'odeur ou saveur particulières ; Champignon vénéneux ; provoque nausées et diarrhées.

Lepiota procera

(Macrolepiota procera ; Agaricus colubrinus, A. procerus, Leucocoprinus procerus)

Lépiote élevée, Coulemelle, Coulevrée, Golmote

Champignon comestible parmi ceux qui atteignent une plus forte taille et qui sont les plus connus : peut atteindre une hauteur de 40 cm, alors que le diamètre du chapeau peut dépasser 18 cm. Le chapeau écailleux et l'anneau mobile en facilitent l'identification.

Corps fructifère - *Chapeau* d'abord brun uniforme, puis blanchâtre brun avec des écailles évidentes plus sombres ; initialement ovoïde, puis plan mais umboné, de 10 à 20 cm de diamètre, avec marge mince, plutôt involutée et effrangée ; cuticule lisse chez les individus jeunes, se desquamant ensuite en larges écailles molles, brunes, au fur et à mesure que le chapeau s'étale ; chair blanche, mais peu consistante par rapport aux dimensions du chapeau. *Lamelles* blanc brun pâle, libres, séparées du stipe par un collier, denses. *Stipe* aminci vers le haut et considérablement grossi à la base, long de 12 à 40 cm, blanchâtre ou marron clair, maculé par des bandes annulaires de squames plus sombres, pourvu d'anneau double, grand, mobile, situé en haut du stipe ; se détache facilement du chapeau en y laissant une cavité. *Spores* blanches en masse, largement elliptiques, lisses (18 × 9,5 μ).

Habitat et distribution - Croît seul, en petites colonies, ou en cercles, dans les clairières, les bois, les pâturages, les landes. De fréquent à commun en Europe.

Époque d'apparition - De juillet à novembre.

Possibilités gastronomiques - Saveur et odeur agréables ; des lamelles émanent un arôme de noisette. Champignon comestible d'excellente qualité ; éliminer les stipes qui sont coriaces et fibreux, ainsi que les écailles du chapeau.

Lepiota rhacodes

(Agaricus rhacodes)

Corps fructifère - *Chapeau* d'abord marron uniforme, puis devenant rapidement fissuré ; ovoïde chez les individus jeunes, puis campanulé et ensuite étendu avec umbon central ; diamètre de 8 à 15 cm, cuticule initialement lisse, qui bientôt se fend en grandes écailles disposées en cercles concentriques, qui avec le temps s'enroulent vers le haut. *Lamelles* blanchâtres, quelquefois nuancées de rouge, libres, séparées du stipe par un collier, ventriculeuses, denses. *Stipe* conique s'amincissant vers le haut, à partir d'un grossissement à la base, de 10 à 20 cm de hauteur, de 2 à 5 cm de diamètre, lisse, de couleur blanc

sale puis brunâtre, rougissant au toucher ; anneau évident, mobile, situé près du sommet ; chair blanchâtre rougissant au découpage, séparable du chapeau, fibreuse. *Spores* blanches en masse lisses, ovoïdes, parfois pourvues de pores germinatifs évidents (10,5 × 6,5 μ).

Habitat et distribution - Croît isolément ou en colonies, sur des terrains riches en humus, sur des tas de fumier ou de terreau, au bord des champs et dans les clairières des forêts de Conifères. De sporadique à commun en Europe.

Époque d'apparition - De juillet à novembre.

En haut : Lepiota procera.
A gauche : Lepiota morgani.
Ci-dessous : Lepiota rhacodes.

Possibilités gastronomiques - Saveur et odeur agréables. Champignon comestible qui doit être consommé au plus tôt après la récolte. Il peut être préparé de la même manière que le *Lepiota procera,* en prenant soin d'éliminer les stipes.

Lepista irina

(Rhodopaxillus irinus, Tricholoma irinum)

Corps fructifère - *Chapeau* de couleur variable du beige clair au rose chair. D'abord convexe, ensuite aplati et à peine umboné. *Lamelles* d'abord blanches, devenant ensuite couleur chair sombre, presque décurrentes. *Stipe* beige clair, blanc dans sa partie supérieure.

Ci-dessous : Lepista irina. *A droite : en haut,* Lepista nuda ; *en bas,* Lepista saeva.

Écologie - Présent dans les bois et les pâturages. D'occasionnel à fréquent en Europe, de septembre à novembre. Comestible ; il peut être laxatif. Il en émane une odeur agréable qui rappelle la violette.

Lepista nuda

(Tricholoma nudum, Rhodopaxillus nudus, Agaricus nudus, A. personatus pro parte**)**

Tricholome nu, Pied bleu

Corps fructifère - *Chapeau* lilas ou violet, plus sombre au centre, qui devient brun rougeâtre chez les individus âgés ; d'abord convexe, puis plan, de 6 à 10 cm de diamètre ; marge involutée, souvent aussi ondulée ; cuticule lisse, humide; chair violette, claire, tendre. *Lamelles* lilas à l'état jeune, puis plus rougeâtres, sinueuses, étroites, denses. *Stipe* cylindrique, de 5 à 10 cm de hauteur, de 1 à 2 cm de diamètre, violet pâle, fibrilleux, farineux au sommet ; chair ferme. *Spores* rosées en masse, elliptiques, lisses ou légèrement verruqueuses, hyalines, guttulées (dimensions moyennes : 7 × 4,5 μ).

Habitat et distribution - Croît isolément, quelquefois en cercles, dans les bois de Conifères, aussi bien que dans ceux d'arbres à feuilles aplaties, dans les prés et les pâturages. Commun en Europe.

Époque d'apparition - Généralement d'août à décembre.

Possibilités gastronomiques - Comestible, au goût délicat.

Lepista saeva

(Rhodopaxillus saevus, Tricholoma personatum, T. saevum, Agaricus personatus pro parte, **Gyrophila amethystina)**

Corps fructifère - *Chapeau* de brun clair à gris, d'abord convexe et puis plan, de 6 à 12 cm de diamètre ; marge involutée et ondulée qui fait une légère saillie au-delà des lamelles ; cuticule sèche ; chair ferme, blanche lorsqu'elle est sèche, grise par action de l'humidité, initialement compacte, puis spongieuse. *Lamelles* d'abord blanches, puis légèrement grises avec des nuances de couleur chair ou lilas, arrondies à proximité du stipe, larges, denses. *Stipe* trapu, renflé à la base, haut de 7 cm environ, de 2 cm de diamètre environ, bleu violacé clair nuancé, avec fibrilles et squames couleur lilas ; chair ferme. *Spores* rouge pâle en masse, elliptiques, à peine ponctuées (7,5 × 4,5 μ).

Habitat et distribution - Croît isolément ou en petites colonies dans des prés ouverts, ou des bois d'arbres à feuilles aplaties. Fréquent en Europe.

Époque d'apparition - D'octobre à décembre.

Possibilités gastronomiques - Comestible, de bonne qualité.

Leptonia asprella

(Rhodophyllus asprellus)

Corps fructifère - *Chapeau* couleur bistre, brun sombre ou gris, plus sombre et squameux au centre, strié en marge. Convexe, s'aplatissant ensuite jusqu'à être légèrement déprimé. *Lamelles* rosées, pourvues de fil gris violacé chez les individus adultes. *Stipe* mince, bleu acier, quelquefois bleu-brun, lisse, lucide. *Spores* polygonales, roses en masse.

Écologie - Présent sur des sols couverts d'herbes, landes, prés marécageux. Occasionnel en Europe, d'août à novembre. Dépourvu de valeur alimentaire.

Leptonia lampropa
(Rhodophyllus lampropus)

Corps fructifère - *Chapeau* bleu-brun sombre, finement squameux. D'abord campanulé, devenant ensuite convexe. *Lamelles* d'abord blanches, puis rosées. *Stipe* mince, bleu-brun, blanchâtre dans sa partie inférieure. *Spores* polygonales, roses en masse.

Écologie - Présent sur des terrains couverts d'herbes, dans les landes et les prés. D'occasionnel à fréquent en Europe et en Amérique du Nord. Apparaît d'août à novembre. Non comestible.

Leptonia sericella
(Rhodophyllus sericellus, Entoloma sericellum, Nolanea sericella)

Corps fructifère - *Chapeau* blanc jaunâtre, puis ocré clair, d'abord convexe, puis aplani et plutôt déprimé au centre, de 0,5 à 2 cm de diamètre ; marge involutée et ondulée ; cuticule lisse, finement squameuse au centre ; chair blanche, fragile, translucide par temps humide. *Lamelles* d'abord blanches puis couleur chair, adnées, quelquefois décurrentes, pourvues de petite dent, large, avec fil onduleux, espacées. *Stipe* court, grêle ; chair molle et plutôt fibreuse. *Spores* couleur chair en masse, polygonales.

Écologie - Présent dans des terrains pauvres, pâturages, prés, clairières et tourbières. De sporadique à fréquent en Europe et en Amérique du Nord, de juillet à octobre. Saveur insignifiante ; il en émane une odeur légère de terre : dépourvu d'intérêt alimentaire.

Lyophyllum connatum
(Clitocybe connata, Agaricus connatus)

Corps fructifère - Complètement blanc. *Chapeau* lisse avec marge ondulée ; d'abord convexe, puis aplati. *Lamelles* qui virent au gris jaunâtre chez les individus adultes. *Stipe* long, mince, duveteux vers la partie supérieure. *Spores* blanches en masse.

Écologie - Croît en touffes (avec les stipes de plusieurs individus très rapprochés, mais non confluents) sur du bois pourrissant, sur le terrain des bois d'arbres à feuilles caduques, tout au long des sentiers des forêts, près des cours d'eau, sous les Conifères, dans les régions montagneuses. De rare à occasionnel en Europe, de septembre à décembre. Comestible ; peut être confondu avec des *Clitocybe* vénéneux.

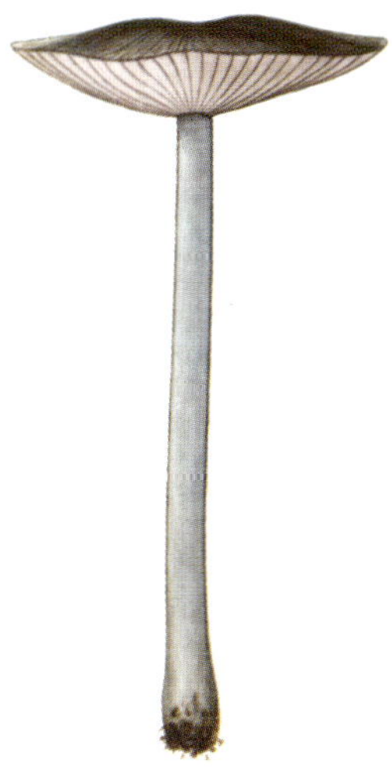

A gauche : Leptonia sericella.
Ci-dessous : Lyophyllum decastes.

Lyophyllum decastes
Corps fructifère - *Chapeau* convexe ou plan, gris-brun plus ou moins tendant au fauve, strié par des fibrilles en éventail ; humide mais non visqueux ; marge initialement involutée, puis lobée ; chair qui noircit par taches. *Lamelles* adnées puis légèrement décurrentes, blanches. *Stipe* de 3 à 6 cm

A gauche : Leptonia lampropa.
En bas, de gauche à droite : Leptonia asprella *et* Lyophyllum connatum.

de hauteur, au diamètre allant jusqu'à 3,5 cm, recouvert de petites fibrilles, blanc maculé de brun. *Spores* blanches en masse.
Écologie - Croît en groupes sur des souches ou racines mortes, sur le fumier et tout au long des routes. Fréquent en Europe, en été et automne. Comestible.

Macrocystidia cucumis
(Naucoria cucumis)

Champignon de petites dimensions dont on connaît aussi une variété *latifolia,* caractérisée par une couleur jaune rougeâtre, et par la présence de stries évidentes sur la marge du chapeau, qui cependant est très délicat dans la forme typique. Soit la forme typique, soit la variété *latifolia* sont enfin reconnaissables par l'odeur typique de pastèque, qui devient une odeur de hareng chez les individus âgés.
Corps fructifère - *Chapeau* marron sombre, puis presque noir, plus clair à proximité de la marge et par temps sec ; de conique à campanulé avec marge involutée ; diamètre de 1 à 6 cm ; cuticule finement tomenteuse ; chair couleur marron clair, fragile. *Lamelles* blanches puis jaunâtres, rose chair, séparées du stipe, étroites, denses. *Stipe* grêle, élargi vers la base, haut de 2 à 6 cm, avec un diamètre de 3 à 5 mm, de marron sombre à presque noir, plus clair vers le sommet, velouté ; devient creux avec l'âge ; chair ferme à l'état jeune. *Spores* brunâtres en masse, elliptiques-fusiformes, lisses (8,8 × 4,5 μ).
Habitat et distribution - Croît en petits groupes ou isolé sur des terrains humides et riches en humus, le long des sentiers des forêts, le long des cours d'eau comme dans les pâturages. Assez commun en Europe.
Époque d'apparition - D'août à novembre, exceptionnellement aussi en mai et juin.
Possibilités gastronomiques - Dépourvu d'intérêt du point de vue alimentaire, surtout à cause de son odeur désagréable.

En haut : Marasmius androsaceus.
Au centre : Marasmius alliaceus.
Ci-dessous : Macrocystidia cucumis.

Marasmius alliaceus

Champignon insignifiant, caractérisé par une très forte odeur d'ail, perceptible même à distance, aussi bien que chez l'espèce voisine *Marasmius scorodonius.* Cependant, celle-ci offre des dimensions plus réduites et un stipe plus court ; elle trouve dans la cuisine le même emploi que la première.
Corps fructifère - *Chapeau* généralement blanc laiteux chez les individus jeunes, ensuite jaune brunâtre, subsphérique, puis convexe, enfin plan, au diamètre de 1 à 4 cm ; marge striée ; cuticule lisse, sèche ; chair ferme, membraneuse et blanchâtre. *Lamelles* blanches, ventriculeuses, libres, plutôt espacées. *Stipe* légèrement grossi au sommet et élargi à la base, radicant, haut jusqu'à 20 cm, noirâtre, finement velouté ; chair coriace. *Spores* blanches en masse, ovoïdes, lisses (9,9 × 6,4 μ).
Habitat et distribution - Croît dans les sous-bois sur des feuilles mortes et sur des aiguilles de Pin, aussi bien que sur du bois pourri, notamment dans les forêts de Hêtres et de Conifères. Présent fréquemment en Europe.
Époque d'apparition - De juillet à novembre en Europe.
Possibilités gastronomiques - Champignon dégageant une forte odeur d'ail : il peut être utilisé précisément en remplacement de l'ail, après avoir été desséché.

Marasmius androsaceus

Champignon étant quelquefois infestant, qui croît sur des terrains marécageux, se fixant sur des tiges vivantes. En outre, il est abondant sur les aiguilles de Conifères et sur d'autres résidus végétaux. La Plante atteinte par cet organisme est envahie par de longs filaments mycéliens.
Corps fructifère - *Chapeau* rougeâtre brun clair, plus sombre au centre, enfin noir, de 1 cm de diamètre ; d'abord convexe, puis aplati, enfin ombiliqué, pourvu de cuticule à rayons et rugueuse. *Lamelles* de blanches à couleur chair, adnées, étroites et plutôt espacées. *Stipe* en forme de fuseau évident, rigide, souvent incurvé et replié, haut de 3 à 6 cm, de couleur noire, brillante. Chair noirâtre, ferme. *Spores* blanches en masse, lisses (8 × 3 μ).
Habitat et distribution - Croît en groupes dans des résidus orniques, au milieu d'aiguilles de Conifères, de feuilles et de branches tombées au sol. Commun en Europe et dans la région septentrionale de l'Amérique du Nord.
Époque d'apparition - De mai à novembre en Europe ; de juillet à septembre, en Amérique du Nord.
Possibilités gastronomiques - Non comestible.

Marasmius foetidus

Petit Champignon d'aspect trapu, plutôt rare, reconnaissable par l'odeur forte et désagréable qu'il dégage, et par son chapeau à rainures.
Corps fructifère - *Chapeau* marron par temps humide, gris chamois par temps sec, avec des

fibrilles en éventail, plus sombres ; diamètre de 1 à 3 cm ; d'abord convexe, puis plan et enfin déprimé au centre, avec des rainures en rayons ; marge initialement involutée, cuticule visqueuse avec l'humidité ; chair rougeâtre brune, mince, de consistance membraneuse. *Lamelles* de jaune à couleur rouille, réunies par un collier autour du stipe, espacées. *Stipe* court, plutôt grossi au pied, de 2 à 3 cm de hauteur, de 1 à 2 cm de diamètre, brunâtre noir à la base, où il est finement velouté. *Spores* blanches en masse, allongées, lisses (9 × 3,8 μ).
Habitat et distribution - Croît en groupes sur des branches pourrissantes.
Époque d'apparition - D'août à décembre.
Possibilités gastronomiques - Odeur forte et fétide. Déconseillé.

Marasmius lupuletorum

Corps fructifère - *Chapeau* convexe ou plan, strié en marge, de couleur jaune grisâtre, plus sombre au centre ; diamètre de 1 à 2 cm. *Lamelles* jaunâtres, larges, espacées. *Stipe* grêle, brun sombre tendant au rougeâtre, plus clair vers le haut, tomenteux au pied.
Écologie - Croît isolément ou en petits groupes sur des feuilles mortes et sur d'autres résidus végétaux. Commun en Europe. Dépourvu de valeur alimentaire.

Marasmius oreades
(Agaricus caryophylleus, A. oreades)

Faux mousseron, Mousseron d'automne ou de Dieppe
Champignons vivant en cercles, généralement nombreux, qui augmentent de dimension chaque année ; leur croissance peut atteindre 10 à 20 cm par an. Facilement confondu avec les espèces vénéneuses *Clitocybe rivulosa* et *C. dealbata,* qui croissent également au milieu de l'herbe. Identifiable par son chapeau fauve et par les lamelles libres.
Corps fructifère - *Chapeau* d'ocre rougeâtre à fauve clair lorsqu'il est humide, jusqu'à chamois clair lorsqu'il est sec ; diamètre de 2 à 6 cm, d'abord convexe, puis plan avec un léger umbon au centre. Marge striée, quelquefois ondulée chez les individus âgés ; chair de couleur fauve clair, épaisse au centre, mince au niveau de la marge. *Lamelles* fauve clair, libres, larges, très espacées, s'alternant avec des lamellules. *Stipe* mince, érigé, de 5 à 8 cm de hauteur et de 4 à 8 mm de diamètre, fauve clair, plutôt entortillé, lisse et glabre dans la partie supérieure, légèrement tomenteux et blanc, au pied, qui est tronqué. Chair consistante. *Spores* blanches en masse, en forme de graines, lisses (9 × 5,5 μ).
Habitat et distribution - Croît à l'état grégaire, en formant des anneaux, au milieu de l'herbe des prés, dans des terrains de golf, dans les prairies et les landes. Très commun en Europe.
Époque d'apparition - De juillet à novembre en Europe.
Possibilités gastronomiques - Champignon utilisé comme assaisonnement. Saveur agréable avec odeur d'amande, souvent aromatique. Excellent lorsqu'il est cuit ; les chapeaux, plus petits, sont excellents lorsqu'ils sont passés au four, ou bien frits dans du beurre, ou de l'huile. Très apte à la dessiccation.

Ci-contre : Marasmius oreades.
En haut : Marasmius foetidus.
En bas : Marasmius lupuletorum.

En haut, de gauche à droite : Marasmius ramealis *et* Melanoleuca grammopodia. *A droite, en bas :* Melanoleuca melaleuca. *Au centre :* Melanoleuca cognata. *Ci-dessous :* Marasmius rotula.

Marasmius ramealis

Corps fructifère - *Chapeau* de blanc grisâtre à couleur chair ; diamètre de 1 cm environ au maximum. Convexe, puis plan ou déprimé au centre, rugueux ; chair très mince, de blanche à rougeâtre. *Lamelles* blanches, adnées, étroites, non denses. *Stipe* court, fusiforme, généralement recourbé à la base ; haut de 1 cm ; de couleur chair clair, pruineux. *Spores* blanches en masse, d'ovoïdes-allongées à une forme de graines (dimensions moyennes : 9,5 × 3,4 μ).

Habitat et distribution - Croît à l'état grégaire sur des branches mortes d'arbres et de buissons, dans les bois et tout au long des haies. Commun en Europe.

Époque d'apparition - De juillet à octobre.

Possibilités gastronomiques - Trop petit pour être utilisé.

Marasmius rotula

Corps fructifère - Très petit. *Chapeau* blanc laiteux, membraneux, convexe, pourvu de sillons profonds en éventail. *Lamelles* blanchâtres. *Stipe* fibreux, corné, noir brillant.

Écologie - Croît en groupes sur des racines et sur du bois en décomposition, dans des forêts d'arbres à feuilles aplaties. Fréquent en Europe et en Amérique du Nord, de mai à septembre. Non comestible.

Melanoleuca cognata

Corps fructifère - *Chapeau* lisse, d'abord convexe, puis aplati, de couleur ocre doré. *Lamelles* jaune ocre. *Stipe* mince, strié longitudinalement, grossi au pied.

Écologie - Croît dans des forêts de Conifères et de Peupliers, dans les sous-bois au milieu des herbes. De rare à occasionnel en Europe. Apparaît d'août à novembre. Déconseillé.

Melanoleuca grammopodia

Corps fructifère - *Chapeau* brun grisâtre, bientôt déprimé avec umbon central prononcé plus sombre ; marge mince. *Lamelles* décurrentes, de blanchâtres à couleur crème. *Stipe* muni de pied finement duveteux ; blanchâtre, avec des stries fuligineuses.

Écologie - Croît en groupes, souvent en demi-cercles, dans des lieux humides des bois et des champs, notamment dans les régions montagneuses. Répandu, mais rare en Europe. Comestible, mais dégoûtant à cause de son odeur nauséabonde.

Melanoleuca melaleuca
(Tricholoma melaleucum)

Corps fructifère - *Chapeau* marron fuligineux, plus sombre au centre par temps humide, plus clair par temps sec ; diamètre de

4 à 8 cm, quelquefois même de 10 cm ; convexe puis plan ; pourvu d'un umbon central ; cuticule lisse ; chair blanche, qui devient sombre et transparente avec l'humidité. *Lamelles* blanches, nettement séparées du stipe, larges et denses. *Stipe* légèrement grossi au pied, haut, long de 5 à 7 cm, avec un diamètre atteignant jusqu'à 1 cm ; blanc, avec des stries longitudinales ; chair nuancée de marron de la base vers le haut, élastique, consistante. *Spores* de blanches à ocrées en masse, ovoïdes-allongées, verruqueuses ; traitées par l'iode, les verrues fines se colorent en bleu noirâtre (dimensions moyennes : 8 × 1,6 μ).
Habitat et distribution - Croît au milieu des Carex (espèce du genre *Carex)* dans les bois et les pâturages. De fréquent à commun en Europe, rare en Amérique du Nord.

Époque d'apparition - D'août à novembre.
Possibilités gastronomiques - Considéré comme étant comestible.

Mycena alcalina

Corps fructifère - *Chapeau* fragile, translucide, campanulé ou conique, de couleur gris-brun opaque, nuancé de jaune, strié à l'état humide, de 1 à 2,5 cm de diamètre. *Lamelles* gris-brun. *Stipe*

allongé, mince, gris jaunâtre, velu au pied.
Écologie - Champignon se développant par groupes, au-dessus ou autour de souches de Conifères. De fréquent à commun en Europe. Apparaît d'août à octobre. Il exhale une odeur d'hypochlorite ; non comestible.

Mycena epipterygia

Corps fructifère - *Chapeau* d'olivâtre brun à jaune quand il est humide, plus clair à l'état sec ; diamètre de 1 à 2 cm, campanulé, strié ; chez les individus jeunes, la marge est denticulée ; chair blanche, mince. *Lamelles* blanches, adnées, décurrentes avec une petite dent, relativement larges, plutôt espacées ; examinées à l'obscurité, elles sont bioluminescentes. *Stipe* fusiforme, conique, quelquefois sinueux, radicant, haut jusqu'à 4 ou 5 cm, de 2 mm de diamètre, jaune-blanc à la base ; chair consistante, lacuneuse. *Spores* blanches en masse, ellipsoïdales ; traitées par l'iode, elles deviennent bleu-noir (dimensions moyennes : 10 × 5 μ).
Habitat et distribution - Croît en groupes au milieu des Mousses et des Fougères, dans les bois soit de Conifères, soit d'arbres à feuilles aplaties. Commun en Europe.

Époque d'apparition - D'août à novembre.
Possibilités gastronomiques - Champignon trop petit : il ne vaut pas la peine de le récolter.

Ci-dessus : Mycena epipterygia.
A gauche : Mycena alcalina.
En bas : Mycena flavo-alba.

Mycena flavo-alba

Corps fructifère - *Chapeau* blanc ivoire qui jaunit avec l'âge, d'abord conique ou convexe, puis aplati, de 1 à 2,5 cm de diamètre ; marge finement striée. *Lamelles* blanches,

striées, à peine décurrentes. *Stipe* blanc, long jusqu'à 7 cm, mince et incurvé.
Écologie - Présent sur des terrains couverts d'herbes, landes, prés secs et sur des tapis d'aiguilles dans les sous-bois des forêts de Conifères. Commun en Europe d'août à novembre. Dépourvu de valeur gastronomique.

Mycena galericulata

Corps fructifère - *Chapeau* grisâtre à brun, de 2 à 5 cm de diamètre, d'abord conique puis campanulé, enfin étalé et pourvu d'un mamelon central ; marge striée vers le centre ; cuticule lisse, argentée, brillante par temps sec. *Lamelles* initialement blanches puis rosées, adnées, avec une petite dent décurrente, plutôt espacées, veinées-reliées près du stipe. *Stipe* mince, fusiforme, pourvu de base radicante-fusiforme, d'une hauteur de 5 à 10 cm, de 5 mm de diamètre, grisâtre-brun, lisse, poilu au pied ; chair consistante, lacuneuse.

Habitat et distribution - Croît en groupes denses sur des souches d'arbres à feuilles aplaties, notamment d'Ormes et de Bouleaux, aussi bien que sur des souches de Conifères dans les régions montagneuses. Commun en Europe.

Époque d'apparition - Toute l'année.

Possibilités gastronomiques - Les individus jeunes possèdent une saveur délicate et offrent une bonne consistance lorsqu'ils sont cuits soigneusement dans leur jus avec du sel, du poivre et du beurre.

Ci-dessus : Mycena galericulata.
En haut : Mycena galopus.
A droite : Mycena haematopus.

Mycena galopus

Cette espèce joue un rôle important dans le sous-bois car elle décompose et recycle des substances organiques du sol. De couleur très variable, elle se reconnaît aussi par son latex blanc qui jaillit des fentes du stipe.

Corps fructifère - *Chapeau* qui varie du grisâtre brun clair au gris sombre, plus foncé au centre ; diamètre de 1 à 1,7 cm, de campanulé à conique, s'étalant légèrement tout en conservant son umbon central ; strié de la marge vers le centre ; chair blanc jaunâtre mince. *Lamelles* de blanches à blanc grisâtre, rétrécies à proximité du stipe, assez denses. *Stipe* très fuselé, légèrement épaissi à la base, haut de 5 à 8 cm, de 2 à 4 mm de diamètre, de grisâtre brun à gris sombre, plus clair au sommet, lisse, velu à la base ; chair brune, très fragile, qui exsude un liquide blanc lorsqu'elle est fragmentée. *Spores* blanches en masse, ellipsoïdales, lisses ; traitées par iode, elles deviennent bleu-noir (dimensions moyennes : 13,5 × 6,5 µ).

Habitat et distribution - Croît isolément ou en petits groupes au milieu des feuilles mortes, des aiguilles de Conifères et de petits rameaux dans les bois, dans les maquis, aussi bien que dans les haies. Commun en Europe et en Amérique du Nord.

Époque d'apparition - D'août à décembre.

Possibilités gastronomiques - Champignon trop petit pour être récolté pour usage alimentaire.

Mycena haematopus
(Mycena haematopoda)

Espèce fongique chez laquelle la chair du stipe, lorsqu'elle est fragmentée, émet un latex rouge sanguin, dont la quantité dépend des conditions atmosphériques.

Corps fructifère - *Chapeau* rouge brunâtre sombre, maintes fois pourvu de pruine blanche, de 1 à 3 cm de diamètre, de campanulé à convexe ; marge striée-denticulée ; chair rougissante. *Lamelles* de blanches à couleur chair, pourvues de fil rougeâtre brun, adnées, denses, alternées de lamellules. *Stipe* fuselé, conique, de 5 à 10 cm de hauteur, de 5 à 7 mm de diamètre, initialement brunâtre sale, pourvu de pruine blanche ; la chair émet un latex couleur rouge sang ou brunâtre. *Spores* blanches en masse, largement ellipsoïdales, lisses ; traitées avec l'iode, elles deviennent bleu-noir (10,3 × 6,3 µ).

Habitat et distribution - Croît en colonies, quelquefois en groupes serrés sur des souches et des branches tombées au sol, dans des bois d'arbres à feuilles aplaties et de Conifères, dans des régions montagneuses. Sporadique en Europe.

Époque d'apparition - D'août à novembre.

Possibilités gastronomiques - Il peut être utilisé dans la cuisine seulement lorsqu'il est récolté en grandes quantités ; il n'est pas d'excellente qualité.

Mycena inclinata

Corps fructifère - *Chapeau* campanulé ou conique, brun grisâtre, plus sombre au centre. Marge denticulée et striée. *Lamelles* claires avec des nuances allant vers le pourpre ou le jaune doré, ou grises. *Stipe* allongé, mince, jaune blanchâtre à l'état jeune puis blanchâtre seulement dans sa partie supérieure, jaune doré dans sa partie centrale, et brun clair au pied.
Écologie - Croît en groupes sur les souches d'arbres et aux pieds d'arbres à feuilles caduques. De distribution variable en Europe, il devient plus commun vers les zones méridionales. Dépourvu de valeur gastronomique.

Mycena polygramma

Corps fructifère - *Chapeau* campanulé, puis étalé avec umbon central, gris acier, strié jusqu'à sa partie centrale, diamètre de 2,5 à 3 cm. *Lamelles* gris blanchâtre, espacées. *Stipe* mince, long, bien enraciné, gris, pourvu de nervures longitudinales en relief et plus claires. *Spores* blanches en masse.
Écologie - Croît isolément ou en petits groupes au-dessus ou près des souches d'arbres soumis à abattage régulier, notamment Aulnes et Noisetiers. De fréquent à commun en Europe. Apparaît de juillet à novembre. Dépourvu de valeur gastronomique.

Mycena pura

Corps fructifère - *Chapeau* du rosé au lilas, clair, de 2 à 5 cm de diamètre, d'abord convexe, devenant bientôt aplani ; cuticule lisse ; marge striée. *Chair* blanche ou rosée qui dégage une odeur de radis plutôt forte ; la couleur du Champignon est très variable ; ainsi, c'est précisément cette odeur typique qui représente la base pour l'identification de son espèce. *Lamelles* blanches nuancées de rose, annexes, ventriculeuses, reliées par des veines. *Stipe* mince, atténué vers le haut, ondulé ou entortillé, quelquefois aplati, long de 4 à 7 cm, de 2 à 4 mm de diamètre, rose pâle, lisse, rigide. *Spores* blanches en masse, ellipsoïdales, lisses ; traitées par l'iode, elles se colorent en noir-bleu (6,9 × 3,9 μ).
Habitat et distribution - Croît isolément ou en groupes dans l'humus, au milieu des feuilles et du bois dégradé des forêts d'arbres à feuilles aplaties ou de Conifères. Commun en Europe et en Amérique septentrionale, il se trouve aussi au Venezuela.
Époque d'apparition - De mai à décembre en Europe, de juin à octobre en Amérique du Nord.
Possibilités gastronomiques - Non toxique, mais déconseillé.

Mycena vulgaris

Corps fructifère - *Chapeau* convexe, puis aplani, de couleur brun grisâtre, visqueux ; marge striée, avec cuticule qui se détache ; diamètre de 0,5 à 1 cm. *Lamelles* blanches, à peine décurrentes, espacées et étroites. *Stipe* mince, grisâtre, recouvert de longs poils rares au pied.

En haut, de gauche à droite : Mycena inclinata *et* Mycena polygramma. *Ci-contre :* Mycena pura. *Ci-dessous : en bas,* Mycena vulgaris.

Écologie - Croît en groupes sur les aiguilles des sous-bois des forêts de Conifères. Fréquent en Europe, d'août à novembre. Dépourvu de valeur alimentaire.

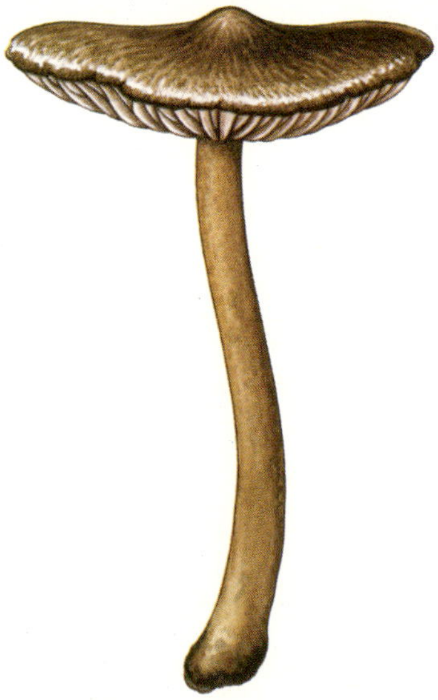

Nolanea cetrata

(Rhodophyllus cetratus)

Corps fructifère - *Chapeau* couleur datte, marge striée jusqu'à mi-hauteur à l'état humide, qui en se desséchant devient plus claire et non plus striée. De largement conique, jusqu'à convexe chez les individus adultes. *Lamelles* jaunâtres puis rose saumon. *Stipe* long, mince, marron ocre clair, strié, un peu fibreux.

Écologie - Présent en Europe dans les forêts de Conifères, entre les Mousses, sur du bois pourri, d'août à novembre. Pouvoir comestible inconnu.

Nolanea sericea

(Rhodophyllus sericeus)

Corps fructifère - *Chapeau* rougeâtre sombre ou brun grisâtre à l'état humide, grisâtre ou brun à l'état sec ; diamètre de 2 à 6 cm ; d'abord convexe, puis étalé et légèrement umboné ; marge initialement involutée et striée, enfin fissurée à plusieurs endroits ; cuticule soyeuse, brillante, fibrillaire ; chair très mince, gris clair. *Lamelles* d'abord grisâtre brun et enfin rosées, séparées du stipe, larges, denses. *Stipe* fuselé, quelquefois aminci vers le haut ; il peut aussi être plutôt comprimé ou entortillé ; de 2 à 5 cm de hauteur, suivant la hauteur de l'herbe parmi laquelle cet organisme se développe, de 3 à 5 mm de diamètre, grisâtre brun brillant, blanc au pied. *Spores* couleur chair sombre en masse, anguleuses, ellipsoïdales ($9 \times 7{,}6\,\mu$).

Écologie - Croît à l'état grégaire ou en groupes. Commun dans l'herbe, dans les prés et tout au long des sentiers. Commun en Europe, de mai à octobre. Saveur de farine. Déconseillé.

Nolanea staurospora

(Rhodophyllus staurosporus)

Corps fructifère - *Chapeau* conique ou campanulé, marron datte, jusqu'à brun grisâtre ; marge striée jusqu'à mi-largeur à l'état humide, brun jaunâtre, non striée à l'état sec. Chez le *N. pascua sensu Bresadola,* le chapeau est souvent lobé, étalé, pourvu d'un umbon central et d'une marge involutée ; la couleur peut atteindre le gris fuligineux. *Lamelles* blanchâtres puis tendant au rougeâtre ou au rosé. *Stipe* mince, plus ou moins droit, gris-brun pâle, typiquement strié, duveteux dans sa partie inférieure. *Spores* roses en masse, en forme de croix ; chez le *N. pascua sensu Bresadola,* elles sont polygonales.

Habitat et distribution - Croît sur des terrains couverts d'herbes, sur les clairières des bois, sous les Conifères des régions montagneuses. De fréquent à commun en Europe.

Époque d'apparition - Printemps-été.

Possibilités gastronomiques - Le *N. pascua* est toxique ; le *N. staurospora* est considéré comme suspect. Toutefois, étant donné leur grande ressemblance, ces deux espèces doivent être rejetées.

Nyctalis lycoperdoides

(Nyctalis asterophora, Asterophora lycoperdoides)

Corps fructifère - *Chapeau* d'abord blanc, devenant bientôt pruineux avec des spores bru-

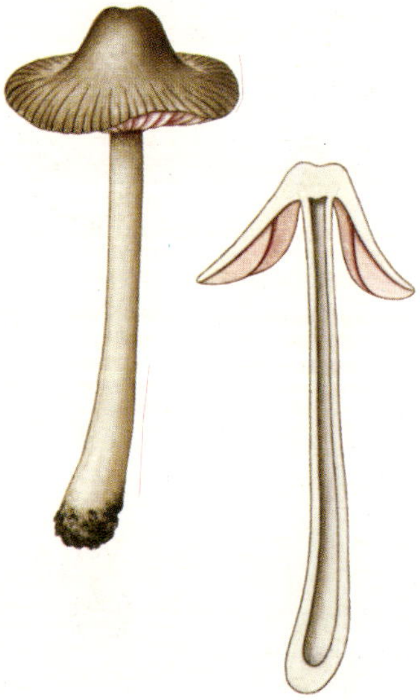

En haut : Nolanea cetrata. *A droite :* Nyctalis lycoperdoides. *Ci-contre, de gauche à droite :* Nolanea sericea *et* Nolanea staurospora.

nâtres ; diamètre de 1 à 2 cm, plutôt globuleux ; chair gris clair ferme, humide. *Lamelles* souvent très peu développées, blanchâtre gris, adnées, plutôt étroites, épaisses, espacées. *Stipe* court et trapu, haut de 2 à 3 cm, de 3 à 8 mm de diamètre, blanc puis brun, pruineux ou soyeux ; chair peu consistante, blanchâtre. *Spores* (souvent absentes) blanches en masse, ellipsoïdales (dimensions moyennes : 5,5 × 3,5 μ). *Chlamydospores* abondantes, brunes en masse, en forme d'étoile irrégulière (diamètre moyen : 18 à 20 μ).
Habitat et distribution - Croît en groupes sur les corps fructifères pourrissants de *Russula* et

Lactarius. Commun en Europe, rare en Amérique du Nord.
Époque d'apparition - De juillet à novembre.
Possibilités gastronomiques - Immangeable à cause de son goût fort et de son odeur rance.

Nyctalis parasitica

Corps fructifère - De petite dimension. *Chapeau* gris blanchâtre, nuancé de lilas, lisse, soyeux, de campanulé jusqu'à aplani ; diamètre de 0,5 à 1 cm. *Lamelles* blanchâtres, aussitôt obscurcies par une couverture brune et pruineuse de spores. *Stipe* mince, sinueux, blanc grisâtre, long jusqu'à 3 cm.
Écologie - Croît en groupes, comme parasite, sur des Champignons en décomposition, notamment sur des Lactaires et des Russules. Occasionnel en Europe de juillet à décembre.
Dépourvu de valeur alimentaire.

Omphalia ericetorum
(Omphalia umbellifera)

Corps fructifère - *Chapeau* de couleur variable, généralement jaunâtre clair, olivâtre, plus sombre au centre, de 1 à 2 cm de diamètre, d'abord convexe et enfin ombiliqué, avec marge initialement involutée, puis denticulée et sillonnée, grossièrement striée ; chair ferme dans les parties plus internes, diaphane par temps humide. *Stipe* court, grossi à la base, haut de 2 cm environ, de quelques millimètres de diamètre, généralement brunâtre clair olivâtre, lisse, velu à la base, creux au centre. *Spores* blanches en masse, larges, d'ellipsoïdales à ovoïdes (dimensions moyennes : 8 × 3,9 μ).
Écologie - Croît à l'état grégaire dans les terrains riches en tourbe, sporadiquement parmi les Mousses humides, les landes, les marécages, les pâturages et tout au long des routes. Variable en Europe, de juillet à septembre. Non comestible.

Omphalia fibula
(Omphalina fibula)

Voisine de l'*Omphalina pyxidata* pourvu de chapeau brunâtre, jusqu'à l'orange, lamelles brun jaunâtre et stipe sinueux, concolore avec le chapeau.

Corps fructifère - *Chapeau* de couleur variable, orange puis presque blanc, translucide, convexe, déprimé, toujours ombiliqué chez les individus adultes ; diamètre de 0,5 à 1 cm. *Lamelles* blanches, décurrentes, arquées. *Stipe* très mince, orange pâle, long de 1 à 1,5 cm, de consistance cartilagineuse. *Spores* blanches.

En haut : Omphalia ericetorum.
A gauche : Nyctalis parasitica.
Ci-dessus : Omphalia fibula.
Ci-contre : Omphalina pyxidata, *proche de l'*Omphalia fibula.

Écologie - Présent parmi les herbes, ou les Mousses, dans les lieux ombragés et humides, dans les bois, les marécages et les landes. Commun en Europe et en Amérique du Nord, de mai à novembre. Dépourvu de valeur alimentaire.

Ci-contre, de gauche à droite : Omphalotus olearius, Oudemansiella mucida *et* Oudemansiella radicata. *En bas :* Panellus mitis.

Omphalotus olearius

(Clitocybe olearia, Pleurotus olearius)

Pleurote ou Clitocybe de l'Olivier, Oreille de l'Olivier

Corps fructifère - *Chapeau* convexe qui devient infundibuliforme avec umbon central ; marge involutée ; orange vif jusqu'à jaune orangé ; diamètre de 6 à 12 cm. Chair tenace de saveur acide dégageant une forte odeur d'huile rance. *Lamelles* décurrentes, jaune orange ou jaune doré, luminescentes dans l'obscurité, minces, pourvues de nombreuses lamellules. *Stipe* orange vif, plein, fibreux, long jusqu'à 15 cm. *Spores* jaunâtres en masse, arrondies (dimensions moyennes : $5 \times 4\,\mu$).

Habitat et distribution - Croît en groupes sur les souches, les racines pourrissantes et les résidus d'Oliviers, Chênes et Châtaigniers. Les touffes qui se développent sur l'Olivier, sont jaune orangé, alors que sur les autres arbres à feuilles aplaties, elles peuvent être plus jaunes. Champignon offrant une forte bioluminescence bleu verdâtre. Commun en Europe méridionale et dans le sud de l'Amérique du Nord.

Époque d'apparition - De la fin de l'été à l'automne.

Possibilités gastronomiques - Vénéneux.

Oudemansiella mucida

(Mucidula mucida, Agaricus mucidus, Armillaria mucida)

Corps fructifère - *Chapeau* initialement grisâtre puis blanc brillant, translucide, d'abord sphérique, puis aplani, marqué par de minces stries en éventail ; diamètre de 3 à 8 cm ; marge striée, cuticule très visqueuse, glutineuse ; chair blanche, molle. *Lamelles* blanches, arrondies, décurrentes, larges, espacées. *Stipe* court, atténué vers le haut, arqué, haut de 1 à 7 cm, de 5 à 10 mm de diamètre, blanc strié de brun dans la partie supérieure de l'anneau, grisâtre et squameux dans la partie inférieure ; chair ferme ; anneau membraneux, blanc, large. *Spores* blanches en masse, globuleuses, lisses ($15{,}4 \times 14\,\mu$).

Habitat et distribution - Croît

en touffes ou bien isolément sur des troncs morts d'arbres à feuilles aplaties, dépérissant.

Époque d'apparition - D'août à novembre.

Possibilités gastronomiques - Champignon insignifiant, non toxique mais dépourvu d'intérêt.

Oudemansiella radicata

(Mucidula radicata, Collybia radicata)

Voisine de cette espèce est le *Xerula longipes (Collybia = Marasmius longipes),* caractérisée elle aussi par un stipe longuement radicant ; elle se reconnaît à son stipe coriace, à peine velouté et par son chapeau plus petit.

Corps fructifère - Couleur variable de brunâtre clair à grisâtre jusqu'au brun olivâtre ; chapeau campanulé, puis plan avec léger umbon central, diamètre de 3 à 9 cm ; cuticule légèrement visqueuse, sillonnée par des rugosités en éventail ; chair blanche, molle. *Lamelles* blanches, parfois

avec fil marron, arrondies ou denticulées à proximité du stipe, larges, espacées. *Stipe* atténué vers le haut, offrant une large appendice en forme de racine enflée, long de 10 à 20 cm, blanchâtre brun, devenant strié, ou pourvu de rainures longitudinales chez les individus âgés ; quelquefois entortillé ; chair blanche, coriace. *Spores* blanches ou à peine jaunes en masse, ovoïdes ($14 \times 11\,\mu$).

Habitat et distribution - Croît isolément ou bien en colonies près de troncs ou de souches pourrissantes dans des bois d'arbres à feuilles aplaties. Commun en Europe.

Époque d'apparition - De juin à novembre.

Possibilités gastronomiques - Comme le *Xerula longipes,* ce Champignon est comestible mais le chapeau est déconseillé.

Panaeolus foenisecii

Corps fructifère - *Chapeau* brun sombre opaque quand le temps est humide, plus clair et jusqu'à gris violacé, notamment au centre, par temps sec ; de campanulé à légèrement convexe, jamais plan, de 1 à 2 cm de diamètre ; chair de couleur blanc sale, mince ; marge lisse. *Lamelles* de couleur brun clair initialement, puis maculées au fur et à mesure que les spores mûrissent, enfin brun sombre opaque pourvues de

fil blanc, finement denticulées, adnées, quelquefois avec des dents au voisinage du stipe, larges, plutôt espacées. *Stipe* grêle, fragile, creux, haut de 4 à 8 cm, avec un diamètre de 1,2 à 2 cm, plus clair que le chapeau, lisse, pruineux au sommet. *Spores* brun sombre, presque noires en masse, étroites, ovoïdes, légèrement verruqueuses (14,5 × 8 µ).

Habitat et distribution - Espèce non commune qui croît isolément ou en colonies dans des lieux couverts d'herbes. Présente dans les régions tempérées.

Époque d'apparition - De juillet à septembre ; sporadique au printemps.

Possibilités gastronomiques - Saveur et odeur insignifiantes ; dépourvu de valeur.

Panaeolus semiovatus

(Anellaria separata)

Champignon fumicole, très voisin du *P. papilionaceus* et du *P. sphinctrinus,* employés au Mexique comme hallucinogènes à l'occasion de rites religieux.

Corps fructifère - *Chapeau* de grisâtre à fauve très clair, campanulé aussi lorsqu'il est complètement développé, de 1 à 6 cm de diamètre ; marge effrangée, portant des résidus de voile ; cuticule visqueuse par temps humide, brillante par temps sec, rugueuse chez les individus âgés ; chair assez ferme, blanc jaunâtre. *Lamelles* grisâtres, maculées, noires, jamais déliquescentes, pourvues de fil plus clair, annexes, larges, denses. *Stipe* droit, plutôt grêle, généralement atténué vers le haut, pourvu de pied à peine grossi ; présente un anneau étalé à mi-hauteur ; haut de 8 à 12 cm, avec un diamètre de 2 à 6 mm, blanchâtre, luisant, strié au-dessus de l'anneau ; chair blanche devenant jaune vers le pied. *Spores* noires en masse, ovoïdes, lisses (19 × 12µ).

Habitat et distribution - Présent sur le fumier aussi bien que sur des terrains fertilisés avec des engrais organiques, de même que dans les pâturages ; commun dans toutes les régions tempérées de l'Europe, de l'Amérique du Nord, de l'Afrique méridionale aussi bien que de l'Asie.

Époque d'apparition - De juin à novembre en Europe ; de mai à octobre en Amérique du Nord.

Possibilités gastronomiques - Saveur et arôme agréables, non comestible à cause de ses caractères hallucinogènes.

Panellus mitis

Corps fructifère - *Chapeau* réniforme, blanchâtre, de 1 à 4 cm de diamètre, pourvu de revêtement gélatineux. *Lamelles* couleur ivoire. *Stipe* latéral, court, qui s'élargit au niveau de sa jonction avec le chapeau.

Écologie - Croît sur des Conifères abattus. Fréquent en Europe et en Amérique septentrionale, d'octobre à décembre. Saveur sucrée ; non comestible.

Panellus serotinus

(Pleurotus serotinus)

Corps fructifère - La couleur du *chapeau* varie du vert olive au jaune sombre ; le chapeau offre

Ci-contre : Panaeolus semiovatus. *Au centre :* Panaeolus foenisecii. *A gauche, de haut en bas :* Panellus serotinus *et* Panellus stipticus.

d'abord une forme de coussin, poilu, ensuite celle d'un éventail, visqueux ; diamètre de 4 à 10 cm ; chair ferme ; marge involutée. *Lamelles* jaunes, denses. *Stipe* latéral, jaune, recouvert de squames brunâtres.

Écologie - Croît isolément ou en groupes, sur des troncs ou des souches d'arbres périodiquement abattus, notamment de Bouleaux. Occasionnel en Europe et en Amérique du Nord, d'août à décembre. Dépourvu de valeur alimentaire.

Panellis stipticus

(Panus stipticus)

Les races de ce Champignon vivant en Amérique septentrionale, sont caractérisées par la présence de lamelles, chapeau et mycélium luminescents à l'obscurité ; par contre les races européen-

nes sont dépourvues de ces caractères. Les petits corps fructifères en forme d'oreilles sont souvent rongés par des Escargots, qui remplissent le rôle de vecteurs de spores.
Corps fructifère - *Chapeau* couleur cannelle à l'état humide, couleur blanc ivoire à l'état sec, de 1 à 3 cm de diamètre, réniforme ou en forme d'oreille, convexe puis plan ; marge involutée ; cuticule finement pruineuse ; chair blanche ou jaunâtre, mince, consistante. *Lamelles* généralement couleur cannelle clair, étroites, denses, reliées par des veinules sur leur fond. *Stipe* court, aplati, s'élargissant dans le chapeau, haut jusqu'à 3 cm, plus ou moins blanc, de farineux à velu ; chair ferme, consistante. *Spores* blanches en masse, d'ellipsoïdales à presque cylindriques ; traitées par l'iode, elles deviennent de couleur bleu-noir (4,5 × 2,5 μ).
Habitat et distribution - Croît en files denses superposées sur les souches mortes d'arbres à feuilles aplaties de Hêtres, Chênes, Bouleaux. Commun en Europe.
Époque d'apparition - De janvier à décembre en Europe.
Possibilités gastronomiques - Non comestible à cause de sa saveur amère et désagréable.

Panus torulosus
(Panus conchatus, Panus flabelliformis)

Corps fructifère - La couleur du *chapeau* varie du jaune rosé au brun rougeâtre, au violet ; lisse, profondément et irrégulièrement déprimé au centre ; marge lobée et involutée. *Lamelles* très décurrentes, d'abord lilas rosé puis ocré. *Stipe* plein, court, excentrique ou latéral, bien développé, d'abord recouvert de duvet violet, puis de couleur ocré pâle.
Écologie - Croît en petits groupes sur des souches d'arbres à feuilles aplaties, notamment Chênes et Bouleaux. De distribution variable, en Europe, il devient plus commun vers les régions méridionales. Commun en Amérique du Nord. Apparaît de mai à octobre. Non toxique, mais trop coriace.

A droite : Paxillus atrotomentosus.
Ci-dessous : Panus torulosus.

Paxillus atrotomentosus
(Agaricus jacobinus)

Espèce reconnaissable par sa structure trapue et par le stipe velu, noir à la base. Souvent, autour du corps fructifère est visible une masse de mycélium cotonneux.
Corps fructifère - *Chapeau* brunâtre, plus ou moins sombre avec des nuances olivâtres (diamètre de 12 à 27 cm), convexe, puis aplani et parfois pouvant aussi être très déprimé au centre ; marge mince, involutée, finement sillonnée par des rainures ; cuticule persistante, finement pruineuse au centre du chapeau, visqueuse, et avec des taches sombres provoquées par l'humidité ; chair blanchâtre, compacte ; traitée avec de l'ammoniaque, elle devient couleur chamois, alors que traitée avec du sulfure de fer, elle devient bleu-vert livide. *Lamelles* d'abord couleur olivâtre chamois, ensuite ocré et couleur cannelle, quelquefois légèrement maculées ou avec un fil de couleur rouille, olivâtres par temps sec ; décurrentes, ramifiées, formant souvent un réticule à la jonction du stipe. *Stipe* plus ou moins excentrique, court et trapu, dilaté vers la base, haut de 3 à 9 cm, avec diamètre de 2 à 5 cm, marron foncé puis presque noir, pourvu de pruine dense. Chair de couleur crème à ocre clair, devenant de couleur violet clair au découpage. *Spores* couleur ocre en masse, lisses, ovales-allongées ; devenant couleur jaune clair si elles sont traitées avec de l'ammoniaque (5,8 × 3,8 μ).
Habitat et distribution - Croît isolément ou en groupes, sur les souches et au pied des Conifères, notamment de Pins sylvestres. Répandu et fréquent en Europe.
Époque d'apparition - De juillet à novembre en Europe.
Possibilités gastronomiques - Aucune odeur particulière. Après cuisson, ce Champignon devient gélatineux, et se caractérise par une saveur prononcée mais agréable.

Paxillus involutus
Corps fructifère - *Chapeau* de ocré à jaune fauve avec des nuances brun olivâtre sur la marge, enfin de couleur brun tabac avec des taches couleur noisette ou plus sombre ; d'abord convexe, puis aplani, souvent concave ; marge toujours involutée, veloutée à l'état jeune, puis lisse et plus tard sillonnée de rainures au fur et à mesure que le corps fructifère se développe ; cuticule initialement pruineuse, qui devient visqueuse au centre par temps humide, lisse et luisante par temps sec. Chair ferme, souple,

brun jaunâtre qui devient coriace avec l'âge ; traitée avec de l'ammoniaque, elle se colore d'abord en chamois rougeâtre puis en jaune fauve ; traitée avec du sulfate de fer, elle devient verte puis olivâtre. *Lamelles* initialement jaunes, puis de jaune olivâtre à brun livide, qui au toucher deviennent couleur marron, olivâtres par temps sec ; fortement décurrentes, étroites, denses, ramifiées, anastomosées, jusqu'à presque former des tubules allongés. *Stipe* quelquefois excentrique, atténué vers le pied, haut jusqu'à 7,5 cm, avec diamètre de 8 à 20 mm, de même couleur que le chapeau ou légèrement plus clair, lisse, qui se macule de stries couleur marron au toucher ; chair de couleur jaune fauve vers le pied, marron au découpage, au contact avec l'air ou au toucher. *Spores* couleur terre de Sienne en masse, lisses, ovales-allongées, devenant couleur ocre sombre lorsqu'elles sont traitées avec de l'ammoniaque, et couleur terre de Sienne lorsqu'elles sont traitées au réactif de Meltzer (dimensions moyennes : 9 × 5,5 μ).

Habitat et distribution - Très commun en Europe centrale. Croît dans les bois d'arbres à feuilles aplaties et les bois de Peupliers, même au cours des saisons très sèches.

Époque d'apparition - De juin à novembre en Europe.

Possibilités gastronomiques - Comestible après cuisson, mais de mauvaise qualité ; peu attrayant à cause de sa couleur brun livide.

Paxillus panuoides
(Paxillus lamellirugus)

Champignon facilement reconnaissable par le développement asymétrique de son corps fructifère, par sa couleur chamois ocré et par le stipe réduit ou même absent. Croît sur le bois humide des Conifères et peut causer des dégâts aux échafaudages des mines humides ; cependant, ce Champignon ne représente aucun problème grave pour les habitations du fait que le bois doit être très humide pour qu'il puisse s'y développer. Le mycélium est jaunâtre, souvent visible à la surface du bois envahi, qui d'abord devient de couleur jaune vif et perd sa consistance ; ensuite, il se fend longitudinalement et devient brun rougeâtre sombre. Cette espèce comprend deux variétés : la variété *jonipes,* qui présente une zone très étendue de couleur violet sombre sur le stipe, et la variété *rubrosquamulosus,* au chapeau à squames rougeâtres très évidentes.

Corps fructifère - *Chapeau* de couleur chamois sombre et jusqu'à jaune fauve, quelquefois pourvu d'une bande de couleur lilas à sa jonction avec le stipe, de 2 à 4 cm, rarement jusqu'à 7 cm de diamètre ; convexe ou campanulé, avec marge mince, ondulée ou crispée ; cuticule d'abord finement pruineuse, puis plus épaisse, et avec des squames planes brun rougeâtre. Chair mince, ocrée, plus claire vers la marge, devenant jaune fauve lorsqu'elle est traitée avec de l'ammoniaque, et verte si elle est traitée avec du sulfate de fer. *Lamelles* de couleur chamois à jaune fauve clair, qui deviennent légèrement plus sombres au toucher, décurrentes, denses, ramifiées. *Stipe* à développement latéral, réduit ou absent, de même couleur que le chapeau. *Spores* couleur rouille ocré en masse, lisses, ovales-allongées, plutôt asymétriques ; elles deviennent bleues lorsqu'elles sont traitées avec du bleu coton (4,8 × 3,8 μ).

Habitat et distribution - Croît en groupes ou en colonies superposées sur le bois pourrissant des Conifères aussi bien que sur des tas de sciures de bois, dans les caves, dans les galeries des mines, sur des souches de Pins âgés. Répandu ou sporadique en Europe, plutôt rare en Amérique septentrionale.

Époque d'apparition - D'août à novembre en Europe. De juillet à août en Amérique septentrionale.

Possibilités gastronomiques - Dépourvu de saveur et d'odeur particulières. Déconseillé.

En haut : Paxillus panuoides. *Ci-contre :* Phaeolepiota aurea. *A gauche :* Paxillus involutus.

Phaeolepiota aurea
(Pholiota aurea, Lepista pyranaea, Cystoderma aureum)

Corps fructifère - *Chapeau* brun doré, de 8 à 20 cm de diamètre, d'abord convexe puis aplani ; marge initialement pourvue d'un voile cotonneux qui bientôt disparaît ; chair jaune blanchâtre. *Lamelles* d'abord couleur blanc argile, puis couleur rouille, annexes. *Stipe* bien développé, solide, haut de 8 à 15 cm, avec diamètre de

2 à 3 cm, revêtu vers le haut d'un voile floconneux ocre sombre, qui s'étend au sommet formant un anneau membraneux très visible. *Spores* de couleur jaunâtre brun en masse, lisses, ou légèrement verruqueuses, d'ovales-allongées à fusiformes (12 × 5 μ).
Habitat et distribution - Présent dans des terrains marneux, dans les pâturages, entre les buissons, dans les bois, notamment entre les orties et sous les Hêtres et les Aulnes. Fréquent en Europe centrale, plus rare vers l'occident, rare en Amérique du Nord, généralement abondant mais seulement localement sur la côte du Pacifique, à partir de l'Alaska.
Époque d'apparition - De septembre à novembre.
Possibilités gastronomiques - Saveur légère, odeur aromatique agréable. Les stipes doivent être de toutes façons éliminés avant la cuisson. Il faut prendre des précautions lors de la première dégustation de ce Champignon, si on doit l'essayer, car il peut être indigeste : toutefois il est à rejeter.

Ci-contre : Phaeomarasmius erinaceus. *A droite : en haut,* Pholiota alnicola ; *en bas,* Pholiota adiposa.

Phaeomarasmius erinaceus
(Pholiota erinacea)

Corps fructifère - *Chapeau* jaunâtre jusqu'à marron rouille, de 0,5 à 1 cm de diamètre, convexe puis aplati, avec marge initialement involutée et reliée au stipe par un voile fibrilleux ; cuticule sèche, pourvue de squames érigées qui lui confèrent un aspect hirsute. Chair marron rougeâtre claire, consistante. *Lamelles* marron clair, puis couleur cannelle, adnées et ventriculeuses, larges, plutôt espacées. *Stipe* court, plutôt incurvé vers le pied, d'une hauteur d'à peu près 1 cm, squameux, comme le chapeau et jusqu'au niveau d'un anneau insignifiant, lisse dans sa partie haute. *Spores* marron rouille en masse, lisses, largement ovales allongées (dimensions moyennes : 12,3 × 8 μ).
Habitat et distribution - Champignon se développant en petites colonies sur des branches mortes d'arbres à feuilles aplaties, dans les zones humides des bois. Sporadique en Europe.
Époque d'apparition - D'août à novembre.
Possibilités gastronomiques - Petit et très consistant, ce Champignon est considéré comme non comestible.

Pholiota adiposa

Corps fructifère - *Chapeau* brun doré, de 5 à 10 cm de diamètre, d'abord globuleux puis étalé ; marge plane, involutée à l'état juvénile ; cuticule visqueuse, parsemée de squames triangulaires brunâtres ; chair jaunâtre, ferme. *Lamelles* d'abord paille puis ocré rouille, larges, denses. *Stipe* trapu, légèrement grossi au pied, incurvé, de 5 à 10 cm de hauteur et de 6 à 12 mm de diamètre, concolore avec le chapeau, lisse au-dessus de l'anneau, légèrement floconneux et écailleux au-dessous. Chair jaune, dure, tendant au marron rouille vers le pied. *Spores* brun rouille en masse, ellipsoïdales, lisses (6 × 3,5 μ).
Habitat et distribution - Présent au pied des arbres ou des souches, aussi bien que sur des troncs tombés au sol. Présent en Europe, Amérique du Nord et Australie.
Époque d'apparition - D'août à octobre.
Possibilités gastronomiques - Comestible. Saveur à peine aromatique ; dépourvu d'odeur.

Pholiota alnicola
(Flammula alnicola)

Corps fructifère - *Chapeau* jaune brillant, nuancé d'olive vers le bord, rougeâtre dans sa zone centrale ; d'abord convexe, puis aplati.
Stipe plus ou moins horizontal, jaune clair, rouille vers la base, sec.
Écologie - Croît isolément ou en groupes sur des souches et des troncs d'arbres régulièrement abattus (Aulnes et Saules). D'oc-

Stipe jaune clair, recouvert vers la base de petits écailles couleur rouille. Chair ocrée dans le stipe, rouge orangé dans le chapeau, devenant brune à l'air.
Écologie - Croît en groupes sur des souches de Conifères. Rare en Europe. Apparaît d'août à novembre. Non comestible ; saveur amère.

Pholiota aurivella

Corps fructifère - *Chapeau* couleur rouille, recouvert d'écailles concentriques plus sombres, très visqueux ; diamètre de 6 à 12 cm ; d'abord convexe, il devient ensuite aplani.
Chair brune. *Lamelles* olivâtres puis couleur cannelle. *Stipe* généralement court, incurvé, jaune rouille, avec un petit anneau membraneux.
Écologie - Croît isolément ou par petits groupes, généralement en position très élevée sur des arbres à feuilles aplaties. Fréquent en Europe, de septembre à novembre. Dépourvu de valeur alimentaire.

Pholiota carbonaria

Corps fructifère - *Chapeau* jaunâtre ou marron rougeâtre, plus clair vers la marge, visqueux. *Lamelles* de jaune pâle à olivâtre. *Stipe* jaune clair, puis brunâtre, avec de petites écailles de même couleur que le chapeau.
Écologie - Champignon se développant en groupes sur des terrains brûlés. Fréquent en Europe de septembre à novembre. Non comestible.

Pholiota destruens
(Pholiota comosa)

Corps fructifère - *Chapeau* jaune brun recouvert d'écailles duveteuses blanches, convexe, quelquefois ... casionnel à fréquent en Europe, apparaît d'août à novembre. Non comestible.

Ci-dessus : Pholiota destruens.
En haut : Pholiota aurivella.
Ci-dessous : Pholiota carbonaria.
A gauche : Pholiota astragalina.

Pholiota astragalina
(Flammula astragalina)

Corps fructifère - *Chapeau* orange flamme avec marge jaune, visqueux, lisse ; diamètre de 5 à 8 cm ; de convexe, il devient aplani. *Lamelles* jaunes, puis couleur cannelle.

quefois pourvu d'un umbon central ; diamètre de 5 à 20 cm. *Lamelles* blanchâtres, puis couleur tabac. *Stipe* blanc, court, trapu, bulbeux au pied, recouvert d'écailles jusqu'à l'anneau floconneux.
Écologie - Champignon présent isolément ou en groupes sur des troncs d'arbres à feuilles aplaties (notamment Peupliers). Occasionnel. Apparaît d'août à n ovembre. Non comestible, très amer.

Pholiota flammans

Corps fructifère - *Chapeau* jaune fauve vif, avec écailles jaune soufre ; diamètre de 2 à 6 cm, convexe, puis plan, quelquefois légèrement umboné ; marge initialement involutée, puis étalée ; cuticule pourvue de squames concentriques triangulaires, recourbées ; chair jaune qui devient rougeâtre brun. *Lamelles* initialement couleur jaune vif, enfin couleur rouille, adnées, étroites, denses. *Stipe* légèrement grossi au pied, haut de 5 à 7 cm, avec diamètre de 5 à 10 mm, squameux jusqu'à l'anneau. *Spores* brun rouille en masse, lisses, ovales-allongées, petites (4,3 × 2,5 μ).
Habitat et distribution - Croît isolément sur des troncs ou des souches pourrissantes de Conifères ; sporadique en Europe et en Australie, fréquent en Amérique du Nord.
Époque d'apparition - De juillet à octobre en Europe, de septembre à la fin des gelées en Amérique septentrionale.

Possibilités gastronomiques - Saveur et odeur peu évidentes ; les chapeaux sont bons frits.

Pholiota gummosa
(Flammula gummosa)

Corps fructifère - *Chapeau* convexe jaune verdâtre, recouvert de petites squames nombreuses à l'état jeune, puis brun et glabre. *Lamelles* paille. *Stipe* squameux, de même couleur que le chapeau, avec pied plus sombre ; consistance gommeuse.
Écologie - Croît en groupes sur les souches d'arbres à feuilles aplaties et de Conifères. Assez commun en Europe et en Amérique du Nord. Non comestible.

Pholiota lenta
(Flammula lenta)

Corps fructifère - *Chapeau* jaune olivâtre pâle avec des flocons duveteux blancs qui disparaissent bientôt, visqueux, d'abord convexe puis aplani. *Lamelles* de blanchâtres à couleur olive. *Stipe* presque blanc, recouvert d'écailles duveteuses blanchâtres.
Écologie - Croît dans les bois d'arbres à feuilles caduques et de Conifères, dans les régions montagneuses. Fréquent en Europe. Apparaît de septembre à décembre. Dépourvu de valeur alimentaire.

Pholiota lucifera

Corps fructifère - *Chapeau* jaune vif, avec écailles couleur rouille, de 4 à 6 cm de diamètre, d'abord convexe puis étalé, enfin umboné ;

Ci-dessus : Pholiota flammans.
Ci-contre : Pholiota gummosa.
Au centre : Pholiota lenta.
A droite : Pholiota lucifera.

marge lisse, initialement involutée puis appendiculée ; cuticule visqueuse, avec petites squames insignifiantes. *Lamelles* d'abord jaunes avec fil plus clair, puis couleur rouille, adnées, enfin ondulées et pourvues de fil dentelé ; au microscope, l'hyménium présente des cystides en forme de bouteille. *Stipe* cylindrique, recourbé de la base (haut de 2 à 5 cm avec diamètre de 5 à 7 mm), jaune, sec, squameux jusqu'à l'anneau qui est poilu et étroit, de courte durée, clair dans la partie supérieure ; chair sombre dans la partie basilaire. *Spores* couleur marron rouille en masse, lisses, ovoïdes (dimensions moyennes : 8,5 × 5,5 μ).
Habitat et distribution - Croît à l'état grégaire, souvent en touffes, généralement dans les bois d'ar-

bres à feuilles aplaties et de Conifères des régions montagneuses, notamment si humides. Rare au Nord, ce Champignon devient plus fréquent vers le midi de l'Europe ; rare en Amérique du Nord.
Époque d'apparition - D'août à novembre en Europe, d'août à septembre en Amérique du Nord.
Possibilités gastronomiques - A rejeter.

Pholiota squarrosa

Espèce qui croît en groupes sur des arbres, soit vivants, soit morts. Reconnaissable par les squames crispées, rouge-brun du chapeau qui est jaune, et du stipe. En Amérique se trouve une sous-espèce plus petite, qui contrairement aux exemplaires européens, se développe seulement sur des troncs d'arbres vivants. En tant que parasite ce Champignon peut pénétrer, avec son mycélium, à travers des fissures éventuelles.
Corps fructifère - *Chapeau* jaune paille pourvu de squames brun noisette, de 3 à 8 cm de diamètre, convexe puis aplani, généralement pourvu d'un umbon obtus ou plutôt asymétrique ; cuticule sèche, avec squames enroulées ; chair compacte, jaunâtre. *Lamelles* initialement jaune paille, enfin brun olivâtre, adnées, décurrentes, avec des dents sur le stipe, denses. *Stipe* long, atténué vers le bas, incurvé ou sinueux, hauteur variant de 7 à 15 et même jusqu'à 20 cm, jaune paille avec squames sombres qui le revêtent jusqu'à un petit anneau effrangé, lisse dans la partie supérieure ; chair jaune sombre dans le pied. *Spores* marron rouille en masse, lisses, ovales allongées (7 × 4,5 μ).
Habitat et distribution - Croît en grosses touffes sur des souches d'arbres à feuilles aplaties

et de Conifères vivants ou pourrissants. Commun en Europe, rare en Amérique du Nord, plus commun dans les bois des Montagnes Rocheuses.
Époque d'apparition - D'août à novembre.
Possibilités gastronomiques - Champignon ayant d'abord une saveur légèrement sucrée de farine ; mais avec l'âge il prend un goût d'huile rance, avec odeur désagréable, pénétrante, qui toutefois disparaît bientôt. Peut être consommé seulement à l'état juvénile. Les chapeaux bien cuits sont très savoureux.

Phylloporus rhodoxanthus
(Paxillus paradoxus, Boletus paradoxus)

Corps fructifère - *Chapeau* convexe, sec et velouté ; de brun clair à rouge orangé ; diamètre entre 2 et 10 cm. *Lamelles* décurrentes, jaunes, devenant bleues au toucher ; présence de cloisons transversales qui confèrent à ce Champignon une position particulière, étant comme un type de passage des lamelles aux pores. *Stipe* atténué au pied, de jaune rougeâtre à brun roussâtre, souvent arqué, long de 3 à 5 cm. *Spores* couleur brique en masse, lisses, fusiformes (dimensions moyennes : 11 × 4,5 μ).
Habitat et distribution - Croît dans les bois de Conifères et d'arbres à feuilles aplaties, y compris Châtaigniers et Chênes. Fréquent en Europe et en Amérique septentrionale.
Époque d'apparition - Été et automne.
Possibilités gastronomiques - Comestible, de bonne qualité.

Pleurotus dryinus

Ce Champignon diffère des autres espèces de *Pleurotus* par l'odeur forte à l'état adulte, d'amande amère.
Corps fructifère - *Chapeau* gris blanchâtre, maintes fois jaunâtre chez les individus très développés ; diamètre de 5 à 12 cm, d'abord convexe puis aplani, avec marge involutée et appendiculée à cause de la présence de résidus de voile ; cuticule avec une dense pruine grise qui se fend en squames floconneuses souples ; chair blanche

En haut : Pholiota squarrosa.
Ci-dessus : Pleurotus dryinus.
En bas : Phylloporus rhodoxanthus.

ferme, puis coriace et subéreuse. *Lamelles* blanches tendant au jaunâtre, fortement décurrentes, anastomosées sur le stipe, rétrécies vers l'extrémité, plutôt espacées. *Stipe* excentrique ou latéral, trapu, pourvu de base radicante, courte et obtuse, haut de 2 à 5 cm, au diamètre atteignant 2 à 5 cm ; blanc et pruineux notamment vers le pied, avec anneau membraneux qui disparaît avec l'expansion du chapeau. *Spores* blanches en masse, lisses, de cylindriques à ovales-allongées (11,8 $\times$ 3,9 μ).
Habitat et distribution - Croît sur des troncs d'arbres à feuilles aplaties vivants ou même sur des troncs abattus, notamment de Chênes, Frênes et Saules. De sporadique à fréquent en Europe et en Amérique du Nord.
Époque d'apparition - D'août à février.
Possibilités gastronomiques - Saveur agréable ; comestible.

Ci-dessus : Pleurotus eryngii.
En haut : Pleurotus ostreatus.
A droite : Pleurotus ulmarius.

Pleurotus eryngii
(Pleurotus fuscus, Agaricus cardarella)
Corps fructifère - *Chapeau* brun grisâtre, s'éclaircissant avec l'âge ; convexe puis aplani et déprimé au centre.
Lamelles décurrentes, blanchâtres, virant à l'ocre sale.
Stipe généralement excentrique, épais et élargi à la base, lisse, blanchâtre.
Écologie - Croît sur des troncs pourrissants d'arbres à feuilles aplaties, en Europe méridionale et en Asie, du printemps à l'automne.
Comestible.

Pleurotus ostreatus
(Agaricus ostreatus)
Pleurote en forme d'huître, Pleurote en coquille
Croît sur des troncs d'arbres à feuilles aplaties vivants et sur des souches ; son mycélium s'enfonce sous l'écorce. Si on arrose un tronc sur lequel ont déjà été récoltés des individus de ce Champignon, on provoque une nouvelle production de corps fructifère. Il est largement cultivé sur des substrats formés par des épis de Maïs, paille de Blé, et copeaux de bois de Peupliers fragmentés. Seule la vente des individus cultivés est permise.
Corps fructifère - *Chapeau* gris-brun plus ou moins sombre, ou bien gris violacé ou gris-bleu chez l'une de ses variétés, étant même plutôt sombre chez les individus jeunes, s'éclaircissant avec l'âge ; forme de coquille allongée ou d'éventail, de 3 à 15 cm de diamètre, quelquefois jusqu'à 30 ; marge involutée, cuticule cireuse, lucide, quelquefois fissurée ; chair blanchâtre, grise sous la cuticule. *Lamelles* blanchâtres, quelquefois à peine couleur paille, fortement décurrentes, souvent anastomosées dans la partie haute du stipe, larges. *Stipe* conique, excentrique ou même latéral par rapport au chapeau, quelquefois étant pratiquement absent, long de 2 à 4 cm, avec une épaisseur de 1 à 2 cm, blanchâtre, tomenteux vers le pied ; chair dure, tenace, élastique. *Spores* blanc lilas en masse, lisses, ovales-allongées (9,5 $\times$ 3,5 μ).
Habitat et distribution - Croît souvent en grandes touffes sur des troncs et des souches d'arbres à feuilles aplaties, notamment Peupliers. Commun en Europe.
Époque d'apparition - De septembre à mars.
Possibilités gastronomiques - Saveur et odeur agréables.

Pleurotus ulmarius
Ce Champignon peut se reproduire sur le même lieu pendant plusieurs années. Les individus desséchés résistent sur la Plante, même pendant tout l'hiver.
Corps fructifère - *Chapeau* blanc, avec partie centrale de couleur orange brunâtre, enfin marron grisâtre ou livide ; diamètre de 5 à 15 cm, assez régulier ou légèrement asymétrique, convexe ou presque plan ; cuticule pruineuse

qui se fend avec l'âge ; chair blanche, ferme et tenace. *Lamelles* de blanchâtres à ocrées clair, enroulées vers le stipe, larges et assez denses. *Stipe* trapu, atténué vers le haut, plutôt excentrique, généralement recourbé, haut jusqu'à 12 cm, avec diamètre de 2 à 4 cm, blanchâtre, pruineux, quelquefois seulement au niveau du pied ; chair ferme, dure et élastique. *Spores* blanches en masse, lisses, sphériques (dimensions moyennes : 5 $\times$ 7 μ).
Habitat et distribution - Croît isolément ou en touffes sur des

arbres à feuilles aplaties morts ou vivants, dans les zones périphériques des villes ; localement commun en Europe et en Amérique du Nord.
Époque d'apparition - Été et automne en Europe ; de septembre à novembre en Amérique du Nord.
Possibilités gastronomiques - Saveur et odeur agréables. A l'état jeune, il est tendre et savoureux ; chez les individus âgés, il faudrait utiliser seulement les parties marginales du chapeau.

Pluteus cervinus

Corps fructifère - *Chapeau* brun sombre, souvent pourvu de stries en éventail, de 4 à 10 cm de diamètre, d'abord campanulé ou conique, puis trapu, presque plan mais pourvu d'un umbon central léger et persistant. Cuticule visqueuse par temps humide, quelquefois craquelée ; chair blanche, peu consistante, dégageant une odeur légère de rave. *Lamelles* d'abord blanches, enfin couleur rose saumon, libres, arrondies près du stipe, larges, très denses. *Stipe* très développé, cylindrique ou légèrement grossi au niveau du pied, haut de 7 à 12 cm, de 10 à 15 mm de diamètre, gris clair, strié de brun grisâtre ; chair blanche, consistante. *Spores* rose saumon en masse, ovoïdes (dimensions moyennes : 7,3 × 5,3 μ).
Habitat et distribution - Croît isolément ou en groupes, quelquefois en cercles, près des souches ou des troncs tombés au sol, aussi bien que sur des racines pourrissantes d'arbres, ou sur de la sciure de bois d'arbres à feuilles aplaties, de même que sur du bois de Conifères dans les régions montagneuses. Commun en Europe, et en Amérique du Nord, présent aussi en Australie.
Époque d'apparition - De janvier à décembre, mais plus fréquemment de mai à octobre.
Possibilités gastronomiques - Saveur et odeur agréables mais légères, qui disparaissent avec la cuisson. Chapeau et stipe doivent être cuits séparément.

Pluteus pellitus

Corps fructifère - *Chapeau* plan ou convexe, soyeux, légèrement scrobiculé, de blanc jusqu'à ivoire ; diamètre de 5 à 7 cm. *Lamelles* couleur chair. *Stipe* cylindrique, blanc, glabre, long jusqu'à 8 cm. *Spores* roses en masse.
Écologie - Croît sur des souches de Hêtres. Rare en Europe et en Amérique septentrionale. Apparaît au printemps-été. Comestible.

Pluteus petasatus

Corps fructifère - *Chapeau* gris blanchâtre, nuancé de brun au centre (diamètre de 5 à 15 cm), convexe, puis aplani, avec cuticule recouverte de petites squames aiguës, superposées, plus denses dans la partie centrale ; chair blanche, consistante. *Lamelles* blanches puis nuancées de rouge clair lorsque les spores sont mûres, larges de 1 cm ou plus, très denses. *Stipe* trapu, restreint et sillonné vers le pied, fibrilleux, soyeux au toucher (haut de 10 à 12 cm, avec diamètre de 1 à 2 cm), gris blanchâtre ; chair consistante. *Spores* de couleur rose sombre en masse, ovoïdes, lisses (8,5 × 4,5 μ).
Habitat et distribution - Croît en groupes sur des tas de sciure, de paille ou de fumier. Rare.
Époque d'apparition - Automne.
Possibilités gastronomiques - Comestible. Les stipes sont coriaces. Les chapeaux sont utilisés, panés ou en friture.

Ci-contre : Pluteus petasatus. *Au centre, de gauche à droite :* Pluteus cervinus *et* Pluteus pellitus.

Pluteus salicinus

Corps fructifère - *Chapeau* gris nuancé de vert-bleu, brun et plutôt squameux au centre, aplati avec umbon central. *Lamelles* blanches puis rose saumon. *Stipe* mince, blanc tendant au gris vers la base.
Écologie - Croît sur des souches d'arbres périodiquement abattus, les Saules, les Aulnes et les Bouleaux. Rare en Europe, d'avril à octobre. Non comestible.

En haut : Pluteus salicinus.
Ci-contre : Pluteus thomsoni, *proche du* P. salicinus.
A droite : en haut, Porphyrellus porphyrosporus ; *en bas,* Psathyra fusca.

Également rare et non comestible est le *Pluteus thomsoni,* qui se distingue par son chapeau veiné dans la partie centrale et par sa préférence pour les souches de Hêtres.

Porphyrellus porphyrosporus

(Boletus porphyrosporus, Porphyrellus pseudoscaber)
Corps fructifère - *Chapeau* brun et velouté qui noircit au toucher. *Tubules* gris ou rosé, avec pores couleur pourpre clair puis couleur chamois fuligineux. *Stipe* atténué au sommet, de même couleur que le chapeau, pruineux. *Spores* brun violacé en masse.
Écologie - Croît dans des bois d'arbres à feuilles aplaties et de Conifères, notamment dans les régions montagneuses. Peu commun en Europe ; Champignon d'automne. Comestible, mais non conseillé.

Psathyra fusca

(Hypholoma appendiculatum)
Corps fructifère - *Chapeau* brun ocré tendant au fauve, qui pâlit, jaunissant par temps sec, d'abord convexe puis aplani ; diamètre de 3 à 7 cm ; marge pourvue d'effrangements blancs, floconneux, notamment chez les individus jeunes ; cuticule visqueuse par temps humide, plutôt pruineuse par temps sec ; chair claire, très fragile, translucide lorsqu'elle est mouillée. *Lamelles* blanches, puis couleur chair, enfin marron-violet opaque, adnées, larges de 6 à 7 mm, denses. *Stipe* mince, cylindrique, sinueux, haut de 5 à 8 cm et de 3 à 8 mm de diamètre, blanc, lisse, pruineux au sommet, présente quelquefois une bande résiduelle de voile pouvant ressembler à un anneau ; chair fragile. *Spores* brun violacé en masse, lisses, subsphériques.
Écologie - Croît à l'état grégaire autour de souches d'arbres à feuilles aplaties. Commun du printemps à l'automne. Peut causer des troubles gastro-entériques.

Psathyrella gracilis

Corps fructifère - *Chapeau* marron sombre par temps humide, fauve clair par temps sec, de 1 à 3 cm de diamètre, plus ou moins convexe et pourvu d'un léger ombon ; marge striée ; chair mince, blanche, translucide avec l'humidité. *Lamelles* d'abord blanches, puis couleur gris cendre sombre,

pourvues de fil rosé, visible avec une loupe; adnées, plus larges vers le stipe, plutôt espacées. *Stipe* mince, droit, légèrement grossi au pied, présentant une courte prolongation velue en forme de racine enflée ; haut jusqu'à 10 cm, blanc et lisse. *Spores* noires en masse, ovoïdes-allongées, lisses (dimensions moyennes : 12 × 6 μ).
Habitat et distribution - Croît isolément sur des terrains très riches et au milieu de résidus organiques, dans des bois d'arbres à feuilles aplaties, tout au long des

sentiers des forêts, dans les jardins et sur des terrains labourés. Commun en Europe, Amérique du Nord et Afrique méridionale.
Époque d'apparition - De juillet à novembre en Europe ; de juin à octobre en Amérique du Nord.
Possibilités gastronomiques - Non toxique ; il paraît que ce Champignon est apte à donner du goût aux sauces.

Psathyrella hydrophila (Hypholoma hydrophilum)
Corps fructifère - *Chapeau* marron châtain lorsqu'il est humide, ocre clair à l'état sec. Marge striée, souvent ondulée. *Lamelles* gris-rosé ou gris-violet. *Stipe* blanc, grossi au pied.
Écologie - Présent en touffes près de souches d'arbres à feuilles aplaties. Commun en Europe et en Amérique septentrionale. Se développant du printemps à l'automne. Non comestible.

Psathyrella spadiceo-grisea
Corps fructifère - *Chapeau* marron sombre lorsqu'il est humide, ocre grisâtre lorsqu'il est sec ; d'abord conique, ensuite plan, pourvu d'un umbon central. *Lamelles* violacées, larges. *Stipe* blanc, creux, plutôt long.
Écologie - Croît isolément ou en petits groupes autour des souches dans les bois d'arbres à feuilles aplaties. Occasionnel en Europe, d'avril à novembre. Non comestible.

Psilocybe coprophila
Corps fructifère - *Chapeau* hémisphérique, couleur noisette brillant, transparent, visqueux lorsqu'il est humide, jaune cuir à l'état sec ; cuticule pouvant être emportée ; diamètre de 1 à 2 cm ; marge fortement incurvée chez les individus jeunes. *Lamelles*

Ci-contre : Psilocybe coprophila.
A gauche : en haut, Psathyrella hydrophila ;
en bas, Psathyrella gracilis.
Ci-dessous : Psathyrella spadiceo-grisea.

grisâtres puis noirâtres, très larges, ventriculeuses, adnées. *Stipe* plus pâle que le chapeau, mince, souvent incurvé, rigide. *Spores* violacées noirâtres en masse.
Écologie - Croît par groupes sur des excréments, au voisinage des dépôts de fumier et sur des terrains très fertilisés. D'occasionnel à fréquent en Europe, d'août à novembre. Non comestible.

Psilocybe ericaea

Corps fructifère - *Chapeau* brun fauve vif, de 2 à 3 cm de diamètre ; convexe, ensuite aplani et pourvu d'un umbon obtus de taille limitée ; marge portant des résidus blancs de voile chez les individus jeunes ; cuticule visqueuse en présence d'humidité, lisse et luisante par temps sec ; chair jaunâtre, dure, mince, légèrement transparente par temps humide. *Lamelles* initialement blanches, puis brun noirâtre près du stipe, larges, plutôt denses. *Stipe* mince, sinueux, cylindrique, de 5 à 10 cm de haut, au diamètre de 3 à 4 mm, jaunâtre clair avec des nuances rougeâtres, lisse, pruineux dans la partie haute, creux ; chair tenace

Ci-contre : Psilocybe ericaea. *En haut :* Psilocybe semilanceata. *En bas :* Rozites caperata.

de consistance cartilagineuse. *Spores* de couleur violacé sombre en masse, d'ovales à ellipsoïdales, lisses, pourvues de pore germinatif évident (dimensions moyennes : 11,5 × 7,8 µ).
Habitat et distribution - Croît parmi les herbes et les Mousses dans les pâturages humides et dans les landes ; de fréquent à commun en Europe et Australie ; en Amérique du Nord, il a été observé sur des feuilles tombées au sol, dans des bois d'arbres à feuilles aplaties.
Époque d'apparition - De juillet à octobre.
Possibilités gastronomiques - A éviter.

Psilocybe semilanceata

Petit Champignon contenant de la spilocybine, composé hallucinogène.
Corps fructifère - *Chapeau* couleur argile clair, puis jaunâtre, olivâtre ou marron livide ; diamètre de 0,5 à 1 cm, hauteur pouvant atteindre 2 cm, fortement conique, quelquefois pointu, qui ne s'étale jamais complètement ; marge initialement involutée, légèrement striée ; cuticule visqueuse, séparable à l'état humide; chair fibreuse blanche. *Lamelles* de couleur brun pourpre, pourvues de fil blanc, adnées, étroites, denses. *Stipe* mince, légèrement sinueux, haut jusqu'à 7,5 cm, blanchâtre en haut, couleur argile clair au pied, lisse, avec des résidus de voile chez les individus jeunes ; chair dure. *Spores* pourpre brun vues en masse, ovoïdes-allongées, lisses, avec pore germinatif évident (dimensions moyennes : 13 × 7,8 µ).
Habitat et distribution - Croît à l'état grégaire, maintes fois en groupes denses, au milieu d'herbes, dans les champs, les pâturages, les landes et tout au long des sentiers où ont pâturé les Animaux. De fréquent à commun en Europe.
Époque d'apparition - D'août à novembre.
Possibilités gastronomiques - Vénéneux à l'état cru, étant même mortel pour les enfants.

Rozites caperata
(Pholiota caperata)

Pholiote ridée

Espèce fongique n'étant pas très fréquente, qui croît isolément ou en groupes toujours sur des terrains arides, au milieu des Conifères. Reconnaissable par les traces blanches soyeuses du voile général qui demeure sur le chapeau, et par une ébauche de volve située au pied du stipe. Champignon comestible très apprécié en Amérique du Nord et en Europe, là où il est vendu sur les marchés de certains pays.
Corps fructifère - *Chapeau* de couleur ocre livide ou jaunâtre,

avec des plaques blanches minces ; diamètre de 5 à 10 cm ; ovoïde à l'état juvénile, puis campanulé ou convexe ; lorsqu'il est sec, il est lisse, à l'exception des résidus du voile général, floconneux au centre et squameux vers la marge, crispé en éventail ; chair blanche, compacte au centre, mince au niveau de la marge. *Lamelles* d'abord blanchâtres devenant brun rouille avec l'âge, adnées, ridées verticalement et pourvues de fil ondulé, denses. *Stipe* trapu, cylindrique, quelquefois bulbeux, haut de 5 à 12,5 cm et de 7 à 12 mm de diamètre ; blanc, pourvu d'anneau membraneux, retourné vers le haut, avec bord épaissi et petits résidus de la volve ayant l'aspect de minces squames orientées vers le haut, visibles au pied du stipe ; chair blanche et ferme. *Spores* brun rouille en masse, ovoïdes-allongées, rudes (11,8 × 8,5 μ).
Habitat et distribution - Présent dans les forêts de Conifères, sur les terrains marécageux ou légèrement sableux, même au milieu des buissons, en particulier dans les régions montagneuses. Localement commun en Europe et en Amérique septentrionale.
Époque d'apparition - D'août à décembre en Europe.
Possibilités gastronomiques - Saveur légèrement astringente ; odeur délicate ; très apprécié pour sa chair consistante. La saveur astringente disparaît à la cuisson.

Russula adusta

Corps fructifère - *Chapeau* charnu brun plus ou moins sombre, jusqu'à bistre, avec des zones plus pâles, convexe puis déprimé ; diamètre de 7 à 12 cm ; cuticule luisante, grasse par temps humide. *Lamelles* subdécurrentes, denses, blanches, ourlées de noir chez les individus mûrs. *Stipe* de même couleur que le chapeau, massif, d'une longueur pouvant atteindre 11 cm, cylindrique ; chair blanche, virant au rose, puis au brun.
Écologie - Croît dans les bois d'arbres à feuilles aplaties et de Sapins, sur des sols sableux. Rare en Europe, apparaît au cours de l'été avancé.
Non comestible.

Russula alutacea

Semblable à ce Champignon est le *R. olivacea,* offrant des couleurs plus pâles et généralement plus verdâtres.
Corps fructifère - *Chapeau* charnu, convexe, puis aplani et plutôt déprimé au centre, rouge pourpro, pouvant se décolorer dans sa partie centrale, quelquefois nuancé de verdâtre ou de brun olivâtre ; marge un peu involutée ; cuticule non séparable ; diamètre de 8 à 14 cm. *Lamelles* creme jaunâtre jusqu'à ocré, larges, épaisses, de adnées à presque libres. *Stipe* cylindrique ou grossi à sa base, plein, dur, blanc, maculé de couleur crème pâle, plus brun au pied. *Spores* jaune clair en masse.
Écologie - Présent dans les bois d'arbres à feuilles aplaties, notamment de Hêtres, sur des terrains calcaires. Répandu en Europe au cours de l'été. Comestible.

A gauche : Russula alutacea.
Ci-dessous : Russula adusta.

Ci-dessous : Russula atropurpurea.
En haut : Russula azurea.
A droite : Russula aurata.

Russula atropurpurea

Espèce commune qui croît de l'été jusqu'au début de l'automne, rarement retrouvée plus tard. Comestible, offre toutefois une chair sèche et une saveur amère. La variété *depallens,* qui croît dans des lieux marécageux, est caractérisée par un chapeau pourvu de zones irrégulières jaunes ou brunâtres. Quelquefois, il est possible de trouver une variété à chapeau complètement verdâtre.

Corps fructifère - *Chapeau* rouge pourpre sombre, avec centre plus foncé ; diamètre de 4 à 10 cm ; convexe puis plan et enfin déprimé au centre ; marge d'abord involutée, puis étalée et lisse à l'exception des individus âgés, striée ; cuticule lisse, visqueuse par temps humide, souvent ridée à l'état sec, partiellement séparable ; chair blanche, grisâtre ou grisâtre pourpre sous la cuticule, ferme et dure. *Lamelles* de blanc à couleur crème, souvent maculées de couleur rouille ; légèrement décurrentes, plutôt larges, devenant plus étroites et bifurquées près du stipe. *Stipe* cylindrique, haut de 3 à 5 cm, avec diamètre de 1 à 2 cm, blanc rouille au pied, gris lorsqu'il est humide, plutôt ridé ; chair initialement ferme, puis spongieuse et fragile.
Spores blanc crème en masse, plutôt sphériques, verruqueuses, en forme de crochet à une extrémité (dimensions moyennes : $8 \times 6{,}5\ \mu$).

Habitat et distribution - Croît isolément dans les bois d'arbres à feuilles aplaties et de Conifères, notamment sous les Chênes. Commun en Europe, localement fréquent en Amérique du Nord.

Époque d'apparition - De juillet à octobre.

Possibilités gastronomiques - Saveur délicate et légèrement poivrée ou bien un peu amère. Desséché, il a une mauvaise odeur.

Russula aurata

Russule dorée

Champignon très visible à cause de son chapeau de couleur très variable, avec de belles nuances rouge orangé allant jusqu'à jaune ; ses lamelles sont jaune vif et le stipe est jaune. Très répandu dans les bois éclairés des régions de montagnes de l'Europe méridionale.

Corps fructifère - *Chapeau* de couleur variable, de rouge jusqu'à orange ou même partiellement ou totalement jaune doré, d'abord convexe, puis plan et enfin déprimé au centre ; marge quelquefois ridée, striée chez les individus âgés ; cuticule mince, visqueuse par temps humide, séparable jusqu'à moitié vers le centre ; chair blanche, jaune sous l'épiderme, ferme. *Lamelles* d'abord blanches, puis jaunâtres, pourvues de fil doré, arrondies vers le stipe, libres, larges, veinées-reliées, brillantes. *Stipe* trapu, cylindrique, quelquefois atténué au pied (haut de 3 à 8 cm, au diamètre de 1 à 2 cm) ; blanc nuancé de jaune, notamment vers le bas ; chair ferme, spongieuse au centre. *Spores* couleur jaune œuf en masse, ovoïdes, verruqueuses (dimensions moyennes : $8{,}8 \times 7\ \mu$).

Habitat et distribution - Croît en groupes dans les bois d'arbres à feuilles aplaties, notamment de Hêtres, et dans les forêts de Conifères des régions montagneuses. Peu commun en Europe, un peu plus commun vers le Midi ; fréquent dans les régions montagneuses de la partie nord-orientale de l'Amérique septentrionale.

Époque d'apparition - De juillet à novembre en Europe ; de juillet à octobre en Amérique du Nord.

Possibilités gastronomiques - Après cuisson, c'est une des meilleures espèces de *Russula.*

Russula azurea
(Russula lilacea)

Corps fructifère - *Chapeau* convexe puis déprimé ; sec, lisse, bleu lilas avec des taches olivâtres, ou bien violet nuancé de gris lilas, recouvert de pruine blanchâtre. Pellicule séparable ; diamètre de 4 à 8 cm. *Lamelles*

larges, fourchues, pourvues de lamellules blanches. *Stipe* atténué vers le haut, blanc, légèrement rugueux. *Spores* blanches en masse.
Écologie - Croît dans les bois de Conifères, notamment dans ceux d'Épicéas. Rare en Europe. Apparaît au début de l'automne.
Comestible ; odeur délicate et saveur douce.

Russula caerulea

Corps fructifère - *Chapeau* d'abord conique, puis aplani avec dépression centrale et umbon caractéristique, violet sombre ou pourpre, noirâtre au centre, brillant, visqueux à l'état humide ; marge mince, à peine involutée, devenant striée chez les individus âgés. *Lamelles* inégales, avec de nombreuses lamellules, bifurquées, veinées-reliées, adnées, de couleur ivoire clair. *Stipe* clavé, élancé, long de 4 à 10 cm avec diamètre de 1 à 2,5 cm, blanc se salissant, pruineux chez les individus jeunes, devient ensuite strié. *Spores* jaunes en masse.

Habitat et distribution - Vit dans les pinèdes, sur des terrains non calcaires. Commun en Europe.
Époque d'apparition - De juillet à octobre.
Possibilités gastronomiques - A rejeter.

Russula cyanoxantha

Russule charbonnière, Charbonnier
Beau Champignon très commun, dont le chapeau est généralement nuancé du vert sombre au pourpre violet. Très bon.
Corps fructifère - *Chapeau* aux couleurs variables du vert bleuâtre à l'olivâtre jusqu'au violet (5 à 15 cm de diamètre) ; convexe, enfin plan puis déprimé au centre ; marge initialement involutée, souvent striée et sinueuse ; cuticule plutôt visqueuse par temps humide, quelquefois ridée, avec des fines veines en éventail ; chair ferme, blanche, rougeâtre ou verdâtre sous la cuticule (traitée par du sulfate de fer, elle est immuable ou bien elle devient olivâtre clair). *Lamelles* blanches ou couleur crème clair, ventriculeuses près du stipe, plutôt étroites, onctueuses au toucher, bifurquées et alternées à des lamellules. *Stipe* cylindrique (haut de 5 à 10 cm, de 1,5 à 3 cm de diamètre), blanc, quelquefois teinté de violet, lisse et brillant ; chair compacte, spongieuse au centre, dont la surface devient bleu noirâtre après traitement avec la sulfovanilline. *Spores* blanches en masse, largement arrondies et finement verruqueuses, dont une extrémité se termine en crochet ; traitées par l'iode, elles deviennent légèrement bleu-noir (dimensions moyennes : 8 × 6,5 μ).
Habitat et distribution - Croît isolément ou à l'état grégaire, dans les bois d'arbres à feuilles larges, notamment de Hêtres, sur des terrains calcaires et dans des forêts de Conifères des régions montagneuses.
Commun en Europe et en Amérique septentrionale.
Époque d'apparition - De juillet à novembre en Europe ; d'août à octobre en Amérique septentrionale.
Possibilités gastronomiques - Saveur délicate et agréable ; très apprécié.

Russula decolorans
(Russula depallens, R. constans)

Corps fructifère - *Chapeau* de rouge brique à jaune orangé, qui pâlit jusqu'à devenir jaunâtre ; d'abord visqueux, hémisphérique (déprimé au centre), puis aplani et déprimé ; diamètre de 6 à 15 cm ; chair presque noire chez les individus âgés. *Lamelles* blanches, puis couleur crème ocré jusqu'à noirâtre, avec lamellules, sinueuses-libres. *Stipe* long, bien déve-

En haut : Russula cyanoxantha.
A gauche : Russula caerulea.
Ci-dessous : Russula decolorans.

Ci-contre :
Russula delica.
A droite :
Russula emetica.
En bas :
Russula foetens.

loppé, rude, de blanc devenant gris, strié, long jusqu'à 8 cm. *Spores* ocre pâle en masse (dimensions moyennes : 12 × 10 μ).
Habitat et distribution - Se développant sur les terrains humides des forêts de Conifères, notamment d'Épicéas et dans les landes des régions montagneuses. De distribution variable en Europe et en Amérique septentrionale.
Époque d'apparition - D'août à novembre.
Possibilités gastronomiques - Comestible (bon), d'une saveur plutôt douce.

Russula delica
(Lactarius exsuccus)
Russule sans lait

Belle espèce pouvant être confondue, à première vue, avec le *Lactarius vellereus* ou avec le *L. piperatus;* cependant, à la suite d'un examen plus approfondi, on peut constater l'absence de latex. Champignon grand, infundibuliforme, grossier, au pouvoir comestible médiocre.
Corps fructifère - *Chapeau* de couleur blanc sale, quelquefois maculé de couleur rouille à l'état avancé, de 15 à 18 cm de diamètre, d'abord convexe, puis infundibuliforme, avec marge très involutée ; cuticule finement pruineuse, puis lisse et quelquefois craquelée ; chair blanche, ferme, friable, pas très épaisse. *Lamelles* blanches, quelquefois aux reflets à peine bleus près du stipe, décurrentes, minces, espacées, alternées à des lamellules. *Stipe* trapu et court, haut de 2 à 6 cm, de 2 à 5 cm de diamètre ; blanc, à peine bleuâtre dans sa partie haute et avec des nuances brunâtres. *Spores* de blanc jusqu'à crème pâle en masse, largement ventriculeuses, finement verruqueuses, pourvues de crochet court (dimensions : moyennes : 10 × 8 μ).
Habitat et distribution - Croît à l'état grégaire ou non, sur des terrains sableux, dans des bois mixtes. Commun en Europe occidentale, localement commun en Amérique septentrionale.
Époque d'apparition - D'août à novembre en Europe, de juillet à octobre en Amérique du Nord.
Possibilités gastronomiques - Saveur poivrée et amère, avec odeur âcre de fruit. La chair est plutôt sèche et dépourvue de goût après cuisson ; elle est de qualité bien inférieure à celle du *Russula virescens.*

Russula emetica
Russule émétique

Champignon vivant en symbiose mycorhizienne avec les Conifères, notamment avec les Pins. L'espèce très voisine, *Russula mairei,* est reconnaissable par les nuances gris verdâtre de ses lamelles et par les taches de couleur crème de son chapeau, qui est généralement rouge.
Corps fructifère - *Chapeau* de couleur écarlate, avec des nuances blanchâtres se décolorant à la lumière du soleil ou sous la pluie ; diamètre de 5 à 10 cm ; d'abord convexe, puis plan ou légèrement déprimé au centre ; des rainures se forment au niveau de la marge ; cuticule visqueuse, facilement séparable ; chair rosée sous la cuticule du chapeau, mince, très fragile (traitée avec du guaïacole, elle devient de couleur bleu clair et après traitement avec de la sulfovanilline elle devient de violet pourpre à grisâtre). *Lamelles* de blanches à couleur crème clair, adnées, larges, plutôt espacées. *Stipe* quelquefois clavé, haut de 5 à 8 cm, de 1 à 2 cm de diamètre, blanc, avec chair plutôt spongieuse. *Spores* blanches en masse, ovoïdes, échinulées-réticulées, finement anastomosées, pourvues d'un réticule typique (10 × 8 μ).
Habitat et distribution - Croît en groupes ou isolément dans des forêts de Conifères, notamment sous les Pins et dans les terrains marécageux. Commun en Europe et en Amérique septentrionale.

Époque d'apparition - De juillet à novembre en Europe, de juillet à octobre en Amérique du Nord.
Possibilités gastronomiques - Saveur poivrée et âcre ; odeur de noix de coco chez les individus jeunes. Champignon contenant une toxine légère qui cause des gastro-entérites lorsqu'il est consommé à l'état cru ; il s'agit d'une toxine thermolabile. Ce *Russula* est donc une espèce qui doit être absolument rejetée.

Russula flava
(Russula claroflava)
Champignon qui appartient, avec le *R. obscura,* le *R. paludosa* et le *R. decolorans,* à un groupe de Russules caractérisées par le fait que leur chair devient grise.

Corps fructifère - *Chapeau* hémisphérique, puis étendu et déprimé au centre jusqu'à devenir une coupe chez les individus âgés, de jaune chrome jusqu'à jaune citron ou jaune doré ; diamétre de 4 à 10 cm ; marge souvent plus pâle, striée à l'âge mûr. *Lamelles* blanchâtres puis ocre clair, annexes-sinuées ou libres. *Stipe* haut jusqu'à 9 cm, cylindrique ou à peine grossi au pied, blanc. *Spores* couleur ocre en masse.
Écologie - Croît dans les tourbières et dans les bois humides, sur des terrains plutôt acides. Fréquent en Europe, notamment au nord, de juillet à octobre.

Russula foetens
(Agaricus foetens)
Russule fétide
Champignon facilement identifiable par son odeur pénétrante et désagréable et par la marge du chapeau marquée par des sillons plutôt verruqueux.
Corps fructifère - *Chapeau* de jaune brunâtre à couleur miel ; diamètre de 5 à 15 cm ; d'abord hémisphérique et avec marge lisse, ensuite plan avec marge marquée par des sillons disposés dans le sens du rayon, et pourvue de petites protubérances en relief ; cuticule visqueuse, mince, parcourue par des veines fines en éventail, facilement séparable ; chair blanchâtre, fragile. *Lamelles* initialement de couleur blanchâtre, puis jusqu'à couleur crème, enfin avec des taches plus sombres, libres du stipe, épaisses ; espacées, alternées à des lamellules ; traitées avec de la sulfovanilline, les lamelles deviennent de couleur légèrement bleu clair ; saveur âcre et dégoûtante. *Stipe* trapu, épaissi au niveau de sa partie moyenne ou en dessous de celle-ci, haut de 5 à 12 cm, de 1,5 à 4 cm de diamètre, initialement blanchâtre, puis ocré et rugueux ou ridé ; chair consistante, mais fragile, qui devient rouge brun au contact de l'air. *Spores* couleur crème en masse, hémisphériques, verruqueuses, pourvues de crochet (dimensions moyennes : $9 \times 8\,\mu$).
Habitat et distribution - Croît en groupes dans les bois plutôt humides de Conifères et d'arbres à feuilles aplaties, soit dans des plaines, soit dans des régions montagneuses.
Époque d'apparition - De juillet à novembre en Europe, de juillet à octobre en Amérique septentrionale.
Possibilités gastronomiques - Non comestible à cause de sa saveur rance et de son odeur nauséabonde. Considéré comme vénéneux par plusieurs experts.

En haut :
Russula flava.
Ci-dessus :
Russula fragilis.

Russula fragilis
Corps fructifère - *Chapeau* couleur pourpre plus ou moins sombre ou violacé, avec la partie centrale plus sombre, nuancé d'olivâtre chez les individus adultes, visqueux à l'état humide. D'abord convexe, ensuite aplani puis déprimé ; diamètre de 3 à 7 cm. *Lamelles* blanches avec marge finement denticulée, arrondies ou atténuées au niveau du stipe. *Stipe* blanc, puis blanc sale, très fragile. *Spores* blanches en masse.
Écologie - Se développant dans des forêts d'arbres à feuilles larges et de Conifères sur des terrains marécageux. De fréquent à commun en Europe, rare en Amérique septentrionale. Présent de juillet à novembre.
Non comestible à cause de sa saveur trop âcre.

Russula lepida
(Russula rosacea)
Russule jolie
Corps fructifére - *Chapeau* de rouge chair à rose, quelquefois vermeil dans sa zone centrale, dans d'autres cas couleur carmin, présentant souvent des régions fortement décolorées et

étant recouvert de pruine blanche ; sec, d'abord convexe, s'aplanissant ensuite avec dépression centrale ; diamètre de 4 à 14 cm ; marge obtuse, recourbée. Chair blanche, dure, rosée sous la cuticule, devenant grisâtre avec le temps. Possédant une saveur délicate de menthol. *Lamelles* blanches jusqu'à couleur crème chez l'individu adulte, denses, étroites, quelquefois bifurquées, atténuées au niveau du stipe, souvent anastomosées et veinée-reliées. *Stipe* cylindrique, clavé, hauteur pouvant atteindre 11 cm, au diamètre de 1 à 3 cm, rugueux, blanc ou rouge rosé. *Spores* globuleuses, couleur crème clair en masse (dimensions moyennes : $7 \times 8\ \mu$). On reconnaît une variété de ce Champignon, *lactea,* au chapeau blanchâtre ou couleur ivoire.

Habitat et distribution - Se développant isolément ou en groupes, dans des forêts d'arbres à feuilles larges, notamment Hêtres, et dans des forêts de Conifères des régions montagneuses. Commun.

Époque d'apparition - De juillet à novembre.

Possibilités gastronomiques - Comestible médiocre ; saveur généralement douce, quelquefois légèrement amère.

A droite : en haut, Russula nauseosa ; *en bas :* Russula nigricans. *Ci-dessous :* Russula lepida.

Russula mairei

Corps fructifère - *Chapeau* écarlate brillant, se décolorant par taches avec l'âge, finement pruineux, d'abord fortement convexe, ensuite aplani, au diamètre de 4 à 7 cm ; marge souvent lobée, recourbée ; cuticule difficilement séparable, presque veloutée à l'état sec ; chair blanche, rosée sous la cuticule. *Lamelles* blanches, adnées, ou sinueuses-atténuées, inégales, souvent pourvues de lamellules, quelquefois fourchues. *Stipe* blanc, rarement rosé, dur et plein, haut jusqu'à 5 cm ; chez les individus âgés, il est maculé de brun au pied. *Spores* blanches en masse.

Écologie - Se développant dans les forêts de Hêtres, sur des terrains plutôt calcaires ; parfois sur des terrains siliceux. Rare en Europe. Non comestible : il dégage une odeur de fruit à l'état jeune et de miel lors de la vieillesse ; sa saveur est âcre.

Russula nauseosa

Petit Champignon commun dans les forêts de Conifères des régions montagneuses. Se distingue des espèces semblables par son odeur nauséabonde.

Corps fructifère - *Chapeau* variable du rouge au rose, jusqu'au jaunâtre brun à l'état adulte (2,7 cm de diamètre), d'abord convexe, puis bientôt aplani ou légèrement déprimé au centre ; marge mince, qui peut être ridée ou verruqueuse ; cuticule facilement séparable ; chair mince et très fragile. *Lamelles* jaunâtres, puis couleur safran, arrondies vers le stipe, minces, fragiles, espacées, avec de courtes lamellules intermédiaires. *Stipe* mince, haut de 2 à 3 cm, de 0,5 à 1,5 cm de diamètre, blanc, jaunâtre ou brun à l'âge adulte, légèrement veiné ; chair peu

consistante et fragile (traitée par de la sulfovanilline, elle devient bleu-noir en surface). *Spores* couleur ocre œuf vues en masse, d'ovoïdes à allongées, échinulées (dimensions moyennes : 9 × 7,5 μ).
Habitat et distribution - Présent dans les forêts de Conifères, notamment dans les régions montagneuses, localement commun en Europe et dans la partie nord-orientale de l'Amérique septentrionale.
Époque d'apparition - D'août à novembre en Europe, d'août à octobre en Amérique du Nord.
Possibilités gastronomiques - Saveur désagréable, odeur souvent nauséabonde, qui toutefois disparaît après cuisson.
Non conseillé.

Russula nigricans

Champignon de couleur très variable ; au cours de sa maturation, il se dessèche facilement, et son corps fructifère devient alors complètement noir. Les individus très développés, noirs, persistent longuement sur le lieu de leur développement sans pourrir. Ces organismes sont fréquemment atteints par des Champignons parasites, tels que *Asterophora lycoperdoides, Collybia tuberosa* et *Nyctalis asterospora.*
Corps fructifère - *Chapeau* blanc, puis brunâtre et enfin noir, de 10 à 20 cm de diamètre, convexe, fortement déprimé à l'âge mûr ; marge d'abord involutée ; cuticule sèche, lisse, partiellement séparable ; chair ferme, blanche, rougissante, puis noire lorsqu'elle est exposée à l'air (traitée par du sulfate de fer, elle devient rose saumon puis vert olive). *Lamelles* de paille à olivâtre, se maculant de rose grisâtre au frottement, décurrentes, très épaisses et espacées, pourvues de lamellules intermédiaires. *Stipe* trapu, inégal, haut de 3 à 8 cm, de 1 à 4 cm de diamètre, blanc, puis brunâtre, noir au frottement ; chair ferme. *Spores* blanches en masse, largement ovoïdes, verruqueuses et réticulées, pourvues de crochet (dimensions moyennes : 7,5 × 6,5 μ).
Habitat et distribution - Croît isolément ou en groupes parmi les feuilles mortes ou sur le sol des forêts de Conifères ou d'arbres à feuilles larges. Commun en Europe.
Époque d'apparition - D'août à novembre en Europe.
Possibilités gastronomiques - Saveur délicate, devenant progressivement poivrée et avec odeur de fruit. Bon après cuisson.

Russula ochroleuca

Corps fructifère - *Chapeau* charnu, ombiliqué convexe, puis étalé, de 4 à 10 cm de diamètre ; jaune, de citron à couleur ocre, avec des nuances oranges ou brunes, quelquefois aussi verdâtres ; marge épaisse, incurvée, ondulée ou lobée ; cuticule séparable dans ses parties périphériques. Chair blanche, qui tend à devenir brun grisâtre par taches. *Lamelles* assez denses, inégales, couleur crème pâle. *Stipe* haut jusqu'à 8 cm, cylindrique ou à peine grossi au pied ; blanc ou légèrement grisâtre, maculé de jaune ou de brunâtre, pruineux. *Spores* crème pâle en masse.
Écologie - Présent sur des sols acides, dans des forêts de Conifères et des bois d'arbres à feuilles larges. Fréquent en Europe et en Amérique septentrionale, de juillet à novembre.

Non comestible, bien que non toxique, à cause de la saveur âcre de sa chair.

Russula paludosa

Corps fructifère - *Chapeau* rouge brique avec des nuances brunes, lucide, de convexe à aplani ; diamètre de 6 à 14 cm ; marge striée chez les individus âgés ; chair blanche, compacte, devenant blanchâtre avec le temps. *Lamelles* couleur crème chez les individus adultes, avec des marges étant quelquefois nuancées de rouge. *Stipe* bien développé, avec des nuances rougeâtres. *Spores* jaune crème en masse.
Écologie - Se développant sur les terrains marécageux des forêts de Conifères, en présence de Myrtilles et là où les Sphaignes sont abondantes. De distribution variable en Europe, devenant plus

En haut :
Russula mairei.
Ci-dessus :
Russula paludosa.
A gauche :
Russula ochroleuca.

commun vers les régions nordiques. Apparaît d'août à novembre. Comestible. Saveur douce et odeur délicate de miel chez les individus âgés.

Russula pectinata

Corps fructifère - *Chapeau* brun plus sombre au centre, visqueux, étalé et déprimé dans sa partie centrale ; diamètre de 4 à 8 cm ; cuticule non séparable ; marge ondulée avec des stries à rayon, prononcées. Chair blanche ou couleur ivoire, quelquefois maculée de rouille. *Lamelles* denses, blanches puis crème clair. *Stipe* blanc ou maculé de couleur rouille, lisse ou rugueux, haut jusqu'à 5 cm, creux chez les individus-âgés. *Spores* couleur crème en masse.
Écologie - Croît sous les Chênes et les Conifères ou dans les prés situés près de ces derniers ; commun en Europe et en Amérique septentrionale. Présent au cours de l'automne. Non comestible : dégage une odeur de poisson.

Russula puellaris

Espèce facilement identifiable, mais trop petite et fragile pour pouvoir être récoltée. Les corps fructifères âgés sont reconnaissables à leur coloration uniforme jaune livide.
Corps fructifère - *Chapeau* de pourpre à rouge brique, quelquefois plus sombre, brunâtre au centre, de 2,5 à 4 cm de diamètre, initialement très convexe, bientôt plan et déprimé au centre, avec marge à rainures et dentelée ; cuticule plutôt sèche, maculée, séparable pour une bonne partie ; chair de couleur jaune, cireuse, très mince à l'exception de sa partie centrale. *Lamelles* d'abord blanches, puis de couleur ocre clair, adnées, mais atténuées à proximité du stipe, minces, denses. *Stipe* mince, grossi vers la base (haut de 2,6 à 5 cm, avec diamètre de 0,5 à 1,5 cm), d'abord blanc, vite jaune ocre clair, avec de minces veines évidentes longitudinales ; chair molle et fragile, spongieuse avec l'âge jusqu'à rendre le stipe creux. *Spores* de couleur crème à ocre clair en masse, hémisphériques, échinulées-verruqueuses (dimensions moyennes : 7,8 × 6,3 μ).
Habitat et distribution - Croît en groupes surtout dans les forêts de Conifères ; de fréquent à commun en Europe ; commun en Amérique septentrionale.
Époque d'apparition - De juillet à novembre en Europe, de juillet à septembre en Amérique du Nord.
Possibilités gastronomiques - Saveur délicate ; il n'y a aucun intérêt à récolter ce Champignon pour usage comestible.

Russula queletii

Corps fructifère - *Chapeau* charnu, rouge vin puis violet-pourpre, d'abord visqueux, nuancé d'olive chez les individus adultes, convexe à l'état jeune, puis aplani avec une bosse centrale ; diamètre de 5 à 7 cm. Chair blanche, qui sous la cuticule est de même couleur que le chapeau. *Lamelles*

d'abord blanches, devenant ensuite crème, souvent maculées de gris. *Stipe* rouge vin clair, finement pruineux, cylindrique ou à peine claviforme, long jusqu'à 8 cm. *Spores* couleur crème en masse.
Écologie - Se développe dans les forêts de Conifères, notamment sous les Épicéas. Commun en Europe d'août à novembre. C'est l'une des espèces les plus répandues dans nos pays.
Non comestible à cause de sa saveur âcre.

Russula rubra

Corps fructifère - *Chapeau* de couleur rouge carmin, semblable par sa structure à celui du *R. lepida*, mais ne se décolorant pas, convexe chez les individus jeunes, puis étalé et légèrement déprimé au centre ; diamètre de 5 à 11 cm ; chair blanche, de saveur âcre ; dégage une odeur de miel. *Lamelles* couleur ivoire. *Stipe* à peine clavé, mou, généralement blanc, devenant ocre sale avec le temps. *Spores* couleur crème en masse.
Écologie - Espèce typique des

En haut : à gauche,
Russula puellaris ;
à droite,
Russula queletii.
Ci-dessous :
Russula rubra.
A droite :
Russula pectinata.

Ci-contre :
Russula turci.
Au centre :
Russula sanguinea.
En bas :
Russula sardonia.

bois d'arbres à feuilles larges, bien que quelquefois elle se rencontre aussi dans des forêts de Conifères. Présent en été et en automne.
Il exhale une odeur de fruit ou de miel ; chair de saveur âcre.
Non comestible.

Russula sanguinea

Corps fructifère - *Chapeau* rouge sang, qui pâlit avec l'âge, de convexe à aplati, légèrement déprimé ; marge mince, lisse ou à peine striée chez les individus d'âge avancé ; diamètre de 3 à 8 cm. Chair blanche qui jaunit avec le temps, poivrée et amère. *Lamelles* d'abord blanchâtres, jaunes chez les individus adultes, légèrement décurrentes, larges, épaisses. *Stipe* atténué dans sa partie inférieure, rouge rosé, légèrement strié, long jusqu'à 6 cm, maculé de jaune chez les individus adultes. *Spores* couleur crème en masse.
Écologie - Se développe dans les forêts de Conifères humides, au milieu des Mousses et des Graminées. Rare ou occasionnel en Europe et en Amérique septentrionale. Apparaît de juillet à novembre.
Non comestible, à cause de son goût âcre et amer. Cause des troubles gastro-entériques plutôt légers.

Russula sardonia

Corps fructifère - *Chapeau* hémisphérique, puis aplani et déprimé ; violet puis rouge pourpre ; il peut acquérir des nuances olivâtres avec le temps ; marge involutée et légèrement striée chez les individus mûrs ; diamètre de 4 à 10 cm ; chair blanche ou jaunâtre, ferme, qui immédiatement au-dessous de la cuticule assume la même couleur que celle-ci. *Lamelles* de couleur crème à jaune clair, plutôt denses, annexes ou adnées, avec de multiples lamellules. *Stipe* cylindrique ou légèrement grossi vers le bas, de même couleur que le chapeau, ou plus clair, pruineux à son sommet, haut jusqu'à 8 cm. *Spores* couleur ocre en masse.
Écologie - Croît dans les pinèdes sur des terrains sableux. Fréquent en Europe, de septembre à novembre. Non comestible, la chair a une saveur âcre.

Russula turci
(Russula punctata)

Corps fructifère - *Chapeau* plan et déprimé au centre ; il est typiquement bicolore, avec une bande de couleur mauve, ou de couleur cha-

Ci-contre : Russula velenovskyi.
Au centre : Russula virescens.
En bas : Russula vesca.

mois ou violette, extérieure et une zone centrale presque noire et très visqueuse ; marge non striée ; cuticule séparable lorsque le corps fructifère est sec ; diamètre de 5 à 9 cm. *Lamelles* couleur crème et ensuite ocrées, libres, maintes fois bifurquées. *Stipe* blanc avec des nuances rouges possibles, haut de 5 à 7 cm, strié, légèrement grossi à la base, dégageant une odeur de iodoforme.
Écologie - Croît sous les Conifères en Europe. Présent en automne. Chapeau comestible ; le pied doit être jeté.

Russula velenovskyi

Corps fructifère - *Chapeau* d'abord hémisphérique, puis étendu et déprimé au centre, avec marge pourvue de rainures chez les individus adultes, de rouge vif à rouge orangé avec disque central orangé jusqu'à ocré. Chair blanche ou à peine couleur crème, légèrement sucrée. *Lamelles* espacées, inégales, d'abord blanches, ensuite couleur ocre clair. *Stipe* cylindrique, quelquefois recourbé, blanc, rarement maculé de rose, d'une hauteur pouvant atteindre 6 cm, parcouru de stries verticales. *Spores* ocre clair en masse.
Écologie - Se développant dans les bois d'arbres à feuilles aplaties, notamment de Hêtres et de Chênes. Commun en Europe de juin à octobre. Comestible.

Russula vesca

Champignon identifiable par la couleur variable autour du rouge du chapeau et par la cuticule facilement séparable, qui laisse les lamelles faire saillie en guise de petites dents autour de la marge. Mûrit après les dernières pluies d'été, et est considéré comme une des meilleures Russules comestibles.
Corps fructifère - *Chapeau* de brunâtre à rosé, quelquefois plus rouge ou plus sombre au centre, initialement convexe, puis plat, et enfin déprimé au centre ; cuticule plutôt visqueuse et brillante par temps humide, opaque par temps sec, lisse au centre et avec des rides à rayon vers le bord ; facilement séparable chez les individus mûrs, elle rend visible la chair rougeâtre blanc, sous la cuticule, quelquefois maculée de couleur rouille (traitée avec du sulfate de fer, elle devient rapidement de couleur rose saumon). *Lamelles* blanches ou couleur crème clair, quelquefois faisant saillie au-delà de la marge du chapeau, denses, fourchues, notamment près du stipe. *Stipe* qui peut être très court et qui se rétrécit en bas, haut de 3 à 10 cm, de 1,5 à 2,5 cm de diamètre ; blanc, rarement nuancé de rose, quelquefois avec des taches de rouille en rides

légères ; chair de consistance, moelleuse, souvent semblable à du fromage, dure. *Spores* blanches en masse, arrondies, finement verruqueuses, avec une extrémité en crochet (dimensions moyennes : $6{,}5 \times 5{,}5\ \mu$).
Habitat et distribution - Présent aux lisières des bois d'arbres à feuilles larges, notamment sous les Bouleaux et les Chênes, aussi bien que dans les forêts de Conifères des régions montagneuses.
Époque d'apparition - D'août à novembre.
Possibilités gastronomiques - Saveur délicate de noisette ; les individus âgés dégagent une odeur de poisson. Comestible.

Russula virescens

Russule verdoyante, Palomet, Palombette
Présent surtout dans les forêts de Hêtres, ce beau Champignon est apprécié dans toute l'Europe. En Italie du nord il est souvent cuit au gril. Il s'agit d'une espèce fongique des plus vendues.

Corps fructifère - *Chapeau* de gris-vert à vert opaque, mais quelquefois blanchâtre avec des taches vertes irrégulières, totalement ou partiellement ocrées puis couleur chamois, et enfin couleur crème (5 à 12 cm de diamètre) ; d'abord convexe-obtus, puis aplani et enfin déprimé, souvent pourvu

de contour inégal et lobé ; marge initialement involutée, lisse, et enfin légèrement parcourue de rainures ; cuticule sèche, pruineuse, puis craquelée ; chair blanche et compacte. *Lamelles* blanches ou couleur crème, étroites et veinées-reliées, plutôt fragiles. *Stipe* trapu, légèrement atténué vers le bas (haut de 4 à 9 cm, de 2 à 4 cm de diamètre) ; de blanc à couleur crème pâle, devenant brun lorsqu'il est frappé ; chair blanche, spongieuse et fragile. *Spores* blanc crème en masse, arrondies puis elliptiques, irrégulièrement verruqueuses, avec une extrémité plutôt tordue ($8 \times 6{,}5\ \mu$).
Habitat et distribution - Croît isolément ou en petits groupes dans les clairières des bois d'arbres à feuilles aplaties, notamment de Hêtres, mais aussi sous des Chênes et des Érables, aussi bien que dans les forêts de Conifères des régions montagneuses. Sporadique en Europe.
Époque d'apparition - D'août à novembre en Europe.
Possibilités gastronomiques - Excellente saveur de noisette. Les individus jeunes dégagent une légère odeur de fruit au découpage, alors que les individus âgés offrent un goût de poisson. Ce Champignon doit être consommé à l'état frais ; il est bon découpé, cru, en salade assaisonné ou bien rôti ou en friture.

Russula xerampelina

Il y a de multiples variétés de cette espèce qui ont été décrites, dont chacune est associée à un genre différent d'arbres. La variété *pascua* est petite, pourvue de chapeau rouge cerise clair, puis brunâtre et croît sous le *Salix repens*, en montagne. La variété *rubra*, au chapeau rouge vif sombre, croît sous les Conifères ; les variétés *barlae*, de jaune paille à ocre clair, quelquefois pourvue de taches rouges, et *elaeodes*, de couleur verdâtre, se développent sous les Hêtres. Elles se distinguent des autres espèces par leur odeur de triméthylamine.
Corps fructifère - *Chapeau* de couleur variable, du rouge pourpre au brun, au jaune, au diamètre de 5 à 14 cm ; convexe, devenant ensuite aplani et déprimé dans la zone centrale ; marge lisse, parcourue de rainures avec le temps ; cuticule d'abord visqueuse, devenant bientôt sèche et opaque ; chair blanche, compacte, qui se colore en brun jaunâtre lorsqu'elle est découpée, et lorsqu'elle est traitée au sulfate de fer, elle devient aussitôt vert olive intense. *Lamelles* crème puis ocre clair, arrondies à l'arrière, d'une certaine épaisseur et consistance, souvent fourchues et reliées par des veines. *Stipe* quelquefois ventriculeux dans la partie centrale, long de 3 à 11 cm, au diamètre de 1 à 3 cm ; de blanc, il devient rouge, brun jaunâtre au toucher ; recouvert d'un fin réseau de veines ; chair ferme. *Spores* ocres en masse, largement ovales (dimensions moyennes : $9{,}5 \times 7{,}8\ \mu$).
Habitat et distribution - Croît en groupes sur tous les types de terrains boisés. Commun.
Époque d'apparition - D'août à novembre en Europe.
Possibilités gastronomiques - Les individus adultes ont une odeur de hareng, tandis que les individus jeunes possèdent une saveur douce de noisette. Comestible, mais de mauvaise qualité.

Ci-dessus : Strobilomyces floccopus.
A gauche : Russula xerampelina.

Strobilomyces floccopus
(Strobilomyces strobilaceus var. **floccopus)**

Corps fructifère - *Chapeau* d'abord gris fumé avec des zones blanches, devenant ensuite noir, avec un diamètre de 5 à 10 cm ; hémisphérique, puis convexe, pourvu de marge frangée d'écailles et de fragments de voile duveteux ; cuticule recouverte d'écailles larges, épaisses, polygonales, embryonnées ; chair épaisse, blanchâtre, immuable. Traité par de l'ammoniaque, il devient brun rougeâtre rouille, alors qu'avec du sulfate de fer, il devient gris plomb, et avec le réactif de Meltzer, il devient rouge vin sombre. *Tubules* blanchâtres tendant au rouge au toucher, adnés, plutôt longs, plus courts près du stipe. *Pores* polygonaux, blancs, puis olive grisâtre, rougeâtres au toucher. *Stipe* plutôt irrégulier, long de 8 à 12 cm,

de 1 à 2 cm de diamètre, recouvert d'une couche duveteuse noire grisâtre. *Spores* brun noirâtre en masse, largement ellipsoïdales, rudes (dimensions moyennes : 11 × 9,8 µ).
Habitat et distribution - Croît isolément ou en groupes plus ou moins denses dans les bois de Conifères, d'arbres à feuilles larges, ou mixtes, souvent dans des lieux complètement ombragés. Commun en Europe méridionale.
Époque d'apparition - De septembre à novembre en Europe.
Possibilités gastronomiques - Comestible mais de valeur limitée. Saveur et odeur d'abord insignifiantes qui se révèlent avec l'âge. Stipe, tubules à écailles doivent être retirés avant la cuisson.

Stropharia aeruginosa
(Agaricus aeruginosus, Agaricus viridulus, Geophila aeruginosa)

Champignon assez visible, commun çà et là dans les prés et les pâturages. La couleur verte de la couche mucilagineuse qui recouvre le chapeau et le stipe est soluble dans l'eau et est emportée par la pluie.

Ci-dessous : Stropharia aeruginosa. *A droite :* Stropharia coronilla. *En bas :* Stropharia ferrii.

Corps fructifère - *Chapeau* de bleu verdâtre à jaune verdâtre glauque ; campanulé ou convexe, puis presque plan avec un léger umbon central ; chez les jeunes individus, des lambeaux soyeux blancs font saillie à partir de la marge ; diamètre de 2 à 8 cm ; cuticule très visqueuse ; chair blanche avec des nuances glauques, plutôt friable. *Lamelles* blanc violacé, puis de plus en plus sombres jusqu'à brun violacé livide, avec fil blanc, adnées, plutôt espacées, larges. *Stipe* cylindrique, un peu grossi et incurvé au pied, haut de 4 à 7 cm, nuancé de bleu verdâtre clair, visqueux, finement squameux au-dessous de l'anneau ; chair molle ; anneau étroit, caduque. *Spores* brun sombre en masse, ellipsoïdales, lisses (dimensions moyennes : 8 × 4,5 µ).
Habitat et distribution - Croît souvent en groupes, au milieu de l'herbe, dans les bois, les forêts de Conifères, les pâturages, toujours sur des terrains riches en humus. Assez commun en Europe.
Époque d'apparition - De mai à novembre en Europe.
Possibilités gastronomiques - Espèce considérée comme suspecte ; d'autre part son odeur désagréable et son goût insignifiant font qu'elle n'est pas comestible.

Stropharia coronilla
Corps fructifère - *Chapeau* jaune ocré, quelquefois jaune vif (de 2 à 6 cm de diamètre), convexe puis aplani ; marge initialement blanche, quelquefois ondulée ; cuticule visqueuse par temps humide, lisse et finement pruineuse par temps sec ; chair blanche, ferme, consistante. *Lamelles* brunâtres claires, larges, plutôt denses, uncinées et décurrentes ou arrondies-annexes. *Stipe* trapu, atténué au pied, haut de 5 à 7 cm, avec diamètre de 5 à 10 mm ; blanc devenant jaune avec l'âge, finement élargi au-dessous de l'anneau, avec des rayures radiales, fibrilleux. *Spores* marron sombre en masse, ellipsoïdales, lisses (dimensions moyennes : 9,3 × 5 µ).
Habitat et distribution - Présent dans l'herbe des pâturages, dans les jardins et dans les tapis herbeux, dans les landes, les champs cultivés et tout au long des bords herbeux des routes. Fréquent en Europe et en Australie.
Rare en Amérique septentrionale.
Époque d'apparition - De mai à novembre.
Possibilités gastronomiques - Odeur légèrement désagréable. Considéré comme vénéneux par plusieurs experts ; d'autres en Europe le considèrent comme comestible ; mais il vaut mieux en éviter l'usage culinaire.

Stropharia ferrii
(Stropharia rugoso-annulata)

Corps fructifère - *Chapeau* convexe-arrondi, puis aplani ; de rouge brique à rougeâtre nuancé vers la couleur paille ; diamètre de 4 à 10 cm ; marge ondulée ou fendue. *Lamelles* adnées, de gris fumé à violet, arrondies. *Stipe* plein haut jusqu'à 14 cm, blanc ou jaune clair, lisse, avec un anneau strié bien visible.
Écologie - Croît dans des terrains cultivés, notamment dans des zones fertilisées, au milieu de résidus végétaux et sur des berges sableuses. Commun en Amérique septentrionale, mais rare en Europe. Apparaît en automne, quel-

quefois même avant. Ce Champignon doit être considéré comme non comestible.

Stropharia semiglobata
(Agaricus semiglobatus, A. stercorarius)

Corps fructifère - *Chapeau* de jaune paille à fauve ; la couleur pâlit avec l'âge (de 1 à 4 cm de diamètre) ; persistant, hémisphérique ; cuticule initialement visqueuse, brillante par temps sec ; chair claire, molle, ferme au centre, mince en marge. *Lamelles* de gris à brun pourpre, adnées, très larges, pourvues de fil blanc floconneux, denses. *Stipe* mince, cylindrique, droit et rigide, haut de 5 à 12 cm, et de 2 à 8 mm de diamètre ; blanc jaunâtre, visqueux sous l'anneau membraneux ou sous la zone qui simule un anneau ; partie apicale couverte par les spores brunes chez les individus adultes. *Spores* marron pourpre en masse, ellipsoïdales, lisses (dimensions moyennes : $18,5 \times 10\,\mu$).

Habitat et distribution - Croît isolément ou en groupes sur des excréments, dans des prés fertilisés et des pâturages. Très commun en Europe.

Époque d'apparition - D'avril à novembre.

Possibilités gastronomiques - Tendre et comestible après cuisson ; les stipes requièrent une cuisson plus prolongée que les chapeaux. Ce Champignon est de toute manière peu conseillé.

Suillus aeruginascens
(Boletus bresadolae var. aeruginascens, (Ixocomus aeruginascens)

Corps fructifère - *Chapeau* convexe, très visqueux, de jaune paille jusqu'à gris fumé ; la chair est jaune et devient bleue au découpage. *Tubules* adnés ou légèrement décurrents, de blanc sale à couleur olivâtre et au rouille. *Pores* de même couleur que les tubules. *Stipe* de blanc jusqu'à rougeâtre, avec des reflets jaunes ou verts au sommet ; revêtu de réticule gris au-dessus de l'anneau.

Écologie - Commun sous les Mélèzes en Europe, notamment dans les régions méridionales, et en Amérique du Nord. Apparaît du printemps à l'automne. Comestible après avoir retiré la cuticule.

Suillus badius
(Boletus badius, Xerocomus badius)

Cèpe bai

Corps fructifère - *Chapeau* brun châtain ou couleur marron sombre, souvent avec des veines brun ocré, d'abord convexe, puis étalé, enfin presque plan, de 5 à 12 cm et parfois 15 cm de diamètre ; cuticule veloutée chez les individus jeunes, devenant lisse et lucide lorsqu'elle est sèche, visqueuse si humide ; chair blanche, nuancée de jaunâtre, qui vire légèrement au bleu au-dessus des tubules. *Tubules* mous, de couleur blanc crème ou jaune citron, annexes autour du stipe, virant au bleu verdâtre au découpage. *Pores* de même couleur que les tubules, devenant bleuâtres au toucher, larges et anguleux. *Stipe* plutôt mince, un peu fuselé aux deux extrémités, haut de 5 à 12 cm et de 1 à 3 et jusqu'à 4 cm de diamètre ; couleur brun ocré, strié verticalement de sombre ou finement ponctué ; chair compacte, devenant bleuâtre à l'air, surtout vers le sommet. *Spores* brun olive clair en masse, lisses, elliptiques, fusiformes ; traitées par l'ammoniaque, elles virent à la couleur paille ($14 \times 5\,\mu$).

Habitat et distribution - Commun dans les bois, notamment de Conifères (Pins sylvestres), en Europe.

Époque d'apparition - De juillet à novembre.

Possibilités gastronomiques - Comestible, d'odeur et de saveur agréables.

En haut : Suillus aeruginascens. *A gauche :* Stropharia semiglobata. *Ci-dessous :* Suillus badius.

Ci-contre : Suillus bovinus. *En bas :* Suillus granulatus.

Suillus bovinus

(Boletus bovinus)

Bolet des bouviers

Corps fructifère - *Chapeau* couleur ocre chamois tendant au rougeâtre, avec marge plus sombre ; d'hémisphérique à convexe, puis étalé et jusqu'à légèrement aplani ou décliné ; diamètre de 3 à 10 cm ; cuticule plutôt visqueuse avec l'humidité ; chair blanc jaunâtre qui devient lentement rose ocré ou à peine bleuâtre, au-dessus des tubules, au contact de l'air ; traitée avec de l'ammoniaque ou avec de l'hydroxyde de potassium, elle se colore en rouge sombre, alors qu'elle vire au vert bleuâtre en présence d'hydroxyde de fer. *Tubules* jaunâtres, tendant à l'olivâtre, plutôt décurrents tout au long du stipe. *Pores* d'abord jaunâtres, enfin brun olivâtre, et devenant plus sombres au toucher, assez grands, anguleux, inégaux. *Stipe* très court, atténué vers la base, long de 5 à 6 cm, et de 5 à 8 mm d'épaisseur, concolore avec le chapeau ou plus clair, et puis tendant au rougeâtre, finement ponctué, notamment au sommet, poli ailleurs. *Spores* brun olivâtre clair en masse, elliptiques-fusiformes ($9 \times 3{,}5\ \mu$).

Habitat et distribution - Croît isolément, quelquefois en petits groupes, dans les forêts de Conifères, notamment sous les Pins, même si ces derniers sont isolés. Répandu partout et plutôt commun en Europe (Alpes).

Époque d'apparition - De juin à novembre.

Possibilités gastronomiques - Saveur aromatique mais agréable ; odeur médiocre. Légèrement mucilagineux, ce Champignon offre une valeur alimentaire limitée, et est déconseillé lorsqu'il n'est pas mélangé à des espèces de meilleure qualité. En tous cas, il doit être cuit longuement.

Suillus granulatus

(Boletus granulatus, B. circinatus, Ixocomus granulatus)

Bolet granulé, Cèpe jaune des Pins, Cèpe pleureur, Nonette

Corps fructifère - *Chapeau* jaune rougeâtre quand il est humide, nettement jaune lorsqu'il est sec ; d'abord convexe, puis étalé ; de 2 à 8 cm de diamètre ; marge d'abord revêtue de fibres blanches et involutée, puis faisant saillie au-delà des tubules ; cuticule très visqueuse, translucide, facilement séparable de la chair qui est ferme, de couleur jaune clair (vire au rouge corail après traitement par l'ammoniaque). *Tubules* couleur chamois nuancé jusqu'au jaune clair, immuables, d'annexes à décurrents. *Pores* jaunes, puis olivâtres, petits chez les individus jeunes ils sécrètent de petites gouttes latigineuses qui durcissent et deviennent plus sombres en se desséchant. *Stipe* régulier ou enflé vers le bas, quelquefois plutôt ondulé, long de 3 à 7 cm, jaune, pourvu de petites granulations jaunes ou blanchâtres au sommet, exsudant de petites gouttes claires, qui en se desséchant deviennent brun rougeâtre ou presque noir ; chair jaune. *Spores* couleur ocre en masse, lisses, elliptiques (dimensions moyennes : $9 \times 3\ \mu$).

Habitat et distribution - Espèce grégaire qui vit en symbiose mycorhizienne avec les Pins *(Pinus silvestris* et *P. strobus);* croît quelquefois en cercles, d'autres fois en groupes. Commun en Europe, en Amérique du Nord, au Mexique, en Australie.

Époque d'apparition - De mai à octobre en Europe ; de juillet à octobre en Amérique septentrionale.

Possibilités gastronomiques - Saveur et odeur agréables. Comestible d'excellente qualité, dont la vente est permise sur plusieurs marchés italiens et français. Avant la cuisson il est opportun de retirer rapidement la cuticule visqueuse, sans l'immerger complètement dans l'eau.

Suillus grevillei

(Boletus elegans, B. pulchellus, Ixocomus elegans)

Bolet élégant, Bolet jaune

Corps fructifère - *Chapeau* de couleur jaune clair, quelquefois

A gauche : Suillus grevillei.
Ci-dessous : Suillus luteus.

avec nuances fauves ou bien jaune chargé, spécialement au centre, presque hémisphérique, puis irrégulièrement convexe, enfin étalé avec marge involutée ; diamètre de 3 à 12 cm ; cuticule visqueuse, lisse et lucide, quelquefois même ridée lorsque le temps est sec ; chair jaunâtre, consistante chez les individus jeunes, puis molle, demeurant claire après traitement par l'ammoniaque. *Tubules* jaune clair, qui deviennent ocrés avec le temps, d'annexes à décurrents. *Pores* jaune citron clair, virant au rouille au toucher et avec le temps, anguleux, petits. *Stipe* mince, de hauteur moyenne (5 à 7 cm), jaune au-dessus de l'anneau qui est membraneux et de couleur blanc jaunâtre, plus sombre, dans la partie inférieure, devenant couleur rouille au toucher ; floconneux vers le sommet, quelquefois granuleux avec un léger réticule ; chair jaune citron plutôt sombre, devenant momentanément bleuâtre au découpage. *Spores* jaune ocre en masse, elliptiques et fusiformes, lisses (9,5 × 3,5 µ).
Habitat et distribution - Champignon vivant en symbiose mycorhizienne avec les Mélèzes. Commun dans les régions tempérées de l'Europe, de l'Amérique septentrionale et de l'Australie.
Époque d'apparition - D'avril à novembre.
Possibilités gastronomiques - Saveur et odeur agréables bien que plutôt aromatiques-résineuses. Les chapeaux sont excellents lorsqu'on leur a retiré la cuticule.

Suillus luteus
(Boletus luteus,
B. annulatus,
Ixocomus luteus)
Bolet ou Cèpe jaune, Bolet annulaire, Nonette voilée
Champignon au chapeau très visqueux, presque toujours recouvert de résidus et d'aiguilles de Pin et souvent rongé par des larves. Il est nécessaire de le nettoyer avant la cuisson, tout en éliminant la cuticule du chapeau.
Corps fructifère - *Chapeau* brun ou jaune brunâtre, rouquin, rarement pourpre, aux rayons fins, avec des veines sombres qui pâlissent avec le temps, convexe puis presque aplani, quelquefois avec des résidus partiels de voile sur le bord ; diamètre de 4 à 10 cm ; cuticule visqueuse, jusqu'à mucilagineuse par temps humide, lucide par temps sec ; chair jaune clair ou blanche, immuable. *Tubules* annexes, serrés, longs, jaune ocré. *Pores* d'abord protégés par un voile membraneux blanc, puis jaune clair, enfin jaune olivâtre, petits.
Stipe solide, plutôt court (de 2,5 à 5 cm), avec anneau membraneux blanc, puis brun pourpre ou violacé, livide et peu durable ; il est jaune et granulé au-dessus de l'anneau blanc ou brunâtre dans la partie inférieure ; chair ferme mais élastique, blanc jaunâtre, quelquefois légèrement verdâtre vers le sommet et au contact de l'air. *Spores* de couleur ocre, plus ou moins claires en masse, fusiformes, lisses (dimensions moyennes : 8,5 × 3,3 µ).
Habitat et distribution - Répandu et commun dans les forêts de Conifères, notamment de Pins sylvestres, dans toute l'Europe, en Amérique septentrionale et aussi en Australie.
Époque d'apparition - De juillet à novembre.
Possibilités gastronomiques - Champignon n'étant pas considéré parmi les meilleurs ; cependant il est consommé partout à cause de sa saveur agréable.

Suillus placidus
(Boletus placidus,
B. bellini, B. fusipes)
Corps fructifère - *Chapeau* blanc jaune, souvent avec des nuances

En haut,
de gauche à droite : Suillus placidus *et* Tricholoma acerbum.
A droite,
de haut en bas : Tricholoma argyraceum *et* Tricholoma aurantium.
Ci-dessous : Suillus variegatus.

violacées dans sa partie centrale, olivâtre sale lorsqu'il est mouillé, glabre et visqueux ; hémisphérique, puis convexe avec marge ondulée ; diamètre de 3 à 6 cm atteignant jusqu'à 12 cm. *Tubules* adnés, de blanc à jaune. *Pores* jaune clair qui ne s'altèrent pas au toucher. *Stipe* haut de 4 à 12 cm, généralement fuselé à la base ; blanc jaunâtre ou blanc rosé, devient sombre avec l'âge. *Spores* ocrées en masse.
Écologie - Introduit en Europe avec les Pins. Apparaît de juillet à septembre. Comestible mais médiocre, odeur et saveur délicates.

Suillus variegatus
(Boletus variegatus, Ixocomus variegatus)
Corps fructifère - *Chapeau* brun ocré recouvert de petites écailles molles, plus sombres, velouté. *Tubules* adnés, olivâtres, qui deviennent bleus au toucher. *Pores* de couleur olive à jaune ocre. *Stipe* bien développé, jaune brun rougeâtre, quelquefois claviforme.
Écologie - Se développant dans les forêts de Conifères. Commun en Europe et en Amérique du Nord, d'août à novembre. Comestible de qualité médiocre.

Tricholoma acerbum
Corps fructifère - *Chapeau* étalé, avec marge d'abord involutée et puis couverte de rainures, de jaunâtre à rouge brun, visqueux, lisse, de 7 à 14 cm de diamètre. *Lamelles* blanchâtres ou couleur crème, devenant couleur rouille à partir du bord vers le haut, denses, émarginées. *Stipe* robuste, de même couleur que le chapeau, floconneux au sommet. *Spores* blanches en masse.
Écologie - Croît dans les clairières des bois mixtes. Rare en Europe. Apparaît en été-automne. Non comestible.

Tricholoma argyraceum
Voir *Tricholoma terreum*

Tricholoma aurantium
Corps fructifère - *Chapeau* orange rouille sombre, visqueux, farineux au centre, convexe avec marge involutée. *Lamelles* denses, blanchâtres, ensuite maculées de couleur rouille. *Stipe* bien développé, blanchâtre, recouvert d'une enveloppe d'écailles orange rouille sombre, limitée par un collier.
Écologie - Se développe dans les forêts de Conifères. De rare à occasionnel en Europe, plus fréquent vers les régions méridionales, de septembre à novembre. Non comestible, à cause de l'odeur forte de concombre et de sa saveur nauséabonde.

Ci-contre : Tricholoma columbetta.
A gauche : Tricholoma caligatum.

Tricholoma caligatum
(Armillaria caligata, A. matsu-take)

Selon certains auteurs, il s'agit de deux espèces différentes ; cependant nous les considérons comme appartenant à une seule espèce, variable suivant les régions géographiques ; pourtant, le *T. caligatum* offre une distribution méditerranéenne, alors que l'*Armillaria matsu-take* est présente en Extrême-Orient.

Corps fructifère - *Chapeau* très convexe, puis étalé, légèrement déprimé et umboné, sec avec des squames brun rougeâtre fibreuses, adnées au centre ; cuticule de couleur cannelle clair jusqu'à rosé ; marge involutée, soyeuse, de 6 à 16 cm de diamètre. *Lamelles* blanches, denses, devenant plus sombres au toucher. *Stipe* haut jusqu'à 14 cm, sec, lisse, fauve clair au-dessus de l'anneau ; couvert de fibrilles brun rougeâtre au-dessous ; anneau blanchâtre et brillant disposé vers le sommet.

Écologie - Croît dans les bois mixtes et dans les bois de Conifères. Répandu en Europe, en Amérique septentrionale et aussi en Extrême-Orient. Présent en automne. Comestible, de saveur amère.

Tricholoma colossus

Corps fructifère - *Chapeau* rosé puis couleur noisette, convexe, avec marge involutée ; cuticule séparable, visqueuse par temps humide, quelquefois craquelée ; diamètre de 6 à 20 cm.
Lamelles blanches avec des taches rougeâtres, denses, étroites.
Stipe court, d'abord ventriculeux, trapu, avec anneau éphémère au centre ; recouvert de squames de même couleur que le chapeau.
Écologie - Présent en Europe, dans les forêts de Conifères, à la fin de l'automne.
Comestible ; sa chair est ferme et abondante.

Tricholoma columbetta

Corps fructifère - Complètement blanc.
Chapeau soyeux, fibrilleux, souvent nuancé de bleu au bord.
Lamelles denses, émarginées et petites.
Stipe bien développé et radicant.
Écologie - Présent dans les bois d'arbres à feuilles larges, sur terrains acides, souvent sous les Hêtres et sous les Bouleaux, dans les forêts de Conifères des régions montagneuses.
D'occasionnel à fréquent en Europe et en Amérique du Nord, d'août à novembre.
Comestible.

Ci-dessus : Tricholoma flavovirens.
A gauche : Tricholoma colossus.

Tricholoma flavovirens
(Tricholoma equestre)

Corps fructifère - *Chapeau* jaune verdâtre avec des nuances brunes au centre (diamètre de 5 à 10 cm), convexe puis plan et ondulé ; marge lisse, involutée, ondulée ou lobée ; cuticule visqueuse, légèrement squameuse au centre ; chair blanche tendant au jaune, compacte. *Lamelles* initialement de couleur blanc sale, puis jaune soufre, arrondies au stipe, plutôt libres, denses. *Stipe* trapu, légèrement enflé au pied (haut de 2 à 5 cm et de 1 à 2 cm de diamètre), clair, fibrilleux ; chair blanche, ferme. *Spores* blanches en masse (dimensions moyennes : $6,5 \times 4,5\ \mu$).
Habitat et distribution - Croît

Ci-contre : Tricholoma fulvum.
Au centre : Tricholoma ionides.
A droite : Tricholoma lascivum.
En bas : Tricholoma imbricatum.

à l'état grégaire, en groupes épars ou en cercles, dans les pinèdes, sur des terrains sableux, quelquefois sous les Bouleaux. Fréquent en Europe, sporadique en Amérique du Nord.
Époque d'apparition - D'août à novembre.
Possibilités gastronomiques - Saveur et odeur agréables à l'état juvénile ; goût de farine. Les individus âgés offrent une saveur désagréable. Chair tendre après cuisson.

Tricholoma fulvum
(Tricholoma flavobrunneum)
Corps fructifère - *Chapeau* brun rougeâtre, plus sombre au centre, convexe puis étalé avec légère bosse centrale. *Lamelles* jaune clair, maculées de brun, décurrentes au moyen d'une petite dent. *Stipe* brun rougeâtre, strié.
Écologie - Se développant sur des terrains humides, dans des bois d'arbres à feuilles larges et dans des landes, notamment sous les Bouleaux. Commun en Europe et en Amérique du Nord, de septembre à novembre. Non toxique, mais de qualité médiocre.

Tricholoma imbricatum
Corps fructifère - *Chapeau* rougeâtre brun de 5 à 9 cm de diamètre, d'abord conique et puis campanulé-étalé ; marge involutée ; cuticule sèche, lisse, craquelée sous forme de squames superposées ; chair blanche, ferme,

consistante. *Lamelles* blanches, légèrement ponctuées de rouge chez les individus très développés, arrondies près du stipe, plutôt denses. *Stipe* atténué vers le haut, légèrement en forme de racine, haut de 5 à 7 cm, d'abord blanc, brunâtre ou rougeâtre, fibrilleux ; chair blanche ; *stipe* creux au centre. *Spores* blanches en masse, ellipsoïdales, lisses.
Écologie - Croît à l'état grégaire ou en groupes, dans les forêts de Conifères. De sporadique à fréquent en Europe, localement abondant en Amérique du Nord. Apparaît d'août à novembre. Saveur légère de farine ; bon seulement après cuisson.

Tricholoma ionides
(Calocybe ionides)
Corps fructifère - *Chapeau* convexe et puis aplani, lisse ; couleur variable du violet au pourpre ; diamètre de 3 à 5 cm. *Lamelles* blanches nuancées de jaune, si-

nueuses, étroites, denses. *Stipe* plus clair que le chapeau, fibreux, recouvert de duvet blanc au pied.
Écologie - Croît tant dans les bois d'arbres à feuilles larges que de Conifères. Rare en Europe en automne. Comestible.

Tricholoma lascivum

Corps fructifère - *Chapeau* couleur chamois clair, étendu, avec légère bosse centrale ; diamètre de 5 à 8 cm. *Lamelles* couleur blanc sale, libres, espacées, quelquefois maculées de ponctuations brun sombre. *Stipe* blanc, nuancé de marron clair, légèrement squameux vers le haut.
Écologie - Se développe dans les bois d'arbres à feuilles larges et de Conifères des régions montagneuses. Fréquent en Europe, de septembre à novembre. Comestible, mais d'odeur désagréable.

Tricholoma pardinum
(Tricholoma tigrinum)

Corps fructifère - *Chapeau* recouvert de squames petites, poilues, gris brun ; convexe, avec léger umbon central ; marge involutée. *Lamelles* blanchâtres avec des nuances bleu vert puis jaunâtres. *Stipe* strié, poilu au sommet, avec pied grossi, couleur ocre clair.
Écologie - Croît isolément ou en groupes dans les forêts de Conifères des régions montagneuses, en Europe et Amérique du Nord. Se développe à l'automne ; toxique.

Ci-dessus : Tricholoma portentosum.
A gauche : en haut, Tricholoma pessundatum ;
en bas, Tricholoma pardinum.
Ci-dessous : Tricholoma populinum.

Tricholoma pessundatum

Corps fructifère - *Chapeau* rouge châtain, plus clair vers la marge ; visqueux à l'état humide, brillant lorsqu'il est sec ; chair dégageant une odeur de farine de graine ou d'huile de graine de Lin. *Lamelles* blanches avec nuances rouge-brun, sinueuses. *Stipe* blanchâtre, avec ponctuations rougeâtres, plus ou moins robuste, plutôt grossi à la base.
Écologie - Croît sous des arbres à feuilles larges et sous des Conifères : Épicéas et Pins. Rare en Europe, en automne. Non comestible ; peut être confondu avec le Champignon vénéneux *Tricholoma montanum*.

Tricholoma populinum

Voir *Tricholoma vaccinum*

Tricholoma portentosum

Corps fructifère - *Chapeau* gris fuligineux, quelquefois nuancé de violet, strié radialement, plus sombre au centre, de convexe à aplani ; marge souvent lacérée ; diamètre de 7 à 14 cm. *Lamelles* blanches,

Ci-dessus : Tricholoma saponaceum.
A droite : Tricholoma sulphureum.

puis jaunâtres, annexes. *Stipe* bien développé, légèrement radicant, blanc, nuancé de jaune, pouvant atteindre 12 cm.
Écologie - Se développe dans les forêts de Conifères, notamment sous de vieux Pins, aussi bien que sous des Hêtres. D'occasionnel à fréquent en Europe, en automne. Comestible (bon).

Tricholoma saponaceum

Corps fructifère - *Chapeau* de couleur variable, d'olivâtre ou brun à noirâtre gris, quelquefois très clair, avec marge plus pâle ; diamètre de 3 à 8 cm ; convexe, puis aplani avec léger umbon central ; marge initialement involutée ; cuticule de fibrilleuse à finement squameuse, humide par temps pluvieux, quelquefois craquelée ; chair blanche qui devient rougeâtre au toucher, consistante. *Lamelles* de blanc à jaune clair, nuancées ou maculées de rougeâtre, quelquefois finement veloutées ; arrondies près du stipe, minces, espacées. *Stipe* quelquefois grossi au centre, atténué à la base en forme de racine, haut de 5 à 10 cm avec diamètre de 1 cm environ, clair avec un réticule de fibrilles ou de squames noirâtres. *Spores* blanches en masse, largement ellipsoïdales (arrondies-elliptiques), possédant une gouttelette huileuse centrale ($5{,}5 \times 3{,}8\ \mu$).
Habitat et distribution - Croît isolément ou en groupes dans les bois de Conifères ou dans les forêts de Bouleaux ou d'autres arbres à feuilles aplaties. Commun en Europe, mais rare en Amérique septentrionale.

Époque d'apparition - De juillet à novembre.
Possibilités gastronomiques - Ne peut pas être consommé, à cause de sa saveur et de son odeur désagréables de savon.

Tricholoma sulphureum
(Agaricus sulphureus)
Tricholoma soufré

Corps fructifère - *Chapeau* jaune soufre, quelquefois plutôt brun au centre, au diamètre de 4 à 8 cm ; d'abord convexe, puis irrégulièrement aplani, avec marge initialement involutée ; cuticule lisse, soyeuse ; chair jaune, ferme, fragile. *Lamelles* de couleur jaune soufre, uncinées près du stipe, quelquefois arquées, dans d'autres cas plutôt espacées. *Stipe* haut, atténué au pied, érigé et plutôt recourbé, quelquefois en forme de racine, de 5 à 10 cm de hauteur, jusqu'à 1 cm de diamètre, de couleur jaune soufre, lisse ; chair jaune, lacuneuse au centre du stipe. *Spores* blanches en masse, lisses, avec une petite goutte huileuse centrale, ellipsoïdales ($9{,}5 \times 5{,}5\ \mu$).
Habitat et distribution - Croît à l'état plus ou moins grégaire dans les bois d'arbres à feuilles larges, en particulier sous les Chênes et dans les forêts de Conifères des régions montagneuses. Sporadique en Europe.
Époque d'apparition - De juillet à novembre.
Possibilités gastronomiques - Non comestible à cause de sa saveur désagréable et de sa forte odeur de gaz.

Tricholoma terreum

Très proche de cette espèce est le *T. argyraceum* qui est beaucoup plus rare, au chapeau gris souris, écailleux et à lamelles qui jaunissent par taches.
Corps fructifère - *Chapeau* gris très sombre, souvent presque noir au centre (diamètre de 5 à 7 cm) ; convexe puis aplani, avec un umbon central ; cuticule de feutreuse à squameuse avec fibrilles plus sombres ; chair blanchâtre gris, mince, molle, fragile. *Lamelles* gris clair, détachées du stipe, larges jusqu'à 5 mm, irrégulières au niveau de la marge. *Stipe* cylindrique ou un peu renflé au pied, haut de 5 à 7 cm, avec diamètre de 1 cm environ, blanchâtre gris, farineux dans la partie haute ; chair spongieuse. *Spores* blanches en masse, ellipsoïdales, lisses, avec une petite goutte huileuse centrale ($6{,}5 \times 4{,}1\ \mu$).

Habitat et distribution - Croît à l'état grégaire, quelquefois en cercles, dans des forêts de Conifères, dans de jeunes plantations de Pins, et tout au long des sentiers des forêts ; dans des bois mixtes de Pins et de Hêtres en Amérique septentrionale. De fréquent à commun en Europe, rare en Amérique du Nord.
Époque d'apparition - De juillet à novembre.
Possibilités gastronomiques - Saveur et odeur agréables ; comestible, de bonne qualité.

En haut, de gauche à droite : Tricholoma terreum *et* Tricholoma virgatum. *Ci-contre :* Tricholoma vaccinum. *À gauche :* Tricholoma ustale.

Tricholoma ustale

Corps fructifère - *Chapeau* d'abord rougeâtre, ensuite plus sombre, visqueux, lisse, convexe puis aplani. *Lamelles* d'abord blanches, ensuite maculées de brun rougeâtre ; elles tendent à noircir aussi bien que la chair. *Stipe* mince, claviforme, rouge-brun, plus pâle dans la partie supérieure, fibrilleux.
Écologie - Présent en groupes dans les forêts d'arbres à feuilles larges, notamment sous les Hêtres, plus rarement dans les forêts de Conifères. Répandu et fréquent en Europe et en Amérique du Nord, d'août à novembre. Non comestible.

Tricholoma vaccinum

Corps fructifère - *Chapeau* brun rougeâtre, recouvert d'écailles rares, molles, d'abord convexe, ensuite presque aplani ; marge ondulée, poilue, recourbée. *Lamelles* blanc ivoire, annexes. *Stipe* long, mince, creux chez les individus d'âge avancé, brun rougeâtre pâle.
Écologie - Se développe dans les forêts de Conifères, notamment dans des régions montagneuses. D'occasionnel à fréquent en Europe et en Amérique du Nord, d'août à novembre. Comestible mais médiocre, offrant une saveur légèrement amère.

Ce Champignon est proche du *T. populinum,* qui n'est pas comestible et croît dans des Peupleraies.

Tricholoma virgatum

Corps fructifère - *Chapeau* gris cendre avec des stries radiales plus sombres, translucide, irrégulièrement conique, de 4 à 8 cm de diamètre. *Lamelles* grisâtres, uncinées. *Stipe* long, élancé, gris blanchâtre, pruineux dans sa partie supérieure.

Écologie - Se développe dans des bois de Conifères, notamment d'Épicéas, dans des bois de Hêtres et dans les landes. Occasionnel en Europe, de septembre à novembre. Très poivré et légèrement toxique.

Tricholomopsis platyphylla

(Collybia platyphylla, Agaricus platyphyllus, A. grammocephalus)

Corps fructifère - *Chapeau* marron sombre ou gris avec stries à rayons de fibrilles plus sombres ; de 4 à 9 cm de diamètre (quelquefois 12 cm), d'abord convexe, enfin plan ; marge initialement involutée ; cuticule sèche, quelquefois craquelée ou lacérée ; chair blanche, mince, fragile. *Lamelles* blanches, détachées en direction oblique au stipe, larges de 1 à 2 cm, espacées. *Stipe* cylindrique, avec mycélium évident à la base, haut de 7 à 10 cm, d'environ 1 cm de diamètre, blanchâtre gris, fibrilleux, strié ; chair blanche, friable. *Spores* blanches en masse, ovales, lisses, avec une petite goutte huileuse au centre (dimensions moyennes : 6 × 6,5 μ).

Habitat et distribution - Croît isolément ou à l'état grégaire, rarement en touffes, dans les bois d'arbres à feuilles larges, autour de souches dégradées, sur du bois et des feuilles pourrissants, dans les forêts de Conifères des régions montagneuses.

Époque d'apparition - De mai à novembre, quelquefois décembre.

Possibilités gastronomiques - Seuls les individus trop développés dégagent une mauvaise odeur ; les chapeaux jeunes sont comestibles.

Ci-dessus :
Tricholomopsis platyphylla.
A droite, de haut en bas :
Tylopilus felleus *et* Volvariella bombycina.
Ci-dessous :
Tricholomopsis rutilans.

Tricholomopsis rutilans

(Tricholoma rutilans)

Tricholoma rutilant

Corps fructifère - *Chapeau* densément ponctué de rouge pourpre sur fond jaune, de 5 à 9 cm de diamètre, convexe puis aplani ; marge mince, initialement involutée ; cuticule squameuse, surtout au centre ; chair jaune, compacte. *Lamelles* jaune crème, uncinées, larges, pourvues de fil épais, quelquefois cotonneux, denses. *Stipe* cylindrique ou légèrement grossi au pied, haut de 5 à 10 cm, de 1 à 2 cm de diamètre, jaune, couvert de petites écailles pourpres ; chair jaune, friable. *Spores* blanches en masse, ellipsoïdales, lisses, avec une petite goutte huileuse en leur milieu (7,3 × 4,5 μ).

Habitat et distribution - Croît à la base des troncs morts de Conifères. Fréquent en Europe et en Amérique du Nord.

Époque d'apparition - De juillet à novembre.

Possibilités gastronomiques - La chair, cuite, devient un peu élastique ; comestible.

Tylopilus felleus

(Boletus felleus)

Bolet amer, Bolet chicotin

Corps fructifère - Chapeau d'ocre à couleur miel, de 6 à 12 cm de diamètre, d'abord convexe, ensuite aplani ; cuticule d'abord duveteuse, puis lisse ; chair épaisse, molle, blanche, devenant rosée au découpage ; au contact d'ammoniaque, d'hydroxyde de potassium ou de sulfate de fer, elle se colore en gris olivâtre. *Tubules* d'abord blancs, ensuite roses, longs de 1 à 2 cm, adnés, déprimés autour du stipe. *Pores* de même couleur que les tubules, anguleux, devenant brunâtres au toucher. *Stipe* légèrement claviforme, long de 7 à 10 cm, au diamètre de 2 à 3 cm ; dans la partie supérieure il est plus clair que le chapeau, recouvert par un réticule brun sombre ; chair blanche, ferme. *Spores* rose ocré en masse, lisses, ellipsoïdales (12 × 4,5 μ).

Habitat et distribution - Croît isolément, sur des souches de Conifères et sur l'humus situé sous les Chênes et sous d'autres arbres à feuilles larges. Commun et répandu en Europe.

Époque d'apparition - D'août à novembre.

Possibilités gastronomiques - Non comestible ; saveur amère.

Volvariella bombycina

(Volvaria bombycina)

Espèce qui généralement apparaît sur le même site pendant plusieurs années. Croît quelquefois à quelques mètres de distance à partir

d'arbres vivants, sans être toutefois parasite.
Corps fructifère - D'abord blanc jaunâtre, puis de plus en plus clair, initialement ovoïde, puis campanulé, enfin convexe avec umbon central ; cuticule poilue soyeuse ; chair blanche, friable. *Lamelles* charnues, libres, très denses lorsque le chapeau est complètement développé. *Stipe* atténué vers le haut avec base grossie, recourbé lorsqu'il croît sur des troncs d'arbres, haut de 7 à 15 cm, avec un diamètre d'au moins 1 cm, blanc, lisse, avec une haute volve jaunâtre, membraneuse, qui entoure la base ; chair blanche compacte. *Spores* rose saumon en masse, largement ovoïdes, lisses (9,3 × 5,5 µ).
Habitat et distribution - Croît isolément, occasionnellement en touffes sur des troncs, des souches pourrissantes, sur de la sciure de bois. Non commun en Europe, Amérique du Nord et Australie.
Époque d'apparition - De juin à octobre.
Possibilités gastronomiques - Comestible, de valeur limitée.

Volvariella speciosa
(Volvaria speciosa)
Corps fructifère - Chapeau blanchâtre, puis gris-brun, notamment au centre ; 5 à 10 cm de diamètre ; d'abord conique-campanulé, puis aplani avec ombon central ; cuticule lisse, brillante ; chair blanche, molle, fragile. *Lamelles* blanches, puis rose saumon, libres, larges, molles, très denses. *Stipe* érigé, élancé, s'élargissant graduellement vers le haut, avec base légèrement bulbeuse, haut de 10 à 20 cm ; grisâtre brun, lisse avec une volve libre, lacérée, engainant la base. *Spores* rose saumon en masse, ovales, lisses (13 × 18 µ).
Habitat et distribution - Croît isolément ou à l'état grégaire dans des terrains bien fertilisés, sur des tas de fumier, paille, terreau, dans les jardins, dans les serres, dans les champs. D'occasionnel à fréquent en Europe, commun en Amérique septentrionale, notamment en Californie. Présent en Australie et en Afrique méridionale.
Époque d'apparition - De juillet à octobre en Europe, de mai à juillet en Amérique septentrionale.
Possibilités gastronomiques - Il en émane quelquefois une odeur désagréable et forte ; il est consommé, bien que rarement, en Europe, après une longue cuisson. Certains experts le considèrent comme toxique.

Volvariella surrecta
(Volvaria loveiana)
Parasite du *Clitocybe nebularis,* cette espèce apparaît sous forme de petit bouton blanc grisâtre et se développe lorsque le Champignon hôte pourrit.
Corps fructifère - *Chapeau* gris blanchâtre avec légères nuances jaunes ; de 2 à 5 cm de diamètre ; d'abord convexe, puis aplani ; cuticule recouverte de duvet fin blanc. *Lamelles* d'abord blanches, puis rose saumon, libres, irrégulières, larges, plutôt denses. *Stipe* bref, recourbé, aminci vers le haut, épaissi près du chapeau ; blanc, quelquefois pruineux, avec volve blanche, lacérée, qui engaine la base. *Spores* rose saumon en masse, largement ovoïdes, lisses (6,3 × 3,9 µ).
Habitat et distribution - Croît en groupes denses sur le *Clitocybe nebularis* et plus rarement sur le *Clitocybe clavipes* et l'*Amanita vaginata*. Rare en Europe.
Époque d'apparition - Octobre.
Possibilités gastronomiques - Déconseillé.

Xeromphalina campanella
(Omphalia campanella)
Corps fructifère - *Chapeau* jaune rouille, plus clair lorsqu'il est sec, campanulé ou convexe, strié si humide ; diamètre de 1 à 2 cm ; chair jaunâtre, membraneuse. *Lamelles* jaunes, poussiéreuses à l'état mûr, décurrentes, arquées, espacées. *Stipe* très mince, plein, recourbé, haut de 2 à 5 cm environ, brun brillant, plus clair dans sa partie supérieure ; chair consistante, cartilagineuse. *Spores* blanches en masse, lisses, ellipsoïdales (7 × 3 µ).
Habitat et distribution - Croît en touffes, sur des troncs pourrissants dans des forêts de Conifères, notamment sur des Pins, dans des régions montagneuses. Fréquent dans les régions montagneuses de l'Europe.
Époque d'apparition - D'août à octobre en Europe.
Possibilités gastronomiques - Trop petit pour être pris en considération.

En haut : Volvariella surrecta.
A gauche : Volvariella speciosa.
Ci-contre : Xeromphalina campanella.

Glossaire

Principales formes du chapeau des Champignons :
1 plan (aplani);
2 concave;
3 infundibuliforme;
4 convexe;
5 hémisphérique;
6 révoluté;
7 ovoïde;
8 conique;
9 umboné;
10 involuté.

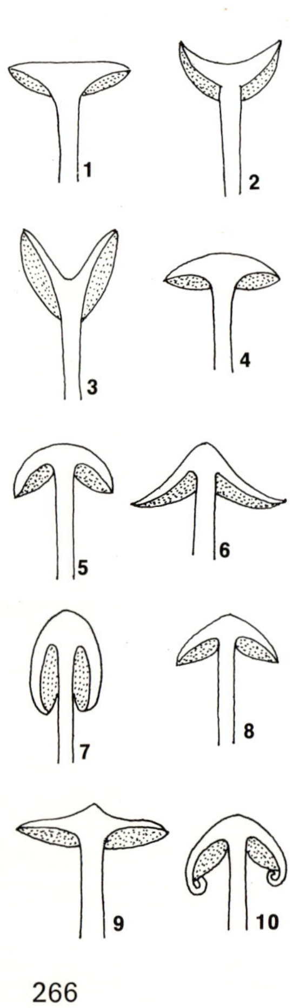

Acre - C'est la saveur brûlante de la chair et du latex de nombreux Champignons appartenant généralement aux genres *Russula* et *Lactarius*. A ne pas confondre avec amer.

Adnées - Se dit des lamelles des Champignons lorsque, avec leur fil interne, elles adhèrent au stipe sur toute leur hauteur.

Agarics (Agaricales) - Terme général par lequel on désigne les Champignons pourvus de lamelles sous le chapeau.

Aiguillons - Petits appendices pointus, fragiles, tapissés par l'hyménium formé par les basides; revêtent, par exemple, la face inférieure du chapeau des Champignons appartenant à la famille des Hydnacées (genres *Hydnum*, *Sarcodon*, etc.).

Alvéolé - Se dit du chapeau (mitre) de certains Champignons, en particulier des Morilles (genre *Morchella*), caractérisé par la présence d'alvéoles.

Alvéoles - Petites fossettes, plus ou moins larges et profondes, qui caractérisent le chapeau de certains Champignons, appelé, de ce fait, alvéolé.

Amanitine - C'est l'une des substances les plus toxiques, présentes, en même temps que d'autres, chez les trois Amanites mortelles *(Amanita phalloides, A. verna, A. virosa)*.

Anastomosées - Sont ainsi désignées les lamelles, ou des productions analogues, présentes sur la face inférieure du chapeau de nombreux Champignons (exemple : Chanterelle, genre *Cantharellus*), lorsqu'elles se soudent çà et là, par des plis transversaux, formant une sorte de réticule.

Anneau - Bord mou et membraneux, plus ou moins large, tantôt simple (genre *Amanita*), tantôt double (certains Champignons de couche, genre *Psalliota*), qui se trouve dans la partie haute du pédoncule ou stipe; il dérive du voile partiel qui auparavant s'unissait à la marge du chapeau, tout en protégeant les lamelles, ou les pores des tubules (certains *Boletus*). Chez certaines espèces l'anneau est fugace ou mobile (genre *Lepiota*).

Annexes - Se dit des lamelles des Champignons, lorsqu'elles sont unies au stipe seulement sur une partie de leur hauteur, ce qui donne l'impression qu'elles se rapprochent de celui-ci en le touchant à peine.

Anse d'anastomose, ou boucle mycélienne - Formation en crochet, typique des hyphes du mycélium secondaire de Basidiomycètes, à travers laquelle se maintient la condition binucléée de ce stade *(cellules à dicaryon)*.

Aplani (ou aplati) - Se dit du chapeau lorsqu'il est plat.

Apothécie - C'est le corps fructifère de certains Champignons Ascomycètes (Discomycètes), aussi bien que celui de Lichens (Ascolichens), dont l'hyménium est très exposé vers l'extérieur; les apothécies des Champignons sont souvent très larges.

Arboricoles - Champignons ou autres organismes, se développant habituellement sur les arbres, soit en tant que parasites, soit en saprophytes ou épiphytes.

Arthroconidies, arthrospores - Ce sont les conidies qui se forment par fragmentation des hyphes. On les désigne aussi *oïdies*. Cependant, ce terme, plus ancien, est réservé, notamment, aux Moniliales.

Ascocarpe - Corps fructifère de Champignons Ascomycètes, portant les asques, souvent mélangés à des hyphes stériles *(paraphyses)*. L'apothécie et le périthèce sont des ascocarpes.

Ascogone - Appelé aussi oogone; c'est le gametange femelle de Champignons Ascomycètes. Il offre habituellement une forme globuleuse et est surmonté par le trichogine qui joue le rôle d'hyphe copulateur au contact de l'anthéridie mâle.

Ascophore - Partie du corps fructifère qui soutient les asques, chez les Ascomycètes.

Asque - Cellule reproductrice propre aux Champignons Ascomycètes (exemple : Morilles, Truffes), allongée, cylindrique, claviforme ou globuleuse, à l'intérieur de laquelle sont produites des spores haploïdes, d'origine sexuée, en nombre de 4 ou 8, dites *ascospores*.

Atténué - Se dit du stipe des Champignons à sections circulaire, dont la grosseur, ou l'épaisseur, diminue progressivement au niveau d'une extrémité.

Autotrophe - Se dit de tout organisme apte à effectuer la synthèse de glucides à partir du gaz carbonique de l'air et de l'eau puisée dans le substrat, à l'aide de la lumière solaire (photosynthèse). Les Champignons ne sont pas autotrophes, alors que le sont tous les Végétaux verts. C'est le contraire d'hétérotrophe.

Baside - Formation unicellulaire ou pluricellulaire, typique des Champignons Basidiomycètes, portant à l'extérieur généralement quatre spores (basidiospores) haploïdes, d'origine sexuée. Sa forme est généralement en massue, plus rarement globuleuse ou allongée. Les spores, souvent produites à l'extrémité supérieure de la baside, sont soutenues par de petits appendices dits *stérigmates*.

Basidiocarpe - Stroma qui, chez les Champignons Basidiomycètes, porte les basides et qui s'identifie avec le corps fructifère de ces organismes.

Basidiospores - Ce sont les spores, toujours d'origine sexuée, haploïdes, produites par la baside à l'extérieur de celle-ci et soutenues par des stérigmates.

Bolets - Au sens large, ce sont des Champignons caractérisés par un stipe qui s'insère au centre d'un chapeau portant des *tubules*; ces derniers se terminent sur la face inférieure de celui-ci, en *pores* (exemple, Cèpe : *Boletus edulis*).

Capillitium - Ensemble de filaments stériles, souvent anastomosés et d'aspect réticulé, que l'on rencontre dans les corps fructifères de certains Champignons (Myxomycètes, Gastéromycètes).

Carpophore - C'est le corps fructifère des Champignons; selon le langage populaire, il correspond au Champignon habituel, portant les asques *(ascocarpe)* ou les basides *(basidiocarpe)*, producteurs de spores d'origine sexuée.

Caustique - Se dit du latex sécrété par certains Champignons appartenant aux genres *Lactarius* et *Russula*, lorsque son goût est très brûlant, irritant.

Cercles des sorcières - Colonies de Champignons, de forme particulière, disposés précisément en cercles larges, au milieu de l'herbe. Ce phénomène, dû au mode du développement du mycélium, est notamment fréquent chez certaines espèces du genre *Tricholoma*.

Chapeau - Partie supérieure, élargie, du corps fructifère de Champignons supérieurs; sur sa face inférieure il peut y avoir des *lamelles* (Agarics), des *pores* (Bolets et Polypores) ou bien des *aiguillons* (Hydnums), tandis qu'un pédoncule, ou *stipe*, s'insère à son milieu, ou bien en position excentrique ou latérale. La forme du chapeau varie et dans le cas spécifique des Morilles (genre *Morchella*) il est appelé *mitre*, à cause de son aspect typique.

Chlamydospore (ou chlamydoconidie) - Spore d'origine asexuée, entourée d'une paroi épaisse et ayant un caractère durable (spore de conservation). Il s'agit souvent d'une cellule, ou article, faisant partie d'un hyphe cloisonné, dont la paroi s'épaissit et qui se sépare des autres cellules, devenant une spore.

Claviforme (ou clavé) - En forme de massue : se dit du stipe lorsqu'il est plus petit au sommet et grossi vers le pied sans former de bulbe.

Collarium - Bourrelet entourant le sommet du stipe et réunissant la base des lamelles de certains Agarics.

Collier - Se dit de l'anneau complexe des grandes Lépiotes.

Colonie - Ensemble de plusieurs individus de la même espèce, ou de cellules de Champignons unicellulaires (Levures, etc.), réunis en amas homogène.

Concolore - De couleur uniforme ou de la même couleur que les organes voisins. Ainsi, le stipe d'un Champignon peut être concolore avec le chapeau et celui-ci avec les lamelles, etc.

Conidie - Spore asexuée, formé à l'extérieur du mycélium. Les Champignons imparfait, ou Deutéromycètes, se reproduisent essentiellement par conidies. Celles-ci peuvent être hyalines ou bien colorées, unicellulaires ou pluricellulaires (cloisonnées).

Conidien - Se dit du stade du cycle biologique, caractérisé par la production de conidies (spores asexuées). Plusieurs Ascomycètes (par exemple : les genres *Penicillium* et *Aspergillus*) offrent un stade conidien.

Conidiophore - Hyphe fongique spécialisé, produisant, à son extrémité ou latéralement, des conidies. Les conidiophores peuvent être très courts, ou bien même très longs, simples ou ramifiés, isolés ou même réunis de différentes façons.

Conné - Soudé par la base dès le stade jeune.

Convexe - Arrondi du côté externe.

Coprophiles - Champignons qui se développent sur les fumiers (exemple : *Coprinus stercorarius*).

Corps fructifère - Voir Carpophore.

Corticoles - Champignons qui se développent sur les écorces d'arbres, dont la forme varie, étant tantôt en console, tantôt en sabot, tantôt du type ordinaire (stipe et chapeau).

Cortinaires - Champignons du genre *Cortinarius*, caractérisés par la présence d'une cortine de fils soyeux.

Cortine - Formation qui, chez certains Champignons à l'état jeune, descend de la marge du chapeau jusqu'à se réunir à la partie haute ou moyenne du stipe. Elle fait partie du voile partiel et peut être membraneuse, ou, plus souvent, filamenteuse-soyeuse, ou bien en toile d'araignée comme chez les espèces du genre *Cortinarius*.

Côte - Ligne saillante à la surface d'un organe.

Crénelé - Bordé de dents obtuses.

Cuticule - Pellicule qui recouvre le chapeau des Champignons et qui, dans certains cas, est facilement séparable de la chair.

Décurrent - Se dit des lamelles lorsque, à partir du chapeau, elles se prolongent sur le stipe comme, généralement, dans le cas des *Lactarius*, chez plusieurs *Pleurotus*, etc. Cette même disposition concerne les tubules de certains Polypores et Bolets.

Déhiscent - Se dit des organes clos qui s'ouvrent à leur maturité. C'est le cas de certains asques et sporanges qui s'ouvrent, laissant sortir leur contenu : les spores.

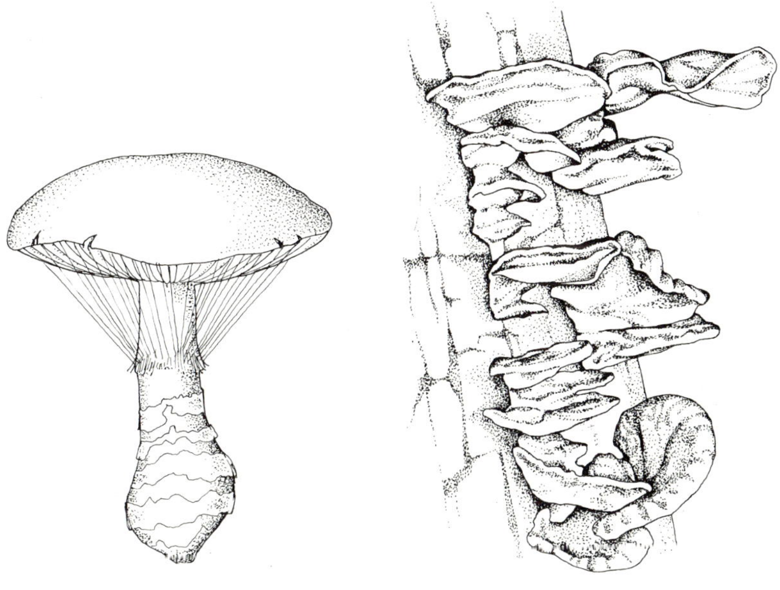

A gauche : aspect typique d'un Cortinarius. Ci-dessus : aspect des corps fructifères à console de Champignons corticoles.

Déliquescent - Se transformant en liquide, comme les lamelles de certains Agarics : les Coprins.

Dent - Formation saillante, aplatie.

Denté - Muni de dents.

Dentelé ou **Denticulé** - Muni de petites dents, comme une scie.

Déprimé - Chapeau à surface aplanie ou légèrement concave.

Écaille - Partie plus ou moins dressée, provenant de la déchirure de tissus superficiels.

Écailleux - Présentant des écailles.

Écartées - Se dit des lamelles en précisant toutefois si elles sont espacées entre elles ou si elles le sont par rapport au stipe, tout en étant séparées de ce dernier.

Échinulées - Ce sont les spores fongiques dont la surface est recouverte d'innombrables petits aiguillons.

Écidie - Petit corps fructifère de Champignons parasites de Végétaux. Les écidies sont globuleux, d'abord fermés, puis ouverts en coupe et développés hors de l'épiderme de l'organe parasité (généralement la feuille) de la Plante-hôte. Leur fond est tapissé de filaments mycéliens dont l'extrémité produit de longues chaînes de spores : les *écidiospores*. Les écidies sont des productions typiques des rouilles (Urédinales).

Écidiospores - Ce sont les spores qui se forment dans les écidies.

Éliophiles - Ce sont les Végétaux supérieurs, aussi bien que les Champignons, qui recherchent la lumière du soleil.

Ellipsoïdes ou **ellipsoïdales** - Se dit des spores dont la projection se présente sous forme d'ellipse.

Elliptique - En forme d'ellipse.

Émarginé - Se dit des lamelles qui présentent une échancrure près de leur insertion sur le stipe.

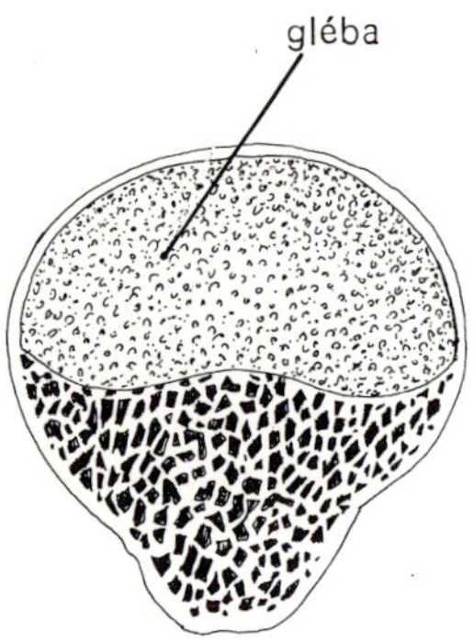

Section longitudinale du corps fructifère d'un Champignon Gastéromycète, mettant en évidence la gléba.

Endopéridium - Couche interne du péridium, élastique, plus mince que l'exopéridium, qui se lacère enfin pour libérer les spores.

Endospores - Spores produites à l'intérieur du thalle fongique.

Engainant - En forme de gaine. C'est le cas de la volve, lorsqu'elle entoure le stipe comme un étui.

Éphémère - De courte durée. Il peut s'agir de Champignons, comme dans le cas de nombreux *Coprinus* devenant bientôt déliquescents ou pourrissants, ou bien de l'anneau du stipe qui peut tomber précocement.

Épigé - Se développant au-dessus de la surface du sol.

Épiphyte - Se développant sur des Plantes.

Excentrique - Se dit du stipe lorsqu'il n'est pas inséré au centre du chapeau.

Exopéridium - Couche externe du péridium qui se lacère précocement, moins élastique et plus épaisse que l'endopéridium.

Exospores - Spores produites à l'extérieur du thalle fongique.

Farineux - Couvert de poussière blanche ressemblant à de la farine (blanche ou colorée).

Fasciculé - Se dit du stipe de Champignons qui croissent nombreux, réunis en touffes ou faisceaux (exemple : *Hypholoma fasciculare*).

Fibre - Élément allongé et grêle, situé à la surface du chapeau ou du stipe des Champignons.

Fibreux - Se dit du stipe de Champignon, muni de fibres plus ou moins consistantes (exemple : Agaric ou Armillaire couleur de miel : *Armillariella mellea*).

Fibrille - Petite fibre, ou filament très mince, disposé, au sens longitudinal, sur le stipe, ou, plus souvent, sur le chapeau, comme chez de multiples espèces du genre *Russula*.

Fibrilleux - Qui présente des fibrilles.

Fimicoles - Champignons qui croissent sur le fumier.

Fistuleux - Se dit du stipe, lorsqu'il est creusé d'un canal intérieur longitudinal et continu.

Flexueux - Présentant des courbures en divers sens.

Flocon - Petite touffe de filaments mous, ayant un aspect laineux ou soyeux.

Floconneux - Orné de petits flocons superficiels.

Forme imparfaite - Se dit du stade conidien, dépourvu de spores d'origine sexuée, des Champignons Imparfaits ou Deutéromycètes.

Forme parfaite - Se dit du stade caractérisé par la formation de spores d'origine sexuée.

Fourchu - Divisé en deux branches.

Fuligineux - Couleur de suie.

Fungicide - Toute substance capable de détruire des Champignons et leurs spores. Les fongicides sont employés dans l'agriculture contre les Champignons pathogènes et parasites des Plantes, aussi bien que dans l'industrie, pour combattre les Champignons nuisibles, ou infestants, par exemple ceux qui abîment la pâte de papier. Sont des fungicides l'aldéhyde formique, le quinone, le chlore, l'alcool éthylique, les sels de cuivre, zinc et mercure, aussi bien que le soufre. Lorsqu'il s'agit de produits aptes à empêcher le développement de Champignons, on parle de « fongistatiques ».

Fusiforme - Se dit du stipe, lorsqu'il offre une forme *fuselée*, renflé au milieu et aminci aux extrémités. Vues au microscope, certaines spores ont elles aussi cet aspect.

Gélatineux - Ayant la consistance molle de la gélatine.

Gélifié - Se dit d'une paroi qui se gonfle au contact de l'eau.

Glabre - Dépourvu de poils, lisse.

Glauque, glaucescent - Vert bleuâtre.

Gléba - Partie fertile, sporifère, des Champignons à corps fructifère globuleux, c'est-à-dire des Gastéromycètes (Vesses : genre *Lycoperdon*, etc.). Dans certains cas elle est déliquescente, comme chez les genres *Phallus* et *Clathrus*.

Glutineux - Synonyme de visqueux.

Granuleux - Couvert de granulations ou petites masses faisant saillie à la surface du Champignon.

Guttulées - Se dit des spores qui offrent une protubérance en forme de petite goutte, à leur extrémité inférieure.

Guttules - Petites gouttes.

Habitat - Milieu particulier, propre à chaque organisme.

Hérissé - Couvert de poils raides et dressés.

Hile - Point d'insertion de chaque basidiospore sur son stérigmate. Ce terme désigne aussi l'appendice situé à la base de la spore et reliant celle-ci au stérigmate.

Hirsute, hispide - Couvert de longs poils raides et dressés.

Humus - Ensemble de produits organiques, issu de la dégradation de résidus végétaux et animaux, due à l'action de Bactéries, Champignons, Protozoaires, etc.

Hyalin - Aspect et transparence d'un cristal. Ce terme est utilisé pour désigner les spores fongiques qui, étant blanches en masse, apparaissent transparentes et incolores sous le microscope.

Hyménium - Ensemble des cellules fertiles qui contiennent ou qui portent les spores. Il peut être constitué par des asques (hyménium ascogène ou ascophore) ou par des basides (hyménium basidiogène ou basidiophore). Dans l'hyménium, à côté des asques, ou des basides, peuvent se trouver aussi des productions stériles (*paraphyses* et *cystides*).

Hyphes - Filaments de longueur variable, continus ou cloisonnés (subdivisés en cellules ou *articles*, chez les Champignons supérieurs ou Eumycètes), dont l'ensemble constitue soit le *mycélium*, soit le *corps fructifère* fongique; celui-ci est formé, précisément, par un pseudotissu d'hyphes étroitement entrelacés.

Hypogés - Se dit des organes, ou des organismes tous entiers, qui se développent au-dessous de la surface du sol.

Imbriqué - Se dit de structures superposées et disposées comme les tuiles d'un toit.

Imparfaits (Champignons) - Voir forme imparfaite.

Infundibuliforme - Chapeau de Champignons, en forme d'entonnoir.

Involuté - Se dit de la marge du chapeau, lorsqu'elle est visiblement enroulée vers l'intérieur, c'est-à-dire vers les lamelles ou les pores. Ceci se produit chez plusieurs espèces du genre *Lactarius* et notamment chez le *Paxillus involutus*.

Lacéré - Irrégulièrement déchiré : c'est le cas de la marge du chapeau chez certaines espèces fongiques.

Lacinié - Subdivisé en lanières plus ou moins étroites et inégales, comme dans le cas de l'exopéridium lorsqu'il se lacère.

Lactaires - Terme général qui désigne les Champignons du genre *Lactarius*, dont la chair sécrète du latex.
Lactescent - Ayant l'aspect du lait ou laissant écouler un suc laiteux au niveau d'une cassure.
Lacuneux - Se dit du stipe lorsqu'il est pourvu de lacunes ou cavités, le plus souvent inégales et interrompues, disposées à son intérieur ou à sa surface.
Laineux - Recouvert de poils denses et mous lui donnant l'aspect d'une laine.
Lamelles - Productions laminaires, minces et délicates, disposées comme les rayons d'une roue autour du stipe, sous le chapeau de nombreux Champignons (Agarics au sens large); les lamelles sont revêtues par l'hyménium constitué par les basides produisant les spores.
Lamellules - Formations typiques de certains Champignons à lamelles et très semblables à celles-ci mais plus courtes : en fait, partant de la marge du chapeau, elles se terminent loin du stipe. Souvent, leur longueur est inférieure à la moitié du rayon du chapeau.
Langues - Terme général employé pour désigner les Champignons corticoles, en forme de console, appartenant au genre *Polyporus* ou à des genres voisins (exemple : Langue de bœuf, *Fistulina hepatica*).
Latéral - Se dit du stipe lorsqu'il est inséré en position latérale par rapport au chapeau (exemples : *Polyporus pes-caprae*, Pleurote en forme d'huître ou *Pleurotus ostreatus*, etc.).
Latex - Il est appelé aussi *lait*. C'est un liquide plus ou moins dense, le plus souvent gluant, sécrété par la chair des Champignons du genre *Lactarius* qui, de ce fait, sont appelés Lactaires. Le latex peut être légèrement sucré ou âcre, blanc ou bien coloré en jaune ou en rouge.
Leuco - Mot d'origine grecque qui veut dire « blanc ». Ainsi, sont appelés « Leucospores » les Basidiomycètes à spores blanches, hyalines (exemple : genre *Amanita*).
Libres - Se dit des lamelles des Champignons Agaricales lorsqu'elles n'atteignent pas le stipe.
Lignicole ou lignivore - Champignon qui se développe sur du bois vivant ou mort.
Maculé - Marqué par des taches, ou *macules*, dont la couleur est différente par rapport à celle du fond.
Mamelon - Proéminence arrondie.
Mamelonné - Se dit du chapeau des Champignons, du type convexe, lorsqu'il est pourvu d'un mamelon central.
Marbré - Se dit du stipe, ou du chapeau, offrant des marbrures ou taches imitant celles du marbre.
Marge - Bord libre du chapeau ou des lamelles.
Médiocre - Se dit d'un Champignon qui, sans être vénéneux, offre une valeur comestible limitée, soit à cause de sa saveur, soit par la consistance de sa chair.
Médulleuse - Se dit de la chair occupant l'intérieur du stipe des Champignons, lorsqu'elle a la consistance de la moelle de jeunes branches d'arbres ou de la mie de pain.
Membraneux - Ayant l'aspect ou la consistance d'une membrane.
Micromycètes - Champignons microscopiques, parasites ou saprophytes d'organismes végétaux ou animaux.
Mitre - Nom particulier que l'on donne au chapeau de nombreux Ascomycètes (genres *Morchella*, *Gyromitra*) car il rappelle, par sa forme, une mitre d'ecclésiastique.

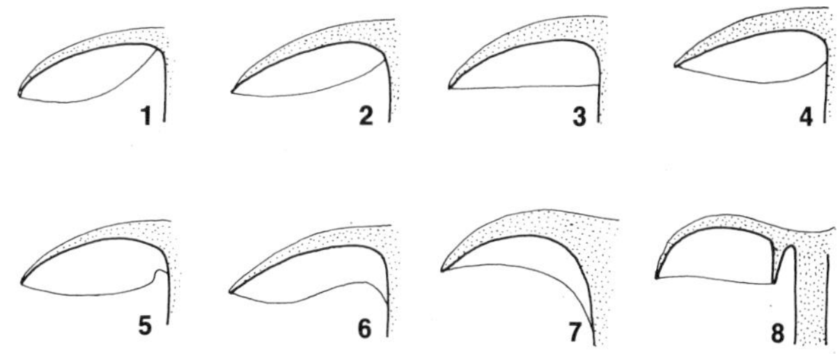

En haut, forme et disposition des lamelles par rapport au stipe :
1 *libres;*
2 *annexes;*
3 *adnées;*
4 *sinuées;*
5 *émarginées;*
6 *uncinées;*
7 *décurrentes;*
8 *insérées sur un collier (d'après Romagnesi).*

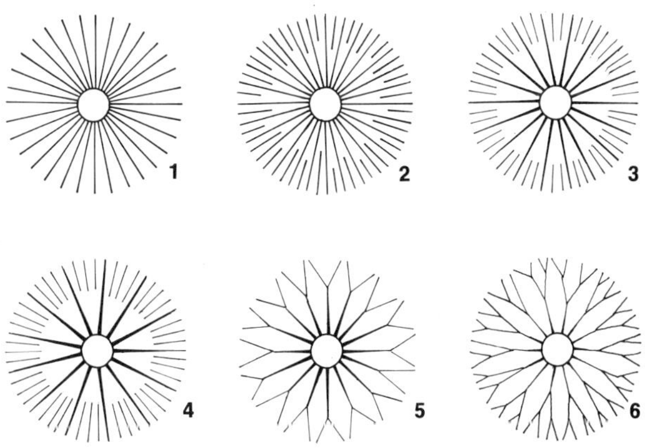

Ci-contre, plusieurs types de lamelles :
1 : *égales;*
2 à 4 : *inégales;*
5 : *bifurquées;*
6 : *rameuses.*

Moisissures - Terme général utilisé pour désigner des Champignons saprobies ou des parasites microscopiques. Chaque Moisissure peut se présenter sous forme de colonies plus ou moins étendues, de différentes couleurs, poussiéreuses, veloutées, ou croûteuses.
Mucilage - Substance liquide épaisse et visqueuse.
Mucilagineux - Qui contient du mucilage ou qui en a la consistance.
Mycélium - C'est l'ensemble des filaments microscopiques (*hyphes*), qui caractérise le thalle de la plupart des Champignons; son aspect peut être celui d'une toile d'araignée, ou d'un feutrage, mais il peut constituer aussi des rubans ou des cordons. Dans certains cas, le mycélium donne naissance aux corps fructifères qui, dans le langage courant, sont les véritables Champignons. Chez les Champignons supérieurs on appelle « mycélium primaire » celui qui est issu d'une seule spore; par contre, on désigne du terme de « mycélium secondaire » celui qui est produit à la suite d'une fusion de deux ou plusieurs hyphes d'origine différente.
Mycète - Terme synonyme de Champignon, mais peu utilisé dans le langage courant.
Mycologie - Science qui a pour objet les Champignons.
Mycorhize - Symbiose entre les jeunes racines de Plantes (Plantes-hôte) et Champignons du sol dont les hyphes peuvent recouvrir seulement ces dernières (mycorhize ectotrophe) ou bien pénétrer à leur intérieur (mycorhize endotrophe).
Mycorhizien - Se dit d'un Champignon qui produit des mycorhizes et qui est donc symbiote d'arbres, de Plantes herbacées ou même de Bryophytes (Hépatiques).
Mycoses - Ce terme désigne toutes les maladies de l'Homme, celles des Animaux et souvent celles des Végétaux aussi, causées par des Champignons parasites.

Oïdies - Filaments mycéliens cloisonnés de Champignons supérieurs, dont les cellules (articles), sphériques ou allongées, se désarticulent par la suite en se séparant les unes des autres. Chaque cellule désarticulée, dite aussi *oïdie* ou *oïdiospore*, peut reproduire un organisme fongique tout entier : il s'agit donc d'un fragment de mycélium qui fonctionne comme une conidie.
Oïdiospore - Voir oïdie.
Ombiliqué - Se dit du chapeau d'un Champignon lorsqu'il est pourvu, en son milieu, d'une fossette semblable à un ombilic.
Omboné - Muni d'un *ombon*, ou *mamelon :* se dit généralement du chapeau des Champignons lorsqu'il est pourvu d'un petit mamelon placé en son centre. Dans la pratique, ce terme est synonyme de mamelonné.
Ostiole - Petit orifice, ou pore, pouvant être temporairement obstrué par un couvercle *(opercule)* et qui établit une communication entre une cavité et l'extérieur, tout en permettant la sortie du contenu de celle-ci (exemple : ostiole, ou pore apical, de certains Champignons ou de certains Lichens).
Papille - Petite protubérance, bien limitée, située au centre ou à l'extrémité des organes.
Paraphyses - Productions stériles, filamenteuses ou claviformes, qui accompagnent souvent les asques et les basides, dans l'hyménium des Champignons.
Parasite - Se dit d'un organisme qui vit aux dépens d'un autre organisme (hôte). De nombreux Champignons sont parasites d'Animaux ou de Végétaux, même d'autres Champignons, dont ils provoquent le dépérissement et souvent la mort.
Pédicellé, pédonculé - Muni d'un pied, pédicelle, pédoncule ou *stipe*, par opposition à sessile. On dit aussi stipité.
Pellicule - Membrane très mince.
Pérennant - Structure, organe ou formation, qui persiste plusieurs années.
Péridium - Enveloppe du corps fructifère des Champignons Gastéromycètes, contenant le tissu sporogène et donnant ensuite les spores (exemple : genre *Lycoperdon*).
Périthèce - C'est l'un des corps fructifères typique des Ascomycètes et des Ascolichens; il s'agit d'un organe creux, de forme plus ou moins globuleuse, ou en bouteille, parfois claviforme, souvent pourvu d'un pore apical ou ostiole, contenant les asques.

Trois exemples de Champignons de la famille des Helvellacées; chez les Helvellacées et les Morchellacées, le chapeau est plus proprement dit mitre.

Pied - Dit aussi *stipe* (parfois aussi pédicelle ou pédoncule), qui supporte le chapeau de certains Champignons. Ce terme peut aussi désigner la base du stipe.
Piriforme - En forme de poire.
Poilu - Recouvert de poils.
Pointillé ou ponctué - Marqué de petits points.
Poivrée - Se dit de la chair d'un Champignon lorsqu'elle se caractérise par une saveur piquante, comme celle du poivre (exemple : le Lactaire poivré ou *Lactarius piperatus*).
Polypores - Ce sont les Champignons dont le corps fructifère se caractérise par la présence de pores situés sous le chapeau; contrairement aux Bolets, leur stipe est excentrique ou latéral, ou bien absent.
Pores - Ce sont les orifices des tubules, chez les Bolets et les Polypores; ils peuvent être très petits, ou bien assez évidents, ronds, anguleux ou allongés, tandis que leur couleur varie du blanc au jaune, au rouge, au brun et jusqu'à l'olivâtre.
Pores germinatifs - Ouvertures ou orifices microscopiques, traversant la paroi de certaines spores qui, lorsque celles-ci sont à l'état dormant (ou quiescent), sont obstruées par du matériel différent de celui de la paroi elle-même. Lors de la germination, ces pores s'ouvrent, laissant sortir les tubes germinatifs.
Pruine - Poussière fine, cireuse, pouvant recouvrir le chapeau et le stipe de certains Champignons et qui disparaît au toucher.
Pruineux - Couvert de pruine.
Pubescent - Couvert d'un duvet de poils minces et courts.
Pulvérulent - Couvert de poussière ou donnant de la poussière.
Radicant - Se dit du stipe d'un Champignon, lorsqu'il se prolonge, vers le bas, en racine pivotante souvent en continuité avec un cordon d'hyphes se développant dans le sol (exemple : *Collybia radicata*).
Réniforme - En forme de rein.
Résupiné - Corps fructifère au stipe rudimentaire ou absent, inséré sur le substrat par sa face supérieure et dont les lamelles, ou les pores, donc l'hyménium, sont orientés vers le haut.
Réticule - Ornement particulier, en réseau saillant, aux mailles de dimensions variables (souvent très petites, tout au moins chez les individus jeunes) et aux couleurs très diverses (blanc, jaune, rouge, brun), de la partie haute du stipe de nombreux Bolets (exemple : Bolet pourpre ou *Boletus purpureus*).
Révoluté - Roulé en dehors : se dit de la marge du chapeau de certains Champignons.
Rhizomorphe - Faisceau d'hyphes, souvent très long (propre aux Champignons supérieurs), donnant un cordon ou un ruban; épais, très compact, pouvant demeurer longtemps en état de vie latente mais étant toujours apte à produire du mycélium et des corps fructifères (exemple : *Armillariella mellea*). Les rhizomorphes se développent dans du sol riche en humus, sur des feuilles mortes, sur des souches d'arbres, sur des écorces et sur du bois mort.
Ridé - Dont la surface est pourvue de rides, ou plis irréguliers et peu profonds.
Saprobie - Se dit aussi saprophyte : Champignon, ou tout autre organisme, vivant sur des Végétaux ou sur

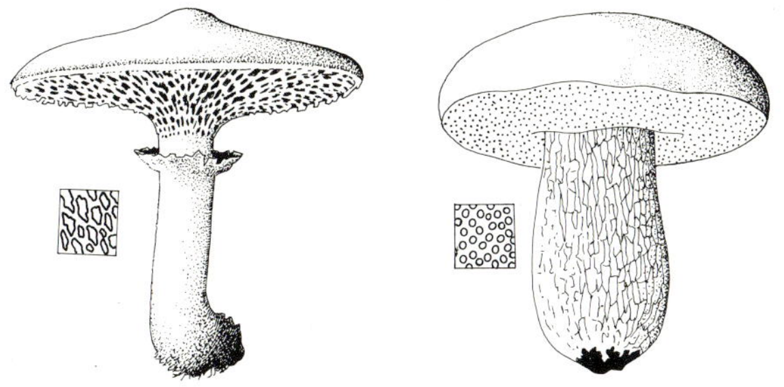

Deux Champignons munis de pores dans la partie inférieure du chapeau; le Cèpe (à droite) aux pores arrondis et le Bolet à pied creux (Boletinus cavipes, à gauche), aux pores anguleux; dans les cartouches, détails très agrandis des pores.

des Animaux morts, de même que sur leurs parties ou déchets, ou sur toute matière organique morte. Les Champignons lignicoles (lignivores) sont des organismes saprobies typiques.

Saprophyte - Voir saprobie.

Sclérote - Amas compact d'hyphes fongiques enchevêtrés, donnant un tubercule dur, d'aspect globuleux, ellipsoïdal ou fusiforme, pouvant atteindre quelques centimètres de longueur (exemple : ergot du Seigle), subdivisé, dans certains cas, en partie corticale et partie interne ou médullaire. Les sclérotes constituent un mode de conservation des Champignons.

Scrobiculé - Se dit du stipe, lorsqu'il est muni de petites fossettes, le plus souvent d'aspect irrégulier (exemple : Lactaire scrobiculé ou *Lactarius scrobiculatus*).

Séparable - Qui se détache facilement, comme, dans certains cas, le stipe séparable du chapeau, ou les lamelles séparables de la chair du chapeau.

Septés ou cloisonnés - Se dit des hyphes des Champignons supérieurs, subdivisés par des cloisons en articles, ou cellules, plus ou moins allongés.

Septums ou cloisons - Ce sont les parois transversales disposées tout au long des hyphes des Champignons supérieurs qui, de ce fait, sont *septés* ou *cloisonnés*.

Sessile - Se dit du chapeau des Champignons, lorsqu'il est dépourvu de stipe, aussi bien que des spores dépourvues de stérigmate.

Sinuées - Se dit des lamelles lorsqu'elles s'arrondissent à proximité du stipe dont elles touchent le sommet.

Sinueux - A contour ondulé.

Soie - Poil long et raide.

Soyeux - Ayant l'aspect de la soie.

Spinule - Petite épine.

Spinuleux - Recouvert d'épines courtes.

Spongieux - Ayant l'aspect d'une éponge.

Sporange - Cellule mère des spores, typique des Myxomycètes et des Phycomycètes; à son intérieur se forment les spores (endospores ou sporangiospores) à la suite de divisions successives. Elles se libèrent et sortent par rupture de la paroi du sporange.

Spore - Semence microscopique, constituée par une (spore unicellulaire), deux (spore bicellulaire), ou plusieurs cellules (spore pluricellulaire), d'origine sexuée ou asexuée, assurant la dissémination et dans certains cas aussi la conservation des espèces fongiques; elle est apte à germer, donnant un organisme fongique tout entier. Les spores sont produites dans des asques, chez les Ascomycètes, ou sur des basides chez les Basidiomycètes; leur forme varie, si bien qu'elles peuvent être rondes, ovales, ellipsoïdales, allongées, fusiformes, etc., dépourvues de cloisons (unicellulaires) ou cloisonnées (bi- ou pluricellulaires). Les Basidiomycètes à lamelles (Agaricales) peuvent être classés par rapport à la couleur des spores observées dans leur ensemble, lorsqu'elles tombent du chapeau; ainsi il y a des Leucosporés (à spores blanches), Rhodosporés (spores roses ou rouges), Ochrosporés (spores jaunes, ocrées, brunes), Mélanosporés (spores noires), etc.

Sporée - Amas de spores récoltées après leur chute du carpophore qui les a produites.

Squame - Groupe de poils donnant de petites mèches ou des écailles sur le chapeau ou le stipe de certains Champignons. Dans la pratique, ce terme est parfois employé à la place d'*écaille*.

Squameux - Pourvu de squames. On dit aussi écailleux.

Stable à la chaleur ou **Thermostable** - Se dit de tout poison fongique qui ne perd pas son pouvoir toxique à la chaleur, même lorsqu'il est soumis à des températures supérieures à 60 °C. C'est l'inverse de *labile à la chaleur*.

Stérigmates - Petites productions, ou pédicelles, de 1 à 4, des basides, portant les spores (basidiospores). Ce même terme définit les pédicelles de conidiophores, qui supportent les conidies.

Stipe - Synonyme de *pied* et de *pédoncule*.

Strié - Pourvu de stries.

Stries - Lignes très fines, denses, d'aspect soyeux qui, disposées à rayons, caractérisent le chapeau de multiples Champignons appartenant, notamment, aux genres *Russula*, *Tricholoma*, *Cortinarius* et qui, de ce fait, se disent *striés*. Des stries longitudinales sont parfois présentes sur le stipe.

Stroma - Ensemble de filaments mycéliens (hyphes) constituant un faux tissu et donnant un amas globuleux, ou un tubercule, dépourvu de couche corticale différenciée. Il est souvent le support de fructifications, par exemple dans le cas de conidiophores ou des périthèces. De ce fait, on appelle aussi stromas tous les amas d'hyphes à partir desquels naissent les fructifications fongiques telles que les conidiophores et les asques

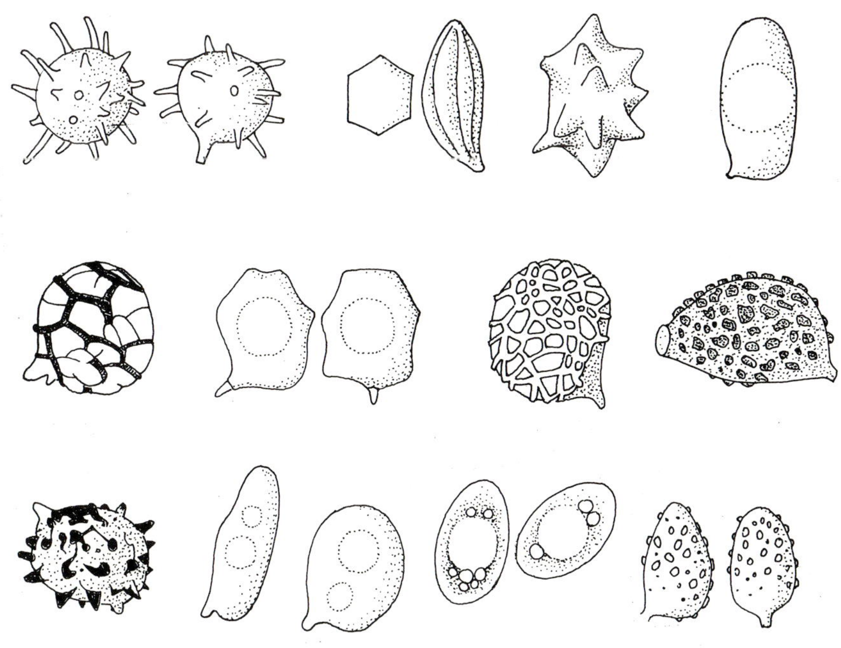

Plusieurs types de spores fongiques (d'après Skovsted et d'après Kühner et Romagnesi).

A droite : voile général au cours de deux stades de développement du corps fructifère et, à droite, voile partiel.

Ci-dessous : volve au cours de trois stades de développement chez l'Amanita caesarea (Oronge).

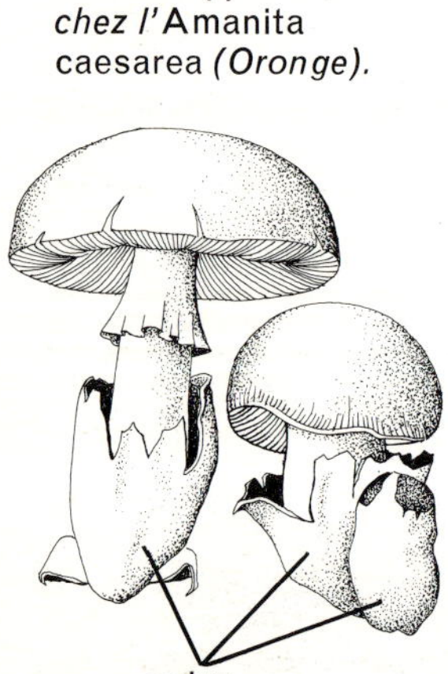

(exemple : acervules, pycnides, ascocarpes, basidiocarpes).
Suspect - Se dit de tout Champignon dont les qualités comestibles sont douteuses et qui cependant n'est pas véritablement toxique. Ce terme est de moins en moins utilisé, au fur et à mesure que sont précisés les caractères des différentes espèces fongiques.
Symbiose - Association, ou vie en commun, de deux ou plusieurs organismes entre lesquels s'établissent des relations très étroites. Par exemple, les Champignons mycorhiziens (rhizomycètes) vivent en symbiose avec les racines de Végétaux supérieurs.
Symbiote - Se dit d'un Champignon, ou de tout autre organisme, végétal ou animal, vivant en symbiose avec d'autres êtres vivants.
Tenace - Résistant à la cassure.
Ténu - Très mince, grêle.
Thalle - Au sens large, ce terme définit le corps non différencié des Tallophytes; il est dépourvu de racines, tiges et feuille, véritables, aussi bien que de vaisseaux conducteurs et en somme de vrais tissus. Le corps des Champignons est un thalle typique.
Tomenteux - Recouvert de poils courts, serrés, constituant une sorte de feutrage *(tomentum)*.
Translucide - Laissant passer la lumière sans toutefois permettre l'observation des formes.
Tubercule - Excroissance ou protubérance obtuse.
Tuberculeux - Présentant des tubercules; se dit de la marge du chapeau de certains Champignons (exemple : Russule fétide ou *Russula foetens*) lorsque, en plus des stries, elle présente des séries ordonnées de tubercules. Ce terme est utilisé aussi pour définir d'autres parties fongiques offrant de telles formations.
Tubules - Productions en forme de petits tubes, propres aux Champignons dits précisément « à tubules » (Bolets et Polypores). Les tubules sont entassés sur la face inférieure du chapeau de ces organismes; ils y sont disposés verticalement, parallèles les uns par rapport aux autres, tandis que leur paroi interne est tapissée par l'hyménium; ils s'ouvrent à l'extérieur par un orifice libre, le *pore*.
Umbon - Dit aussi ombon ou mamelon. C'est une proéminence, ou protubérance, plus ou moins saillante, située au centre du chapeau de nombreux Champignons qui est alors défini *umboné*, *omboné* ou *mamelonné*. L'umbon offre une forme conique-arrondie et peut être présent aussi chez des Champignons au chapeau déprimé (exemple : *Clitocybe infundibuliformis*).
Umboné - Voir omboné.
Uncinés (ou **oncinés**) - Se dit des lamelles émarginées de certains Champignons, lorsqu'elles sont prolongées sur la partie haute du pied, par un petit crochet.
Utriforme - En forme d'outre.
Veine - Ornementation linéaire plus ou moins allongée et mince, dont la couleur contraste avec celle du fond, ou bien faisant saillie comme une veine d'organisme animal ou une nervure de feuille.
Velouté - Recouvert de poils serrés et courts prenant l'aspect d'un velours.
Velu - Recouvert de poils longs et serrés.
Vénéneux - Dit aussi toxique. Se dit de tout Champignon connu par son contenu en substances toxiques et de ce fait non comestible. Il y a plusieurs formes de toxicité, en ce qui concerne soit son intensité, soit l'action du poison. Cependant, même des Champignons comestibles peuvent devenir toxiques, lorsqu'ils sont en mauvais état de conservation; dans ce cas, des processus de putréfaction font que dans leur chair se forment des toxines de type particulier (ptomaïnes).
Verrues - Petites protubérances irrégulières, disposées sur diverses parties des Champignons. Sont ainsi appelés les fragments, tantôt aplatis, tantôt plus ou moins épais et anguleux, présents sur le chapeau de plusieurs Champignons, en tant que débris du voile général (exemple : Fausse Oronge ou *Amanita muscaria*); le chapeau est alors appelé verruqueux. Cependant, ses verrues peuvent être d'autre nature (exemple : *Lepiota acutesquamosa*).

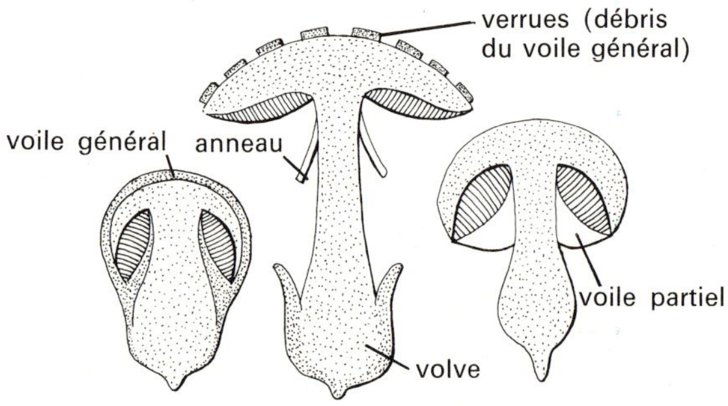

Sont désignés ainsi certains ornements de spores.
Verruqueux - Pourvu de verrues.
Villeux - Couvert de poils.
Visqueux - Recouvert d'un matériel mou, dense, gluant.
Voile général ou **universel** - Production membraneuse et molle qui revêt tout le corps fructifère, à l'état jeune, de certains Champignons. Lorsque celui-ci s'accroît, le voile se lacère et constitue la volve (exemple : Amanite phalloïde ou *Amanita phalloides*). Le développement du corps fructifère fait que, dans certains cas, le voile général laisse des fragments, ou verrues, sur le chapeau (exemple : plusieurs espèces du genre *Amanita*).
Voile partiel - C'est une membrane molle qui, chez certains Champignons jeunes, munis de volve, partant de la marge du chapeau recouvre les lamelles en les protégeant (exemple : Oronge ou *Amanita caesarea*). On appelle *voile marginal* celui qui, en l'absence de voiles général et partiel, protège les pores des tubules (exemple : Bolet élégant ou *Boletus elegans*) et s'unit au stipe. A la suite de la croissance du corps fructifère, les voiles partiel et marginal se lacèrent : ils donnent lieu à la formation de l'*anneau* et parfois ils laissent des débris sur la marge du chapeau.
Volve - Enveloppe membraneuse et molle, généralement blanche, en forme de coupe ou bien de paquet infundibuliforme ou tubulaire, qui recouvre la base du stipe de certains Champignons (exemple : espèces appartenant aux genres *Amanita* et *Volvaria*), où elle peut être engainante ou vaginée. La volve représente ce qui reste du voile général.
Zone - Portion d'une surface dont la couleur contraste avec celle du fond. Les zones du chapeau des Champignons sont généralement concentriques, alors que celles du stipe forment souvent des étages superposés.

Index

Les chiffres en romain indiquent les pages du texte; les chiffres en *italique* renvoient aux illustrations de la première partie du volume; les chiffres en **gras** concernent les Champignons faisant l'objet d'une fiche illustrée, dans la deuxième partie du volume. Certains noms vulgaires ne sont pas mentionnés, lorsqu'ils ne sont pas tout à fait semblables aux noms scientifiques. En ce qui concerne les synonymes, lorsque varie seulement le nom du genre et non pas celui de l'espèce (deuxième terme de la dénomination latine), ce dernier a été supprimé dans les renvois.

A

Bibliographie

Ainsmorth (G.C.) et Sussman (A.S.), *The Fungi: an Advanced Treatise*, 4 vol., Academic Press, New York et Londres, 1965-1973.

Bresadola (G.), *I Funghi mangerecci e velonosi dell'Europa media*, Milan, 1899.

Buller (A.H.R.), *Researches on Fungi*, 7 vol., Longmans Green and Co., Londres, 1909-1934.

Caporali (L.), *Pathologie végétale. Les Champignons parasites des végétaux supérieurs*, Éditions Lechevalier, Paris, sous presse; *Nouvelles observations sur la biologie du* Taphrina deformans *(Berk.)*, *Tul.*, Ann. Inst. nation. agron., II, 33-246, Paris, 1964.

Costantin (J.), *Atlas des Champignons comestibles et vénéneux.*

Costantin (J.) et Dufour (L.), *Nouvelle Flore des Champignons*, 7e édition, 1947.

Cuisine de A à Z : « Hors-d'œuvre et salades », « Les Légumes », Le Livre de poche, Paris, 1975 et 1976.

Delacroix (G.), *Atlas de botanique descriptive, comprenant l'étude des familles les plus importantes au point de vue économique* (Cryptogames et Phanérogames), Lechevalier, Paris, 1899.

Heim (R.), *Les Champignons. Tableaux d'un monde étrange*, Éditions Alpina, 1948; *Les Champignons d'Europe*, 2 vol., Boubée, 1957.

Herter (G.), *Champignons comestibles*, P. Lechevalier, Paris, 1951.

Josserand (M.), *La Description des champignons supérieurs* (Technique descriptive et vocabulaire raisonné du descripteur), Lechevalier, Paris, *Encyclopédie mycologique*, XXI, 1952.

Konrad (P.) et Maublanc (A.), *Icones selectae fungorum*, 1924-1936, 6 vol.

KUHNER (R.) et ROMAGNESI (H.), *Flore analytique des Champignons supérieurs* (Agarics, Bolets, Chanterelles), Masson, Paris, 1953.

LANGERON (M.) et VANBREUSEGHEM (R.), *Précis de mycologie. Mycologie générale, mycologie humaine et animale*, Masson, Paris, 1952.

LOCQUIN (M.), *Petite Flore des Champignons de France*, vol. I (texte) : Agarics, Bolets, Clavaires. 1956.

MAIRE (R.), *Recherches cytologiques et taxonomiques sur les Basidiomycètes*, 1902.

MAUBLANC (A.) et VIENNOT-BOURGIN (G.), *Les Champignons comestibles et vénéneux*, 2 vol., Lechevalier, Paris, 1976.

MOREAU (F.), *Les Champignons. Physiologie, morphologie, développement et systématique*, 2 vol., *Encyclopédie mycologique*, 22 et 23, Lechevalier, Paris, 1952-1954.

ROLLAND (L.), *Atlas des Champignons de France, Suisse et Belgique*, 1910.

ROMAGNESI (H.), *Nouvel Atlas des Champignons*, 2 vol., 24 fig., Paris, 1956.

VIENNOT-BOURGIN (G.), *Les Champignons parasites des plantes cultivées*, 2 vol., Masson, Paris, 1949.

VIGNOLI (L.), *Sistematica delle piante inferiori (Tallofite) con Elementi di Biologia e Botanica generale*, Éditions Calderini, Bologne, 1964.

WEBSTER (J.), *Introduction to Fungi*, Cambridge University Press, 1970.

Les photographies de cet ouvrage ont été aimablement fournies par :

Bibliothèque universitaire, Padoue : p. 12 en haut, 29 en haut (A. Dagli Orti). Courtesy British Museum : p. 10 en haut, 77. Bulletin trimestriel de la Société mycologique de France-Muséum national d'histoire naturelle, Paris : p. 13 en haut. Guatemala Museum : p. 10 en bas. Musées royaux des beaux-arts, Bruxelles : p. 104. Museo Nazionale, Naples : p. 9, P'Jong-Jang Gallery, Corée : p. 8 (Werner Forman Archive).

A. Aldebert-Jacana : p. 44-45. Heather Angel : p. 49, 101. Archivio B : p. 217 à gauche. I.G.D.A. (Archivio B : p. 11 en haut, 72, 115 à gauche, 128. B.R.C. Bevilacqua : p. 24 à gauche. S.C. Bisserot-Bruce Coleman : p. 112-113. R.B. Bock-Bruce Coleman : p. 229 à gauche. J. Burton-Bruce Coleman : p. 2-3. I.G.D.A. A. Buzzy-Marka : p. 99. A. Cappelli : p. 239 à gauche. C. Carré-Jacana : p. 183 au centre. H. Chaumeton-Jacana : p. 22 à droite, 30, 60, 98 en bas, 146 en haut à gauche, 152 en bas, 163 en bas, 166 à gauche, 178 en bas au centre, 185 au centre, 187 en bas, 190 en haut à gauche, 196 en bas à gauche, 199 en haut à gauche, 200 en haut au centre, 202 en bas, 204 à gauche, 214 en bas, 222 en bas, 236 en bas, 254 à gauche, 258 en bas à gauche. Chiapponi : p. 91 en haut. A. Colombi : p. 51, 59 en cartouche, 74 en bas, 121 à droite, 124 à gauche, 127 à droite, 129 à gauche, 131 en bas à gauche, 137 à droite, 142 en bas à droite, 143 en bas, 145 en bas, 158 en bas, 161 en bas, 162, 164 à droite, 165 à gauche, en haut à droite, 167 en bas, 168 au centre, 171 en haut, 173 en bas à droite, 175 en bas à gauche, 176 à gauche, 178 à gauche, 182 en haut, 183 à gauche, 185 en haut au centre, 194 en haut, 195 en bas à droite, 197 en bas à gauche, 198 en haut, 207 à droite, 209 en bas à gauche, 220 à gauche, 225 au centre, 227 au centre, 228 au centre, 233 en haut, 234 en bas, 235 en bas, 239 à droite, 241 au centre, 244 en haut, 246-247 en bas, 247 en haut, 249 en bas à droite, 252 à gauche, 254 en haut, 255 à gauche, 258 en haut à droite, 259 au centre à droite, 260 en bas à gauche, 261 en bas à droite, 263 au centre à droite, 265 à gauche. A. Dagli Orti : p. 12 en haut, 29 en haut. Adrian Davies : p. 32, 38 en bas, 84, 85. C. Del Prete : p. 128 en haut, 145 en haut au centre, 230 à gauche, 263 à gauche au centre. Dickinson-Lucas : p. 15, 17 à gauche, 18, 20, 22 à gauche, 23, 40 en haut, 52, 52-53, 69 en haut, 80, 81, 83, 87 en haut, 94. René Dulhoste-Jacana : p. 128 à gauche, 140 en haut. Édéna : p. 17 en haut, 48, 181 en haut à gauche, 185 en bas au centre. E. Ferrari : p. 43, 47, 59 en bas, 61 en haut, 62, 63, 64 cartouche du haut, 73 en bas, 75, 76, 92, 96, 118 en haut, 120 à gauche, 121 en haut, 122 en bas, 124 à droite en haut et en bas, 125 en haut, 126 au centre, 126-127, 130 au centre, en bas à droite, 132 à droite, 133 en haut à droite, 134 en bas, 136 en bas à droite, 137 à gauche, 138 en bas, 143 à gauche et à droite, 144 en haut à gauche et au centre, 146 à gauche, 148 en bas, 149 à gauche, 150 en bas à gauche, 151 à droite, 153 à droite, 154 à gauche et à droite, 154-155, 155 à gauche, 156 à gauche en haut et en bas, 157 en bas, 159 à gauche, 160 à gauche et au centre, 164 en haut, 165 en bas, 166 en bas au centre, à droite en haut et en bas, 168 à droite, 169 en haut, au centre et à droite, 170, 171 en bas, 172 en bas, au centre et à droite, 173 en haut, 174 en haut au centre, 177 à droite, 180 à droite en haut et au centre, 181 au centre, 182 en bas, 185 en bas à droite, 186 à droite, en haut et en bas, 187 en haut à droite, 189 à gauche, 190 en bas à gauche, 191 en bas à gauche, 193 au centre et en bas, 194 à gauche, 196 à droite, 197 au centre, 205 en bas à droite, 206 à gauche et au centre, 207 en haut, 208 en haut, 209 au centre et en bas à droite, 211, 212, 212-213. 213. 214 à droite, 216, 219 en bas, 221 à droite, 223 en haut, 224-225 en haut, 228 en bas, 230 au centre et en haut à droite, 232 en bas, 234-235, 235 au centre à gauche et à droite, 240 en bas, 241 en haut, 249 en bas, 250-251, 252 en haut, 253 à gauche, 254 en bas, 255 en haut et en bas, 256 en bas, 257 en haut, 258 en haut à gauche et en bas à droite, 260-261, 261 à droite, 262, 264 en haut, 265 en haut. M.L.P. Fogden-Ecology pictures : p. 21 en haut, 29. Werner Forman Archive : p. 8. Harry Fox : p. 244 en bas. R. Galli : p. 182 à gauche, 188 en haut au centre, 195 en haut à gauche, 196-197, 197 en bas à droite, 202-203, 206 en bas, 240 en haut, 241 en bas, 247 au centre. E. Giovenzana : p. 19 en bas, 137 en haut, 195 en haut à droite. B. Hawkes : p. 235 en haut. B. Hawkes-Jacana : p. 122 à gauche, 132 au centre, 136 en bas au centre, 210 à droite, 222 en haut, 231 à droite. I.C.I. : p. 19 en haut. Ermie Jacana : p. 25. P.G. Jamoni : p. 135 en haut, 136 à droite, 156-157, 169 en bas à droite, 174 en bas au centre, 177 en bas, 194 en bas à droite, 198 en bas, 237 en bas, 259 en haut à droite, R. Köning-Jacana : p. 69 en bas, 119 à droite, 129 au centre, 141 à droite, 158 au centre, 160 à droite, 174 à droite, 181 à droite, 184 au centre et à droite, 192 en bas à gauche, 208 en bas, 209 en haut, 220 en haut, 225 à droite, 231 en bas à gauche, 239 à gauche, 249 en haut à droite. L. Lacoste-Jacana : p. 40 en bas. Y. Lanceau-Jacana : pages de garde, 36-37, 125 en bas, 190 en haut à droite, 204 à droite, 264 en bas à droite. Ruffier Lanche-Jacana : p. 176 en haut à droite. G. Langsbury-Bruce Coleman : p. 64-65. R. Longo : p. 122 en haut, 127 à droite. A. Lucini : p. 56, 58-59, 61 en bas, 65 en haut, 73 en haut, 90, 120 à droite, 138 en haut à droite, 142 en bas à gauche, 146 en bas à droite, 147 en bas, 149 à droite, 150-151, 152 en haut, 161 en haut, 166 en haut au centre, 171 à gauche, 172 en haut, au centre et à droite, 175 à droite, en haut, au centre et en bas, 177 en haut à droite, 186 à gauche, en haut et en bas, 188 au centre et en haut à droite, 189 en bas, 190 au centre, 193 en haut à droite, 195 à gauche, 196 en haut à gauche, 197 à droite, 203 au centre, 205 en haut à gauche et au centre, 210 à gauche et en bas, 224 en bas à gauche, 226 au centre, 232 au centre, 238 en haut, 242-243, 244 à droite, 245 en haut, 248 en haut, 250 en bas, 251 en haut, 252 en bas, 256 en haut, 258 au centre à droite. J. C. Maes-Jacana : p. 142 en haut. Mansell Collection : p. 13 en bas. A Margiocco : p. 167 à droite. C. Mariorossi : p. 107. I.G.D.A.-Mariorossi : p. 86. Marka : p. 167 à gauche, 201 à gauche. I.G.D.A.-Martini : p. 94-95, 108, 109. I.G.D.A.-Masson : p. 105 à gauche. R. Mazza : p. 138 à gauche, 153 en bas. J. Mullis : p. 87 en bas, 115 à droite. Nardin-Jacana : p. 68, 74, 82, 91 en bas, 118 en bas, 119, 123 au centre et en bas, 130 en haut à droite, 144 en bas à gauche, 146 en bas à gauche, 163 au centre, 164 au centre, 177 au centre, 178 en haut, 219 en haut, 222 au centre, 224 en haut à gauche, 227 en bas à droite, 230 en bas, 231 en haut à gauche, 239 en bas, 265 au centre à droite. C.J. Oh-Bruce Coleman : p. 57, 146 au centre. P 2 : p. 134 à droite, 178 en bas à droite, 188 en bas, 191 en haut à gauche. Parva Lux : p. 98 en haut. J.M. Passot-Jacana : p. 46 en haut. R. Pedicini : p. 9. V. Pigazzini : p. 66-67, 183 en bas, 227 en haut. P. Pilloud-Jacana : p. 129 en haut, 191 en haut à droite. S.C. Porter-Bruce Coleman : p. 70-71, 123 à droite, 133 à gauche, 145 à droite, 179 en haut, 217 en bas à droite, 237 en bas. B. Rebouleau-Jacana : p. 105 à droite. D. A. Reid : p. 126 en bas, 148 à gauche, 154 en bas, 236 à gauche, 245 à droite. H. Reinhard-Bruce Coleman : p. 6-7, 54-55. J. Roberts-Jacana : p. 126 à droite. Ann Ronan Picture Library : p. 12 en bas, 78. K. Ross-Jacana : p. 21 en bas. S.E.F. : p. 218 à droite. A. Sella : p. 218 à gauche. J. Sims : p. 62-63. Six : p. 14, 28, 45, 135 en bas à droite, 253 à droite. P. Stiles : p. 88-89. Titus : p. 38 en haut, 132 à gauche, 140 en bas à gauche, 150 en haut, 174 en haut à gauche, 192 à droite. G. Tomsich : p. 179 en bas. H. Veiller-Jacana : p. 173 en bas au centre. M. Viard-Jacana : p. 147 au centre à gauche. Viola : p. 46 en bas, 66 en encadré, 97, 123 en haut, 142 au centre, 153 en haut, 157 en haut, 169 à gauche, 173 au centre, 176 au centre, 180 à gauche, 186 en haut au centre, 187 à gauche, 188 à gauche, 190 en bas à droite, 191 au centre, 198 à droite, 199 à gauche, en bas et en haut à droite, 201 en haut, 202 en haut, 207 en bas, 215 au centre, 223 à droite, 224-225 en bas, 233 au centre, 242, 243 au centre et en bas, 245 au centre, 246 en haut, 246-247 en haut, 248 à gauche, 251 en bas, 257 en bas, 259 en bas à gauche, 260 au centre, 261 à gauche, 263 en haut à gauche, 264 en bas à gauche. E. Waldvogel : p. 119 à gauche, 121 à gauche, 131 à droite, 135 à gauche, 141 en bas, 147 à droite, 157 à gauche, 159 en bas, 189 à droite, 229 en haut. P. Ward : p. 24 à droite, 33, 42, 50, 57 en encadrés, 64 encadré du bas, 125 à gauche, 140 en bas à droite, 141 à gauche, 147 à gauche, 156 en haut au centre, 163 en haut, 185 à gauche, 200 en bas, 223 en bas, 226 en haut, 226-227, 229 au centre à droite, 263 en haut à droite. W. H. D. Wince : p. 203 en bas.